KB052997

아마존

TREE OF RIVERS

The Story of the Amazon by John Hemming

아마존
TREE OF RIVERS
The Story of the Amazon

정복과 착취, 경외와 공존의 5백 년

존 헤밍John Hemming 지음 | 최파일 옮김

믹지북스

일러두기

1. 본문의 강조(고딕체)는 지은이의 것이다.

2. 본문에서 *표시의 각주는 옮긴이의 것이다.

3. 이 책에 등장하는 인명, 지명, 부족명 등은 현지어를 기준으로 하되 국립국어원 외래어 표기법에 따라 표기하였다.

4. 브라질과 다른 국가에 걸쳐 있는 지역의 경우 브라질이 사용하는 포르투갈어 발음으로 통일하는 것을 원칙으로 삼았다. 예를 들어, 'Roraima'의 경우 포르투갈어를 쓰는 브라질에서는 호라이마로, 에스파냐어를 쓰는 베네수엘라에서는 로라이마로 부르는데, 호라이마로 통일하였다.

5. 아메리카 대륙의 원주민 일반을 이르는 말로 '인디언'이 있지만, 이 책에서는 포르투갈어와 에스파냐어를 사용하는 현지의 발음을 존중하여 '인디오(indio)'로 표기하였다.

6. 본문에서 ' ' 안의 내용은 지은이의 인용이다. 인용의 출처는 후주에 표시하였다.

7. 인용문 안의 ( )는 인용자, 즉 지은이의 부연이다.

8. 원어를 병기할 때, 생물의 학명에 한하여 이탤릭체를 적용하였다.

9. 생물의 학명 중 속명의 첫 글자는 대문자로, 종명의 첫 글자는 소문자로 표기하여 구분하였다.

10. 본문에서 인물이나 생물 이름, 지명 등 고유명사는 일일이 원어를 병기하지 않는 것을 원칙으로 했다. 대신 찾아보기에 원어를 같이 실었다.

TREE OF RIVERS
The Story of the Amazon

차례

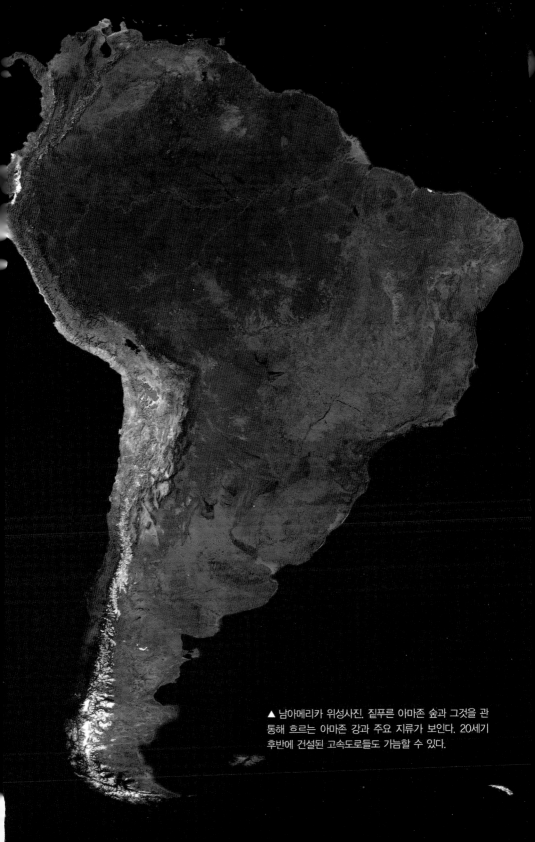

▲ 남아메리카 위성사진. 짙푸른 아마존 숲과 그것을 관통해 흐르는 아마존 강과 주요 지류가 보인다. 20세기 후반에 건설된 고속도로들도 가늠할 수 있다.

▲ 페루−브라질 국경 부근의 아마존 강. 어귀로부터 3,000킬로미터 떨어진 곳이다.

▲ 싱구 강의 한 지류인 파카자 강.

▼ 아마존 강은 어귀에서 무수히 많은 물길과 섬들로 미로가 된다.

▲ 아마존의 검은 강. 베네수엘라에 있는 지류이다. 썩은 수목에서 나온 타닌 때문에 강물이 커피처럼 까맣다. 햇빛과 물 덕분에 강둑 위로 숲이 더없이 울창하다.

▲ 야자나무는 최초의 채집인부터 오늘날 강둑사람들에 이르기까지 인간에게 대단히 유용한 나무이다. 부리티 야자나무*Mauritia flexuosa*는 30미터까지 쭉쭉 자라며 양분이 풍부한 붉은 열매가 열린다. 넓은 잎사귀는 지붕, 섬유조직은 바구니와 해먹, 몸통은 들보를 만드는 데 쓴다.

▲ 마코앵무새(콜파collpa)와 더 작은 앵무새들은 특정 몇 달간 매일 아침이면 흙을 쪼기 위해 쌍쌍이 날아와 화려한 색채의 향연을 뿜내며 강둑 절벽에 떼 지어 앉는다. 이것은 서부 아마존에서 가장 짜릿한 장관 가운데 하나이다. 페루 마누 국립공원 인근을 포함해 여러 곳에서 이러한 장관을 볼 수 있다. 과학자들 간에 의견이 엇갈리지만 이러한 행동이 새끼를 키울 때 일어난다는 사실은 확인되었다.

▲ 카이만악어(자카레Jacaré)는 한때 아마존의 호수와 개울에 우글거릴 정도로 많았다. 하지만 총으로 사냥이 쉽고, 가죽을 노리는 사람들 때문에 지금은 멸종 위기에 처해 있다.

▲ 흰입 페커리Tayassu pecari는 큰 무리를 지어 다니며 견과류와 뿌리를 찾아 숲 바닥을 뒤진다. 이 강력한 동물은 위협을 받으면 겁 없이 달려들며 인간을 해칠 수 있는 소수의 동물 가운데 하나다.

▲ 이 박각싯과 나방의 애벌레는 19세기 자연학자의 이름을 딴 '베이츠형 의태'의 한 예다. 포식자는 이렇게 화려한 곤충은 독이 있다고 생각해서 실제로는 얼마든지 먹을 수 있음에도 먹지 않는다. 즉, 이 애벌레의 유일한 방어 전략은 독충들의 과시 전략을 흉내 내는 것이다.

▲ 열대림의 대부분의 생물들은 높은 나무천장에 살거나 야행성이다. 또는 나뭇잎과 줄기를 흉내 낸 이 북방여치*Tettigoniidae*처럼 기가 막히게 위장하고 있다.

▲ 수백 종의 아마존 뱀들 대부분은 인간에게 무해하지만 이 치명적인 방울뱀*Crotalus terrificus*은 다르다. 이것들은 먹잇감의 체온을 감지해 밤에 사냥한다.

▼ 아마존은 세계 다른 어느 지역보다 원숭이 종류가 다양해 거의 1백 종에 달한다. 대부분은 아마존에만 사는 고유종이다. 작은 회색 다람쥐 원숭이|*Saimiri sciureus*는 장난기가 많고 종종 짓궂다. 자신들이 싫어하는 침입자에게는 나무열매나 오줌을 퍼붓는다.

▲ 아마존에서 가장 큰 원주민 부족인 야노마미족은 브라질과 베네수엘라 사이 숲이 우거진 언덕에 산다. 이 사진 속 어머니는 빨간 아나토 색소로 몸을 붉게 물들이고 이마에 깃털을 붙였으며 야자나무 가시로 '고양이 수염'을 달았다.

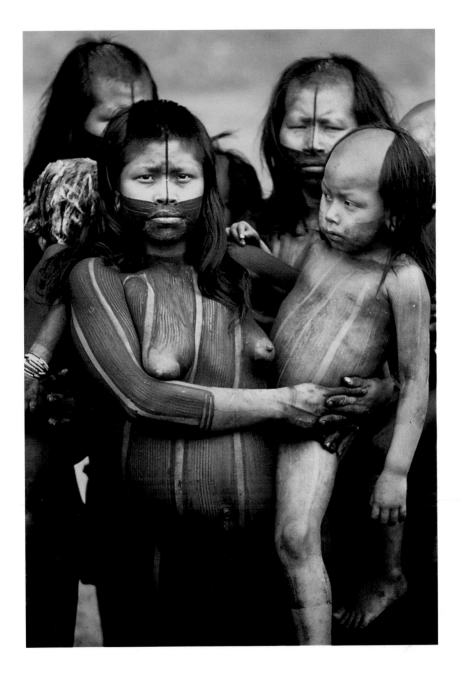

▲ 중앙 브라질의 카야포족 여성들은 치장하는 의미에서 또 곤충으로부터 몸을 보호하려는 목적으로 꼭 두서니 색소로 몸에 검은 물을 들인다. 이들은 제의적인 의미에서 자신과 아이들의 앞이마를 민다.

▲ 야노마미족은 강한 활과 2미터 길이의 화살을 사용한다. 흔히 화살촉에는 쿠라레를 바르고 사냥감에 따라 다른 화살촉을 쓴다. 아랫입술에 매단 주머니에는 씹는담배를 담아 다닌다.

| 1장 |

이방인의
도래

아마존 토착 원주민들의 태곳적 확실성과 상대적 평온함, 그리고 고립은 1500년을 기점으로 영원히 산산조각 났다. 이상한 배들이 그 커다란 강의 어귀에 출현하더니 며칠 동안 상류로 거슬러 올라갔다. 에스파냐인 비센테 야녜스 핀손의 배들이었다. 이 노련한 뱃사람은 1492년 당시에는 콜럼버스의 카라벨선 라니냐호의 선주이자 선장이었다. 이제 8년이 흐른 지금 그는 다시 대서양을 횡단해 브라질 해안을 따라 항해하고 있었다. 그 거대한 강 어귀에서 소금기 없는 흙탕물을 처음 목격했을 때, 그는 그곳이 인도의 갠지스 강이라고 생각했다. 짧은 거리를 거슬러 올라간 후 원주민들을 만났는데, '울긋불긋하게 몸을 칠한 많은 사람들이 마치 평생 동안 환담을 나눈 사람들처럼 호의를 품고 배로 몰려들었다.' 그러나 그는 그들과 작은 교전을 벌였고, '커다란 독일인들보다도 큰' 서른여섯 명의 사람들을 붙잡아 노예로 끌고 갔다. 이것은 이곳의 원주민 부족들을 기다리고 있는 고난을 예고하는 불길한 전조였다.

야네스 핀손의 배들은 원주민 부족들이 통나무 속을 파내어 만든 카누보다 몇 배 더 클 뿐이었다. 그렇지만 에스파냐인들이 인디오^{indio}, 즉 인도 사람들이라고 생각했던 그곳 소수의 원주민들은 배를 구경하고 분명 눈이 휘둥그레졌을 것이다. 이방인들의 배는 갑판으로 덮여 있고 그 위에 사람이 살고 있으며, 자신들이 사용하는 끈보다 훨씬 굵은 밧줄이 걸려 있고, 무엇보다도 거대한 캔버스 천 돛으로 추진되었다. 이 때문에 훗날 한 부족은 그들의 신화에서 돛단배를 타고 도착한 최초의 백인들의 선단을 날아다니는 개미 떼로 그리기도 했다.

그보다 더 신기한 것은 선원들이 그들의 몸을 어떤 자재, 즉 천으로 가린 방식이었다. 또 그들은 얼굴에 보기 싫은 털을 기르고 있었고 이 털은 때로 검은색이 아닌 괴상한 빛깔이었다. (남아메리카 원주민들은 실질적으로 체모가 전혀 없는 데다가 대부분은 피부에 나는 털을 모두 뽑아버린다. 그리고 그들의 머리칼은 어김없이 검은색이다.)

원주민들 사이에 가장 선풍적인 충격을 불러일으킨 것은 이방인들의 금속 연장이었다. 야네스 핀손이 다녀가고 몇 달 후에 온 포르투갈인들은 그보다 더 남쪽에 상륙하여 새로운 땅에서 첫 미사를 드리기 위해 십자가를 만들었다. 그들 가운데 한 명인 페루 바스 데 카미냐는 이렇게 썼다. '그들 가운데 다수는 목수를 구경하러 왔다. 십자가보다는 목수들이 십자가를 만들 때 쓰는 금속 연장을 보러 온 것 같았다. …… 그들한테는 금속으로 된 게 전혀 없기 때문이었다. 그들은 쐐기 모양의 돌을 나뭇조각에 고정시킨 후 그것을 나무 막대기 두 개 사이에 단단히 묶은 도구로 나무와 판자를 베었다.' 카미냐의 생각은 전적으로 맞았다. 금속 도구의 절삭력을 처음 목격한 사람들은 강렬한 흥분에 휩싸였다. 텃밭으로 쓸 빈터를 만들기 위해 나무를 고달프도록 베어 넘겨야 하는 숲이 울창한 세계에서 이것은 기술적 경이였다. 1500년부터 오늘날까지 5백 년 동안 금속 날은—나이프와 마체테machete*부터 도끼와 톱에 이르기까지—어떤 고립된 부족이든 그들과 접촉할 때면 널리 통용되었다. 그러한 도구는 거부할 수 없는 유혹이었다. 원주민들이 최초로 이방인들과 접촉하고 금속 날을 한 번 보고 나면, 백인들과 거래를 하든 아니면 그들을 습격해서든 그것을 간절히 손에 넣으려 했다는 사실이 거듭 확인되었다.

다음으로 아마존을 본 모험가는 피렌체 사람 아메리고 베스푸치였던 것 같다. 1499년 메디치 제후들의 세비야 주재 대리인이었던 베스푸치는 몇몇 에스파냐인들에게 합류해 대서양을 건너도 된다는 윤허를 받았다. 아메리카에 도착했을 때 이들의 선단은 갈라졌고, 이 이탈리아인은 카라벨선 두 척을 이끌고 남쪽으로 향했다. 그는 강물이 탁한 커다란 강 어귀를 탐사했으나 강둑에 숲이 우거져서 상륙하지는 못했다. 그다음 남동쪽으로 방향으로 돌렸지만 이번에는 역류에 밀려 되돌아 올 수밖에 없었다. 베스푸치가 남쪽으로 얼마나 항해했는지는 확인이 불가능한데 이는 그가 측량사로서 형편없기 때문이다. 그가 브라질의 대서양 해안에 부여한 좌표값은 대서양을 태평양의 먼 바다로 가져다 놓았을 것이다. 그의 명성은 그로부터 3년 후에 포르투갈 선단의 승객으로 참가한 한 여행에서 기인한다. 그는 브

---

* 넓고 무겁고 날이 하나인 검보다 짧은 무기. 주로 밀림에 길을 낼 때 사용한다.

라질 땅의 인디오들 사이에서 3주를 지낸 후 자신이 목격한 경이들에 대해 신이 나서 쓴, 그러나 부정확한 보고를 메디치가의 주인들에게 보냈다. 대체로 그러한 보고서들은 유럽의 군주들에 의해 기밀로 유지되었으나, 베스푸치의 편지는 출판되었고 재빨리 여러 언어로 번역되어 당대 기준으로 즉시 베스트셀러가 되었다. 그는 이것이 단순한 섬이 아니라 '신세계'라는 사실을 처음 기술한 사람이었다. 로렌의 지도제작자는 새로운 발견인 '문두스 노부스Mundus Novus'*를 보여주는 지도에 그의 이름의 이형異形인 '아메리카'를 적어 넣었는데, 새로운 인쇄술의 영향력이 어마어마했기에 그 이름이 고착되었다. 그렇게 해서 두 대륙은 변변찮은 뱃사람이자 부정확한 항해가, 떠벌이기 좋아하는 기록자의 이름을 따 명명되었다. 아메리고 베스푸치는 틀림없이 모든 기행문 작가들의 수호성인이리라.

다음 40년 동안 아마존의 삶은 평소와 같이 이어졌다. 브라질의 대서양 연안을 따라 이따금씩 이뤄진 교역에서 유럽인들은 매력적이지만 불안정한 붉은 염료를 함유한 브라질나무 즉 카이살피니아 에키나타Caesalpinia echinata를 주로 가져갔고, 이 나무가 새로운 땅에 이름을 부여했다. 이외에도 뱃사람들은 앵무새와 다른 이국적 동식물, 약간의 노예를 데려갔다. 그러나 이 '신세계'와 그곳의 원시적인 부족들은 귀금속이나 진주, 보석, 직물, 상아, 향신료 같은 값나가는 상품을 전혀 갖고 있지 않은 듯했다.

---

* '신세계'라는 뜻.

기록된 역사 이전의
아마존 사람들
<hr>

아마존 지역에 관한 **기록된** 역사는 야네스 핀손의 짤막한 보고서와 함께 1500년에 시작되지만, 정확히 말하자면 인간은 이미 그곳에서 수천 년 동안 번성해왔다. 인간이 언제 최초로 아마존 강에 도래했는지 그리고 이곳의 초기 인류가 어떻게 농경과 토기, 정교한 족장사회*를 발전시켰는지를 둘러싼 이론들과 격렬한 논쟁들은 뒤의 장들로 미룰 텐데, 그때가 되면 우리는 현대 고고학자들이 (그들에게는) 고생스러운 이 땅에서 어떻게 증거들을 조금씩 이끌어내는지 보게 될 것이다.

　　서기 16세기경 아마존 분지 전역에는 다채로운 부족들로 구성된 만화경이 펼쳐져 있었다. 그들의 마을은 커다란 강들의 둑을 따라 상당한 거리에 걸쳐 늘어서 있었다. 그러나 내륙에 위치한 더 **고지**의 숲terra firme**에서는 대부분 한시적으로 마을에 거주하거나 완전히 유목적인 채집 생활을 영위하며 서로 멀찍이 떨어져 살아갔다. 만약 정착지가 너무 커지면 서로 갈라져서 부족의 일부는 새로운 정착지를 찾아 이동했다. 이주는 숲속의 빈터와 물길을 속속들이 알고 있는 자급자족적인 수렵채집인들에게는 쉬운 일이었다.

<hr>

***족장사회** 사회 발전 단계에 관한 신진화주의 계열의 인류학 개념으로 band(군사회)−tribe(부족사회)−chiefdom(족장사회)−state(국가) 단계 중 국가 형성 직전 단계를 말한다. 학자들에 따라 군장사회, 수장사회, 족장사회 등으로 번역하는데 여기서는 '족장사회'를 따랐다.

** **테라 피르메** '단단한 땅'이란 뜻으로 침수 수위 위쪽에 자리한 아마존의 충적토 삼림 지대를 가리킨다. 뒤에 나오는 '바르제아' 침수림도 참고하라.

대부분의 부족들은 고립되어 살았지만 일부는 이웃 부족과 교역을 하기도 했다. 가끔씩 부족 간 전쟁도 벌어졌는데 오래된 원한 관계에 따른 것이거나 아니면 여자나 아이와 같은 훌륭한 상품들을 얻기 위해서였다. 자연히 일부 원주민들은 호전적이어서, 싸움에 나가 전리품으로 머리를 수집하며 영예를 추구하는 젊은 전사 집단과 여러 호전적인 관습을 유지했다. 이에 대해 한 초창기 유럽인은 '그 곳에는 사람이 매우 많고 땅도 아주 넓지만 그들의 수가 매우 빠르게 증가하고 있으므로 만약 지속적으로 전쟁 상태에 있지 않다면 …… 그들을 모두 수용할 수는 없을 것'이라고 주장하였다.

원주민들은 모두 사냥과 낚시질을 열렬히 좋아했다. 남자들은 페커리*와 맥부터, 새와 원숭이, 악어와 뱀에 이르기까지 각종 사냥감을 찾아내고 추적하고 죽이는 데 굉장히 뛰어났다. 그들은 활과 화살, 그리고 (일반적으로 아마존 강 북부에서는) 끝머리에 쿠라레**를 바른 바람총***과 짧은 투창을 이용해 사냥했다.

20세기 프랑스의 인류학자 피에르 클라스트르는 그들 사냥의 아름다움에 흥분했다. 그에 따르면 남자의 무기는 그의 남자다움의 상징이며 그는 그의 능력과 행운으로 평가받는다. '인디오들은 매우 민첩하고 솜씨가 뛰어나며 그들의 몸짓은 아주 정확하고 효율적이다. 그들은 신체를 완벽하게 통제한다는 것이 어떤 것인지 보여준다.' 그들에게 '사냥은 항상 모험이다. 때로 위험천만하지만 끊임없

---

* 본문 642~644쪽을 참고하라.
** 남미 식물에서 채취하는 독물.
*** 화살을 불어서 쏘는 통. '취관'이라고도 한다.

아마존Amazon

이 활기를 불어넣는 모험이다. ······ 숲에서 동물을 추적하는 것, 자신이 사냥감보다 더 영리함을 입증하는 것, 동물들에게 자신의 존재를 들키지 않고 화살 사정거리 안까지 접근하는 것, 화살이 쉬익 공중을 가를 때 나는 소리와 곧 이어 동물을 맞혔을 때 나는 둔탁한 소리를 듣는 것, 이 모든 것은 일생 동안 무수히 체험하는 일이지만 언제나 첫 사냥 때처럼 짜릿하고 신선한 기쁨이 된다. (인디오들은) 사냥을 싫증내지 않는다. 그들은 다른 것은 바라지 않으며 그 무엇보다도 사냥을 사랑한다.'

여자들은 자식을 많이 낳았으며, 작은 텃밭을 가꾸거나 식용 가능한 애벌레나 곤충을 채집했다. 그들은 요리를 담당했고 물론 아이들도 돌봤다. 남자들은 사냥이나 낚시를 하거나 빈터를 얻기 위해 나무를 베었다. 그러지 않을 때는 각종 물건이나 장신구를 만드느라 바빴다. 그렇지만 그들의 가장 큰 관심사는 역시 사냥과 낚시, 싸움을 위한 무기였다.

아마존의
언어들

언어는 부족들의 이동을 보여주는 확실한 지표이다. 아마존 인디오들 사이에는 십수 가지의 언어 '줄기'가 존재한다. 유럽인들이 대서양 연안에 상륙했을 때 조우한 최초의 언어는 투피어(혹은 투피-과라니어)였다. 이것은 남쪽의 파라과이 평원부터 브라질의 대서양 연안 전역과 멀리 아마존 강과 아마존 강의 주요 지류 주변까지 거대한 원호를 그리며 수천 킬로미터에 걸쳐 분포하는 언어였다. 이 원호 양단에서는 여전히 투피어를 사용한다. 투피어는 오늘날 파라과이의 제2의 언어이자, 브라질 남부 일부 부족들과 아마존의 남쪽 지류 깊숙이 브라질과 페루 땅에 자리 잡은 투피 부족들이 쓰는 언어이다. 예수회 선교사들은 투피-과라니어를 브라질 전역에서 그들의 링구아 제랄lingua geral, 즉 '공용어'로 삼았다.

브라질의 심장부, 아마존 강 본류의 남쪽은 제어를 사용하는 Je-speaking 부족들의 본거지인데 뭉뚱그려 카야포족, 샤반테족, 팀비라족으로 알려진 부족 집단이 특히 두드러진다. 이 제어 사용 집단은 투피어 사용 집단보다 물에서 떨어져 생활하며 따라서 숲과 풀이 무성한 평원과 관목 지대로 구성된 브라질의 중앙 고원을 아우르는 또 다른 거대한 원호 지대에서 찾을 수 있다. 제 전사들은 굉장히 무거운 통나무를 어깨에 지고 이어달리는 경주를 통해 신체를 단련한다. 그들은 워낙 빨라서 사바나의 사냥감보다 더 빨리 달릴 수 있을 정도이다. 그들이 가장 선호하는 무기는 곤봉이다. 제어와 연관된 다른 언어를 사용하는 여타 부족들은 아마존 바깥, 브라질 북동부의 내륙과 그보다 더 먼 남쪽에 살았다.

카리브 해의 섬들에서는 아라와크어와 카리브어를 사용하는 부족들 사이에 격렬한 경쟁 관계가 존재했다. 아라와크어(혹은 아루아크어)는 플로리다부터 중앙아메리카까지 카리브 해 인근 전역과 아마존 분지에 분포하며 남미 원주민 언어 가운데 가장 널리 사용되는 언어였다. 유럽인들이 도착했을 때 아라와크어 사용 부족들은 콜롬비아에서 발원하는 거대한 강들을 따라 북서부에서 아마존 유역으로 이동하고 있었다. 그러나 그들은 기아나 연안과 호라이마 내륙, 아마

034   아마존Amazon

존 강 어귀 주변에도 정착해 있었다. 카누를 타는 기동성이 매우 뛰어난 일부는 멀리 싱구 강, 주루아 강, 푸루스 강, 우카얄리 강 같은 남쪽 지류까지 가서 정착했다. 다른 아라와크 부족들은 아마존 분지의 최남단까지 내려갔다. 일부는 페루 남부 마드레 데 디오스 강 유역에 정착했고 일부는 오늘날의 볼리비아 땅인 그란데 강 근처 대평원에, 소수는 아마존 강 너머 상부 파라과이에 정착했다.

카리브어 사용자들 또한 북쪽 방면에서 들어왔다. 그들의 이름을 딴 바다의 섬들에서는 오늘날 거의 멸족했지만, 기아나 전역에는 상당한 규모의 카리브어 사용 부족들이 존재한다. 이 가운데는 특히 기아나와 브라질 북단의 마쿠시족과 수리남과 브라질의 티리요족을 들 수 있다. 카리브어 사용 부족들은 멀리 싱구 강과 타파조스 강 같은 아마존의 남쪽 지류들에서도 발견된다.

다른 어족으로는 브라질과 콜롬비아 사이의 숲에 사는 투카노안족과 그들 남쪽에 브라질과 페루 사이 있는 파노안족이 있다. 그러나 많은 부족들은 다른 어느 주요 언어와도 관련이 없어 보이는, 언어학적으로 고립된 언어를 사용한다. 베네수엘라와 브라질 사이의 야노마미족과 마데이라 강 어귀의 무라족, 브라질 남서부의 남비콰라족, 마투 그로수 주의 보로로족, 아라과이아 강의 카라자족, 파라과이 강 근처의 과이쿠루족(오늘날 카디웨우족), 그리고 다른 많은 부족들은 독자적 언어를 사용한다.

내가 추정하기로는 1500년에 유럽인들이 도래했을 때 아마존 저지에는 4백만이나 5백만 명의 원주민이 (그 가운데 3백만 명은 브라질에) 4백여 부족으로 나뉘어 살고 있었다. 내가 제시한 수치는 최초의 접촉을 기술한 보고서들과 신빙성 있는 원주민 세계의 파괴 속도, 그리고 생존한 원주민들의 숫자와 위치들에 근거해 산출한 것이다. 나의 추정치는 다양한 유형의 지역들의 인구 수용 능력을 외삽 추정하기보다는 지역이나 유역, 나라별 인구 추계를 합산한 것이다. 이 수치는 다른 인구통계학자들의 추정치 범위의 중간에 위치한다.

고귀한
야만인

인간의 창의성과 수 세기에 걸친 경험에 의지해 원주민들은 아마존이 빚어낸 다양한 거주 공간만큼 다양한 모습으로 그곳의 삶에 적응했다. 그들은 강과 호수를 따라 온갖 유형의 숲과 바르제아várzea 침수 평원(655~656쪽을 보라), 세라도cerrado 관목 지대, 그리고 안데스 산맥의 생물 종이 풍성한 운무림cloud forest에서 살아가는 법을 익혔다. 최근의 연구는 아마존의 수렵채집인들이 페루나 멕시코의 도시 생활자들보다 키가 더 크고 건강했다는 것을 보여주는데, 의심의 여지없이 물고기와 사냥감, 채소로 구성된 그들의 식단이 농업에 의존하는 도시 거주민들의 식단보다 더 균형 잡혔기 때문일 것이다.

브라질 인디오에 관해 쓴 최초의 포르투갈인 페루 바스 데 카미냐는 1500년, 포르투갈 국왕에게 이렇게 보고했다. '참으로 이 사람들은 착하고 단순함 그 자체입니다. …… 주님은 그들에게 훌륭한 남자답게 건강한 신체와 잘생긴 얼굴을 주었습니다.' 비록 농장에서 가축을 기르거나 곡물을 재배하지는 않지만 '그들은 오로지 밀과 채소만 먹는 우리보다 더 튼튼하고 잘 먹습니다. …… 그들의 신체는 더할 나위 없이 깨끗하고 통통하며 아름답습니다.' 아메리고 베스푸치는 마을의 오두막과 더불어 인디오들의 벌거벗은 아름다움에 깊은 인상을 받았다. 그는 또한 신기한 나무들과 동물들, 새들을 숱하게 열거하면서 아마존 생태계의 풍요로움에도 혀를 내둘렀다. 그는 '지상의 낙원에 가까이 온 게 아닌가 생각했다.'고 적었다.

　　　비록 수백 가지의 민족과 부족들이 풍성하고 다양한 문화를 발전시켜 왔지만, 그들은 넓게 보아 대체로 유사한 생활 방식과 체격, 심지어 기질을 공유했다. 베스푸치는 원주민들이 유럽에서와 같은 일체의 정부 기구의 개입 없이 목가적 삶을 영위한다고 느꼈다. '그들은 법률이나 종교가 없고 자연에 따라 살아간다. 그들은 영혼의 불멸성을 모르며 사유 재산도 없는데 모든 것이 공동 소유이기 때문이다. 그들은 왕국이나 주 같은 경계도 없고 국왕도 없다! 그들은 아무에게도 복종하지 않으며 각자는 그 자신의 주인이다. …… 그들은 매우 왕성하게 자손을 낳지만 재산을 갖지 않기 때문에 상속인도 없다.' 다른 초창기 연대기 작가들도 이와 유사한 관찰 내용을 전했다. 군주정, 귀족, 교회, 사법 제도는 행복한 삶을 영위하는 데 불필요한 것 같았다. 에라스무스, 모어, 몽테뉴, 루소, 볼테르, 심지어 마르크스에 이르기까지 유럽의 철학자들은 이러한 급진적 발상들을 놓치지 않았고, 그것들을 계급과 독재적인 정부, 기성 종교에 반대하는 전복적 이론을 발전시키는 데 이용했다.

　　　통제받지 않은 낙원에서 살아가는 고귀한 야만인이라는 관념은 얼마간 오류가 있었다. 사실, 원주민들 사이에도 어느 정도 위계질서가 있었고 그들이 거대한 족장사회를 발전시킨 경우는 특히 그랬다. 그들은 굉장히 보수적이었고 모든 활동과 생애 주기의 모든 단계를 좌우하는 불문의 행위 규범이 있었다. 오두막 안에서 개인의 사생활을 전혀 누리지 못한 채 이웃과 가깝게 한 마을에서 살아가려면 사람들은 공동체에 순응할 수밖에 없었다. 사냥과 농사, 오두막 짓기, 삼림 개간, 기념행사 같은 많은 활동들은 공동체 차원에서 이루어졌다. 유별나거나 반사회적 행위를 저지르거나 혹은 누군가가 악령에 들렸다고 여겨질 경우 제의적안 처형을 당할 수도 있었다. 또한 아마존 주민들에게도 종교적 관념이 있어서 식물에 대한 공인된 지식을 보유한 샤먼이 시술하는 신앙 요법과 종교 의식, 다채로운 신화를 갖고 있었다. 모든 부족은 각자 다른 형태의 매장 방식이 있었고 조상에 대한 존숭은 보편적이라 할 만했다. 원주민 부족들은 유럽인들처럼 무자비하게 호전적이지는 않았지만 그들도 많은 전투를 벌였다. 결국 그들도 일부 철학자들이 상상하는, 국왕도 법률도 교회도 없는 유토피아의 '고귀한 야만인'들은 아니었다.

토르데시야스
조약

▬▬▬

콜럼버스가 카리브 해 지역에 상륙한 지 2년밖에 지나지 않은 1494년에 교황 알렉산드르 6세는 토르데시야스 조약을 통해 세계를 이베리아 반도의 두 왕국 포르투갈과 에스파냐에게 나눠주었다. 포르투갈과 에스파냐는 기독교로의 개종과 문명화 사명을 조건으로 각각 반구를 수여받았다. 교황은 보르자 가문 출신이었고—보르자Borgia라는 이름은 에스파냐의 보르하Borja에서 유래한 것이다—따라서 자신이 마르코 폴로의 중국과 인도를 고국에 넘겨준다고 생각했다. 이 같은 착각은 콜럼버스와 교황이 지구의 크기에 관해 서기 150년 무렵의 클라우디우스 프톨레마이오스의 계산에 의존한 탓인데 프톨레마이오스는 태평양이 들어갈 공간을 전혀 감안하지 않아서 우리 행성의 크기를 너무 작게 잡았다. 콜럼버스는 평생토록 멕시코가 아시아 본토이고 쿠바는 마르코 폴로가 말하는 치팡구^{Cipangu}(일본) 섬의 앞바다이며 그가 발견한 곳의 주민들은 인도인이라고 굳게 믿었다. 결국 '인디언^{indian}'이라는 잘못된 명칭이 남북 아메리카 대륙 양쪽의 원주민들을 가리키는 이름으로 자리 잡았다.

교황의 의도와 반대로 토르데시야스 조약이 확정한 경계선은 사실 인구가 1백만 명을 간신히 넘는 자그마한 포르투갈 왕국에게 유리했다. 조약은 에스파냐와 포르투갈 간 경도 분할선을 케이프베르데 군도에서 서쪽으로 360해리(약 2,000킬로미터) 떨어진 곳으로 획정하여 지구를 반으로 나누었다. 포르투갈은 아프리카를 획득했는데 포르투갈 항해가들이 이미 희망봉을 돌았기 때문이었다. 그러나 지구가 당시 생각했던 것보다 훨씬 컸기 때문에 동방 분할선은 오늘날의 필리핀과 인도네시아 사이를 지나가게 되었다. 따라서 포르투갈은 인도와 더불어 아시아 거의 전부를 자신들의 세력권으로 얻은 셈이었다. 에스파냐의 몫은 앞으로 발견될 아메리카 대륙이었다. 따라서 어처구니없을 만큼 주제넘은 '교황의 하사'로 아마존 분지 전체는 에스파냐 수중에 떨어졌다.

토르데시야스 조약 6년 후에 브라질이 발견되었을 때, 아직 리우데자네이루나 상파울루 같은 미래의 도시들을 포함하지는 못했지만, 이 새로운 땅에서 동쪽으로 튀어나온 부분은 포르투갈의 세력권에 포함되는 것으로 드러났다. 나중에 포르투갈인들은 자신들의 영역이 아마존 강 어귀에서 (우루과이에 있는) 라플라타 강 어귀까지라고 주장했다. 1532년 포르투갈 국왕은 영구적인 식민을 목적으로 '그의' 브라질 해안 4,000킬로미터를 열네 명의 '수령자'*들에게 하사했다. 물론 확장 일로를 걷던 포르투갈의 식민지는 아직 아마존까지는 뻗지 않았다. 16세기 후반부, 포르투갈인들은 부족들을 하나씩 복속시키면서 이 대서양 연안 지대를 점진적으로 정복해 나갔는데 복수로 얼룩진 원주민 부족 간 적대 관계를 이용한 분할 통치라는 익숙한 식민지 전략이 흔히 구사되었다. 1560년대에 그들은 리우데자네이루를 식민화하려는 프랑스의 시도를 분쇄했고 반세기 후 1615년에 아마존 강 어귀에서 그리 멀지 않은 마라냥에서 또 다른 프랑스 식민지를 축출했다. 한 프랑스인은 포르투갈인들이 너무 호전적이고 모험심이 강해서—그때쯤이면 그들의 교역소와 식민지들은 브라질에서 일본까지 뻗어 있었다—'그렇게 비대한 야심을 과시하는 걸 보면 알렉산드로스 대왕의 심장에서 나온 가루라도 들이킨 모양'이라고 투덜댔다.

곤살로 피사로의
원정
▬

1532년, 아메리카 대륙의 태평양 방면에서 에스파냐의 모험가 프란

---

* 도나타리우^{donatário} 국왕에게 상당한 크기의 영토를 하사받은 민간인을 가리키는 말로 그가 받은 영토는 일반적인 식민 행정 체계에서 제외된다.

아마존Amazon

시스코 피사로는 고작 2백 명 미만의 사람과 약간의 말을 데리고 페루 북부에 상륙했다. 그리고 이듬해가 끝나기 전에 그는 역사상 가장 비범한 정복을 이룩했다. 잉카의 지배자 아타우알파를 생포한 후 그를 기만해 처형하고 안데스 산맥을 넘어 잉카의 수도 쿠스코로 진격한 것이다. 이 호화로운 도시는 아마존 강의 본류인 우카얄리 강으로 흘러가는 두 거대한 수원 빌카노타-우루밤바 강과 아푸리마크 강 사이에 자리 잡고 있었다.

페루 정복 이후 다음 20년간의 역사는 잉카 저항 세력과의 산발적인 교전, 정복자 패거리 간의 잇단 내전, 그리고 동쪽의 아마존 열대우림 가장자리로 진입을 시도했으나 불행하게 끝났던 여러 원정 등으로 채워졌다.

1540년 말에 피사로 총독은 막내 동생 곤살로 피사로를 부총독으로 임명해 오늘날의 에콰도르인 잉카 북부의 수도 키토로 파견했다. 삼십 대였던 곤살로는 피사로 사형제 가운데 가장 늠름했다. 잘생기고 화려하게 차려 입었으며, 용감하고 성미가 급하고 잔인했다. 그는 이미 산전수전 다 겪은 군인이었다. 10년 전 아메리카에 도착한 이래로 쉼 없이 전장을 누빈 그는 훌륭한 기수였으며 창기병이자 검사劍士였다.

키토에 도착했을 때 곤살로는 도시의 에스파냐인들이 동쪽의 부유한 땅에 대한 이야기로 떠들썩한 것을 발견했다. 또 원정대가 인근의 아마존 강 수원지에서 막 되돌아와 에스파냐어로는 카넬라canela라고 하는 계피나무로 추정되는 것을 목격했다고 보고했다. 당시 향신료는 냉장고가 없던 시절 아주 귀하게 여겨졌는데 상한 고기의 맛을 감출 수 있기 때문이었다.

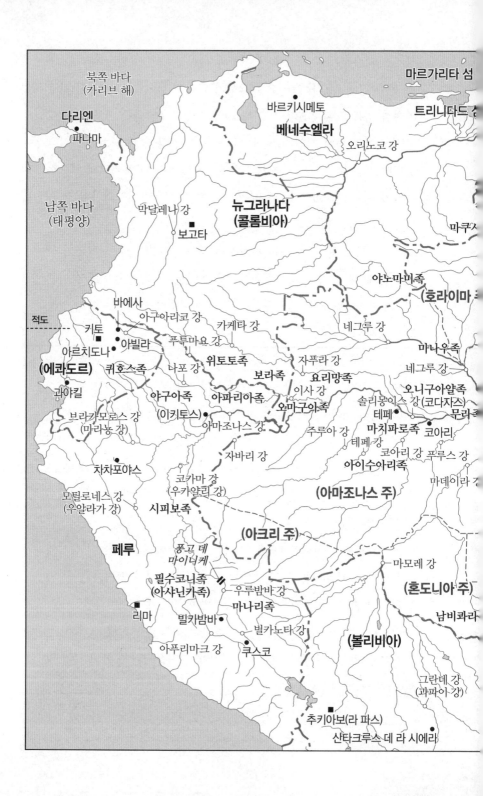

북쪽 바다
(카리브 해)

마르가리타 섬

다리엔
파나마

바르키시메토

베네수엘라

트리니다드

오리노코 강

남쪽 바다
(태평양)

막달레나 강

보고타

뉴그라나다
(콜롬비아)

마쿠스

야노마미족

호라이마

적도

바에사

아구아리코 강

카케타 강

네그루 강

마나우족

키토

아빌라

푸투마요 강

네그루 강

아르치도나

나포 강

위토토족

자푸라 강

요리망족

오니구아얄족
솔리몽이스 강 (코다자스)

(에콰도르)

퀴호스족

야구아족
(이키토스)

아파리아족

보라족

이사 강
오마구아족

테페
무라족

과야킬

브라가모로스 강
(마라뇽 강)

아마조나스 강

마치파로족
코아리

테페 강

차차포야스

자바리 강

주루아 강

코아리 강
푸루스 강

아이수아리족

마데이라 강

모틸로네스 강
(우알라가 강)

코카마 강
(우카얄리 강)

시피보족

(아마조나스 주)

(아크리 주)

페루

풍고 데
마이니케

마모레 강

필수코니족
(아샤닌카족)

우루밤바 강

혼도니아 주

리마

빌카밤바

마나리족

남비콰라

빌카노타 강

(볼리비아)

아푸리마크 강

쿠스코

그란데 강
(과파이 강)

추키아보(라 파스)

산타크루스 데 라 시에라

| 아마존에 최초로 들어선 사람들 |

오늘날 국경선
브라질 주 경계선
( ) 오늘날 명칭

0   500km   N
0   300miles

(가이아나)

수리남 강

프랑스령
기아나
(수리남)

대   서   양

티리요족

(아마파 주)

파리코토족
이와이족

트롬베타스 강

자리 강
파루 강

마라조 섬

적도

마푸에라 강

콘두리스족

아루아족

투피남바족

아루아크족
(나우스)
'교수대'
구야나족
문두루쿠족

아마존 강

(산타렝)

타파조스족

벨렝 두 파라

상루이스 두 마라냥

토칸칭스 강

카야포족

싱구 강

팀비라족

(마라냥 주)

타파조스 강

(파라 주)

(피아우이 주)

(브라질)

샤반테족

아라과이아 강

(토칸칭스 주)

(마투 그로수 주)

(바이아 주)

(고이아스 주)

보로로족

(브라질리아)

(미나스 제라이스 주)

하지만 그보다 더 사람들을 흥분시킨 것은 원정대가 들은 황금의 땅에 관한 소문이었다. 그곳은 황금이 넘쳐나서 그곳의 왕은 자신의 피부에 수시로 그 귀중한 금속을 바른다는 것이었다. 한마디로 그는 도라도^{dorado}, 자기 몸에 금박을 입힌다는 것이었다. 그리하여 그 환상적인 왕국은 라 카넬라^{La Canela} 혹은 엘도라도^{El Dorado}로 알려지게 되었다. 당대의 한 에스파냐인은 '이 위대한 군주 혹은 왕자는 항시 금가루를 뒤집어 쓴 채 생활한다. …… 그는 밤마다 금가루를 씻어내고 아침이면 금가루를 새로 바른다. 그는 뛰어난 예술가의 손에서 탄생한 황금 조각상처럼 눈부시게 빛난다.'는 이야기를 들었다. 이 이야기를 듣고 곰곰이 생각한 이 기록자는 '페루에 있는 커다란 금괴보다는 오히려 이 군주의 방을 청소할 때 쓸어 담은 부스러기를 갖겠다.'고 덧붙였다.

엘도라도에 대한 집단 광란은 근거가 전혀 없지 않았다. 이전 사반세기 동안 에스파냐인들은 멕시코에서는 아스테카 제국과 마야 제국을, 페루에서는 잉카 제국을, 콜롬비아에서는 보고타 족장이 지배하는 무이스카족을 만나면서 여태까지 알려지지 않은 제국들을 발견하고 정복한 바 있었다. 이러한 정복지들은 전설적일 만큼 부유했으며 그곳을 정복한 자들은 세계 최고의 부자가 되었다. 따라서 빛나는 네 번째 전리품이 기다리고 있다는 생각도 꽤나 현실성이 있는 것 같았다.

곤살로 피사로는 즉시 엘도라도 왕국을 정복하기로 결심했다. '이 소식이 키토에 퍼지자 거기 있던 사람들은 모두 원정에 참가하고 싶어 했다.' 며칠 만에 그는 220명의 에스파냐 사람들을 끌어 모았는데 그의 형 프란시스코가 잉카 왕국 전체를 무너뜨릴 때 의존한 병사

아마존 Amazon

보다 더 많은 수였다. 수백 명의 인디오 짐꾼과 라마와 돼지(이미 신세계에서 사육되고 있었다), 그 밖의 다른 가축 떼가 동원되었다. 이 기나긴 행렬은 1541년 2월 말 키토를 나와 행군을 시작했다. 병사들은 사기충천했다. 그들은 각자 칼과 방패만 들었다. 모든 짐은 인디오와 라마의 몫이었다. 그들은 봉우리에 아름답게 눈이 덮인 화산으로 둘러싸인 높은 초지를 출발하여 안데스의 초목이 펼쳐진 골짜기를 내려가 곧 아마존 열대우림의 서쪽 끄트머리에 도달했다.

피사로의 부사령관은 친구이기도 한 프란시스코 데 오레야나였는데 서른 살이었던 그는 잉카 제국을 정복한 대부분의 에스파냐 군인들처럼 에스트레마두라 주 출신이었다. 젊은 오레야나는 인생의 절반을 서인도제도에서 보냈으며 피사로 형제들과 함께 페루 정복 전쟁과 이후의 여러 내전에서 싸웠고 그들에 의해 에콰도르 해안을 식민화하도록 파견되기도 했었다. (그는 과야킬 인근 지방을 복속하는 동안 한쪽 눈을 잃었다.) 오레야나는 엄하지만 존경받는 총독이었고 그곳을 지나가는 에스파냐인들을 환대해주었으며 당시 콘키스타도르*의 기준에서 볼 때 상당한 지성인이었다.

이 젊은 에스파냐인들은 유럽 최고의 전사들이었다. 말과 강철검을 보유한 그들은 카리브 해 지역과 안데스 산맥 인근의 개활지에서 대적할 상대가 없었다. 그러나 아마존 삼림으로 내려가자마자 그들은 대책 없이 무능해졌다. 문명 유럽인들이 어째서 세계에서 가장 다양성이 두드러지는 생태계에서 생존해나가는 법을 결코 익히지

---

* '정복자'라는 뜻으로, 16세기에 중남미를 침입한 에스파냐인을 이르는 말.

못했는지는 참으로 기이한 일이고 지금도 마찬가지다. 반면 원주민들은 어렸을 때부터 숲속에서 사냥과 낚시를 해왔다. 그들은 식량과 약초, 자재로 쓸 만한 수백 가지 식물의 잠재적 가치를 파악하고 있었다. 한 인종은 더듬더듬 나아가며 살갗이 찢어지고 벌레에 물리고 굶어 죽어간 반면 다른 인종은 균형 잡힌 식사를 하고 건강을 유지하며 초목 사이를 자유롭게 누볐다. 유럽인들은 이 낯선 정글에서 길을 잃고 겁에 질리고 망연자실했지만 원주민들은 탁 트인 공간보다 정글을 더 사랑했으며 마치 도시인이 골목들을 속속들이 파악하듯이 각각의 나무들을 한 치도 틀림없이 알아보았다.

때는 우기라 열대 폭우가 쏟아졌고 고지대에는 번개가 끊임없이 내리쳤다. 금세 보급품이 바닥을 드러냈다. 피사로의 원정대는 사람과 동물의 수가 점점 줄어드는 가운데 식량을 빼앗기 위해 현지 주민들과 싸워야 했다. 그들에게 첫 실망을 안긴 것은 '라 카넬라' 땅의 '계피'나무였다. 나무는 큰 꽃과 꼬투리가 달린 커다란 올리브나무처럼 생겼고 아보카도와 가까운 목련과에 속하는 넥탄드라*Nectandra*와 오코테아*Ocotea*속이었다. 열매는 올리브 한 알 크기인데 '작은 모자처럼 생긴 조그만 깍지가 감싸고 있고 색깔과 향은 동방의 계피와 같았다.' 그러나 이 나무들은 너무 멀리 흩어져 있어서 상업적 가치가 떨어졌고 포르투갈 선원들이 인도에서 가져오는 향신료를 대신할 수 없었다.

그곳에는 원주민이 거의 보이지 않았다. 그나마 눈에 띈 벌거벗은 수렵채집인들은 고원 지대의 잉카 제국의 주민들에 비하면 원시적인 듯했다. 곤살로 피사로는 이 인디오들에게 얼마나 가면 탁 트인 대지와 부유한 엘도라도 왕국이 나오느냐고 계속 다그쳤다. 원주민들은 자신들과 같은, 숲에 사는 다른 부족들을 알 뿐이라고 대답했다. (당대의 군인이지만 양심이 있었던) 페드로 데 시에사 데 레온은 '곤살로 피사로는 인디오들이 자기가 원하는 대답을 내놓지 않자 화를 냈다.'고 적었다. 그래서 그 무자비한 콘키스타도르는 태형대를 대령하게 한 후 '인디오들을 그 위에 놓고 그들이 "사실"대로 말할 때까지 고문했다. 무고한 원주민들은 잔혹한 에스파냐인들의 손에 이끌려 곧장 그러한 고문대나 "바비큐 그릴" 위에 사지가 결박되었고 일부는 산 채로 불태워졌다. …… 도살자 곤살로 피사로는 아무런 잘못도 저지르지 않은 인디오들을 불에 태우는 것도 모자라 다른 인디오들은 개한테 던져주라고 명령했고 개들은 인디오들을 갈가리 물어뜯고 먹어치웠다.'

식량이 바닥나고, 비를 쫄딱 맞은 채 끝이 보이지 않는 숲에서 길을 잃은 원정대는 나무를 베어내 길을 트며 힘들게 나아갔다. 말은 더 이상 쓸모가 없었고 어쨌거나 이 임상林床*에는 말에게 먹일 만한 것도 없었다. 피사로는 나중에 '땅이 험하고 길잡이들 사이에 분쟁이 일어나 우리는 엄청난 고난과 굶주림을 겪었다. 그러한 시련으로 몇몇 에스파냐인들이 죽었다.'고 적었다. 이것이야말로 진정한 탐험이었다. 앞에 무엇이 기다리고 있는지 알지 못한 채, 무턱대고 숲으로 들어가 개울이나 물을 찾기 위해 임상의 경사를 가늠하려고 애쓰는 것이었다.

유럽인들은 지금도 손으로 길을 내야 한다. 이런 측면에서 피

---

* 삼림 지표면의 토양과 유기물의 퇴적층.

사로와 오레야나 이래로 거의 5백 년간 변한 것은 없다. 길을 트는 유일한 방법은 마체테 혹은 선원용 단검, (혹은 포르투갈어로 '큰 나이프'를 뜻하는) 파캉으로 힘들게 관목을 베어내는 것이고, 길을 곧게 유지하게 위해 이따금 나침반을 동원한다. 필자도 다양한 아마존 숲에서 그러한 탐험에 여러 차례 참여했다. 그곳은 낙엽이 썩어가는 냄새가 진동하는 축축하고 어두운 세계다. 때때로 교림喬林*은 쓰러진 나무둥치가 무덤처럼 누워 있는 대성당 같은 장관으로 이어진다. 그러한 곳에서는 이동이 쉽지만 동시에 그 세계에서 가장 무서운, 방향 감각을 상실할 위험이 도사리고 있는데, 까마득히 높은 숲 천장의 틈새로 햇빛이 언뜻언뜻 내비칠 뿐이라 해의 방향을 분간할 수 없기 때문이다. 이따금 한줄기 햇살이 비치면 파란빛의 모르포morpho 나비나 희귀한 빛깔의 식물들이 모습을 드러내며 그늘 아래 갈빛과 초록빛이 주종을 이루는 식생의 어둠을 깨트린다. 밀림은 대개 낮고 빽빽하다. 가시 돋친 야자수와 넓적한 양치류 잎사귀들이 무성하고, 이끼와 각종 지의류, 덩굴식물이 뒤엉킨 채 곳곳에 흘러내리며 얼핏 파인애플과 비슷하게 생긴 브로멜리아드**와 다른 착생식물들이 나무 위에 둥지를 틀고 있다.

그러나 그러한 아름다움은 그 무성한 잎사귀를 쳐내면서 나가야 하는 탐험가들에게는 의미가 없다. 가느다란 어린 나무들은 마체테를 한번 휘두르면 쉽게 베어지지만, 덩굴식물들은 칼에 맞으면 이리저리 흔들릴 뿐이라 나무에 단단히 고정시킨 후 잘라내야 한다. 날

---

* 높이 10미터 이상의 키가 큰 수목으로 이루어진 숲.
** 파인애플과 식물의 총칭. 열대 아메리카의 관상식물. 길고 뻣뻣한 잎과 화려한 꽃이 핀다.

이 더워지고 근육에 힘이 빠지는 오후에는 나무를 베어내는 작업이 더 힘들어지고 무뎌진 날을 번번이 갈아줘야 한다. 낙엽이 깔린 바닥에는 개미와 진드기, 모래벼룩이 바글거린다. 낮에는 사람을 무는 흑파리 떼(학명 시물리다에Simuliidae, 아마존 지역에 따라 피웅pium이나 보하슈두 borrachudo라고도 불린다)를, 밤에는 모기를 만날 수도 있다. 길을 내는 사람들은 챙이 넓은 모자를 쓰는데, 덩굴식물에 칼을 한번 휘두르면 머리 위로 거대한 개미 군단이나 잔가지, 전갈, 심지어 나무에 사는 뱀이 떨어질 수도 있고 사나운 숲 말벌 떼를 건드릴 수도 있기 때문이다. 몇 주에 걸쳐 그런 고된 작업을 하고 나면 옷은 다 찢어지고 장화도 망가지며, 외지인들의 몰골은 헬쑥해진다. 살갗은 온통 물린 자국과 박힌 가시, 긁어서 생긴 딱지투성이이며, 팔과 다리에는 올라온 곤충의 독을 여과하는 분비선들이 부어오르고 화끈거린다. 피사로의 부하들은 정복자 영웅으로서 호사를 누리기를 기대했다. 그러나 호사는커녕 그들은 비에 흠뻑 젖은 숲을 힘겹게 헤쳐 나가야 했으며, 종종은 나무가 쓰러지고 가지들이 부러지면서 위험에 처했다. 땅은 언제든 순식간에 미끌미끌한 분홍빛 진창이나 늪지, 홍수로 불어난 물로 바뀔 수도 있었다. 게다가 모기들은 이 우기에 가장 활동적이었다.

곤살로 피사로는 원주민 부족과 산발적 전투를 벌이고 포로를 잡아 심문하고 고문하면서 코카 강과 나포 강 수원지를 탐험하는 데에 1541년의 끔찍한 열 달을 허비했다. 정찰대가 커다란 마을을 발견하면 원정대는 식량을 훔치러 서둘러 갔다. 또 다른 곳에서는 현지 인디오들이 지키는 협곡이 있어, 에스파냐인들은 통나무 다리를 만들어 미친 듯이 물이 쏟아지는 폭포 위를 조심조심 건너야 했다. 강에 너무 가까운 한 야영지에서는 갑작스레 불어난 물에 장비와 보급품이 모조리 휩쓸려 가버리기도 했다. '곤살로 피사로는 이렇게 거친 땅 너머로 비옥하고 풍부한 고장에 도달할 수 없으리라는 것을 깨닫고 크게 상심했다. 그는 자주 이 원정을 떠맡은 것을 한탄했다.'

또 하나의
원정대의 사연

더 북쪽에서는 또 다른 오만한 콘키스타도르가 똑같이 좌절을 겪었다. 보고타 족장의 무이스카 연합을 막 침공한 곤살로 히메네스 데 케사다도 엘도라도에 관한 소문을 듣고 거기에 사로잡혔다. 그는 그의 형제 에르난 페레스 데 케사다를 보내 그곳을 찾으려고 했다. 에르난은 그의 국왕이자 신성로마제국 황제인 카를 5세에게 보낸 편지에 '1541년 9월 1일, 신은 260명의 에스파냐인들과 더불어 약 200필의 말과 이 원정에 필요한 다른 장비를 챙겨서 이 신왕국[오늘날의 콜롬비아]을 떠났습니다.'라고 썼다. 다른 기록에 의하면 그 '다른 장비'란 '모두 억지로 끌려나와 포박되고 감금된 6백 명이 넘는 자유 인디오 남자, 여자, 아이들로 …… 그들 가운데 단 한 명도 살아서 돌아오지 못했다.'

　　이 추악한 원정대는 맞닥뜨리는 부족들과 끊임없이 싸우고, 그들의 식량을 훔치기 위해 인디오들을 몰살하고, 기아와 정글의 혹독한 환경에 말과 대원, 안데스 산지에서 끌고 온 가엾은 인디오들을 차례차례 잃으면서 아마존 강의 북서쪽 방면 수원이 위치한 숲이 울창한 구릉 지대로 나아갔다. 그들은 카케타 강과 푸투마요 강 상류에 발을 디딘 최초의 유럽인들이었다. 그들은 커다란, 가짜 '계피'나무 임분林分*을 발견했지만 '그 향신료가 자라는 지역은 곳곳에 늪지와 강, 출렁거리는 수렁으로 넘쳐나고 무엇보다도 과일과 구근, 새나 물고기를 전혀 구경할 수 없는 믿기 힘들 정도로 사람이 살 수 없는 곳으로, 그곳 어디에서도 식량을 거의 찾을 수 없었다.' 그들이 데려간 인디오와 가축은 모두 죽었다. 엘도라도의 황금은커녕 가짜 계피나무도 건지지 못한 채, 이 북부 원정에서 살아남은 소수의 생존자들은 앙상한 몰골로 가까스로 보고타로 귀환했다.

프란시스코 데 오레야나의 탐험

곤살로 피사로가 보기에 앞으로 나아가는 유일한 길은 강을 따라 가는 길뿐인 듯했다. 따라서 '키토에서 데려온 [수백 명의] 짐꾼 가운데 단 한 명도 남아 있지 않으며 현재 주변에서 짐꾼을 구할 수도 없다는 점을 곰곰 생각한 끝에, 최상의 안은 배를 만들어 보급품은 강으로 띄워 보내고 [남은 사람들은] 육상으로 따라 가는 것이라고 결론 내렸다. 그들은 그렇게 해서 풍요로운 어느 지역에 닿을 수 있기를 희망하며 신께 간절히 기원했다.' 목재나 밧줄로 쓸 리아나**, 역청으로 쓸 송진은 풍부했다. 못으로 만들 수 있을 만한 금속을 찾아 야영 막

---

* 삼림 안에서 주위 나무들과 구분되는 숲의 범위.
** 열대산 칡의 일종.

사를 샅샅이 뒤졌다. 제련을 위해 불을 때는 숯가마가 세워졌다. '이런 식으로 모든 인력을 동원해 보트가 만들어졌다.' 배는 베르간틴 bergantin, 다시 말해 노로 젓는 커다란 보트인 브리그brig로 묘사되었다. 보급품과 30명가량의 사람을 실은 배는 강을 따라 흘러내려 갔고 나머지 사람들은 강물을 따라 숲을 헤쳐 나가면서 이따금 만나는 지류는 그냥 건너거나 다리를 놓아 건넜다. 두 그룹은 매일 밤 합류했다. 그들은 필사적으로 굶주림과 싸워야 했는데, 1541년 크리스마스에는 말안장을 잘라 가죽으로 묽은 수프를 끓여 먹었다.

인디오들을 심문한 피사로는 개울을 따라 이틀을 내려가면 큰 강 두 개가 교차하는 지점에 마니오크가 자라는 넓은 들판과 마을이 있다고 확신했다. 계획은 오레야나와 57명의 대원들이 브리그와 십여 척의 카누를 타고 가서 (훗날 피사로의 진술에 따르면) 열이틀 안에 탈취한 식량을 가지고 되돌아오는 것이었다. 하지만 모든 게 잘못 굴러갔다. 물길이 만나는 지점에는 마을이 없었고 그 너머에 더 큰 강도 없었다. 오레야나는 약탈할 만한 사람이 사는 곳을 만날 수 있기를 고대하며 계속 앞으로 나아갔다. 극도로 쇠약해진 그의 부하들은 신발 밑창을 풀과 섞어서 끓여 먹거나 아무거나 먹을 만한 것을 찾아 숲으로 기어들어가는 지경에 이르렀다. 그 가운데 일곱 명은 굶주림에 허덕이다 죽었다. '그들은 제정신을 잃고 미친 사람 같았다.'

강은 굽이를 지날 때마다 이번에는 인간의 정착지를 발견할 수 있지 않을까 하는 끊임없는 희망으로 유혹하듯 그들을 이끌었다. 비가 쉼 없이 내렸고 우기 동안 아마존 강의 물살은 매우 거세고 빨랐다. 탈진한 그들에게는 강물에 몸을 맡긴 채 떠내려가는 것 외에 도리가 없었다. '물살이 빨라지면서 우리는 하루에 20~25리그(110~140킬로미터]씩 떠내려갔고 이제 강물이 높이 차오르고 다른 여러 강물이 흘러들어와 크게 불어났기에 …… 우리가 뒤에서 기다리고 있는 총독과 원정대에게 돌아가고 싶어도 급류가 너무 세서 불가능했다.' 그렇게 그들은 항해 경험이 있는 사람들이 추정한 바에 따르면 여드레 동안 1천 킬로미터가 넘는 거리를 떠내려갔다. 그들은 이제 되돌아갈 수 있는 지점을 분명히 훨씬 넘어섰다. 원주민들은 가급적 건기에 소용돌이의 가장자리나 강둑 부근의 더 잠잠한 물살을 활용해 카누를 저어 강을 거슬러갈 수 있지만, 에스파냐인들이 급조한 배를 조종해 그렇게 거센 물살을 거슬러 먼 거리를 되돌아간다는 것은 도저히 생각할 수 없었다.

　탐험의 역사에서 이것은 여전히 의문으로 남아 있다. 오레야나는 언제든 피사로를 배신할 작정이었을까 아니면 어느 시점에서 더이상 강을 거슬러 되돌아갈 수 없다고 생각했던 것일까? 배신 행위였을까 아니면 상황에 따른 어쩔 수 없는 선택 혹은 예견된 결과였을까? 오레야나는 모든 대원들이 서명이나 표시를 한 문서로 자신을 보호하려고 했다. 그것은 서기인 프란시스코 데 이사사가가 1542년 1월 4일에 작성한 탄원서의 형태였는데, 문서에서 대원들은 리더인 오레야나에게 강을 거슬러 되돌아가는 것은 '너무 위험하고 따라서 신과 국왕에 대한 충성에 반하므로' 가지 말 것을 간청했다.

　한편 피사로는 자신이 배신당했다고 확신했다. 남은 140명으로 그는 숲에 길을 트고 바르제아 침수평원과 늪지를 건너고 뗏목과 카누로 개울을 건너며 강을 따라 계속 내려갔다. '하늘의 구름에서 엄청나게 많은 비가 쏟아져 내려 며칠 밤낮으로 그치지 않았다.' 남아 있는 말과 개를 모두 먹어치우고 숲에서 구할 수 있는 식량으로 가까스로 버티는 참혹한 여행길이었다.

1542년 3월 피사로는 오레야나의 귀환을 더 이상 기다릴 수 없다고 결심했다. 그는 사람의 거주지가 더 많이 있을지도 모르는 다른 강, 아마도 아구아리코 강으로 추정되는 강을 따라 키토로 귀환하려고 했다. 에스파냐인들은 약탈할 수 있는 몇몇 마니오크 농장을 발견했다. 그러나 쓰기만 한 마니오크의 수액을 침출하는 법을 몰랐고 따라서 일부는 중독되어 고생하거나 죽었다. 반년 후 1542년 9월에 뼈만 남고 여기저기 상처투성이에다가 걸친 거라고는 녹슨 칼밖에 없는 (일부는 그것을 목발로 사용했다) 비참한 몰골의 반벌거숭이 생존자들은 키토로 간신히 기어들어왔고 자신들이 살아 돌아온 것에 감사했다. 피사로는 믿었던 부관의 배신행위에 대해 국왕에게 맹렬한 비난을 쏟아냈다. '식량을 가져오는 대신 그는 아무런 보급품도 남기지 않은 채 강물을 타고 내려가 버렸습니다. 강물이 만나는 지점에는 그들이 상륙하거나 잠시 머문 곳을 가리키는 흔적과 타다 남은 모닥불만 남아 있었습니다. …… 결국 그는 전 원정대에게 신의 없는 인간이 보여줄 수 있는 최악의 잔인성을 보여준 것입니다. 그는 원정대가 식량도 없이 거대한 강에 둘러싸인 광활한 지역에 꼼짝없이 갇히게 되리라는 것을 알고 있었습니다. 그는 원정대가 보유한 화승총과 석궁, 탄약, 철제 금속을 모조리 가져가버렸습니다.' 대규모 법정 조사가 뒤따랐다.

아마존Amazon

마니오크

굶어 죽어가던 피사로의 부하들이 인디오들한테 그토록 필사적으로 빼앗아가고 오레야나 일행의 배를 강으로 계속 유혹한 마니오크는 대체 무엇일까? 마니오크는 예나 지금이나 아마존 농업의 주식이다. 식물학자들에게는 마니호트 에스쿨렌타*Manihot esculenta* 혹은 마니호트 우틸리시마*M. utilissima*, 투피어나 현대 브라질어로는 만디오카*mandioca*, 에스파냐어로는 유카*yuca*, 카리브 지역에서는 카사바*cassava*(가열하면 타피오카*tapioca*)로 통한다. 마니오크는 초기 인류가 채집 생활에서 농경 생활로 진화하는 것을 가능케 한 슈퍼 작물이다. 인간의 육종을 통해 진화한 재배종일 것이다. 이 굉장히 훌륭한 식물의 덩이줄기는 단백질은 부족하나 탄수화물과 열량이 풍부하다.

　마니오크는 재배가 쉽다. 대를 잘라서 땅에 다시 심기만 하면 된다. 어느 때고 심을 수 있고 수확을 한 후 몇 달씩 땅속(혹은 물속)에 저장할 수도 있다. 도금양과 닮은 관목은 쓰러진 나무의 잔해 사이에서 솟아나 일 년에 여러 차례 덩이줄기를 수확할 수 있으며 여러 변종은 독성이 있기 때문에 병충해에 강하다. 마니오크에는 두 가지 유형이 있다. '쓴맛형'은 시안화물 즉 청산가리가 많고 '단맛형(투피어로는 아이피*aypi*)'은 독성이 덜한 대신 더 허약하고 영양이 덜하다. 두 가지를 구별하는 것은 쉽지 않다. 인류학자 베티 메거스는 이렇게 썼다. '미묘한 형태상의 차이가 치명적인 "쓴맛형"과 무해한 "단맛형"을 가르며 이를 식별하는 일은 문자 그대로 생사가 달린 일이다.' 숲속에서 몹시 굶주린 일부 유럽 탐험가들은 이러한 사실을 몰랐고 원주민의 마니오크 농장에 달려들었다가 처리되지 않은 쓴맛 변종을 먹고 고통에 몸부림치며 죽어갔다.

마니오크는 먹기 전에 치명적 독성을 추출해야 하는 유일한 주요 식량 작물이다. 아마도 우리는 초기 인류가 언제 어떻게 마니오크에서 이 독성을 제거하는 법을 알게 되었는지 영영 알 수 없을 것이다. 오늘날까지도 여러 부족들은 다양한 방법을 이용해 덩굴줄기를 파내고 오두막으로 가져와 필요하다면 저장을 하거나 깨끗하게 물에 헹궈 썬다. 그다음 껍질을 벗기고 하얀 마니오크 속살을 가루로 빻거나 간다. 가루로 빻는 작업은 보통 여자 둘이 짝을 지어 하는데 속을 비운 나무둥치로 만든 거대한 절구에서 박자에 맞춰 찧는다. 이것은 원주민 마을에서 친숙한 광경으로, 구경꾼들에게는 매력적인 볼거리로 비치지만 여자들에게는 고된 일이다. 어떤 부족들은 석영이나 단단한 나무 조각이 박힌 오목한 판을 사용해 가는 방식을 선호한다. 그러한 멋진 강판은 네그루 강 상부와 싱구 강에 사는 일부 부족들의 특산품이다. 이 강판들은 도기에 단단히 부착시킬 수도 있다. 고고학자들은 유적지에서 그러한 도기 파편들을 꾸준히 발견했다.

다음은 청산가리를 침출하는 아주 중요한 단계다. 갈거나 빻은 과육을, 투피어로 티피티tipití라고 하는 한쪽이 막힌 긴 소시지 모양의 관에 넣는다. 티피티는 초기 인류에게 획기적인 발명품이었다. 대각선으로 엮인 바구니 세공품이기 때문에 팽창과 수축이 쉽다. 대략 2미터 길이의 티피티에 물을 먹인 마니오크를 채워 나무틀에 매단다. 바닥에 무거운 통나무나 돌덩이를 달아 관을 길게 늘어뜨렸다가 다시 수축시키면 독성을 머금은 물과 전분이 서서히 빠져나온다.

이러한 침출 작업을 수차례 반복하고 나면 마니오크는 부족마다 조금씩 다른 조리법과 도구를 이용해 다양한 메뉴의 음식이나 음료로 가공할 수 있다. 효모를 넣지 않은 빵처럼 맛난 베이주beijú 케이크를 만들거나 끓여서 밍가우mingau 죽을 만들 수도 있다. 가열하면 우윳빛을 띠는 약한 알코올음료가 되는데 카시리cashirí나 카우잉caium이라고 하는 이 음료는 무수한 원주민 축제에서 흥을 돋우는 데 쓰인다. 마니오크를 구우면 작은 낟알 가루(포르투갈어로 파리냐farinha, 에스파냐어로도 파리냐fariña)가 되는데 아침 식사용 시리얼처럼 오돌토돌 씹히는 맛이 괜찮다. 이것은 충해와 부패에 강하고 따라서 아마존 역사 내내 모든 원정의 주식이 되었다. 마니오크는 다른 적도 지역으로도 수출되었고 오늘날에는 쌀 다음으로 세계에서 가장 중요한 열대 작물이다.

오레야나가 만난
원주민 부족들

프란시스코 데 오레야나의 급조한 보트와 카누는 1542년 1월과 2월 초에 나포 강을 따라 빠르게 흘러갔다. 그가 이룩한 업적 가운데 하나는 언어학자로서 놀라운 소질을 발휘한 것이었다. 그는 강을 따라가며 만나는 부족들과 대화가 가능할 만큼 현지 방언의 단어들을 금방 배웠다. (오늘날의 페루와 에콰도르 땅인 이 지역에서는 현재 거주민인 위토토족과 보라족의 경우와 마찬가지로 아마도 투카노안 방언이 사용되었거나 아니면 현재 나포 강 동쪽에 사는 야구아족이 말하는 페반어 계열이 사용되었을 것이다.) 오레야나는 인디오들을 설득해 그들의 식량, 즉 마니오크, 거북이, 앵무새를 에스파냐인들의 구슬이나 자질구레한 장신구와 교환했다. 귀중한 원정 기록을 남긴 도미니크회 수도사 가스파르 데 카르바할은 '그의 언어 지식은 하느님 다음으로 우리가 강에서 죽는 것을 막아준 가장 결정적 요인이었다.'고 썼다.

2월 11일 오레야나 일행은 나포 강을 빠져나와 아마존 강 본류로 접어들었다. (이 교차점은 오늘날 페루의 이키토스 시에서 강을 따라 대략 70킬로미터 떨어져 있다.) 에스파냐인들은 세계에서 가장 큰 강의 일주를 시도하고 있다는 사실을 알지 못했다. 그들은 '북쪽 바다', 다시 말해 카리브 해('남쪽 바다' 태평양에 반하여 파나마 지협의 북쪽에 있는 바다)로 흘러나간다고 생각했다. 어쨌거나 그들은 막강한 급류에 몸을 맡긴 채 떠내려가는 수밖에 없었다.

아마존의 이 지역에서는 강 주변으로 마을이 꽤 흔했다. 열대 우림의 끝없는 장벽 앞 강둑 절벽 위로 이엉을 얹은 오두막이 줄줄이 이어져 있었다. 하늘빛을 반사하는 푸른빛이나 옅은 카키 빛깔이 소용돌이치는 드넓은 강의 양 옆으로, 안데스부터 대서양까지 수천 킬로미터에 걸쳐 한결 같이 짙은 초록으로 무성한 나무들이 끝없이 늘어선 단조로운 풍경이었다. 그 가운데 노란 케이폭나무 꽃의 선명한 빛깔은 보기 드문 명물이다. 가장 큰 아름다움과 움직임은 하늘에 있다. 각양각색의 변화무쌍한 구름이 때로는 흰색으로 때로는 위협적인 잿빛으로, 때로는 하늘을 잽싸게 질주하거나 번쩍이는 번갯불을 반사하면서 형형색색의 장관을 펼친다. 동틀 녘과 해질녘 한순간에는 오렌지빛, 진홍빛, 자줏빛, 은빛으로 빠르게 변하는 하늘이 드넓은 강물의 표면에 눈부시게 반사된다.

오레야나의 배는 물살이 가장 빠르고 잔잔한 강의 정중앙을 유지했다. 마을로 접어들면 원주민들은 머뭇거리거나 적대적인 반응

아마존 Amazon

을 보였지만 대체로 좋은 식량을 내놓았다. 에스파냐인들은 신선하거나 말린 물고기, 거북이, 원숭이와 매너티(온순한 대형 민물 포유동물로 이들이 젖을 먹이는 습성이 인어 전설을 낳았을지도 모른다) 등 놀랍도록 다종다양한 식량을 얻었다. 이 부근의 아마존 강에는 섬이 흔하고 물에 떠다니는 수초 덤불이 많다. 그 결과, 카누 두 척에 탄 열댓 명의 에스파냐인들은 미로 같은 수로에서 길을 잃고 말았다. 이틀 동안 초조하게 기다린 후, 카르바할의 표현에 따르면 다행히도 '모두가 크게 기뻐하는 가운데 주께서 흡족하시도록 우리는 재회했다.' 이후 여러 날 동안 강둑에는 인적이 없었다.

그러다가 탐험가들은 한 부유한 종족의 땅에 진입했다. 중심 마을과 최고 족장을 아파리아라고 부르는 종족이었다. 그들의 영역은 아마존 강을 따라 장장 600킬로미터에 달했고, 오늘날 브라질 땅 한참 안쪽까지 뻗어 있었다. 그들의 마을 각각은 최대 50채까지 커다란 오두막이 있었고, 강 양쪽으로 대략 스무 곳이 있었으며, 드넓은 마니오크 밭과 옥수수 밭을 경계로 구분되어 있었다.

에스파냐인들이 아파리아의 마을로 접근하자 '에스파냐의 자고새 고기와 비슷하지만 그보다 큰' 맛있는 자우jaú와 '가죽 방패만큼 큰' 민물 거북이를 비롯한 음식을 실은 카누가 그들을 맞이했다. 수염이 텁수룩한 이방인들은 물길의 안내를 받아 아파리아 족장을 만나러 갔는데 그는 화려한 깃털 머리장식과 장신구를 둘렀고 몸에 색색이 칠을 하고 있었다. 오레야나는 투피어 몇 마디를 익혀서 족장에게 호의적인 인상을 심어주었다. (카르바할이 기록한 두 가지 원주민 단어를 보건대 이 '아파리아'족은 투피 방언을 말했던 것 같고 따라서 그들은 한 세기 후에 이 지역에서 아리아나라는 아족으로 살고 있었던 오마구아족이었을지도 모른다.)

아파리아 사람들의 환대가 아주 좋았기 때문에 오레야나는 이곳에서 두 번째 보트를 만들기로 결심했다. 사람은 충분했다. 나무를 쓰러트리고 운반해 목재를 잘라 용골과 뼈대, 갑판을 만들고, 숯으로 금속을 제련해 못을 만들고, (인디오들이 그들에게 보여준 나무 진, 아마도 고무 유액을 가지고) 선체에 뱃밥을 채워 넣고, 밧줄과 돛을 만들었다. 에스파냐인들은 낮에는 흑파리 떼에 밤에는 모기떼에 시달렸지만 아파리아 사람들 덕분에 잘 먹었다. 기존의 산페드로호보다 더 큰, '늑재가 열아홉 판'인 선박을 건조하는 데는 35일이 걸렸고, 이 새로운 배는 빅토리아호라고 불렸다.

엘도라도를 찾던 그들의 환상에 기름을 붓는 일화도 있었다. '보트를 짓는 동안 인디오 네 명이 우리를 보러왔다. 그들은 하나같이 가장 큰 기독교도보다 키가 한 뼘쯤 더 크고 피부색이 희며 풍성한 머리칼을 허리까지 늘어뜨리고 있었다. 그들은 황금 장신구와 고운 옷을 걸치고 있었다.' 이들은 음식을 후하게 대접했고 예의가 바르고 공손했으며, 그들의 위대한 족장이 보내어 침입자가 누구인지 조사하러 왔다고 말했다. 16세기 에스파냐인들은 키가 퍽 작았기 때문에 이 인디오들에 대한 묘사는 상당히 그럴 듯하다. 또 파노안어를 말하는 우카얄리 강의 일부 부족들은 면이나 나무껍질로 지은 긴 쿠슈마 저고리를 걸쳤다. 그리고 아마존-솔리몽이스 강의 부족은 노를 저어 침수된 숲을 지나 네그루 강 중부로 간 다음 거기서부터 상류까지 거슬러 올라가 북부 안데스의 무이스카에서 금제품을 얻는다는 것이 나중에 알려졌다.

원정대는 여전히 곤살로 피사로에게 귀환하는 데 실패한 것이

아마존 Amazon

초래할 결과를 두려워했다. 그래서 서기는 그들이 겪은 곤경과 굶주림, 거센 급류, 상류로 거슬러 올라가는 것이 불가능한 상황, 부하들이 오레야나에게 '이 야생의 이교도의 땅에서 벗어나게' 해달라고 애원한 사실들을 구구절절 설명하는 또 다른 문서를 작성했다. 에스파냐인들은 아파리아의 손님으로 4월 24일까지 머물다가 아마존 강을 항행하기 위해 다시 나섰다. 그들은 두 번 다시 그러한 따뜻한 환대를 누리지 못했다.

원정대가 오늘날의 브라질 땅에 접어들자 사람이 사는 곳은 더 이상 찾을 수 없었다. '우리는 그 어느 때보다 크나큰 굶주림과 역경을 겪었고 이곳이 그 어느 곳보다 사람이 살지 않음을 알게 되었다. 강둑으로는 숲이 끝없이 이어졌고 낚시는커녕 밤에 야영할 만한 곳도 찾을 수 없었다. 결국 우리는 이전처럼 각종 풀에 가끔 약간의 구운 옥수수를 첨가한 식단에 의존할 수밖에 없었다.'

5월 중순에 탐험가들은 마치파로 족장의 땅에 진입했다. 이 대부족은 낯선 사람들을 환영하지 않았다. 형형색색으로 치장하고 매너티나 맥의 가죽으로 만든 긴 방패로 몸을 가린 전사들을 가득 태운 전투 카누가 두 배(산페드로호와 빅토리아호)를 공격했다. '인디오들은 다수의 북을 두들기고 나무 트럼펫을 불면서 마치 우리를 집어삼키기라도 할 듯 요란한 함성과 함께 다가왔다.' 에스파냐인들은 석궁과 이따금은 화승총을 쏴가며 사투를 벌어야 했다. 일사불란한 카누 선단의 습격은 이틀 밤낮으로 지속되었다. 그러나 탐험가들은 살아남았고 여러 날 동안 마치파로의 영토를 항행했다. 방책을 두른 마을을 장악하기 위해 (실은 식량을 탈취하고 잠시 쉴 수 있는 안전한 장소를 확보하고자) 상륙을 시도했을 때 그들은 톨레도산 강철검과 아마존산 촌타나무^{chonta} 몽둥이가 맞부딪히는 필사적인 백병전을 몇 시간 동안 치러야 했다. 다시 배로 돌아왔을 때는 모두가 부상을 입었고 그 가운데 열여덟 명은 상태가 심각했다.

마치파로의 한 마을에서 인디오들이 노를 저어와 족장이 그들을 보기를 원하며 그들의 소속 부족과 목적지, 목적에 대해서 알기를 원한다고 알려왔다. 에스파냐인들은 뭍에 내려 언제든 발사할 수 있게 화승총의 심지에 불을 붙이고 석궁의 줄을 당긴 채 전투 대형으로 마을로 전진했다. '모두가 수염이 무성하고 여태껏 만난 다른 모든 부족들과 생김새와 옷차림이 다른 것을 본 족장은 어느 정도 그들을 떠받들며 예의를 갖췄다.' 그는 에스파냐인들을 마을 한곳에 묵게 했다.

마치파로 부족은 옥수수, 마니오크, 얌*, 콩, 땅콩, 광범위하게 양식을 하는 거북이, 대량으로 비축해둔 말린 생선 등 식량이 풍부했다. 당연히 배고픈 에스파냐인들이 가만있을 리 없었고 오두막과 거북이 수조를 약탈하며 난동을 피우기 시작했다. 인디오들은 그들이 신적인 존재가 아니라 상스럽고 탐욕스러운 인간일 뿐임을 깨달았다. 그들은 곤봉과 창, 긴 방패로 무장하고서 흐트러진 약탈자들에게 갑자기 달려들었다. 침입자들은 정신을 차리고 결집하여 많은 인디오를 죽이고 방패도 얼마간 노획하는 등 공격을 막아냈다. 그렇지만 두 명이 죽고 열여섯 명이 부상을 입었기 때문에 아마존 강을 따라 도망쳐야 했다.

마치파로의 거북이 양식은 단순하면서도 효율적이었다. 산란

---

* 열대와 아열대 지방에 자생하는 마속의 덩굴성 식물. 덩어리뿌리가 식용으로 이용된다.

기가 되어 암컷들을 놔주면 항상 알을 낳는 모래톱에 가 알을 낳는
다. 새끼 거북이들이 알을 깨고 나오면 뒤집은 후 등딱지에 작은 구
멍을 뚫어서 카누 뒤쪽에 매달아 마을로 끌고 온다. 그다음 나무 울
타리로 에워싼 수조에 담아 수천 마리씩 양식한다. 식물성 먹이를 먹
고 자란 거북이는 지속 가능하고 탁월한 식량 공급원이었다. '따라서
이 야만인들은 배고픔이 뭔지 모르는데 거북이 한 마리로 대가족 하
나가 먹기에 충분하기 때문이다.' 당시에 아마존 강은 이러한 커다란
민물 거북이 포도크네미스 엑스판사*Podocnemis expansa*로 넘쳐났다. 거
북이와 물고기는 오늘날에도 세계에서 가장 큰 강의 주요 단백질 공
급원이어야 하겠지만 우리는 곧 현대인이 이 맛좋은 식량 공급원을
얼마나 함부로 낭비했는지 보게 될 것이다.

가스파르 데 카르바할은 '(마치파로의 영역으로) 깊숙이 들어갈
수록 인구가 더 밀집하고 땅이 더 좋다는 것을 알게 되었다.'고 썼다.
아마존 강 양쪽의 강둑에는 2~3킬로미터가 넘지 않은 간격을 두고
마을들이 줄지어 들어서 있었다. 가장 큰 마을은 25킬로미터가 넘게
집이 들어서 있었다. (마치파로 부족민들은 작은 남쪽 지류인 테페 강과 코
아리 강 사이 약 300킬로미터에 걸쳐 아마존-솔리몽이스 강을 차지하고 살았
으며 훗날 아이수아리로 알려진 부족이었을 수도 있다.)

그 너머에는 탐험가들이 다소 헷갈리게도 오마구아라고 부른
종족의 땅이 있었다. (아마도 이들은 훗날 네그루 강이 합류하는 지점에서
상류로 250킬로미터 떨어진 코다자스 근방 북쪽 강기슭에 거주하는 것으로 기
록된 오니구아얄 부족이었을 것이다. 반면 진짜 오마구아족은 훨씬 상류에 위
치한 아파리아 사람들이었을 것이다.) 오레야나의 부하들은 이 부족의 주
정착지를 '도기 마을*Pottery Village*'이라고 불렀는데 오늘날 고고학자들

에게 과리타 양식Guarita style으로 알려진 아름다운 도기가 많기 때문이었다. 카르바할에게 '그 그릇들은 세계에서 가장 고운 그릇으로, 말라가산 그릇도 그에 비할 바가 못 되었다. 그릇은 갖가지 색깔의 유약과 안료를 발라 굉장히 선명했다. 게다가 도기의 디자인과 장식 그림은 매우 균형이 잡히고 자연스러워서 그들은 모든 것을 로마인처럼 만들고 그리는 것 같았다.'

이곳은 5월 우기 말이면 불어난 강물이 높이 치솟은 나무 천장까지 차오르고 수천 제곱킬로미터의 숲이 물에 잠기는 바르제아 침수림의 일부였다. 20년 후에 또 다른 에스파냐인은 '이 인디오들은 커다란 마을에 집을 두 채씩 갖고 있다.'고 적었다. '한 채는 땅에 지어 건기에 살고 다른 한 채는 까치집처럼 나무 위에 지어서 강이 범람하는 동안 거기서 살 수 있게 만들었다. …… 사람들은 벌거벗고 살았다. 이 정착지에는 마니오크와 옥수수, 과모테guamote 고구마, 얌 등 다른 구근 작물과 과일이 풍부해 식량이 많았다.'

하류로 내려가자 사람이 살지 않은 무인지대가 한동안 이어지다 쿠루시라리 종족의 땅이 나왔다. 에스파냐인들은 그곳의 '매우 넓고 무수한 정착지, 매우 아름다운 마을, 매우 풍요로운 땅'에 감탄했다. 그러나 그들에게 가장 깊은 인상을 남긴 것은 다양한 양식의 섬세하고 다채로운 빛깔의 도기들이었다. 그들은 화려하게 장식된 '나뭇가지 모양의 촛대'와 450리터들이 커다란 저장 단지에 대해 기록했다.

다음으로 만난 부족은 파구아나라는 족장이 다스리는 곳이었다. 그곳의 첫 번째 마을은 이방인들을 반갑게 맞이하여 파인애플, 아보카도 배, 치리모야 커스터드애플*을 비롯해 음식을 한 아름 안겨주었다. 그 후에 '우리는 어떤 날은 하루에 스무 개 이상의 마을을 지나

쳤'는데 그 가운데 하나는 강 옆으로 대략 10킬로미터 넘게 뻗어 있었다. 다음으로 부잔교가 여러 개 있는 매우 크고 번화한 마을이 나타났는데 부잔교마다 일단의 전사들이 빽빽이 들어차 있었다. 오레야나는 강물 한가운데로 지나가려고 했지만 인디오들은 카누를 타고와 이방인들의 배를 공격했다. 에스파냐인들은 카르바할이 〔하느님 다음으로〕 기독교도들의 주요 구세주라고 표현한 석궁과 화승총에 의지해 다시금 목숨을 건졌다. 연이어 만난 두 부족은 매우 적대적이어서 에스파냐인들은 그들의 이름을 끝까지 알아내지 못했다. 그들은 이따금 마을에 상륙해 식량을 탈취하고 산발적인 전투를 벌이고, 종종은 싸움을 걸어오는 카누들을 밀쳐내면서 아마존 강을 하염없이 내달았다.

6월 3일 그들의 배는 지금까지 떠내려 온 우중충한 진흙탕 강물에 검은 강물이 수 킬로미터에 걸쳐 섞여드는 커다란 강어귀를 통과했다. 틀림없이 네그루 강이었다. 오늘날 인근의 마나우스를 찾는 방문객들은 '두 강물의 만남'을 구경하러 가는데 이곳에서는 타닌 성분이 함유된 네그루 강의 검은 강물이 침전물이 많은 아마존 강의 '흰 강물'과 나란히 흐른다. 한 주 후에 오레야나의 배는 남쪽에서 진입하는 거대한 마데이라 강 어귀를 통과했다. 한 차례 전투 후에 에스파냐 대장은 '이제부터 인디오들이 우리를 두려워해 더 이상 우리를 공격하지 않도록' 일부 포로들을 목매달게 했다. 이 야만적 행위는 정반대의 효과를 낳았다.

마데이라 강 아래 한 종족의 마을에는 전리품으로 거둔 적의

---

* 우둘투둘한 표피에 연노란 과육의 큰 열대 과일. 남아메리카 열대 지역에서 자란다.

머리로 장식한 말뚝이 있었다. 에스파냐인들은 이곳을 교수대의 고장Province of Gibbets이라고 불렀다. 아마도 19세기까지 자신들의 오두막을 그런 소름끼치는 전리품으로 장식했던 호전적인 문두루쿠족의 영역이었던 것 같다. 식량을 훔치려고 이곳에 상륙한 탐험가들은 맹렬한 매복 공격에 직면했다. 운 좋게도 석궁 화살 하나가 원주민 족장을 죽였지만 개별 인디오들은 마을로 퇴각하여 각자의 오두막을 '상처 입은 개처럼' 지켰다. 오레야나는 마을에 불을 지르라고 명령했고 그들은 혼잡을 틈타 빠져나왔다. 그들은 약간의 거북이와 칠면조, 앵무새, 그리고 젊은 여자 포로 한 명을 붙잡았다. 처녀는 영리해서 자신을 붙잡은 사람들과 이럭저럭 의사소통을 할 수 있었다. 그녀는 그들이 이제 '훌륭한 땅이자 아마존족의 영역인 빛나는 하얀 마을'을 지나가고 있다고 설명했다.

원주민 카누들이 그곳을 지나가는 보트를 위협하며 평화로운 접근을 거부하자 침입자들은 싸우기로 결심했다. 그들은 다수의 전사들이 지키고 있는 마을로 브리그를 저어갔다. 에스파냐인들은 총포와 석궁으로 마을을 수비하는 사람들에게 심각한 인명 피해를 입혔지만 그들 역시 빗발치는 화살로 맞섰다. 그들은 자신들의 손실에 아랑곳 않고 춤을 추며 함성을 질러댔다. 일부 에스파냐인들은 마치 파로 부족민들한테서 노획한 매너티 방패로 무장했지만 그들의 배는 화살을 너무 많이 맞아서 꼭 고슴도치처럼 보였다. 연대기작가 가스파르 데 카르바할 수사를 비롯해 다섯 명이 부상을 당했다. 그가 맞은 화살은 갈비뼈를 관통했는데 '내 수도사복이 조금만 얇았더라도 끝장이었을 것이다.'

공격자들은 가슴 높이까지 차오르는 강물에 뛰어들어 전사들

아마존Amazon

을 향해 첨벙첨벙 달려들었다. 카르바할은 수비자들의 결연한 투지는 그들이 바로 아마존의 부하들이기 때문이라고 확신했다. '우리는 인디오 남자들 앞에서 대장으로 싸우는 여자들 열두어 명을 두 눈으로 보았다. 그들이 아주 용감하게 싸운 고로 남자들은 감히 달아날 생각을 하지 못했다. 그들은 등을 내보이는 사람은 누구든 바로 우리 눈앞에서 몽둥이로 때려 죽였다. 그게 바로 인디오들이 그렇게 오랫동안 무너지지 않고 전열을 지킬 수 있었던 이유였다. 이 여자들은 혈색이 매우 하얗고 키가 크며 머리를 길게 땋아 감아 올렸다. 그들은 매우 힘이 넘치고 은밀한 부위만 가린 채 발가벗었으며 손에 활과 화살을 들고 인디오 남자 열 명을 합친 것처럼 싸웠다.' 에스파냐인들은 자신들이 보트로 달아나기 전에 이 아마존 전사를 일고여덟 명쯤 죽였다고 추정했다. 너무 지쳐서 노를 저을 수 없었던 그들은 물살의 흐름에 몸을 맡겼다.

전투에서 사로잡힌 한 인디오는 아마존족에 관해 심문을 받았다. 그는 강에서 북쪽으로 걸어서 일주일쯤 걸리는 곳에 있는 아마존족의 마을을 방문했다고 답했던 것 같다. 그다음 카르바할은 고전적 전설로부터 이미 머릿속에 박혀 있는 생각들, 즉 일 년에 한 번 성관계를 맺을 때를 제외하고는 남자를 거부하고 여아들만 키우며 활시위를 당기기 편하도록 한쪽 가슴을 잘라낸 여전사들에 대한 이야기를 실컷 늘어놓았다. 원주민 정보 제공자는 석조 건물과 라마, 금은 보화로 넘쳐나는 호화롭고 부유한 땅, 심문자들의 귀에 꼭 페루의 잉카 제국처럼 들리는 곳에 대해서도 묘사했다. 멕시코에서 살았던 연대기 작가 프란시스코 로페스 데 고모라는 이 이야기를 비웃었다. '이 강을 따라 그런 것은 본 적이 없고 앞으로도 볼 수 없을 것이다!

이 기만 탓에 이미 많은 사람들이 "아마존족의 강"에 대해 이야기하고 글을 썼다. 그는 다른 에스파냐 탐험가들도 아메리카의 다른 지역에서 여자 부족에 관한 이야기를 들었다는 것을 상기했다. 아마존족에 관한 소문은 1537년 막달레나 강(콜롬비아)에서 곤살로 히메네스 데 케사다와 몇 년 후 파라과이에서 울리히 슈미델에 의해서도 보고되었다. 당시 에스파냐에서 출판된 몇 안 되는 책 가운데 한 권은 고대의 전설을 집대성한 것이었는데, 많은 콘키스타도르들이 대서양을 건널 때 이 책을 읽을거리로 가져갔다. 따라서 그들이 미지의 경이로 가득 찬 신세계에서 그러한 진기한 풍물을 눈에 불을 켜고 찾았던 것도 그리 놀랄 일은 아니다. 아마존이란 이름이 사람들의 뇌리에 박혔다. 결국 세계에서 가장 큰 강은 성적으로 해방된 전설적인 여자 부족의 이름을 따 불리게 되었다.

키가 크고 머리를 감아올린 전사에 대해 한 가지 가능한 설명은 그들이 파리코토족 또는 와이와이족 '남자'들이었다는 것이다. 카리브어를 사용하는 이 부족들은 현재, 북쪽에서 이 지점의 아마존 강으로 흘러드는 마푸에라 강과 트롬베타스 강을 거슬러 여러 날을 가면 있는 곳에 산다. 1914년 미국의 탐험가 윌리엄 커티스 패러비는 와이와이족 전사들을 다음과 같이 묘사했다. '그들은 여자처럼 머리를 길러서 하얀 나무껍질에 돌돌 감아올린다. …… 잘생긴 한 젊은이는 자신의 외모를 아주 자랑스러워했다. 매일 아침 목욕을 한 후 …… 그는 아름다운 긴 머리채에 기름을 바르고 빗질을 한 후 멋지게 치장한 머리관에 집어넣는다. 그러고는 얼굴에 다양한 문양을 그려 넣는다.' 이 부족의 남자와 여자는 성기를 가리는 작은 가리개를 걸치며 남자들은 키가 퍽 큰 편이다.

아마존Amazon

원정대는 아마존 강의 또 다른 남쪽 지류의 어귀에서 아마존 강 양안에 자리한, 족장사회 가운데 가장 큰 곳을 통과했다. 오늘날 그 지류의 이름은 그들의 이름인 타파조스를 따서 지어진 것이다. 강둑 양쪽으로 마을 다섯 곳이 들어서 있었고 멀리 내륙으로 '매우 큰 도시들을 볼 수 있었다.' 전투 카누들이 침입자들을 공격했다. 카르바할은 각각 2~30명을 태운 그런 카누가 200척이 있다고 짐작했다. 강기슭에는 화려한 깃털 망토와 머리장식을 두르고 일제히 위협적인 몸짓으로 종려나무 잎사귀를 흔드는 수백 명의 전사들이 더 있었다. 그들의 사회 조직을 추가로 암시하는 것들로서, 타파조스족의 카누는 호른과 파이프, 삼현 류트처럼 보이는 악기를 연주하는 연주자들을 가득 태우고 있었다. 에스파냐인들은 시끄러운 총포 소리로 원주민들을 놀랜 덕분에 전멸을 피할 수 있었다.

도저히 끝날 것 같지 않은 강물 위를 흘러가면서 오레야나의 노련한 병사들은 이후에도 여러 산발적 교전을 견디고 살아남았다. 마을을 습격하려는 한 시도에서 카르바할 수도사는 다시금 화살에 맞았다. '나는 이 부상으로 눈 하나를 잃었고 여전히 그 고통으로 고생하고 있다.' 7월 말이 되자 그들은 아마존 강 어귀에 거의 다다랐고 조수와 짠물을 감지할 수 있었다. 그들은 대양 항해에 대비해 급조한 보트들을 재정비하며 몇 주를 보냈다. 그들에게는 나침반도 닻도 지도도 항해 능력을 갖춘 선원도 없었고, 식량도 물도 딱할 만큼 부족했다. 그럼에도 불구하고 모든 역경을 딛고서 여정은 기가 막힐 정도로 순조롭게 진행되었다. 미풍과 해류는 브리그를 근대의 세 기아나* 연안과 트리니다드 섬 해안, 오리노코 강 어귀를 지나쳐 베네수엘라 앞바다 에스파냐령 마르가리타 섬으로 데려갔다. 2,200킬로미터에 달하는 놀라운 항해였다. 두 배는 각각 1542년 9월 9일과 11일에 마르가리타 섬에 도착했다. 그들은 뜻하지 않게 역사상 가장 굉장한 탐험을 완수한 것이었다. 다른 유럽인들이 장차 아프리카의 강들의 수원을 발견하기 3세기도 전에, 그들은 세계에서 가장 큰 강을 일주해냈고, 또 그 강에 대해 보고했으며, 그 강에 이름을 붙인 것이었다. 최초의 59명 가운데 단 세 명을 전투에서 잃었고 비슷한 수가 질병이나 기아로 사망했다. 당대 역사가 곤살로 페르난데스 데 오비에도는 이 탐험을 '우연한 사건 이상의 기적적인 사건'이라고 일컬었다.

아마존 강 일주에 대한 카르바할의 놀라운 기록으로부터 세 가지 사실이 분명하게 드러난다. 첫째, 비록 강의 다른 구역과 숲이 우거진 내륙 지방 대부분은 사람이 살지 않았지만 길게 뻗은 아마존 강 전역에 걸쳐 잘 조직된 족장사회가 촘촘히 들어서 있었다. 둘째, 유럽인 침입자들은 숲에서 굶어죽거나 원주민들의 식량을 빼앗는 수밖에 없었지만 원주민 부족들은 배불리 먹고 사는 법을 터득하고 있었다. 셋째, 많은 부족들이 서로 전쟁 상태였다.

프란시스코 데 오레야나에게 탐험의 후일담은 비극적인 안티클라이맥스였다. 그의 부하들 대부분은 페루로 복귀했지만 오레야나와 일부 장교들은 유럽으로 가서 곤살로 피사로의 맹렬한 비난에 직면했다. 다행히도 그는 부하들이 서명한 두 건의 문서와 그가 이룩한 탐험상의 엄청난 위업, 탐험가들의 진술서 뭉치, 그리고 때마침 피사로 형제들의 세가 기운 덕분에 법적인 맹공에서 살아남았다. (프란시

---

*프랑스령 기아나와 영국령 기아나(지금의 가이아나), 네덜란드령 기아나(지금의 수리남)를 말한다.

　　　　　　　　　　　　　　　아마존Amazon

스코 피사로 총독은 1541년 리마에서 한 라이벌의 손에 암살당했다. 잘생기고 성미 급한 곤살로 피사로는 나중에 친인디오 법령에 반발하여 반란을 일으켰다가 끝내는 패하여 1548년 쿠스코 밖에서 처형당했다.)

오레야나는 특허장을 획득해 아마존 유역을 식민화하기 위해 다시 돌아왔다. 그러나 이 사업은 처참한 실패였다. 그는 케이프베르데 섬에서 발생한 유행병과 선박 침몰, 입항하는 곳마다 벌어진 대량 탈주 사태로 대서양을 건너는 사이에만 약 200명의 인원을 잃었다. 오레야나는 1545년 말에 단 두 척의 배와 150명 정도로 추정되는 남녀 인원을 데리고 아마존 강의 어느 작은 어귀에 진입했다. 그러나 그는 강의 본류를 발견하지 못했다. 배 한 척은 난파했고 탐험대는 조난당했다. 오레야나는 그들을 찾으러 나섰으나 그 역시 미로 같은 습지대의 섬들 사이로 실종되고 말았다. 다른 사람들이 석 달에 걸쳐 배를 건조해 그를 찾으러 나섰지만 세 번째 원정대 역시 질병과 기아, 인디오들의 화살에 목숨을 잃었다. 마침내 1546년에, 오레야나의 젊은 아내 아나를 포함해 단 25명의 정착 희망자들을 태운 배 한 척이 아마존 강을 벗어나 바다로 나가 해류를 타고 마르가리타 섬에 다다랐다. 4년 전 오레야나가 그랬던 것처럼 말이다. 오레야나의 미망인은 그가 부하들을 잃어버린 데 상심하고 병이 들어 죽었다고 말했다.

본국의 사정과
한시적 정복 금지

아메리카 대륙에서 에스파냐와 포르투갈의 식민지는 세계 최초의 해

상 제국, 다시 말해 본국과 점령지가 대양으로 분리된 최초의 제국이었다. 그러한 침략의 도덕성을 둘러싸고 적지 않은 의심과 논쟁이 있었다. 주요 비판자는 1514년 자신의 길이 잘못되었음을 깨닫고 성직에 입문해 남부 멕시코 치아파스의 주교가 된 바르톨로메 데 라스 카사스였다. 긴 일생 내내 라스 카사스는 자신의 동포들이 원주민 부족을 정복해 몰살하고 탄압하고 노예로 삼는 것을 강력히 규탄하는 책자를 썼다. 그래도 에스파냐인들이 카사스 주교의 모든 저술을 출간하게 허락한 것은 칭찬할 만했고 그들은 아메리카 원주민을 죽이고 고문하는 일의 부도덕성을 성토하는 그의 말에 귀를 기울였다.

에스파냐의 프로테스탄트 적들은 이 먹잇감을 놓치지 않았고 레옌다 네그라leyenda negra, 즉 에스파냐의 잔학성에 관한 '검은 전설'에 기름을 부었다. 에스파냐 국왕이자 신성로마제국 황제인 독실한 카를 5세(카를로스 1세)는 그의 이름으로 자행되는 만행 탓에 자신의 영혼이 위험에 처할까봐 걱정했다. 1549년 결국 황제는 에스파냐인들은 진실한 신앙을 전파하는 주인 인종이므로 식민지 정복이 정당하다고 주장하는 히네스 데 세풀베다와 라스 카사스 간의 논쟁을 듣고자 바야돌리드에 신학자와 법률가들을 모아 공개토론회를 열었다. 두 이론가는 모두 성경과 아리스토텔레스를 자신들 논변의 근거로 들었다. 그들이 한여름의 열기 속에 며칠 동안 쉬지 않고 라틴어로 논쟁을 했기에 결국 졸음이 쏟아진 토론 참석자들은 끝내 확고한 결론에 이르지 못했다. 그러나 이 논쟁의 결과 국왕의 구원에 대한 위협이 해소될 때까지 더 이상의 정복은 절대적으로 금지되었다. 누구든 국왕의 인가 없이 부족을 발견해 정복하면 그는 그의 정복지를 박탈당할 뿐만 아니라 어쩌면 그의 머리도 잃을 수 있었다. 이 금지 조치는 1560년 마침내 해제되지만, 이 조치로 말미암아 그 이전 11년 동안 아마존 강과 에스파냐령 아메리카의 다른 어느 지역에서도 추가적인 탐험 활동은 없었다.

다시 불어온
아마존 탐험 열기

1556년 페루 북동부 아마존 강 수원지에 위치한 차차포야스의 에스파냐 정착민들은 원주민 카누 선단의 도착에 깜짝 놀랐다. 이들은 '약 3백 명의 인디오들로, 자신들이 브라질에서 왔고 처음 출발할 때는 수가 훨씬 많았으며 자신들을 이끌던 두 [유럽] 사람은 도중에 죽었다고 말했다.' 그들은 자신들이 당시 대서양 연안을 따라 식민지를 수립하고 있던 포르투갈인들의 탄압을 피해 도망쳐왔다고 말했다. 그들은 육로를 따라 이동한 다음 아마존 강 본류와 마라뇽 강(당시에는 브라카모로스라고 불렀다)과 우알라가(모틸로네스) 강 수천 킬로미터를 노를 저어 '거슬러' 올라가 차차포야스에 도착한 것이었다. 그들의 족장 우이라라수('큰 활')와 전사들 일부는 부왕을 알현하도록 리마로 보내졌다. '그들은 계속해서 상류로 거슬러 올라간 그들의 여정에 관해 많은 이야기를 들려주었다. 그들은 자신들이 조우한 부족이 다양하고 그 수가 많음을 강조했고 오마구아라고 불리는 지방의 부를 특히 강조했다.' 이 장구한 이주, 그 길을 따라 만난 대부족들과 마을들에 관한 상세한 보고, 그리고 이 인디오들이 이겨낸 역경은 선풍을 불러일으켰다. 엘도라도 전설과 오레야나의 원정대가 엿본 더 부유한 문명에 대한 암시가 사실임을 확인해주는 듯했다.

페루는 이제 에스파냐 모험가들, 다시 말해 전설적인 서인도에서 한 밑천 잡기 위해 대서양을 건너 온 젊은이들로 북적였다. 그들은 너무 늦게 도착했다. 페루는 이미 1차 콘키스타도르들에게 공납을 바치는 인디오들로 구성된 엔코미엔다encomienda로 조각조각 나뉘어져 있었다. 따라서 신입자들은 하등 가진 게 없었지만 그럼에도 일을 하기엔 너무 거만하고 게을렀다. 그러한 실업자들의 수는 페루의 정복자들을 괴롭힌 일련의 내전에서 지는 편에 가담한 수백 명의 에스파냐인들로 인해 크게 불어났다. 정부 당국은 이 '부랑자들'을 어찌 해야 할지 난감했다. 그들은 사회에 아무런 보탬도 되지 않고 제멋대로인 어중이떠중이들로, 인디오들을 붙잡아 공포에 떨게 하고, 술에 절어 있고, 음탕하고, 툭하면 싸우고, 언제 폭동을 일으킬지 모르는 집단이었다. 따라서 1558년 엘도라도 열기가 이 모험가들을 휩쓸자 부왕은 크게 기뻐했다. 때마침 이 열기는 원정과 정복에 대한 국왕의 금지 조치의 해제와도 일치했다.

페루에서는 우르수아-아기레 원정으로 알려진 거창한 실패로 이러한 무법자 패거리 수백 명이 말끔히 사라졌다. 이 원정대의 사연에는 폭력과 배반, 섹스, 극한의 모험, 장대한 실패 등 호기심을 자극하는 매력적인 이야기들이 잘 버무려져 있었고, 이 때문에 유럽 전역에서 가장 잘 나가는 이야기가 되었다. 현대 관객들은 베르너 헤어초크 감독의 영화 《아귀레 신의 분노》*를 통해서 이 원정에 대한 축약

---

*국내 개봉 당시의 영화 제목에 한하여 '아귀레'로 표기하였다.

아마존 Amazon

적이고 왜곡된 버전을 본 바 있다.

반역자
로페 데 아기레
——

부왕은 이제 엘도라도 왕국으로 여겨지는 오마구아 땅을 정복하고 식민화하는 시도를 이끌 사람으로 페드로 데 우르수아라는 젊은 장교를 선택했다. 우르수아는 깡패들을 모집하고 모험사업에 들어갈 자금을 마련하는 데 전혀 애로를 느끼지 않았다. 기금을 마련하러 돌아다니는 동안 그는 남편 몰래 부왕의 친척과 놀아나서 이미 추문을 불러일으킨 바 있는 아름다운 메스티소* 미망인, 도냐 이네스 데 아티엔사와 사랑에 빠졌다. 우르수아는 사랑스러운 이네스와 그녀의 시녀, 다른 하인들을 데리고 원정에 나설 배가 한창 건조되고 있는 우알라가의 캠프로 귀환했다. 부하들 사이에서는 즉시 불만이 나돌았고 원정대장이 데리고 온 여자의 동행에 반발했다.

영화 《아귀레 신의 분노》는 잊을 수 없는 장면으로 막을 연다. 갑옷을 갖춰 입고 수염이 덥수룩한 에스파냐인들과 거대한 짐에 비틀거리는 인디오 짐꾼들, 말, 노새, 투견, 돼지, 양, 라마의 긴 행렬이 가파른 내리막길을 따라 꼬리에 꼬리를 물며 아마존의 운무림으로 들어간다. 강렬하나 비현실적인 이 영화에서 이 오프닝 시퀀스는 묘

---

* 라틴 아메리카의 에스파냐계 백인과 인디오와의 혼혈 인종.

사가 가장 정확한 부분이다. 우르수아의 원정대는 정말 거대했기 때문이다. 에스파냐 군인은 300명이 넘었는데—프란시스코 피사로가 처음에 페루를 정복할 당시 군인 숫자의 두 배—화기가 흔해졌기 때문에 이 가운데는 120명의 화승총병도 포함되어 있었다. 사제가 세 명, 여자도 열두 명 끼어 있었다. 유럽인들은 남녀 인디오 600명과 흑인 노예 약간 명, 삼십 필의 말과 많은 가축을 부렸다. 차차포야스로부터 우알라가 강의 타라포토까지 이어지는 오늘날의 길은 헤어초크 영화의 막이 열리며 등장하는 극적인 내리막길과 그리 다르지 않다. 길은 안데스 고지대의 탁 트인 농장과 황야 지대로부터 급경사를 이루며 이끼가 무성한 브로멜리아드가 주렁주렁 매달린 운무림을 지나 우알라가의 갈색 강물 양쪽에 늘어선 전형적인 저지대 숲으로 이어진다.

'오마구아의 땅 또는 엘도라도'를 정복하기 위한 원정대는 1560년 9월에 마침내 길을 나섰다. 그들은 카누 선단과 갑판이 넓은 수송선을 타고 강을 내려갔다. 원정대장 페드로 데 우르수아는 부하들과 함께 강변에서 야영하는 대신 이네스와 함께 편안한 배에 머무르는 쪽을 택하는 실수를 저질렀다. 7주 동안 배를 타고 1,200킬로미터 거리를 이동한 후에 그들은 아마존 강의 거대한 남부 지류인 우카얄리 강 어귀(당시에는 코카마 강)와 북쪽에서 유입되는, 지난 날 오레야나가 거쳐 간 나포 강 어귀를 차례로 통과했다. 그들은 파파라는 족장의 비옥한 영토에 도달했는데 그의 부족은 인근에 있는 오늘날의 시피보족처럼 면 통웃을 걸치고 있었다.

원정대는 계속 강을 타고 내려갔지만 몇 주 동안 사람이 거의 살지 않는 숲이 무성한 강둑밖에 구경하지 못했고 우기가 시작되자 사기는 점점 떨어져갔다. 우르수아의 부하들이 마치파로 부족의 땅에 도착했을 때는 사정이 조금 나아졌을 것이다. 이들은 많은 인구와 질서 정연함, 풍부한 식량(특히 거북이로 가득한 수조)으로 오레야나에게 깊은 인상을 남겼던 바로 그 부족이었다. 그들은 사람들을 마을 안 오두막에 묵게 하고 약간의 음식을 대접하면서 수염을 기른 이방인들의 두 번째 침입을 이번에도 친절하게 맞았다. 일단의 에스파냐인들이 부유한 땅을 찾아 남쪽으로 갔지만 빈손으로 돌아왔다. 그들은 모기와 흑파리 떼에 시달렸다. 그러나 엘도라도 제국이 허상에 불과할지도 모른다는 커져만 가는 의혹이 사기에 더 큰 타격이었다.

이러한 불만은 원정대의 불평꾼이자 종국에는 원정대의 천벌의 화신이 되는 바스크 출신 병사 로페 데 아기레가 활약할 공간을 제공했다. 이제 대략 45세가 된 로페는 처음에는 베네수엘라, 나중에는 주로 페루에서 지내면서 인생 대부분을 아메리카에서 보낸 사람이었다. 로페는 언제나 운이 없었다. 그는 때때로 내전에서 지는 편에 속했고, 그나마 곤살로 피사로의 반란 진압을 도왔을 때조차도 국왕에 대한 충성에 아무런 보상을 받지 못했다. 그는 다리에 두 군데 총상을 입었고 숲속 인디오들과의 다른 산발적 교전에서 한쪽 팔을 잃었다. 쿠스코에서 그의 인디오 첩은 메스티소 딸 엘비라를 낳아주었고 그는 딸을 끔찍이 아꼈다. (그는 엘비라를 아마존 원정에 데려왔고 베르디의 오페라에서 리골레토가 질다를 감시하듯 딸의 정조를 철저하게 보호했다.) 그래서 그는 우르수아의 원정대에 하급 장교로, 베테랑이지만 몸은 불구이고 마음은 뒤틀린 채로 참가했다. 싸움으로 점철된 일생에서 그에게는 자기 연민과 자신을 기만했다고 느끼는 권력에 대한 편집증적 분노 외에는 남은 게 없었다.

아마존 원정 초창기 몇 달 동안 로페 데 아기레는 다수의 평범한 군인들의 지지를 얻어냈다. 말주변이 좋은 그는 고참병들의 고충을 잘 알고 있었고, 그 역시 고참병의 한 사람으로서 그들 사이에 인심을 얻었다. 그는 소문과 불만을 어떻게 퍼트려야 할지 정확히 알고 있었다. 우르수아 총독은 여러 실책을 저질렀다. 인디오로부터 식량을 훔친 사람을 처벌하려고 했을 때는 독재자로 비쳤다. 한 명도 빠지지 않고 갖고 있는 금속(마치파로 사람들에게 인기 있던 유일한 교역품)을 모두 반납하게 했을 때는 탐욕스러워 보였다. 또 그의 더 안락한 숙소와 더 좋은 음식, 아름다운 정부는 격렬한 시기심을 불러일으켰다.

원정대는 모코모코라는 마치파로의 작은 마을로 배를 타고 갔다. 그곳에서 1561년 새해 첫날 로페 데 아기레와 다른 열두 명의 모반자들은 국왕이 임명한 총독을 제거하기로 결심했다. 저녁 식사 후 페드로 데 우르수아는 하인들의 시중을 받으며 해먹에 누워 있었다. 암살자들이 들이닥쳐 총독과 그를 구하러 온 부관을 조용히 칼로 살해했다. 살인과 뒤따른 혼란 속에서 모반자들은 에르난도 데 구스만이라는 무능한 젊은 신사를 원정대의 장군으로, 로페를 캠프 대장, 즉 배와 보급품, 인력을 좌지우지하는 사실상의 리더로 임명했다. 이네스 데 아티엔사는 눈물을 머금고 줄곧 그녀를 노려온 후안 데 라반데라라는 자에게 옮겨갔다.

그러고 나서 새로운 지도자들은 특별 인포르마시온Información*을 작성했는데 이 문서는 세비야의 인도 문서고에 남아 있다. 이것은

---

*차후 에스파냐 본국에 보낼 전보.

　　　　　　　　　　　　　　아마존Amazon

우르수아가 저질렀다는 모든 죄목, 특히 국왕에게 돌아가야 할 돈을 훔쳤다는 사실을 빠트리지 않고 열거했다. 문서는 원정대의 변호사에 의해 '1561년 1월 2일 마치파로 지방의 모코모코에서' 공증되었다. 구스만이 가장 먼저 서명한 후 그의 이름 옆에 '장군'이라고 기입했다. 그러나 로페 데 아기레는 서명을 하면서 여봐란 듯이 '반역자'라고 적었다. 이를 지켜보던 몇몇 사람들은 신경질적으로 웃음을 터트렸다. 다른 이들은 살인이 국왕의 이해관계를 위해 감행된 것이라고 주장했다. 그러나 로페는 그들에게 냉혹한 현실을 가르쳐주었다. 공식적인 상관을 죽임으로써 그들은 반란을 일으킨 것이라고. 비록 전설적인 부의 땅을 발견할지라도 그들은 끝까지 추격을 받을 것이라고. 그리고 사법 당국은 '우리가 지옥에 떨어질 온갖 범죄를 저질렀다고 기소할 것이며 우리는 모두 목이 달아날 것'이라고. 반역자를 자처한 그는 원정대에게 페루로 돌아가 그가 증오하고 원망하는 국왕과 성직자들로부터 페루를 되찾자고 촉구했다.

새로운 총독 구스만은 여전히 정복에 대한 희망을 버리지 않았고 원정대는 계속 강물을 따라 내려갔다. 처음 타고 온 배들은 모두 잘못된 목재로 건조되어서 물이 샜기에 이제 단 한 척만 남아 있었다. 대부분의 사람들은 카누로 이동하거나 강둑의 숲을 힘겹게 쳐내며 나가야 했다. 버려진 어느 마을에 도달한 원정대는 더 많은 배를 건조하는 일에 착수했다. 로페는 고기와 가죽을 얻기 위해 남아 있는 30마리 말과 개를 도살할 것을 명령했다. 보트 두 척을 건조하는 데 10주가 걸렸고 사기는 떨어졌다. 많은 인디오 짐꾼들은 야간에 족쇄를 채워놨음에도 불구하고 대부분 카누를 타고 도망쳐 버렸다. 무자비한 로페는 이네스의 정부인 반데라와 그의 무리에게 음모를 꾸미는 것으로 여겨지는 장교들을 처단하라고 명령했다.

　　에르난도 데 구스만은 사람들을 관리하는 일을 로페에게 맡긴 채 자신은 더 좋은 음식(그 가운데 일부는 그가 직접 숲속에서 사냥한 것이었다)을 먹고 아무런 일도 하지 않았던 우르수아의 실책을 되풀이했다. 그럼에도 불구하고 3월 23일 서기는 또 다른 기이한 문서를 작성했고 원정대 180명 전원이 서명했다. 이 문서 역시 남아 있다. 문서는 돈 에르난도를 '페루, 티에라 피르메Tierra Firme(에스파냐 본령)*, 칠레의 왕자'로 선언했다. 로페는 과장된 몸짓으로 새로운 군주의 손등에 입을 맞췄고 다른 이들도 그의 예를 따랐다. 새로운 통치자는 환상을 연기하기 시작하여, 시종의 부채질을 받으며 해먹에 드러누운 채로 조관들을 임명한 후 허구의 녹봉과 봉토, 심지어 이 모든 일을 까맣게 모른 채 페루에 살고 있는 에스파냐 여인들까지 하사했다. 로페의 딸 엘비라는 에르난도의 형제 마르틴과 궐석 혼약을 맺었는데 마르틴은 원정대에 끼어 있지 않았기 때문이다. 돌아가 페루를 차지한다는 로페의 집착에 찬동하여 새로운 땅을 발견해 정복한다는 생각은 싹 사라졌다. 그는 아마존 강을 타고 계속 내려간 다음 안데스 산맥을 따라 육로로 되돌아감으로써 페루로 귀환할 작정이었다. 4월 초가 되자 원정대와 대폭 감소한 보급품을 싣기에 충분한 각 360톤이 나가는 두 척의 배가 마련되었다.

　　캠프는 각종 음모로 들끓었다. 로페는 갈수록 과대망상에 빠져들었다. 어느 날 한 장교가 라틴어로 이야기하는 것이 목격되었다.

---

* 오늘날의 플로리다부터 멕시코 만 연안과 중앙아메리카, 남아메리카 북쪽 연안 지대까지를 가리킨다.

로페의 심복들은 재빨리 그에게 사형을 선고한 후 그의 목에 '말이 너무 많음Por hablador'이라고 적힌 팻말을 걸어 목매달았다. 다음 희생자는 이네스 데 아티엔사에게 홀딱 빠진 새 애인 로렌소 데 살두엔도로, 그는 돈 에르난도의 막사 안에서 목숨을 구걸하다 칼에 찔려 죽었다. 에르난도는 살인광 바스크인에 맞서 저항 세력을 조직하려고 했지만 로페는 그를 여러 수 앞질렀다. '그는 캠프에서 가장 용감하고 좋은 무기로 무장한 약 40명을 무리로 거느렸는데, 그들은 모두 그의 친구이자 …… 그가 가는 곳이라면 물불을 가리지 않고 따르고 그를 위해서 기꺼이 죽을 사람들이었다.' 에르난도는 항복했고 로페에게 말했다. '원하는 대로 누구든 죽여라. 너는 노련한 병사이니 전적으로 너의 판단을 따르겠다.' 첫 희생자는 다름 아닌 도냐 이네스로 그녀가 난자당해 피를 흘리며 죽어가는 동안 사람들은 그녀의 몸에서 보석과 화려한 옷을 채갔다. '그리하여 그녀를 알았던 모든 사람들에 따르면 페루에서 가장 뛰어난 미인이었다는 가련한 여인은 이 세상에서 가장 비극적인 삶을 마감했다.' 로페가 앙심을 품고 있던 다른 장교들의 죽음도 뒤따랐다. 며칠 후 새벽녘 기습에서 그의 광신적 추종자들은 사제를 살해하고 에르난도 왕자의 숙소를 들이닥쳤다. 그들은 잠에서 깬 그의 대위 세 명을 칼로 베거나 화승총으로 쏴서 죽였고 마침내 젊은 돈 에르난도를 '마지막 고해도 없이 그의 우스꽝스러운 가짜 제후 작위를 조금도 존중하지 않은 채' 총을 쏴서 죽였다. 한자리에 모인 원정대원들에게 살인을 정당화하는 연설을 한 로페 데 아기레는 그들을 마라뇨네스('아마존의 사람들'), 자신을 '신의 분노, 자유의 왕자', 페루와 칠레의 군주라 칭했다.

보트는 원주민 마을을 습격하거나 아니면 음식과 다른 물품을 교환하면서 아마존 강 하류를 타고 계속 내려갔다. 로페는 물살과 그들의 노가 허락하는 만큼 배가 최대한 빠르게 하류로 흘러가게 했다. 가장 커다란 위험은 계급 갈등에 자극받은 피에 굶주린 리더한테서 왔다. (로페스 바스의 목격담을 영어로 번역한) 엘리자베스 시대 연대기 작가 리처드 해클럿은 다음과 같은 문장으로 독자들을 경악시킨다. 로페는 '신사나 태생이 좋은 사람은 누구도 데려가지 않기로 결심했고 따라서 그런 사람들을 모조리 죽였다. 그러고 나서 일반 군인들만 데리고 출발했다. …… 내가 이 사악한 인간이 저지른 온갖 극악한 살인을 하나하나 상술하면 독자를 지겹게 하는 일이 될 것이다. …… 그는 병사 두 명이 서로 이야기를 나누는 모습을 보기만 해도 금방 그들이 자신을 죽일 음모를 꾸미고 있다고 의심했다.' 아마존 강에서 보낸 그 몇 달 동안 에스파냐인들은 370명에서 230명으로 40퍼센트 가까이 감소했다. 로페는 안데스 인디오들에게는 더욱 잔인했다. 대양 항해를 앞두고 그때까지 생존한 170명의 남녀 인디오들은 오로지 배의 무게를 줄인다는 이유로 아마존 강둑에 버려졌다. 그들은 울면서 이 부당한 처사에 항의했다. 일부 에스파냐인들이 그들을 대신해 탄원하자 곧장 명령 불복종으로 교수형에 처해졌다.

　　몇 주 동안 마라조 섬 주변의 미로 같은 해협을 요리조리 통과한 끝에 모험가들은 1561년 7월에 대서양으로 진입했다. 19년 전 오레야나를 실어간 것처럼 해류는 그들을 북서쪽 에스파냐 식민지 마르가리타 섬으로 데려갔다. 수상한 낌새를 눈치 채지 못한 마르가리타 섬 당국 관계자들은 사이코패스 반역자가 탐험가들을 이끌고 있다는 것을 모른 채 그들을 반갑게 맞이했다. 로페는 곧 마르가리타 섬을 장악하고 얼마 되지 않는 섬의 정착민들을 다수 살해한 다음 겁에 질린 그의 무리를 이끌고 베네수엘라 본토로 향했다. 그는 여전히 군대를 이끌고 안데스 산맥을 따라 수천 킬로미터를 이동한 후 페루의 왕자로 등극한다는 환상에 사로잡혀 있었다. 뉴그라나다(콜롬비아)의 정부 당국은 병력을 긁어모아 10월 27일 바르키시메토 인근에서 반란군과 대치했다. 그러나 로페의 부하들이 그의 손아귀에서 벗어날 기회가 생기는 대로 재빨리 도망쳤기 때문에 전투는 일어나지 않았다. 그들의 지도자는 딸 엘비라가 국왕 병사들의 수중에 떨어져 강간을 당하거나 반역자의 후손으로 살아가야 하는 운명을 겪지 않도록 막사로 달려가 제 손으로 그녀를 죽였다. 그 후 로페는 적들의 총알에 쓰러졌다. 그의 시체는 능지처참을 당했고 시체 토막들은 에스파냐 국왕에 감히 도전하면 누구든 이런 결과가 따르리라는 경고의 의미로 도시 바깥에 효시되었다.

죽기 직전 로페는 에스파냐 국왕 펠리페 2세에게 범상치 않은 편지를 썼다. 편지는 굴종과 대담한 반항 의식, 과대망상에 자기 연민이 뒤섞인 글이었다. 그는 국왕에게 스물네 해에 걸친 자신의 복무 인생과 두 군데의 부상에 대해 늘어놓은 다음 국왕이 콘키스타도르들에게 매정하고 신의 없이 굴었다고 비난했다. 그들이 정복한 땅을 전리품으로 차지할 자격이 있는 사람은 국왕이 아니라 바로 '그들'이었다는 것이다. 로페는 부패한 수도사들과 타산적인 변호사들을 욕하고 우르수아와 구스만, 자신에 반해 음모를 꾸민다고 의심한 이들을 모두 죽였다고 자랑스레 떠벌렸다. 그다음 그는 자신이 막 일주한 아마존 강에서의 참혹한 경험에 대해 경고했다. '우리가 어떻게 그런 무시무시한 호수를 빠져나왔는지는 신만이 아실 것입니다. 그러니 국왕 폐하께서는 이 불운한 강의 탐험을 시도하는 어느 함대도 더 이상 조직하거나 허락하지 마소서. 맹세컨대, 수십만 명이 온다 해도 누구도 그곳을 살아서 빠져나오지 못할 것입니다. 기독교도로서 내 말을 믿으십시오. 지금까지 보고들은 모두 거짓이옵니다. 그 강에서는 얻을 게 절망밖에 없습니다. 특히 에스파냐에서 건너온 풋내기들한테는 말입니다.'

펠리페 2세는 물론 이 정신 나간 헛소리를 읽지 않았지만 문서는 보관소에 보존되었다. 아마존 강은 나쁜 명성을 얻었다. 그곳 주민들의 평화가 다시 수염을 기른 침입자들의 소란으로 어지럽혀지기까지는 반세기가 흘렀다. 그리고 로페는 경험 없는 유럽인들이 그 열대 환경에서 번창하기 어렵다고 말한 점에서 맞았다.

과라니족
이야기

에스파냐인들은 남아메리카 내륙의 부를 찾으려는 광란의 행각 속에서 엄청난 탐험의 위업을 달성했다. 에스파냐 탐험가들은 저 멀리 아마존 분지의 최남단에서 오늘날의 동부 볼리비아 평원까지 침투했다. 콘키스타도르들은 라플라타 강과 파라과이 강에서 출발하여 인디오들을 길잡이 삼아 북쪽으로 수천 킬로미터를 흐르며 마모레 강, 그다음 마데이라 강으로 이름을 바꾸며 아마존 강 본류에 합류하는 그런데 강 주변의 드넓은 사바나로 갔다.

과라니 전사들은 오늘날의 파라과이에서 강물을 거슬러 올라가 위태로운 차코 강을 건너 잉카 제국의 남동부 외곽을 공격하곤 했

아마존 Amazon

다. 그들은 안데스 산맥 기슭에 사는 치리과노족을 습격했고 잉카인 들로부터는 금속을 빼앗아 귀환했다. 그리고 언제인가부터 아마존 분지의 남쪽 구역에 정착했다. 1520년대 초 과라니족이 벌인 한 공격 전쟁에는 배가 난파당한 백인들이 함께 했다. 그들의 지도자인 알레이슈 가르시아라는 포르투갈인은 잉카 제국의 주변부를 본 최초의 유럽인이었다. 그는 아마도 새로이 건설된 아순시온으로 귀환한 것 같지만 1525년 무렵에 그의 잉카 보물을 노린 과라니족 혹은 다른 유럽인의 손에 살해되었다.

1540년대에 이 과라니족 수천 명은 아순시온의 총독 도밍고 마르티네스 데 이랄라를 인도해 파라과이까지 간 다음 다시 서쪽으로 판타날 습지대를 건너 라노스 데 치키토스 사나바까지 갔다. 이랄라는 금광이나 다른 보물을 발견할 수 있기를 바라고 있었다. 그는 에스파냐가 정복한 페루의 경계에 다다랐다. (1548년 곤살로 피사로의 반란을 막 진압한) 페루의 총독 페드로 데 라 가스카는 이랄라에게 파라과이로 돌아가라고 충고했고 충고를 받아들인 이랄라는 원정의 유일한 수확으로 불법 취득한 인디오 노예 수천 명을 데리고 돌아갔다.

1561년 이랄라는 아순시온에서 뉴플로 데 차베스라는 대장의 지휘 아래 과라니족과 에스파냐 정착민들로 구성된 일단의 병력을 파견해 자신이 앞선 원정길에 목격한 초지에 정착지를 건설하고자 했다. 그곳은 잠재적인 방목 지대로 보였다. 뉴플로 데 차베스는 그곳에 자신만의 총독령을 수립할 뜻을 품고 있었다. 그와 그가 이끄는 과라니족은 아라와크어를 말하는 차네족과 투피어를 말하는 치리과노족 틈에 정착했다. 가뭄이었기 때문에 뉴플로는 나무 십자가를 세우고 그 주변에서 춤을 추며 일종의 기독교식 기우제를 지냈다. '신께서 그들에게 큰 비를 보내주셨고 이는 그 인디오들이 개종하는 계기가 되었다. 그때부터 그들은 십자가를 깊이 숭배하고 필요한 것이 있거나 힘든 일을 겪을 때면 언제나 십자가에 도움을 구했다.' 그래서 에스파냐인들은 그란데 강(혹은 과파이 강) 인근 자신들의 정착지에 산타크루스라는 이름을 붙였다. 그 지역은 실제로 소 방목에 안성맞춤인 곳으로 드러났다. 다음 세기에 예수회 선교사들은 이 평원 지대의 원주민 부족들을 끌어 모아 파라과이 신정 국가의 이 가장자리에 선교 정착촌을 세웠다. (최근에 산타크루스 데 라 시에라는 목축과 농업, 천연가스 그리고 마약에서 나오는 부로 볼리비아에서 급성장하는 도시가 되었다.)

아마존 숲에서 막을 내린 잉카 제국

1572년 끔찍한 우르수아-아기레의 모험으로부터 10년 후, 잉카 제국 최후의 잔존 세력은 상부 아마존에서 소멸했다. 페루의 정복자 프란시스코 피사로는 1534년 망코라는 왕자를 잉카 제국의 꼭두각시 황제로 세우려고 했다. 몇 달이 지난 후 망코는 에스파냐 정복의 심각성을 깨닫고 이 흉악한 침입자들에 맞서 대규모 저항 운동을 조직했다. 저항 세력은 1536년부터 일 년 동안 쿠스코를 포위 공격했고 많은 에스파냐인들이 죽었다. 그러나 궁극적으로는 에스파냐 증원군과 전투 능력, 말과 검이 승리했다. 망코는 옛 수도의 북서쪽 빌카밤바 삼림 구릉지로 도망칠 수밖에 없었다. 곤살로 피사로는 망코를 생포하기 위한 원정대를 이끌었다. 1539년, 그가 키토로 가서 실패로 끝 날 엘도라도 모험을 떠나기 직전의 일이었다. 망코는 목숨을 부지하 여 안데스 산맥 기슭에 숲이 무성한 아마존 유역 저지로 이어지는 곳 을 따라 역시 빌카밤바라고 하는 작은 수도를 건설했다. 1545년 망코 는 자신이 피난처를 제공한 에스파냐 도망자들의 손에 끝내 살해되 었다. 그의 세 아들은 한때 막강했던 잉카 제국의 이 자그마한 자투 리땅의 통치자로서 그의 제위를 이어갔다. 근 30년 동안 빌카밤바에 는 대사들이 파견되었다. 선교사들과 외교 사절들은 이 젊은 잉카인 들을 숲이 무성한 그들의 근거지에서 끌어내려고 무던히 애를 썼다. 비록 빌카밤바 시는—고원의 잉카인들이 선호한 것보다 고도가 훨 씬 낮은—저지대 숲속에 있었지만 '잉카인들은 저 멀리 다소 고립된 쿠스코에 못지않은 찬란하고 화려한 사치와 위엄을 과시했다. 자신 들의 만족과 즐거움을 위해 밖에서 구할 수 있는 것은 뭐든 가져왔기 때문이다. 그들은 거기서 잘 살았다.'

1572년 정력적인 페루의 부왕 프란시스코 데 톨레도는 에스파 냐령 안에 박혀 있는 소수의 고립지인 빌카밤바를 없애야겠다고 결 심했다. 독자적인 잉카 제국이 멀쩡하게 계속 존재하는 한 페루의 원 주민 부족들은 에스파냐 국왕의 충성스러운 신민이자 진정한 기독교 개종자가 결코 될 수 없을 터였다. 따라서 톨레도 부왕은 중무장한 에스파냐인들과 원주민 보조군으로 구성된 거대한 원정대를 조직했 다. 저항의 움직임이 있었는데, 특히 1539년 곤살로 피사로가 이끄는 원정대의 행렬이 매복 공격을 당했던 바로 그 지점에 바위덩어리를 굴려 내보내는 전술이 재현되었다. (나 자신이 빌카밤바로 들어가는 유일 한 길인 이 오솔길을 따라 걸으며 훨씬 위쪽 비탈진 산허리에 바위덩어리들이 여전히 놓여 있음을 확인할 수 있었다. 1980년대에 미국의 탐험가이자 학자인 빈스 리가 발견한 것이다.) 그러나 에스파냐인들은 이 모든 장애를 물리쳤다. 1572년 6월 24일 그들은 '빌카밤바 시로 걸어서 입성했는데 황량한 바위투성이 땅은 말이 다니기에 적합하지 않았기 때문이다.' 빌카밤바의 수천 명의 주민들은 초가지붕과 4백 채의 가옥과 성소, 궁전의 나무 담장에 불을 지른 후 주변 숲속으로 도망쳤다. 잉카* 자신이 머무는 곳은 삼나무와 돌을 사용해 여러 층으로 지어졌고 외부는 화려하게 칠해졌으며 곡선을 이루는 에스파냐의 기와를 모방해 일반적인 초가지붕이 아닌 기와지붕을 얹었다. (이 기와들의 파편은 지난 4세기 동안 유적지를 뒤덮은 나무뿌리 사이에 묻힌 채로 있으며 지금도 볼 수 있다.)

잉카 잔존 세력은 초토화 전술을 구사해 공격자들이 식량과 숙소를 찾아 그곳을 떠나게 하려고 했다. 잉카 귀족들은 아마존 숲속의 다른 부족들에게 달아났다. 그러나 에스파냐인들은 모든 잉카인을 붙잡아 빌카밤바 제국을 끝장내려고 단단히 작심했다. 그들은 일단의 그룹으로 나뉘어 불타는 정글의 도시에서 잉카인들이 빠져나간 흔적을 추적했다. 그들의 지휘관은 이 무성한 정글이 산악 지대 사람인 잉카인들에게 낯설다는 것을, '이 고장은 그들에게 맞지 않으며 거기서 생존할 수 없을 것이기에 그들이 위험을 감수하고 도망쳤다는' 사실을 알고 있었다. 한 분견대는 필코수니 부족(오늘날에는 아샤닌카족이라고 부른다)을 향해 서둘러 북쪽으로 갔는데 숲이 우거진 가파른 산을

---

* 잉카Inca 퀘추아어로 지배자, 군주란 뜻으로 통치 계급이나 통치자 가문을 가리킨다.

아마존Amazon

'아주 힘겹게 올라야 했다. …… 그 정글에는 극도로 위험한 방울뱀이 아주 많았기 때문이다.' 6일 후 이 분견대는 젊은 왕자와 임신한 그의 아내를 생포했다. 또 다른 중대는 약 60킬로미터를 행군하고 통나무 뗏목으로 넓은 강을 건넌 후 원주민 관리를 사로잡고 '황금으로 만든 태양 우상과 금과 은, 에메랄드를 비롯한 다량의 귀금속, 많은 고대 옷감 등 모두 100만〔페소 금화 가치가〕넘는다는' 보물을 챙겼다.

가장 중요한 도망자인 망코의 서른다섯 먹은 아들 잉카 투팍 아마루는 여전히 잡히지 않았다. 페루 부왕의 근위대 소속의 한 야심만만한 대위인 마르틴 가르시아 데 로욜라가 그를 추격하겠다고 자원했다. 직접 고른 40명의 병사들과 함께 그는 빌카밤바에서 코시레니 강을 타고 40리그(약 225킬로미터)를 내려가 우루밤바와 우카얄리 강이 만나는 길목으로 향했다. 그들은 강둑에서 잉카 전사들을 발견했고 발사나무 뗏목을 타고 넓은 강을 건넜다. 숲속으로 뛰어든 그들은 스무 개의 출입구가 있는 외딴 오두막과 맞닥뜨렸다. 용감한 에스파냐인들은 집안으로 들이닥쳐 마나리족(아라와크어를 말하며 오늘날 마치구엥가족으로 알려진 춘코족의 아족) 전사 여덟 명을 생포하는 데 성공했다. 뜻밖에도 이 오두막은 잉카 옷감과 에스파냐 옷감 무더기, 깃털, 무엇보다도 다량의 금은 식기로 가득한 잉카의 창고였음이 드러났다.

추격대는 투팍 아마루가 강 하류 마나리 땅에서 '수림이 울창한 지형과 급류와 폭포, 격류가 많아 타고 내려가기 어려운 강의 보호를 받아' 안심하고 있다는 사실을 알게 되었다. 의심의 여지없이, 이 급류는 곳곳에 포진한 소용돌이와 퐁고 데 마이니케 협곡의 여울로 유명한 우루밤바 강이었다. 가르시아 데 로욜라는 주저하지 않았다. 그는 '다섯 척의 뗏목을 만들고 〔스무 명의〕 병사들과 함께 강을 타고 내려갔다. 〔우리는〕 커다란 위험을 겪었고 여러 차례 헤엄을 쳐서 간신히 목숨을 건졌다. 〔우리의 뗏목〕은 무척 조잡했기에 일부는 좌초하고 일부는 난파했다.'고 으스대며 말했다. 그들은 사흘간 약 50리 그를 이동했다.

사나운 강물의 여울에서 마나리족 족장 이스파카는 많은 인디오들을 이끌고 전투를 하러 나왔다. 그러나 에스파냐인들은 그들의 화술을 총동원하여 그를 설득해 전투를 단념하게 만들었다. 그들은 약탈한 잉카의 보물 일부를 제시했으나 족장은 성을 내며 거절했다. 대신 투팍 아마루가 강을 타고 내려가 필코수니족에게 갈 계획이라는 사실을 알려주었다. 가르시아 데 로욜라는 '투팍 아마루의 아내가 출산을 앞두고 있기 때문에 두려워하고 의기소침해 있다'는 것도 알게 되었다. 그래서 '그는 아내를 너무 사랑하기 때문에 …… 한번에 조금씩만 이동하고 있었다. 투팍 아마루는 …… 물길로 이동할 수 있게 아내에게 카누에 타라고 간청했다. 그러나 그녀는 너무 겁에 질려서 강물에 몸을 맡기려 하지 않았고 〔카누에 오르는 것을 거부했다〕.'

에스파냐인들은 마나리 전사들의 안내를 받아 숲속으로 뛰어들었다. 그들은 활활 타오르는 횃불에 의지해 밤에 행군했다. 그들은 잉카의 최고사령관을 정글에서 생포했는데, '그 정글은 너무 빽빽하고 사람의 발길이 닿지 않는 곳이라 〔인디오들의〕 조언이 없었다면 그를 찾지 못했을 것이다.' 추격자들은 계속해서 숲속으로 난 좁은 길을 '맨발로 걸어갔다. 그들은 그나마 남아 있던 식량과 보급품도 강에서 잃어버렸다.' 칠흑 같은 어둠 속에서 아마도 80킬로미터를 간 후 앞서 간 정찰대가 멀리서 야영지의 모닥불을 목격했다. 그들은 조심스레 접근해 투팍 아마루와 그의 아내가 불 가에서 몸을 녹이고 있는 것을 발견했다. 가르시아 데 로욜라는 투팍 아마루를 체포했고 다음날 아침 그를 데리고 빌카밤바로 귀환길에 올랐다. 에스파냐 대장은 자신의 성공에 한껏 들떴다. 그렇지만 그의 제물이 동맹인 괌보 부족에게 구조되기 직전이었고 우루밤바 강을 따라 하류까지 더 내려갔다면 결코 붙잡히지 않았으리라는 점을 인정했다. 임신한 아내에 대한 걱정이 투팍 아마루의 몰락을 가져왔다.

의기양양한 빌카밤바 원정대는 1572년 9월에 쿠스코로 귀환했다. 가르시아 데 로욜라 대장은 진홍색 벨벳 튜닉을 입고 잉카 황제의 머리장식과 술로 치장한 그의 포로를 황금 사슬에 채워 데려왔다. 투팍 아마루는 쿠스코에서 가장 달변인 일단의 성직자들의 손에 맡겨졌고 그들은 금방 성공을 거두었다. 잉카는 〔기독교를〕 이해하는 데 비범한 지성을 과시하였다. 그는 세례를 받기 위해 필수적인 모든 것을 3일 만에 깨우쳤다.'

그러나 부왕은 잉카 제국이 재기할 일말의 가능성도 완전히 제거하고자 잉카족을 몰살하기로 단단히 결심했다. 그래서는 그는 빌카밤바의 원주민 사령관 다섯 명과 투팍 아마루에 대한 약식재판 후 처형을 명령했다. 투팍 아마루는 이전 10년 사이에 빌카밤바나 그 인근에서 일어난 모든 살인을 저지른 죄로 기소되었는데 그 시기 대부분은 그의 형이 잉카였기 때문에 이는 명백히 부당했다. 성직자들은 모두 톨레도 부왕에게 이 무고한 젊은이의 목숨을 살려달라고 탄원했으나 소용이 없었다. 결국 투팍 아마루는 검은 옷을 입고 손과 목이 묶인 채 검은 천을 씌운 노새에 태워져 쿠스코의 중심 광장으로 끌려갔다. 거리와 시장, 지붕은 말없는 페루인들로 미어터졌다. 어찌나 발 디딜 틈이 없었는지 누군가는 오렌지를 떨어트려도 땅에 닿지 않았을 것이라고 표현했다. 남녀 에스파냐인들은 (일부 여자들은 눈물을 흘리는 가운데) 창문과 발코니에 몰려들었고 죄수는 수백 명의 무장한 사람들의 호위를 받았다. 잉카 제국의 마지막 황제는 교수대에서 연설을 하고 종부성사를 받은 후 (잉카족과 앙숙인) 카냐리 부족 인디오가 휘두르는 마체테에 참수되었다. 수천 명의 페루 사람들로부터 가슴 찢어지는 탄식이 흘러나왔고 쿠스코의 모든 교회에서 조종이 울렸다.

투팍 아마루라는 이름은 페루 역사에서 계속 살아 있다. 18세기 후반 에스파냐의 지배에 항거하다 역시 처형당한 잉카족의 후예도 그 이름을 차용했다. 그 후대의 투팍 아마루는 페루 독립의 선구자로 추앙되었다. 그의 상징적 이미지는 20세기 주화에 등장했고 그의 이름은 멀리 우루과이 투파마로 게릴라와 페루의 마르크스주의 게릴라들에게도 영감을 주었다.

에스파냐 학정에 맞선
퀴호스 인디오의 봉기

프란시스코 피사로는 잉카 제국을 정복하면서 콘키스타도르들에게 공납을 바치는 인디오들을 할당해주었다. 강제 노동을 해야만 하는 이 인디오들이 사는 지역은 엔코미엔다encomienda로, 이들의 부역을 받는 에스파냐인들은 엔코멘데로encomendero라고 불렸다. 엔코멘데로와 그의 가족들은 에스파냐인 마을에 살아야 했다. 안전상의 이유 때문에 식민지 정착민들은 소수의 동포들 틈에서 사는 이 마을 생활을 선호했다. 이는 인디오들이 자신들의 공물을 읍내에 있는 주인의 집까지 날라야 한다는 뜻이었다.

공납의 양은 견딜 수 없을 만큼 많았고 따라서 이 엔코미엔다 체제는 노예제보다 조금 나은 수준이었다. 한 성직자는 이렇게 썼다. '그들이 바치는 공납과 세금은 …… 엄청난 노역으로만 유지된다. …… 그들은 극도의 빈곤 속에 살고 있으며 생활필수품이 부족하고 빚이나 공납의 지불 잔액을 결코 청산하지 못했다.' 또 다른 이는 '지구상의 어느 사람보다 가장 비참하고 가련한 삶을 사는' 이 인디오들을 동정했다. '몸이 성한 한 공납을 바치기 위해 일에만 매달려야 한다. 아플 때조차 그들은 쉴 틈이 없고 일단 병이 걸리면 아무리 경미할지라도 살아남는 사람이 거의 없는데 이는 그들이 영위하는 처참한 삶 때문이다. …… 그들은 자신들의 비참함과 노예 상태에 크게 낙심해 있으며 …… 결국 자신들이나 후손들이 온전한 삶을 누리지 못하고 오로지 에스파냐인들을 위해서 계속 일할 수밖에 없다고 생각한다. 이러한 상황 때문에 그들은 절망한다. 그들은 오로지 하루하루 먹고 살 수 있기만을 바라지만 그마저도 여의치 않기 때문이다. …… 이 사람들은 무거운 짐을 지고 말이 오를 수 없는 산비탈을 오른다. 무거운 짐을 진 채 땀을 흘리며 비탈을 오르는 그들의 모습을 지켜보는 것은 가슴 아프다.'

오늘날의 에콰도르인 북부 키토 주보다 인디오들이 더 야만적으로 혹사당하는 곳도 없었다. 이 지역은 이미 잉카족에 의한 정복을 겪었고 잉카족은 미타mita라고 알려진 부역 세금 체계를 부과했다. 저항의 움직임은 에스파냐의 정복과 더불어 심화되었다. 구세계에서 유입된 질병이 창궐하고 강제 노동은 가정생활을 파괴했으며 미타요 mitayo 일꾼들은 가족을 부양할 수 없었다. 그 결과 16세기 말까지 에콰도르의 인구가 150만 명에서 대략 20만 명으로 감소하는 인구학적 파국이 초래되었다.

키토에는 광산이나 눈에 띄는 부의 원천이 (약간의 에메랄드를 제외하고는) 거의 없었기에 그곳의 식민지 정착민들은 직물에서 돈을 벌었다. 안데스 산지의 라마나 양털에서 나온 실과 아마존 유역 산기슭에서 자라는 목화에서 나온 실로 인디오들이 짠 직물이었다. 에스파냐인들은 이 목화를 재배하고자 키토 아래에 바에사, 아빌라, 아르치도나라는 작은 마을 세 곳을 건설했다. 목화는 1542년 곤살로 피사로의 극한의 생존자들이 엘도라도 원정에 실패한 후 간신히 몸을 끌고 온, 나포 강의 수원지에 위치한 퀘추아어를 사용하는 퀴호스 부족의 숲속에 있었다.

새로운 마을 세 곳의 에스파냐 정착민들은 퀴호스 인디오들에게 과도한 공납을 요구했다. 에스파냐인들의 행동이 너무 악질적이라 실태를 조사하기 위한 칙령 사법관이 파견되었다. 그는 인디오들을 공포로 몰아넣은 사나운 개들을 죽이라고 명령하고 죄가 있는 식민지인들에게 벌금을 물렸다. 그러나 잔인한 아이러니로, 이 국왕 관리의 순시와 그가 부과한 벌금에 대한 비용은 애초에 그가 도울 대상이었던 원주민들에게 다시 지워졌다. 그들은 더 많은 목화를 재배하고 추가로 더 많은 옷감을 짜서 키토까지 날라야 했다.

더 이상은 참을 수 없었다. 1579년 샤먼 겸 족장 베토와 과미가 봉기를 일으켰다. 이 샤먼(퀴호스족은 펜데pende라고 불렸다)들은 원주민들이 정복자들로부터 숲을 되찾으리라는 메시아적 비전을 설교했다. 그들은 기독교도의 신이 자신들에게 압제자와 그들의 마을을 파괴할 것을 명령했다고 선언했다. 펜데 베토는 말했다. '매일 기독교도로부터 받는 학대와 고통이 갈수록 심해지고 있기 때문에 그 마을 두 곳의 기독교도를 모두 죽여야 한다. 그 마을이 들어선 이래로 17년 동안 그들의 노동은 크게 늘었다. 그들은 (정착민들이) 먹을 작물을 재배해야 하고, 정착민들과 그들의 아내, 딸들이 입을 옷을 위해 실을 잣고 옷감을 짜야 하며, 그들이 짠 많은 옷감을 등에 지고 키토까지 가서 팔아야 했고, 다른 짐을 지고 돌아왔다.' 에스파냐인들은 나날이 증가하고 있었고 그들이 요구하는 일도 늘어나고 있었다. 이러한 상황이 끝날 기미는 보이지 않았다.

반란은 용의주도하게 계획되었다. 전사들은 비밀리에 회합했다. 원주민 마을을 방문하고 있던 에스파냐인 다섯 명은 마을 주민들에게 위험을 알리지 못하도록 살해되었다. 베토는 추종자들을 데리고 아르치도나로, 과미는 아빌라로 갔다. 공격은 에스파냐인들이 점심을 먹거나 낮잠을 즐기는 한낮에 동시에 감행되었다. 대부분의 인디오들은 전투를 앞두고 얼굴과 몸에 물감을 칠하고 깃털 장식을 달았으며 활과 화살, 돌팔매와 전투용 곤봉을 챙겼다. 일부 전사들은 마을 광장을 장악하고 다른 전사들은 탈출로를 봉쇄했지만 대부분은 정착민들의 집 안으로 하나씩 들이닥쳐 안에 있던 주민들을 모조리 죽였다. 그들은 완벽하게 기습을 달성했다. 당대 연대기 작가 토리비오 데 오르티게라는 모든 에스파냐인들이 강철검과 화승총, 말을 가지고 결사적으로 싸웠지만 차례차례 죽임을 당했다고 썼다. '그 잔혹한 인디오들은 …… 발견한 에스파냐인들과 그들의 아내와 아이들, 하인들을 (그들이 그곳 원주민이 아니면) 모두 죽이고 아무도 살려두지 않았다.' 살상이 마무리되었을 때 승리자들은 아빌라 마을 전체를 불태우고 약탈했으며 담장을 허물고 과수원의 유럽산 나무들을 베어 넘어트렸다. 아르치도나의 정착민들은 미리 경고를 받아서 급조한 보루로 방어를 했지만 사흘이 지나자 식량과 탄약이 바닥나 인디오들에게 힘에 밀려 모두 죽임을 당했다. 그곳 역시 초토화되었다.

승승장구하는 퀴호스족은 최고 족장 후만디의 지휘 아래 더 큰 바에사 마을로 행군했다. 그러나 바에사는 아마존 삼림 지대로 이어지는 대로상에 위치해 키토에서 걸어서 이틀거리에 불과했다. 그래서 다량의 화약, 포탄과 함께 3백 명의 에스파냐 기병과 보병들이 황급히 마을로 파견되었다. 삼림 지대 인디오들은 중앙 광장으로 전진했지만 일제 사격으로 전력이 크게 약화된 후 기병대에 의해 몰살되었다. 뒤이은 전투에서 부족민들은 에스파냐인들에게 거듭 돌진하며 용감하게 싸웠지만 우수한 무기와 전투력에 맥을 못 추었다.

토벌군이 파괴된 두 마을에 도착해 썩어가던 정착민들의 시신을 땅에 묻었다. 항복한 인디오들은 아빌라와 아르치도나를 재건하는 데 동원되었고 미타 노동이 재개되었다. 반란 지도자인 펜데 베토와 과미, 후만디 족장은 숲속까지 추격당해 키토로 끌려와 재판에서 사형 선고를 받고 벌겋게 달군 족쇄를 차고 형장으로 가는 수레에 태워진 채 거리거리를 돌며 조리돌림을 당한 후 몸에 칼을 쓰고 교수형을 당했다. 퀴호스족의 다른 족장들과 고원 지대 전역의 족장들은 불려나와 처형을 지켜봐야 했으며 꼭 18년 전 로페 데 아기레처럼 희생자들의 머리와 잘린 사지는 몇 달간 저잣거리에 효시되었다. 패배한 퀴호스족은 끝이 보이지 않는 가혹한 노동 상태로 되돌아갔다. 그들은 먼동이 틀 때부터 해질녘까지 목화밭에서 일하거나 오브라헤스

obrajes라는 노역장의 베틀에 매이거나 무거운 짐을 키토 안팎으로 실어 나르는 삶을 이어갔다.

AMAZON

| 2장 |

무법천지
아마존

로페 데 아기레가 아마존 강을 일주한 지 50년이 지난 17세기 초가
되자 유럽인들은 그 저주받은 강의 '무시무시한 호수'를 피하라는 미
친 바스크인의 충고를 잊어버렸다. 네덜란드인, 잉글랜드인, 아일랜
드인, 포르투갈인들은 모두 아마존 강 유역을 식민화하려고 했다. 대
체 무엇이 그들을 유혹했는지 이해하기란 힘들다. 엘도라도가 아마
존 강 유역에 있다는 환상이 여전히 남아 있었기 때문일 수도 있다.
1586년 월터 롤리 경은 사람들을 유혹하는 『거대하고 풍요롭고 아름
다운 기아나 제국의 발견』을 출간했는데 그 책에서 그는 기아나 숲속
에는 엄청난 부가 감춰져 있기 때문에 그곳을 정복하는 병사들은 금
괴로 보상을 받을 것이라고 약속했었다. '기아나는 아직 그 처녀성이
더럽혀지거나 훼손되지 않은 땅이며 …… 그곳의 무덤은 금을 찾는
이들의 손에 아직 파헤쳐지지 않았으며, 그곳의 광산은 아직 커다란
망치가 두들겨진 적이 없으며, 그들의 우상은 아직 그들의 신전에서

끌어내려진 적이 없다.' 어쩌면 이 전설의 땅은 남쪽에서, 카리브 해 방면이 아니라 아마존 북쪽 지류의 상류로 거슬러 올라가면 접근할 수 있지 않을까? 다른 한편으로 무성한 열대 수목은 비옥함을 나타내며 따라서 쉽게 농사를 지을 수 있으리라는 생각이 그들을 유혹했을지도 모른다. 그곳의 땅에 담배와 목화, 심지어 사탕을 심으면 이문이 많이 남는 농사를 지을 수 있으리라. 물론 오늘날 우리는 연약토와 끝없이 쏟아지는 빗줄기, 이글거리는 태양, 치명적인 병충해와 각종 곤충 때문에 농사가 어렵다는 것을 안다. 그러나 한편으로는 도대체 왜 20세기까지도 열대의 에덴이라는 관념이 지속되었는지 이해가 가기도 한다.

유럽인들의 아마존 하구 쟁탈전

공격적인 포르투갈인들은 브라질의 대서양 연안 지대 전체를 차차 장악해 나갔다. 1615년 그들은 아마존 강 어귀 남동쪽 마라냥에 정착하려는 프랑스의 결연한 시도를 분쇄했다. 프랑스인들을 축출한 직후 포르투갈인들은 프란시스쿠 칼데이라 드 카스텔루 브랑쿠와 150명을 배 세 척에 보내 아마존 강에 전초기지를 설립했다. 1616년 1월 그들은 과마 강과 파라 강이 합류하는 섬에 목조 진지를 세웠다. (넓은 파라 강은 마라조 섬의 남쪽 기슭에 있으며 따라서 아마존 강의 남쪽 어귀에 있다고 할 수 있다. 파라pará는 커다란 강을 뜻하는 투피어이며 그래서 브라질 지도는 이 단어의 여러 변형으로 도배되어 있다.) 원주민 부족들은 새로

온 사람들을 환영했고 그들이 제공하는 교역품을 얻기 위해 여럿이 강을 타고 내려왔다. 진지가 건설되었는데 현재의 벨렝 두 파라('파라 강의 베들레헴'이란 뜻) 시이다.

인디오들과의 우호 관계는 오래가지 않았다. 1617년 말 벨렝의 정착민들은 한 달 동안 마라조 섬에서 온 전사들과 '매우 격렬한' 싸움을 벌였다. 그 후 1618년에는 투피남바족과 동맹 부족들의 심각한 '반란'이 있었다. 이 투피어를 말하는 부족들은 새로운 사람들에 대한 경외심을 잃었고 '그들의 마을에서 "몸값 지불ransoming"[노예사냥을 이르는 완곡어법]을 하러 다니는 일부 사람들이 자행하는 착취와 피해에 분개했다. 그들은 이들[노예무역상]을 죽이고 반란을 지속했으며 즉시 파라 강의 새 정착지를 꽁꽁 포위했다.' 마라냥 연안을 따라 있는 모든 투피남바족이 그들의 투쟁에 합류했다. 그들은 상루이스 근처 쿠망 만에서 서른 명이 지키고 있던 진지를 격파했고, 파라 강에서는 포르투갈인 열네 명이 타고 있던 배를 파괴했다. 그러나 또 다른 방책 진지에 대한 그들의 공격은 '매우 결사적인 반격에 부딪혀' 많은 인디오들이 목숨을 잃은 채 실패로 끝났다.

벨렝에서 포위된 포르투갈인들은 남쪽에 있는 동료들에게 원조를 요청했고 (프랑스인들에 맞서 승리한) 제로니무 드 알부케르케가 페르남부쿠에서 병사들을 이끌고 도착했다. '그는 우리 편이 여전히 포위되어 굶주림에 시달리고 있는 것을 발견했다. 벨렝의 포위를 푼 후 그는 이교도들을 추격하여 파라 강둑까지 거의 200리그[약 1,100킬로미터]를 이동했다. 그는 이 원정에서 여러 차례 용맹을 떨친 후 그곳에서 죽었다.' 화기와 전투력 그리고 가차 없는 결단력에 힘입어 전세는 점차 포르투갈인들에게 유리해졌다. '벤투 마시엘 파렌테 대장은 마라냥에서 [포르투갈] 병사 80명과 인근 마을에서 동원한 600명의 궁수를 이끌고 육로로 이동했다. 그는 이 이교도들을 철저히 유린했다. 그들 대부분은 자신들의 마을을 버리고 숲으로 달아나—그들의 또 다른 적 가운데 하나인—타푸이아tapuias*의 수중에 떨어졌고 타푸이아들은 이 기회를 놓치지 않고 찾아낸 투피남바족을 모조리 죽이거나 먹어치우거나 노예로 삼았다. 죽거나 포로가 된 자가 50만 명이 넘는다고 한다.' 무수한 원주민 포로들은 남은 생애 동안 노예가 되어 강제 노동을 해야 했다. 한 주교는 '파라 강에서 [반경] 100리그[550킬로미터] 안에 있는 모든 인디오들은 포르투갈인들에게 제압되어 잠잠해졌다. 그들은 노예가 주인을 두려하는 것보다 더 포르투갈인을 두려워하게 되었다. …… 파라 강에는 한때 인디오들이 많이 살았고 그곳을 방문한 사람들은 그 거대한 강둑을 따라 들어선 많은 인디오 마을을 보고 감탄을 금치 못했다. 그러나 이제 멀쩡한 사람은 거의 없다. 나머지 사람들은 노예사냥꾼들이 자행한 부당한 처사로 목숨을 잃었다.'

영국과 네덜란드 뱃사람들도 수십 년 동안 남아메리카 북동부 연안을 조심스레 탐색하고 있었다. 토머스 로 경은 '백인들이 아직까지 정착하지 않은 …… 아마존족의 거대한 강 유역에 교두보와 정착지를 마련'하라는 국왕의 위임장을 받았다. 로의 1610~1611년 기아나 원정대는 매튜 모턴이라는 노련한 선원을 하부 아마존으로 보내 정보를 수집하게 했다. 게이브리얼 태턴이 작성한 1615년의 지도(현

---

* 비(非)투피어 부족이란 뜻.

아마존Amazon

재 노섬벌랜드 공작 소유이다)는 모턴이 멀리 상류의 싱구 강 어귀까지 조사했음을 보여준다. 모턴의 동료 가운데 한 명은 다년간 아마존에서 교역을 해온 필립 퍼셀이라는 아일랜드인이었던 것 같다. 이 퍼셀은 타우레게라는 강가에 담배 플랜테이션을 설립했는데 마라조 섬 서쪽 아마존 강의 북쪽 어귀로 흘러들어가는 마라카푸루 강이었을 가능성이 크다. 그 인근에는 1612년경에 토머스 킹이 설립한 영국인들의 방책 진지가 있었다.

이미 기아나 연안에 번창하는 담배 플랜테이션을 보유한 네덜란드인들은 오라녜와 나사우라는 이름의 방책 진지 두 곳을 싱구 강 하부에 건립했다. 1616년 플리싱언의 시민들은 황금수탉호^{Golden Cock}에 피터르 아드리안스존 이타를 파견해 아마존에 식민지를 건설하게 했다. 그는 가족을 동반한 열네 명을 포함해 130명의 남자들을 데리고, 그들이 코로파투베와 헤니파페라고 부른 두 강(오늘날의 하리 강과 파루 강으로 추정된다) 사이의 북쪽 기슭에 정착했다. 이 정착민들은 수파네 인디오들과 우호 관계를 맺고 그들의 도움을 받아 플랜테이션을 설립해 이내 담배와 붉은 우루쿰^{urucum}(아나토) 염료를 배에 실어 네덜란드로 보내게 되었다.

1620년 잉글랜드인들이 돌아왔다. 롤리의 선장 가운데 한 명이었던 로저 노스는 잉글랜드아마존 회사를 설립했다. 그는 잉글랜드인과 아일랜드인으로 구성된 120명의 정착민을 데리고 상류로 100리그를 거슬러 올라가 '그곳의 땅과 사람이 매우 만족스러워서 모두가 이렇게 행복할 수가 없다고 생각한 곳'에 정착했다. 현지의 인디오들은 그들이 땅을 개간해 담배 플랜테이션을 차리는 것을 도와주었다. 잉글랜드인들은 윌리엄 화이트의 지휘 아래 작은 배를 띄워 아마존 강 상류로 200리그를 더 거슬러 올라가며 탐험했다. 그는 약 80년 전 오레야나의 일주 이래로 외부인의 손길이 닿은 적 없는 번성한 땅을 묘사했다. '그들은 사람들이 많이 거주하는 마을을 많이 보았는데 어느 곳은 3백 명, 어느 곳은 5백 명이나 6백 명, 7백 명이 살고 있었고 그 가운데 일부는 수천 명이 사는 매우 큰 마을이라고 한다. 마을 대부분은 서로 매우 다르며 특히 언어가 다르다. …… 그들 대부분은 남녀노소 가릴 것 없이 벌거벗고 다니지만 이 강에 이름을 부여한 거인 같은 〔아마존〕 여자들은 보지 못했다.'

북부의 아일랜드인 정착민 가운데에는 이 커다란 강에 자신의 운을 걸어본 많은 모험가들 중에서 가장 재미난 인물이 되는 젊은이가 있었다. 버너드 오브라이언은 투먼드 백작의 아들로, 본국에 있는 동안 가톨릭을 신봉해 성을 몰수당했다. 그러나 당시 제임스 국왕은 그의 아일랜드 가톨릭교도들이 자신을 위해 먼 외지에 식민지를 건설하는 일을 장려했고, 오브라이언도 배에 올랐다. 그는 아마존 강 하구 북안 파타비^{Patavi}('코코넛 수풀'이란 뜻)라는 곳에 열두 명의 아일랜드인과 네 명의 잉글랜드인 하인을 데리고 상륙했다. 그들은 다량의 무역품, 즉 '구슬, 팔찌, 나이프, 거울, 장난감 호루라기, 빗, 도끼, 다른 자그마한 물건들'을 가져왔고 아라와크어를 말하는 현지의 아루앙 인디오들과 잘 지냈다. 오브라이언은 주변에 도랑을 파고 흙과 나무로 진지를 지었으며 그의 머스킷 총을 가지고 인디오들이 적을 물리치는 것을 도와 그들의 환심을 샀다. 아루앙 인디오들은 그의 부하들을 먹이고 플랜테이션에서 일했다. 그 대가로 그는 2천 명의 인디오들에게 가톨릭 신앙과 신, 천국과 지옥, 그리고 현대적인 전투 기술을 가르쳤다.

아마존 Amazon

젊은 아일랜드인은 머스킷 총병 다섯 명과 인디오 친구들 50명과 함께 네 척의 카누에 나눠 타고 탐험에 나섰다. 그들은 상류로 노를 저어 갔다. (틀림없이 아마존 강의 북쪽 지류 가운데 하나였을 것이다.) 여러 부족을 지나친 끝에 마침내 아마존 전사들의 땅에 도달했다. 오브라이언은 약간의 감언이설을 섞어 가며 자신이 아마존 여왕 쿠냐마추Cuña Machu('위대한 여인'이란 뜻의 잉카어)를 방문해 그녀에게 '네덜란드산 셔츠를 선사했으며 셔츠를 입은 여왕은 무척 도도해' 보였다고 주장했다. '한 주가 흐른 후 나는 되돌아올 것을 약속하고 그곳을 떠났으며 여왕과 신하들은 나와의 이별에 슬픔을 표시했다.' 그는 감질나게 이 전설의 땅에 대해 아무런 세부 사항도 알려주지 않은 채 여자들은 많지만 남자는 없고 아마존 전사들은 '활을 쏘기 위해 인위적으로 가슴을 잘라내 오른쪽 가슴은 남자처럼 작지만 왼쪽 가슴은 다른 여자들처럼 풍만하다'는 고전적 전설만을 되풀이했다. 더 많은 모험을 겪고 파타비로 돌아온 오브라이언은 1624년 자그마한 진지를 동료인 필립 퍼셀에게 맡기고 네덜란드 선박에 담배와 목화를 실어 유럽으로 출항했다.

한편, 벨렝 두 파라 인근에서 인디오들을 진압한 포르투갈인들은 다른 유럽인 침입자들(그들 대부분은 가증스러운 프로테스탄트)에게 눈길을 돌렸다. 1623년 포르투갈에서 온 선장의 지휘 아래 70명의 병사들과, 인디오와의 싸움으로 악명 높은 군인 벤투 마시엘 파렌테를 포함한 원정대가 아마존 강 본류로 파견되었다. 원정대에는 크리스토방 드 상 주제 수사(이단재판관으로 브라질행을 자원한 성 안토니우스 프란체스코회 수도사)도 포함되어 있었다. 그는 인디오들 사이에서 커다란 인기와 신뢰를 얻고 있었고, 이에 1천 명의 인디오 궁수들이 40척의 카누에 나눠 타고 원정에 자원했다. 이들은 또한 다량의 식량을 가져왔고 그 대신 연장과 구슬, 빗, 거울, 낚시 바늘과 기타 물품을 받았다. 아마존 강 북쪽 어귀의 잉글랜드인과 네덜란드인들은 이 강력한 포르투갈 원정대에 맞서 속수무책이었다. 그들과 같은 편 원주민들이 푸로furo(마라조 섬 서쪽에 있는 숲이 우거진 수로로 현대 원양선이 지나갈 수 있을 만큼 넓고 깊다) 사이를 노를 저어 다니면서 포르투갈인들을 괴롭히고 일부를 죽이기도 했지만, 원정대가 상륙하자 수적으로 열세인 잉글랜드인들은 우호적인 부족들 틈에서 안전을 찾아 내륙으로 도망치는 것 외에 도리가 없었다.

거친 포르투갈인들은 북유럽인들을 편든 아루앙 인디오를 물리치며 강을 거슬러 올라갔다. 한 전투에서 머스킷 사수들은 총알을 하도 많이 발사해 뜨겁게 달아오른 총신에 손이 델 지경이었다. 저 너머 싱구 강 하부에 자리 잡은 열네 명의 네덜란드인과 약간의 아프리카인 및 인디오들이 방어하는 오라녜 진지가 보였다. 그곳은 곧 전소되었다. 싱구 강 상류로 70킬로미터를 가면 더 큰 나사우 진지가 있었다. 이 요새는 투항했고 역시 전파되었다. 후위의 아마존 강에 커다란 네덜란드 배가 출현했지만 이내 좌초하여 바닥에 구멍이 났고 격렬한 싸움 끝에 125명의 선원과 승객들은 학살당했다. 다음 2년 동안 식민지 간의 승강이 와중에 네덜란드 배가 포르투갈 진지를 파괴하는 일이 벌어졌지만, 이베리아인들은 신속하게 반격을 펼쳐 또 다른 네덜란드 방책 진지와 잉글랜드인들의 플랜테이션, 아일랜드인의 진지를 싹 쓸어버렸다. 80명 정도의 북유럽인들과 벌어졌던 긴 전투에서는 60명이 죽었는데 전사자 중에는 필립 퍼셀도 포함되어 있었다.

버너드 오브라이언의
이야기

▬

지칠 줄 모르는 버너드 오브라이언은 네덜란드에 나타났다. 네덜란
드 서인도회사는 그가 아주 잘 안다고 장담한 지역으로 오브라이언
을 파견했다. 1629년 4월에, 그는 1만 8천 이스쿠두*어치의 교역품을
가지고 아마존에 도착해 이내 그의 인디오 친구들이 적을 물리치는
것을 도왔다. 그러나 포르투갈인들 역시 잽싸게 대응했다. 일단의 백
인 병사들과 수백 명의 인디오들이 새로운 네덜란드/아일랜드 진지
근처의 원주민들을 공격했다. 오브라이언은 총과 화살로 세 군데 부
상을 입으면서도 42명의 백인과 많은 인디오들을 이끌며 격렬한 전
투 끝에 승리했다. 아일랜드인은 신속하게 마카파 인근 북쪽 지류의
상류에 위치한 타우레게 진지를 강화했다. (진지는 나중에 요새가 되었
고 이제는 아마파 주의 주도이다.) 진지는 사각형으로, 깊은 해자와 넓은
누벽으로 둘러싸여 있고, 단단한 통나무와 흙으로 만든 거의 1미터
높이에 그만한 두께의 흙벽을 쌓아올린 후 약간의 대포로 방어 태세
를 구축했다.

　　1629년 9월 페드루 테이셰이라가 120명의 포르투갈인과
1,600명의 인디오, 98척의 카누로 구성된 대규모 원정대를 이끌고 다
시 나타났지만 이번에는 타우레게 진지를 포위하는 것 말고는 방도
가 없었다. 한 달 후 잉글랜드 선박 몇 척이 강을 거슬러 올라와 포위
된 이들에게 지원을 제안했다. 그런데 여기에 종파 간 내분이 끼어들

---

*포르투갈의 화폐 단위.

었다. 배에 타고 있던 어느 아일랜드인이 잉글랜드인들은 오브라이언과 여타 아일랜드인들을 제거할 꿍꿍이를 품고 있다고 오브라이언에게 아일랜드어로 경고하는 편지를 보낸 것이다. 그리하여 그의 설명에 따르면, 용맹하고 신실한 오브라이언은 자신의 진지와 인디오들이 가증스러운 프로테스탄트의 수중에 떨어지는 것을 보느니 같은 가톨릭인 테이셰이라에게 항복하기로 했다. 예수회 수도사 루이스 피게이라는 방책 뒤에서 모습을 드러낸 사절이 박차가 달린 부츠를 신고 라틴어를 유창하게 말하는 기사cavalier였다고 말했다. 에스파냐와 포르투갈의 국왕 펠리페와 그의 현지 총독의 권한으로 '신성한 복음서의 이름을 걸고, 미사전서와 십자가 앞에 무릎을 꿇은 채' 엄숙한 조약이 포르투갈어와 아일랜드어로 체결되었다. 수비대 병사 여든 명은 명예로운 항복의 특전을 유지한 채 진지에서 걸어 나왔고 진지와 무기를 포르투갈인들의 처분에 맡겼다.

　　그러나 이것은 잔인한 기만이었다. 조약과 가톨릭 신앙은 무의미한 것으로 드러났다. 아일랜드인들이 포르투갈인들의 정착지로 돌아가자마자 코엘류 데 카르발류 총독과 원정대의 지휘관들은 그들에게서 돈과 소지품, 옷가지를 빼앗은 다음 꽁꽁 묶고 일부는 죽인 후 학대했다. 아일랜드인들의 원주민 협력자들은 무자비하게 학살되거나 노예가 되었다. 오브라이언은 '그들은 약속이나 맹세를 지키지 않고 포르투갈인들 밑에서 농장 일을 하도록 우리에게 강요했고 우리는 지금까지도 그 일을 하고 있다.'고 격렬히 항의했다. 아일랜드인 열여덟 명이 서인도제도로 탈출하자 화가 난 총독은 몇 달 동안 오브라이언을 옥에 가두었다가 나중에는 사람을 먹는다고 여겨진 쿠루리 인디오들에게 추방시켰다. 그러나 그는 사람을 잘못 봤다. 아일랜드인은 '추방되어 있는 동안 나는 그 식인종들과 친구가 되었고 그들의 언어를 배웠다. 나는 200리그[1,000킬로미터] 넘게 내륙으로 들어가 강과 숲, 약초와 인디오들의 비밀을 발견했다. 나는 그들로 하여금 내 신앙을 따르게 했고 그들에게 더 잘 사는 법을 가르쳤다.'고 썼다. 프란체스코회 수도사들이 그들을 위해 열심히 항의한 덕분에 마침내 모든 아일랜드인이 풀려났다.

오브라이언은 1634년 말에 배를 타고 떠나 카리브 해의 해적들 틈에서 모험을 겪은 후 네덜란드인에게 사로잡혔다가 암스테르담으로 돌아와서 타우레게 진지를 넘겨준 죄목으로 사형 선고를 받았다. 그러나 사면을 받았고 신교로 개종한 후 아마존으로 또 한 차례 탐험을 이끈다면 어느 부유한 시민의 딸을 아내로 주겠다는 제의를 받았다. 오브라이언은 새색시나 종교적 전향을 도저히 감당할 수 없었던 모양이다. 그는 런던으로 도망쳤고 잉글랜드기아나 회사의 모험사업을 이끌 참이었지만 다시금 그의 신앙이 너무 강했던 것으로 드러났다. 그는 에스파냐로 달아났고 자신의 놀라운 모험담을 적은 훌륭한 청원서를 통해 에스파냐 국왕에게 충성의 뜻을 밝혔다. 그러나 이때부터 그의 이야기는 썰렁해졌다. 에스파냐는 그의 제의를 받아들이지 않았고 그는 아마도 그곳의 감옥에서 죽은 듯하다.

포르투갈의
아마존 지배

다시 아마존으로 돌아오면, 라이벌 식민 개척자들 간에 격렬한 싸움이 계속되고 있었다. 오브라이언을 기만하고 강탈한 페드루 테이셰이라는 다른 잉글랜드 정착지와 네덜란드 정착지를 계속 무찔렀다. 그는 브라질 해안에서 온 포티과르 인디오의 도움을 크게 받았다. 이들은 물 아래로 헤엄쳐 다가가 네덜란드인 카누를 전복시키고, 방책 진지를 강습하고, 유럽인들의 총포에 화살로 맞서면서 몸을 사리지 않고 용감하게 싸웠다. 한편 잉글랜드인들은 1630년에 되돌아와 토머스 힉슨이라는 아마존 백전노장의 지휘 아래 2백 명의 사람들로 마카파 근처 강변에 진지를 구축했다. 이들은 에스파냐의 자코메 라이문두 데 노로냐의 공격을 받았다. 노로냐의 백인 병사는 극소수였지만 그는 토칸칭스 강 하부에 있는 카메타 주변의 원주민 전사들을 서른여섯 척의 카누에 실어 왔다. 예수회 신부 루이스 피게이라는 본국의 국왕에게 '폐하께서는 …… 무기를 들고 포르투갈인들을 돕고 구운 마니오크 파리냐와 고기, 생선을 제공하고 전투에서 언제나 카누의 노를 저은 …… 이 인디오들에게 은혜를 입었습니다.'라고 말했다. 잉글랜드인들은 패배했고 1631년 3월에 항복했다. 일부가 밤에 소형 보트로 탈출을 시도했을 때 포르투갈과 같은 편인 인디오들이 그들을 따라잡아 많은 양의 물을 끼얹는 바람에 잉글랜드인들은 화기를 쓸 수 없었다. '우리 편 인디오들은 그다음 [그들의 보트]에 올라타 모조리 도륙했다. 우리에게 인디오가 없었다면 우리는 이 땅을 포기해야 했으리라.'

북유럽 세력은 원주민들이 원하는 교역품을 배에 한가득 싣고 돌아왔다. 하지만 그런 교역품도 포르투갈인이 무적이라는 인상에는 대적할 수 없었다. 포르투갈인은 브라질에 한 세기 동안이나 자리를 잡아왔고 투피어를 말했으며, 원주민의 습속을 잘 알고 이 열대 지역에서 전투를 수행하는 데 능숙했다. 잉글랜드인이나 네덜란드인과 한편이 된 부족들은 그들이 패배에 직면했다는 사실을, 그리고 대패할 경우 죽거나 노예가 되리라는 사실을 깨닫게 되었다. 피게이라 신부는 '이 이교도들은 모두 공포에 사로잡혀 있다. 그리고 포르투갈인들의 용맹함을 높이 평가했다.'라고 지적했다.

이베리아인들은 아마존에서 외국 경쟁자들을 때맞춰 몰아냈다고 할 수 있다. 포르투갈은 같은 해인 1630년에 네덜란드에게 남아메리카 북동부에 돌출한 훨씬 더 부유한 식민지, 당시 세계 최대의 설탕 생산지였던 페르남부쿠 지역을 빼앗겼는데, 그들이 그들과 한편이 된 인디오들과 함께 그곳에서 네덜란드 세력을 다시 몰아내기까지는 20년이 넘는 참혹한 전투를 치러야 했다. 이때는 네덜란드의 황금기로, 네덜란드 함대는 전 세계에 걸쳐 교역소와 식민지에서 포르투갈인을 밀어내고 있었다. 그러나 페르남부쿠나 여타 지역과 달리 이문이 많이 남는 설탕이나 귀금속, 동방 향신료가 없는 아마존은 그들이 되돌아갈 만큼 그다지 중요하지 않았다. 따라서 1631년 이래로 아마존 지역에서는 국제적 갈등이 일어나지 않았다.

포르투갈인들은 이제 마음대로 아마존을 착취하고 약탈할 수 있었다. 1621년 그들은 마라냥과 대파라Greater Pará(아마존 지역)를 나머지 브라질에서 정치적으로 분리했다. 무역풍과 해류 덕분에 바이아 지역의 해안을 따라 이동하는 것보다 대서양을 횡단하는 것이 더 용이했기 때문에 브라질 아마존 지역은 1777년까지 포르투갈에서 직접 통치했다. 유일하게 남아 있는 경쟁자는 펠리페 2세라는 같은 왕의 지배 아래 있는 포르투갈의 명목상 파트너인 에스파냐였다. (이 이중 군주제는 1578년 젊은 포르투갈 국왕 세바스티앙이 모로코에서 무어인과의 전투에서 처참하게 패하면서 문자 그대로 '사라졌기' 때문에 탄생했다. 순결을 유지한 종조부 엔히크 추기경이 빈 왕위를 이었지만 1580년 그가 사망하자 왕위의 적법한 계승자는 에스파냐의 국왕 펠리페 2세였다.)

　　많은 포르투갈인들은 에스파냐 군주를 모시는 것에 불만을 품고 있었다. 페드루 테이셰이라와 코엘류 데 카르발류를 비롯한 일단의 사람들은 진정한 포르투갈인을 포르투갈의 오래된 왕위에 복귀시킬 음모를 꾸몄다. 이 민족주의자들은 그 커다란 강을 에스파냐의 소유가 아니라 포르투갈의 소유로 만들려고 작심했다. 그들은 지리의 도움을 받았다. 페루의 에스파냐인들이 아마존의 수원지에 닿기 위해서는 안데스 산맥이라는 거대한 장벽을 넘어야 했다. 게다가 잉카의 거대한 부를 마음껏 누릴 수 있는 상황에서 그 을씨년스러운 우림지대를 식민화할 유인 요소가 없었다. 그들은 그곳에서 엘도라도를 찾으려다 실패한 쓰라린 기억도 갖고 있었다.

　　두 이베리아 왕국은 여전히 1494년 토르데시야스 조약에서 교황이 할당한 분할선에 따라 활동하고 있었고 아무리 포르투갈 쪽에 유리하게 해석한다고 해도 이 분할 조약에 따르면 아마존 분지 전체는 에스파냐의 영토에 속해 있었다. 1637년 반反에스파냐 음모가들은 국왕을 설득해 분할선 서쪽의 사령관령*을 포르투갈 사령관(이자 인디오 도살자인) 벤투 마시엘 파렌테에게 하사하도록 만들었다. 당연히 파렌테와 그의 아들들은 아마존 강 어귀 북쪽, 오늘날 브라질의 아마파 주에 해당하는 이 새로운 봉토에서 붙잡을 수 있는 원주민들은 모

---

* 남아메리카 식민지 시대에 사령관(captain general)이 다스렸던 행정구역.

조리 노예로 삼았다.

　　그해에 브라질 현지의 포르투갈인들은 궁극적으로 브라질이 아마존 대부분을 획득하는 결과를 가져올 또 다른 절묘한 수를 선보였다. 1637년 초, 벨렝의 정착민들은 멀리서 찾아든 한 척의 카누에 깜짝 놀랐다. 키토에서부터 아마존 강을 따라 먼 길을 달려온 이 카누에는 에스파냐 프란체스코회 수도사 두 명과 군인 여섯 명이 타고 있었다. 수도사들은 원래 나포 강 유역의 인디오들을 개종시키려고 했지만 반발에 부딪히자 단 한 척의 카누에 의지해 이 거대한 강을 일주하는 위대한 여행을 해낸 참이었다. 용감한 여행자들은 환영을 받았다. 그러나 마라냥의 총독 자코메 라이문두 데 노로냐(또 다른 포르투갈 애국자)는 이들을 조용히 가택에 연금해 이들이 발견한 사실이 다른 에스파냐 당국에 새나가지 않게 했다. 그다음 그는 앞서의 여행자들이 타고 온, 거대한 가공할 급류에 맞서 아마존 강 상류로 거슬러 갈 원정대를 조직했다. 1637년 10월 포르투갈 군인 70명과 인디오 1,100명이 47척의 카누에 나눠 타고 페드루 테이셰이라의 지휘 아래 출발했다. 하류에서는 바람에서 약간의 동력을 얻을 수 있었지만 어마어마한 여정의 대부분에서는 강물의 힘에 맞서 노를 저어야 했는데, 그것은 인디오들의 몫이었다. 첫 에스파냐 정착지에 닿기까지는 8개월이 걸렸다. 오랫동안 고생한 인디오들은 고향의 가족에게 돌아가기를 간절히 바랐다. '(투피어를 말하지 않는) 타푸이아 노잡이들은 그들의 고난에 절망하여 탈주할 작정이었다. 그러나 (테이셰이라는) 강을 거의 다 정복했다며 그들을 독려했다. 사실은 아직도 반밖에 안 왔지만.' 테이셰이라는 인디오들에게 계속 앞으로 가라고 끊임없이 몰아댔다. '그들은 이 엄청난 노역에 기진맥진했고 매일 이번 고생이

마지막일 것이라 생각하며 서로 기뻐했다.'

　　노로냐는 마라냥의 정착민들이 임시로 앉힌 총독이었다. 그는 테이셰이라 사령관에게 봉함명령서를 주면서 오마구아족 영역을 지나 키토의 에스파냐 땅으로 진입한 후에만 열어보라고 명령했다. 수개월간 노를 저은 끝에 원정대는 마침내 오마구아 땅을 벗어났고 테이셰이라는 명령서를 열어보았다. 명령서에는 테이셰이라가 포르투갈 정착지를 건설하고 '포르투갈' 문장만을 새긴 경계표지를 세우라고 적혀 있었다. 이것은 기가 막히게 대범한 수였다. 1639년 8월 16일 테이셰이라는 토르데시야스 분할선에서 무려 2,400킬로미터나 떨어진 곳에 표석을 세움으로써 명령을 이행했다. 경계표지들은 아직까지 발견되지 않았다. (비록 오늘날 몇몇 브라질인들이 나포 강 상류, 아구아리코 강과 만나는 나들목 근처에서 열심히 찾고 있기는 하지만 말이다.) 오늘날 브라질과 에스파냐어를 사용하는 페루, 콜롬비아 사이 국경선은 남아메리카의 3분의 2선에 위치하는데, 노로냐와 테이셰이라가 확정하려고 했던 경계선과 거의 일치한다.

　　페드루 테이셰이라는 부하들 대부분을 이 근처 캠프에 놔둔 채 십여 척의 카누를 타고 물살이 빠른 퀴호스 강을 거슬러 그리고 산길을 넘어 키토까지 계속 이동했다. 포르투갈인들은 도시 차원의 환영식과 투우, 불꽃놀이, 연설과 파티로 이뤄진 성대한 환영을 받았다. 용감한 원주민 노잡이들에 대한 유일한 보상은 화살로 황소 몇 마리를 잡을 수 있게 허락한 것뿐이었다. 그러나 우리는 공식 서한을 통해 에스파냐 당국이 이들의 모험 전체에 대해 의심의 눈초리를 보냈고 이 탐험가들을 어찌해야 할지 갈피를 잡지 못했다는 사실을 유추할 수 있다. 마침내 그들이 에스파냐 참관인을 대동하고 벨렝으로 귀환해야 한다는 결정이 내려졌다. 에스파냐 참관인 가운데 한 명인 크리스토발 데 아쿠냐는 1639년 아마존 강의 상황을 설명하는 뛰어난 보고서를 썼지만 에스파냐의 국가 기밀로 간주되어 출간되지 않았다.

노로냐 총독은 체포되어 포르투갈로 압송되었지만 포르투갈 애국자들로 꽉 찬 법정에서 무죄 방면되었다. 1640년에 이 음모가들은 포르투갈의 브라간사 공작을 주앙 4세로 선포하면서 60년간 지속된 에스파냐 군주의 통치를 종식시켰다. (에스파냐는 산발적으로 반격했지만 이때는 에스파냐 군대가 플랑드르와 독일에서 프랑스와 네덜란드 군대와 싸우느라 정신이 없는 시기였다. 포르투갈은 프랑스 군대와 올리버 크롬웰의 해군 소속 잉글랜드 선박의 지원도 받았다. 그들은 1665년 마침내 빌라비소사에서 에스파냐를 격파했고 3년 후 공식적으로 독립을 인정받았다.) 포르투갈이 에스파냐에 복속되어 있던 60년 시기의 가장 큰 유산은 아마존에 있었다. 한 줌의 포르투갈 변경 개척자들은 처음에는 인디오를, 그다음에는 다른 유럽인들을 물리친 후 마지막으로 에스파냐 이중 군주정을 브라질에 유리하게 이용해 지금까지 지속되는 이득을 얻었다.

오마구아족
이야기

아쿠냐 신부와 그의 동료 원정대원 마우리시오 데 에리아르테는 오마구아족에게서 가장 깊은 인상을 받았다. 지능이 매우 뛰어나고 손재주가 좋으며 잘 통치되는 일부 오마구아족은 이미 강 상류의 에스파냐인들로부터 배운 아이디어들을 채택했다. 남녀 모두 면옷을 걸쳤는데 그들이 직접 재배한 목화에서 실을 자아 옷감을 짠 후 염색한 실과 그림으로 장식한 것들이었다. 하지만 그들은 영아의 두개골을 눌러 기형으로 만들었는데 따라서 어른이 되면 두상의 앞뒤는 납작하고 양 측면은 튀어나왔다. 머리가 '아주 이상하게 변형되었기 때문에 인간의 머리라기보다는 모양이 흉한 주교관처럼 보였다. …… 이 때문에 남자들은 못생겨보이지만 여자들은 풍성한 머리채로 잘 감추고 다닌다.' 그 결과 이 부족들은 캄베바스Cambebas('납작한 머리'라는 뜻의 투피어에서 왔으며 귀상어를 가리키는 단어이기도 하다)로 알려졌다. 이상하게도 이 기이한 풍습에 대해 16세기에 아마존을 일주한 어느 누구도 언급하지 않았는데, 이로 미루어 이것은 16세기 아마존 원정과 17세기 아쿠냐의 여행 사이의 시기에 생겨난 관습임이 틀림없다.

아쿠냐는 아마존 중류에서 살아가는 부족들의 삶을 목가적으로 그렸다. 매년 강의 수위가 높아지면 그곳 섬에 비옥한 진흙층과 바르제아 침수평원이 생성되었는데, 이는 해안에서 먼 열대우림 지대인 테라 피르메의 척박한 토양과 좋은 대조를 보였다. 오마구아족은 이 침수지에 마니오크와 옥수수, 고구마와 박, 잠두를 대규모로 심었다. 그러나 이것들을 제외하고는 생선과 매너티만 먹었기 때문에 강과 그곳의 섬에서 거의 벗어나지 않았다. 그들은 마니오크 뿌리가 홍수에서 살아남게 심는 법을 알았다. 그들은 또한 발효한 마니오크에서 추출한 약한 술인 카우잉을 즐겨 마셨다. '이 와인으로 그들은 잔치를 기념하고 죽은 자에게 애도를 표했으며 손님을 접대하고 작물을 심고 거두었다. 아닌 게 아니라 그들이 모임을 가질 때면 이 음료는 그들을 유혹하는 머큐리*이며 그들을 묶어주는 끈이다.' 그렇지만 아마존에서 가장 큰 천혜의 자원은 물고기였으며 오마구아족은 뛰어난 어부였다. 그들은 개울을 가로질러 덫을 치고 시내에서는 팀보timbó 독으로 물고기를 기절시키고 찌가 부착된 화살을 이용해 카누 위에서 물고기를 잡았다. 아쿠냐는 전기가 발견되기 훨씬 전에 전기 '뱀장어'에 관해서도 묘사했다. '그것이 살아 있을 때 만지면 온몸에 경련을 일으키는 특이한 성질이 있는데 더 가까이 접촉하면 마치 오한이 일어나는 느낌을 받을 수 있다. 그러나 손을 떼는 순간 오한은 금방 사라진다.'

예수회원인 아쿠냐는 또한 오마구아족이 수천 마리의 새끼 거북을 끌고 와 마을을 둘러싼 수조에 채우는 방법을 설명했다. 여기서 울타리에 갇힌 민물 거북은 잎사귀를 먹고 살이 올라 가장 큰 것은 사람만큼, 즉 무게가 70킬로그램까지 나갔다. 이 대단한 동물들에게는 안타까운 일이지만 그들의 고기는 맛이 좋았고 암컷은 '비록 소화시키기는 더 어렵지만 암탉의 달걀만큼 좋은' 수백 개의 알을 낳았는데 거북 알은 기름을 함유하고 있어 요리를 하거나 등잔을 땔 때도 좋았다. 거북 등껍질은 쓰임새가 많았고 턱뼈는 날카롭게 갈아 손도끼로 쓸 수 있었다. 이것은 대규모의 지속 가능한 양식이었다. 오마구아족은 저마다 한 쌍의 통나무배를 가지고 있었고 이들은 '베네치아인이나 멕시코인처럼' 물길로 어디든 갈 수 있었다.

오마구아족은 '마을에서 족장의 지배를 받는데 이 광대한 주 한가운데 모두가 깊이 복종하는 족장 혹은 왕이 있었다. 그들은 그를 투루루카리Tururucari라고 부르는데 그들 말로 신이란 뜻이며 그 역시

---

* 메신저라는 뜻.

도 자신을 신이라 여긴다.' 그는 에리아르테에게 자신이 하늘에서 태어났으며 하늘의 비밀을 안다고 말했다. '그들은 우상을 모시는 집이 있고 거기서 전투에서 사로잡은 사람을 제물로 바쳤다. 그들은 우상에 피를 바르고 희생된 포로들의 머리를 이러한 종교적 전리품을 모으는 창고로만 이용하는 집에 보관했다. 그들은 죽은 자들을 매장했다.' 이곳에는 '무수한 노예가 있었는데 그들은 노예를 아주 고압적으로 부렸고 …… 노예들은 굽실거리며 복종했다.' 이들은 돌이나 거북이 등껍질로 만든 연장을 이용해 강가의 농장을 돌봤다.

목화 재배나 카누, 의자, 투창기 제작 같은 각자 특화된 기술을 보유한 원주민 부족 간에는 상당한 교역이 존재했다. 심지어 일부는 네그루 강의 발원지 너머 북부 안데스의 무이스카와 타이로나에서 바꿔온 금 코걸이를 걸기도 했다. 전반적으로 그들은 '온순하고 다정했다. …… 그들은 우리와 편안하게 대화했으며 전혀 의심하지 않고 우리와 함께 먹고 마셨다. 그들은 우리가 묵을 집을 내주었지만 자신들은 마을에서 가장 큰 집 한두 채에서 모두 함께 살았다. 그리고 우리와 한 편인 인디오들한테서 많은 피해를 입었지만 …… 결코 우리에게 나쁘게 보복하지 않았다.'

이 목가적인 비전에는 딱 한 가지 흠이 있는 것 같았다. 교역을 하지 않을 때 이 부족들은 끊임없이 서로 전쟁을 하고 있었다. 각 부족에는 언제나 전투에 나설 태세가 된 전사 집단이 있었고 그들은 육상과 수상에서 처절하게 싸웠다. 각 부족의 끝자락 마을들은 요새화된 전초기지였고 그 마을과 옆 부족 사이에는 일반적으로 중간 지대no-man's-land가 있었다. 이 부족 간 전쟁에서 살상은 '대량의 인명 손실'로 비쳤고, 아쿠냐는 '그러한 손실이 없다면 이 땅 전체도 그 부족들을 유지하기에 부족할 것'이라고 여겼다. 이런 측면에서 오레야나가 처음으로 아마존 강을 일주한 이래로 한 세기 동안 변한 것은 거의 없었다.

포르투갈 지배하의
원주민 잔혹사

에스파냐 사람인 아쿠냐는 테이셰이라의 포르투갈인들에게 눈을 떼지 말라는 명령을 받았다. 그에 따라 그는 포르투갈인들이 에스파냐령 페루로 가는 경로를 통해 아마존을 장악하는 계획을 논의하는 것을 종종 듣는 대로 보고했다. 그는 국왕에게 에스파냐 사람들로 아마존 지역을 식민화할 것을 촉구했다. '아마존 강 어귀의 포르투갈인들이 그들의 뜻을 따르는 호전적 부족의 지원을 받아 강을 따라 올라와 페루나 뉴그라나다 왕국(오늘날의 콜롬비아)까지 침투하려고 한다면—그들이 기독교도로서 신심과 충성심이 별로 없는 것을 고려할 때 충분히 가능성이 있는 일입니다—폐하의 이 불충한 신민들은 그 땅을 약탈하고 큰 해를 끼칠 것입니다.' 예수회원의 예상은 이보다 더 정확할 수도 없었다. 경쟁자들을 제거하자 포르투갈인들은 수세기에 걸쳐 아마존 주민들을 잔혹하게 착취하는 일에 착수했다. 처칠의 표현을 빌리자면, 인류 역사에서 그렇게 적은 사람들이 그렇게 많은 이들에게 그렇게 크나큰 해를 끼친 적도 거의 없었다. 몇천 명의 식민지인들이 아마존 강 본류와 그 지류 주변으로 수천 킬로미터에 걸쳐 살고 있는 거의 모든 인간들을 점진적으로 말살했다.

이러한 탄압에는 다양한 이유가 있었다. 우선, 열대 지방에 도착한 유럽인들은 비록 그들이 고국에서는 농장 일꾼이었다 하더라도 이곳에서는 육체노동을 전혀 하려고 하지 않았다. 더욱이 아마존 지역에서 유럽식 삶을 재현하는 데는 많은 노동력이 들어갔다. 소수의 플랜테이션 작물, 즉 담배와 목화, (나중에는) 쌀은 등골이 휘는 노역을 요구했고 그 가운데 어느 것도 우림 지대에서 잘 자라지 않았다. 식민지인들은 또한 자신들을 먹이고 도시와 집을 짓고 끝없는 여행 길에서 대신 노를 저어줄 인디오들이 필요했다. 시간이 지나면서 포르투갈 정부는 인디오들을 시켜 이 식민지를 보호할 요새와 도시의 공공건물을 짓고 밧줄을 만드는 데 쓰이는 리아나와 임목을 활용할 조선소를 건조했다. 이 모든 임무는 원주민들에게 떨어졌는데 이 지역은 너무 가난해서 아프리카 노예들을 사들일 형편이 못 되었기 때문이다. 수입된 아프리카 노예들은 브라질 북동부에 있는 고수익의 사탕수수 플랜테이션에서 일했다.

인디오들을 노예로 만드는 것은 엄밀하게 따지면 불법이었다. 리스본의 조정은 이 사안에 관해 연달아 법령을 발효했다. 그러나 정부가 원주민들을 보호하려고 시도할 때마다 분개한 식민지인들로부터 반발이 터져 나왔다. 국왕은 식민지에서 오는 수입이 절실했고 백인 포르투갈인들이 해외에 정착하도록 설득해야 했다. 따라서 그는 어김없이 그들의 아우성에 굴복하거나 노예를 금지하는 인도주의적 법령을 철회하거나 법 안에 빠져나갈 구멍을 빤히 보이도록 심어 놨다.

인디오들이 식민지인들 아래서 일하게 만드는 데는 두 가지 방법이 있었다. 첫째, '자유' 원주민을 하류의 도시 근처에 살도록 선교구나 알데이아aldeias라고 알려진 공식적인 원주민 공동체로 데려오

는 것이었다. 이 사람들의 '자유'란 기만에 불과했는데 남녀 가릴 것
없이 연간 몇 달씩 정착민들이나 정부 당국을 위해서 일해야 했기 때
문이다. 강제 노동 기간은 처음에는 6개월이었지만 꾸준히 늘어나서
결국 그들은 자신들의 생계를 유지하기 위해 일할 시간은 거의 얻지
못했다. 이론적으로는 이 강제 노동에도 임금이 있었다. 그러나 아마
존 오지에는 화폐 경제라는 것이 없었기 때문에 그들이 받는 보수는
보잘것없는 면포 몇 조각에 불과했다. 심지어 그 면포 역시 그들이
재배하고 수확하고 실을 잣고 짠 것이다. 이 시스템의 기괴한 아이러
니에 한술 더 떠 사실, 인디오들은 옷감이 필요하지도 않았다. 그들
은 지속적인 적도의 열기 아래 자연히 벌거벗고 살았다. 그들이 지불
받는 옷은 비뚤어진 기독교적 도덕성이 요구하는 것일 뿐이었다.

　　원주민 노동의 다른 형태는 '합법적' 노예였다. 포르투갈의 지
배나 기독교로의 개종에 반발한 부족들은 칙령에 따라 공식적으로
적으로 간주될 수 있었고 뒤따른 '정당한 전쟁'에서 붙잡힌 사람은
합법적으로 노예가 될 수 있었다. 이와 무관한 원주민의 경우에는
'몸값이 치러진ransomed' 후 합법적으로 노예가 될 수 있었다. '몸값
을 지불하는 것ransoming'은 원래 부족 간 충돌에서 생포한 전사 포로
들을 처형하고 의례에 따라 포로의 살을 먹는 해안의 투피어 사용 부
족들의 풍습에서 유래한 완곡어법이었다. 마치 기독교도 유럽인들이
해적이나 북아프리카 무슬림의 손아귀에 떨어진 사람들의 몸값을 지
불하는 것처럼, 처형당하거나 먹힐 위기였던 포로를 구조한 포르투
갈인은 포로의 '몸값을 지불'했다고 표현되었다. 몸값이 치러진 포로
는 죽을 때까지 그를 구해준 사람의 노예가 되었다. 이 이상한 시스
템은 아주 광범위하게 오용되기 쉬웠기에 '노예로 만들기slaving'와

'몸값 지불ransoming'은 동의어가 되었다. 당시 아마존의 부족 대부분은 식인 풍습을 따르지 않으며 따라서 포로가 그러한 운명에서 구조될 일도 없다는 사실은 아무도 신경 쓰지 않았다.

몸값(노예사냥) 원정대는 1620년대부터 매년 아마존 강과 그 지류 일대를 들락거렸다. 원정대의 카누는 물론 인디오들이 노를 저었고, 그들 군대에는 포르투갈인과 원주민 전사들이 섞여 있었다. 그들의 성공은 화기에 의존했는데 총포는 가장 호전적인 부족한테도 엄청난 심리적 충격을 줄 수 있기 때문이었다. 원주민들은 폭력에 굴복하거나 더 좋은 삶을 약속하는 기만책에 넘어가거나 상품으로 구매됨으로써 노예가 되었다.

파라의 총독으로 재임하던 시절 벤투 마시엘 파렌테는 명목상으로는 아마존에서 라이벌 유럽 식민지인들을 쫓아낸다는 구실로 1626년에 자신의 아들이 이끄는 원정대를 파견했다. '그는 아버지의 뜻을 철저하게 이뤘다. 많은 타푸이아들의 "몸값을 내는" 데에 힘을 쏟아 더 많은 노예를 원하는 사람들〔식민지 정착민들〕의 아우성을 한동안 잠재웠기' 때문이다. 다음 총독이 잠깐 동안 '미개한 땅에서 자행되는 이 잔학한 범죄 행위'를 엄중 단속하려고 했을 때 식민지인들은 분노에 차서 목청을 높였다. 벨렝의 시 의회는 총독이 '공공 이익에 회복할 수 없는 손실'을 끼치고 있다고 비난했으며 노예제를 기독교로의 개종과 동일한 것으로 포장하려고 했다. 시 의회는 '그가 무수히 많은 영혼들, 불행한 이교 신앙의 노예들의 개종을 저해한 일에 대해 신과 국왕 앞에서 답해야 하는 무거운 짐을 지기를 원하는지' 궁금하다고 말했다. 코엘류 데 카르발류 총독은 즉시 백기를 들었다. 그는 공식 몸값 원정의 횟수를 늘렸고 그 자신도 이 거래로부터 최대

아마존Amazon

한 많은 이득을 챙겼다. 그의 후임들은 그가 인디오들을 너무 게걸스럽게 착취해서 1636년이 되자 사령관령 안에 사람이 전혀 남아 있지 않은 것 같다고 비난했다. 한때 사람들로 북적거렸던 수십 곳의 마을들은 사라지거나 과중한 노동에 시달리는 한 줌의 생존자들만 남아 있게 되었다.

일부 원주민 부족은 저항했다. 이들은 격렬한 전투 끝에 진압되었는데 포르투갈인들은 역사에서 쉽게 관찰이 가능한 모든 식민 세력이 구사하는 전술, 다시 말해 분할 통치 전략을 채택했다. 근시안적인 원주민 전사들은 진정한 적은 자신들의 백인 친구들이라는 사실을 깨닫지 못한 채 자신들의 전통적인 적에 맞서 유럽인과 한 편이 되어 싸웠다. 벨렝의 접근 경로에 위치한 투피남바족을 전멸시킨 후 포르투갈인들은 이웃 부족들로 눈길을 돌렸다. 어느 국수주의적인 연대기 작가는 자랑스러운 업적을 다음과 같이 기술했다. '정복을 향한 그들의 칼날은 아무리 베어도 무뎌지지 않았고, 그들의 기백은 정복에 만족할 줄 몰랐으며, 적에게 상처를 입히는 그들의 팔은 느려지거나 지치지 않았다. …… 대신에 그들은 복속된 후에도 1백 명이 넘는 포르투갈인을 죽인 인디오 동맹군을 물리쳐 나갔다. 그들은 2천 명이 넘는 사람이 거주하는 마을들과 더불어 15개 주를 정복했다.' 토칸칭스 강과 싱구 강 사이 작은 파카하 강에 사는 무수한 파카하 부족은 용감한 저항을 전개했다. 투피남바족의 생존자들은 이제 포르투갈인들과 함께 어깨를 나란히 하고 싸우고 있었다. 포르투갈인 한 명은 이렇게 적었다. '너무도 참혹한 전투라 강은 피로 물들었다. 파카하 인디오들이 싸움을 기다리며 전투 대형을 갖추고 있을 때 투피남바족과 다른 적들과 맞서기 위해 5백 명이 넘는 전사들이 카누를 타고 나타났다. 승리한 쪽과 패배한 쪽 거의 모두가 죽었다.' 식민지인들이 노동력을 이용할 수 있도록 생존자들은 네 군데의 알데이아에 수용되었다.

이 시기 아마존 지역의 소수의 성직자들은 애매한 입장에 처해 있었다. 그들은 원주민들을 기독교로 개종시키기 위해 왔다. 그들의 바람은 개종자들이 종교적 가르침을 받고 경건한 삶을 살다가 죽으면 훌륭한 기독교도답게 천국으로 가는 질서 정연한 선교 마을을 건설하는 것이었다. 그들은 본국으로 보낸 보고서에 세례와 종부 성사를 받은 원주민의 숫자를 자랑했다. 하지만 이러한 복음주의적 비전은 실제로는 좀체 통하지 않았다. 부족들은 대체로 세례와 종교적 가르침을 열성적으로 받아들였고 새로운 제의, 이방인들이 제공하는 물품, 그리고 그들을 열심히 가르치는 카리스마적인 선교사들에게 빠져들었다. 그러나 신부들이 규율과 전통적 풍습을 변화시킬 것을 요구하는 데 대해서는 금방 지겨워했다. 사실 개종 임무에 대한 더 심각한 위협은 식민지 정착민들이었다. 인디오들이 선교 공동체의 주민이 되기를 바라고 또 한편으로는 동료 성직자들이 영향력을 행사해 만든 왕국의 법을 준수하는 마음에서 선교사들은 스스로를 인디오의 옹호자라고 여겼다. 이 때문에 선교사들과 식민지인들은 곧 충돌할 수밖에 없었다. 카푸친회 수도사 크리스토방 데 리스보아는 그의 동포들이 '원주민 마을 전체를 가루로 만들고 불태우는' 것을 보고 경악했다. '원주민 마을은 대체로 마른 야자수 잎사귀로 만들어졌기 때문에 투항해 노예가 되기를 거부한 사람들은 그 안에서 산 채로 구워졌다. 노예사냥꾼들은 이들을 힘으로 누르거나 아니면 저열한 기만책을 써서 굴복시켰다. 우선 그들은 국왕의 이름과 신뢰를 걸고 동맹과 우호를 약속한다. 하지만 일단 원주민들이 무장을 해제하고 방심하게 되면 곧장 모조리 붙잡아 묶고 자기들끼리 노예로 나눠가지거나 아주 잔인하게 다른 사람에게 팔아넘겼다.'

1639년 페드루 테이셰이라와 함께 아마존을 일주했을 때 에스파냐 예수회 신부 아쿠냐는 포르투갈인의 노예사냥을 저지하려고 했다. 그는 강기슭의 마을들에 십자가를 세우는 것조차 거부했다. 그러한 기독교의 상징을 무시하고 지나가는 인디오들을 비난하고 이를 구실로 삼아 그들을 노예로 잡아들이는 것이 노예상인들의 꼼수라는 것을 알기 때문이었다. 원정대는 타파조스 강 어귀에서 그 강의 이름을 딴 커다란 부족으로, 아직까지 정복되지 않고 남아 있는 몇 안 되는 부족 중의 하나인 족장사회의 환대를 받았다. 따라서 아쿠냐 신부는 마시엘 파렌테 총독의 아들이 그곳에 대한 공격을 준비 중이라는 사실을 알고 경악했다. '내가 거기로부터 등을 돌리기가 무섭게 〔그는〕 포를 탑재한 소형정과 다른 소형 보트에 병사들을 최대한 태워서 출항했다. 인디오들은 평화를 원했지만 그들은 인디오를 상대로 참혹한 전쟁을 벌였다.' 마시엘 파렌테는 우호적인 타파조스족으로 하여금 쿠라레 독을 바른 화살을 버리고 투항할 것을 설득했다. 그다음 그는 전사들을 한곳에 몰아넣고 엄중히 감시했다. 그는 자기 편 인디오들로 하여금 부족 남자들이 보는 앞에서 그곳의 여자들을 강간하면서 타파조스의 마을을 약탈하고 쑥대밭을 만들도록 부추겼다. '그런 행위가 자행되는 것을 지켜본 나의 정보원은 이러한 정복 활동에 도가 튼 사람이었지만 …… 그런 만행을 눈 뜨고 보느니 차라리 자신이 소유한 노예를 내놓겠다고 말했다.' 10년 후 아마존 강을 일주하던 당시 에스파냐 프란체스코회 수도사 라우레아노 데 라 크루스는 노예 상인들이 잔존한 타파조스족을 여전히 괴롭히고 다른 부족들을 부추겨 그들을 생포하려고 하는 것을 목격했다. '물건 "하나"당 (그들은 노예 한 명을 그렇게 불렀다) 그들은 연장 세 개와 셔츠 한 장, 나이프 두 개 정도를 지불했다.' 다른 부족들을 공격하도록 뇌물을 쓰거나 강요함으로써 '노예를 생포하러 습격을 나간 병사들은 많은 사람들을 붙잡아와 그들을 노예로 팔고 네그루Negro라고 불렀다. 이 지역의 총독과 사령관들은 이러한 사업에서 큰 몫을 차지한다.'

그러한 잔학상의 결과는 인구학적 파국이었다. 카메타는 주민들의 숫자가 많은 것으로 유명한 아름답고 비옥한 곳이었다. 그러나 아쿠냐가 도착했을 때 그곳은 '땅을 경작할 사람도 없고 옛 유적과 몇몇 원주민을 제외하고는' 텅 비어 있었다. 크리스토방 데 리스보아 수사는 '파라 강과 다른 커다란 강 유역에 얼마나 많은 인디오들이 사는지 또 그들의 마을이 거의 끊어지지 않고 계속 이어지는지를 보며 모두가 감탄하곤 했다. 그러나 오늘날 〔1647년〕 남아 있는 마을은 극소수이다. 나머지는 노예사냥꾼들의 악행으로 인해 다들 사라졌다. 정의와 이성에 반하여 자신들이 점차 모두 노예가 되는 것을 지켜본 인디오들은 절망에 사로잡혀 마을에 불을 지르고 깊은 숲속으로 도망쳤다.'고 한탄했다. 정복자이자 탐험가인 페드루 테이셰이라의 형제이자 성당 참사원인 마누엘 테이셰이라는 마라냥과 파라의 주교 총대리였다. 그는 아마존 어귀에 도착하고 몇십 년 사이에 그의 동포들이 '혹독한 노동과 고단한 탐험 여행, 불의한 전쟁'을 통해서 2백만 명의 인디오를 말살했다고 추정했다. 2백만이란 숫자는 너무 높게 잡은 것이지만, 그들이 겪은 죽음과 고통은 비극적이게도 사실이었다.

명목상으로 자유 인디오의 처지는 노예보다 조금 나았다. 예수회 선교사 피게이라는 1637년 '이 가엾은 자들을 크나큰 폭력을 동원해 억압하고 일고여덟 달씩 밤낮으로 쉬지 않은 채 담배 농장 같은 곳에서 강제 노역을 시킨다.'고 정착민들을 규탄했다. '이러한 강제 노동에 그들은 옷감 4바라vara[4.5미터]나 3바라 혹은 2바라를 지불한다. 원주민이 일을 잘 못할 경우 포르투갈인들은 그들에게 차꼬를 채우고 수차례 매질을 한다. 이 때문에 그들은 숲으로 달아나고 마을에는 사람이 자취를 감춘다. 이러한 노동에 출구가 보이지 않는 가운데 다른 이들은 절망에 빠져 죽는다.' 다른 예수회 선교사는 '이른바 "마라냥의 정복자들"의 탐욕과 부도덕 탓에 불쌍한 인디오들의 재산과 땀, 피, 자유, 여자, 아이들, 삶, 무엇보다도 영혼에 자행된 불의와 잔학상, 학정'을 규탄했다. 당국의 승인을 받지 않은 노예 원정대는 상류로 가면서 자신들이 국고를 채워줄 금광을 찾아가는 척했다. 한 설교에서 안토니우 비에이라 신부는 그들의 '진짜 목적은 인디오들을 붙잡아 그들의 혈관에서 붉은 금을 뽑아내는 것이다. 그 지방의 광산은 언제나 그것뿐이었다!'고 열변을 토했다.

전염병

누구도 원주민들이 멸족되기를 바라지는 않았다. 정부는 그들이 충성스러운 신민이 되기를 바랐고 선교사들은 구제할 영혼의 숫자와 선교 마을을 불리기 위해 그들이 필요했으며 정착민들은 그들의 노동에 의존했다. 일부는 전투에서 죽었으며 일부는 과로와 궁핍에 쓰러졌고, 운 좋은 이들은 먼 숲속으로 도망쳤다. 그러나 대다수는 유전적으로 면역력이 없는 외부에서 유입된 질병으로 죽었다. 천연두와 홍역(양자는 자주 혼동되었다)이 유행했고 아마도 페스트와 콜레라, 인플루엔자부터 흉막염과 결핵에 이르는 폐 질환도 발병한 것 같다. 이따금 황열병이 창궐했지만 유럽인과 원주민 둘 다 죽은 것으로 보아 이것은 아메리카에서 기원한 것 같다. 말라리아 열병은 17세기까지 아마존 지역에서 거의 언급되지 않았지만 이후로 이곳을 찾는 여행자들과 원주민 모두에게 재앙이 되었다.

초창기 선교사들은 이러한 유행병이 야기한 참상에 관해 가슴 아픈 사연을 남겼다. 그들은 마을 전체가 시체더미가 된 광경, 너무 쇠약해서 죽은 자들을 묻을 힘도 없는 생존자, 포르투갈 식민지를 넘어 내륙의 숲속까지 창궐한 질병에 관해 이야기했다. 문제는 아무도 질병에 대해 최소한의 이해도—질병의 특성과 원인, 매개체, 치료방법에 대해—없었다는 것이다. 의료 관계자들은 환자들의 피를 뽑아보거나 이상한 물약을 나눠주는 것 외에 대책이 없었다. 예수회 선교사들은 신도들이 병에 쓰러지는 것을 속수무책으로 지켜봐야 했다. 한 선교사는 홍역이 마을로 접근해오자 주민들을 모두 오두막 밖으로 나오게 하여 핏물로 정화시켰다고 이야기하기도 하였다.

천연두의 참상에 대한 묘사는 라우레아노 데 라 크루스 수사의 것인데 그는 1648년 오마구아족이 이 병으로 완전히 파괴되고 수가 급감한 것을 발견했다. 이들은 한때 오레야나와 우르수아, 아쿠냐에게 깊은 인상을 남긴 바 있는, 인구가 많고 당당하고 매우 풍요로운 부족이었다. 심지어 아쿠냐가 그들을 본 것은 크루스보다 불과 10년 전이었다. 충격에 빠진 크루스는 유행병이 마을을 강타해 오두막에서 오두막으로 급속히 퍼져나가는 것을 목격했다. '한 달이 조금 넘어 그 작은 곳에 살던 사람은 늙은이 젊은이 가릴 것 없이 모두 처참하게 쓰러졌다. 나 홀로 주님의 은총으로 무사했다. 나는 끔찍한 전염병에 유린당한 이 가련한 이들에게 갔다. 그들의 참상을 지켜보고 끔찍한 냄새를 맡는 것만으로도 사람이 죽기에 충분했다. …… 역병에 시달린 …… 그들은 모두 죽었다. 병자들의 신음과 죽은 자들을 위해 곡하는 소리가 너무 커서 마치 그들의 영혼이 고문받는 것처럼 들렸다.' 그들은 죽은 자들을 묶어서 아마존 강 한가운데 내던졌다.

몇 년 후 독일인 예수회 선교사 요한 필리프 베텐도르프는 천연두가 할퀴고 간 마라냥과 파라를 목격했다. 병에 걸린 인디오들은 붉은 색을 띠다가 검게 변했다. 그들은 끔찍한 악취를 풍겼다. 일부는 '병세가 너무 심해 피부가 조각조각 떨어져 나왔다.' 일부 마을에서는 한두 명의 인디오만이 간신히 서 있을 수 있었다. 죽은 자들을 매장하기엔 멀쩡한 이가 턱없이 부족했다. '전염성이 있는 천연두는 도시〔벨렝〕와 사령관령에 두루 퍼졌고 인디오들에게 엄청난 타격을 입혀서 대부분이 사라졌다.' 겁에 질린 족장들은 예수회 선교사들을—강력한 샤먼으로 믿고서—찾아와 부족민들을 도와달라고 애원했다. 베텐도르프 신부는 토칸칭스 강 하부에 있는 카메타로 갔다. 숲으로 도망친 죽어가던 세 명의 인디오들이 그 앞에 나타났다. '그들은 온몸이 부스럼으로 덮여 있고 살이 썩어가고 있어서 그들의 모습에 가족들조차 두려워했다. 신부가 그들의 고해를 듣기를 원한다는 것을 알자 그들은 자신들이 풍기는 썩은 내를 도저히 참을 수 없을 테니 가까이 다가오지 말라고 말했다. 그러나 그들의 썩은 냄새는 내게 오븐에서 꺼낸 흰 빵에서 나는 냄새 같았다. 고해성사를 하기 위해 나는 내 입술을 그들의 귀에 가까이 대야 했는데 귀는 온몸을 뒤덮은 부스럼에서 나온 역겨운 고름으로 가득했다.' 하부 아마존의 구루피 근처 선교 마을에서는 다른 예수회 선교사들이 '역병이 알데 이아의 모든 인디오들을 한 명도 빠트리지 않고 덮쳐서 〔두 명의 선교 사를 제외하고〕 죽은 자를 묻을 이가 없'다는 것을 발견했다. '그들은 내키지 않았지만 인디오들을 돌보고 매장하기 위해 시체를 밖으로 옮기고 무덤을 파고 땅에 묻었는데 그전에 모두에게 고해성사와 종 부성사를 거행해주었다.' 병자성사는 선교사들에게 매우 중요했고, 두려움에 떨며 죽어가는 인디오들에게 그들이 줄 수 있는 유일한 위 안이었다.

원주민 인구 감소와 정착민의 형편

정착민들은 노예 손실을 심하게 불평했다. 노예사냥 원정대는 그들 의 희생자들을 강둑 위 울타리로 몰아넣었다. '그들을 〔아마존 강 하류 로〕 보낼 때가 되자 절반은 죽거나 도망쳤다. 남아 있는 이들 가운데 절반이 못 되는 수만 하류에 도착했는데 배에 실려 보내질 때 이미 병에 걸렸고 험악한 기후에 정어리처럼 한 달간 노출되었기 때문이 다. 이런 상태로 도착한 노예를 구입하는 사람은 결국 손해를 입게 된다. 노예를 사봤자 그에게는 잘못 구입한 끔찍한 물건만 남게 된 다.' 몸값 원정대에 사제로 배속되었던 또 다른 예수회 선교사는 '많 은 이들이 여행 도중 죽었는데, 질병보다는 마니오크 가루가 부족해 굶주리고 차꼬를 찬 채 학대를 당해서였다. 여전히 살아 있는 이들은 살 의욕을 잃어 강물에 뛰어들었고 …… 따라서 여전히 생존한 사람들은 자살한 이들 몫의 가루를 먹을 수 있었다. 이것은 전례 없는 잔인성과 불경함, 학정이었다. 나는 사제로서 이름을 걸고 유사한 일들이 매년 인디오들을 잡으러 가는 거의 모든 카누에서 벌어진다고 단언할 수 있다.'

　　　유럽인 정착민들은 노예를 인정사정없이 부려먹었는데 모든 것을 그들에게 의존했기 때문이다. '마니오크 가루를 얻으려면 숲을 밀어 작은 밭을 만들어야 한다. 고기를 먹으려면 사냥꾼이 필요하다. 생선을 먹으려면 어부가 필요하다. 깨끗한 옷을 입으려면 세탁부가 필요하다. 미사에 참석하러 가거나 다른 어디를 가든 카누와 노잡이가 필요하다.' '정착민들의 모든 일은 …… 원주민 인디오들이 했다. 〔원주민 부족의〕 타고난 나약함과 게으름 때문에 또 그들은 자유와 휴식을 누리며 자랐기 때문에 포르투갈인들이 시키는 장기간의 노동, 특히 사탕수수 밭, 제당소, 담배 플랜테이션에서의 노동을 견디지 못한다. 이 때문에 많은 원주민이 지속적으로 죽어가고 있다. 정착민들을 지탱하는 것과 그들의 전 재산이 〔노예들의〕 목숨으로 이루어졌기 때문에 가장 부자로 여겨지는 사람도 …… 금방 가난해지는 일이 흔하다. 재산은 넓은 토지가 아니라 각 정착민들이 거기서 뽑아낼 수 있는 생산물에 의존한다. 그리고 여기에서 유일한 도구는 인디오들의 일손이다.' 또 다른 예수회 선교사는 원주민들이 너무 쉽게 죽는 것을 두고 사실상 인디오들을 탓했다. '이 나라는 비참할 정도로 가난하고 가치가 있는 것은 전혀 나지 않는다. 노예 1백 명을 소유한 사람도 얼마 지나지 않아 여섯 명도 안 남게 된다. 팔팔한 것과 거리가 먼 원주민들은 사망률이 굉장히 높다. 이질만 걸려도 모조리 죽는다. 또 흙이나 소금을 먹는 것 같은 사소한 골칫거리에도 죽고 만다.' 자살과 더불어 원주민 어머니들은 자식이 노예로 살아가는 꼴을 보느니 태아를 낙태하거나 영아를 죽이려고 했다. 한 정착민은 이렇게 투덜거렸다. '집에 노예가 열 명 있으면 10년이 지나 한 명도 남아 있지 않을 것이다. 그러나 결혼한 노예 한 쌍이 숲으로 도망치면 10년 후에 애가 열이다.'

유럽인들은 아마존을 이해하거나 그곳을 수익성 있게 개발하는 법을 찾는 데 완전히 실패했다. 아메리카에서 가장 이윤이 많이 남는 작물—처음에는 사탕수수와 목화, 나중에는 담배와 카카오, 커피—은 더 건조하고 기후가 더 온화한 카리브 해 지역과 브라질 북동부, 북아메리카 남동부에서 잘 자랐다. 식민지인들은 아마존 강 어귀에서 담배를 재배하려고 했지만 이 작물은 쿠바나 자메이카 같은 섬이나 버지니아에서 번성했다. 아마존에서의 문제는 그곳이 적도에 위치하기 때문에 너무 덥다는 것이었다. 또 우기가 너무 길고 폭우가 쏟아졌다. 토양은 너무 약한 반면 그곳의 식생과 잡초는 너무 왕성하고 울창했다. 그곳의 곤충 집단과 균류, 병충해는 모든 것을 먹어치웠다. 아마존 강 본류를 따라 길게 뻗은 지역은 주기적으로 침수되는 바르제아였다. 일부 원주민 부족들은 작물이 몇 달간 물속에 잠기는 조건에 적응하는 농법을 터득했으며 이 원주민들은 물론 현지 식물만을 이용하고 아마존의 고유종만을 사냥하거나 낚았다. 그러나 유럽인들은 언제나 자신들에게 익숙했던 온대 지방의 가축이나 작물을 수입해 기르려는 잘못을 저질렀다.

아마존Amazon

선교사들의 눈에 비친
아마존

▬

16세기 중반 이래로 예수회와 다른 선교 단체들은 포르투갈령 브라질 전역에서 원주민 관련 사안을 담당해왔다. 에스파냐 예수회 선교사들은 파라과이의 과라니족을 대상으로 신정 국가를 만들어가고 있었다. 따라서 이러한 반종교개혁의 지적 돌격대가 마라냥과 대^大파라(아마존 분지)로 진입하는 것은 논리적 귀결처럼 보였다. 루이스 피게이라 신부가 앞장섰다. 그는 1636년 싱구 강 하부를 방문한 후 그곳의 많은 인디오들을 개종시킬 때가 무르익었다고 느꼈다. 그는 포르투갈로 돌아가 더 많은 예수회원들을 모집한 후 그들 열한 명을 데리고 되돌아왔다. 그런데 그들이 탄 배가 1643년 6월 벨렝으로 막 들어서려던 차에 침몰하여 가라앉고 말았다. 다른 대부분의 승객들은 안전한 곳에 닿았지만, 하필 뗏목을 붙들고 있던 열두 명의 예수회원들은 마라조 섬 기슭 북쪽으로 떠내려갔다. 그들은 포르투갈인들과 앙숙인 아루앙 인디오들에게 붙잡혔고 모두 죽임을 당했다. 이 참사로 예수회의 염원은 10년간 지연되었고, 그동안 정착민들의 도를 넘는 만행을 제지할 사람은 없었다.

예수회의 아마존으로의 복귀는 이 세기 아마존 지역에 가장 강력한 영향력을 발휘한 유럽인인 안토니우 비에이라 신부라는 걸출한 인물과 함께 이루어졌다. 바이아의 예수회 학교에서 교육을 받은 비에이라는 1625년 예수회에 입회 서원을 하고 9년 후에 정식으로 사제 서품을 받았다. 그는 학문적 탁월함과 특히 뛰어난 웅변술 덕분에 빠르게 출세했다. 이때는 강단이 가장 강력한 매체인 시대였다. 비에이라의 설교는 맹렬한 공격부터 신비적 감정의 표현에 이르기까지 광범 위했으며 언제나 매우 애국적이었다. 그는 아름다운 포르투갈어의 장 인이었다. 1640년 포르투갈이 에스파냐 이중 군주제를 떨쳐냈을 때 비에이라 신부는 새로운 국왕 주앙 4세를 축하하기 위한 사절단으로 브라질에서 고국으로 파견되었다. 그는 뛰어난 화술로 곧 리스본 사 교계에서 커다란 영향력을 획득했으며 국왕의 고해 신부가 되었다. 리스본의 잉글랜드 영사는 비에이라를 '설교로 저명한 예수회원으 로, 그의 강론은 인쇄되자마자 날개 돋친 듯이 팔리며 에스파냐와 이 탈리아, 프랑스 전역에서 주문이 들어온다.'고 묘사했다. 비에이라는 비밀 외교 임무를 띠고 유럽의 다른 나라들로 파견되었다.

1647년 비에이라는 국왕을 설득하여 '정당하게' 노예가 되지 않은 인디오들의 명목상의 자유를 재차 확인하는 친인디오 법령을 공포하게 했다. 이 법령은 탐욕스러운 평신도가 아니라 선교사들만 이 원주민 마을을 운영할 수 있다고 명시했다. 화려한 사교계에서 활 약하는 동안에 비에이라는 일개 선교사가 되어 봉사하고 싶다고 여 러 차례 공공연히 이야기했다. 그리고 어느 날 갑자기 그런 바람을 실행에 옮겨 평범한 선교사로서 아마존으로 가기로 결심했다. 떠나 는 막강한 설교자의 등 뒤에서 궁정의 적들은 그를 더 이상 안 보게 되어 속이 후련했다.

45살의 안토니우 비에이라는 1653년 벨렝 두 파라에 등장했 다. 그는 눈앞의 실상에 경악했다. 벨렝은 관리, 요새의 군인들, 소수 의 성직자, 그 밖의 정착민들로 구성된 백인 남성 3백 명과 그의 가족 들이 사는 자그만 도시였다. 식민지의 두 번째 마을인 토칸칭스 강 유역 쿠루파의 유럽인 거주민은 50명이었다. 그들의 유일한 수출품

은 포르투갈에서 몇몇 배가 와서 실어가는 담배였다. 정착민들은 내
수용으로 사탕수수도 재배했다. 이 빈곤한 소수의 정착민들은 우기
에는 진흙탕이고 건기에는 먼지가 풀풀 날리는 벽지에서 아마존의
원주민 부족들을 파괴하고 있었다. 노예제를 통제하는 법률은 뻔뻔
스레 무시되었다. 비에이라는 감동적인 설교를 시도했다. 한 설교에
서 그는 언짢은 신도들에게 정면으로 맞섰다. '여러분이 무슨 말을
하려는지 압니다. "우리 사람들, 우리 고장, 우리 정부는 인디오가 없
이는 유지될 수 없습니다. 그들이 없다면 누가 우리에게 물을 떠다
줄 것이며 또 나뭇짐을 날라 줄 것입니까? 누가 우리가 먹을 마니오
크를 빻아줄 것입니까? 우리 아내들이 아니면 우리 자식들이 해야만
할까요?"…… 나는 "예"라고 답할 것이며 다시 물어도 역시 "예"라고
답할 것입니다.' 그는 다른 이들의 수고에 기대기보다는 제 일을 제
가 해야 하며 부당하게 손에 넣은 노예를 풀어주고 무고한 사람들을
총으로 위협해 잡아들이는 짓을 그만두라고 촉구했다. 그에 대한 보
상은 '깨끗한 양심이며 …… 이 저주로부터 여러분 가정이 결백해지
는 것'이 되리라.

　　그러나 비에이라의 능변은 소용이 없었다. 자유 인디오들의
마을로 알려진 곳에 방문했을 때 그는 남자들이 항상 강제 노동을 하
러 가고 없다는 사실을 발견했다. 그는 국왕에게 그 지역에서 유일하
게 성공적 사업인 담배 플랜테이션의 실상에 대해 썼다. '폭력과 강
제가 없다면 이 인디오들은 아무도 담배 플랜테이션 농장에 가지 않
을 것입니다. 일은 과중하고 담배 연기가 매우 유독하기 때문에 매년
많은 이들이 죽습니다. 그들은 노예보다 더 가혹한 취급을 받습니다.
그들은 가장 험한 욕설을 듣고 매우 분개합니다. 그들의 음식은 없는

것이나 다름없고 그들이 받는 보수는 [변변찮습니다].' 그들은 몇 달 동안 쉬지 않고 먼 거리를 이동해야 하고 굶어 죽어가는 가족을 먹일 자기 농사를 지을 틈이 없었다. 또한 아무런 종교적 가르침도 받지 못했다.

비에이라 신부가 아마존으로 돌아온 지 얼마 되지 않아 야생 탐험가 집단이 벨렝에 나타났다. 이들은 멀리 남쪽 도시 상파울루를 근거지로 하여 활동하는 모든 노예상인 가운데 가장 거친 안토니우 라포수 타바레스가 이끄는 반데이라*였다. 반데이란테들은 원주민 사냥감을 찾아 몇 년씩 브라질 내륙을 탐험하는 무자비한 노예사냥 꾼이었다. 그들 가운데 다수는 '마멜루코mameluco' 즉 인디오 어머니 와 포르투갈인 아버지 사이에서 태어난 혼혈인이었다. 비록 그들의 동기는 야비했지만 그들은 남아메리카 역사에서 의심할 나위 없이 가장 강인하고 노련한 오지 사람들이었다.

1649년 50세의 라포수 타바레스는 상파울루를 떠나 4년 동안 도보와 카누로 11,000킬로미터라는 어마어마한 거리를 이동하게 될 원정에 착수했다. 이것은 명실상부 가장 위대한 반데이란테의 가장 장대한 원정이었다. 원정대는 남아메리카에서 가장 험준한 지역으로 꼽히는 곳을 횡단하여 오늘날 볼리비아의 안데스 산맥 기슭까지 간 후 유럽인으로서는 최초로 아마존 남부의 최대 지류인 마데이라 강을 배를 타고 일주했다. 그들은 강둑에 사는 원주민들의 수에 깜짝

---

* 반데이라(banderia)는 포르투갈어로 '깃발', 반데이란테(bandeirante)는 '깃발을 따르는 자들'이란 뜻이다. 16~18세기에 남아메리카에서 활동한 노예 원정대와 원정대원을 가리키는 표현이다. 반데이라는 원래 노예사냥이 주목적이었으나 나중에는 광물 자원을 찾아 내륙의 오지를 탐사하면서 브라질의 영토 확장과 개척에 크게 기여했다.

놀랐다. '강에서 출발하여 보름이 지난 후 정착촌이 눈에 들어오기 시작했는데 이후로 마을을 보지 않고 지나친 날이 하루도 없었고 매일 점점 더 많은 마을을 보게 되었다. 그들은 오두막이 3백 채 있는 마을을 보았고 …… 각 오두막에는 많은 가족들이 살고 있다. …… 그들은 〔한 부족은〕 15만 명이 산다고 추정했다.' 그들이 말한 부족은 아마도 토라족이었을 것이다. 토라족의 마을이 강둑을 따라 거의 끊이지 않고 늘어선 가운데 탐험가들이 토라족의 영토를 일주하는 데는 여드레가 걸렸다. 옷을 입고 수염을 기른 이방인을 처음 구경한 인디오들은 깜짝 놀랐다. 대부분은 탐험가들을 환대했지만, 마을을 보호하려고 하는 인디오들은 어김없이 머스킷 총의 '일제 근접 사격'을 받고 오두막을 약탈당했으며 카누를 탈취당했다. 비에이라 신부는 이 노예 상인들의 무신경한 잔인성에 경악했다. 그들은 '인디오들의 목숨이 멧돼지나 사슴에 불과하다는 듯 마치 스포츠를 즐기러 나간 수렵 모임처럼 이야기했다. 그러한 살인이 지난 60년간 포르투갈 같은 가톨릭 왕국에서 용인되었고 …… 〔살인자들은〕 전과 다름없이 아무런 조사나 재판, 처벌을 받지 않고 심지어 조금도 대중의 눈 밖에 나지 않은 채 살인을 지속하고 있다.'

예수회는 라포수 타바레스를 증오했는데 그가 파라과이에서 선교 인디오들을 붙잡아 노예로 만드는 와중에 예수회 신부 한 명을 죽였기 때문이었다. 그러나 비에이라는 타바레스의 엄청난 위업에 감탄을 금치 못했다. '아르고호의 모험에 관한 전설처럼 인내와 용기에 관한 진정으로 위대한 본보기로 …… 분명히 지금까지 세상에서 가장 주목할 만한 〔탐험〕 가운데 하나이다!' 라포수 타바레스와 그의 패거리가 마침내 상파울루로 귀환했을 때 그간 어찌나 고생을 심하게 했는지 처음에는 가족도 그를 못 알아볼 정도였다.

　1655년 비에이라의 예수회 선교사들은 마라냥과 파라에서 54 군데의 알데이아를 담당하고 있었고 그의 전기 작가는 이 선교 공동체에 20만 명이 살고 있었다고 자랑했다. 다음 5년은 승리감에 취한 검은 옷을 입은 신부들의 빛나는 활동의 기간이었다. 그들은 매년 노를 저어 아마존의 지류를 거슬러 올라가 새로운 친인디오 법령을 선포하며 약속의 땅인 그들의 선교 공동체로 내려와 살도록 부족 전체를 구슬렸다. 1655년 1천 명의 투피남바족이 70척의 카누에 나눠 타고 토칸칭스 강에서 내려와 벨렝에 상륙했는데 그 가운데 3백 명은 몸에 그림에 그리고 현란한 깃털 장식을 단 전사들이었다. 더 많은 이들이 올 수도 있었지만 한 기민한 샤먼이 그들을 말렸다. 어느 예수회 선교사의 표현에 따르면 '이 루시퍼*의 앞잡이는 부족민의 갑작스러운 결정에 경악했다. 무수한 부족들이 그 잔인성을 성토해 온 그들〔포르투갈인들〕사이에 어울려 산다는 것을 부족민이 너무도 쉽게 받아들이자 기겁했다.' 일부 인디오들은 하류로 내려오는 길에 '천국으로 갔지만' 나머지는 도착하는 대로 세례를 받고 교리문답을 공부한 후 정착민들 밑에서 일하게 되었다.

　또 다른 투피어 부족인 카팅가족도 설득을 거쳐 카메타 인근의 예수회 선교 공동체로 이주하였다. 제어를 말하는 그라자우족의 경우에는 하류로 내려갈 차례를 기다려야 했는데 그들을 실어올 카누와 마니오크가 충분하지 않았기 때문이다. 한 선교사는 '사람을 낚

---

*기독교 전통에서 타락한 천사. 사탄을 부르는 이름.

는 이 일에서 물고기가 너무 많아 그물이 찢어지려고 한다.'고 의기양양했다. 과자자라족 일부는 파라와 마라냥 사이의 핀다레 강에서 근처의 예수회 선교 공동체로 내려왔다. 그러나 탐욕스러운 한 총독이 자신의 담배 플랜테이션에서 노역을 강제하기 시작하자 그들은 '매우 아연실색했고' 현명하게 자신들의 숲속으로 다시 달아났다. 그들은 오늘날까지도 그곳에서 부족으로 살아가고 있다. 다른 예수회원들은 싱구 강 어귀에 사는 주루나족 일부를 개종시켰다. 이들은 성주간*의 행렬과 고행에 열광하며 한동안 기독교를 열성적으로 받아들였다. 그러나 이후에는 새로운 종교의 칙칙한 모습에 싫증을 느끼고 싱구 강 상류로 다시 이주하기 시작했다.

1656년 한 예수회원은 파카자족(벨렝 서쪽에 있는 같은 이름의 강에서 왔다) 5백 명과 많은 타피라페족(일부는 여전히 아라과이아 강 상류에 생존하고 있다)을 '믿음으로 인도하고 국왕 폐하에 복종하게' 만들었다. 다른 선교사들은 아마존 강 북쪽 기슭과 네그루 강 하부 아라와크족 사이에서 활발히 활동했다. 아일랜드인 예수회 신부 리처드 캐루를 비롯한 두 신부는 1658년 포키과라족 1천 명을 토칸칭스 강 중류 근처 숲속에서 데려왔다. '대이동에 따르는 다른 여러 장애물과 더불어 여자, 아이, 영아, 병자까지 마을 사람 전부가 내려와야 했다.' '과로와 부단한 경계'로 점철된 두 달이 걸려서야 이 포키과라족을 강까지 데려올 수 있었다. 그다음 그들은 강을 타고 내려와 '주민들의 편의를 위해 도시[벨렝]와 가장 근접한 알데이아에 들어갔는데

---

* 예수의 수난과 부활을 기념하는 부활 축일 전의 일주일.

그해에 벨렝 시의 인구는 자유 인디오와 인디오 노예들로 2천 명이 넘게 늘어났다. 그러나 정착민들은 이것으로도 만족하지 못했다. 이 땅의 여러 강은 세계에서 가장 컸지만 [정착민들의] 탐욕은 그 강물들보다 더 컸기 때문이다.'

이주하는 동안 푸키과라족은 호전적인 이네이과라족의 공격을 받았다. 이것은 식민지인들이 바라던 바였다. 총독은 즉시 이네이과라족에게 전쟁을 선포했다. 1659년 포르투갈 군인 45명과 인디오 전사 450명, 파라의 예수회 단장으로 구성된 토벌대가 토칸칭스 강을 거슬러 올라가 이네이과라족의 숲속으로 뛰어들었다. '그곳에서 우리는 그들을 추격하고 발견하고 포위하여 항복을 강요했고 …… 240명을 포로로 잡았다. 이들은 복음 전파를 방해한 죄로 …… 노예가 되도록 판결받았고 군인들에게 분배되었다.' 예수회 신부들은 공식 몸값 부대에 동행했고 비에이라는 어느 포로가 '합법적' 포로인지를 결정할 때 (정착민들에게) 관대하라고 명령했다.

벨렝과 그렇게 가까운 마라조 섬이 포르투갈인들의 팽창에 적대적으로 남아 있다는 것은 난감한 노릇이었다. 마라조 섬의 아루앙족, 마푸아족, 아나자족, 캄보카족과 다른 부족들은 결연하게 싸우며 미로 같은 개울과 늪지, 숲속의 유목민적 생활로 도피함으로써 그때까지의 원정군을 모두 격퇴했다. 그들은 '대담성과 신중함, 교활함, 결의 덕분에, 무엇보다 그들이 사는 곳이 난공불락이기 때문에' 도저히 꺾을 수 없다고 여겨졌다. 식민지 총독은 그들을 향해 또 다른 '정당한 전쟁'을 개시하고 싶었다. 그러나 비에이라는 그들을 설득해 평정할 마지막 기회를 달라고 요청했다. 그는 새로운 왕령이 인디오들에게 포르투갈의 지배와 예수회의 보살핌 아래서 좋은 삶을 약속한다는 미사여구로 가득 찬 보증과 함께 원주민 선교사들을 파견했다. 내심으로는 비에이라도 이러한 약속이 사악한 기만이라는 것을 분명 알았을 것이다. 왕국의 법령은 계속 바뀌고 있었고 인디오들은 질병으로 떼죽음을 당하고 (그가 설교단에서 지속적으로 역설한대로) 노예가 되거나 끝이 보이지 않는 강제 노동에 매이게 되었다. 모두가 놀랍게도 사절단은 성공했다. 마라조 섬의 부족들은 싸움에 지쳐 있었고 '대부' 비에이라에게 신뢰를 보냈다. 비에이라 신부는 그들에게 초대받았고 개종한 부족의 족장들과 극소수의 병사들을 태운 십여 척의 카누를 이끌고 1659년 그들을 방문했다. 마라조 부족민들은 교회와 선교사들을 위한 숙소를 갖춘 선교 공동체를 이미 건설해놓았으며 포르투갈의 지배에 복종한다는 뜻으로 거대한 행사와 함께 비에이라를 맞았다. 훗날 마라조 섬은 예수회의 근거지가 되었고 그곳의 광활한 방목지와 염전은 교단을 부유하게 만들어주었다. 그러나 그곳 부족들은 아무도 살아남지 못했다.

그러는 동안 성난 정착민들은 검은 옷을 입은 참견꾼들에 맞서 줄기차게 투쟁을 이어나갔다. 그들은 프랑스 해적들이 가로챈 편지를 손에 넣었는데 비에이라 신부가 국왕 앞으로 보낸 것이었다. 신부는 편지에서 정착민들을 실명으로 맹비난했고 이것이 벨렝 시 의회에서 그대로 낭독되었다. 이제 정부 당국조차도 예수회에 등을 돌렸다. 1661년 예수회 선교사들은 하부 아마존 전역과 벨렝의 예수회 대학에서 체포되었다. 비에이라도 철저히 억류되어서 '생리적 욕구를 해결할 때조차도 자유롭지 못할' 지경이었다. 비에이라와 동료 선교사들은 그들을 배로 실어갈 카누를 미는 관리가 '꺼져! 꺼져!'를 연신 외치는 가운데 포르투갈로 강제 송환되었다. 리스본으로 돌아온 비에이라 신부는 섭정 여왕을 감동시키는 강력한 '선교의 설교Sermons of the Missions'를 했다. 그러나 여왕이 조치를 취하기 전에 궁정 혁명이 일어나 군주가 교체되었고 다시금 비에이라의 영향력은 약해졌다. 1663년 반동적 법안은 '자유' 인디오들을 정착민 시 의회가 마음대로 처분할 수 있게 허락했고 노예사냥 원정을 개시할 수 있는 기간도 허가했다. 비에이라는 새 국왕을 설득해 이러한 불법적 사업을 중단시키려고 애썼다. "'몸값 지불'이라는 허울로 감춰진 학정과 불의 아래서 …… 수많은 무고한 인디오들이 노예가 되고 살해되고 죽어갔다. 노예사냥은 그곳에서 벌어지는 모든 파탄의 1차 원인이다.' 그러나 알데이아를 예수회의 관리 아래로 복귀시키고 노예제를 금지하고 노예들을 해방시키려 한 또 다른 법안이 발효된 것은 (무정부 상태와 압제가 17년간 지속된 후인) 1680년이 되어서였다.

비에이라는 (과도하게 애국적이고 메시아적인 설교 탓에) 이단으로 몰렸지만 재판에서 살아남았다. 로마에서 인기 많은 설교가로서 6년을 보낸 후 1681년 73세 때 사랑하는 브라질로 다시 돌아갔다. 그는 바이아 지역의 예수회 대학에서 명료한 문장으로 편지를 쓰고 인디오들의 권익을 옹호하면서 16년을 더 살았다. 노동력 부족에 대한 그의 대답은 정착민들에게 아프리카 노예 수입을 권장하는 것이었다. 그에게 흑인을 노예로 삼는 것은 구릿빛 피부의 인디오들을 노예로 삼는 것만큼 악하다는 근심은 들지 않았고, 아마존의 식민지인들은 가난해서 아프리카 노예를 구입할 만한 경제적 여력이 없다는 점도 문제되지 않아 보였다.

1680년의 친親선교 법령은 늘 그렇듯 역풍을 가져왔다. 1684년 베크만과 삼파이우라는 저명한 관리들이 이끈 또 다른 정착민들의 반란은 마라냥에서 예수회를 다시금 축출했다. 반란은 신속히 진압되었고 반란 지도자는 교수형에 처해졌다. 그러나 리스본의 궁정은 불안감을 느꼈고 1684년 9월의 법령은 사적 노예 소유를 부활시키고 다시금 총독에게 아마존 상류로 노예사냥 원정대를 파견할 수 있는 권한을 승인했다. 예수회는 자신들이 그동안 너무 엄격했다고 느꼈다. 1686년 그들은 자신들이 절대적으로 통제하는 선교 마을에 새로운 규정을 공표했다. 그들은 세 가지 중대한 측면에서 타협했다. 첫째, '자유' 선교 인디오들이 일 년에 6개월간 정착민들 밑에서 일하는 것을 허용했다. 둘째, 인디오들의 노예화를 정당화하도록 몸값 원정에 계속 동행했다. 셋째, 마데이라 강 상류까지 아마존 남안 지역만을 유지하고 아마존 지역 대부분을 다른 선교회에 이양했다.

예수회는 식민지인들의 도를 넘는 만행에 맞서 전반적으로 원주민의 권익을 옹호했지만 그들도 이해관계가 전혀 없지는 않았다. 그들은 자신들의 선교 마을이 멀리 파라과이 남쪽에 에스파냐 예수회가 만들어낸 신정 국가의 복사판이 되기를 바랐다. 안타깝게도 아마존 삼림 지대의 원주민 부족들은 예수회의 규율과 요람에서 무덤까지라는 보호 감독에 파라과이의 과라니족처럼 반응하지 않았다. 과라니족은 원래부터 영성적이고, 유럽에서 들여온 소가 잘 자라는 탁 트인 사바나와 대규모 사회에서 살아가며 규율 잡힌 생활을 영위하는 농부들이었다. 반면 아마존의 인디오들은 개인의 자유에 익숙한 자급자족적인 수렵채집인이자 낚시꾼이었고 자신들의 숲과 강에서 살아가는 것이 가장 편한 사람들이었다. 예수회원들은 그들에게 농사나 의술에 관해서 가르칠 게 전혀 없었다. 따라서 예수회원들은 아마존 지역에서 흔히 실패했는데, 아마존 강과 네그루 강의 다른 지역을 지배한 그들보다 더 권위주의적인 프란체스코회, 카르멜회, 메르세다리오회보다 더 크게 실패했다.

　　예수회는 아마존 인디오의 개종이 피상적 수준이라는 사실을 인정했다. 개종자 가운데 거의 누구도 기독교의 의미를 이해하거나 그것을 온전히 믿는 것 같지 않았다. 이들은 고해성사를 받아주는 선교사들을 흡족하게 하는 것은 뭐든 암송했고 신앙에 대한 그들의 반응은 형식적이거나 경망스러웠다. '그들은 대체로 미사에 참석했지만 영적인 이로움을 얻기 위해서라기보다는 처벌을 두려워했기 때문이다. …… 그들은 성안과 메달, 성상을 크게 떠받들었다. 그러나 그런 성물들이 불러일으키는 존경심과 신앙심에서라기보다는 그저 그것들이 예쁘장하기 때문이었다. 그들은 흔히 원숭이나 강아지의 목에 메달을 걸어주며 그 짐승들을 성물로 치장했다.' 주앙 다니엘 신부는 인디오들이 물질적 소유에 무관심한 것을 칭찬했다. '먹을 것(숲에서 잡은 사냥감이나 강에서 잡은 물고기 등)이 충분하면 그들은 세상의 왕처럼 만족한다. …… 그들은 허례허식 없이 소박하게 살아가고 어머니가 주신 좋은 피부만 걸치고 살아간다. …… 아담처럼 완전히 벌거벗고 순수한 상태다.' 다니엘 신부는 그가 보살피는 사람들이 수시로 목욕하는 습관과 그들의 가정생활, 부부 간 정절도 좋아했다. 그러나 그와 그의 동료들은 인디오들이 때로 과음을 하는 것을 개탄했는데 대체로 인디오들이 술에 취하면 버릇이 없어지고 백인이나 성직자를 존경하지 않았기 때문이다. 일부 예수회원들은 축제를 금지하려고 했다. 한 신부는 잔치가 계획된 것을 눈치 채고 마을을 돌아다니며 알코올음료가 든 단지를 깨트리기도 했다. '그러나 이런 짓은 축제 분위기를 해치고 인디오들을 침울하게 만든다.'

　　　　　　　　　　　　　　　　　　　아마존 Amazon

다니엘 신부는 가혹한 규율가였다. 그는 인디오들이 새로 도착한 선교사들에게 생선을 덜 가져다줌으로써 그들을 '속인다'는 사실을 언급했다. '이런 식으로 그들은 신입자를 흔히 단식하게 했는데 신입자들은 매질이 [그러한 나태에 대한] 치료약이라는 것을 모르기 때문이다. 적당한 매질을 하면 …… 그다음부터 생선의 양이 많아진다.' 그러나 이 예수회 신부는 인디오들이 풍부한 숲속 식물의 약효에 대해 자신보다 더 많이 알고 있다는 사실도 알았다. 그러나 원주민 샤먼은 그들의 구전 지식을 알려주려고 하지 않았다. '그들은 자신들의 비법을 매우 고집스럽게 지키고 비밀스럽게 군다. …… 아무리 많은 선물을 주고 여러 약속으로 구슬리더라도 소용이 없다. …… 오로지 회초리로만 정보를 뜯어낼 수 있다. 심지어 그 방법조차도 일반적으로 실패한다. 비록 그들을 죽인다 해도 소용이 없다.' 신부들은 선교 공동체의 낮은 출산율은 여자들이 약초를 이용해 피임이나 낙태를 하기 때문이라고 의심했다. 이는 물론 선교사들이 결사반대하는 것이었기에 그들은 온갖 형태의 폭력을 동원해 그 묘약을 알아내려고 했다. 다니엘은 '그들에게는 존경보다는 두려움이, 수사修辭보다는 막대기가, 눈감아주기보다는 처벌이 더 많은 것을 이끌어낸다'고 믿었다. '그들은 두려움에서가 아니라면 아무런 선행이나 일을 하지 않는다. …… 매질은 인디오들에게 가장 편리하고 적절한 처벌이다. 일반적으로 선교사들이 내리는 40대가 적당하다. 만약 범죄가 더흉악하다면 감금과 더불어 매질을 여러 날 더 반복할 수 있다. 그들은 이 처벌을 매우 두려워하는데 사냥을 나가고 숲속을 쏘다니는 것과 그 밖의 여러 즐거움, 특히 매일 목욕하는 즐거움을 빼앗기기 때문이다. 사실 발에 성능 좋은 족쇄를 채워 감옥에 오래 가두는 것보다 그들을 더 온순하게 길들이는 처벌도 없다.' 그는 또한 절망에 빠진 인디오가 흙을 먹거나 혀를 목구멍 깊숙이 말아서 스스로 질식해 혹은 '그냥 넋을 놓아' 자살을 할 수 있다는 사실도 알았고, 그의 독자들에게 인디오들이 고통에서 벗어나기 위해 택하는 그러한 길을 막는 법도 알려주었다.

그러나 이같이 무서운 다니엘 신부는 아마존 강 유역의 정착민들의 잔학상에 경악했다. '그들은 모기를 죽이듯 인디오들을 죽인다. 일을 시킬 때는 마치 숲속의 동물이나 짐승처럼 취급한다. ······ 신도 두려워하지 않고 부끄러움도 모른 채 〔동포 남자들 앞에서〕 인디오 여자들을 잔인하고 음탕하게, 극악무도하고 추잡하게 욕보인다. ······ 일부 백인들은 ······ 〔그들이 소유한 인디오들〕 일부를 심하게 구타해 죽이고 다른 인디오들을 초주검으로 만든다. 만약 그런 매질이 얼마나 고통스러운지를 안다면 그들은 가엾은 〔인디오들을〕 좀 더 인간적으로 대우할지도 모른다.' 한 정착민은 우연히 등에 채찍을 맞았다. 극심한 고통을 느낀 그는 다시는 자기 노예를 때리지 않겠다고 맹세했다. 그러나 그는 예외적인 경우였다. 대부분의 포르투갈인들은 질병으로 인한 떼죽음에서 살아남거나 숲속으로 도망치는 데 실패한 몇천 명의 인디오들을 학대하고 혹사시키는 데 아무 거리낌도 없었다.

AMAZON

| 3장 |

텅빈강

프랑스 과학자 샤를-마리 드 라 콩다민은 1743년 아마존 강을 탐험하며 배를 타고 며칠을 가도 강둑에 인적이 전혀 없는 것을 보고 깜짝 놀랐다. 에스파냐령 페루와 포르투갈령 브라질의 상파울루 지 올리벤사 사이 800킬로미터 거리에 '유럽인에게 적대적인 전사 민족은 눈 씻고 봐도 없다. 모두 〔유럽인에게〕 굴복하거나 멀리 후퇴했다.' 강을 따라 길게 뻗은 그 다음 구간에서도 여섯 곳의 카르멜회 선교 마을만을 목격했다. 그러나 이곳들조차 '옛 〔예수회〕 선교 공동체의 잔해에 불과했고 대부분 다른 곳에서 데려온 여러 부족들로 이루어져 있었다.'

콩다민은 유럽의 석학이었고 따라서 유럽 계몽주의의 기준으로 원주민을 평가했다. 그는 회반죽을 칠한 벽돌과 석재로 지은 가옥이 늘어선 선교 공동체의 깔끔한 모습에 좋은 인상을 받았다. 인디오들은 흰 면 옷을 입었고, 강 하류의 벨렝에 가서 카카오를 팔아 산 다양한 제품—반짇고리, 빗, 나이프와 다른 자질구레한 장신구들—이 가득한 자물쇠를 채운 궤짝을 갖고 있었다. 콩다민은 최초의 관찰자들과 달리 이 '고귀한 야만인'들의 욕심 없는 생활 태도나 이들에 대한 조직적인 통치에 열광하지 않았다. 그에게 선교 공동체의 온순하고 독실한 인디오들은 무관심해서인지 아니면 아둔해서인지 매사에 무감각해 보였다. 그들은 자신들 일상의 필요를 충족하는 것 외에는 별 생각이 없는 듯했다. '작업을 싫어함, 영광과 명예 혹은 감사를 이끌어내는 모든 동인에 무관심함, 즉각적인 목표에만 관심이 있음, …… 미래에 대해서는 전혀 신경 쓰지 않음, 앞을 내다보거나 반성을 할 줄 모름, …… 그들은 아무런 사고를 하지 않고 일생을 보내며 유년기에서 벗어나지 못한 채 나이만 먹어가면서 유년기의 온갖 결점을 여전히 유지하고 있다.' 이 과학자는 자신이 선교사들에게 세뇌를 당한 사람들, 즉 120년에 걸친 질병과 전쟁, 노예화로 점철된 인구 감소의 역사 속에서 살아남은 소수의 생존자들을 보고 있다는 것을 깨닫지 못했다.

18세기 초
아마존의 풍경

▬

다른 관찰자들은 한때 사람들로 북적거리며 최초의 탐험가들에게 그토록 깊은 인상을 남겼던 마을들이 아마존 유역에서 사라졌다는 사실을 지적했다. 18세기가 되자 거대한 강의 삶은 암울한 리듬에 따라 고착되었다. 엄격하게 조직된 소수의 선교 마을, 정착촌을 채우기 위

해 부족들을 상류에서 '내려오게 하는' 선교사들, 인간 사냥감을 찾
아 숲을 헤집는 노예 원정대, 소수의 원주민 부족의 결연한 저항. 여
기에 치명적 유행병이 간간이 곁들여졌다.

아마존과 그 지류들을 둘러싼 선교회 간 영역 분할은 이제 완
전히 자리를 잡았다. 예수회는 마데이라 강 상류까지 남쪽 기슭을 차
지했다. 그들은 특히 이 마데이라 강(라포수 타바레스의 반데이란테들이
1653년 아주 많은 인디오들을 보았던 강)과 싱구 강 그리고 그 두 강 사이
에 위치한 더 작은 지류들에서 활발히 활동했다. 각 선교사들이 보낸
연례 보고서에는 그가 방문한 부족과 여전히 접촉을 기다리고 있는
다른 부족들의 이름이 길게 나열된 목록으로 채워져 있다. 오늘날 이
부족들 대부분은 오래전에 잊힌 어떤 질병이나 이주, 노예사냥, 식민
지 전쟁과 부족 전쟁으로 지금은 멸족하고 없다. 어느 메르세다리오
회 선교사는 검은 옷을 입은 예수회원들의 열성을 칭송했다. '나는
그들이 선교(공동체)를 위해 정글 한복판에서 엄청난 비용과 노력을
들여 원주민들을 방문하는 것을 보았다. …… 그들은 이 사업에 모든
재산을 쏟아 부었다. 카누, 면직물, 도구, 나이프, 그릇, 구슬, 옷, 거
창한 선물들, 그러한 선물이 없으면 인디오들이 자신들의 땅을 떠나
교회의 품안에 들어오도록 설득할 수 없다. 그리고 이 사람들이 상류
에서 내려와 [마을에 정착하면] 신부들은 그들을 두 해 동안 먹이고 입
힌다.' 그렇지만 이 성직자는 원주민과 접촉하기 위한 원정에 들어가
는 카누와 인력, 옷감은 모두 선교 공동체의 인디오들이 공급한다는
사실은 간과했다. 그리고 2년간의 시혜가 끝나면 하류로 내려온 부족
민들은 인력 집단에 합류하여 예수회원이나 정착민, 정부를 위해서
일해야 한다는 사실도 헤아리지 못했다. 한 예수회원은 자신의 노력

을 이렇게 정당화했다. '이러한 방문에서 치러야 하는 수고는 틀림없이 지옥에 떨어졌을 많은 영혼들이 천국에 입성할 수 있게 되었다는 …… 위안으로 크게 덜어진다.'

그보다 열성이 덜한 프란체스코회 신부들은 원주민들이 거의 사라진 아마존 하부의 북안을 차지했다. 그쪽 기슭의 상류에서는 테오도시우 다 베이가라는 메르세다리오회 선교사가 우아투마 강과 그 지류인 우루부 강에 사는 아라우아키족을 개종시켰다. 이들은 1664년 악명 높은 노예사냥꾼 안토니우 아르나우에 저항한 부족이었다. 아르나우의 패거리 가운데 한 명은 '이 이교도들은 우리에게 덫을 놓았다. 그들은 자기 마을에 붙잡아 둔 포로가 많은데 우리에게 넘기고 싶지만 먼저 우리 총포의 도움이 필요하다고 말했다.'고 회고했다. 노예사냥 부대의 열다섯 명의 백인과 1백 명의 인디오들은 재빨리 전리품을 챙기러 갔지만, 야간 매복에 걸려 죽임을 당했다. 어느 날 아침 일찍에는 다른 아라우아키족이 밧줄로 묶은 몇몇 여자들을 아르나우의 병영으로 데려왔다. '그들은 여자들을 썩은 밧줄로 묶었고, 그들이 대하는 태도로 보아 그 여자들이 그들의 아내라는 것이 분명했지만 당시 우리는 이를 깨닫지 못했다. …… 아르나우는 기뻐했고 …… 얼른 자리에서 일어나 여자 노예들을 살펴보러 갔다. 그가 문밖으로 나오는 순간 아라우아키 족장이 사람들을 처형할 때 쓰는 나무 몽둥이로 그를 쳤다.' 아르나우는 두개골이 쪼개지고 입이 박살이 난 채로 '모두가 보는 앞에서 성사도 받지 못하고' 고통스럽게 죽었다. 다른 노예 상인들도 그날의 싸움에서 죽임을 당했다. 그러나 이 고귀한 저항은 보복을 위한 '정당한 전쟁'의 빌미가 되었다. 총독은 보병 4개 중대와 5백 명의 인디오 전사를 34척의 전투 카누에 실어 파견했다. 일련의 격전이 벌어졌지만 결국에는 화기가 화살을 압도했다. 비록 화살에 쿠라레 독이 발려 있었지만 말이다. 토벌군은 '그들이 사는 곳을 쑥대밭으로 만들었고 그 이교도들 가운데 최후까지 남은 당당한 사람도 3백여 마을이 불타는 끔찍한 광경에 눈물을 흘렸다. 뒤이어 그 부족에서 가장 용감한 남자 7백 명이 학살되고 붙잡힌 4백 명은 승리의 전리품으로서 벨렝 두 파라 시내에서 쇠사슬을 끄는 신세가 됐다.' 그렇지만, 사실 많은 아라우아키족은 살아남았다. 그들은 다음 20년 동안 산발적 전투와 매복 공격으로 약 40명의 포르투갈인과 그들과 한편인 인디오들을 죽였다. 1684년 그들을 상대로 한 6개월에 걸친 원정은 5백 명 이상의 전사와 노인들을 죽이고 비슷한 숫자를 노예로 끌고 갔다.

생존한 아라우아키족은 메르세다리오회 수도사 테오도시우의 개종자가 되었다. 그는 온화한 성품과 인디오와의 교역에서 보여준 넉넉한 인심, 더 엄격한 예수회원들이라면 격분했을 원주민의 관습에 대한 너그러운 태도 덕분에 성공했다. 테오도시우 수도사는 1701년에 죽었는데 후계자들은 너무 돈만 밝혀서 그가 일궈 놓은 선교 사업을 망쳐놓았다. 그들은 자신들 관할의 인디오들을 노예사냥 원정대나 자원 채집 원정대에 수시로 내보내 자기 밭을 일굴 시간을 주지 않았다. 결국 인디오들은 반란을 일으켜 수도사 한 명을 죽이고 다른 이들을 내쫓았다.

프리츠 신부의
선교 활동

▬▬

상류로 가면 아마존 강의 솔리몽이스 강과 네그루 강 유역에 카르멜회의 영역이 있었다. 17세기 말에 포르투갈 카르멜회는 페루와 키토에서 내려오고 있던 예수회원들과 충돌했다. 이 예수회원들은 성자 같고 지적이지만 도덕적으로 융통성이 없는 사무엘 프리츠 신부가 이끌고 있었다. 보헤미아 출신의 프리츠 신부는 1680년대에 상부 아마존으로 가서 30년 전에 에스파냐의 프란체스코회 신부 라우레아노데 라 크루스 신부가 시작한 오마구아족의 개종 사업을 이어나갔다.

한때 오레야나와 카르바할, 아쿠냐에게 크게 감명을 줬던 오마구아족은 이제 산산조각 난 후 남은 유물에 불과했다. 대략 4천 명으로 줄어든 그들은 아마존 강의 여러 섬에 위치한 38군데의 작은 마을에 흩어져 살고 있었다. 그들은 여전히 채색 직물과 도자기, 납작한 '귀상어' 머리, 농경 기술로 숲속의 부족들보다 우월함을 자랑했다. 그들은 프리츠 신부의 기독교 가르침을 선뜻 받아들였다. 심지어 그들보다 하류에 사는 부족, 한때는 거대했으나 역시 질병과 노예화, 강제 노동, 부족 간 전쟁으로 '크게 위협을 받고 줄어든' 유리마구아족을 개종시킬 것을 권유하기까지 했다. 유리마구아족은 낯선 샤먼인 프리츠로부터 세례를 받았고 그는 그들에게 위안과 보호를 제공했다. 더 하류의 아이수아리족과 이바노마족도 기독교에 관심을 보였다.

1689년 프리츠 신부의 선교 사업은 그의 병마로 엉망이 되었다. 아마존에서 보낸 세월과 그의 엄격한 금욕주의가 결국 나쁜 결과

아마존Amazon

를 가져온 것이었다. 그는 이렇게 썼다. '신열과 발에 생긴 수종(몸에 물이 차는 것), 그리고 주로 벌레 때문에 생긴 다른 증상들이 한꺼번에 덮쳐와 쓰러졌다. 나는 거의 3개월 동안 (나무껍질로 지붕을 얹은) 은신 처에서 밤낮으로 자리보전을 해야 했다. 낮에는 좀 나아지는 듯했지 만 밤이 되면 말로 표현할 수 없는 고열에 시달렸다.' 강의 수위가 높 아지고 홍수가 나는 시기였다. 그래서 '강물이 내 침상에서 손 하나 차이로 지나갔지만 내 목구멍까지 차지는 않았다.' 악어와 유사한 카 이만악어가 크르렁거리는 소리가 프리츠 신부를 잠 못 들게 했는데, 한번은 그중 한 마리가 열에 들뜬 환자와 그를 수발하는 소년 가까이 에 매어 놓은 카누까지 기어 올라오기도 했다.

프리츠 신부는 아마존 본류에 막 상륙한 말라리아를 앓았던 듯하다. 말라리아는 유럽과 아프리카에서는 옛날부터 있었던 병이 다. 그리스 의학자 히포크라테스는 그가 삼일열과 사일열(증상이 3일 에 한 번, 4일에 한 번씩 나타난다고 해서 붙인 이름)이라고 부른 증상을 묘 사했다. 그리고 로마인들은 그러한 병이 나쁜 공기 때문에 야기된다 고 생각해서 말-아리아*라는 병명을 고안해냈다. 말라리아는 곧 대 서양을 건넜다. 1540년대에 베네수엘라 심장부로 뛰어든 콘키스타도 르들은 열병에 쓰러졌다. 말라리아는 1586년 페루에 도달했다. 월터 롤리 경은 자주 '학질ague'('극심한acute'이라는 뜻의 프랑스어에서 나온 표 현으로 발열과 오한을 말한다)에 시달렸다. 아무도 이 무시무시한 질병 을 어떻게 치료해야 하는지 몰랐지만 마침내 로하(오늘날 에콰도르 지

---

* 말라리아(malaria)에서 'mal'은 '나쁜'이란 뜻이고 'aria'는 '공기'란 의미이다.

역으로 안데스 산지 중 아마존 강 쪽에 위치한다)의 인디오들이 키나라고 부르는 나무껍질에서 추출한 쓴 가루약을 먹여 한 예수회원을 치료했다. 1638년 예수회원들은 에스파냐령 페루 부왕의 부인인 친촌Chinchón 백작부인이 열병으로 죽어가고 있다는 소식을 듣고 키니네가루를 들고 리마로 달려갔고 열병은 사라졌다. (사실 치료받은 사람은 부왕이었지만 이 낭만적인 사연은 언제나 그의 아름답고 젊은 아내가 주인공이다.)

예수회원들은 뛰어난 과학자이자 영리한 사업가였기에 키나나무를 번식시켜 기적의 명약 키니네를 판매하기 시작했다. 유럽에서 키니네는 '예수회 껍질'이나 '예수회 가루약'으로 통했다. 잉글랜드의 두 통치자 올리버 크롬웰과 찰스 2세도 학질에 걸렸다가 키니네로 나았다. 비록 둘 다 가증스러운 예수회로부터 나온 약을 먹었다는 사실은 감추긴 했지만. 누군가가 그 식물을 유럽으로 가져왔다. 일기작가 존 에벌린 경은 일찍이 1685년에 키나나무가 첼시 약제 정원에서 자라고 있는 모습을 목격한 기록을 남긴 바 있다.

에콰도르에서 이 마법의 나무를 연구한 최초의 과학자 중 한 명은 아마존 강 항행을 기록한 바로 그 샤를-마리 드 라 콩다민이었다. 부왕의 부인을 기려 그 식물에 학명 친초나Chinchona를 부여한 사람은 다름 아닌 분류학의 아버지 스웨덴의 칼 폰 린네였다. 프리츠의 시대부터 말라리아는 점점 더 잦은 빈도로 발생했다. 19세기가 되자 그 거대한 강 유역의 원주민과 방문객들은 모두 그 치명적 질병에 시달렸다. 모든 병폐와 마찬가지로, 아무도 이 열병의 원인과 매개체에 대해 조금도 감을 잡지 못했다.

사무엘 프리츠 신부는 포르투갈 예수회원들에게 의학적 도움을 얻고자 아마존 강을 따라 내려갔다. 예수회원들은 최선을 다했지만 사실 치료를 안 하느니만 못했다. 이상하게도 그들은 키니네에 대해서 모르고 있었다. 늘 해왔던 대로 프리츠 신부에게 '열을 가라앉힌'다고 사혈을 하고, 수종에는 훈증을 했으며, 기타 독한 치료제를 먹였다. '그러나 호전되기는커녕 전보다 병세가 악화되었다. 그때까지 나는 몸을 가눌 수 있었다. 그러나 그다음부터는 해먹에 실려 있어야 했다.' 그는 1692년 상류의 페루로 귀환한 후에야 벨렝의 예수회 대학에서 가까스로 회복할 수 있었다.

여행길에 프리츠는 아마존 강둑에 남아 있는 몇몇 선교 마을과 강어귀 근처의 포르투갈 요새 두 곳을 방문했다. 그러나 마데이라 강 어귀 투피남바라나 섬 아래부터는 엿새 동안 정착지를 단 한 곳도 보지 못했다. 열나흘 동안 그는 타파조스 강부터 우루부 강까지 대략 600킬로미터를 이동했는데 한 예수회 선교 공동체를 빼고는 '정착지도 사람도' 구경하지 못했다. 네그루 강 합류 지점 위로는 한때 카라부야나족, 카리푸나족, 주리나족 등 '무수한 부족'들이 있었지만 그는 '아흐레 동안 이동하면서 아무런 정착지도 보지 못했다.' 솔리몽이스 강에서는 부족 간 전쟁과 노예사냥을 증언하는 불타고 버려진 마을들의 슬픈 흔적을 볼 수 있었다. 그다음 프리츠 신부는 인적이 없는 소용돌이치는 갈색 강을 몇 주 동안 노를 저어 갔다. 이 여행길에서 관찰한 사실을 바탕으로 프리츠 신부는 아마존 강과 그 지류들에 관해 꽤 정확한 지도를 최초로 작성했다.

다음 10년간 프리츠 신부는 혼자 힘으로 솔리몽이스 강에 남아 있는 부족들을 에스파냐 예수회 아래 개종시키려고 노력했다. 그러나 그는 곧, 점유권과 60년 전 페드루 테이셰이라의 경계표지를 근거로 아마존 강 이 일대가 자신들의 땅이라고 주장하는 포르투갈 카르멜회로부터 떠나라는 경고를 받았다. 홀로인 선교사는 이베리아 제국들 간의 유일한 조약은 여전히 1494년의 토르데시야스 조약이며, 오랫동안 이곳의 부족들을 평화롭게 개종시켜 온 것은 자신이고, 이른바 포르투갈인들의 점유란 '파라 사람들에 의한 살인과 노예화'에 불과하다고 반박했다. 하지만 승리한 쪽은 포르투갈이었다. 포르투갈 카르멜회는 호화로운 선물로 이곳 부족들의 환심을 샀다. 그리고 파라에서 상류로 파견된 군인들도 승리에 기여했다.

근엄한 예수회 신부는 자신의 엄격함 때문에 오마구아족마저 적으로 돌리고 말았다. 불만을 품은 오마구아족은 유럽인과 접촉하지 않은 숲속의 다른 부족들까지 종용해 예수회 선교 공동체를 파괴하는 일에 합세시켰다. 프리츠 신부는 에스파냐 부대를 끌어들여 반란을 진압했다. 그는 두 명의 족장에게 태형을 내린 후 멀리 상류의 보르하에 있는 감옥으로 보냈다. 그리고 인디오들이 몸에 그림을 그릴 때 쓰는 닭개와 주술적 상징물, 원주민들이 아끼는 쿠루파curupá 가루를 모조리 파괴했다. 하지만 이러한 탄압은 패착이었다. 오마구아족의 파요레바 족장은 감옥에서 탈출해 산 호아킨(오늘날 페루의 페바스로 이키토스 밑으로 250킬로미터 떨어져 있다)에 있는 프리츠의 선교 공동체의 거의 모든 인디오들을 데리고 숲속으로 들어가버렸다. 그 후 그들은 다시 강을 타고 내려가 그들의 이전 고향인 솔리몽이스 강으로 도망쳤다.

18세기 첫 십 년 내내 이베리아의 두 왕국 간에는 그나마 남아 있는 오마구아족과 유리마구아족의 소유를 둘러싸고 볼썽사나운 드잡이가 벌어졌다. 드잡이는 대부분의 유리마구아족이 아마존 강 상류, 페바스와 그 너머 우알라가 강의 라 라구나(오늘날까지 이곳에 소수가 남아 있다)로 달아나는 것으로 끝났다.

오마구아족은 분리되어 일부는 에스파냐령 페루의 우카얄리 강에, 나머지 일부는 멀리 포르투갈령 브라질의 솔리몽이스 강의 산 파블로 즉 오늘날 상파울루 지 올리벤사에 있던 프리츠의 단명한 선교 공동체에 남았다. 으레 그렇듯이 이 드잡이에서 시달린 쪽은 원주민들이었다. 사람이 떠나버린 수백 킬로미터에 달하는 강둑은 식민지 세력 간의 중간 지대가 되었다. 두 부족민 다수는 병으로 죽거나 벨렝의 노예 시장으로 실려 갔다.

노예사냥

노예 습격은 이 세기들 내내 기승을 부렸다. 한 예수회원은 1719년 매년 50척에서 350척 사이의 '몸값 지불' 카누에 대한 공식 인가가 떨어진다고 국왕에게 썼다. 노예가 된 사람들에게 닥친 불행 외에도 이러한 원정대의 선원들 역시 끔찍한 피해를 입었다. 카누 한 척당 보통 25명가량의 인디오들이 노를 저었다. 따라서 320척의 카누가 인가된 1736년 같은 해에는 8천 명의 노잡이가 동원되었을 것이다. 이들 가운데 다수는 선교 마을에서 징발되어 밧줄에 묶인 채 배로 끌려왔다. '그들은 8개월에서 9개월까지 떠나 있으면서 밤낮으로 노를 젓고 카누의 딱딱한 벤치에서 잠을 자고 강물에 내리쬐는 뜨거운 태양에 그대로 노출되고 제대로 먹지 못한 채 철저히 방치되었다. 그들은 흔히 과로로 사망하거나 다른 인디오들과의 전투 중에 죽었다.' 주요 강들에서 주민들이 사라지자 노예 상인들은 아마존의 지류로 갈수록 더 깊숙이 침투했다. 이렇게 중무장한 원정대가 선교 마을을 채우기 위해 부족을 하류로 데려오는 선교사와 마주치기라도 하면 그들은 조금도 거리낌 없이 이 인간 화물을 강탈했다. 이러한 납치에 대해 선교사들의 불만이 빗발쳤지만 범법자들이 처벌받았다는 기록은 없다.

법은 몸값 부대마다 그들의 희생자 가운데 '합법적' 노예를 가리기 위해 선교사를 대동해야 한다고 규정했다. 현대 브라질의 역사가들은 안토니우 비에이라 신부와 그의 후계자들이 이러한 불법 행위에 공모했다고 비판한다. 선교사들은 원래 감독 활동을 하도록 요구받았지만 그들과 동포 식민지인들 간의 관계가 몹시 위태로워서 그러한 요구를 거부할 수 없었다. 겁에 질린 인디오 포로들 가운데 누가 '합법적'으로 노예가 될 수 있는지를 선교사가 판단한다는 것은 사실상 불가능했다. 많은 포로들은 노예를 붙잡도록 부추김을 받은 부족장한테서 매입되었다. 따라서 포로들은 '몸값을 지불받아' 그들을 붙잡은 사람들에 의한, 이른바 처형으로부터 구조된 것으로 간주되었다. 다른 포로들도 있었는데, 주로 식민지인들의 침입에 저항한 부족 출신이었다. 이 경우 그들은 '정당한 전쟁'에서 붙잡힌 것이었다. '자유민'이나 '조건부 노예'(이론적으로는 영구적 예속 상태 대신 5년 동안만 노예였다)로 간주되는 인디오들은 선교 마을로 보내졌다. 이것은 이 끔찍한 사업에 일익을 담당한 선교사들에 대한 일종의 보상이었다. '자유' 인디오들을 숲속의 고향으로 돌려보낸다는 생각은 아무도 하지 못했다.

노예 상인들은 포로들을 협박해 그들이 이해하지도 못하는 포르투갈어로 스스로를 옭아매는 대답을 앵무새처럼 따라하게 했다.

노예인지를 판별하는 과정에 대한 기록들은 많이 남아 있다. 이러한 가슴 아픈 기만의 연극을 적나라하게 보여주는 데는 하나의 사례만으로도 충분할 것이다. '금년[1726년] 5월 8일에 마노아 부족의 족장 과루나마가 일곱 살쯤 되고 오른쪽 가슴 바로 위에 검은 점이 있는 모베누-미나우 부족의 코에미나우라는 소녀를 팔았다. 판매자는 소녀가 적대 부족과 싸운 전쟁에서 붙잡힌 정당한 자기 노예라고 말했다. 소녀는 이것이 사실이라고 털어놓았다. 선교 신부와 부대장은 따라서 소녀가 노예임을 확증했다. 그녀는 새틴 치마 한 벌과 삽 한 자루에 부대의 경리관 주제 페레이라 삼파이우에게 팔렸다. …… 소녀는 쿠스토디아라는 세례명으로 엄숙하게 세례를 받았다.'

포르투갈 국왕 주앙 5세는 1721년 감독관을 파견해 아마존의 노예 밀무역을 보고하도록 시켰다. 그는 총독부터 말단의 인물까지 사실상 모든 정착민들이 이 추잡한 사업에 연루되어 있고 불법적 노예를 소유하고 있음을 확인했다. 노예 상인들은 잔혹하고 비효율적이었다. 생포된 인디오들은 몇 달씩 강가의 울타리에 갇혀 지냈다. 그다음 장대에 꽁꽁 묶여서 복작복작한 카누에 실렸다. '대다수는 하류로 내려오는 길에 죽고 살아남은 사람들은 죽기 일보 직전이었다. 결국 대부분은 금방 죽었다. 따라서 사업에 들어간 수고와 비용은 허사가 되었다.'

몸값 원정 카누가 아마존 강 본류에서 사람들을 사라지게 만들자 노예 상인들은 주요 지류, 특히 마데이라 강과 네그루 강에 살고 있는 원주민들에게 접근하려고 했다. 한동안 커다란 토라 부족은 마데이라 강 하부를 지키며 그곳으로 올라오는 카누들을 괴롭혔다. 토라족은 수가 굉장히 많아서 다른 인디오들은 그들을 개미탑이라고 불렀다. 토라족은 다른 부족들을 하류로 데려가려는 예수회원들의 시도도 방해했다고 한다. '그들은 적대 행위를 통해, 신의 사업을 수행하는 선교사들을 방해하고 우리에게 큰 해를 끼쳤다.' 그래서 1719년 대규모 무기를 동원한 원정이 토라족에 맞서 개시되었고 이 전쟁은 희생자들을 노예로 삼을 수 있는 '정당한 전쟁'으로 간주되었다. 지독한 유혈 참사가 벌어졌고 '그들을 멸족시켜버렸다.'

마나우족
이야기

아마존 분지의 북서부 전역을 흘러가는 장대한 네그루 강은 마나우족의 본거지였다. 이들은 위대한 여행가이자 무역상이었다. 그들은 노를 저어 상류로 거슬러 가 오리노코 강과 네그루 강을 잇는 카시키아레 운하를 거쳐 오늘날 콜롬비아의 무이스카족과 금광을 캐는 다른 부족들한테까지 갔다. 마나우족은 브랑쿠 강을 거슬러 올라가 침수평원을 건너서 오늘날 가이아나의 에세키보까지 갔다. 1590년대 월터 롤리와 그의 부하들은 브랑쿠 강의 어귀에 있을 때 계절에 따라 범람하는 그 수원지 인근의 황금과 부에 관한 이야기를 들었다. 이것은 2세기 동안 〔유럽인들의〕 지도에 등장하며, 기슭에 엘도라도와 마나오(마나우)라는 빛나는 도시가 있는 거대한 호수에 관한 신화에 영감을 불어넣었다. 두 예수회 신부 아쿠냐와 프리츠는 각각 1639년과 1689년에, 마나우족이 네그루 강 중류와 솔리몽이스 강 사이 바르제아 침수림을 노를 저어가 그곳의 부족들과 '작은 금괴, 버밀리언*, 마니오크 강판'—오늘날까지도 네그루 강 상류의 지류에 사는 데사나 족의 특산품이다—등을 교환하는 것을 언급했다.

마나우족은 다른 부족한테서 붙잡은 포로들을 팔면서 포르투갈 노예 상인들에게 협력했다. 그러나 18세기 초가 되자 수백 킬로미터에 이르는 네그루 강 하부는 인디오들이 텅 비게 되었다. 마나우족은 네그루 강 중부의 콸콸 쏟아지는 급류를 통제하며 상부의 지류들에 사는 원주민에게 접근하는 길을 막았다. 설상가상으로 마나우족 상인들은 기아나(오늘날의 가이아나)의 네덜란드 식민지와도 거래하고 있었다. 강력한 프로테스탄트 세력인 네덜란드인은 세계 곳곳에서 포르투갈인의 적이었고 1625년과 1650년 사이에는 그들로부터 브라질을 채갈 뻔했다. 그래서 1723년 마나우족과 몸값 부대 간 물물 교환에서 뭔가 일이 틀어지자 호전적인 식민지인들은 마나우족을 음해하는 선전전을 개시했다. 여기에 설득된 포르투갈 국왕은 네그루 강의 부족들은 '포교를 방해하고 지속적으로 나의 신하들을 공격하며 인육을 먹고 자연의 섭리를 거부하는 짐승처럼 살아간다'는 이유를 들어 '정당한 전쟁'을 선포했다. '이 야만인들은 무기와 탄약이 많고 그 가운데 일부는 네덜란드인들한테 받은 것이었다.' 어느 몸값 부대도 마나우족을 공격할 엄두를 내지 못했는데 그들은 포가 있고 '나무와 진흙으로 만든 방책과 감시탑, 방어 시설 뒤에 단단히 자리를 잡고 있기 때문이다. …… 그래서 의기양양해진 그들은 대담하게 만행과 살인을 저질렀다.'

마나우족은 아주리카바라는 영웅적인 지도자를 낳았다. 그와

---

* 밝은 주홍색 안료.

협상하기 위해 파견된 한 예수회원은 아주리카바가 그의 카누에 네덜란드 깃발을 펄럭이고 있음을 발견했다. '불신자 아주리카바는 당당하고 건방진 인물이다. …… 다른 족장들은 모두 그를 존경하고 외경심을 품으며 그의 명령에 복종한다. 우리를 상대로 한 모든 습격은 그의 명령이나 제안에 따른 것이다.' 나중에 온 포르투갈 관리는 더 호의적이었다. '하늘은 그에게 용감하고 두려움을 모르며 호전적인 정신을 내려주었다. …… 그의 부족 대부분은 그에게 가장 신실한 애정과 헌신을 보여주었고 …… 일생토록 아주리카바는 인디오들 사이에서 분명히 영웅이었다.'

1728년 당연히 토벌군이 네그루 강 상류로 파견되었다. 방책을 두른 아주리카바의 마을들은 대포를 끌고 온 군인들과 선교 공동체에서 징집된 수백 명의 인디오들에게 공격을 받았다. 이 마나우족 족장은 탈출했지만 결국에는 추격 끝에 그의 동맹 부족의 마을에서 붙잡혔다. 그와 다른 족장들은 손과 발에 쇠사슬을 찬 채 노예의 삶 아니면 처형의 운명이 기다리는 하류로 끌려갔다. 포로들이 벨렝에 거의 다 왔을 때 아주리카바는 브라질 영웅들의 만신전에 오르게 될 용기를 보여준다. 그와 그의 동료들은 '쇠사슬로 묶인 채 카누에서 일어나 병사들을 죽이려고 했다.' 족쇄를 찬 인디오들과 무장한 병사들 사이에 처절한 싸움이 벌어졌다. 그러나 가망 없는 싸움이었다. '그의 친구들 일부는 피를 흘리고 있고 일부는 죽은 가운데' 모든 것이 허사로 돌아가자 '아주리카바는 다른 족장과 함께 강물로 뛰어들어 살았는지 죽었는지 다시는 모습을 드러내지 않았다.' 그는 노예보다는 죽음을 택한 용감한 인디오로 기려진다.

아주리카바와 한편인 마야페나 부족은 급류 근처의 요새화된 마을에서 저항을 이어나갔다. 열이틀 동안 포위 공격을 견뎠지만, 결국 그들 역시 굴복당했다. 새 총독은 이제 네그루 강 중부를 가로막던 장벽에 구멍이 뚫리자 환호작약했다. 그는 재산을 최대한 긁어모을 심산으로 악명 높은 노병 벨키오르 드 모라에스를 보내 소탕 작전을 이끌도록 했다. 2년간 모라에스는 무려 45개 부족을 공격해 노예로 삼고 2만 8백 명을 죽였다고 주장했다. 그중에 포르투갈인들의 동맹 부족민도 있었겠지만 상관하지 않았다. 이 와중에 놀랍게도 살아남은 일부 마나우족이 있었는데, 그들은 포르투갈 노예 상인들을 계속 도왔던 사람들이었다. 그들은 네그루 강 중부에 있는 일련의 카르멜회 선교 공동체, 특히 상가브리엘 다 카초에이라('급류의 성 가브리엘')에 정착했다.

아마존에서
살아간다는 것

━━━

아마존에서 한 세기를 지낸 후 유럽인들은 화려하지만 낯선 그곳의 환경에 마침내 적응하기 시작했다. 그들은 그들이 아끼는 가축에 풀을 먹일 곳을 몇 군데 찾아냈다. 1680년대에 한 포르투갈 목수가 벨렝 맞은 편 마라조 섬의 자연 사바나에 소를 키우기 시작했다. 선교사들이 이 섬의 방목지를 지배했다. 1750년이 되자 한 총독은 예수회는 마라조 섬에 가축 3만 두를(그러나 9년 후에 가축을 몰수하고 보니 13만 5천 두였다), 메르세다리오회는 6만~10만 두를, 카르멜회는 8만~10만 두를 키우고 있다고 추정했다. 비에이라 신부의 죽음 이후 예수회는 공격적으로 상업적 이익을 추구하게 되었다. 그들은 선교 공동체와 노예 노동을 이용해 파라에 대농장 여섯 곳을 경영했다. 이들은 가축에서는 이윤이 많이 남는 잉여생산물인 가죽과 수지, 고기를 얻었고 담배와 목화, 럼을 만드는 사탕수수 등 플랜테이션 작물을 생산했다.

유럽인들은 몇몇 토착 식물을 활용하는 법도 배워갔다. 그들은 인디오들을 부려 마니오크를 대량으로 재배했는데 마니오크 가루는 이 지역에서 살고 있는 모든 이에게 주식이었기 때문이다. 그들은 유럽인들의 초콜릿 열풍에 부응하기 위해 카카오(테오브로마 마리아이 _Theobroma mariae_ 나무의 멕시코식 이름) 플랜테이션을 건설하려고 했다. 그러나 아마존 지역에서는 나무의 주적인 균류 병원체 '마녀의 빗자루'*가 고질적이어서, 브라질 카카오의 대부분은 더 남쪽인 바이아에서 생산되었다.

인디오들은 또한 외국인들에게 상업적 가치가 있는 식물을 채집하기 위해 숲속으로 보내졌다. 이런 식물들은 뭉뚱그려서 '드로가스 두 세르탕_drogas do sertão_' ('야생의 약')으로 알려졌다. 여기에는 디키펠리움 카리오필라툼_Dicypellium caryophyllatum_이나 암브로시아 폴리스타키아_Ambrosia polystachya_(돼지풀) 같은 나무의 껍질, 강장제나 매독의 완화제로서 약용차로 인기가 많은 백합과의 덩굴식물 스밀락스_Smilax_의 말린 뿌리, 아마존 유역 남단에서 발견되는 또 다른 뿌리로, 구토를 일으키고 열을 떨어트리는 구토제로 사용되는 이페카크_ipecac_ 혹은 이페카쿠아나_ipecacuanha_, 코파이페라_Copaifera_ 야자에서 추출하는 향유인

---

* 마녀의 빗자루_witch's broom_ 나무의 기형적 생장을 초래하는 균류나 바이러스의 속칭.

코파이바copaíba 기름, 목재가 선박 건조에서 광범위하게 사용되는 안디로바andiroba(카라파 구이아넨시스*Carapa guianensis*)와 수마우마sumaúma 케이폭나무(케이바 펜탄드라*Ceiba pentandra*)의 수액 등이 있었다. 인디오들은 너무 단조롭고 소모적인 플랜테이션의 노역이나 공공사업보다 드로가스 두 세르탕을 채집하는 원정을 선호했다. 이 와중에 사람들이 가장 탐내는 나무와 관목들 대부분은 뿌리째 뽑히고 죽었다. 그래서 이것들을 채집하려면 갈수록 더 깊은 숲속으로 침투해야 했고 이는 가족과 자신의 밭에서 멀리 떨어져 있어야 함을 의미했다. 또 다른 수출품으로는 한때 오마구아족이 아주 성공적으로 양식한 아마존 거북이의 알 수천 개에서 뽑아낸 기름과 말린 생선이 있었다. 그러나 전체적으로 포르투갈의 아마존 식민지는 브라질의 나머지 지역에 비해 여전히 가난한 친척일 뿐이었다.

아마존의 여러 강을 따라 건립된 선교 공동체의 비참한 인디오들은 정기적으로 창궐하는 유행병으로 18세기 내내 수가 급감하였다. 최악의 천연두와 홍역이 1748년과 1749년, 1750년에 이 지역을 휩쓸었다. 당대의 문헌은 '이 위험한 병은 두 달간 지속되었는데, 그 이후로 더 악화되어 사람들은 악성 열병과 혼수상태, 볼거리를 앓았다. 사람들은 이러한 질병에 거의 쓸모없는 터무니없는 치료법을 썼다. 그러나 이것은 어쨌든 많은 이들에게 위안을 주었다. 종국에는 타푸이아든 아니든 어떤 [인디오] 사람도 이 전염병으로부터 피할 수 없었다. …… 정착민들도 눈물이 마를 날이 없었다. 일부는 …… 안타까운 파산 상태로 전락했는데 이 땅에서 모든 재산은 다수의 노예와 하인들로 이루어져 있기 때문이다. 시체를 씻을 흑인이 충분하지 않았다. …… 주인들이 직접 [죽은 원주민] 노예의 시체를 실어 날라 도시 근처 숲속의 야생 동물에게 던져주어야 했다.' 식민지인들은 또한 고기와 멀릿 생선*이 부족하다고 푸념을 늘어놨는데 마라조 섬에서 이것들을 조달할 인디오들이 남아나질 않기 때문이었다. 총독은 벨렝 인근에서만 4만 명이 죽었을 것으로 추산했다. 이것은 '세르탕**에 있는 사람들은 계산하지 않은 수치인데 그들은 침투 불가능한 숲속에서 알려지지 않은 채 살아가기 때문이었다. 수치를 정확하게 계산하는 것은 불가능하다.' 후임 총독들은 '인명 손실을 매우 걱정했는데 하인〔일꾼〕들의 수가 크게 줄었고 유행병은 그 계층에서 가장 격심한 피해를 낳았다.' 긍정적인 측면을 보자면 1748년에 선포된 칙령이 마침내 몸값 원정과 인디오에 대한 공식적 노예화를 금지했다.

　5년 전인 1743년 콩다민의 3개월간의 아마존 일주는 아마존 강의 에스파냐와 포르투갈 식민지 주인들이 강요한 비밀의 베일을 걷어냈다. 그는 여행에 앞서 지구의 크기와 모양을 측정하기 위한 임무를 띠고 키토 인근에서 8년을 보냈다. 프랑스 과학아카데미에서 보낸 훌륭한 탐사 팀은 험준한 산악 지대를 힘겹게 가로질러 측량 체인과 삼각 측량술을 이용해 적도에서 남쪽으로 위도 3도까지 거리(345킬로미터)를 측정했다. 그다음 그들은 그들이 있는 위치를 지나는 자오선 천정의 천체를 관측했다. 측정 결과는 우리 행성이 양극이 튀어나온 형태라고 주장한 르네 데카르트에 맞서 지구가 적도 부분이 살짝 튀어나왔다고 상정한 아이작 뉴턴이 옳았음을 입증했다.

　콩다민은 아마존 강을 거쳐 프랑스로 귀환하기로 결심했다.

---

* 숭어과 어류.
** 오지라는 뜻.

키토에서 출발한 그의 여정은 안데스 산맥의 동쪽 사면을 내려가 운무림을 통과해 요동치는 상류수들까지 내려가는 고된 길로 시작했다. 일단 아마존 강 본류에 이르자 그는 퐁고 데 만세리체로 알려진 소용돌이가 포진한 10킬로미터 길이의 악명 높은 협곡을 쏜살같이 통과했다. '귀를 멍멍 하게 하는 엄청난 굉음과 함께 강물이 바위에 부딪힐 때면 마치 강물이 살아서 달려드는 듯하다. …… 여러 굽이를 지나는 동안 나는 두세 차례 바위에 내동댕이쳐졌다.' 카누라면 산산조각이 났을 테지만 콩다민은 리아나 밧줄이 충격을 흡수해주는 뗏목을 타고 있었다. 퐁고 아래로는 거대한 강이 더 이상 아무런 장애물도 만나지 않은 채 수천 킬로미터를 달려 바다로 쏟아져 나갔다. 프랑스 과학자는 멀리 내다보이는 거대한 숲의 짙은 그늘로 둘러싸인 이 '민물 바다'에 감탄했다. 그는 흡혈박쥐와 '사람을 꼼짝 못하게 하는' 충격을 줄 수 있는 전기뱀장어(사실은 몸길이가 긴 물고기)를 비롯해 이 기이한 세계의 동물과 파충류, 물고기를 묘사했다. 그는 인디오들이 바람총 화살에 바르는 쿠라레 독과 물고기를 기절시킬 때 사용하는 바르바스코barbasco 혹은 팀보timbó 덩굴식물(데리스Derris종)에 관해서도 일찍이 기록했다. 키나나무를 묘사한 것 외에도 콩다민은 인디오들이 나무에서 뽑아내 공과 가는 대롱을 만드는 데 사용하는 놀라운 카우추크cautchouc 유액을 유럽인들에게 알린 최초의 인물이다. 잉글랜드인들은 나중에 이것을 굉장히 신축적인 '고무rubber'라고 불렀다.

　　우리는 이미 콩다민이 단정한 선교 공동체를 좋게 평가하고 강가 대부분의 지역에 사람이 사라진 것에 주목하고 선교 공동체의 심드렁한 인디오들을 탐탁찮게 여겼음을 보았다. 그는 아마존 강에 그 이름을 부여한 아마존족이 정말로 살았는지 곰곰이 생각해 보았다. 여러 가지를 따져봤을 때 그는 '과거에' 아마도 그러한 부족이 존재했겠지만 이 여전사들은 연대기 작가들이 상상하듯 부유하지 않고 활을 잘 쏘기 위해 가슴을 잘라내지도 않았으리라고 생각했다. 낭만적인 프랑스 남자답게 콩다민은 남자가 없는 여자들 사이의 갈등에 대해 걱정했다. 그는 그러한 갈등 때문에 그들이 아무런 흔적도 남기지 않고 결국 멸족했다고 추측했다.

이사벨 고댕의
순진한 모험

▬▬▬

프랑스 과학 원정대는 아마존 탐험에서 인디오가 아닌 최초의 여성 영웅을 낳았다. 원정대의 최연소 멤버인 장 고댕 드 오도네는 1741년 에스파냐 식민지의 유복한 가정 출신인 이사벨과 결혼했다. 네 아이를 낳고 8년을 보낸 장 고댕은 그의 동료인 콩다민이 한 것처럼 아마존 강을 타고 내려가 프랑스로 돌아가기로 결심했다. 사람 좋지만 머리가 나쁜 고댕은 강을 타고 내려가 사랑하는 아내를 위한 숙소를 마련하고, 다시 그 길을 되짚어 가서 아내와 아이들을 그 험난한 경로로 데려온다는 정신 나간 계획을 세웠다. 그는 아마존을 무사히 통과했다. 그러나 일단 프랑스령 기아나(카옌)에 도착한 후 끝없는 난관들, 그러니까 정치적 난관(포르투갈인들에게 거부된 각종 허가), 재정적 난관(파산한 후 도움을 구하는 편지가 프랑스에 도착하기까지는 2년이 걸렸고 그나마 요청을 거절하는 답장이 돌아왔다), 물리적 난관(질병과 의기소침)

과 사업 실패(그는 매너티 사냥을 시도했다), 형편없는 통신 여건(배는 흔히 해적에게 붙들리거나 전쟁이나 폭풍우에 발이 묶였다), 개인적 난관(그는 총독과 사이가 틀어졌다)에 부딪혀 일이 지연되었다. 결국 그가 푹푹 찌는 식민지에서 20년간 오도 가도 못했다는 소리다.

이사벨 고댕은 결혼 당시 열세 살이었고 수녀원 학교에서 막 나온 상태였다. 그녀의 결혼 생활은 크리올* 사회에서 전형적인 모습, 다시 말해 가족에게 둘러싸여 외부와 격리되어 있고 인디오 하인들에게 끊임없이 시중을 받는 생활이었다. 그사이 고댕 부부의 자식들은 모두 죽었지만 중년의 이사벨은 마침내 반대편 남아메리카 해안의 남편과 재회하기로 결심했다. 그녀는 그녀가 할 수 있는 최상의 준비를 해 집을 팔고 1769년 그녀의 두 형제와 함께 여러 식객들, 하녀, 하인, 그녀의 각종 편의용품을 나를 원주민 짐꾼을 데리고 출발했다. 이사벨 본인은 발목까지 내려오는 긴 치마를 입고 공단 신발을 신었다. 어느 식민지 중년 부인도 그러한 여행을 시도한 적은 없었다.

일행은 안데스 산지에서 아마존 삼림으로 내려왔지만 보보나사 강에 들어섰을 때부터 모든 게 틀어지기 시작했다. 백인 가운데 누구도 카누나 정글에 대해 아는 게 전혀 없었고 기괴스러울 정도의 무능력과 불운이 겹쳐 여행은 비극으로 변했다. 천연두로 파괴된 한 원주민 마을을 지나는 동안 이 유행병을 두려워 한 노잡이들이 모두 달아나 버렸다. 아프긴 했지만 그들을 위해 통나무 카누를 만들어준 인디오 한 명은 누군가의 모자를 건지려다 물에 빠져 죽고 말았다.

---

*유럽에서 서인도 제도나 남미로 건너온 초기 정착민의 후손들을 말한다.

백인들은 경험이 전무했기 때문에 카누는 금방 뒤집혀버렸고 물에 빠져 죽을 뻔한 생존자들은 모래톱 위에서 야영을 했다. 일행 가운데 수상쩍은 한 프랑스인이 몇 사람과 함께 카누를 타고 하류로 내려가 도움을 구하고 노잡이들과 함께 돌아오겠다고 제안했다. 2세기 전 근처 강에서 오레야나가 곤살로 피사로를 떠났을 때가 연상되는 불길한 제안이었다. 오레야나처럼 그 프랑스인도 결코 돌아오지 않았다.

거의 4주가 지나갔고 모래톱에 고립된 일행은 비바람에 고스란히 노출되고 먹을 것이 없어 고통을 겪었다. 필사적인 이사벨 고댕과 그녀의 형제들은 묘목을 베어 임시변통의 뗏목을 만들었다. 그러나 뗏목은 몇 분을 버티지 못하고 통나무와 충돌해 부서졌고, 물건들은 강물에 빠지고 사람들은 또 한 번 익사할 뻔했다. 그들은 이제 숲속을 통과해 걸어가기로 했다. 이사벨과 그녀의 형제들과 조카는 길을 나섰고 이사벨은 마침내 치마를 버리고 남자 바지를 입었다. 일행은 지도도 나침반도 없었다. 그래서 그들은 강 가까이에 붙어 가기로 했지만 이것은 또 다른 실수였다. 아찔할 정도로 구불구불 흘러가는 보보나사 강변은, 살짝만 더 내륙으로 발걸음을 옮기면 나오는 고지의 숲보다 훨씬 더 식물이 울창하고 질퍽질퍽한 경로였다. 한심한 일행은 곤충(모기, 흑파리, 말벌, 꼬마꽃벌, 말파리, 진드기, 어딜 가나 있는 개미)과 푹푹 찌는 습기, 굶주림, 그리고 종종 갈증에 시달렸다. 그들의 옷가지는 가시가 있는 식물에 걸리고 찢겨 너덜너덜해졌다. 그들은 곧 숲 천장 위로 해가 보이지 않는 교림에서 맞닥뜨리는 가장 큰 위험에 빠졌다. 숲 한 가운데서 도리 없이 길을 잃은 것이다. 그들은 점점 기운이 없어지고 부상을 입고 겁에 질린 채 거의 한 달 동안 비틀거리며 걸어 나갔다. 그 후 수척해져 죽어가던 이사벨의 품 안에서

아마존 Amazon

소년과 아버지, 삼촌이 먼저 차례로 굶주림 속에서 끔찍하게 죽어갔다. 이틀 동안 이사벨은 '반쯤 의식을 잃고 혼미한 채로 숨 막히는 갈증에 괴로워하며 형제들의 시체 옆에 드러누워 있었다.'

이사벨은 기도했고 마지막 남은 힘을 끌어모았다. 그녀는 홀로 다시 길을 나섰고 오로지 깨끗한 시냇물과 새 둥지의 알(우림 지대에서 매우 드문 발견이다), 약간의 산딸기로 간신히 버티며 여드레를 더 걸었다. 그녀는 어느 강에 도달했고 비록 굶주림으로 헛것을 보고 있었지만 무슨 소리를 들을 수 있었다. 그것은 인디오들의 카누였고 그들은 (오늘날 에콰도르 땅의 이 지역에서 사는 호전적인 슈아르족(당시에는 히바로족이라고 불렀다)과 달리) 호의적이었다. 이사벨은 구조되었고 친절한 인디오들은 그녀를 보살펴 차차 기운을 차리게 했다. 그 후 그들은 그녀를 한 선교 공동체로 데려갔는데 그곳의 신부는 두 달 전에 이미 죽었을 것이라고 포기한 여자가 나타나자 깜짝 놀랐다. 그녀는 자신을 구해준 인디오들에게 그때까지 지니고 있던 금 목걸이 두 개를 주어 보답했는데, 선교사가 인디오들한테서 잽싸게 훔쳐가고 말았다.

사람들은 이사벨에게 키토로 돌아가라고 권고했지만 그녀는 아마존 강을 타고 간 후 해안을 따라 올라가 카엔까지 가겠다고 고집을 피웠다. 그녀의 남편이 배를 마중 나와 이렇게 썼다. '20년을 떨어져 지낸 후에 나는 이 배에 올라, 다시 볼 수 있으리라는 기대를 거의 접었던 소중한 아내와 해후했다. 그녀와의 포옹 속에서 나는 우리 결합의 열매(자녀들)를 잃어버린 것을 모두 잊었다.' 부부는 1773년 프랑스에 도착해 오베르뉴의 고향 마을에서 19년을 더 살았다. 이사벨 고댕 드 오도네의 이야기는 당시 베스트셀러가 되었고 그녀의 생존기는 아마존 탐험의 연대기에서 여전히 독특한 사건으로 남아 있다.

그러나 이 일화는 어마어마한 순진함과 무능력 탓에 빚어진 것이었고, 아마존의 낯선 환경에서 유럽인들의 얼마나 무력한지를 보여준 또 다른 사례였다.

새롭게 정해진 경계

━━

여전히 아마존 지역의 상당 부분은 유럽 식민지인들의 침략을 받지 않았고, 적어도 한 지역에서는 원주민들이 독립을 되찾는 일이 일어났다. 리마에서 안데스 산맥을 넘어 페루 동부에 위치한 곳이었다. 안데스 산맥이 아마존 삼림 쪽으로 급경사를 이루며 내려오는 곳에 억세고 뾰족한 이추ichu 풀이 있기 때문에 에스파냐인들이 그란 파호날Gran Pajonal(파호날은 에스파냐어로 그루터기 들판이란 뜻이다)이라고 부르는 고원이 있다. 그란 파호날은 안데스 산맥에서 흘러나온 후 탐보 강으로 이어지고 나중에 거대한 우카얄리 강이 되는 페레네 강 위에 자리한다.

그란 파호날과 그 아래 숲은 아루아크어를 말하는 아샤닌카족의 근거지이다. (캄파족의 일부로, 1572년 투팍 아마루가 몸을 의탁하러 가는 도중에 붙잡혔던 마치구엥가족과도 친족이다.) 이 아샤닌카족이 기독교로 개종시키려는 시도를 언제나 호의적으로 받아들인 것은 아니었다. 1630년대 한 족장은 (일부일처 강요에 분개하여) 도미니크회 원정대를 학살하고 프란체스코회 선교 공동체를 불태웠다. 다른 선교사들은 계속 버텼지만 1694년에 또 한차례 대반란에 의해 쫓겨났다. 늘

◀ 카누를 탄 아마존 원주민들은 배를 타고 온 최초의 유럽인들을 반갑게 맞았고 그들을 보고 놀라워했다.

▼ 침입한 남자들을 죽이는 전설적인 아마존 여전사에 대한 상상력이 가미된 그림. 아메리카에 가본 적 없는 플랑드르 화가 테오도르 드 브리의 작품이다.

◀ 카리브어를 사용하는 티리요족. 이 원주민들은 아마존 북쪽의 하부에 사는데, 그곳은 최초의 유럽인 탐험가들이 전설의 아마존족을 발견한 곳이다. 그 이름을 따 세계 최대의 강에 이름이 붙여졌다. 멋지게 몸을 장식한 이 카리브어족 원주민 남성들이 여전사로 착각되었을지도 모른다.

▶ 프란시스코 피사로의 콘키스타도르들이 1530년대에 잉카 제국을 무너트렸으나 소수의 마지막 잉카 후예들은 살아남아 아마존의 빌카밤바 숲으로 피신했다. 마침내 1572년에 그마저도 완전히 제압되었다. 이 고립된 신잉카 제국의 젊은 지도자 투팍 아마루는 아마존 숲속 깊숙한 곳에서 붙잡혀 쿠스코로 끌려와 처형당했다.

▲ 17세기와 18세기 초 내내 포르투갈 식민지 정착민들은 원주민들을 수천 명씩 붙잡아 갔다. 원주민의 화살은 포르투갈인의 화기에 상대가 되지 않았다. 생포된 원주민은 아마존 강 하류로 끌려가 노예가 되었고, 대부분 질병이나 과도한 노동에 스러졌다.

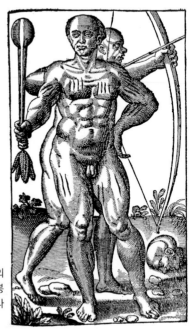

▶ 투피남바족은 1616년 아마존 강 어귀 벨렝에 자리 잡은 최초의 포르투갈 정착민들에게 저항했다. 투피남바 전사들은 무기로 곤봉과 활, 화살을 애용했으며 몸에 새긴 문신은 죽인 적의 숫자를 나타냈다.

◀ 브라질 출생의 예수회 신부 안토니우 비에이라는 1653년 아마존으로 선교를 떠나기 전까지 포르투갈 궁정의 막강한 인물이었다. 그는 포르투갈 정착민들에 의해 노예제와 질병으로 원주민들이 학살당하는 것에 경악했다.

▲ 예수회와 다른 선교회들은 노예제의 만행으로부터 인디오들을 보호하려고 했다. 원주민 노동력에 전적으로 의존하던 정착민들은 여기에 화가 나 브라질 아마존에서 두 차례 반란을 일으키고 예수회를 축출했다.

▲ 19세기 초 프란체스코회 선교사와 그의 인디오들. 선교사들은 그들의 신자들에게 일정한 안정과 보호를 제공했지만 그 대신 원주민 문화와 신앙, 유산과 정체성이 희생당했다.

▲ 아메리카 대륙의 원주민들은 외부에서 유입된 질병으로 떼죽음을 당했다. 그들에게는 질병에 맞설 면역력이 없었다. 이 투피어를 쓰는 파라카나족도 최초 접촉 직후 홍역과 인플루엔자로 많이 죽었다.

▲ 열대림에서 원주민들은 자연을 파괴하지 않으면서 사냥과 고기잡이, 농사, 채집을 하며 조화롭게 살아가는 법을 터득하고 있었다. 대조적으로 유럽인들은 언제나 곤란에 빠져 허둥거렸다. 이 그림에서 유럽인 여행객은 카누까지 인디오의 등에 업혀 간다.

▶ 샤를-마리 드 라 콩다민은 프랑스 석학으로, 1730년대에 키토에서 적도 길이를 측정하는 임무를 수행한 후 아마존 강을 타고 귀환했다. 허가를 받지 않은 그의 1743년 일주는 계몽주의 과학자가 (에스파냐인들과 포르투갈인들이 단단히 지키고 있던) 아마존 강을 슬쩍 엿본 첫 사례였다.

▼ 에스파냐 예수회 선교 공동체였던 산 호아킨 데 오마구아스는 아마존 상부 마라뇽 강에 있었다. 한 세기 후 이곳에는 고무 붐의 도시 이키토스가 들어서게 된다. 이 수채화는 돈 프란시스코 레케나 이 에레라가 그린 것으로, 그는 브라질에 대략 남아메리카 대륙 절반과 아마존 분지 대부분을 넘겨준 마드리드 조약(1750년)과 산 일데폰소 조약(1777년) 이후 에스파냐 제국과 포르투갈 제국의 국경선을 확정하기 위해 파견된 에스파냐 국경위원회 위원장이었다. 카누에는 마이나스 인디오들이 타 있고 프록코트를 입고 삼각모를 쓴 국경위원들은 강의 거북이나 매너티를 사냥하는 중이다. 위원들이 타는 돛단배가 모래언덕 뒤로 보인다.

▲ 네그루 강 중류 급류 옆에 위치한 상가브리엘 다 카초에이라 요새와 마을은 1836~1839년의 피비린내 나는 카바나젱 반란 동안 여러 차례 주인이 바뀌었다. 1850년대에는 자연학자 앨프리드 월리스와 리처드 스프러스의 기지였다. 그림 속 보트는 아마존 여행의 주력 보트인 바탈량^{batalão}이다. 지칠 줄 모르는 인디오 노잡이들과 유럽인 승객을 위한 이엉을 얹은 지붕이 보인다.

그렇듯이 무장 군인들이 보복하는 악순환이 뒤따랐다.

프란체스코회는 개종을 재시도해 전성기에 그들의 선교 공동체는 8천3백 명이 넘는 캄파족 개종자를 자랑했다. 그러나 1737년 이들은 이질과 다른 유행병으로 큰 타격을 받았고 이냐시오 토로테 족장이 또 다른 봉기를 이끌어 두 선교 공동체를 파괴했다. 평신도 에스파냐인들은 풀이 무성한 그란 파호날에 가축 방목지를 만들기 시작했다. 프란체스코회 신부들은 군인들로 구성된 분견대 파견을 식민지 정부에 요청했고 분견대는 신망받는 아샤닌카족의 족장 네 명을 생포해 처형하고 머리와 손을 장대에 매달아 전시했다. 이후 한동안 선교사들은 자신들이 아샤닌카족 사이에서 금속 도구와 술을 선물해 환심을 사고 있다고 믿었지만 착각이었다. 1741년 1천 명이 넘는 아샤닌카족과 다른 부족들에 의한 대봉기가 일어났다. 원주민 회합은 선교사들을 원치 않는다고 선언하고 페루의 에스파냐 통치자의 억압에 저항할 것을 맹세했다. 아샤닌카족을 적대하는 부족에서 온 사수射手들과 그들의 지원을 받는 70명의 군인으로 이뤄진 또 다른 토벌대가 그란 파호날을 침공했다. 마테오 산토방고리 족장이 이끄는 원주민들과 토벌대 간에 치열한 전투가 벌어져 다수의 에스파냐인들이 부상을 입었다. 마테오 족장은 죽임을 당했지만 이 '반란'의 다른 지도자들은 결코 붙잡히지 않았다. 그 가운데 한 명은 그란 파호날의 원주민 독립운동의 영웅으로 부상했다. 그는 잉카와 신의 후예라고 주장했으며, 선교 공동체에서 교육받은 선지자였다. 그는 기독교도식 이름 후안 산토스 옆에 아타우알파(1533년 프란시스코 피사로에 의해 처형된 잉카)라는 이름을 덧붙였고 양쪽 문화의 칭호를 모두 취해, 스스로를 아포〔경〕카팍 우아이나 헤수스 사크라멘토라 칭했다. 이 카리스마 넘치는 인물은 원주민 신화와 기독교 교리를 혼합한 강력한 비전을 설파했고, 캄파족이 에스파냐인 위에 군림하는 이상향을 약속했다. 이후 1742년에 그의 아샤닌카족은 그 지역의 모든 식민지인들을 학살했다.

페레네 강 상부에 있는 이전 선교 공동체인 메트라로의 요새화된 기지에서 후안 산토스 아타우알파는 페루의 중부 열대다우림지대Central Selva 전역의 원주민들을 끌어 모았다. 11년 동안 그는 부족 동맹을 결성하여 무장 투쟁을 조직하고 상비 원주민 민병대를 이끌었다. 이웃 지역에서도 에스파냐의 지배에 반발하는 봉기들이 일어났고, 그리하여 다음 세기 동안 페루 정부당국은 이 지역 안데스 산맥의 동쪽 사면과 그 아래 아마존 삼림과 강에 대한 통제력을 상실하게 되었다.

18세기 중반 남아메리카, 특히 아마존 지역의 정치적 지형은 영구히 변모했다. 포르투갈의 외교관들은 1750년 마드리드 조약에서 외교적 승리를 거두었다. 토르데시야스 조약의 분할선은 250여 년 만에 지워졌다. 대신 두 이베리아 왕국은 대단히 슬기로운 두 원칙에 따라 남아메리카를 분할했다. '첫 번째 핵심 원칙에 따라 경계선은 …… 강의 수원이나 경로, 가장 눈에 잘 들어오는 산맥처럼 …… 가장 잘 알려진 지리적 특징을 지표 삼아 설정될 것이다. 둘째, 각자는 현재 점유하고 있는 곳에 그대로 남을 것이다.'

가장 어려운 협상 대상은 브라질의 최남단, 오늘날의 우루과이였다. 아마존 분지는 언뜻 전혀 쓸모없어 보였고, 따라서 포르투갈인들은 이 지역의 대부분을 획득하는 데 별 어려움을 겪지 않았다. 그들은 포르투갈인 노예 원정대들이 아마존 본류와 접근 가능한 다른 지류들을 지난 130년간 샅샅이 훑어왔고 포르투갈 선교단이 그곳의 여러 강둑에 마을을 건립한 사실을 들어 이미 그 일대를 선점해왔다고 주장했다. 실제로 1640년 에스파냐로부터 분리한 후에 포르투갈인들은 하부 아마존에 공격적으로 더 많은 진지들을 구축했다. 1670년에는 바하(미래의 마나우스)에, 1697년에는 산타렝에, 1698년에는 오비두스에 진지가 들어섰다. 반대로 에스파냐 식민지인들에게는 안데스 산맥을 힘들게 넘어가 서부 아마존 삼림으로 들어갈 만한 유인이 없었다. 그들의 페루에는 고지 인디오 일꾼들이 충분했다. (어느 정도는 외래에서 유입된 질병이 고도가 높은 곳에서는 치사율이 낮은 덕을 보았다.) 저지의 숲에 사는 인디오들은 안데스 산지에서는 쓸모가 없었을 것이다. 또 아마존의 어느 생산물도 산맥을 넘어서 수송할 만큼 값이 나가지는 않았다.

에스파냐인들은 아마존 분지 최남단의 탁 트인 평지에 더 관심이 많았다. 앞서 본 것처럼 뉴플로 데 차베스는 차네족, 치리과노족 근처의 치키토스족을 정복하고 1561년 그들 한가운데, 마데이라 강의 상류수인 그란데 강 인근에 산타크루스 데 라 시에라를 건립했다(85~86쪽을 보라). 이 부족들은 식민화에 저항했지만 1690년에 다시 복속되었다. 이후로 에스파냐 예수회원들은 치키토스족과 그들의 북서쪽에 사는 모호스족을 모아 일련의 선교 '정착촌'에 살게 했다. 그들은 그 지역을 차르카스Charcas라고 불렀다. 치키토스족과 모호스족은 말과 가축 방목에 쉽게 적응하여, 1767년에 예수회가 축출되었을 때 차르카스 선교 공동체에는 3만 명 정도가 살고 있었다.

마드리드 조약은 브라질과 페루 간의 경계선을 대서양에서 서쪽으로 5,000킬로미터 이상 떨어진 하바리 강에 확정했다. 1639년 포르투갈 애국자들이 그렇게 대담하게도 경계표지를 세웠던 곳에서 그리 멀지 않은 곳이었다. 남쪽으로 경계선은 마데이라 강 상류수인 과포레 강과 마모레 강을 따랐다. 이것은 아마존 열대림과 라노스 데 모호스와 라노스 데 치키토스*의 더 탁 트인 평원 간의 생물학적 경계와 대충 일치한다. 18세기 초에 마투 그로수에서 금을 발견했을 때 포르투갈인들은 이 강들을 따라 판로를 개척하려고 했다. 가련한 인디오들은 아마존 강 본류까지 3,000킬로미터가 넘는 과포레-마모레-마데이라 강 경로를 몇 달씩 노를 저어 오가야 했다.

네그루 강부터 대서양까지 브라질의 북쪽 경계는 분수령으로 규정되었다. 남쪽을 향해 아마존 분지로 흘러드는 모든 강은 포르투갈로, 카리브 해를 향해 북쪽으로 흐르는 강들은 에스파냐로 (그리고 조약에 언급되지 않았지만, 네덜란드와 프랑스, 나중에는 영국령 기아나 식민지로) 귀속되었다. 이 경계선 획정에는 후속 조정이 있었지만 본질적으로 마드리드 조약은 현대 브라질의 크기를 확정해, 브라질은 남아메리카 대륙의 절반, 아마존 분지의 3분의 2를 차지하게 되었다. 원주민들은 이 분할에서 완전히 무시되었다. 새로운 경계선은 당시까지 알려지지 않은 야노마미족, 마쿠시족, 티쿠나족, 티리요족, 기타 네그루 강 상부의 전 부족들의 영토를 쪼갰다. 그러나 경계선들은 명백하고 논리적인 지리적 특징을 따랐기 때문에 식민지 간 분쟁을 방지했다. 국경 지역에서 무력 충돌은 없었다. 이때 확정된 경계선은 세계에서 가장 오래되고 또 가장 긴 식민지 경계선이다.

---

* 라노스(Llanos)는 평지, 평원이란 뜻이다.

| 4장 |

감독관 체제와
카바나젱 반란

1750년은 브라질이 마드리드 조약으로 아마존 분지의 가장 큰 몫을 확보한 해이자 포르투갈에 새로운 국왕 주제 1세가 즉위한 해이기도 하다. 주제 1세의 27년에 걸친 제위 동안 포르투갈 국정은 그의 국무 대신 주제 드 카르발류 이 멜루, 역사에는 그의 훗날 작위인 퐁발 후작으로 알려진 실력자에 의해 운영되었다. 퐁발은 키가 매우 크고 잘생기고 건장했으며 그만큼 정치가로서도 단호했다. 1755년 지진과 뒤이은 해일과 화재로 리스본 대부분이 파괴되었을 때 많은 사람들은 수도를 북쪽의 코임브라로 옮기길 원했다. 그러나 퐁발은 도시를 재건할 것을 주장했다. 이 일은 유력한 통치자로서 그의 위상을 확고히 하는 데 보탬이 되었고 그는 사실상 독재자가 되었다.

  이 시기는 브라질에서 발견된 금이 유입된 덕분에 포르투갈이 거대한 부를 향유한 시기였다. 퐁발은 브라질의 행정을 미나스 제라이스Minas Gerais ('대광산') 금광 지대와 북동부의 오래된 사탕수수 재배

카리브 해

타이로나족

무이스카족

■ 보고타

뉴그라나다
(콜롬비아)

태 평 양

적도

키토 ■

오리노코 강

베네수엘라

로라이마(호라이마

파카라이마 구

오라리코에라

카시키아레 강   상

보아 비

바푸에스 강

야노마미족

아파포리스 강   바니와족

카케타 강   바레족   마라비타나스

상가브리엘

라말롱가

우아페스 강   토마르(바라로아)   마나

자푸라 강   바르셀로스(마리우아)

이사 강   미라냐족   이마리피

아이수아리족   네그루 강

에가(테페)   이쿠이

무라

솔리몽이스 강

보보나사 강

풍고 데
만세리체

로하 ■

파스타사 강   산 호아킨

아구아리코 강

푸투마요 강

나포 강

유리족
쿠에레투족

오마구아족

아마조나스 강   상파울루
타바팅가   저 올리벤사

보르하 ■

마라뇽 강   ● 라구나

자바리 강   주루아 강

푸루스 강

마데이

유리마구아족

우알라가 강   우카알리 강

페루

마모레 강

프린시페 다 베이라

리마 ■

과포레

그란데 강

쿠스코 ●

라 파스 ■

산타크루스 데 라 시에라

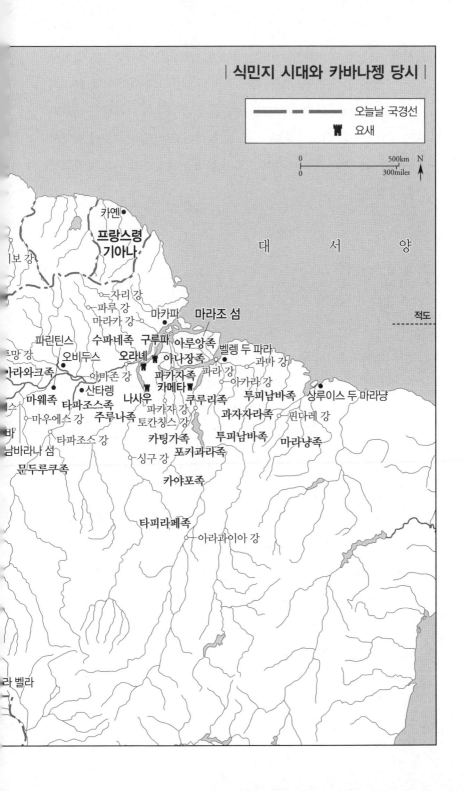

식민지 시대와 카바나젱 당시

오늘날 국경선
요새

0   500km   N
0   300miles

대   서   양

카옌

프랑스령
기아나

보 강

자리 강
파루 강
마라카 강

마카파

마라조 섬

적도

파린틴스
오비두스

아라와크족
마웨족

수파네족   구루파
오라녜
야마존 강

산타렝
타파조스족
마우에스 강   주루나족

아루앙족
아나장족
파카자족   카메타
파카자 강
나사우   토칸칭스 강
타파조스 강

벨렝 두 파라
과마 강
파라 강
아카라 강
쿠루리족
과자자라족

상루이스 두 마라냥
핀다레 강

투피남바족

마라냥족

트망 강

남바라나 섬

문두루쿠족

타파조스 강
싱구 강

카팅가족
포키과라족

카야포족

투피남바족

타피라페족

아라과이아 강

라 벨라

지역, 새롭게 법제화된 브라질 아마존 지역으로 개혁하기로 결심했다. 퐁발은 동생 프란시스쿠 자비에르 드 멘돈사 푸르타두(포르투갈의 대가문의 일원들은 흔히 다른 성을 썼다)를 보내 북부의 마라냥과 대파라의 사령관령을 다스리게 했다. 그는 광대하고 비옥하다는 이 지역이 무역의 노다지이길 기대하며 그곳의 산업을 촉진하기 위해 무역회사를 설립했다.

벨렝 시와
주세페 란디

파라가 경제적 성공을 이루기를 원한다면 먼저 적당히 우아한 수도가 필요했다. 콩다민은 아마존을 일주한 후 1743년 벨렝에 도착했을 때 그 느낌을 다음과 같이 말했었다. '우리는 잘 정돈된 거리와 대부분 지난 30년 사이의 석재와 골재로 지어진 보기 좋은 가옥들, 웅장한 교회를 갖춘 도시를 보았다.' 그러나 퐁발은 그 이상을 원했다. 마드리드 조약 후에 포르투갈은 이탈리아로 사람을 보내, 브라질의 새 변경 지대를 조사하고 그곳의 도시를 꾸밀 기술자들을 고용했다. 그 가운데 한 명은 볼로냐 출신의 저명한 건축가 주세페 란디였다. 그는 1753년 멘돈사 푸르타두 총독과 함께 벨렝 두 파라로 가는 배에 올랐다. 마에스트로 란디는 즉시 바로크 양식 교회와 세련된 주택을 디자인하는 일에 착수했고, 진실로 그 도시를 사랑하게 되었다. 그는 그곳의 아가씨와 사랑에 빠져 그녀와 결혼했고 이후 1791년에 죽을 때까지 벨렝 두 파라에서 38년을 살았다.

안토니우 주제 란디(포르투갈어로 알려진 이름)는 벨렝을 아마존 전역에서 가장 아름다운 도시로 탈바꿈시킨 사람으로 추앙받는다. 그의 업적으로는 당시 브라질에서 가장 쾌적한 건물로 여겨진 호화로운 총독 관저(1762~1771년 완공)와 고전 양식에 가까운 바로크 전성기 양식의 대성당(역시 1771년 완공)을 들 수 있다. 다정한 란디는 자연과학에도 관심이 많았다. 그는 아시아에서 망고나무를 들여오는 일을 총괄했다. 그가 들여온 망고나무는 진한 녹색 잎사귀와 짙은 그늘로 오늘날에도 벨렝 시를 무척 매력적인 도시로 만들어준다. 또 그는 파라의 식물군과 동물군에 관한 최초의 연구서를 썼는데 187쪽에 달하는 그 논문은 안타깝게도 그의 생전에 출간되지 못했다. 그는 타일을 만드는 도자기 공장도 세웠다. 란디는 오늘날 브라질의 위대한 건축가 중 한 명이자 그의 제2의 고향인 벨렝 시의 아버지 같은 존재, 선도자로 칭송받는다. 열대 기후의 벨렝은 란디의 업적과 더불어 독일인 기술자 가스파르 그론펠트가 고안한 배수 시설과 운하 덕분에 많이 깨끗해졌다. 물론 란디의 걸작과 그론펠트의 공공사업은 원주민 노동력으로 가능했다.

새로운 질서,
감독관 체제

멘돈사 푸르타두 총독은 형 퐁발에게 정기적으로 편지를 썼다. 헌신적인 행정가였지만 경건하고 점잔 빼는 사람인 푸르타두는 정착민들과 성직자들의 도덕적 방만에 충격을 받았다. 그는 한 선교 공동체에서 벌거벗은 여자들이 신부들이 다 보는 앞에서 몸을 씻고, 다른 여자들은 '수치스럽고 음란한' 모양새로 나돌아 다니는 한편, 어느 젊은 선교사가 여자들만이 노를 젓는 카누를 타고 오는 모습을 보았다. 그는 선교사들이 마을을 노예로 채워 놓고서 그들에게 가혹한 처벌을 내리고 강제 노역에 내보내고 무지한 채로 내버려두고 있음을 지적하는 한편, 선교사들끼리 서로 다투고 국왕에게 불충하고 더 나아가 종교적 사명 의식을 잃어버렸다며 맹비난했다. 그의 눈에 예수회원들은 가장 악질 범죄자들이자 탐욕스러운 자들이었다. 그는 다양한 교단의 선교사들이 도합 63곳의 선교 공동체에 12만 명의 인구를 데리고 있다고 추정했다. 이 가운데 예수회는 19곳의 선교 마을을 운영했으며 마라조 섬과 본토에 광대한 방목지를 소유했다. 멘돈사 푸르타두는 형에게 아마존 지역에서 유일한 부의 원천은 원주민 노동력이며 '선교 마을의 모든 인디오들은 나이와 성별을 불문하고 수도회의 절대적 노예이기 때문에 알데이아의 통제권을 이들에게서 빼앗지 않는다면 자연히 이들이 이 나라의 모든 부의 주인이 될 것'이 자명하다는 점을 상기시켰다. 이 모든 보고는 독재자 퐁발의 커져가는 반反예수회 망상증에 기름을 부었다.

    총독의 의심은 1754년 포르투갈의 새로운 아마존 영토를 방문하러 상류로 갔을 때 강화되었다. 멘돈사 푸르타두의 4년간의 순시는 그가 다마스크 천을 댄 '요트처럼 정비된' 선박에 올라탄 채 14척의 배와 23척의 대형 카누와 함께 출항하는 것으로 시작되었다. 수백 명의 인디오들이 이 선단을 건조하고 노를 젓는 데 동원되었다. 예수회 선교사들은 마을 사람들을 총독에게 내주길 꺼려 숲속에 숨겼고 충분한 예를 갖춰 그를 대우하지 않았다. 반면에 네그루 강의 카르멜

아마존 Amazon

회는 그를 합창단과 화환으로 맞이했다. 멘돈사 푸르타두는 매우 감동받아서 네그루 강 유역에 사령관령을 만들기로 했다. (마나우스에서 북쪽으로 450킬로미터 떨어진) 마리우아의 선교 마을은 바르셀로스로 재명명되었고 이 새로운 행정 구역의 수도로 격상되었다. 건축가 란디는 총독의 수행원으로 함께 여행했고 바르셀로스의 강둑을 포르투갈 양식의 건축물로 꾸미며 6년을 보냈다. 그러나 이 실험은 오래 가지 않았다.

폼발 후작은 브라질에 가본 적이 없기 때문인지 그곳의 원주민들이 노예제나 강압에 의존하지 않고 일반 노동자와 농민이 되도록 설득할 수 있으리라 희망했다. 그는 고대 로마가 루시타니아*인을 끌어안은 것처럼 포르투갈 제국이 자신의 신민들을 끌어안는 모습을 상상했다. 그래서 그는 동생인 멘돈사 푸르타두에게 '지금까지 자행된 불의와 폭력, 만행 대신에' 인디오들을 인간적으로 대우하라고 지시했다. 1755년 폼발은 국왕을 종용해 '자유의 법Law of Liberties'을 반포했다. 이것은 주목할 만한 것이었다. 다름 아닌 대파라와 마라냥 지역의 원주민들의 자치와 자유를 선언한 것이었다. 원주민들은 '신체와 재산, 상업의 자유'를 얻고 일반 시민의 모든 자유와 특권을 누릴 것이며 그들이 원하는 사람 밑에서 일하고 자유롭게 교역을 하도록 되어 있었다. 원주민 노예제의 폐지와 노예 해방(여기에 아프리카인은 포함되지 않았다)이 재차 확인되었다. 인디오들은 자신들의 선교 마을을 다스릴 수 있고 마을은 세속적인 포르투갈 이름을 갖도록 했다. 이를 실현하기 위해 선교사들은 비록 설교는 계속할 수 있었지만, 기

---

* 오늘날의 포르투갈 지역.

존에 누려온 일체의 세속 권력을 박탈당했다. 그와 병행한 한 법률은 원주민에 대한 인종 차별을 종식시키고자 했다. 원주민과 혼혈 인종에 대한 사회적 낙인은 모두 제거될 것이며 인디오들은 심지어 '각종 직업과 직위에서 선호되고 …… 어느 직책이나 영예, 존경이라도 누릴 수 있어야 한다.'

독자들은 이 환상적인 (수 세기를 앞선) 법률이 결코 시행되지 않았다는 것을 알게 되더라도 놀라지 않을 것이다. 퐁발은 동생에게 법안을 보내면서 인디오들의 타고난 '게으름'(포르투갈인 주인 밑에서 힘들게 일하기보다는 가족을 먹이기 위해 사냥을 하고 물고기를 잡고 농사를 짓고 싶어 하는 것)이 문제가 될 수도 있다고 인정했다. 퐁발의 해법은 누군가(물론 백인)가 근면의 미덕을 설파하고 작업장의 게으름을 처벌해야 한다고 제안하는 것이었다. 동생 멘돈사 푸르타두는 법안을 더 심하게 훼손했다. 그는 폭발력 있는 자유의 법안을 결코 공포하지 않았다. 그는 선교사들의 세속 권력을 박탈했지만 원주민들에게 약속한 자치권을 주지도 않았다. 그는 인디오들을 '한심한 시골 무지렁이'로 묘사하며 '그들이 180도 달라지는 것은 불가능'하다고 확신했고, '따라서 각 정착촌에 감독관(백인)을 임명'하는 방안을 생각했다. 이 세속 관리가 강제력은 없지만 인디오들에게 스스로 통치하는 법과 성공적으로 교역하는 법을 가르치고, 또 '감독관이 의무를 다하기만 한다면' 의심의 여지없이 '지금까지 비참했던' 인디오들이 '부유하고 문명화된 기독교인'이 될 거라고 생각했다.

멘돈사 푸르타두처럼 앞뒤가 꽉 막힌 총독이라 할지라도 이것을 진지하게 믿었을 리는 없다. 그가 예전에 보낸 편지들은 그가 정착민들의 탐욕에 넌더리냈음을 보여준다. 그들 가운데 사심 없이 주

아마존 Amazon

민들을 교육시킬 목적만으로 원주민 마을에 사는 불편과 따분한 생활을 감수할 사람은 없다는 것을 그도 알았을 것이다. 그래서 푸르타두는 1757년 새 감독관 체제에 지침을 내리면서 원주민들에게 봉사하고 친절할 것을 촉구하면서, 보상으로 인디오들의 모든 상업 활동을 완전히 통제할 수 있는 권한과 더불어 이 '자유'민들이 재배하거나 수확하는 것의 17퍼센트를 수수료로 차지할 수 있는 권한을 (여기에 덧붙여 정부에도 10퍼센트가 돌아갔고 교회에도 얼마간 돌아갔다) 부여했다. 게다가 감독관들과 인디오 족장들은 '적합한' 인디오들(13세에서 60세 사이 남성) 가운데 절반은 언제든지 정착민들과 정부가 노동력을 이용할 수 있도록 준비해야 했다. 이러한 강제 노동 부과에 대한 일말의 의심조차 불식시키고자, 칙령은 '인디오들의 최상의 이해를 손상시킨다 할지라도' 이러한 조치가 의무임을 분명히 했다.

1755년 퐁발은 대파라마라냥 종합상사를 설립하고 독점권과 특혜를 제공했다. 이론적으로는 원주민이 해방되었기 때문에 이 무역회사는 이전에는 이 지역이 가난해서 수입할 수 없었던 아프리카 노예에 갈수록 의존하게 되었다. 포르투갈 정부는 따라서 아프리카 기니의 보급기지 비사우에서 매년 수천 명의 노예를 보냈지만, 이들 대부분은 마라냥의 목화와 쌀 플랜테이션에 배치되어 아마존 지역까지 도달하는 노예는 거의 없었다.

퐁발은 예수회에 대한 분노를 쏟아냈다. 검은 옷을 입은 신부들을 정의하기는 쉬웠다. 그들은 독특한 옷차림을 하고 다니고 비밀스러운 규칙을 따르는 소수 집단이었고, 똑똑하지만 거만하며, 곧잘 식민지인들의 탐욕을 비난해 미운털이 박힌 상태였으며, 또 매우 부유한 집단으로 여겨졌다. 그들은 아주 눈에 잘 띄는 표적이었고, 시기심이 그들에 대한 박해에 기름을 부었다. 1758년 포르투갈 국왕은 교황으로 하여금 포르투갈 왕국 내 예수회를 개혁하는 칙서를 내리게 하여 예수회가 설교를 하거나 교역을 하는 것을 금지시켰다. 이 무렵 누군가가 주제 국왕에게 총을 쏘는 사건이 발생했다. 퐁발은 이 저격 미수 사건을 미치광이 늙은 예수회원과 예수회를 지원한 한 공작 가문의 책임으로 돌렸다. 범인으로 지목된 사람들은 대개 고문을 받았고 전원 처형되었다. 오늘날 우리는 암살 시도가 있기도 전에 이미 정부위원들이 예수회의 자산을 몰수하기 위해 브라질로 출발했다는 사실을 알고 있지만 말이다. 1759년 일련의 법들은 신부들을 추방하고 그들의 재산을 몰수했다. 이 법령들을 들여다보면 현대 전체주의 정권의 프로파간다처럼 히스테릭하다. 예수회는 '부패하고 개탄스럽게도 그들의 신성한 소명으로부터 멀어졌으며 가증스럽고 상습적이고 구제할 길 없는 악덕 탓에 소명에 명백히 부적합하다. …… 그들은 은밀하게 브라질 영토 전체를 찬탈하려고 시도했다. …… 악명 높은 반도이자 반역자, 적, 침략자들에게 …… 이 법에 의거해 그들의 시민권을 박탈하고 활동을 금지하며 예수회를 폐지한다. 그들은 나의 왕국과 해외 영토에서 추방되어 결코 돌아올 수 없다.'

6백 명의 예수회 신부들은 (대부분 브라질에서 남쪽으로 끌려와서) 감옥선에 유배되었다. 그러나 그들의 재산은 퐁발이 기대한 것보다는 적은 것으로 드러났다. 22군데 방목장의 소 13만 5천 두와 말 1천5백 마리, 카카오와 다른 작물 플랜테이션, 도시의 건물들이 전부였다. 모두 매각되었다. 8년 후 1767년 에스파냐의 국왕은 그의 제국에서 예수회를 축출하였다. 그리고 1773년 교황은 교단의 해산을 명령했다. (예수회는 19세기에 부활했으며 예수회 소속 선교사들은 이제 다시 몇몇 아마존 부족민들을 상대로 활발히 활동하고 있다.)

　감독관 체제 아래서 인디오들의 수난은 세 가지 은유로 요약될 수 있다. 원주민들은 선교사들의 프라이팬에서 이제 감독관들의 아궁이 속으로 던져졌다. 감독관들은 그들을 맘껏 착취할 수 있는 해금기를 맞았다. 감독관들은 멘돈사 푸르타두가 환상 속에서 그렸던 이타주의의 귀감이기는커녕 어린이집을 맡게 된 헤롯왕*처럼 행동했다. 감독관 제도가 발표된 직후 한 관리는 그것이 결코 작동하지 않을 것이라고 경고했다. 그는 그 대부분이 군인들인 감독관이 이제 와서 다른 정착민들의 필요에 반하여 진심으로 원주민들의 권리를 보호할 거라 생각하는지 정부 당국에게 물었다. 이 제도가 30년 동안 운영된 후에 새 국왕은 안토니우 주제 페스타나 다 실바라는 사법관을 파견해 실태를 조사하도록 했다. 그의 보고서는 가차 없는 고발로 가득했다. 그는 한시적 인가를 받아 '자유' 인디오를 부리는 감독관은 하나같이 그들로부터 노동력을 최대한 뽑아내려고 작심했다고 언급했다. '원주민들을 잔인하게 구타하고 잠이 들지 못하게 하려고 눈에 후춧가루를 뿌리기까지 한다.' 군인들은 형편없는 감독관이었다. '인디오들에게 군인보다 더 지독한 사람도 없다.' 그러나 식민지 민간인들은 그러한 민감한 사안에 무지한 것으로 여겨졌고 갓 도착한 포르투갈인들은 '피에 굶주린 거머리들보다 더 나빠서 …… 재규어나 흉포한 호랑이에 가까웠다!'

　원주민 노동력을 통제하는 사람들은 그들 수하의 원주민들을

---

* 성서에서 유아 학살을 명령했다는 이스라엘 왕.

드로가스 두 세르탕, 즉 상업적 가치가 있는 숲속 식물을 채집하러
보냈다. 이 채집 무리의 무장한 우두머리들은 '자신들의 소망과 탐욕
에 못 미치는 것을 싫어해서 너무 적게 가져온' 인디오를 채찍으로
때렸다. 또 다른 관리는 총독에게 이러한 원정에 수반되는 '노역과
위험한 작업을 고려'해달라고 요청했다. 카누를 채운 인디오들은 1월
에 떠나 6월에야 돌아왔다. 그다음 화물을 싣고 노를 저어 벨렝의 시
장까지 가야 했는데 여기에 다시 4개월이 소요되었다. 여기에서 인디
오들은 거의 아무 보수도 받지 못했다. 그들의 감독관, 국가, 원정대
대장, 교회, 중개 상인이 '해방된' 원주민 일꾼들이 몫을 받기 전에
자기들 몫을 챙겼기 때문이다.

　　감독관이 다스리는 마을의 작업에 대한 몇몇 문서들은 지금도
남아 있다. 문서들은 남성 노동 인구가 작업 시간의 28퍼센트를 숲에
서 채집 노역에, 21퍼센트는 포르투갈 정부의 일에, 15퍼센트를 정착
민들 밑에서 일하는 데, 4퍼센트를 마을 관리 밑에서 일하는 데 보냈
다는 것을 보여준다. 따라서 그들은 단 26퍼센트의 시간만을 자신들
의 공동 농사에, 6퍼센트만을 고기잡이에 쓸 수 있었다. 마을의 플랜
테이션 농장은 5헥타르에서 20헥타르 정도의 면적이었고, 마니오크
와 쌀, 옥수수와 목화를 재배했다. 그러나 수확량 대부분은 감독관과
원정대 사람들이나 공공사업에 흘러들어 가거나 아니면 식민지 도시
에 팔렸다. 현지 주민들은 한 달 동안 한 가정이 마니오크 가루 1알케
이레alqueire(8리터)로 버티는 기아 수준에 가까운 식량으로 연명했다.

　　아마존 지역을 방문하도록 허락받은 최초의 비포르투갈인인
독일 과학자 슈픽스와 마르티우스는 '감독관들은, 마을과 남녀노소
를 가리지 않고 원주민 주민들의 절대적 지배자이자 폭군'이라고 썼

다. '감독관들은 주민들을 가르치거나 지도하기는커녕 오로지 자신들의 사적인 용도에 최대한 많은 수의 주민들을 이용할 수 (있도록) …… 마을 주민들과 다른 백인 간의 접촉을 일체 막았다.' 공식 보고서들과 여행자들의 기록은 감독관들에게 대한 고발로 넘쳐 난다. 대부분은 남녀를 가리지 않고 자기들 관할의 마을 주민들을 끊임없이 부려먹고 만약 충분한 양을 생산하지 못하면 무자비하게 처벌하는 잔인무도한 사람들이었다. 일부는 술에 취한 깡패였고 다른 일부는 원주민 여자들로 하렘을 차린 호색한이었다. 한 감독관은 주앙 데 상주제 주교가 자신의 마을에 머물고 있는 그 시각에 한 소녀를 강간했다. '소녀는 눈물과 피로 범벅이 된 채 울면서 그의 문간에서 나왔고 그녀가 당한 모욕과 상처는 그녀의 순진한 태도와 아픔에서 분명해 보였다.' 주교는 이 '양 떼 가운데 늑대'를 법의 심판대 위에 세우겠다고 다짐했지만 그 감독관이나 다른 감독관들이 처벌을 받았다는 기록은 없다.

지방 정부하의 노동은 감독관 아래에서의 노동보다 상황이 더 열악했다. 거대한 조선소가 벨렝에 설립되어 인디오들은 목재와 돛대, 돛, 뱃밥과 여타 자재를 공급해야 했다. 50년간 이 조선소에서는 26척의 원양선(프리깃함 6척 포함)과 강을 다니는 배가 다수 건조되었다. 타일과 벽돌, 다른 제품을 제조하는 공장도 많았다. 정부 당국은 파라와 남부 브라질을 강으로 잇는 어마어마하게 긴 카누 운항로를 개척했다. 원주민 노잡이들은—하루에 열네 시간씩 쉬지 않고—이 배의 노를 저어야 했고 급류를 만나면 배를 끌어올렸다 내렸다 해야 했다. 인디오들은 식민지를 방어할 일련의 석조 요새를 건설해야 했지만 아마존 지역에서는 석재를 구하기 어려웠다. 요새가 건설되면 원주민 노잡이들은 대포와 포탄, 주둔 수비대를 이 요새까지 실어날라야 했다. 오늘날에도 벨렝과 마카파, 구루파, 카메타에는 아마존 강의 어귀를 방어하는 보방* 양식의 요새가 남아 있으며 오비두스 수로와 네그루 강 어귀 바하(마나우스)에도 남아 있다. 아마존 강의 다른 지류들을 따라서도 수백 킬로미터에 걸쳐 에스파냐 식민지를 마주보는 요새들이 늘어섰다. 솔리몽이스 강에는 타바팅가에, 네그루 강 상부에는 상가브리엘과 마라비타나스에, 오늘날의 호라이마 주에 있는 멀리 브랑쿠 강 상류에는 상조아킹에 요새들이 건립되었다. 마데이라 강의 수원지 과포레 강 중부에서는 감독관 체제하의 인디오들이 프린시페 다 베이라 요새라는 거대한 무용지물을 세워야 했다. 요새는 숲속에 쓸데없을 정도로 완전히 고립되어 있었는데 (오늘날까지도 마찬가지다) 혹 에스파냐인들이 차르카스로부터 오늘날의 혼도니아 지역으로 밀고 들어오려는 생각을 막았을지도 모를 일이긴 하다.

치명적인 작업량과 주기적으로 터지는 유행병으로 인해 식민지 시기 파라와 아마존에서 인디오들의 숫자는 급격히 감소했다. 1757년 감독관제가 시작되었을 때 3만 명으로 추정되던 인구는 40년 후에 1만 9천 명으로 감소했다. 인구 감소의 주요 이유는, 언제나 그렇듯이 질병이었다. 국경 위원들 가운데 한 명은 멘돈사 푸르타두의 재임 동안 천연두와 홍역이 두 차례 창궐해 총독을 크게 걱정시켰다고 지적했는데, '일꾼들의 숫자가 이미 크게 감소했고 유행병은 그 노동자 계층에 가장 심각한 피해를 입히기 때문'이었다. 질병은 1762년에 매우 심각해서 병원 네 곳이 아픈 인디오들로 미어터졌다. 건조

---

* 18세기 축성술의 대가.

중이던 전함 벨렝호는 원주민 일꾼 다수가 병으로 이탈하는 바람에 완공이 심각하게 지연되었다. 당국은 집단 매장에 의존했다. 1775년 강 상류를 방문한 한 관리는 네그루 강 하류의 토마르 시(이전에 선교 공동체 바라로아)에는 과거 1천2백 명의 일꾼이 있었지만 (애석하게도) 이제 거의 90퍼센트가 감소해 140명밖에 없다고 씁쓸하게 언급했다. 그는 다른 강가 마을의 인구 감소 비율 역시 똑같이 끔찍한 수준이라고 적었다. 자연학자 알레샨드르 호드리게스 페헤이라는 1780년대에 '한때 무수한 이교도들이 살고 있던 강에서 이제는 시체에서 나온 유골 외에는 아무런 생명의 표시도 볼 수 없으며 전염병을 피한 사람도 억류되어 [강제 노동을] 하는 운명을 피하지는 못했다.'고 보고했다. 한때 번성한 선교 공동체는 쇠퇴했다. 예수회의 축출과 더불어 다른 교단도 아마존에 흥미를 잃었고 결국에는 그쪽 선교사들도 축출되었다.

질병만큼은 아니지만 인구 감소를 설명하는 또 다른 요인은 도망이었다. 일부 필사적인 인디오들은 가족을 데리고 숲으로 달아났다. 또 반란도 일어났다. 멘돈사 푸르타두는 바르셀로스를 네그루 강 유역의 주도로 삼으려고 하면서 아라와크어를 말하는 와레케나족과 바레족의 족장들을 불러다 도시의 우아한 모습으로 현혹시키고자 했다. 그들은 선물도 한 아름 받았다. 그러나 군사 원정대가 네그루 강 상류로 가서 그 부족들의 영토를 차지하려고 하자, 와레케나족 족장 마나카사리는 축제 기간을 이용해 원주민으로 구성된 원정대 보조군을 학살해버렸다. 백인 군인들은 도망쳤고, 네그루 강 상부의 모든 부족장들은 침략자들에 맞서 들고 일어났다. 이후 1757년에는 급료를 받지 못한 바르셀로스 수비대의 딱한 군인들이 반란을 일으켜 도시를 약탈하고 에스파냐 영토로 도망쳤다. 그해에 도밍구스라는 사람이 이끄는 진정한 봉기가 압제에 시달리던 네그루 강 중부의 마나우족과 바레족, 바니와족에 의해 일어났다. 그들은 라마-롱가, 모레이라, 토마르의 감독관 마을을 장악하고 당국과 아주 긴밀하게 협력하던 일부 족장들과 선교사들을 죽였다. 그러나 반란군의 바르셀로스 공격은 하류에서 도착한 군인들에 의해 피비린내 나는 전투 끝에 격퇴되었다. 결국 반란군은 패배했다. 지도자들은 처형되었고 그들의 머리는 소름끼치는 경고의 표식으로써 교수대에 남겨졌다. 어느 메르세다리오회 선교사는 마나우족에게 숲으로 도망치라고 충고했다. 수도회가 추방되고 있으며 그들의 마을은 세속 감독관들이 다스리게 될 것이며 '감독관들의 지배 아래서 그들은 끝없는 불의와 폭력을 겪고 결국에는 백인의 노예가 될 것'이라고 경고했다. 그의 말은 물론 맞았다.

'퐁발 시대' 동안 파라의 가장 성공적인 수출품은 초콜릿 음료 열풍에 휩싸인 유럽인들의 욕구를 채워준 카카오였다. 퐁발의 종합상사 20년 기간 동안 카카오 수출량은 연평균 600톤가량이었는데 회사가 설립되기 전보다 약간 줄어든 수치였다. 다른 플랜테이션 작물은 사탕수수, 담배, 커피였지만 적도 인근 아마존 지역의 어느 작물도 기후가 더 온화한 브라질 북동부나 남부만큼 잘 자라지 않았다. '숲의 약제'를 채집하는 데 들어간 모든 수고에도 불구하고 그것들은 수출품으로서 그렇게 큰 가치가 없었다. 수백만 개의 거북이 알에서 나온 '버터' 기름도 마찬가지였다.

그의 후원자인 주제 1세가 죽자 1777년 퐁발은 실각했다. 망해가던 종합상사는 문을 닫았다. 20년 후 새 총독은 감독관 체제의 종식을 건의했다. 그는 조항 하나하나가 얼마나 버젓하게 지속적으로 위반되었었는지를 보여주었다. 제도는 처음부터 실패할 운명이었다. '게걸스럽게 황금을 탐하고 자신들의 탐욕을 채우는 것 외에는 아무것도 고려하지 않는' 세속 감독관들에게 의존했기 때문이다. 가증스러운 감독관 제도는 1798년 폐지되었다.

최초의 과학 탐사가
시작되다

아마존 지역의 자연환경에 대한 최초의 과학적 관심의 기미가 보이기 시작한 때는 이 무렵이었다. 이해가 가긴 하지만, 다른 유럽 세력들에 의한 침입을 내친 포르투갈인들은 강박적일 만큼 브라질에서 다른 외국인들을 배척했다. (1743년 콩다민의 아마존 강 일주는 승인받지 않은 여행이었다.) 1768년 제임스 쿡 선장이 그의 첫 세계일주 도정에서 엔데버호에 물을 보급하기 위해 리우데자네이루에 들렀을 때 그의 장교들은 뭍에 상륙하는 것이 금지되었다. 비록 잉글랜드가 포르투갈의 오래된 동맹국이었지만 말이다. 젊은 자연학자 조셉 뱅크스는 선원으로 위장하고 상륙했지만 '1640년 무렵〔네덜란드 침공 당시 네덜란드 과학자들〕이후에, 호기심이 있다고 할 만한 사람이 이곳에 아무도 발을 디딘 적이 없기에 그러한 고장의 자연사 수준이 어떨지는 가히 알 만하다'고 넌더리를 내며 잘라 말했다.

예수회는 이 풍요로운 생태계에서 신의神意 넘치는 피조물에 관심을 보였지만 그들의 관찰 사실은 일반적으로 내부 보고서에서만 드러났다. 이탈리아 건축가 란디에 의한 파라의 식물군과 동물군에 관한 최초의 목록은 출간되지 않았다(195쪽을 보라). 이 같은 지적 호기심의 결여는 보수적인 포르투갈에는 해당되지 않을지라도 북유럽에서는 '계몽의 시대'인 18세기 말에 변하기 시작했다. 백인 침입자들은 점차 열대우림에 대한 두려움을 떨치기 시작했다. 그들은 그 속에서 원주민들처럼 성공적으로 살아가는 법을 터득하지는 못했지만 이 풍성한 식생 집단이 자연사의 보물창고라는 사실을 인식하기 시작했다.

변화의 촉매는 1750년 두 이베리아 왕국 사이에 남아메리카를 분할한 마드리드 조약이었다. 조약은 한동안 효력을 잃었다가 1777년 산일데폰소 조약에서 결정적으로 재확인되었다. 이미 본 것처럼 아마존 지역에서 새로운 경계선은 상류의 지류들이거나 그 수원의 분수령들이었다. 따라서 국경선들은 당시 유럽인들에게 전혀 알려지지 않은—많은 곳은 여전히 사람들이 좀체 침투하지 않는 곳이다—숲이나 산에 있었다. 그래서 두 식민 세력은 그들의 새 경계선을 조사하고 확정해야 했다. 1780년대에 두 왕국은 뛰어난 탐험가 팀을 파견했고, 갑작스레 아마존 최대 규모의 지리적 발견이 폭발적으로 이루어졌다. 이 '국경 위원들'은 네그루 강의 바르셀로스와 솔리몽이스 강의 에가(오늘날의 테페)를 기지로 삼아 인디오들이 젓는 배를 타고 아마존의 북서쪽과 북쪽 지류들의 상류까지 갔다.

한 팀은 하푸라-카케타 강까지 간 후 다시 아파포리스 강까지 거슬러 갔다. 오늘날, 땋은 머리를 늘어트린 가발과 삼각모를 쓰고 프록코트를 입은 두 지휘관, 에스파냐 팀의 프란시스코 레케나 이 에레라 대령과 포르투갈 팀의 테오도시우 콘스탄티누 드 체르몬트 대령을 그린 예쁜 수채화들이 남아 있다. 그림에서 그들은 인디오들의 마을을 방문하고 급류를 통과해 보트가 끌어올려지는 것을 보고 있다. 심각한 말라리아 열병이 이 탐사 원정대를 덮쳤다. 양쪽 모두 1백여 명의 병자들을 하류로 보내야 했다. 그러나 얼마 안 되는 생존자들이 또 다른 질병에 쓰러지자 우아한 지휘관들 역시 소매를 걷어붙여야 했다. 레케나 대령은 이렇게 썼다. '포르투갈 위원은 그의 병자들을 돌보며 자비를 베풀었다. 필요는 발명의 어머니인고로 나도 가장 위급한 사람들에게는 구토제와 사혈을 처방하고 열이 난 사람들에게는 키니네를 처방했다. 다행스럽게도 나는 단 한 명의 환자도 잃지 않았다.'

다른 측량인들은 네그루 강 상부에 물을 대는 강들의 선상지를 측량했다. 포르투갈 보병 장교 히카르두 프랑쿠 드 알메이다 세하 대위는 오늘날 호라이마 주에 위치한 강들을 탐사하기 위해 네그루 강 상류까지 간 후 다시 브랑쿠 강으로 갔다. 그와 그의 동료 측량인들은 야노마미 부족의 본거지인, 도처에 급류가 도사린 강들을 방문하고 그곳을 측량한 최초의 유럽인들이었다. 브랑쿠 강의 수원인 우라리코에라 강을 거슬러 올라가는 과정을 기록한 그들의 일지는 극도로 험한 여행 시대의 전형이다. 그들은 하천 가운데 있는 커다란 마라카 섬을 지나면서 티푸레마 급류를 거슬러 오르기 위해 사투를 벌이며 하루를 보냈고, 다음날은 '큰 위험을 겪으며' 세 군데의 급류를 더 통과했다. '내 카누는 세 번 가라앉았고 한번은 나는 나무에 매달렸다.' 몇 킬로미터를 가는 동안 열네 군데의 급류를 어렵사리 통과한 후 그들의 길은 '무시무시한 폭포로 가로막혔는데 아주 무시무시해서 나는 그러한 강 상류로 운항하는 일은 극도로 어려우리라 판단했다.' 이것은 외진 푸루마메 폭포였다(저자도 본 적이 있다). 폭포수는 어마어마한 굉음과 함께 거대한 3단 바위로 쏟아져 내렸고 엄청난 물보라가 협곡 양 옆의 수풀을 흠뻑 적셨다. 알메이다 세하는 탁상형 산 호라이마 방면의 사바나 여러 곳도 방문했다. 나중에는 파라과이를 따라 있는 경계선을 확정하러 가기 전에 아마존 남단의 과포레 강과 자우루 강의 야생 수원지─까마득한 옛날 선캄브리아기 지질 위에 형성된 습지 호수와 울창한 숲이 있는 곳으로 현재 볼리비아와 브라질 간의 경계─를 측량했다. 소탈하고 겸손한 이 장교는 브라질 최고의 탐험가 중 한 명으로 꼽혀야 한다. 그는 훗날 에스파냐의 공격에 맞서 판타날 습지 근처의 요새를 용감하게 방어한 후 테레나족 인디오 여자를 만나 정착했다가 과포레 강 유역의 빌라 벨라(오늘날의 마투 그로수 시)에서 말라리아로 죽었다.

　　마누엘 다 가마 로부 달마다라는 듣기 좋은 이름의 또 다른 장교(이자 미래 총독)는 알메이다 세하를 따라 우라리코에라 강으로 간 후 파카라이마 구릉지를 가로질러 오늘날의 베네수엘라 땅으로 들어갔다. 어느 날 밤 그의 야영 막사는 돌발 홍수에 떠내려갔다. (이런 일은 아마존 수원지 인근에서 야영을 하는 사람한테는 여전히 발생할 수 있는 사고이다. 여행객들은 상류 쪽에서 비가 내렸다는 것을 모를 수도 있기에 아무런 경고 없이 갑작스레 물이 범람하게 된다.) 로부 달마다는 칠흑 같은 어둠 속에서 무릎까지 차오르는 물속을 걸어 더 높은 지대로 가까스로 올라갔다. 탐험가들은 그들의 '수학 박사' 히베이로스가 귀중한 육분의를 잃어버려 더 이상 고도를 잴 수 없을까 걱정했지만 천만다행으로 이튿날 나무에 걸려 있던 기구를 발견할 수 있었다. 우라리코에라 강을 타고 돌아오는 길을 로부 달마다는 이렇게 기록한다. '다른 자잘한 내리막과 더불어 커다란 7단짜리 급류에서 …… 나는 카누와 함

　　　　　　　　　　아마존 Amazon

께 난파당했다. 나는 첫 번째 내리막에서 물에 빠졌고 카누는 혼자서 흘러가다 다른 내리막에 부딪혀 산산조각 났다.' 미래의 총독은 수영을 할 줄 몰랐다. 한 병사가 '나를 구조하려고 했지만 그 역시 익사할 뻔했다. [또 다른] 용감한 병사 …… 조금도 주저하지 않고 사납게 날뛰는 강물 한가운데로 뛰어들었다. 그는 요행히 나를 붙든 후 [다른 병사]한테서 떼어냈다. 그는 내 손목을 잡고 다른 손으로 부서진 카누를 붙들었다. 급류에 떠내려가는 동안 그는 계속 나를 지탱했고 마침내 나는 급류 한참 아래 강 중간의 바위 위로 올라가 간신히 살았다.' 두려움에 휩싸인 채 지켜보던 사람들은 로부 달마다의 시련이 30분가량 지속되었고 그사이에 소용돌이치는 갈색 강물 아래로 네 차례나 사라졌다고 말했다. (어떤 상황이었는지 알 것 같다. 필자도 한번은 이러한 급류에서 균형을 잃고 넘어져 소용돌이의 가장자리에 닿을 때까지 우라리코에라 강 아래로 떠내려간 적이 있다.)

　　포르투갈에서 온 한 팀에는 알렉산드르 호드리게스 페헤이라라는 27살의 식물학자가 끼어 있었다. 1783년 벨렝에 상륙한 그는 포르투갈 식민 장관에게 흥분을 감추지 못하고 편지를 썼다. '각하, 이곳은 낙원입니다. 도시 가장자리 바로 이곳에 자연의 산물이 너무도 풍성하여 어디로 눈을 돌려야 할지 모르겠습니다.' 페헤이라는 정원사 한 명과 프레이르와 코디나라는 재능 없는 화가 두 명, 선교 마을 인디오 두 명, 요리사 한 명을 대동하고, 약상자와 책 열한 권을 챙겨 벨렝을 떠났다. 페헤이라는 국경 위원들을 따라 네그루 강 수원지까지 간 후 다시 브랑쿠 강 수원지와 탁상 산지 호라이마의 산기슭까지 갔다. 그는 4년간의 모험을 유명한 『네그루 강 사령관령을 지나며 쓴 철학적 여정의 일기』*에서 묘사함과 동시에 여러 부족들에 관한 연구서와 원주민들의 도기, 가면, 오두막에 관한 소고를 썼다. 페헤이라는 이 텅 빈 강을 따라 늘어선 소수의 포르투갈 정착촌과 그들의 빈약한 상업 활동에도 관심을 보였다. 그는 때때로 강둑에 지천으로 늘어선 나무들을 원주민들이 부르는 멋진 이름으로 가르쳐주었다. 여기에는 '진짜 몰롱고나무molongo, 마카카macaca 밤나무, 마카쿠-과수macacú-guaçu, 몽구바mongúba, 인가피랑가ingapiranga, 임비라레마imbirarema, 아페쿠이타이우아apecúitaihua, 아라파리arapari, 무투티라나mututirana, 파라쿠타카paracutaca, 적지 않은 우암베uambê 리아나, 그리고 야자나무들인 아사이assaí, 이바카바ibacaba, 파타우아pataúa, 파시우바paxiuba, 이아라iará, 이아시타라iaxitara, 무루티muruti, 카라나caraná' 등이 있다. 페헤이라는 이 열대의 낙원에 홀딱 빠져있기만 한 것이 아니라 다수의 아프리카 노예를 보내 나무를 베어 왕립 조선소로 운반함으로써 이 목재의 보고를 활용할 것을 국왕에게 촉구했다. 그는 이곳의 난초와 열매, 다른 이국적 식물과 동물, 지질에 관한 상세한 묘사 및 그림과 더불어 여러 표본을 담은 상자를 포르투갈의 식물원으로 보냈다.

5년간의 고된 여행과 탐사 후에 페헤이라는 포르투갈로 귀환을 허락해달라고 요청했지만 몇 달 후 그에게 돌아온 답변은 부정적이었다. 그가 그간 보낸 표본이 너무 적으니 탐험을 계속하되, 그러나 이번에는 아마존의 남쪽 마데이라 강과 과포레 강 상류와 마투 그로수를 지나 파라과이 상부까지 탐사하라는 답변을 들었다. 이 거대한 강들을 거슬러 올라가는 13개월의 여정에 노잡이들과 승객들은

---

* 오늘날의 과학에 해당하는 학문을 당시에는 '철학' 혹은 '자연철학'이라고 불렀다.

아마존 Amazon

기진맥진했다. 정원사 카부가 죽었다. 그의 소지품은 요상했다. 캠핑 장비와 해먹은 당연히 있어야 할 것들이었지만, 그는 흥미롭게도 아마존 숲속으로 벨벳 브리치*와 레이스 달린 셔츠, 은제 식기, 두꺼운 사전을 들고 왔었다.

알레샨드르 호드리게스 페헤이라는 1792년 마침내 포르투갈로 귀환했다. 코임브라 대학 자리를 거부당하고 방대한 수집품들도 뿔뿔이 흩어지고 방치된 그는 깊이 낙담한 채 왕립식물원에서 근무했다. 나폴레옹의 부하 쥐노 장군이 1807년 말 포르투갈을 침공했을 때 프랑스 자연사 박물관은 에티엔 조프루아 드 생틸레르를 파견해 리스본의 자연사 관련 수장품을 검사하도록 했다. 쥐노의 군대는 도시에서 운반 가능한 것은 모조리 약탈했고 페헤이라의 컬렉션도 예외는 아니었다. 많은 수집품들이 여전히 천에 싸인 채 상자 안에 담겨 있었고 일부는 썩어서 분해되고 있었다. 생틸레르는 자신의 절도에 대해 '모든 것이 손대지 않은 상태였다. 아무도 수집품을 정리하지 않았다.'라고 변명했다. 결국 박제된 원숭이와 매너티, 마코앵무새와 다른 여러 새와 동물들, 식물 표본집의 다량의 식물과 페헤이라의 많은 채집 노트와 일기들은 배에 실려 프랑스로 보내졌다. 약탈된 식물도감 가운데 일부는 인심이 후한 건축가 란디가 페헤이라한테 준 것이었다.

---

*무릎까지 내려오는 18세기 반바지의 일종.

무라족과 문두루쿠족의
이야기

감독관 체제 시기 동안 브라질 아마존은 두 강력한 원주민 부족 무라족과 문두루쿠족에 의해 어지러워졌다. 포르투갈 노예 상인들과 선교사들은 커다란 아마존 남쪽 지류 일대에서 원주민들을 솎아내고 있었고 따라서 이 새로운 부족들은 사라진 부족들이 남기고 간 공백을 차지하려고 들었다. 두 부족은 서로 매우 달랐다. 무라족의 본거지는 마데이라 강 어귀와 솔리몽이스 강 하류를 따라 있는 바르제아 침수림의 미로 같은 수로와 호수였다. 고도로 뛰어난 뱃사람이자 유목민에 가까운 무라족은 자신들만의 수상 세계인 모래 둔치나 섬에서 야영하며 눈에 잘 띄지 않았고 천하무적이었다. 그들은 카누와 무기를 제외하고는 소유물도 마을도 거의 없이 단순하게 살았다. 천으로 된 앞치마를 두르고 티아라* 같은 밀짚 얼굴 가리개를 썼지만 그것을 제외한다면 지저분하고 딱히 꾸미지 않았다.

18세기 초 한 포르투갈 상인이 비열하게 몇몇 무라족을 붙잡아 노예로 팔았다. 그들은 이 일을 결코 용서하지 않았다. 예수회원들이 마데이라 강에 선교 공동체를 수립하려고 하자 무라족은 끊임없이 공격을 퍼부었다. 한 선교사는 '백인에 대한 그들의 지속적인 전쟁은 복수의 전쟁이자 사그라지지 않는 증오의 전쟁이었으며 그들에게는 그럴 만한 이유가 있었다.'고 인정했다. 계획이 좌절된 선교사들은 부족의 공격을 중단시켜달라고 정부에 요청했다. 1749년 강력

---

* 머리띠 형태의 작은 왕관.

아마존 Amazon

한 분견대가 파견되어 대포를 사용해 무라족에게 심각한 인명 피해를 입혔다. 무라족은 여기서 교훈을 얻어 정면 전투를 피하고 대신 게릴라 전술을 택하였다. 그들은 커다란 활과 긴 화살을 사용했는데 발가락으로 활의 한쪽 끝을 땅에 대고 발사함으로써 화살의 속력을 높여 신체를 깨끗하게 관통할 만큼의 파괴력을 얻을 수 있었다. 그들은 높은 나무에 망루를 세웠고 이곳을 저격수들의 은신처로 이용했다. 무라족이 선호하는 전술은 매복해 있다가 카누가 어려운 급류를 통과하려 할 때 공격하는 것이었다. 영국의 시인 로버트 사우디는 브라질의 역사를 썼는데 (포르투갈 문헌을 바탕으로 쓰였으며 1810년 출간되었다) 그 책에서 그는 '그들의 급습은 보통 …… 급류가 가장 강한 곳에서 배가 가장 어려운 지점을 통과할 때 이루어졌다. 거기서 그들은 갈고리를 들고 기다리고 있다가 화살 세례를 퍼부었으며 흔히 적이 제대로 반격을 해보기도 전에 치명적인 타격을 입혔다. …… 어느 민족도 그들만큼 파라 사람들의 전진을 방해하지는 못했고 그들에게 그렇게 큰 손실을 입히지 못했다.' 숲속 텃밭이나 카카오 플랜테이션에서 일하는 인디오들 혹은 거북이 알을 모으러 나온 인디오들에 대한 그들의 공격은 아마존 중부의 상업 활동을 중단시킬 만큼 위협적이었다. '그들은 가장 숙련된 인디오 낚시꾼들과 백인 노동자들을 엄청난 솜씨와 번개 같은 속도로 해치운다.'

총독들은 부임해 올 때마다 매번 원정대를 파견해 무라족 마을을 찾아 그들을 근절시키려고 했다. '그들은 전례 없는 학살을 당하고 온갖 종류의 적대 행위에 직면했다. 그러나 그들의 반감은 조금도 줄지 않았다.' 그들은 찾기가 너무 어렵고 기동력이 뛰어나며 교활할 뿐더러 용감하고 가차 없었다. 마데이라 강 하부의 한때 선교 마을이었던 보르바에는 무장한 수비대가 있었지만 '무라족이 그에 아랑곳 않고 매우 대담하고 무시무시했기 때문에 그곳은 상시적인 긴장 상태에 놓여 있었고 사람들은 감히 그곳에 정착하려고 하지 않았다.'

문두루쿠족은 이 시기 남부 지류들을 지배한 또 다른 전사 민족이었다. 1770년대 큰 무리의 문두루쿠족이 갑자기 타파조스 강의 정착촌에 들이닥쳤다. 감독관들은 인디오들이 문두루쿠족의 등장으로 인해 더 이상 숲속으로 들어가 채집을 하거나 마니오크 농장을 돌보려하지 않아 자신들의 이익이 위협받는다고 불만을 터트렸다. 마른 체격에 강단 있는 무라족과 달리 문두루쿠족 남자들은 잘생겼고 환각제를 멀리하고, 탄수화물 위주의 음식 섭취와 달리기를 통해 몸을 다졌다. 그들은 근육질 몸에 멋진 기하학적 선으로 문신을 그려넣었고 등까지 내려오는 커다란 머리장식, 빨간색과 파란색 깃털로 만든 외투, 심지어 가볍고 선명한 깃털로 만든 술을 늘어뜨린 화려한 장신구를 착용했다.

당시 사람들은 문두루쿠족을 스파르타인에 비교했는데 문두루쿠족의 전사들이 매우 근엄한 남성들 간의 유대 의식에 바탕을 두고 살아가고 싸우기 때문이었다. 매우 용맹한 그들은 한낮에 길게 줄을 지어 갈대 나팔 소리에 맞춰 공격했다. 그들은 태연하게 적의 화살을 기다렸다가 잽싸게 몸을 숙여 피했고 그러면 여자들이 이 화살을 집어다 그들에게 넘겨주었다. 그들은 약한 부족을 벌벌 떨게 만들었다. 한 주교는 문두루쿠족이 '남녀노소를 불문하고 모조리 죽이는 지극히 무자비하고 잔인한 이교도'라고 묘사했다. 정복한 적의 머리는 구멍에 솜과 송진을 채워 미라로 만들고 붉은 우루쿰 기름으로 방향한 다음 전리품으로 전사의 허리띠에 매달거나 오두막의 문지방을 장식했다. 타파조스 강 중부의 본거지에서 출발한 문두루쿠족은 습격을 위해 먼 거리를 이동했다. 그들은 동쪽으로는 마라냥을 북쪽으로는 벨렝 인근의 강까지 진출해서 공격했고, 북서쪽 방면의 마데이라 강에서 무라족과 맞붙어서는 포르투갈 군인들보다 더 효과적으로 적을 상대했다.

1778년 주앙 페레이라 칼다스(마드리드 조약의 입안자 중 한 명이자 이제 대파라의 유능한 총독)는 무라족과 문두루쿠족에 맞서 방어전을 조직했다. 그러나 그는 지휘관들에게 '이 야만인들이 우리 신민에게 한 것처럼 우리 병사들도 그들을 잔인하게 죽이는 식으로 보복하는 일반적으로 자행되는 비인간적 행위를 자제하고' 전쟁을 온건하게 수행할 것을 명령했다. 정치적 매파인 자연학자 알레산드르 호드리게스 페헤이라는 이러한 지시가 너무 나약하다고 여겼다. 그가 보기에 병사들이 이처럼 사나운 부족을 상대로 목숨을 걸게 하는 유일한 길은 그들에게 보상으로 붙잡은 포로 일체를 노예로 주는 것이었다. 그러나 총독이 옳았다. 1785년 그의 온건책은 식민지 당국에 작은 기적을 선물했다. 한 무리의 무라족이 갑자기 솔리몽이스 강의 북쪽 지류인 자푸라 강 어귀 이마리피 정착지에 배를 타고 나타났다. 며칠 안에 다른 무라족도 에가와 알바랑이스, 멀리 마데이라 강의 보르바와 네그루 강의 모라에 평화롭게 모습을 드러냈다. 이 예기치 못한 '항복'의 기획자들은 암브로시우라는 무라족 족장과 이마리피의 깨인 지휘관 마티아스 페르난데스였다. 암브로시우 족장은 포르투갈인들과 화해하는 것이 그들과 흉포한 문두루쿠족 둘 다를 상대로 싸우는 것보다 더 낫다고 동포들을 설득했다. 그들은 마티아스의 우정의 약속을 믿었다. 한 역사가는 '그들이 여러 다른 강에 카누를 타고 그렇게 빨리 나타난 데에 사람들은 놀라워했는데 그들이 매우 멀리 떨어져 있어서 소식을 듣고 "마티아스 동무"라는 약속된 암호를 전달할 시간이 없을 것 같았기 때문이었다.' 자연학자 페헤이라는 '우리 정착지에서 그들에게 약속한 상호 간의 우정 덕분에 과거 그들이 입힌 피해로 처벌받으리라는 두려움을 버리고' 무라족 25명이 4척의 배에 타고 출현했을 때 모라에 있었다. 그는 '매우 유용하고 예기치 못한 이러한 상황 반전'에 놀랐다.

정착민들은 무라족의 도착에 놀랐는데 특히 그들 때문에 공포에 떨었던 보르바에서는 배신행위에 대비해 수비대가 강화되기도 하였다. 그러나 칼다스 총독은 4천 명의 무라족을 마을로 집합시키거나 그들을 수상 근거지에서 추방시키려는 시도를 금지했다. 칼다스는 리스본에 무라족을 위한 특별 지원을 요청했지만 요청은 승인되지 않았다. 훗날 무라족은 질병으로 수가 급감했고 아마존을 방문한 여행객들은 그들을 그저 모래 둔치의 우리에 사는 지저분한 부랑자 정도로나 보았다. 그래도 그들은 감독관 체제하에서 강제 노동의 운명을 피해 자유를 유지했고, 침수림에 남아서 오늘날까지 단일한 집단으로 살아남았다.

무라족과의 화평은 아마존 최초의 문학 작품, 즉 엔히크 주앙 윌켄스라는 장교의 《무라이다Muhraida, 혹은 무라 이교도들의 개종과 화해》라는 서사시를 탄생시켰다. 시는 이렇게 시작한다. '꺾일 줄 모르는 가공할 야생의 이교도 무라족은 마데이라 강을 항행하는 이들에게 언제나 죽음을 가져왔다.' 그다음, 시는 백인 정착민과 다른 원주민 부족들을 상대로 한 그들의 공포 시대를 묘사한다. 이 무시무시한 전사들의 '화해와 개종, 정착'은 신의 섭리였으나 신의 도구는 그

들의 신뢰를 얻은 '마티아스 페르난데스라는 소박하고 평범한 사람'
이었다. 공로는 화평 이후 무라족에게 선물 공세를 펼친 에가의 주앙
밥티스타 마르델 대령과 시를 쓴 윌켄스에게도 돌아갔다.《무라이다》
는 대단한 걸작은 아니지만 식민지인들의 태도를 엿볼 수 있는 기회
를 제공한다. 시는 인디오들을 '이교의 짙은 어둠' 속에 묻혀 사는 야
만인으로 묘사했고 물질적 '진보'에 대한 그들의 속 터지는 무관심을
근거로 강제 노동을 정당화한다. 그러나 자신들은 곤경에 빠지고 실
패한 숲속 환경에서 그토록 잘 살아가는 원주민들을 보며 느끼는 정
착민들의 좌절감도 솔직하게 인정한다.

　　호전적인 문두루쿠족은 무라족보다 더 난공불락인 것 같았다.
문두루쿠족을 진압하기 위해 파견된 강력한 토벌대는 그들의 마을을
발견하고 막 공격하려던 차 오히려 포위당한 것은 자기 자신들임을
깨달았다. 토벌대는 문두루쿠족이 쳐놓은 덫에서 빠져나오기 위해
안간힘을 써야 했다. 다른 영리한 총독, 전직 탐험가 마누엘 다 가마
로부 달마다는 부하들에게 문두루쿠족을 생포하라고 명령했다. 한
전투에서 두 인디오 젊은이가 탄환에 부상을 입고 붙잡혔다. 총독은
그들의 상처를 치료하고 포르투갈 문명의 위력을 보여준 후 선물을
들려 마을로 돌려보내라고 지시했다. 전술은 먹혀들었다. 훗날 한 늙
은 문두루쿠족은 1795년에 그의 부족의 전사들이 또 다른 백인 원정
대에 맞서 이동하고 있을 때 '과거에 붙잡혔던 두 젊은이가 카누에서
일어나 이들은 우리 친구들이기 때문에 아무 짓도 하지 말라고 말했
다. 그다음 두 사람은 전사들에게 백인들이 준 옷과 나이프, 도끼 다
른 여러 좋은 물건들을 보여주었다.'고 회상했다. 부족의 원로들은 식
민지인들과 타협하기로 했다. 이 '기적적인 화평' 이후에 수천 명의

문두루쿠족은 타파조스 강 하류 그리고 타파조스 강과 마데이라 강 사이에 위치한 강들에 있는 예전에 선교 공동체가 있던 곳으로 이주했다. 그들은 포르투갈인들에게 매우 충성스러운 친구로 남았고 심지어 다른 부족과의 싸움에서 포르투갈인들을 돕기도 했다. 하류로 이주한 대다수는 사라졌지만 타파조스 강 상류 인근에서 계속 살았던 이들은 오늘날까지 똘똘 뭉쳐 번성하는 부족으로 살아남았다.

아마존 분지 반대편, 호라이마 산 사면으로부터 브랑쿠 강이 발원하는 곳에는 자연적으로 형성된 방대한 초지 평원이 있다. 오늘날 과학자들은 왜 열대우림이 갑작스레 끝나고 식생이 전혀 다른 사바나가 시작되는지 원인을 완전히 파악하지 못했다. 고도와 지하수면, 토양의 화학 성분과 미생물, 계절적 범람과 미기후micro-climate가 결합해 작용한 결과라고 추측할 뿐이다. 호라이마의 초지는 숲속에서 생계를 유지하는 대부분의 인디오들과 달리 탁 트인 땅을 선호하는 원주민 부족들의 본거지였다. 1780년대에 이 평원에 온 국경 위원들은 베네수엘라에서 오는 에스파냐인들을 저지하고자 작은 요새를 짓고 소를 들여왔으며 브랑쿠 강 상류를 따라 건설된 여섯 군데의 마을에 원주민을 정착시키려 했다. 마을들은 4년간 유지되었고 그중 한 곳은 오늘날 호라이마 주의 수도인 보아 비스타에 위치했다. 그러나 1780년 새롭게 정착한 인디오들에게 아낌없이 제공된 도구와 음식이 바닥나자 감독관들은 그들에게 일을 시키려고 했고 당연히 원주민들은 반발했다. 그들은 자신들을 탄압한 병사들을 죽이고 평원을 가로질러 이주했다. 하지만 일부 원주민들은 인디오 피가 절반 섞인 추적자들의 꾐에 빠져 되돌아 와 다른 마을로 편입되었다. 원주민들에게 강제 노동을 부과하려는 시도가 재개되었는데 특히 생선 염장 공장이 주 작업장이었다. 결국 자신들의 고향에서 강제 노동을 부과하려는 말도 안 되는 시도에 반발해 두 차례 더 '반란'이 일어났다. 원주민들은 1790년 생선 공장에서 감독관을 죽이고 마을을 불태웠으며 1798년에도 또 한 번 들고 일어났다. 첫 번째 반란은 당시 네그루 강 유역의 총독이 된 로부 달마다에 의해 가혹하게 진압되었다. 두 번째 반란은 피의 모래 둔치 Sandbank of Blood라는 불길한 이름으로 알려진 곳에서 학살로 진압되었다. 이 시기로부터 유일하게 남아 있는 유산은 이 먼 북쪽 변방까지 브라질의 존재를 상징하는 상조아킹 요새와 소 떼이다. 로부 달마다 총독에 의해 상류로 끌려온 아홉 마리 암소와 수소는 이곳 평원에서 자유롭게 노닐었다. 다음 세기 동안 이것들은 수만 마리로 불어난다.

감독관 체제
폐지 이후

1798년 감독관 체제를 폐지한 칙령은 미사여구로 가득 차 있었다. 그러나 다시금 이것은 허위였다. 원주민 부족들을 해방시키기는커녕 법률은 그들의 마을을 해체하고 마을의 공유지를 팔아넘기도록 했다. 식민지인이나 정부는 집이나 '일정한 직업'이 없는 인디오들에게 강제로 일을 시킬 수 있었다. 외부인들은 원주민 땅의 천연자원들을 마음대로 착취할 수 있었다. 최악은 인디오들이 그들의 부족장이나 현지 정착민들이 지휘하는 민병대에서 복무해야 한다는 것이었다. 위대한 예수회 역사가 한 명은 이렇게 지적했다. '이 군사 체제는 그

전제적 본성상 억압을 용이하게 했다. 미개함과 소심함, 순종하는 습관 탓에 원주민들이 그러한 억압에 대응하기는 불가능했다.' 항상 그렇듯이 새로운 체제는 노동 공급을 지속하기 위해 의도된 것이었다. 소사 쿠티뉴 총독은 물러나는 감독관들에게 노동 가능 연령의 모든 인디오를 포함한 목록을 작성하도록 명령했다. 이들은 정부나 개인이 언제든 부릴 수 있도록 마을에서 끌려나와 그 지역의 네 곳의 도시 인근에 있는 캠프에 나뉘어 배치되었다.

마라냥과 아마존 지역의 수출 경기는 18세기 말에 짤막한 호황을 누렸다. 미국 독립전쟁으로 캐롤라이나 주의 쌀과 목화의 유럽 수출이 중단되었고, 코코아에 대한 유럽인들의 수요는 여전히 컸기 때문이다. 그러나 19세기 초가 되자 이러한 상품의 가격은 떨어졌고 이 지역은 긴 경제적 쇠퇴기에 접어들었다. 이것은 원주민들과 풍발의 감독관 체제기에 수입된 아프리카 노예들에게는 반가운 소식이어야 했을 것이다. 그러나 '민병대'를 통한 부당한 강제 노동 체제는 곧 중단되었지만, 인디오들과 흑인 노예들의 상태는 별반 나아지지 않았다. 많은 인디오들은 도시로 흘러들어가 도시 프롤레타리아, 즉 아무런 교육이나 심지어 종교적 관심도 받지 못하는 최하층계급을 형성했다. 한 관찰자는 이들을 향한 당대의 위선을 꼬집었다. '그들은 게으르다고 비난받지만 …… 유일하게 일하는 사람들이다. 그들은 믿을 수 없다고 비난받지만 열 명의 고용주 가운데 한 명이라도 그에게 임금을 지불한다면 그 인디오는 운이 좋은 축이다. …… 이 지방 전역에는 설령 그것이 노예제가 아니더라도 이름만 다를 뿐 노예제와 하등 다를 것 없이 인디오 노동력을 착취하는 터무니없는 체제가 여전히 존재한다.'

네그루 강의 상황은 아마존 강 본류보다 더 나빴다. 한때 카르멜회 선교사들의 지도 아래 번영하던 지역이 탐욕스러운 총독들의 통치 아래 완전히 몰락했다. 이들은 '정부 사업에 부리기 위해 알데이아 인디오들에게 족쇄를 채우는 가증스러운 체제'를 도입했다. …… '결혼한 인디오 남자를 징발해 가족의 품에서 억지로 떼어내 몇 달씩 혹은 일 년씩 아무런 급료나 임금도 주지 않고 공공사업에 동원했는데, 원주민들에게 경악스럽고 참기 힘든 부담이었다. 병사들은 그의 가난한 오두막을 에워싼 후 그를 묶고 쇠고랑을 채워 일터로 끌고 갔다. 참으로 비인간적이기 짝이 없다.' 가장이 떠난 가족은 굶어죽을 수밖에 없었다. 네그루 강 어귀 미래의 마나우스 시에서 원주민들은 도형수처럼 쇠사슬에 매인 채 일을 했다. '이 시기에 인디오 인구는 그러한 억압과 브랑쿠 강의 생선 공장과 밧줄 제작소, 방직 공장 등에서 끝없는 노동으로 인해 극도로 감소했다.' 누구든 저항하거나 게으름을 피우면 투옥되거나 잔인하게 처벌되었다. 한 '부정하고 탐욕스러운' 총독은 백인과 접촉하지 않은 부족들을 '노예로 만들어' 아무한테나 팔아넘기는 '악명 높고 끔찍한 습격대'를 장려했는데, 이는 원주민 노예 금지법을 대놓고 위반하는 행위였다. '그 결과 현재 이 지방이 겪고 있는 불행은 앞으로도 지속될 것이다.'

성당 참사회원 안드레 페르난데스 데 소사는 불법적인 노예 밀무역에 대해 네그루 강 사령관령을 거쳐 간 총독들을 비난했다. '거친 옷감 한 두루마리와 나이프 몇 자루, 화약 한 통을 구할 수 있는 사람은 누구든 자푸라 강 상류로 거슬러 간다. 그는 그곳의 인디오들과 친해진 후 그들을 내륙으로 데려와 밤중에 그 이교도의 오두막을 포위한 다음 포박한다. 그의 부하들은 인디오들을 겁먹게 하려고 총을 발사하는데, 많은 수가 이 과정에서 죽임을 당했다. 〔노예 상인이〕 그들을 걱정하는 마음은 전무했다. …… 자유롭게 태어나 독립심이 강한 〔희생자들은〕 바로 자신들의 땅에서 노예로 전락한 것이다! 얼마나 잔인무도하고 불의한 일인가! 나는 …… 이른바 "평화롭게 하류로 이주한 인디오들" 가운데 3분의 1이나 4분의 1만이 살아남는다는 사실을 알았다. 그들의 집에서 억지로 끌려나와 얼마 안 되는 재산을 약탈당한 후 아내와 자식까지 빼앗겼기 때문이다. 젊은이 늙은이 할 것 없이 〔자살하기 위해〕 흙을 먹거나 병에 걸려 끝없이 죽어나간다.' 습격대는 희생자들한테 강탈한 전리품, 즉 바람총, 활과 화살, 쿠라레 독, 깃털 장신구 등으로 보상받았다. 붙잡힌 사람들은 바하에서 노예로 팔리거나 정부 공장에 일하도록 배치되었다. 여기에 전형적인 핑계란 '노동의 성격이 무엇이든지 간에 그것이 언제나 "공공사업"'이라는 것이다. 남자들은 점토와 화장벽돌을 실은 수레를 끌거나 아니면 낚시꾼, 노잡이, 거북이 알 채집인으로서 끝없이 일했다. 그들의 아내들은 목화를 재배해서 따고 공장에서 실을 뽑아낸 다음 옷감으로 짰다. 그리고 잔인한 아이러니로, 이 옷감은 여전히 인디오들에게 급료로 지불되었다. 노예제를 폐지하고 인디오들을 해방해 국왕의 신민으로 만든 1748년의 법 이후로 수십 년이 흐른 뒤였다. 소사 참사원은 '애석하게도 이 법 가운데 어느 것도 준수되지 않았다는 것을, 특히 네그루 강에서 무시되었다는 사실을 보고해야겠다. 총사령관령이 벽지라는 사실과 그러한 억압에 항의할 식자들이 없다는 사실이 결합하여 들도 보도 못한 학대가 지속되고 있다.'고 개탄했다.

1818년 새 총독은 한술 더 떴다. 그는 마을 인디오들에게 마니오크 수확량의 3분의 1을 나라에 바치라고 명령했다. '비참하고 가련한 인디오들은 …… 이 마니오크 공납뿐만 아니라 끝없는 노동으로 억압받는다. 희생자들은 영원의 날개에 실려 갈 때까지[죽을 때까지] 평생 일만 하는 운명에 처했다. 네그루 강에서 유럽인들은 인디오들을 인간과 다른 종의 동물처럼 취급한다. …… 정부는 이미 죽은 것이나 다름없는 이 지방에 최후의 일격을 가하고 싶어 하는 것 같다.'

경건한 참사원은 백인 정착민들을 보고 경악했다. '교양도 없고 신에 대한 두려움도 모르는 그들은 유해한 독기로 모든 것을 오염시키는 사악한 괴물들이다.' 포르투갈에서 그들의 태생이 아무리 미천했더라도 '일단 이곳에 상륙하면 온갖 거드름은 다 피운다. 그들은 즉시 이 고장의 일반적인 악습, 다시 말해 모든 것을 망치는 방종, 게으름, 태만에 물든다.' 처음에 그들도 술집이나 리본 가게를 차리거나 행상인으로 일할지도 모른다. '이때부터 그들은 건강을 해치고 신과 사람의 눈앞에서 그들을 가증스럽게 만드는 죄악 …… 천하고 상스러운 행동거지와 상거래를 함에 있어 수치스럽기 그지없는 악덕의 심연에 빠져든다. 그들은 만족스러운 듯 웃으며 마음껏 즐기며 살아가거나 늘어지게 잠을 자면서 인생을 보낸다.' 영국 해군 장교 헨리 리스터 모 역시 1828년 아마존 지역에 갔다가 이러한 묘사가 틀리지 않음을 확인했다. 그는 카누에 인디오들을 잔뜩 태우고 발에는 쇠고랑을 채워 통나무에 묶어 놓은 노예 상인들을 보았다. 아마존에 북적이는 정착민들과 유형수들은 '노여움과 무지, 이기심, 어쩌면 이 세 가지가 결합된 감정'에서 인디오들을 벌레 보듯 싫어했다. '사실 파라 지방의 이 먼 오지에서 "힘은 옳고 그름을 결정하고" 정의보다는 권력과 이해관계가 법을 실질적으로 집행한다. 황제는 칙령을, 지방

장관은 명령을 내릴 수 있겠지만 외딴 곳의 브랑쿠*는 그 자신이 황제이며 리우데자네이루의 동 페드루**보다 훨씬 더 절대적인 권력을 휘두른다.'

1818년 바이에른에서 온 두 과학자 요한 밥티스트 폰 슈픽스와 카를 폰 마르티우스는 포르투갈인이 아닌 외국인으로는 최초로 아마존 유역 방문을 허락받았다. 그들은 낭만주의자들이 아니었고 종종 일부 부족들의 '후진성'과 심지어 '야수성'에 실망하기도 했다. 그러나 그들은 일부 행정가들의 악랄함에도 마찬가지로 경악했다. 마르티우스는 솔리몽이스 강의 북쪽 지류인 자푸라 유역을 가게 되었다. 이 멀리 떨어진 강 상류에서 그는 백인 '지사magistrate'에 의해 운영되는 정착지를 목격했다. 마르티우스는 '이 불쌍한 사람들은 아무 백인이든 접근해오면 두려워했는데 표면적으로는 "공공사업"이라고 하지만 전적으로 지사의 이익을 위한 강제 노동에 처해질까봐 그런 것이었다. 그들은 나에게 자신들의 딱한 처지와 적들의 억압을 정부에 폭로해 줄 것을 애원했다. 십일조를 가로채고 휘하 사람들에게 잔인하고 음탕한 행동을 저지른 이 지사에 대한 불만은 이미 제기되었다.' 독일인 방문객들은 자신의 지위를 상징하는 푸른 프록코트와 면 반바지를 입은 쿠에레투족의 파치쿠 족장도 만났다. 그 약삭빠른 족장은 부족민들을 숲속에 잘 숨겨두고 있었다. (투카노족과 친족인 쿠에레투족은 오늘날까지도 콜롬비아 내륙에 생존해 있다.) 그러나 족장은 정착민들에게 팔 노예를 붙잡기 위해 다른 부족들을 습격함으로써 한

---

* 백인이라는 뜻.
** 브라질 황제 페드루 1세(1798~1834).

아마존Amazon

통속인 포르투갈 사람들의 비위를 맞췄다. 원주민 노예제가 폐지된 지 70년이 지났는데도 말이다. 이 '하류로의 이주'의 희생자들은 말라리아에 걸려 안색이 창백하고 배가 퉁퉁 부어올랐으며 비장이 딱딱했다. '이런 건강 상태와 그들의 게으름 때문에 백인 정착민들은 그들을 구입하려고 하지 않았다.'

　　마르티우스에게 이러한 타락상은 자유로운 유리족(티쿠나족의 일부로 오늘날 아마존 강 본류에서 가장 큰 원주민 집단이다) 마을의 분위기와 대조되었다. 그는 유리족의 널찍한 오두막과 정돈된 마을, 풍부한 물고기와 사냥감, 드넓은 플랜테이션, 그리고 유리족의 평화로운 일상에 매혹되었다. 하루는 모두가 강에서 목욕을 하는 것으로 시작되었다. 그다음 그들은 휴식을 취하고 담소를 나누었다. 벌거벗은 여자들은 아이들의 몸에 그림을 그려주거나 애완동물을 데리고 놀았다. 그 후 남자들은 사냥을 나가거나 고기를 잡으러 갔고 여자들은 집안일을 했다. 모두가 수시로 목욕을 했다. 저녁에는 휘황찬란한 가면(티쿠나족의 전형적 표지)을 쓰고 맥의 가죽으로 만든 방패를 휘두르는 남자들이 달빛 아래서 잔치를 벌였다. 자푸라 강 상류로 더 올라가면 미라냐족(역시 티쿠나족과 친족이다)이 살았는데 이들은 이방인들을 활기차게 맞이했다. '우리는 물론 이러한 순진무구함—우리에 대한 모든 것에 보이는 이 따뜻한 관심—이 그들이 누리는 자유와 자연 조건 덕분이라고 여겼다. 그들은 백인들로부터 멀리 떨어져 있어서 다른 인디오들에게는 크나큰 공포인 강제 노동에 대한 두려움에서 자유로웠다.' 미라냐 여자들은 청결함과 품위, 근면함이 특히 인상적이었다. 이 독일인은, 지금도 아마존 전역에서 많은 부족들이 유지하고 있지만, 식민지인들이 침투한 곳마다 파괴된 조화로운 원주민 생활을 엿본 셈이었다. 그러나 마르티우스는 어두운 측면도 놓치지 않았다. 이 부족들은 자연히 호전적이어서 그들의 전사들은 다른 적대 집단과 지속적으로 싸우고 있었고 이제 그들의 공격성은 백인들에게 팔아넘길 포로들을 잡는 것으로 표출되고 있었다.

나폴레옹 전쟁과
브라질의 독립

나폴레옹에 의한 에스파냐와 포르투갈 침공은 남아메리카에 심대한 영향을 끼쳤다. 아마존 수원지에 위치한 에스파냐어를 사용하는 식민지에서 그것은 독립을 향한 움직임에 마지막 자극제가 되었다. 모든 부왕국은 1776년 영국의 북아메리카 식민지의 독립과 이제 1790년대 프랑스 혁명의 대격변에 크게 동요되었다. 나폴레옹이 그의 동생 조제프를 에스파냐 국왕으로 앉히자 오랜 군주정에 대한 에스파냐 아메리카 신민들의 강력한 충성심은 단절되었다. 그 결과 베네수엘라에서 프란시스코 데 미란다와 시몬 볼리바르, 부에노스아이레스에서 호세 데 산 마르틴의 독립운동이 일어났다. 그들의 군사 활동은 안데스 산지에서 전개되었고 각각 남쪽과 북쪽에서 이동하여 리마에서 만났다. 따라서 전투는 아마존 분지 주변부를 둘러간 셈이었다. 신생 독립국인 베네수엘라, 콜롬비아, 에콰도르, 페루, 볼리비아가 자국 내 아마존 지역에 관심을 보이기까지는 많은 세월이 흘러야 했다.

　　나폴레옹의 반도전쟁*은 브라질에도 독립을 가져왔지만 다른 이유에서였다. 프랑스 군대가 1807년 리스본으로 진격하고 있을 때 포르투갈 왕실은 포르투갈과 브라질 전함의 호위를 받아 함대를 이끌고 브라질로 탈출했다. 이것은 유럽 군주가 해외 식민지를 방문한 최초(이자 거의 마지막) 사례였다. 13년 동안 리우데자네이루는 포르투갈 제국의 수도였고 브라간사 왕족들은 그곳에서 잘 살았다.

나폴레옹 전쟁은 브라질 아마존에도 작으나마 영향을 미쳤다. 1809년 1월 포르투갈과 영국 전함은 카엔을 공격하기 위해 벨렝의 요새에서 해안으로 분견대를 수송했다. 이 병사들은 몇 시간 동안 피비린내 나는 전투를 치른 후에 도시의 요새를 점령했고 프랑스 식민지는 포르투갈에게 넘겨졌다. 카엔은 8년 후 파리 강회회의에서 다시 프랑스로 넘어갔다. 그러나 프랑스 전초기지는 포르투갈 당국을 긴장시킬 바이러스를 안고 있었다. 그곳은 전복적인 사상이 흘러넘쳤다. 프랑스 혁명 직후 카엔의 선전선동가들은 포르투갈어판 인권 선언을 출판했다. 벨렝의 통치자들이 그러한 급진적 문건을 소지한 사람은 누구든 종신형에 처해질 것이라고 엄포를 놓았지만, 카엔 식민지를 점령한 병사들이 그러한 짜릿한 새로운 신조를 알게 되는 것을 막을 수는 없었다. 아마존에서는 자유주의 전염이 비밀 결사체와 지식인들의 모임을 통해서 이뤄졌다. 한 성직자, 카메타 교구의 보좌신부 루이스 자갈루 수도사는 이 충격적인 가르침에 완전히 빠져들어서 영혼 불멸과 성모 마리아의 영원한 처녀성에 대해 의심을 품을 지경이었다. 사람들은 그를 프리메이슨이라고 생각했다. 무엇보다 나쁜 것은 그가 노예들을 부추겨 자유를 요구하게 만든 것이었다.

---

*나폴레옹이 이베리아 반도를 침공함에 따라 1807~1814년까지 프랑스와 영국-에스파냐-포르투갈 동맹 세력 간에 벌어진 전쟁.

나폴레옹 전쟁이 끝난 후 포르투갈은 주앙 6세의 복귀를 원했다. 1821년 국왕은 마침내 리스본으로 귀환했지만 아들이자 후계자인 페드루를 섭정으로 남겨두었다. 리우데자네이루의 브라질 애국자들은 더 큰 자치권을 요구하며 섭정에게 영향력을 행사해왔다. 그들은 페드루 왕자를 설득해 스스로를 분리 독립국 브라질의 황제로 선언하게 만들었고 결국 브라질의 독립은 거의 피를 흘리지 않은 혁명을 통해 달성되었다. 이 모든 일은 상파울루와 리우데자네이루에서 벌어졌다.

독립 소식이 먼 아마존 오지로 전달되기까지는 한참이 걸렸다. 앞서 본 것처럼 리스본 정부는 오랫동안 그 지역을 마라냥과 대파라 사령관령으로 나누어 다스려왔다. 그곳은 나중에 리우데자네이루의 부왕령으로 재통합되기는 하지만 적도 우림의 정착민들은 훨씬 남쪽의 부유한 동포들에게 그다지 좋은 감정이 없었다. 따라서 브라질 민족주의자들은 미국 독립전쟁 후에 캐나다가 영 제국에 남아 충성한 것처럼 이 보수적인 북부의 벽지가 포르투갈에 여전히 충성할까봐 두려워했다. 리스본의 의회는 아마존 지역을 브라질에서 분리해 자신들의 식민지로 남기는 것이 좋을지를 두고 논쟁을 벌였다.

1822년 동안 신생 브라질 제국의 군대는 처음에는 바이아에서, 그다음은 북동부 주들과 마라냥에서 포르투갈에 충성하는 세력을 잇달아 물리쳤다. 포르투갈 전함을 격퇴하고 살바도르 바이아를 봉쇄한 브라질 최초의 제독인 스코틀랜드인 로드 코크런의 개입이 결정적이었다. 살바도르를 장악한 코크런은 잉글랜드인 함장 존 파스코 그렌펠 휘하에 브리그 마라냥호를 보내 벨렝의 친포르투갈 인사들을 진압하도록 했다. 그렌펠은 자신이 함대를 끌고 온 것처럼 위장해 진압에 성공했다. 그가 도시를 봉쇄하고 포격을 하겠다고 위협하는 동안 독립파 군중이 관공서로 들이닥쳤다. 시 의회는 투항했고 동 페드루를 황제로 선언했다.

벨렝의 새 주인들은 포르투갈 동조자들을 일제 검거해 임시 감옥선인 브리그 딜리젠테호에 몰아넣었다. 253명이 숨 막히는 선체 안에 꽉꽉 들어찼다. 날은 숨 막히게 더웠고 수감자들은 마실 물이 없었다. 탈출을 시도하는 사람에게는 승강구를 통해 총알이 날아왔다. 자포자기한 '사람들은 서로 물고 뜯고 싸웠다.' 이튿날 아침이 되니 네 명을 빼고 모두 죽었는데 대부분 질식사였다. 브라질판 캘커타의 블랙홀Black Hole of Calcutta*이었다. 당시 그곳에 있었던 미국 지질학자 허버트 스미스는 그렌펠 함장도 이 학살에 일정 부분 책임이 있다고 비난했다. 그렌펠의 브라질 해병들은 1823년 또 다른 반란을 진압할 때도 역시 잔인했다. 요새의 지하 감옥과 또 다른 끔찍한 감옥선에서 수천 명의 죄수들이 죽어가는 잔학상은 이후에도 자행되었다. 희생자 대다수는 강제로 징집된 흑인과 인디오들이었다.

카바나젱
반란

━━

브라질 아마존 지역은 경제적 침체기였고 신생국 브라질은 인플레이

━━━━

*19세기 중반 식민지 전쟁 당시 많은 포로들이 질식사한 것으로 악명 높은 캘커타의 지하 감옥.

션으로 고생하고 있었다. 지역 분리주의가 비등했고 리우데자네이루에서 파견된 지방 장관들은 무능하거나 지나치게 가혹했다. 지방 정치는 새로이 도착한 포르투갈인들에게 자신들의 증오를 집중시키는 자유주의자들과 개혁을 반대하는 보수주의자들 사이에서 극단으로 치달았다. 1830년대가 되자 여러 아마존 강 유역의 요새와 정착지에서 산발적인 군사 반란과 소요 사태가 발생했다. 1831년의 반란은 참혹하게 진압되었다. 토칸칭스 강 하류 카메타에서는 격전이 벌어졌다. 1832년 마나우스(당시에는 네그루 강의 바하(바르)로 불렸다)에서는 군인들이 들고 일어나 폭동을 일으키고 파라로부터 독립을 선언했다. 1833년 마웨족과 문두루쿠족 인디오들이 마나우스 하류 투피남바라나스 섬의 파린틴스 시를 공격했다. 어쩔 줄 모르는 현지 지사는 허둥지둥 지원을 호소했다. '크리스펭 드 레앙이 이끄는 현지 인디오들의 …… 끔찍하고 무시무시한 무정부의 화산이 폭발했습니다. 그는 우리의 재산과 관습, 정치 체제를 모조리 공격하고 있습니다. …… 각하, 그는 우리를 바닥이 보이지 않는 반란의 깊은 수렁에 빠트리기 위해서 쉬지 않고 갖은 수단을 쓰는 무도한 자입니다.' 폭동은 상류로 파견된 제국 군대에 의해 어렵사리 진압되었다.

그다음 1835년에 억압받던 최하층민들이 들고 일어난 대규모 반란이 터져 나왔다. 이것은 개펄 위에 지은 임시 오두막이나 움막에서 살아가는 집 없는 사람들인 카바누cabano에서 이름을 딴 카바나젱 반란이었다. 카바나젱은 자연발생적인 봉기였다. 봉기를 점화한 마지막 불꽃 가운데 하나는 프리메이슨회를 규탄하는 벨렝의 한 주교의 편지가 신문 지상에 공개된 것이었는데 서민들과 자유주의자들은 프리메이슨회를 증오했다. 그러나 이러한 즉흥성 탓에 카바나젱 반란에는 단일한 목표나 리더십이 부재했다.

카바누 지도자들은 모두 백인이었지만 서로 매우 달랐다. 그 가운데 한 명인 참사원 주앙 밥티스타 곤살베스 캄푸스는 운동에 헌신하는 사제이자 『오 리베랄』 신문의 편집자로, 용감하지만 겸손한 사람이었다. 도망 다니는 동안 벨렝 남쪽, 친구의 농장에 숨은 그는 면도를 하다가 상처를 냈는데 이것이 감염되어 죽었다. 결국 카바나젱 반란은 잠재적으로 가장 뛰어난 지도자가 될 수도 있었던 사람을 잃고 말았다. 또 다른 지도자 펠리스 말셰르는 전직 보병 장교로, 음울하고 성마르나 기민한 정치가였고 유능하나 성급한 사령관이었다. 더 매력적인 인물은 비나그레 삼형제였는데 거의 교육을 받은 바 없는 마라냥 출신의 거친 오지 사람들이었다. 젊은 비나그레 삼형제 가운데 제일 맏이인 프란시스쿠는 벨렝 인근의 숲과 습지에서 늠름한 게릴라 지도자가 되었지만 한편으로는 대중을 선동해 극단적 폭력을 야기했다고 비난받았다. 마지막으로 열정적인 젊은이 에두아르두 노게이라가 있었는데 급진 개혁에 대한 구상을 품고 있는 혁명가였다. 노게이라는 군사령관으로도 유능했는데 아마존 숲에서 가장 튼튼한 견목의 이름을 따서 안젤링이라는 가명을 썼다.

이 모반자들은 벨렝 남쪽에 위치한 펠리스 말셰르의 파젠다* 에서 활동했다. 그들은 지방 정부에 반대하는 성명서를 냈다. 반란을 진압하기 위해 토벌군이 파견되었지만 전과는 제한적이었다. 오히려 1835년 1월 반란군은 벨렝 시로 진격했다. 한 분대가 병영을 공격하자 많은 병사와 장교들이 편을 바꿔 반란군에 합류했다. 다른 분대는

---

* 대농장이라는 뜻.

정부 관저로 쳐들어갔고 주 장관은 어느 인디오의 총에 맞아 죽었다. 감옥이 점령되었다. 미국 영사 찰스 젱크스 스미스는 '50명가량의 죄수들이 풀려나 다 같이 벨렝 시 한구석의 포르투 두 술로 가더니 그 일대에서 눈에 띄는 포르투갈인을 무차별적으로 학살하기 시작했다.'고 썼다. '이런 식으로 20명가량의 유력 상인들과 그 밖의 사람들이 목숨을 잃었다.' 그렇게 다음 몇 달간 폭도들은 그들을 억압해온 사람들, 즉 지방 엘리트와 본국에서 건너온 모든 사람들에게 복수했다. 벨렝에 있었던 한 포르투갈 장교는 탈출할 능력이 되는 포르투갈 사람은 모두 도망쳤다고 말했다. '무장한 군중이 대대적인 유혈을 요구했지만 반란군의 대통령President[말셰르]은 찬성하지 않았다. ⋯⋯ 여자를 포함하여 모든 백인을 살해하고 약속받았던 약탈을 하고 싶어 했던 폭도들은 ⋯⋯ 한층 고삐가 풀린 듯했다. 파라 시의 역사는 이제 범죄와 잔악 행위로 넘쳐난다. 포르투갈인들은 1823년부터 지금[1835년]까지 8백 명이 넘는 동포들이 브라질인들과 유색인들에 의해 살해되었다고 회고하며 잔뜩 겁에 질려 있었다.'

혁명에서 아주 흔한 양상이지만 반란군 지도자들은 서로 사이가 틀어졌다. 펠리스 말셰르는 스스로 대통령이라고 선언했지만 브라질 제국에 여전히 충성할 것이라고 말했다. 몇 주 후 그는 프란시스쿠 비나그레를 체포하려고 했다. 격렬한 시가전이 벌어졌고 말셰르에 충성하는 배가 도시를 포격했지만 이긴 쪽은 오지 사람이었다. 말셰르는 살해되었고 비나그레는 카바누들의 두 번째 대통령이 되었다. 1835년 5월 중순에 제국 전함이 벨렝을 포격하고 해병대가 급습을 시도해 도시를 장악하려 했다. 그러나 그들은 격퇴되었다. 전함으로 달아났지만 소수가 포로로 붙잡혀 이루 말할 수 없이 잔인한 고문

아마존Amazon

을 받고 살해되었다. 한 영국인은 형제에게 보낸 편지에 이렇게 썼다. '가장 무시무시한 야만 행위가 자행되었다. …… 그동안 그 일당들은 춤을 추고 노래를 부르며 입에 담기에도 끔찍한 말을 외쳐댔다. …… 그들의 수중에 떨어진 사람들은 모두 이런 식으로 혹은 그보다 끔찍한 일을 겪었다. …… 현재 무장한 사람 2천 명이 있는데, 모두 유색인들로 이 포르투갈인의 노예들은 모두 이 병사들에게 합류했다.'

제국 정부는 새로운 장관으로 마누엘 호드리게스 원수를 보냈고 비나그레는 그가 관할하고 있던 땅을 그에게 넘겨주었다. 호드리게스는 혁명가들을 체포해 자신의 권위를 확고히 하려고 했다. 그는 비열하게도 그 가운데 비나그레를 포함시켰고, 카바누 대통령을 석방하라는 요구를 거듭 묵살했다. 그래서 8월에 '큰 무리의 반야만 유색인들이 파라[벨렝] 뒤편 후미진 작은 만에 모여들었고 미리 정한 날에 …… 도시를 빙 둘러 있는 숲속의 어둑어둑한 좁은 길을 통해 도시로 쏟아져 들어왔다. 참혹한 시가전이 벌어져 9일 동안 지속되었다.' 반란자들이 승리했다. '도시와 주는 다시 무정부 상태에 빠져들었다. 승리에 도취한 유색인들은 영국인과 프랑스인, 미국인 거주민을 제외한 모든 백인을 학살할 것을 선언했다. 판단을 그르쳐 이 같은 인종적 증오를 불러일으킨 주요 인사들은 이제 도시를 빠져나가야 했다.' 호드리게스 원수는 비나그레를 포로로 데리고 영국 전함과 프랑스 전함으로 몸을 피했다. 급진적인 젊은이 에두아르두 '안젤링'이 세 번째 카바누 대통령으로 선출되었다. 안젤링은 가장 카리스마적인 반란 지도자로 이상적으로 그려져 왔는데, 그가 영국 해군 장교들에게 보낸 오늘날까지 남아 있는 서신들을 보면, 유능한 행정가이자 기민한 외교가였음을 알 수 있다.

　11월에 한 영국 함장은 도시에서 탈출해 하구 인근의 야자수 이엉을 얹은 피난처에서 살아가고 있는 1천4백 명가량의 피난민들의 처참한 곤경을 묘사했다. 그 가운데 거의 절반은 천연두와 말라리아로 죽었다. '감옥선 데펜소라호에 오른 280명의 죄수 가운데 196명이 이미 죽었고, 이제 우기가 시작되었으니 사망자 수는 빠르게 증가할 것이다. 비나그레는〔660명의 죄수들 가운데〕캄피스타호의 선창 안에 여전히 갇혀 있었고 그의 유일한 음식은 쌀이었다.' 제2대 카바누 대통령은 몇 달 후 죽었다.

　카바누들은 처음 도시를 장악하고 16개월이 지난 1836년 5월까지 벨렝 시를 점령하고 있었다. 이 민중 봉기는 단일한 지도부나 정치적 신조, 달성 가능한 목표를 얻지 못했다. 반란자들은 부자, 포르투갈인, 프리메이슨을 미워했다. 그들은 가톨릭과 파라, 자유, 브라질, 브라질의 젊은 황제 동 페드루를 따른다고 천명했다. 그러나 리우데자네이루의 자유주의자들조차도 카바누 지도자들을 잔인한 폭도로 멸시했다. 카바나젱 반란은 브라질 역사에 등장하는 봉기들 가운데 네 가지 측면에서 주목할 만했다. 첫째, 그것은 억압받는 대중이 일으킨 진정한 봉기였다. 둘째, 그 지도자들은, 비록 모두 백인이었지만 하층 계급 출신이었다. 셋째, 반란은 방대한 지역을 아우르며 브라질 아마존 전역으로 퍼져나갔다. 마지막으로 반란은 무섭도록 폭력적이었다.

　당시 파라에 있었던 외국인들은 경악하며 공포에 떨었다. 독일인 식물학자 에두아르트 푀피히 교수는 벨렝에서 탈출하여 석 달간 인근 마을에 피신했다. 그에게 반란자들은 '피에 굶주린 메스티소와 물라토, 니그로 강도 무리'였다. '그들은 이곳저곳으로 옮겨 다니며 …… 말로 표현할 수 없을 만큼 잔인하게 백인을 죽이고 정착지나 지나가는 배를 약탈하고 불을 질렀다.' 반란이 시작되었을 때 두 영국 해군 장교는 '인디오들이 유럽인들을 모두 살해하고 있다'는 경고에도 아랑곳 않고 아마존 강을 따라 항행했다. 그들은 마라조 섬에 도착해서 '강 하류를 더럽히며 다수의 포르투갈인을 살해한' 자쿠라는 한 크리올로부터 환대를 받았다. 나중에 10년간 그곳에 머문 영국인 식물학자 리처드 스프러스는 '링구아 제랄〔투피어에 바탕을 둔 예수회의 언어로 선교 공동체의 인디오들과 아마존 전역의 일반인들 사이에서 널리 사용된 언어〕을 할 줄 모르고 조금이라도 턱에 수염을 기르는 것은 얼굴에 털 한 오라기도 갖지 않은 카바누들의 손에 죽임을 당하는 범죄였다.'는 말을 들었다. (원주민들은 원래 털이 없거나 수염을 기르지 않기 때문이었다.)

젊은 미국 감리교 선교사 대니얼 키더는 카바나젱 반란을 '공포의 지배'로 묘사했다. '하지만 오래지 않아 그것은 고요가 지배하는 시대가 되었다. 반란자들은 무질서와 혼란에 빠져들었고 서로 간에 암살이 잦아졌다. 상업은 실질적으로 붕괴했고 도시는 급속도로 야생으로 되돌아갔다. 커다란 풀이 거리에서 자랐고 집은 빠르게 허물어졌다. 주 전체의 상태가 유사했다. 무질서가 이 방대한 영역에 만연했다. 무법과 폭력이 시대 풍조가 되었다.' 아마존 중류 오비두스에서 이 시기를 온전히 경험한 한 노부인은 쓸쓸하게 회고했다. '뭔가를 원했지만 아무도 그게 뭔지 몰랐고 심지어 자신들조차 뭘 원하지는 몰랐던 그 사람들 때문에 우리가 얼마나 고통을 겪었는지! 카바나젱은 신이 우리에게 내린 천벌이었다. 내가 태어난 곳을 쑥대밭으로 만든 역병이었다. 모두가 고통을 겪었다.' 미국인 지질학자 허버트 스미스는 한참 후에 이렇게 썼다. '그보다 더 무시무시한 내전은 기록된 적이 없다. …… 이웃과 이웃이 맞선, 당파들 간 투쟁이자 거리의 학살이자 숲과 습지를 넘나드는 추격이었다. …… 당파의 신조를 버리지 않았다는 이유로 수십 명씩 총살되었다. …… 사람들은 성미가 급했다. 정치적 갈등의 흥분에 휩쓸려 그들은 멀쩡한 정신일 때는 감히 상상도 못할 행동을 저질렀다. 인디오들과 흑인들은 그들의 지도자의 뒤를 따라 들고 일어났지만, 무지했기 때문에 흔히 그들의 지도자들보다 더 잔인했다.'

1842년 (미래의 '철혈 재상' 오토 폰 비스마르크 백작을 부관 중 한 명으로 대동하고) 싱구 강 상류를 탐험한 프로이센의 아달베르트 왕자는 카바나젱 반란을 '공포와 무질서의 지배'라고 비난했다. 그는 반란이 일어난 원인을 알았다. '이러한 혼란은 백인들이 처음부터 불쌍한 원주민들에게 끊임없이 자행한 압제의 산물이었고 브라질의 어느 지역도 여기보다 압제가 심하지는 않았다.' 거의 모든 브라질 역사가들이 이러한 판단에 동의한다.

1836년 제국 정부는 새로운 주 장관이자 사령관인 프란시스쿠 주제 드 소자 소아르스 드 안드레아(혹은 안드레이아) 휘하에 3천5백 명 병력의 강력한 군대를 파견했다. 그는 무자비하게 효율적이었다. 벨렝 근처 섬에 위치한 카바누 부대들은 파괴되었고 도시는 봉쇄되었다. 안젤링 대통령은 사면과 더불어 반란자들이 상부 아마존으로 물러가도록 허락해줄 것을 요청했다. 안드레아는 거부했다. 카바누들은 싸워서 벨렝에서 빠져나갈 길을 트려고 했지만 화약이 없었고 1836년 5월 중순이 되자 완전히 부서지고 더러운 도시는 다시 정부의 통제 아래 들어왔다. 한 영국 해군 함장은 '보급품과 화약이 전무한 반란자들은 〔5월〕 12일 저녁에 도시를 떠났다. …… 사법 당국은 총 한 발 쏘지 않고 도시를 장악했다. 인디오들은 도시를 떠나기 전에 모든 것을 파괴했고, 불까지 지르려 했지만 다행스럽게도 건물들이 불에 타지 않아 실패했다.'

　　제국의 새로운 주 장관 안드레아는 그가 직면한 상황에 대해 충격적 어조로 보고를 올렸다. 카바나젱 반란은 '야만주의가 그곳 문명 전체를 단숨에 집어삼킬 듯했던 소름끼치는 혁명이었다.' 카메타 시와 마카파 요새, 싱구 강의 몇몇 마을을 제외하고 '이 드넓은 주에서 불한당들의 사나운 분노를 피해간 곳은 없었다. 대부분의 제당소와 파젠다는 파괴되었고 그곳의 노예들은 죽임을 당하거나 뿔뿔이 흩어졌다. …… 백인을 한 명도 살려두지 않은 구역도 있었다.' 소는 도살되고 식량 저장소는 거덜이 났다. '죽이거나 훔쳐갈 만한 것이 있는 백인이나 부자가 있는 곳이면 누군가 즉시 나타나 그렇게 했다. …… 어떤 경우 그들은 집주인의 아내와 자식들을 붙잡아 그들이 가족의 시체 주변을 돌면서 웃거나 춤을 추게 시켰다.' 이 참상에 설상가상으로 안드레아 장관은 '말라리아 열병이 창궐하여 좀체 수그러들지 않고, 천연두가 유행해 모든 것을 집어삼키고 있다.'고 보고했다. 안드레아가 종두 접종에도 말을 듣지 않는다고 말한 것으로 보아 이것은 홍역이었던 것 같다.

　　안드레아는 병사들을 아홉 부대로 나눠서 반란군을 소탕하도록 아마존 전역으로 보냈다. 한 부대는 벨렝에서 남쪽으로 500킬로미터 정도 떨어진 아카라 강에 있는 기지까지 에두아르두 안젤링 대통령을 추격했다. 1836년 7월에 한 영국군 장교는 이렇게 썼다. '모든 이야기들이 인디오들이 뿔뿔이 흩어졌고 그들의 세력이 완전히 꺾였다는 데 일치한다. 그들에게는 화약이 전혀 없기 때문이다. 벨기에와 브라질 주력 부대들이 아마존 전역에 흩어져 있는데 그들은 붙잡은 적 다수를 총살해서 포로를 거의 데려오지 않는다.'

안드레아 장군은 냉담한 말투로 '법이 범죄자를 보호하는 형식적 절차는 잠시 접어두어야 한다. …… 혁명가들은 …… 현존하는 법과 개인의 자유에 관한 모든 규정에 반하여 일제히 투옥되었다.'고 인정했다. 그는 민병대를 조직했지만 '교육을 잘 받고 고귀한 뜻을 품은 사람'들만 입대시켰다. 그는 '어느 구역에든 타당한 동기 없이 나타난 유색인은 즉시 체포되고 당국에 보내져 처분을 받을 것'이라고 공포했다. 또 누구든 '유용한 작업에 정규 고용되지 않은 사람은 정부 산하의 공장으로 보내지거나 그를 원하는 개인에게 고용될 것이다.' 게으르거나 '마땅한' 사람은 해군 병기창이나 무장 경비 아래서 황무지를 개간하는 곳에 끌려가 무임금 노동을 해야 했다. 최악이었던 노예제와 강제 노동의 시절로 복귀한 셈이었다. 진짜 범죄자든 단순한 혐의자든 가리지 않고 모두가 감금되었다. 안드레아 장관은 '340명의 죄수가 코르벳함 데펜소라호에 수감되어 문자 그대로 지옥을 체험하고 있다. …… 그들은 거기서 숨 쉴 공기가 부족해 질식해 죽든지 아니면 병에 걸려 병원에서 비참한 나날을 보내다 생을 마감할 것이다.'라고 썼다. 선교사인 대니얼 키더도 대체로 동의했다. 그는 안드레아가 '계엄령을 선포했고 단호하고 엄한 조치로 이 지방에 질서를 회복하는 데 성공했다.'고 썼다. '하지만 여기에는 많은 피와 목숨의 대가가 따랐다. 그는 반란자들과 죄수들에 대한 처우에서 폭정과 비인간성으로 비난받았지만 사태가 워낙 긴박하다 보니 참작의

아마존Amazon

여지가 있다.' 그러나 아달베르트 왕자와 마찬가지로 키더 역시 카바나젱 반란이 누구 탓인지 알고 있었다. '우리는 포르투갈인들이 처음 파라를 식민화할 때부터 천대받는 인디오들에게 자행한 폭력과 만행의 소산을 보았을 뿐이다.'

　　멀리 네그루 강 상류와 그 지류인 브랑쿠 강에서는 암브로시우 페드루 아이르스라는 정부 관리가 토마르에서 카바누들을 무찔렀다. 이 마을은 예전에 바라로아라는 선교 마을이기 때문에, 승리자는 이 승전지의 옛 이름 바라로아를 자신의 별명으로 삼았다. 바라로아는 이 강들(네그루 강과 브랑쿠 강)에서 반란자들을 소탕하고자 군대를 이끌고 진격했다. 그는 1836년 말에 바하(마나우스)를 탈환했고, 카바누 아폴리나리우 마파라주바가 이끄는 반격에 맞서서는 도시를 수성했다. 그는 뒤이어 마파라주바의 본거지 이쿠이피랑가를 강습했고 마데이라 강변의 도시들을 탈환하려고 시도했다. 바라로아는 유능한 지휘관이었지만 '오로지 자신의 야수적 본능을 충족하기 위해 아무런 처벌도 받지 않은 채 법의 이름으로 가장 야만적이고 비인간적이고 식인적인 범죄를 자행하는' 정신병자였다. 그는 체계적으로 포로들을 학살하고, 탈환한 도시들을 유린했다. 그는 특히 인디오들을 혐오해서 무라족과 마웨족 그리고 카바누들을 도운 전사들이 속한 다른 부족들에게 매우 잔혹했다.

　　고립된 반란 잔당을 진압하는 일은 아마존 전역에서 1837년 내내 그리고 1838년 상당 기간 동안 계속되었다. 1838년 8월 바라로아는 130명의 군인과 신체 건장한 마나우스 시민들로 구성된 부대를 이끌고 아우타제스 호수로 갔다. 마데이라 강이 아마존 강에 합류하는 혓바닥처럼 튀어나온 숲속에 철마다 침수되는 석호와 습지가 미로처럼 얽힌 곳이었다. 아우타제스 호수는 한때 사나웠지만 50년 전 포르투갈인들과 화평을 맺은 무라족의 고향이었고 반란자들에게 완벽한 근거지이자 피난처였다. 그런데 갑자기 무슨 이유에서인지 바라로아는 이 수상 미로의 부대를 철수하여 마나우스로 복귀하려고 했다. 그의 배가 숲이 우거진 좁은 수로를 지나가려고 할 때 그는 무라족 다수가 탄 일곱 척의 카누의 공격을 받았다. 그는 분전했지만 열세였고 결국 죽임을 당했다. 무라족은 그들의 잔인했던 적수를 고문해 죽였다고 한다. 안드레아 장관은 이렇게 평가했다. '이번에 희생된 자처럼 용감하고 능력이 뛰어나며 영리한 사람을 또 찾기도 힘들 것이다.' 그러나 마나우스 사람들은 자신들을 버리고 간 지도자에 대해 그렇게 동정하지 않았고 카바누들은 환호작약했다.

카바나젱 반란에 관한 최초의 위대한 역사가는 도밍구스 하이울로, 그의 아버지가 카바누들에게 살해당한 사람이었다. 그러나 하이울은 안드레아 장군의 잔인성에 질색했다. '이른바 원정대들의 수중에 떨어진 사람들이 겪은 고난을 누가 짐작할 수 있으랴! 사람들은 카바누들의 만행에 대해서만 이야기하고 법 집행관을 자처하는 이들의 흉악함에 대해서는 잊어버린다.' 하이울은 카바누들의 귀를 꿰어 만든 '묵주'를 목에 걸고 카누에 가득 실린 사람들을 익사시키고 포로들을 집단 총살하고 여타 '여봐란 듯이' 만행을 저지른 지휘관들을 언급했다. '흑색 선동의 맹위와 정부 특사들의 대응에 3만 명이 넘는 사람들이 희생된 것으로 추정된다. 진압은 인종 증오로 변질되었고 …… 학살이 만연했으며 그 대부분은 기록되지 않았다.'

상황은 1839년 새로운 장관 베르나르두 드 소자 프랑쿠가 부임하면서 나아졌다. 그는 전임자의 지난 3년에 걸친 '공포 정치'를 마

아마존Amazon

감했다. 그는 '부당한 대우를 받은 불우한 이들'의 불만을 이해했다. '불만의 이유는 그들에게 지워진 강제 노동과 계엄 상황, 많은 제약과 억압 속에서 쉽게 찾을 수 있다. 이런 것들은 언제나 반대자들과 내란을 수반하는 법이다.' 소자 프랑쿠는 '방대한 지역을 아울러야 함을 고려할 때 온건한 유화책도 동시에 사용하지 않으면 이 전쟁을 끝내기 어렵다'고 판단했다. 따라서 그는 남은 카바누들에게 특별 사면과 일반 사면을 내렸다. 1840년 3월 수백 명의 카바누들이 마우에스 강과 다른 숲의 은신처에서 총과 활, 화살을 내려놓고 항복했다.

소자 프랑쿠 장관은 자신이 통치하는 방대한 지역의 인구를 추산하려고 했다. 그는 10만에서 12만 명이 파라 지구에 살고 있으며, 그 가운데 대략 3만 명이 인디오와 흑인 노예들이고 절반은 21세 이하의 미성년자이며 1만 3천 명은 벨렝 시에 산다고 추정했다. 그의 대략적인 추정치에 따르면 하부 아마존에는 3만에서 4만 명이, 상부 아마존(솔리몽이스 강과 네그루 강 유역의 분지)에는 적어도 2만 7천 명이 거주했다. 여기에 아직 유럽인들과 접촉하지 않은 '유목민' 부족을 추가해야 했는데 그들은 10만에서 20만 사이일 수도 있었다. 그러나 그는 독자들에게 반란이 남긴 참화도 상기시켰다. '여러분이 남자와 여자들이 서 있는 줄을 보면, 남자보다 여자의 수가 훨씬 많다는 것을 알게 될 것이다. 여러분은 이 지방이 겪은 엄청난 남성 인구의 손실을 증명하는 하나의 사례를 보고 있는 것이다.' 브라질 아마존은 완전히 파괴되었다. 애초부터 인구가 빈약했는데 카바나젱 반란을 거치면서 그중 5분의 1이 사망했다. 이 추악한 갈등에서 특권층과 노동 계층의 사망자 수는 거의 같았다.

인력 부족은 두 가지 결과를 낳았다. 한편으로 백인 고용주들은 일손이 절실했다. 젊은 미국인 여행가 윌리엄 에드워즈는 1840년 산타렘 인근에서 노동자 부족이 가장 심각하다고 불평했다. '노예는 거의 없고 인디오들은 붙잡기 힘들었다. …… 탈주가 아주 흔하고 성가신 일이라 당국으로부터 아무런 자비도 구할 수 없다.' 1854년까지도 미국인 해군 대위 윌리엄 헌던은 '기독교 세례를 받은 파라 지방의 모든 인디오들은 …… 과르다 폴리시알*의 병사나 "노동자단Bodies of Laborers"의 일원으로 등록되어 국가 밑에서 일해야 했다.' 상인들, 여행가들, 숲의 채집 원정대의 대장들은 모두 이 코르포 드 트라발라도르스Corpo de Trabalhadores 강제 징용대에서 일꾼을 구했다. 이 체제에는 적절한 관리가 부재했기에 '그들 대부분은 …… 사실상 개인 사유의 노예가 되었다.' 같은 해에 영국인 자연학자 헨리 월터 베이츠는 노예 습격이 지속되고 있다고 언급했다. '이런 종류의 노예 거래는 브라질 법으로 금지되었지만 당국에 의해 묵인되는데 그런 관행이 없다면 하인을 구할 길이 없기 때문이다.'

그러나 심각한 노동력 부족 덕분에 개인들은 얼마간의 협상력과 자유를 확보할 수 있었다. 세 인종, 즉 원주민, 백인, 흑인 간 통혼이 이뤄졌고, 이를 통해 카보클루caboclo라는 강인한 인종 집단이 생겨났다. 카보클루는 원래 경멸적인 표현이었지만 점차 모종의 위신을 갖는 말이 되었다. 카보클루는 아마존의 숲과 강에서 생존하는 법을 터득한 변경 사람들이었다. 그들은 제이투jeito(영리하고 슬기롭고 재주가 많다는 뜻의 멋진 브라질어)가 있었다. 그들은 미국 서부 시대로 치자면 영민하고 약삭빠른 '노회한 수완가들old-timers'에 대응되는 사람들

---

* 치안대를 의미함.

아마존Amazon

이었다. 카보클루는 카바나젱 반란의 말단 병사들이었다. 반란이 종식되자 대부분은 퐁발의 감독관들의 후임자들에 의해 괴롭힘을 당하거나 징용되는 것을 피하고자 도시와 마을에서 도망쳐 나왔다. 그들은 가족을 데리고 강둑에 위치한 고립된 농가로 갔고 그곳에서 핍박을 받지 않고 물고기를 잡고 사냥을 하고 작은 개간지를 꾸릴 수 있었다. 그들은 히베이리뉴^{ribeirinho}, 다시 말해 아마존의 토착 동식물로 자급자족하며 원주민들의 기술을 이용해 살아가는 강둑사람들이 되었다.

19세기 중반 서구인의
아마존 전망

유럽인들이 아마존에 정착하고 처음 250년간은 인간의 인간에 대한 비인간성의 시대였다. 유럽인들과 그들이 들여온 질병은 한때 이 거대한 강과 접근 가능한 지류들을 따라 번성한 부족들을 파괴했다. 이 식민 침공이 남긴 것은 거의 없었다. 벨렝 두 파라 시(시 인구는 1820년 2만 4천 명에서 30년 후 1만 5천 명으로 줄어들었다)와 몇몇 석조 요새, 한때 선교 공동체였던 마을 스무 곳 정도가 남아 있을 뿐이었다. 이 외딴 정착촌이라는 것도 소용돌이치는 갈색 강물을 내려다보는 데 자리한, 회칠을 하고 붉은 기와를 덮거나 이엉을 얹은 낮은 건물들과 첨탑 두 개가 솟은 교회 그리고 원주민을 위한 오두막이 늘어선 몇몇 거리에 불과했다. 도시와 도시 사이로는 사람이 살지 않는 숲이 수천 킬로미터에 걸쳐 펼쳐져 있었다.

식민지인들에 대해 가장 좋게 말할 수 있는 것이라면 그나마 그들이 숲과 강에 별 다른 피해를 입히지 않았다는 것이었다. 식민지인들의 개간 농장과 카카오 플랜테이션은 드넓은 아마존 우림에서 극히 미미한 자투리에 불과했다. 유일하게 환경에 지속적 영향을 미친 파국은 민물 거북이들의 멸종이었다. 1870년대까지도 철도 기술자 에드워드 매튜스는 이 파충류의 대규모 짝짓기를 구경할 수 있었다. '이곳 물가에서 6~7마일〔10킬로미터〕밖 눈길이 닿는 곳까지 끝없는 거북이의 행렬로 뒤덮여 있다. 한 줄마다 여덟 마리나 열 마리가 있는데 틀림없이 수천 마리가 모여 만든 장관이다.' 등껍질이 부딪히는 소리가 몇 킬로미터 밖까지 들렸으리라. 사람들은 이 멋진 동물을 쉴 새 없이 마구잡이로 학살했다. 19세기 내내 1백만에서 5백만 개의 거북이 알이 매년 파괴되었다. 거북이 알에 풍부한 기름은 요리를 하고 부잣집의 샹들리에나 카보클루의 등잔을 밝히는 데 쓰였다. 20세기가 되자 포도크네미스*Podocnemis*종*은 멸종 위기종이 되었다.

놀랍게도 산업 국가들도 이 험난한 지형에 관심을 보였다. 그들은 울창한 열대 식생을 온대 농경과 동일시하는 잘못을 저질렀다. 그들은 활기찬 유럽 개척자들이 북아메리카를 열어젖히고 있던 것과 마찬가지로 아마존 지역을 탈바꿈시킬 수 있다고 생각했다. 1800년 훔볼트는 아마존 강둑에 근대 문명이 들어서는 모습을 상상했다. 20년 후 그의 동포인 슈픽스와 마르티우스 역시 공상에 잠겼다. '얼마나 경이로운 전망이 눈앞에 펼쳐지는가? 언젠가는 장엄하게 흐르는 강

---

*남아메리카산 민물 거북이 종으로 6가지 아종이 있다.

아마존Amazon

물 양 옆의 강둑에 번화한 도시가 들어설 테고 …… 드넓은 대로가 …… 태평양 연안과 대서양 연안을 이으리라. …… 카시키아레 강 옆 애수에 잠긴 텅 빈 숲에 오리노코 강에서 아마존 강까지 여행하는 선원들의 외침이 메아리치고 …… 이내 그들은 번잡한 라플라타 강에 무사히 모습을 드러내게 되리라!' 몇 년 후 영국 해군 장교 헨리 리스터 모는 일단 증기선 운항이 아마존 강에 도입되면 '이 고장은 더 이상 알아볼 수 없게 변할 것'이라고 예측했다.

19세기 중반 미국은 더욱 야심만만해졌다. 일류 수로학자이자 해양학자인 매튜 폰테인 모리 대위는 1853년 브라질 아마존 수계와 대서양 수계에 관한 연구서를 출간했다. 그는 풍향과 조류 때문에 리우데자네이루보다 플로리다에서 아마존으로 항해하는 것이 더 쉬우며 따라서 아마존 강은 '미시시피 유역의 연장에 불과'하다고 주장했다. 그는 아마존 지역이 제2의 에덴이 될 잠재력이 있다고 확신했다. 물론 '멍청하고 나태한 인종이 아니라 숲을 정복하고 …… 그 속에 감춰진 방대한 자원을 개발할 역량을 갖춘, 에너지와 모험심이 풍부한 진취적인 인종'이 그곳을 차지한다면 말이다. 모리는 미국 정부에 '아마존 탐험대'를 파견할 것을 촉구했다. 해군 대위 윌리엄 루이스 헌던과 라드너 기번은 그곳의 잠재성을 보고하라는 비밀 지령을 받고 아마존 강을 일주했다. 그들은 아주 신이 났다. '현재 지구상의 인구보다 더 많은 인구를 유지할 수 있도록 자연이 주는 모든 것을 생산하는 혹은 생산하도록 만들 수 있는 강가가 이곳에 있다. …… 이제 이 강물들의 강둑에 활동적이고 근면한 사람들이 정착한다고 생각해 보자. 그러한 고장에 철도와 증기선, 쟁기와 도끼, 괭이를 도입한다고 생각해 보자. 이곳이 대규모 사유지로 분할되어 가능한 모든 것을 일체 생산할 수 있도록 노예 노동으로 경작된다고 생각해 보자.
…… 지구상의 어느 곳도 여기보다 조건이 더 유리한 곳은 없으며,
잠들어 있던 그곳의 상업 활동이 일단 기지개를 켜면, 고대 바빌론과
현대 런던의 권력과 부, 위엄은 오리노코 강과 아마존 강, 라플라타
강 유역에 자리를 내줘야 할 것이다.' 헌던과 기번의 책은 베스트셀
러였다. 열성적인 독자 가운데에는 '아마존 강으로 가서 …… 한 밑
천을 잡고 싶은 열망에 불타오른' 새뮤얼 클레멘스(마크 트웨인)도 있
었다.

해군 장교들만이 아마존 강의 풍부한 생산성을 오해한 관측통
들은 아니었다. 영국의 자연학자 앨프리드 러셀 월리스도 '겨울에도
농사를 쉬지 않는 고장'에 홀딱 넘어갔다. '나는 이곳에서 원시의 숲
이 풍요로운 목초지와 각종 농산물을 생산하는 밭과 정원, 과수원으
로 개간될 수 있다고 자신 있게 주장한다.' 월리스의 친구 헨리 베이
츠는 더 신중했다. 그는 아마존의 식생이 만만치 않을 수도 있다고
생각했다. 그러나 그는 자연환경을 제대로 이용하지 못한 것을 현지
주민들 탓으로 돌렸다. '이것은 적성 부족의 문제다. 다른 인종들이
라면 …… 아직 아무도 차지하지 않은 이 풍요로운 영역을 이용하는
데 더 적임자였을 것이다.'

모리 대위는 '가능하면 평화롭게, 필요하다면 강제로라도' 아
마존이 외국 선박에 문호를 개방하게 조치하라고 미국 정부에 촉구
했다. 치열한 외교적 대결이 십 년간 지속되었다. 결국 상업 제국주
의가 원하는 바를 손에 넣었다. 1867년 브라질 제국은 자유항이 자신
들에게 이득이 된다고 판단해 아마존 강을 국제 상선 운항에 자유롭
게 개방된 세계에서 유일한 강으로 만들었다.

이 지역의 잠재력에 대한 이러한 이상 열기에는 안타까운 뒷이야기가 있었다. 랜스퍼드 워렌 헤이스팅스라는 모험가는 파라 주 정부로부터 산타렝 근처에 대규모 토지사용권을 얻었다. 남북전쟁이 끝난 후 그는 열성적인 남부연맹 지지자 3백 명을 설득해 그곳에 정착시켰다. 이를 두고 브라질 일각에서는 미국이 과거 멕시코로부터 캘리포니아를 합병한 것처럼 사람이 별로 살지 않는 아마존 지역도 합병하려 들지 않을까 걱정했다. 그러나 다시 반복되는 이야기지만, 이 '진취적 인종' 출신의 개척자들 역시 열대 우림 지대의 문제들을 감당할 수 없었다. 헤이스팅스의 식민지는 참담하게 실패했고 살아남은 미국인들은 꼬리를 내린 채 돌아왔다. 바로 이 불운한 정착지에서 타파조스 족장사회가 한때 번성했다는 것과, 70년 후 헨리 포드가 똑같은 지역에서 그의 일생 최악의 재정적 참사를 겪게 된다는 것은 아이러니다.

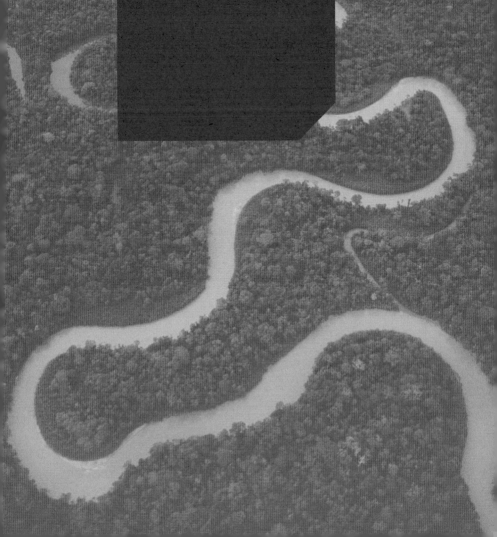

AMAZON

| 5장 |

자연학자의
낙원

1800년 독일인 젊은이 알렉산더 폰 훔볼트 남작과 그의 친구인 프랑스인 에메 봉플랑은 카리브 해에서 아마존 분지의 북쪽 변두리로 갔다. 훔볼트는 최초로 남아메리카의 경이로운 자연을 묘사한 위대한 과학자로 추앙받는다.

알렉산더 폰 훔볼트와
에메 봉플랑

그는 최후의 진정한 박학가라고 할 수 있었다. 다시 말해 그때까지 축적된 인간 지식의 거의 대부분을 알았던 마지막 사람이라고들 한다. 돛과 노의 도움을 받아 오리노코 강을 일주하면서 두 석학은 그곳의 지질과 동식물군에 감탄했다. 그들은 특히 큰부리새와 마코앵무새

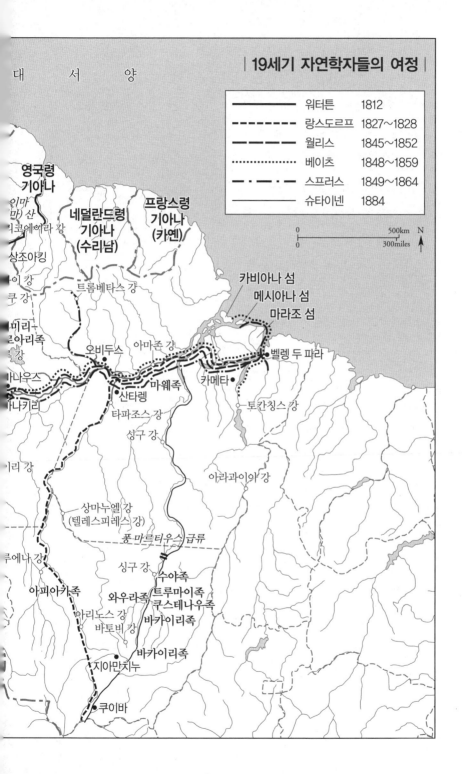

대　서　양

19세기 자연학자들의 여정

———————	워터튼	1812
– – – – – –	랑스도르프	1827~1828
— — — —	월리스	1845~1852
·············	베이츠	1848~1859
–·–·–·–·–	스프러스	1849~1864
———————	슈타이넨	1884

0 ——— 500km　N
0 ——— 300miles

영국령
기아나

이마
(마) 산

리코에에라 강

상조아킹

이 강

쿠 강

미리
로아리족

강

바나우스

바나키리

네덜란드령
기아나
(수리남)

프랑스령
기아나
(카옌)

카비아나 섬
메시아나 섬
마라조 섬

트롬베타스 강

오비두스

아마존 강

벨렘 두 파라

마웨족

산타렘

카메타

타파조스 강

싱구 강

토칸칭스 강

리 강

아라과이아 강

상마누엘 강
(텔레스피레스 강)

퐁 마르티우스 급류

루에나 강

싱구 강

수야족

아피아카족

와우라족

트루마이족
쿠스테나우족

아리노스 강

바토비 강

바카이리족

바카이리족

지아만치누

쿠이바

그리고 다른 여러 새들을 보며 기뻐했다. 그들은 자신들이 겪은 몇몇 위험도 언급했다. 두 사람은 전기 '뱀장어'(김노투스 엘렉트리쿠스 *Gymnotus electricus*, 초록색을 띠며 길쭉하고 미끌미끌한 잉어 비슷한 물고기)가 우글거리는 연못에 노새와 말을 몰았다가 그 물고기들이 말에 몸을 비비며 말의 장기에 650볼트짜리 전기 충격을 가하는 것을 보고 기겁했다. 광분한 말들은 눈알이 불룩 튀어나오고 갈기가 쭈뼛쭈뼛 곧추선 채로 순간적으로 기절하여 하마터면 물에 빠져 죽을 뻔했다. 그러나 두 과학자는 독사(온기를 좋아해서 자고 있는 사람의 품안에 슬며시 들어올 수도 있다)와 재규어(이야기는 종종 들었지만 보지는 못했다)의 위험성은 심각하게 취급하지 않았다. 다만 두 사람은 모기와 흑파리 떼가 골치라고 자주 투덜거렸다.

홈볼트는 거북이들이 알을 낳으러 오는 한 물가에서 프란체스코회 선교사들의 지시를 받은 수백 명의 인디오들이 거북이 알이 묻힌 구덩이를 하나도 남김없이 파헤치는 모습에 눈을 떼지 못한 채 경악했다. 예수회원들이 운영을 맡고 있었을 때는 그러한 강변마다 알의 절반은 그대로 놔둠으로써 어설프게나마 자연 보호가 가능했다. 그러나 예수회 신부들이 축출된 이후로는 마지막 남은 한 알까지 마구잡이로 채취하는 사태가 벌어졌다. 홈볼트는 오리노코 강 하류의 이러한 모래강변에서 거북이 기름이 커다란 단지로 매년 5천 통씩 수확된다는 말을 들었다. 그는 이러한 수확량을 내기 위해서 33만 마리의 암컷 거북이들이 낳은 대략 3천3백만 개의 알이 파괴되리라고 추산했다. 그 수치는 오리노코 강의 거북이 개체 수의 3분의 1에 해당했다. 이 수치를 바탕으로 아마존 유역 전체의 수치를 추정해 보면, 수만 통의 거북이 기름이 매년 수출되었다는 기록에서 알 수 있듯이 전체 거북이 기름 채취량은 가히 충격적인 수준이었다.

훔볼트의 목표 가운데 하나는 카시키아레 자연 운하, 즉 오리노코 강 상류와 아마존의 수계를 잇는 놀라운 강을 보는 것이었다. 이곳의 지형은 매우 평탄해서 오리노코 강의 일부가 남서쪽으로 흘러가 원류와 다시 만나지 않는다. 그 대신 300킬로미터를 구불구불 흘러간 후 네그루 강의 수원과 만나고, 더 흘러가서는 아마존 강에 합류한다. 이러한 강물 간의 연결은 인디오들에게는 항상 알려져 있었고 유럽인들은 70년 전부터 알게 되었다.

훔볼트는 카시키아레 주변을 한 달 동안 여행하면서 두 군데의 프란체스코회 선교 공동체 주변에서를 제외하고는 사람을 전혀 구경하지 못했다. 그는 장엄한 자연과 그 속에서 대비되는 인간의 하찮음에 경외감을 느꼈다. '머나먼 과거를 가리키는 기념물도 없이, 사람이 살지 않는 숲으로 뒤덮인 카시키아레 강둑에 서 있노라면 …… 인간이 자연의 질서에 없어서는 안 될 존재가 아닐지도 모른다는 생각이 든다. 땅에는 식물이 무성하게 자라며 어느 것도 그것들의 자유로운 생장을 방해하지 않는다. …… 악어와 보아뱀은 강의 주인이다. 재규어와 페커리, 맥, 원숭이는 아무런 위험이나 두려움 없이 숲에서 자유롭게 노닌다. …… 고대의 유적에서처럼 …… 여기, 영원한 신록으로 물든 비옥한 땅에서 우리는 헛되이 인간의 힘의 흔적을 찾으려 한다.' 두 사람은 한번은 '야자수 숲에서 잠을 잤다. 폭우가 쏟아졌지만, 포토스와 아룸*, 그리고 리아나 등이 얽히고설켜 아

---

* 포토스(pothos)와 아룸(arum)은 둘 다 천남성과 식물인 열대산 칡이다.

주 두터운 자연적 격자 구조물을 만들어놨기 때문에, 우리는 그 울창한 잎 천장 아래서 비바람을 피할 수 있었다. 강 가장자리에 해먹을 설치한 인디오들은 헬리코니아*heliconia*와 다른 파초과 식물*musaceae*을 서로 엮어서 일종의 지붕을 만들었다. 우리가 피운 모닥불의 불길은 50~60피트까지 치솟으며 야자수와 꽃으로 가득한 리아나와 하늘을 향해 곧게 피어오르는 하얀 연기 기둥을 환하게 밝혔다. 이 모든 것이 어울려 근사한 장관을 연출해냈다. 하지만 훔볼트는 이 멋진 그림을 산산조각 낸다. '공기 중에 날벌레들만 우글거리지 않았어도 그 장관을 제대로 만끽할 수 있었을 텐데.'

네그루 강 상부의 짧은 구역 일부를 제외하면 훔볼트는 아마존 분지에는 진입하지 않았다. 에스파냐 국경 요새인 산 카를로스 데 리오 네그로에서 그는 정치적인 이유 때문에 국경을 넘어 포르투갈령 브라질로 들어가기 힘들 거라는 경고를 받았다. 훔볼트의 이렇게 적었다. '내가 네그루 강의 선교 공동체들을 방문하고 두 거대한 강의 수계를 연결하는 자연 운하를 조사할 예정이라는 것이 브라질에 알려졌다. 저 버려진 숲에서 …… 포르투갈 정부 관계자들은 정신이 제대로 박힌 사람이 "자기 땅도 아닌 곳을 측량하기 위해" 긴 여행의 피로를 감수할 수도 있다는 생각을 꿈에도 하지 못했다. 나를 체포하고 나의 기구들, 무엇보다도 국가 안보에 큰 위험이 되는 천체 관측 기록을 압수하라는 명령이 내려왔다.' 당시 훔볼트는 몰랐지만 포르투갈 당국은 훔볼트의 정치적 불온성도 의심하고 있었다. 따라서 식민지 정부는 '나라의 분위기가 매우 험악하고 다루기 힘든 이때에 이곳의 충성스러운 신민들에게 새로운 사상과 위험한 원리들을 유포할 계획을 감추고 있을지도 모르는 외국인으로서' 이 독일 과학자의 입국을 일체 거부했다. 이 피해망상적인 칙령이 벨렝에서 멀리 네그루 강 상부 강둑의 자그마한 수비대까지 3,000킬로미터의 강물을 거슬러 가 전달되었다는 것이 놀라울 뿐이다. 오늘날까지도 변경의 그 마라비타나스 전초기지는 네그루 강기슭을 따라 끝없이 이어지는 숲에 박힌 작은 점 하나에 불과하다. 훔볼트와 봉플랑은 오리노코 강을 따라 그들의 힘겨운 여정을 되짚어가는 수밖에 없었다. 그들은 다시 안데스 산맥을 따라 페루로, 그다음은 북쪽의 멕시코로, 에스파냐 식민지에서 여행을 이어나갔다.

슈픽스와
마르티우스

앞서 본 대로 나폴레옹의 이베리아 반도 침공은 남아메리카 전역에 독립운동을 촉발했다. 또 유럽의 지식인들에게 남아메리카 대륙의 문호가 개방되는 결과도 낳았다. 1807년, 후줄근한 프랑스 군대가 아무런 반격도 받지 않고 리스본으로 행군하는 동안 섭정 왕세자 동 주앙은 포르투갈 왕가와 더불어 브라질로 도망쳤다. 포르투갈 궁정은 리우데자네이루에 거처를 마련했고 왕가의 브라질 체류는 13년간 지속된다. 1816년 나폴레옹 제정 이후 들어선 복고 왕정의 대사 뤽상부르 공작은 화가와 작가, 과학자들로 구성된 '프랑스 예술단French Artistic Mission'을 데려왔다. 이것은 브라질에 드리운 비밀의 장막에 틈새를 내는 첫 움직임이었다. 2년 후 왕위 후계자 동 페드루는 오스트리아 대공녀 레오폴디나와 결혼했고 레오폴디나도 석학 수행원들 한 무리를 데려왔다. 이 가운데는 바이에른 사람, 동물학자 요한 밥티스트 폰 슈픽스와 식물학자 카를 프리드리히 필립 폰 마르티우스도 있었다. 1743년에 있었던 콩다민의 허가받지 않은 아마존 일주를 제외한다면, 슈픽스와 마르티우스는 아마존 방문을 허락받은 최초의 외국인 과학자였다. 1819년과 1820년 사이 열 달간, 두 사람은 멀리 아마존 강과 솔리몽이스 강, 자푸라 강 하류, 네그루 강, 마데이라 강을 여행했다. 그들은 포유류 85종과 조류 350종, 양서류 130종, 어류 116종, 곤충 2,700종, 식물 6,500종이라는 어마어마한 컬렉션을 가져왔다. 마르티우스는 훔볼트가 그랬듯이 야자나무의 아름다움에 사로잡혔다. 그는 브라질 식물군Flora Brasiliase을 다룬 최초의 논문과 더불어 이 나무들에 대한 자연사를 서술했다. 슈픽스는 아마존 강의 물고기 수백 종을 열성적으로 수집했다. 이 자료들 대부분은 유럽인들에게 새로운 것이었다. 유럽인들은 이들의 성과를 통해 지구상에서 가장 풍요로운 생태계의 엄청난 생물 다양성을 처음으로 맛보기 시작했다.

　　슈픽스와 마르티우스는 정부로부터 브라질의 여러 부족들, 그들의 농사법과 약용 식물에 관해 관찰하라는 지시도 받았다. 유럽 '문명'에 비겨 이따금 원주민 부족들의 '후진성'에 비판적이긴 했지만 두 독일인은 식민 착취에 거의 노출되지 않은 부족들에 찬사를 보냈다. 앞서 본 대로 그들은 만연한 불법 노예사냥과 강제 노동, 다음 10년 안에 카바나젱 반란으로 폭발하게 될 잔학 행위들을 개탄했다. 그들은 원주민들이 이용하는 다양한 약제에도 주목했다. 아마존 중부의 마웨족은 과라나(파울리니아 쿠파나Paullinia cupana)라는 말린 열매를 갈아서 쓴맛이 나면서도 아주 맛이 좋아 예나 지금이나 아마존 전역에서 사랑받는 음료를 만들 수 있는 식물을 독차지하고 있었다. 과라나는 아마존 인디오들이 하루 종일 배고픔을 느끼지 않고 사냥하는 것을 가능케 하는 각성제였고 고열이나 두통, 경련을 다스릴 때도 이용되었다. 훗날 마르티우스는 원주민과 백인, 흑인종의 혼합은 영국에서 앵글로색슨인, 노르만인, 스칸디나비아인, 켈트인의 혼합처럼 이 열대 지방에도 영국인처럼 활력 넘치는 국민을 낳을 것이라고 주장한 논문으로 브라질의 어느 학회로부터 상을 받았다. 이 인종적인 헛소리는 당시 모국인 포르투갈과 차별되면서도 그보다 열등하지는 않은 국민 정체성을 찾고 있던 브라질 지식인들에게 호소력이 있었다.

찰스 워터튼
이야기

열대 숲을 찬미하는 글을 쓴 최초의 영국인은 찰스 워터튼이었는데 그는 영국 최초의 환경운동가이기도 했다. 요크셔 주 웨이크필드 근방 대토지의 지주였던 워터튼은 젊은 시절 집안의 사탕수수 플랜테이션을 경영하러 영국령 기아나로 갔다. 그는 1812년과 1826년 사이에 오지로 네 차례 여행을 했고, 이때의 경험을 『남아메리카 유랑 Wanderings in South America』이라는 베스트셀러에 담아 영국 독자들에게 아마존 자연의 찬란한 아름다움을 소개했다. 워터튼은 '가장 밝은 초록색부터 가장 진한 초록색을 거쳐 보라색까지 온갖 빛깔을 자랑하는 매력적인 잎사귀들로 무성한 고상한 나무들'을 보며 아주 기뻐했다. '일부는 가장 사랑스러운 빛깔을 띤 꽃이 꼭대기를 장식하고 있고 또 어떤 가지들은 주렁주렁 열린 씨앗과 열매를 이기지 못하고 휘어져 있다.' 그는 야생 무화과나무, 특히 숲 천장의 햇빛과 비를 찾아서 탐욕스럽게 하늘로 뻗어나가면서, 자기들을 지탱하는 숙주나무를 꽁꽁 휘감아 오르는 착생나무를 생생하게 묘사했다. 그는 리아나에 대해서도 설명했다. '나무꾼들이 무거운 목재를 끌고 갈 때 이용해서 덤불 밧줄이라고 부르는 이 덩굴은 숲에서 아주 독특한 모양새로 자란다. 때로는 사람 몸통만큼 굵은 덩굴이 마치 코르크 마개 따개처럼 커다란 나무를 휘감고 꼭대기까지 높이 솟아난다. 어떤 곳에서는 덩굴 서너 가닥이 마치 케이블 가닥처럼 꼬아지며, 나무와 나무, 가지와 가지를 하나로 합쳐버린다. 위에서 아래로 흘러내리는 덩굴은 끝이 땅에 닿는 대로 곧장 뿌리를 내리는데 꼭 전열함*의 주돛대를 지지하는 슈라우드**나 스테이*** 같다.'

한 여행에서 워터튼은 북부 브라질로 건너갔다. 그는 말라리아에 시달렸는데 '밤에는 춥고 세찬 바람이 불며, 폭우가 쏟아지고 구름이 끼어서 젖은 해먹을 말릴 해를 구경할 수 없었다. 밤낮으로 쌀쌀한 바람과 쏟아지는 소나기에 노출되다 보니 마침내 몸이 버티지 못하고 심한 고열이 나기 시작했다.' 브랑쿠 강 상부 브라질의 상조아킹 요새는 원래 외국인을 일체 받아들이지 않게 되어 있었다. 그러나 요새의 지휘관은 워터튼의 상태를 보고 '이방인을 받아들이지 말라는 명령은 아픈 영국인 신사에게까지 적용하라는 뜻이 아니다.'라고 말하며, 여행객을 자신의 요새로 초대해 회복될 때까지 간호했다.

---

* 포 74문을 탑재한 대형 전함.
** 돛대 끝에서 양 뱃전에 치는 밧줄.
*** 돛대를 고정시키는 굵은 밧줄.

아마존Amazon

찰스 워터튼은 새를 무척 좋아했다. 그는 눈처럼 새하얀 왜가리부터 무지갯빛 벌새에 이르기까지 여러 페이지에 걸쳐 새에 관해 썼다. 그는 특히 마코앵무새를 좋아했다. '위엄이 느껴지는 강한 힘과 불타오르는 새빨간 몸통, 빨강, 노랑, 파랑, 초록색이 아름답게 섞인 날개, 새빨간 깃털과 파란 깃털이 섞인 굉장히 긴 꼬리, 이 모든 것들이 합쳐져 자신이 모든 앵무새들의 황제라는 칭호를 요구하는 것 같다.' 그는 마코앵무새들이 시끄럽게 야자열매를 따먹은 다음 '일제히 석양을 향해 솟아올라 쌍쌍이 보금자리로 날아가는' 광경을 지켜보았다. '수천 마리의 아라라^Arara[마코]가 자신의 머리 위로, 그렇지만 그들의 타오르는 붉은 망토를 온전히 감상할 수 있을 만큼 낮게 날아가는 것을 보는 것은 조류학상의 대장관이다.' 그는 새를 보존하기 위해 자신이 개발한 새로운 박제 방법을 자랑스러워했고 그렇게 수집한 새 2백 종을 영국자연사 박물관으로 가져왔다.

워터튼은 열대우림이 적대적 환경이라는 생각을 타파한 최초의 사람이었다. 그는 아마존의 기후—너무 덥거나 너무 습할 때가 거의 없다—를 열심히 옹호했고 그곳에서 기분이 얼마나 날아갈 것 같은지에 대해 이야기했다. '매일 아침 …… 4월의 종달새처럼 상쾌한 기분으로 해먹에서 벌떡 일어나게 될 것이다.' 무엇보다도 그는 독자들에게 '위험과 고생이 있어도 사람들이 흔히 생각하는 수준의 절반도 안 된다.'는 말을 납득시키고 싶어 했다.

검은 카이만악어에 관한 워터튼의 모험은 그가 얼마나 괴짜인지를 보여주는 최고의 사례다. 그와 함께 여행한 마쿠시 인디오들은 나무 갈고리가 달린 밧줄 끝에 작은 쥐를 미끼로 매달아 강물에 대롱대롱 늘어뜨린 다음 뭔가 재미있는 일을 보여주려는 듯이 거북이 등

껍질을 세게 때렸다. '사실 이것은 인디오들이 카이만악어한테 저녁 식사를 알리는 종소리 같은 것이었다.' 얼마 지나지 않아 그들은 몸부림치는 거대한 파충류를 모래톱으로 끌어올리고 있었다. 그 카이만이 워터튼에게 아주 가까이 왔을 때 '나는 즉시 튀어 올라 그 녀석의 등에 올라탔는데 뛰어오르면서 몸을 반쯤 틀어 얼굴을 앞쪽으로 향하고 바로 앉을 수 있었다. 나는 곧장 그 녀석의 앞발을 붙든 다음 힘껏 등 쪽으로 비틀어 말 굴레처럼 이용했다. 카이만은 그제서야 처음의 충격에서 정신을 차려 자신이 적의 수중에 있다고 생각하는 듯했다. 그 녀석은 격렬하게 몸을 들썩이며 길고 강력한 꼬리로 세차게 모래를 후려치기 시작했다. …… 계속해서 몸을 흔들며 모래를 때려대서 등 위에 올라탄 나는 매우 불편했다. …… 사람들은 신이 나서 함성을 질렀다.' 워터튼은 카이만이 물속으로 들어가 자기를 익사시킬까봐 걱정이 되었다. 그래서 그는 사람들에게 그 악어를 모래 쪽으로 더 끌어당기라고 외쳤다. 그들은 악어를 40미터 정도 뭍 쪽으로 끌어당겨 주었다. '내가 카이만 등에 올라탄 것은 그때가 처음이자 마지막이었다. 내가 어떻게 떨어지지 않고 등에 계속 올라타 있을 수 있었냐고 묻는다면 이렇게 답하겠다. 달링턴 경의 여우 사냥개들과 몇 년간 사냥을 한 덕분이라고.'

찰스 워터튼은 다른 아마존 동물들과도 조우했다. 그는 달팽이를 좋아해서 한 마리를 몇 달간 애완용으로 키우기도 했다. 그는 야생에서 달팽이의 생태를 기록한 최초의 사람이었고, 그의 독자들에게 이 '무해하고 남을 해치지 않는 동물'을 죽이지 말아달라고 당부하기도 했다. 또 그는 흡혈박쥐가 희생자를 깨우지 않은 채 피를 빠는 것을 보았고, '팔을 움직이지 않고 가만가만 조심스럽게 움직이

아마존 Amazon

면' 공격하지 않을 거라 자신하며 맹독을 품고 있는 큰삼각머리독사와 장난을 치기도 했다. 불시에 어린 아나콘다와 마주쳤을 때는 즉시 그놈의 꼬리를 붙잡고 코에 한 방 먹였다. '나는 그놈이 내 몸을 칭칭 휘감게 내버려뒀다가 합법적인 전리품으로 챙겨서 의기양양하게 돌아왔다. 그놈이 나를 세게 압박했지만 걱정스러울 정도는 아니었다.'

그의 또 다른 커다란 관심사는 원주민 사냥꾼들이 쓰는 쿠라레 독이었다. 워터튼은 그 일부를 영국으로 가져와 런던의 왕립학회에서 동료 회원들이 지켜보는 가운데 여러 동물을 마비시키는 데 시험해보았다. 이 실험은 마취학의 역사에서 중요하다. 쿠라레를 맞은 고양이는 독 때문에 죽은 것처럼 보였지만, 몇 시간 동안 인공호흡 조치를 받은 후 깊은 잠에 빠진 상태가 되었고 이윽고 '깨어나 걸어 나갔다.' 노섬벌랜드 공작(수의 대학 학장) 소유의 암탕나귀도 다량의 쿠라레가 주입되어 분명 죽은 것 같았다. 그러나 슈얼 교수가 당나귀의 호흡기에 관을 연결해 두 시간 동안 풀무질로 공기를 집어넣자 '벌떡 일어나서 돌아다녔다. 불안해하거나 고통스러운 것 같지 않았다.' 공작은 나중에 그 당나귀를 워터튼에게 주었는데 그는 당나귀에게 우랄리아(쿠라레)라는 이름을 붙여 24년간 데리고 살았다.

워터튼은 갈수록 괴짜가 되었다. 그는 자신의 영지를 인공 토끼굴과 새 둥지로 가득한 야생 보호구역으로 탈바꿈시켰다. 그 자신은 허수아비처럼 차려입고 나무에 걸터앉아 있기를 좋아했다. 그는 굴뚝으로 유독한 화학 물질을 방출하는 인근의 비누 제조장 주인을 상대로 세계 최초로 환경오염에 관해 소송을 걸어 승소했다. 그는 당대의 여러 과학자들과 다퉜다. 그러나 나이가 지긋한 워터튼을 방문하고 난 후 찰스 다윈은 이렇게 썼다. '그는 재미나고 이상한 사람이다. 이른 저녁 식사 자리에는 두 명의 가톨릭 사제와 두 명의 물라토 여성이 함께 했다.' 찰스 워터튼은 영국 최초의 생태 전사였고 열대 숲을 진정으로 사랑한 최초의 영국인이었다.

게오르크 랑스도르프와 요한 나터러의 탐험
——

아마존 지역에서 다음 두 차례의 과학 원정대는 독일인과 오스트리아인이 이끌었다. 게오르크 랑스도르프는 의학을 공부했지만 러시아의 세계 일주 프로젝트에서 자연학자로 자리를 얻었고 뒤이어 동물학자와 식물학자로 페테르부르크의 과학 아카데미에 가입했다. 리우데자네이루가 망명한 포르투갈 왕가의 거처였던 시절, 차르는 랑스도르프를 그곳의 첫 러시아 총영사로 임명했다. 인심 좋은 독일인 학자는 이 자리를 십분 활용하여 1813년과 1820년 사이에 브라질을 방문하는 유럽 지식인들을 반갑게 맞아들였다. 그다음 랑스도르프는 차르를 구슬려 브라질 내륙을 탐험하기 위한 과학 원정대의 자금을 타냈다. 여러 차례 지연 끝에 1815년, 마침내 탐험대는 내륙으로 들어갔지만 1828년까지 아마존 수계에는 진입하지 못했다. 그 무렵이 되자 랑스도르프는 50대 중반이었고 점점 더 인습을 무시하게 되었다. 그는 젊고 뛰어난 프랑스 화가 에르퀼 플로랑과 아드리앙 토네를 비롯해 좋은 팀을 꾸렸지만 두 젊은이는 원정에서 그들의 나이 많은 리더를 경멸하게 되었다. 그들은 랑스도르프가 서쪽 방면 여정에서 터무니없게도 곳곳에 급류가 포진한 강을 경로로 택했으며 동행으로

266

데려온 젊은 독일 여성에게 빠져 있다고 비난했다. 마투 그로수의 자유분방한 광산촌 쿠이아바에서 랑스도르프는 주색에 빠져 1년 동안 눌러 앉았다. 그의 동료들은 그 무렵 조짐이 보이기 시작한 그의 광기가 이 시기 방탕한 행각으로 더 악화되었다고 말했다.

원정대는 둘로 쪼개졌다. 한 팀은 과포레-마데이라 강 경로를 따라, 랑스도르프가 이끄는 다른 팀은 아리노스-타파조스 강 경로를 따라 아마존으로 내려갔다. 본대가 벌거벗은 아피아카 인디오들의 마을에 도착했을 때, 랑스도르프는 러시아 국기를 게양하고 깃털 달린 모자와 칼, 각종 훈장까지 빠트리지 않은 정식 외교관 의장을 갖춰 입음으로써 '족장의 위신을 세워주기'로 했다. 젊은 원정대원들은 이 어리석은 행동을 비웃었다. 한 아피아카 여자가 랑스도르프의 금몰이 달린 영사복을 빌린 후 숲속으로 들고 달아났다. '머리끝까지 화가 난 범죄의 피해자는 기괴한 분노를 내보이며 그의 옷을 뒤쫓아 난폭한 무법자처럼 내달리기 시작했다.' 화가인 플로랑은 아피아카족을 보여주는 예쁘고—민족지학적으로도—정확한 그림을 그렸다. 3세기 전 베스푸치와 다른 유럽인들과 마찬가지로 그는 인디오들의 순수함과 선량함에 매혹되었다. '그들한테서 모든 것은 단순하다. 그렇다고 어느 것도 혐오스럽지는 않다. 그들은 벌거벗고 산다. 대신 쓸데없는 장식으로 꾸미지 않고 더러운 옷이나 누더기를 걸치지도 않는다. 그들의 몸은 항상 청결하다. …… 그들은 사유 재산의 대원칙을 모른다. 강도도 살인자도 없으며 독살자도 사기꾼도 좀도둑도, 한마디로 문명인을 괴롭히는 아무런 악덕도 없다.' 그러나 온순한 아피아카족은 브라질 백인들에게 너무 친절했다. 그들은 근처의 급류에서 백인들의 보트를 안내했고 그들에게 사르사*를 대량으로 모아다 주었으며 백인들은 아름다운 아피아카족 여인들을 언제나 쉽게 얻을 수 있었다. '이 여자들은 옷을 입지 않고 술책을 부릴 줄도 모르기 때문에 이방인들이 그들에게 옮기는 매독이라는 비극적 결과에 고스란히 노출된다.'

그때쯤이면 말라리아가 아마존 전역에 창궐하고 있었다. 원정대가—거의 폭포라고 해도 좋을—무시무시한 급류와 싸우며 아리노스 강을 따라 내려가고 있을 때 말라리아가 그들을 덮쳤다. 랑스도르프는 심하게 앓았다. 이 시기 그의 일기들은 애처로운 문장들로 시작한다. '18일에 무슨 일이 일어났는지 전혀 모르겠다. 나는 의식이 혼미했다.'거나 '심신이 쇠약해져 우두커니 앉아만 있다. 유일하게 말할 수 있는 거라곤 내가 살아 있다는 것뿐이다.' 이 마지막 일기를 쓰고 나흘 사이에 독일 외교관 겸 과학자는 완전히 정신이 나가버렸고 더 이상 탐험을 이끌 수 없었다. 그는 자신이 출판하기 전까지는 아무도 아무것도 출판하지 않겠다고 부하 대원들로부터 미리 동의를 받아놓았었다. 그 결과 남아메리카의 러시아 제국원정대의 여러 그림과 발견 자료들은 페테르부르크에서 썩어갔고 20세기 후반이 되어서야 출판되었다.

오스트리아인 요한 나터러는 동물학자이자 화가로서 레오폴디나 대공녀를 따라 1817년에 브라질로 왔다. 남부 브라질을 12년간 여행하며 각종 표본을 채집한 나터러는 1829년 아마존 분지로 들어갔다. 그는 과포레 강과 마데이라 강을 일주했는데 랑스도르프의 팀

---

* 청미래덩굴속의 식물이나 그 식물에서 추출한 물질. 음료나 약제로 쓰인다.

가운데 하나가 이 경로로 아마존에 진입한 지 1년 후였다. 다음 6년 간 나터러는 40대의 나이에 혼자서 아마존 역사상 가장 어마어마한 민족지학 탐험과 자연사 탐험을 수행했다. 그는 곧장 네그루 강 상류와 카시키아레 운하로 가서 그곳의 주요 수원을 조사한 다음 브랑쿠 강과 그 지류 가운데 거의 탐험된 바 없는 무카자이 강을 보았고, 그다음 마나우스로 내려가 다시 솔리몽이스 강을 거슬러 올라간 후에 마침내 1835년 빈으로 귀환했다. 그는 방대한 동식물 표본을 채집했고, 그가 방문한 브라질 전역의 72개 부족으로부터 얻은 2천 점에 달하는 각종 공예품을 가져왔다. 나터러는 네그루 강 유역의 바르셀로스에서 브라질 여자와 결혼했다. 그렇지만 네그루 강의 수원인 이사나 강에서 바니와족 여자 사이에 딸도 하나 낳았다. 앨프리드 러셀 월리스는 1854년 그곳에서 이 아름다운 메스티소 여인을 만난 적이 있다. 나터러는 60가지 원주민 부족의 어휘를 수집했지만, 안타깝게도 그는 놀라운 여행에 대한 기록을 출판하지 않았다. 빈에 있던 그의 서류들은 1848년 혁명 때 집에 불이 나 모두 타버리고 말았는데 그가 폐 질환으로 사망하고 5년 후의 일이었다. 따라서 나터러의 유일한 유산은 그의 어마어마한 동식물 채집 표본으로, 현재 빈의 자연사 민속박물관에 소장되어 있다.

전설이 된
세 명의 자연학자

두 영국 젊은이 헨리 월터 베이츠와 앨프리드 러셀 월리스가 아마존

강의 입구를 처음 구경한 것도 같은 해인 1848년이었다. 세 번째 영
국인 리처드 스프러스는 이듬해에 건너왔다. 세 사람은 모두 아마존
자연사 분야에서 전설이 될 운명이었다. 스물다섯 살이던 월리스는
'울창한 숲으로 둘러싸인' 벨렝 시를 처음 보고 흥분했다. '나무들의
전반적인 모습은 유럽 나무들과 별로 다르지 않았다. 다만 이곳에서
는 "깃털 같은 야자나무"가 우아한 자태를 뽐냈다.' 두 살 아래인 베
이츠는 '마치 물속에서 솟아난 것처럼 보이는 길게 뻗은 숲'에 감탄
했다. '키 큰 나무들이 빽빽하게 들어선 숲은 점차 멀어지면서 크기
가 줄어들다가 마침내 나무 한두 그루만 남게 되었다. 이곳은 깊숙한
구석마다 수많은 경이를 간직한 채, 여기부터 안데스 산기슭에 이르
기까지 2천 마일에 걸쳐 이 나라의 지표 전체를 덮고 있는 …… 거대
한 원시림의 경계였다.' 베이츠는 경탄스러운 그곳의 환경에 대한 경
외감을 결코 잃은 적이 없었다. 8년 후 멀리 거대한 아마존 강을 거슬
러 올라가면서 그는 동생에게 쓴 편지에 열광적인 찬사를 쏟아냈다.
'이 나라의 매력과 아름다움은 이곳의 동식물이야. 아무리 연구해도
끝이 없지! …… 여기 울창한 정글을 봐. 갖가지 나무들이 모두 덩굴
에 휘감겨 서로 연결된 채 우뚝 솟아 있어. 나무둥치에는 양치류와 틸
란지아, 아룸, 난초 등등이 한데 뒤엉켜 있단다. 큰 나무 아래 자라는
덤불은 대부분 더 어린 나무들인데 다양한 작은 야자수와 미모사*,
나무고사리 등등이 자라고 땅에는 떨어진 나뭇가지들과 착생식물, 그
밖의 다른 여러 것들로 뒤덮인 거대한 나무둥치가 가득해.'

파라에 발을 디뎠을 때 베이츠는 그곳이 얼마나 쾌적한지 거

---

*밤마다 잎이 오므라드는 콩과의 한해살이풀.

아마존Amazon

의 실망할 뻔했다. 그는 친구에게 이렇게 썼다. '열대의 위험과 공포는 다 어디 간 거지? 도저히 찾을 수 없군.' 찰스 워터튼처럼 그는 사람들이 품고 있는 무서운 정글에 대한 환상을 떨쳐내길 원했다. 11년 후 아마존을 떠날 때 그는 '그 찬란한 숲, 그토록 사랑하고 오랜 세월을 헌신해 탐험한 숲을 마지막으로 한 번 더 바라보았다. …… 그곳은 아마도 자연학자의 낙원이란 이름이 가장 어울리는 곳이리라. …… 나는 영원한 여름의 땅, 나의 인생을 …… 집시처럼 보낸 곳을 떠났다.'

베이츠와 월리스 모두 아마존 자연의 충만함과 그곳 주민들의 한계를 대비시켰다. 월리스는 인구가 고작 1만 5천 명밖에 안 되는 벨렝 시가 면적이 서유럽만한 지방에서 가장 큰 도시라는 사실을 알고 깜짝 놀랐다. 사람들은 대체로 두 외국 젊은이에게 친절했다. 그러나 누구도 자신들이 살고 있는 자연의 보물 창고에 호기심이 있는 것 같지는 않았다. 영국으로 돌아온 그는 영국의 지적 삶이 '반半야만 상태의 지적 빈곤과는 비교도 할 수 없을 만큼 우월하다는 것을 깨달았다. 비록 그곳이 서로 다른 세 인종이 함께 사는, 남아메리카 적도의 …… 에덴동산으로 불린다 한들 말이다.'

헨리 베이츠는 열세 살에 학교를 떠났다. 가족은 그가 레스터에서 가족의 양말 사업에 몸담기를 원했고 그에 따라 그는 일주일에 6일, 하루에 13시간씩 수습생으로 일했다. 그를 구원한 것 그리고 그가 과학사에서 불멸의 명성을 얻게 해준 것은 그의 부모가 엄격한 유니테리언교도, 다시 말해 과학에 대한 합리적 접근법과 자기 계발의 미덕을 믿는 비국교도였다는 점이었다. 젊은 베이츠는 밤이면 책을 읽으며 자연사를 독학으로 공부했고 1844년 레스터 공공 도서관에서 젊은 교사 앨프리드 월리스를 만났다. 월리스 역시 기초 교육만 받은 사람이었다. 그는 탐험을 떠나기 전 잠시 교사 생활을 했으나 정규 교육이 모자라 가르칠 자격이 없다고 느끼고 1년 만에 그만두었다. 그가 받은 유일한 훈련은 그의 형과 함께 한 토지 측량 작업이었다. 월리스는 온정주의적 사회주의자로서 나중에 노동조합으로 이어질 협동조합 운동의 선구자인 로버트 오언의 확고한 지지자가 되었다. 종교나 정치보다 더 중요한 것은 두 젊은이들이 그 지역 기능공 협회에 가입했다는 것이었다. 남녀 모두에게 열려 있는 이 멋진 클럽은 채집 소풍과 대중 모임, 강연, 저렴한 동식물 안내서를 통해 영국의 신흥 중간계급 사이에 대중 과학을 널리 전파했다. 베이츠는 집에서 만든 잠자리채로 지역의 숲을 샅샅이 훑었고 열정이 넘치는 곤충학자가 되었다. 이 취미 생활은 그와 월리스를 돈독한 우정으로 묶어주었다. 1847년, 그들은 미국인 변호사이자 열성적인 자연학자인 윌리엄 에드워즈가 쓴 아마존에 관한 새로운 책을 읽었다. 에드워즈의 책은 그리 대단하지 않았지만 이 아마추어 학자들의 상상력에 불을 지폈다. 그들은 세계에서 가장 커다란 강과 열대우림에 가야만 한다고 결심했고 대서양을 건널 경비를 긁어모아 이내 몇 달 후 영국을 떠났다.

한편 요크셔 태생 리처드 스프러스도 똑같이 식물학에 완전히 빠져들었다. 그는 황무지를 가로질러 라틴어 수업을 받으러 가는 길에 각종 식물(특히 그가 '아끼는 이끼들')을 채집하기 시작했다. 존경받는 교사의 아들인 스프러스는 대체로 독학으로 배웠고 베이츠나 월리스처럼 집안이 넉넉하지 않았다. 그의 부모는 스프러스 말고도 자식이 많아서 스프러스는 제 앞가림을 해야 했다. 그는 생계를 유지하기 위해 요크의 한 학교에서 수학을 가르쳤지만 가르치는 일을 그다지 즐기지 않았다. 찰스 다윈의 『비글호 항해기』가 스프러스에게 영감을 주었지만, 남아메리카로의 여행은 그에게 그림의 떡일 뿐이었다. 그러나 스프러스는 『본초학자The Phytologist』 저널에 자신의 식물 채집에 관해 글을 쓰기 시작했고 이것이 큐왕립식물원* 관리자들의 주의를 끌었다. 그는 런던으로 갔고 큐의 원장 윌리엄 후커 경은 에스파냐 피레네 산맥에서 식물을 채집하는 자리를 그에게 마련해주었다. 이 피레네 산맥 채집 작업은 대체로 열성적 수집가인 조지 벤섬을 위한 일이었는데, 런던으로 돌아온 스프러스에게 그의 방대한 식물학 지식을 아마존에서 발휘해야 한다고 제안한 사람이 바로 벤섬이었다. 그는 스프러스에게 자금을 대겠다고 제의했고 그의 표본을 구입할 다른 수집가 열 명도 찾아주었다. 스프러스는 대영박물관에서 베이츠와 월리스가 보내오는 동물과 곤충을 보았고,** 『동물학자 Zoologist』 저널에 실린 그들의 편지도 읽었다. 따라서 스프러스가 그들을 뒤따라가는 데에는 달리 설득할 필요도 없었다.

　　스프러스는 1849년 6월에 파라로 출항했다. 석 달간 식물을 채집한 후 그는 하천선을 타고 아마존 강을 거슬러 가 산타렝에서 월리스를 따라잡았고 오비두스(인구 3천 명 이하의 소도시)에서 다시 만났다. 검은 턱수염을 기르고 키가 크고 마른 스프러스는 조용하고 상냥했다. 그의 채집 노트와 컬렉션은 그가 남달리 부지런하고 꼼꼼하며 학구적이었다는 것을 보여준다. 그가 월리스보다 일곱 살 연상이었

* 큐왕립식물원Royal Botanic Gardens, Kew　영국 런던 남서부에 있는 국립식물원으로 흔히 '큐가든(Kew Gardens)' 혹은 더 줄여서 '큐(Kew)'라고 한다.
** 20세기 중반에 런던자연사박물관이 대영박물관에서 독립해 나가기 전까지는 자연사 표본도 같이 전시되었다.

지만 두 사람은 평생지기가 되었다. 16년 후, 스프러스 사후에 그의 일지를 편집하고 출판해 후대에 명성을 보존한 사람이 바로 윌리스였다.

　　윌리스와 베이츠는 이전 해를 벨렝 인근과 토칸칭스 강 하부, 마라조 섬에서 표본을 수집하며 보냈다. 그들은 이따금 함께 여행했고 그러고 나서는 각자 탐사를 다니곤 했다. 윌리스와 그다음 스프러스가 출발하고 몇 주 후, 1849년 10월에 베이츠도 마침내 배를 타고 아마존 본류를 거슬러가는 항행을 시작했다. 그들은 각자 중간중간 자주 멈추면서 채집을 해나갔다. 1850년 1월에 베이츠와 윌리스는 마나우스에서 다시 만났다. 마나우스는 산타렘만큼 작았고 윌리스는 그곳에 순수 유럽인은 한 명도 없다고 생각했다. 그곳 시민들의 삶은 방탕한 생활 방식과 격식을 따지는 생활 방식이 뒤섞인 형태였다. 다들 일요일이면 검은 정장을 차려입고 실크해트를 썼다. 두 영국인은 함께 표본을 채집하며 몇 주를 지낸 후 다시 헤어졌다. 윌리스는 북서쪽을 향해 멀리 네그루 강 상류로 갔다. 베이츠는 서쪽으로 발길을 돌려 아마존-솔리몽이스 강을 거슬러 올라갔다. 그사이 스프러스는 산타렘으로 돌아와 1850년 대부분을 그곳에서 지냈다. 10월에 그는 마나우스로 이동해 1년간 그곳에서 작업한 후 1851년 말부터 1853년까지 네그루 강 상류와 그곳의 수원지를 여행했다.

　　열정적이고 노련한 식물학자로서 리처드 스프러스는 아마존의 식물군에 그의 동료들보다도 더 크게 감탄했다. 그는 나중에 여행기를 쓰기 시작했는데 여행기는 원시림에 대한 그의 첫인상으로 시작한다. '꼭대기는 커다란 잎사귀로 멋지게 장식되어 있고 둥치는 환상적인 기생식물로 온통 뒤덮여 있으며, 가느다란 선 굵기의 것부터 둥글납작하고 케이블처럼 일정하게 꼬여 만들어진 뱀 몸통만 한 거대한 것에 이르기까지 다양한 굵기의 리아나로 칭칭 휘감긴 어마어마하게 큰 나무들이 눈에 들어 왔다.' 스프러스는 훔볼트와 마르티우스처럼 야자수를 특히 좋아했고 나중에 그에 관해 훌륭한 책을 썼다. 그의 묘사는 계속된다. '나무들과 뒤섞여 있고 흔히 그것들만큼 높이 자란 야자수가 우뚝 솟아 있었다. 같은 과에 속하는 더 예쁜 다른 종들은 때로는 손가락 굵기를 넘지 않는 가는 고리 모양 줄기에 깃털 같은 잎사귀가 무성하고 검은 산딸기나 붉은 산딸기 송이를 축 늘어트린 채 …… 키 큰 나무 아래에 무성한 덤불을 형성한다.' 일반 독자를 대상으로 전문 식물학자가 쓴 이 35쪽짜리 에세이는 리아나부터 나무들을 지지하는 삼각형 판근板根*, 기근氣根**이 길게 자란 교살목絞殺木***, 각종 나무등치와 껍질, 꽃, 열매, 착생식물과 여타 경이들을 계속 묘사해나간다. 후대의 어느 작가도 하늘 높이 치솟은 열대우림의 어둠 속으로 들어가려는 일반인을 위해 이보다 더 좋은 입문서를 쓰지 못했다.

스프러스는 모든 것이 크고 화려하고 무성해서 정신을 차릴 수 없었다. '세계에서 가장 큰 강은 세계에서 가장 큰 숲을 관통해 흘러간다. 할 수만 있다면 2백만 제곱마일의 숲〔강조는 스프러스〕이 그곳을 가로지르는 개울들을 제외하고 중단 없이 펼쳐져 있다고 한번 상상해 보라. …… 상상이 가능하다면 거의 모든 과의 식물들이 여기서는

---

* 나무의 곁뿌리가 평판 모양으로 땅 위에 노출된 것을 말한다. 나무가 쓰러지는 것을 방지하는 역할을 한다. 616쪽을 참고하라.
** 땅속에 있지 않고 공기 중으로 뻗어져 나온 뿌리를 통칭한다.
*** 열대와 아열대에서 흔히 자라는 착생나무의 통칭. 반얀나무가 유명하다.

그것들을 대표하는 나무 종을 두고 있다는 것도 납득할 수 있을 것이다. 여기서는 높이가 60피트나 그 이상의 풀(대나무)이 때로는 아주 곧게 때로는 그 사이로 코끼리도 뚫고 지나갈 수 없을 만큼 아주 뾰족한 덤불로 뒤엉켜 자란다. 마로니에처럼 손바닥 모양의 잎이 달린 마편초가 넓게 퍼져 나무를 이룬다. 단단한 목질의 덩굴식물인 애기풀은 가장 높이 뻗은 나무 꼭대기까지 올라가 꼭대기를 자신의 꽃줄로 장식한다. 페리윙클(유럽산 협죽도) 대신 여기서는 가장 치명적인 독을 내뿜는 …… 잘생긴 나무가 있다. 사과나무 크기만 한 제비꽃과 다른 나무 위에 자란 …… 오리나무 같은 데이지꽃도 볼 수 있다.'

거대한 아마존 숲속을 거닐면서 나무둥치 아랫부분과 뿌리만 보고 모든 나무를 식별할 수 있는 식물학자는 (아무리 노련하다고 해도) 없다. 꽃과 잎사귀, 열매를 봐야 한다. 나무들이 대단히 크고 줄기가 아주 곧고 반듯하게 뻗어 있기 때문에 숲 천장까지 직접 올라가 관찰하는 것은 매우 어렵고 위험하다. 식별을 위한 전리품을 얻는 가장 쉬운 길은 나무를 통째로 베어내는 것이다. 스프러스는 당연히 '그저 꽃을 꺾자고 그 커다란, 어쩌면 몇 세기는 먹었을 나무를 파괴하는 것이 끔찍이도 싫었다.' 그러나 현지 주민들은 그의 꺼림칙한 기분을 일축했다. 그들에게 나무란 그렇게 수백만 그루가 자라는 것이라 한 그루쯤은 영국 풀밭의 잡초 한 포기에 불과했다. 그렇지만 커다란 나무 한 그루를 쓰러트리면 스프러스는 다량의 리아나와 착생식물, 선태류, 난초, 다른 꽃들을 잔뜩 얻을 수 있었다.

베이츠와 월리스는 레스터 근처의 곤충 채집 산책길에서 만났고 따라서 곤충은 두 사람 모두에게 주된 관심사였다. 베이츠는 사우바saúba 절엽 개미에 관한 글을 썼다. 아마존을 방문하는 사람들은 돛처럼 잘린 잎사귀를 지하 개미둑으로 져 나르는 이 개미들의 종종거리는 행렬에 하나같이 마음을 빼앗기게 된다. 초록색 잎사귀 한 조각은 그것을 져 나르는 짐꾼보다 1백 배나 무거울 수도 있다. 한 개미 행렬은 베이츠가 저장해놓은 마니오크를 공격해 저마다 마니오크 낟알을 들고 갔다. '우리는 나무 나막신으로 밟아 죽여서 그놈들을 근절하려고 했다. 그러나 우리가 그놈들을 죽이는 것만큼 빠른 속도로 새로운 동료 개미 부대가 오는 것은 막을 수 없었다. 그놈들은 다음 날 또 돌아왔다. 그래서 나는 그 개미들의 행렬을 따라 화약을 뿌린 다음 불을 붙여 날려버려야 했다. 이것을 몇 차례 반복하자 마침내 그 녀석들도 겁을 먹은 모양이었다. 내가 그곳에 머문 나머지 기간 동안 그 녀석들의 방문은 더는 없었다.' 이제는 사우바 개미가 그들이 나르는 잎사귀를 먹지 않는다는 것이 알려져 있다. 개미들은 잎사귀를 먹는 게 아니라 잎사귀를 씹어서 덮개를 만든 후 그 위에 식용 가능한 균류를 기른다. 나뭇잎 속의 섬유소와 독성을 분해하는 것은 이 균류이다. 개미 유충은 이 균류를 먹고 자란다.

　　베이츠는 숲속에서 가장 위협적인 광경도 묘사했다. 에키톤 Eciton 군대개미의 행렬이 움직이는 모습 말이다. 행렬이 다가오고 있다는 첫 신호는 '평범한 빛깔의 새(개미잡이새) 무리가 지저귀며 부산하게 움직이는' 모습이다. 인디오들은 '타우오카tauóca!'라고 외치며 개미 떼 행렬의 동선 밖으로 멀찍이 달아난다. 너무 굼뜨게 행동한 사람은 '그의 다리에 올라탄 이 집요한 곤충들을 하나씩 다 떼어내야 한다. …… 주 행렬은 한 방향으로 전진하면서 …… 땅바닥의 모든 동물성 물질은 산 것이든 죽은 것이든 깨끗하게 해치운다. …… 그놈들이 말벌 유충과 번데기를 얻기 위해 …… 말벌의 벌집을 공격하는 것을 보고 있으면 신기하다.' (필자도 한번은 수백 마리의 군대개미가 나무 둥치를 타 넘고 올라가 운동용 공만 한 말벌의 벌집까지 기어 올라가는 것을 구경했다. 그러나 말벌은 아스테카개미와 공생 관계를 발전시켜 놓았고, 아스 테카개미들이 나무에서 기어 내려와 그들의 친구를 방어했다. 죽은 개미들이 땅으로 떨어지는 가운데 바로 내 눈높이에서 두 종 간의 치열한 전투가 벌어졌 다. 몇 차례 격렬한 대결 이후에 군대개미는 마침내 더 이상 싸울 만한 가치가 없다고 생각한 것 같았다. 어느 지휘관의 명령이라도 받은 양 그들은 나무둥치 에서 우수수 내려와 다음 대상을 공격하러 떠났다.)

토칸칭스 강에서 베이츠와 월리스는 원숭이와 아구티(유일하게 브라질 호두 껍데기를 깨트릴 수 있을 만큼 강한 턱을 가진 설치류)를 비롯해 동물과 새를 채집했고 물론 수백 종의 새로운 곤충도 채집했다. 마라 조 섬으로 갔을 때 월리스는 '내가 지금까지 본 그 어느 것도 능가하 는 그곳의 식생의 아름다움에' 마음을 빼앗겼다. '강물의 굽이를 돌 때마다 뭔가 새로운 대상이 나타났다. 거대한 "삼나무"가 물 위로 늘 어져 있거나 거대한 판야나무silk cotton tree[케이폭나무kapok라고도 하며 학 명은 케이바 펜탄드라Ceiba pentandra]가 숲의 다른 나무들 위로 거인처럼 우뚝 솟아 있다. 다양한 크기의 우아한 아사이야자나무도 무리를 지 어 끝없이 보이는데 때로는 허공으로 수백 피트씩 줄기를 뻗거나 때 로는 우아한 곡선을 그리며 휘어져 반대편 강둑에 거의 닿을 듯하다. 웅장한 무루티야자나무murutí[부리티buriti라고도 하며 학명은 마우리티아 플렉수오사Mauritia flexuosa] 또한 풍부한데 그리스 원주처럼 원통 모양의 곧은 줄기와 어마어마한 부채 모양 잎, 거대한 열매 송이는 위압적인 장관을 선사한다. …… 이 야자수는 흔히 꼭대기까지 기어 올라가 그 위에 꽃을 피우는 덩굴들에 휘감겨 있다. 더 낮은 쪽, 더 아래쪽 물가

278

근처에는 무수한 화훼 관목이 흔히 삼색메꽃이나 시계꽃 혹은 능소화 등으로 완전히 뒤덮인 채 자라고 있다. 죽거나 반쯤 썩은 나무는 하나같이 독특한 형태의 기생식물이 뒤덮고 있거나 아름다운 꽃이 피어 있고, 괴상한 모양의 줄기와 덩굴들로 칭칭 휘감긴 더 작은 야자수는 숲 안쪽의 배경을 형성했다.' (리처드 스프러스는 나중에 아마존 '삼나무Cedar' [케드렐라 오도라타Cedrela odorata]가 왜 그런 오해를 불러일으키는 이름을 얻었는지를 설명했다. 아마존에서 흔하고 쉽게 가공할 수 있는 이 견목은 그 지역의 목수들에게 영국의 전나무와 같은 것이다. '그것들은 구세계의 삼나무가 속하는 침엽수류와 거리가 멀다. 그러나 나무의 색깔과 씨앗, 특히 향기가 진짜 삼나무와 아주 비슷해서 에스파냐와 포르투갈 정착민들이 이것들을 세드로Cedro라고 부른 것도 당연하다.')

베이츠, 월리스, 스프러스 이 세 사람은 그들의 자연사 컬렉션을 팔아서 생기는 수입에 의존하는 가난한 젊은이들이었다. 그들은 세계에서 가장 윤택한 생태계에서 최초의 직업적 채집가들이었고 19세기 중반 영국은 그들이 채집한 표본을 열심히 사들일 만한 애호가와 박물관이 많았다. 린나이우스라고도 하는 스웨덴 학자 칼 린네가 그의 유명한 『자연의 체계』에서 자연을 분류하기 시작한 이래 한 세기가 지났다. 그리고 지식인들은 여전히 그의 분류학 규칙을 적용해 동식물과 곤충의 종과 속을 열심히 분류하고 있었다. 베이츠는 자신이 발견한 동식물 표본을 받아 분류하는 안락의자 수집가들을 다소간 경멸했다. 아마존에서 돌아온 후 그는 다윈에게 그의 오랜 친구 에드윈 브라운을 홍보는 편지를 썼는데 그가 '엄청난 돈을 들여서 자료를 그러모으고 있지만' 직접 찾아가서 그곳의 생물 다양성을 관찰하지는 않았기에 동식물의 생태학적 맥락을 온전히 이해할 수 없기 때문이라는 거였다. 다른 편지에서 그는 그러한 자연학자들을 그릇이나 우표를 수집하는 사람과 동류의 '종 수집가species grubber'라고 불렀다. 그렇지만 이것은 부당한 평가인데, 베이츠와 그의 친구들은 전적으로 표본을 팔아 벌어들인 수입에 의지하고 있었고, 그 덕분에 베이츠 자신도 훌륭한 개인 컬렉션을 구축해가고 있었기 때문이다. 그는 자신이 발견한 것을 분류하는 일을 좋아했고 그때까지 과학계에 알려지지 않은 수천 종의 생물을 자신이 발견했다는 사실에 아주 흐뭇해했다.

오늘날 아마존을 여행하는 사람들에게 빅토리아 시대 채집가들의 재무 관계는 놀랍기 그지없는데 아주 최근까지도 오지의 마을에서는 환전이 불가능하거나 물물교환이나 현금만 통했기 때문이다. 영국 자연학자들은 매우 검소하게 살았지만 그렇다고 돈을 빼앗긴 적도 거의 없었다. 윌리스는 4년, 베이츠는 11년, 스프러스는 14년을 체류하는 동안 세 사람은 모두 그들의 채집 표본에서 나온 수익으로 살았다. 하천선의 선장들은 그들의 귀중한 표본들을 하류로 실어간 후 대서양을 횡단하는 큰 배에 조심스레 옮겨 실었고, 그렇게 해서 대량의 표본들은 완벽한 상태로 유럽까지 도달했다. 그리고 지불금과 신용장, 각종 송금액들이 벨렝에 도착하면 현금이 어찌어찌 아마존 강을 거슬러 올라가 외딴 곳의 여행자들에게 전달되었다. 스프러스는 자신의 수집품을 무사히 옮겨 싣는 것을 관리하고 필요한 자금을 공급받는 데 '다년간 벨렝에서 활동해온 식민지인' 제임스 캠벨과 아치볼드 캠벨에게 의존했다. 또 산타렝에서 세 자연학자는 스프러스가 '건장하고 혈색이 발그레한 스코틀랜드인으로 …… 즐거운 벗이자 소중한 친구'라고 묘사한 히슬롭이라는 선장의 도움과 환대를 누렸다.

영국에서는 그들의 대리인들이 정말로 제 할 일을 열심히 했다. 베이츠와 월리스는 자연사 물품을 취급하는 경매인이자 그 자신도 열성적인 곤충학자인 새뮤얼 스티븐스를 이용했다. 스티븐스는 이 젊은이들이 보내오는 것을 구매할 사람을 잘 찾아냈을 뿐만 아니라 그의 고객들에게 솜씨 좋게 홍보했다. 그는 『동물학자』를 설득해 구매자들의 욕구를 자극하도록 자신이 직접 편집한 베이츠의 편지 일부를 싣게 했다. 그는 독자들에게 이 컬렉션들이 대단히 흥미로운 상황 속에서 채집된 것들로 세상에 비할 바 없는 독보적인 수집품임을 강조했다. 스티븐스는 첫 편지들을 소개하면서, 독자들은 베이츠 씨가 '남아메리카 방랑길에서' 어떻게 지내고 있는지 궁금할 거라고 운을 뗀다. 그러고서는 베이츠 씨가 여러 어려움이 있긴 하지만 건강히 잘 있고 날씨도 괜찮다는 내용을 전한다. 그다음은 구입을 권유하는 이야기가 등장할 차례다. '이번에 들어온 매력적인 신품 중에는 근사하고 멋진 하이테라 에스메랄다*Haetera esmeralda** 표본이 몇 점 있으며, 또 아름다운 에리키니다이*Erycinidae*** 표본도 굉장히 많습니다. 물론 대부분 새로 발견된 종들입니다.' 스티븐스는 베이츠에게 식물의 미관상 가치와 희귀성 측면에서 고객들이 선호하는 품목에 대해서도 써서 보냈다. 이에 베이츠는 '당신이 특히 원했던 아름다운 사파이어 나비'를 몇 마리 보내며 쓴 답장에 이렇게 덧붙였다. '당신한테 그렇게 많이 보낸다고 해서 이게 아주 흔한 종이라고 생각하시면

---

* 남아메리카 원산 나비의 일종.
** 보아뱀속의 뱀들.

안 됩니다. 조수로 고용한 청년과 함께 둘이서 12피트짜리 잠자리채를 들고 일주일에 엿새씩, 한 달을 투자해 구한 거란 것을 명심하십시오.'

스프러스의 식물 컬렉션에는 각 식물의 속칭과 학명, 흥미로운 특징을 설명하는 꼼꼼한 필기가 함께 했다. 만약 어떤 식물이 약용 성분이 있다는 것을 알게 되면 스프러스는 껍질이나 잎사귀, 꽃으로부터 직접 성분을 추출해 약을 조제해 자신한테 시험해봤다. 그다음 그는 후속 연구를 위해 그러한 재료를 큐의 약제사에게 보냈다. 한번은 조지 벤섬에게 보내는 일만 점의 표본에 동봉한 편지에서 물자 조달과 관련한 어려움을 넌지시 내비친 적이 있었다. 마나우스부터 네그루 강을 거슬러가는 여행을 위해 6톤짜리 보트를 사고 선원들을 고용하는 일 때문이었다. 그다음 '저는 당신에게 보낼 컬렉션을 포장하고 여행길에 필요한 물품을 구입하느라 바쁩니다. 아마존에는 돈을 가져가봐야 쓸모가 없죠. 제 전 재산을 날염 천과 기타 면직물, 도끼, 단도, 낚시 바늘, 구슬 등에 투자했습니다. …… 이것들을 거래하는 데는 많은 시간이 허비되지만 다른 수가 없습니다.' 그의 작업 환경은 무시무시했다. 네그루 강 상류의 그의 집 '이엉에는 쥐와 흡혈박쥐, 전갈, 바퀴벌레, 그 밖에 여러 유해 동물과 해충이 들끓었다. 바닥(이래봐야 단순한 흙)은 〔절엽〕 개미들로 엉망인데 나는 그 녀석들과 몇 번 심각한 싸움을 벌였다. 하룻밤은 그 녀석들이 한 달은 먹을 수 있을 파리냐(마니오크)를 가져갔다. 그다음에는 내가 말려놓은 식물 표본들을 발견하고 그것들을 잘라서 가져가기 시작했다.' 흰개미도 골치를 썩였다. 그렇지만 최악은 현지의 병사들 상당수가 유형수라는 것이었다. 상가브리엘에 주둔한 열네 명의 병사 가운데 절반은 살인범이었고 그들은 종종 스프러스의 집 안에 들어와 술이나 당밀, 식초, 다른 물건들을 훔쳐갔다.

네그루 강과 오리노코 강을 거쳐 베네수엘라로 들어가는 길에 스프러스는 서쪽으로 우회하여 콜롬비아에서 흘러나와 네그루 강 중류에 합류하는 긴 강인 우아우페스 강에도 들렀다. 스프러스는 콜롬비아의 바우페스 강이 브라질로 흘러내리면서 우아우페스 강이 되는, 커다란 이아우아레테 폭포까지 갔다. 그는 거기서 2주를 지냈지만 폭우가 쏟아져 숲의 나무들이 꽃을 피우는 것을 보지 못했다. 그가 발길을 돌리기 시작할 때쯤 날이 개었다. '우리가 강을 쏜살같이 떠내려갈 때 …… 강둑은 화창한 아침에 마치 무슨 마법이라도 일어난 것처럼 순식간에 온통 꽃으로 옷을 갈아입었고 …… 나는 우뚝 솟은 나무들을 애석하고도 아쉬운 눈초리로 바라보며 "저건 새로 핀 디프테릭스Dipteryx …… 저건 새로 핀 쿠알레아Qualea …… 저기, 저건 대체 뭐지?" 혼잣말을 중얼거리다 이 장관을 차마 더는 볼 수 없어 두 손으로 얼굴을 감싼 채 이 모든 예쁜 꽃들이 "정글의 공기에 달콤한 향기를 허비하도록"* 남겨두고 와야 한다는 슬픈 상념에 빠져들었다.'

스프러스는 서쪽으로 끝없이 뻗어 있는 남부 콜롬비아의 숲들이 '남아메리카의 어느 곳보다 식물학자들에게 가장 풍성한 채집 현장을 제공한다.'고 제대로 추측했다. 그는 벤섬에게 보낸 편지에서

---

*18세기 시인 토머스 그레이의 유명한 시 《시골 교회 묘지에서 읊은 만가(An Elegy Written in a Country Church Yard)》의 14연 4행 "사막의 공기에 달콤한 향기를 허비하도록"을 변형한 것이다.

'최근에 거대한 아마존 숲에서 아직 발견되지 않은 종의 숫자를 계산해보고 있습니다. …… 경도 1도나 위도 1도만큼 이동하면 식물 종의 절반이 바뀐다는 것을 발견했습니다. …… [따라서] 아직도 5만 종이나 8만 종 정도가 발견되지 않은 채 남아 있다는 거지요!'

세 영국 자연학자들은 때로는 함께 때로는 잠깐씩 만나면서, 그러나 대부분은 혼자서 아마존 분지의 주요 강들을 이리저리 돌아다녔다. 1850년, 월리스는 마나우스 근처에서 베이츠와 함께 몇 주간 채집을 한 후 곧장 네그루 강을 거슬러 가 50년 전 훔볼트가 걸었던 육로를 이용해 오리노코 강으로 갔다. 그다음 그는 컬렉션을 실어보내기 위해 천 킬로미터를 넘게 이동해 마나우스로 되돌아왔다가 다시 네그루 강을 거슬러 올라가 다양한 종의 새들이 서식하는 우아우페스 지류로 갔다. 그동안 헨리 베이츠는 서쪽으로 가서 솔리몽이스 강 본류를 탐험했다. 그는 마나우스 위로 350킬로미터 정도 떨어진, 솔리몽이스 강 남쪽 기슭에 있는 에가 마을(프리츠 신부의 오마구아 선교 공동체 가운데 하나이자 현재의 테페)이 마음에 들었다. 1천2백 명의 혼혈 주민들은 인종적 편견이 없는 것 같았고 주위의 열대우림과 석호는 채집가들의 낙원이었다. 베이츠는 에가에서 1년을 지냈다. 그후 1851년 말에 아마존 강을 타고 내려와 산타렝과 인접한 타파조스 강에서 3년 반을 보낸 후 1857년 다시 에가로 돌아와서 (솔리몽이스 강을 거슬러 두 차례 장기 탐사를 다녀온 후) 1859년 영국으로 귀환할 때까지 그곳에 머물렀다.

이때쯤 말라리아는 이미 아마존 지역에서 크나큰 재앙이었고 세 채집가들은 모두 말라리아로 고생했다. 그들은 자주 고열에 시달렸고 이따금 이 고약한 원충 때문에 몸져누웠다. 2차 네그루 강 탐험

아마존Amazon

때 우아우페스 강 하류에 있는 동안 앨프리드 월리스는 말라리아 증상이 점차 악화되었다. '나는 열이 점점 심해지고 몸이 쇠약해져 다시 갈대[해먹]에 누워 있어야 했다. 아무것도 먹지 못하고 기운이 없어서 나를 돌보던 L[리마] 씨는 내가 가망이 없다고 생각했다고 한다. 나는 말을 제대로 할 수 없었고 글을 쓸 기력도 없었으며 해먹에서 몸을 뒤척일 기운조차 없었다.' 월리스는 키니네를 복용했고 몇 주간 열이 줄어들었지만 다시 하루 간격을 두고 고열 증상이 재발했다. '잦은 신열은 물론 기분 좋은 일이 아니었다. 계속되는 고열과 발한은 오전에 시작되어 한밤중까지 지속되었기 때문에 안정된 휴식을 거의 취할 수 없었다. 나는 이런 상태로 [1852년] 2월 초까지 지냈는데 학질이 지속되긴 했지만 병세는 완화되었다. 시간이 지날수록 입맛이 돌아와 열심히 먹었지만 도통 기력을 회복하지 못해 혼자서는 간신히 서 있거나 지팡이에 의지해 방안을 걸어 다니는 정도였다.' 월리스는 스프러스와 만나기로 약속한 네그루 강가의 상가브리엘로 가까스로 내려올 수 있었다. 스프러스는 수척하고 병약해진 친구의 모습을 보고 깜짝 놀랐다.

2년 후에는 스프러스의 차례였다. 그는 카시키아레 운하를 거쳐 베네수엘라로 들어갔고 오리노코 강 상부 마이푸레스에 있을 때 말라리아에 걸렸다. 6주 동안 그는 '지속적인 고열로 거의 꼼짝도 못했으며' 해먹에서 일어나지 못해 죽기 일보 직전이었다. 그의 인디오들은 그의 수소 고기를 일부 팔아 럼을 샀으며 '다들 어찌할 바를 몰라서 아무도 나를 도울 수 없었다.' 한 친구가 그에게 간병인을 구해 줬는데, 그녀는 악독한 여자였다. '나는' 베네수엘라 메스티소 여인, '카르멘 레하라는 이름의 이 여자를 쉽게 잊지 못할 것이다.' 화가 나면 그녀는 '거의 악마 같은 표정을 지었다.' 구토와 환청에 시달리는 중간중간에 스프러스는 레하와 다른 사람들이 그의 물건들을 어떻게 나눌지를 이야기하는 것을 들을 수 있었다. '그녀가 나한테 대고 외친 것 중에는 "죽어라, 이 영국 놈아! 그래야 우리가 네 돈으로 크리스마스까지 즐겁게 지낼 수 있지."도 있었다.' 그러나 스프러스는 죽지 않았다. 포르투갈 상인이 그를 네그루 강으로 데려왔을 때 그는 여전히 들것에 실린 채 딱할 정도로 쇠약한 상태였다.

1854년 11월 다시 자신의 보트로 돌아온 스프러스는 네 명의 인디오 노잡이들을 데리고 하류로 내려가기 시작했다. 그는 이제 그의 하인들이 강변의 캠프에서 그를 죽일 음모를 꾸미고 있는 것을 엿들을 수 있을 만큼 링구아 제랄(투피어에 바탕을 둔 아마존 카보클루들의 '공용어')를 상당히 익혔다. 그들은 스프러스가 너무 쇠약해서 그가 죽었다 해도 아무도 놀라지 않을 거라 생각했다. 그들이 진미라며 준 카이만 고기 때문에 설사가 난 그는 그날 밤 여러 차례 해먹에서 몸을 빼 들락날락해야 했다. 그러나 잠자리로 돌아와서도 귀를 세우고 주위에 바짝 경계를 유지했다. 아니나 다를까 그를 죽이려고 작당한 사람들이 다가오면서 어떻게 실행에 옮길 것인지 속삭이는 소리가 들렸다. 스프러스는 해먹에서 얼른 일어나 이번에는 보트로 가서 총을 꺼내 들고 야책* 무더기 뒤에 웅크렸다. 하인들은 그가 해먹으로 돌아오지 않는다고 욕설을 퍼부었다. 그러다 마침내 스프러스가 그

---

* 보통 세로 30cm, 가로 42cm 정도의 두 장의 판에 끈을 맨 것으로, 판 사이에 둘로 접은 종이를 끼워 야외로 휴대하고 다니면서 채집한 식물을 종이 속에 펴 넣어 돌아올 때까지 보관하는 데 사용한다. 판의 재질은 휴대에 편리하고 가벼운 것으로 대나무나 등나무로 엮은 것 또는 합판이 사용된다.

아마존Amazon

들 앞에 모습을 드러내자 그들은 음모가 엎어졌다는 것을 알았다. 이튿날 그는 주모자를 해고했고 다른 이들은 마치 아무 일도 없었던 것처럼 노를 저어 그를 네그루 강 하류로 데려갔다.

헨리 베이츠가 최악의 말라리아를 앓은 시기는 솔리몽이스 강가의 상파울루 지 올리벤사에 있었던 1858년 말이었다. '학질로 몇 년 동안 진행되어온 건강 악화가 절정에 달한 것 같았다. 나는 햇볕에 너무 많이 노출되었고 일주일에 6일씩 일하며 몸을 혹사한 데다 형편없는 음식과 식사 부족으로 크게 고생했다. …… 나는 꼼짝도 할 수 없었고 격렬한 고열 증세로 정신을 잃었다.' 베이츠는 키니네를 복용했다. 그는 '노곤한 증상을 과도하게 방치했다가는' 간과 비장이 영구적 손상을 입을 것이라고 확신했다. '그래서 매일 아침 나는 총과 곤충 채집망을 걸머지고 평소처럼 숲속으로 산책을 나갔다. 오한은 종종 집으로 돌아오기 전에 시작되었고 그러면 가만히 서서 꿋꿋하게 참아내곤 했다.' 베이츠 특유의 잘못된 참을성이긴 했지만, 그는 그러고 나서야 집으로 발걸음을 옮겼다.

베이츠는 여러 모험을 겪었고 그러한 모험들을 19세기의 가장 유쾌한 여행기 가운데 하나인 『아마존 강의 자연학자』에서 들려주었다. 에가에서 사는 동안 그는 종종 파제 인디오들이나 미라냐 인디오들과 거북이를 잡으러 갔는데 '나는 이후로 몇 달 동안 거의 그것만 먹고 살았다. 등껍질 안에 넣고 구우면 가장 맛좋은 고기 요리가 된다.' 한번은 커다란 뜰채로 끌어올렸을 때 거북이들 틈에 카이만 한 마리가 끼어 있었다. '아무도 무서워하지 않았다. …… 미라냐 인디오 하나가 균형을 잃고 넘어졌을 때 …… 다들 끝없이 웃고 소리를 질렀다.' 한 소년이 몸부림치는 악어의 꼬리를 잡아 뭍으로 끌어올렸다. 단단한 막대기로 무장한 베이츠가 '그것으로 악어의 머리를 한번 잽싸게 때리자 단박에 죽었다. 꽤나 큰 놈이었다. 턱의 길이는 1피트가 훨씬 넘었고 사람의 다리를 반으로 부러트리고도 남을 만했다.' 이것은 검은카이만, 멜라노수쿠스 니게르*Melanosuchus niger*였다. 이 종은 길이 8미터, 너비 1미터의 세상에서 가장 큰 악어로 자라기도 한다. 보통은 성질이 순하지만, 어미 검은카이만은 새끼들의 둥우리를 보호할 때는 사람에게 위험해진다. 어미는 위협을 느끼면 마치 어뢰의 속도로 지나가는 카누를 공격하기도 하며, 커다란 턱으로 카누를 두 동강 낼 수도 있다. 다른 낚시 여행에서 베이츠는 카이만들에게 고기 조각을 던져 주며 놀았다. '그놈들은 꼭 먹이를 받아먹는 개들처럼 굴었다. 내가 던져주는 뼈다귀를 커다란 턱으로 받으면서 고깃점을 하나씩 던져줄 때마다 점점 흥분해서 가까이 다가왔다.' 하지만 그는 '매일 이 방문객들이 갈수록 대담해지자' 짜증이 났다. '마침내 도저히 참을 수 없을 정도로 그것들의 뻔뻔함은 극에 달했다.' 한번은 커다란 카이만 한 마리가 계속해서 밤에 오두막 안으로 기어들어와 해먹 아래를 지나서 컹컹 짖는 애완견을 집어삼키려고 했다. 그래서 사람들은 카누를 타고 나가 하루 종일 그 거대 도마뱀을 사냥했다. (검은카이만은 이제 심각한 멸종 위기에 처해 있다. 나는 베이츠가 머문 에가에서 그리 멀지 않은 마미라우아 연구소에서 검은카이만 몇 마리를 보았다. 비록 야생에서 살고 있었지만 이것들은 사람이 부르면 헤엄쳐 나와 사람이 던져주는 빵을 받아먹을 줄 알았다. 워터튼과 베이츠의 악어들처럼 말이다.)

앞선 훔볼트처럼 베이츠 역시 전기뱀장어로 알려진 물고기에 사로잡혔다. 한번은 친구들끼리 서로 손을 잡게 한 다음, 베이츠가 전기뱀장어에 나이프를 갖다 대어 전기 충격이 손에서 손으로 전달되자 모

아마존Amazon

두 크게 즐거워했다.

베이츠는 새를 사랑했다. 그는 큰부리새가 어떻게 자기 몸통만큼 큰 부리를 진화시켰는지를 추론해냈다. '앉아 있는 채로 과일까지 부리를 뻗어 엄청난 양의 과일을 먹기 위해서였으며 따라서 무거운 몸과 게걸스런 식욕은 이 종의 번성에 아무런 방해가 되지 않았다.' 이 문장으로부터 베이츠가 그의 스승인 찰스 다윈과 그의 친구인 앨프리스 월리스를 그토록 유명하게 만든 자연선택에 의한 진화의 원리를 거의 파악하고 있었다는 것을 알 수 있다. 한동안 그는 '익살맞은 까치 같은 표정을 띤 큰부리새를 애완용으로 키웠다. …… 그 녀석은 우리가 먹는 건 뭐든 먹었다. 소고기, 거북이, 생선, 파리냐[마니오크], 과일. 그리고 우리의 식사 자리에서 떠나질 않았다. 그 녀석의 식욕은 아주 왕성했고 소화력도 아주 대단했다.'

베이츠는 한번은 볏이 곱슬곱슬한 큰부리새를 채집하려고 했다. '숲속의 어두운 골짜기에 다소 높은 나무에 앉아 있던 한 마리를 쐈다. 그러고 나서 …… 전리품을 챙기러 새가 떨어진 덤불로 들어갔다. 그 녀석은 부상만 입었고 내가 붙잡으려고 하자 크고 날카로운 소리를 내기 시작했다. 순간 마치 마법처럼 어두컴컴한 구석이 이 새들로 살아 움직이는 듯했다. …… 새들은 가지에서 가지로 깡충깡충 뛰며 내게 덮쳐왔고 일부는 동그랗게 말린 딱딱한 리아나 고리 위에서 까딱까딱 몸을 흔들면서 무수한 복수의 여신들처럼 날개를 퍼덕이며 깍깍 울어댔다.' 베이츠의 책의 표지 그림은 그가 복수의 큰부리새들에게 화들짝 놀란 모습을 보여준다. 안경을 쓰고 턱수염과 곱슬곱슬한 구레나룻을 기른 베이츠는 챙이 넓고 처진 모자를 쓰고 격자무늬 셔츠를 입고 있다. 알프레드 히치콕의 영화 《새》에 우연히 홀러들어간 우디 알렌 같은 모습이다. 일단 부상당한 큰부리새를 죽이자 그의 친구들은 내려왔을 때처럼 갑자기 싹 사라졌다.

스프러스도 괴로운 모험을 겪었다. '말벌에 수백 번은 쏘인 것 같은데 한번은 아주 심해서 얼굴과 머리에만 스무 방을 물린 적도 있다. 그러나 나는 언제나 그것들의 아름다움과 재간, 영웅적인 맹렬함에 감탄했다.' 이것들은 낮게 자란 바나나나 다른 잎사귀 아래에 황갈색 벌집을 짓는 아카바 다 노이트acaba da noite 말벌이다. 숲에 길을 내는 사람들은 벌집에 가까이 다가가지 않고 그 옆을 지나갈 때면 살금살금 조용히 지나간다. 만약 잘못 건드리게 되면 수십 마리의 말벌들이 즉시 침입자를 공격할 것이기 때문이다. 스프러스는 무시무시한 아마존 호박벌 마림본두marimbondo에도 쏘였다. 그보다 더 심각했던 경우는 '무서운' 토칸디라tocandira 개미(디노포네라 그란디스Dinoponera grandis) 군단을 건드렸을 때였다. 그의 발은 이 22밀리미터짜리 괴물들한테 물린 자국으로 뒤덮였다. '몇 시간 동안 내 고통은 이루 말할 수가 없었다. 나로서는 수만 개의 쐐기풀에 찔린 고통과 비교할 수 있을 뿐이다.' 그는 손과 발이 중풍 걸린 사람처럼 덜덜 떨렸고 땀에 흠뻑 젖었으며 구토가 밀려왔다. 나중에 안데스 산지의 어느 아마존 수원지에 있을 때 스프러스는 풀쐐기*에 손목을 쏘였다. 통증을 가라앉히려고 그는 바보같이 상처에 암모니아 용액을 발랐다. 그러나 춥고 비오는 날 하루 종일 숲에서 채집을 한 후 그의 손은 두 배로 부어올랐다. '그것은 내가 여태 겪은 것 중 가장 심한 고통의 시작이었다. 사흘간 고열로 잠 못 드는 밤을 보낸 후 손등과 손목 전체에 고름집

---

* 나비 애벌레의 일종.

이 생겼다. 다해서 35개였는데 그 흉터들은 무덤까지 갖고 가게 될 것이다. 5주 동안 나는 (팔걸이 붕대를 한) 팔을 등에 얹은 채 대부분의 시간을 긴 나무 의자에 누워 지내야 했다.' 어느 땐가는 '살이 썩는 게 시간 문제인 것 같아' 데려온 인디오들에게 '내 목숨을 구할 유일한 수단으로서 팔을 어떻게 절단해야 할지'를 가르쳐주었다.

또 한번은 마나우스 아래 트롬베타스 강에서 탐험하던 중 열대우림의 주요 위험 가운데 세 가지를 동시에 겪었다. 즉 울창한 덤불 속에 놓인 채로, 해가 저물었고, 결정적으로—가장 커다란 위험인—길을 잃어버렸다. 그와 동료들은 '얽힌 대나무와 겨풀*'이 무성한 저지대와 맞닥뜨렸는데 오로지 넙죽 엎드려서만 지나갈 수 있었다. 날은 굉장히 후덥지근했고 …… [그다음] 폭우와 천둥이 끝없이 몰아쳤다.' 그 후 적도에서 매일 그렇듯이 6시에 갑작스레 밤이 찾아왔다. 쫄딱 비를 맞은 '우리는 가시로 뒤덮인 야자수와 부닥치고 가끔은 역시 따끔따끔한 시포스[리아나]에 엉키기도 하면서 계속 길을 헤쳐나갔다. …… 한번은 커다란 개미 행렬과 맞부딪혔는데 우리의 발과 다리 주위에 모여들어 끔찍하게 쏘아댔다.' 그들은 마침내 캠프로 되돌아올 수 있었지만 '이 처참한 여행의 결과는 꼬박 한 주를 갔다. 몸이 젖어 생긴 류머티즘과 걸림 외에도 우리의 손과 발, 다리에 생채기가 나고 가시들이 잔뜩 박혀서 상처 가운데 일부는 곪아서 터졌다. …… 독자들이 숲이 울창한 광대한 아마존 계곡에서 [길을 잃거나 밤이 찾아왔다고] 상상해 보라. 게다가 그 안에서 사람이 사는 곳은 멀리 떨어져 있고 또 수목이 얼마나 울창한지 생각해 보라. …… 몇

---

* 잎 가장자리가 톱니모양인 풀.

발자국 앞을 내다보기가 거의 불가능하다.' 그다음 그는 길을 잃은 사람들, 심지어 구조가 멀지 않았을 때 조난당한 사람들에 대한 이야기를 들려주었다. (길을 잃는 것은 아마존의 자연환경에서 맞닥뜨릴 수 있는 몇 안 되는 치명적 위험이다. 나도 아직 탐험한 바 없는 숲에서 혼자가 된 공포를 경험한 적이 있는데 스프러스가 조난당했을 때보다 도움의 손길로부터 훨씬 멀리 떨어져 있었고 내가 틀린 방향으로 계속 간다면 결코 생존하지 못하리라는 것을 알고 있었다.)

아마존에서의 이동은 원주민 '노잡이들에게 전적으로 의존했다. 보트에 단순한 돛이 달려 있었지만 여행자들은 물살과 바람을 거슬러 배를 움직이고 급류에서 배를 끌어올리고 조종할 원주민 뱃사공을 찾아야 했다. 당시의 여행 문헌들은 그러한 조력자를 구하는 데 따르는 시련에 관한 이야기로 가득하다. 자연학자들은 하나같이 그가 고용한 일꾼들이 형편없었다고 불평하면서도 한편으로는 그들의 뛰어난 솜씨와 체력을 칭찬했다. 스프러스는 브라질 상인들이 어떻게 카샤사 럼으로 인디오들을 인사불성으로 취하게 만든 후 통나무 토막처럼 잠든 그들을 배에다 던져 넣는지를 설명하는데 그렇게 납치된 인디오들은 다음날 잠에서 깨면 몇 달간 꼼짝 없이 노잡이로 일해야 했다.

베이츠는 현지인들로부터 아마존의 동식물과 생태계에 대해 많은 것을 배웠지만 그들의 지적 호기심 결여와 조야한 생활 방식을 유감스럽게 여겼다. 그는 종종 그를 돕는 일꾼들을 게으르거나 쓸모없거나 뻔뻔하다고 묘사했다. 이상주의적 사회주의자로서 월리스는 노예제를 반대했지만 다양한 플랜테이션의 노예들이 좋은 취급을 받고 있으며 자신의 처지에 만족하는 것 같다고 생각했다. 스프러스는

아마존 Amazon

진짜 '맨 등의' 인디오들만 고용하려고 했는데 셔츠를 입은 인디오들은 사회적 포부가 지나쳐 타락했다고 철썩 같이 믿었기 때문이다. '인디오의 핏줄에 조금이라도 백인의 피가 흐르고 있으면 그의 오만 방자함과 반항심은 열 배로 커진다.' (그러나 네그루 강 상부에서 그를 죽이려고 한 사람들은 순수 혈통 인디오들이었다.) 스프러스는 몇몇 예외를 제외하고는 브라질 카보클루들, 특히 '자유 유색인'을 싫어한다고 인정했지만 '명랑한 흑인'들은 싫지 않다고 했다.

스프러스는 평소에 붙임성이 좋은 사람이라 필요하다면 언제든 영국식 내성적 태도를 벗어던질 줄 알았다. 1851년 6월에 그는 마나우스에서 멀지 않은 솔리몽이스 강변의 마나키리Manaquiri에 있었다. 주민들은 성 요한 축일을 기리는 성대한 축제를 벌였다. 이것은 선출된 '판관'과 '뛰어난 미모로 뽑힌 여판관'(주이자Juiza)이 주도했다. 여러 식전 주연이 벌어진 후에 스프러스는 매력적인 주이자와 함께 무도회를 개시하도록 요청받았다. '그런 청을 거절한다면 무척 거만하다고 할 수 있겠지. 그래서 나는 우선 다른 사람들처럼 코트와 구두를 벗고 숙녀분을 이끌고 나왔다. 우리는 멋지게 해냈고 춤이 마무리되자 모두가 "다른 사람의 관습을 무시하지 않는 훌륭한 백인"을 향해 박수를 치고 환호성을 외쳤다. 일단 "빠져들자" 나는 밤새도록 춤을 췄다.'

베이츠는 종종 '마음이 맞는 동행'이 없어 외로움을 느꼈다. 브라질에 도착한 직후 그는 영국의 대리인에게 편지를 썼다. '혼자보다는 뜻이 통하는 동행이 있으면 좋겠지만 이 미개한 나라에서는 불가능하지요. 제 옆에는 반야생 상태의 유색인 소년이 있는데 뛰어난 곤충 전문가이지요. …… 그 애가 나를 속이고 달아나지만 않는다면 귀중한 도움이 될 것입니다.' 베이츠는 겸손하고 불평을 하지 않는 사람이었지만 훗날 60대가 되었을 때 아마존에서 10년 동안 겪은 여러 역경에 대한 회상을 들려줌으로써 그의 이야기를 듣고자 런던 북부에 모인 지식인들의 마음을 홀딱 사로잡았다. 그의 청중 가운데 한 명은 그 광경을 이렇게 묘사했다. '베이츠는 숨을 죽이고 그 탐험에서 어떻게 때로 아사 직전까지 갔는지, 노예들과 함께 매일 먹을 거친 음식을 마련하기 위해 어떻게 노예처럼 일했는지, 또 어떻게 죽음보다 더 끔찍한 위험에 맞섰는지, 그리고 어떻게 그의 전 재산을 걸었고 때로는 잃어버렸는지를 들려주었다.' 그는 '어린아이가 말하듯 꾸밈없이 이야기했는데 …… 그의 이야기를 듣는 다 큰 어른들의 눈에는 눈물이 맺혔다.'

베이츠의 명성 가운데 하나는 '베이츠형 의태'였다. 그는 매우 많은 열대우림 곤충이 자신을 보호하고 감추는 위장술에 탄복했다. 어떤 것들은 자기들이 좋아하는 나무의 껍질이나 잔가지와 섬뜩할 정도로 똑같았고 '많은 종의 곤충은 낙엽이나 살아 있는 잎사귀로 감쪽같이 속을 만큼 매우 닮아 보인다. 일반적으로 이러한 특징은 곤충은 먹지만 잎사귀는 먹지 않는 식충 동물의 공격으로부터 스스로를 보호하는 기능을 한다고 여겨진다.' 다른 위장술은 일벌 사이에 알을 낳기 위해 일벌을 흉내 내는 기생벌이나 먹잇감을 기다리며 꽃봉오리처럼 위장하는 깡충거미처럼 좀 더 사악한 목적을 띠기도 한다. 베이츠의 흥미를 자극한 것은 나비나 요란한 색깔의 애벌레들이 종이 다른 데도 서로 닮은 이유였다. 그는 곤충이 선명한 색깔을 뽐내는 것은 독이 있거나 맛이 없기 때문이라고 결론 내렸다. '따라서 자기는 독과 같은 이점이 없으면서도 독이 있거나 맛없는 종을 모방한 종

아마존Amazon

들은 겉모습에서 그러한 종으로 속아 넘어가도록 적응함으로써 포식자에게 잡아먹히는 운명을 피할 수 있다.' 어떤 맛있는 곤충들에게 유일한 생존 전략은 독이 있는 종과 똑같이 보이는 것뿐이었다. 이러한 관찰 결과는 베이츠의 이름을 따서 지어졌다. '베이츠형 의태'는 맛있는 흉내쟁이가 먹을 수 없는 종을 닮은 상황을 가리킨다.

그의 유명한 책의 서문에서 베이츠는 자신이 수집한 1만 4712 종(표본이 아님에 주의해야 한다. 표본은 그보다 몇 배는 더 많았을 것이다.)의 동물의 목록을 제공했다. 이 가운데 압도적 다수인 1만 4천 종은 곤충인데 열대우림에는 곤충이 엄청나게 많기 때문이다. 그는 '내가 가장 오래 머문 아마존 지역[에가 인근]은 자연학자들에게 탐험되지 않은 땅이며 여기서 열거한 종 가운데 자그마치 8천 종은 학계에 새로운 것이며[강조는 베이츠] 현재 유럽 곳곳의 학자들이 그것들을 설명하기 위해 바쁘게 펜을 놀리고 있다.'

베이츠는 나비와 나방, 개미를 관찰하는 것을 좋아했지만 딱정벌레에 대한 연구로 가장 잘 알려져 있다. 1851년 처음 에가를 방문했을 때 그는 대리인인 스티븐스에게 '딱정벌레목을 얻기 위해 매우 애쓰고 있습니다. …… 멀리서 딱정벌레가 목격되었다는 이야기를 들을 때마다 나는 보트를 타고 몇 마일이고 뒤쫓아 갑니다.' 그는 현지인 남성과 그의 가족들을 고용해 자신의 사냥을 돕게 했다. '그는 매일 열 마리에서 스무 마리의 딱정벌레목을 가져왔고 나는 그런 식으로 최상의 표본을 몇 점 얻었지요.' 베이츠는 이 지역의 솔리몽이스 강에서 어마어마한 수의 신종 딱정벌레를 채집했다. 그러나 그는 자신이 단순한 수집가나—비록 세계 최고의 수집가 중 한 명이긴 했지만—종의 체계적 분류에만 관심이 있는 분류학자 이상임을 보여주기 위해 열심이었다. '새로운 종의 발견은 …… 살아 있는 생명의 연구에서 일부 요소에 불과하다. 가장 오래전에 알려진 어떤 종들에 대한 구조와 습성, 본능, 지리적 분류는 연구를 위한 무궁무진한 자료를 제공한다.' 비록 그런 용어가 아직 생겨나지 않았던 때지만 베이츠는 자신을 동물행동학자이자 생태학자로 생각했다.

　　19세기 중반 아마존을 탐험한 영국인 자연학자 세 명은 모두 명성을, 사실상 불후의 명성을 얻게 된다. 1860년 베이츠가 영국으로 돌아왔을 때 조셉 후커와 찰스 다윈은 엘리트들의 세계인 런던의 기성 과학계에 어떻게 진입할 수 있을지 그에게 자애로운 조언을 해주었다. 1861년, 왕립지리학회는 창립 31년 만에 처음으로 상근 간사를 두어 협회를 운영하기로 했다. 지원자가 거의 없자 행정 경험이 전혀 없었음에도 불구하고 다윈 등의 지지를 업어 베이츠가 그 자리를 얻게 되었다. 베이츠는 1892년 죽을 때까지 왕립지리학회를 30년 넘게 이끌었다. 그는 자신이 편집하는 학회지와 왕립지리학회가 펴낸 유명한 안내서 『여행자들에게 주는 조언Hints to Travellers』, 그리고 개인적 격려를 통해 조용한 방식으로 많은 여행자들과 탐험가들을 도왔다. 그는 학교에서 지리학을 가르치도록 적극 촉구해 교육 현대화에 앞장서기도 했다. 비록 열세 살에 학교를 그만두었지만 베이츠는 과학계에서 가장 배타적인 모임인 왕립학회의 회원으로 선출되었다. 그는 많은 이들의 사랑을 받았고 '오랜 친구 베이츠'나 '아마존의 베이츠'로 알려졌지만, 그가 죽었을 때 일부 부고들은 일상적 행정 업무가 그의 창의적인 연구 활동을 저해했다고 타박했다. (필자는 왕립지리학회의 다섯 번째 상근 수장이었다.* 학회를 운영한 21년간 나는 존경스러운 선임자 헨리 월터 베이츠의 초상화 아래 앉아서 많은 자극을 얻을 수 있었다. 회원들이 너도나도 눈독을 들이는 물건 가운데 하나는 베이츠가 열대우림에서 딱정벌레와 나비들을 뒤쫓을 때 벨트에 달고 다닌 자그마한 연보라색 바늘꽂이다.)

앨프리드 러셀 월리스는 1852년 영국 선박 헬렌호를 타고 집으로 출발했다. 그는 자신의 전 재산이나 다름없는 방대한 자연사 컬렉션을 챙겨갔다. 그러나 항해가 3주째에 접어들어 배가 버뮤다 동쪽을 지나가고 있을 때 발삼나무와 고무가 실린 화물칸에서 불이 났다. 월리스는 불을 끄기 위한 노력과 숨 막히는 연기, 노트 두세 권과 스케치 몇 점밖에 건지지 못한 일, 아수라장 속에서 물이 새는 구명정을 띄우려고 했던 일, 그리고 돛과 불에 탈 만한 모든 화물이 불길에 휩싸이면서 '눈부시게 화려한 장관'을 연출해낸 것 등을 생생하게 묘사했다. 구명정에서 열흘을 버틴 후 버뮤다에 닿지 못할 것이라고 체념하고 있던 생존자들은 지나가던 배에 구조되었다. 영국으로 돌아온 월리스는 왕립지리학회의 회장에게 컬렉션이 사라진 비극적 경위에 대해 설명하고 동남아시아에서 연구를 계속 해나갈 수 있도록 도움을 호소하는 뭉클한 편지를 썼다. 학회는 월리스가 해군 소속 배를 타고 갈 수 있는 자리를 마련해주었다.

말레이 군도의 숲속에서 월리스는 진화의 문제들을 고심했다. 1855년 그는 모든 종은 '기존에 존재하는 매우 가까운 종과 일치하는 시공간에서' 생겨났다는 생각을 발표했다. 3년 후 그는 몰루카에서 말라리아에서 회복 중일 때 자연선택, 즉 적자생존이 이러한 진화의

---

* 왕립지리학회의 수장인 학회장은 명예직이며, 실제 운영은 총무이사가 총괄한다.

방법이라는 영감을 얻었다. 그는 자신의 발상을 재빨리 글로 옮겨, 자신과 동일한 원리를 연구 중임을 알고 있던 다윈에게 보내 의견을 구했다. 다윈은 상대적으로 알려지지 않은 월리스보다 열네 살 연상으로, 아직 자신의 연구를 출간하지 않은 상태였다. 그러나 두 사람은 훗날 귀감이 될 만큼 정직하고 바르게 처신했다. 두 사람의 논문은 1858년, 린네학회의 유명한 모임에서 동시에 발표되었다. 월리스는 이론의 우선권을 주장하지 않았고 다윈이 『종의 기원』을 출간하자 '매번 더욱 감탄하면서' 여섯 번이나 읽었다.

월리스는 '월리스선', 즉 대륙 이동의 결과로 보르네오 섬 동쪽 마카사르 해협을 경계로 양쪽의 동물군이 완전히 다르다는 사실을 발견한 것으로도 유명하다. 그는 90세까지 살았고 자연사에 관한 탁월한 연구서들부터 골상학(두개골이 튀어나온 모양을 연구하는 것)과 심령주의, 백신 접종 반대와 같은 정설을 벗어난 견해에 이르기까지 광범위한 저작을 출간했다. 그는 영국에서 급진적인 토지 국유화를 주장하는 운동을 했다. 레스터 출신의 보잘 것 없는 측량사였던 월리스 역시 왕립학회의 회원이 되었고, 그곳에서 수여하는 다윈 메달의 첫 수상자가 되었으며, 1910년 국왕은 그에게 영예로운 메리트 훈장을 하사했다.

식물학자들의
식물학자

네그루 강 상부와 오리노코 강 지류들에서 3년간 식물 채집을 한 후 리처드 스프러스는 마나우스에서 쉬면서 건강을 회복했다. 1855년, 그는 증기선을 타고 페루의 이키토스로 갔다. 오늘날 아마존 강의 강둑은 그 이후로 거의 변한 게 없다. 아마존에 대한 지식이 없는 사람한테는 한없이 단조롭게만 보이는 아마존 경치가 위대한 식물학자에게는 어떠한 환희를 안겨줬는지 살펴보는 것은 즐거운 일이 될 것이다. 그는 친구인 존 티스데일에게 보낸 편지에서 이렇게 썼다. '변화무쌍한 숲의 파노라마는 언제 봐도 지겨운 줄 모르고 감탄하게 된다네. 드넓은 강변은 20~30피트까지 자라는 화살 갈대Arrowreed가 빽빽하게 들어차 있고, 그 뒤로는 늘씬하고 우아한 버드나무가 줄지어 늘어서 있는데, 연노란 버들가지에 케크로피아 펠타타Cecropia peltata(뽕나무류의 일종)의 넓은 흰 잎사귀가 간간이 섞여들어 변화를 준다네. 위로 처녀림이 갑작스레 우뚝 솟아 있지. 여기에 장대한 강과 무수한 섬들(고정된 섬들과 떠다니는 섬들*), 두루미와 왜가리, 변함없는 악어, 서로 술래잡기를 하며 공중제비를 도는 민물 돌고래들, 무수한 다른 광경과 소리들까지 ……'

　　스프러스는 그다음 카누를 타고 우알라가 강을 계속 거슬러가 안데스 산맥 동쪽 사면에서 광범위한 채집 활동을 한 최초의 식물학자가 되었다. 이 지역은 아마존 저지대를 휩쓰는 구름에서 비를 얻고 '고도별 대상帶狀 분포'—아마존 열대우림에서 운무림으로 고도가 높아짐에 따라 다른 생태계가 나타남—라는 이점을 갖고 있기 때문에, 지구상에서 종이 가장 풍부한 지역 가운데 하나다. 스프러스는

---

*습지의 여러 부유 식물과 흙이 결합해 섬처럼 보이는 것을 말한다.

열대림 위쪽 안데스 산맥 기슭에 자리 잡기로 했다. 그는 우알라가 강 상부 인근의 외딴 마을 타라포토에서 거의 2년을 보냈다. (불운한 우르수아-아기레 원정대가 3세기 전 보트를 지었던 곳에서 그리 멀지 않은 곳이다.) 그는 '남아메리카를 떠도는 동안 그 어느 곳보다 가장 기분 좋게 지낸 곳'인 타라포토를 사랑했다. 마을의 신부부터 시작해 모든 주민들이 그의 친구가 되었다. 그들도 키가 크고 에스파냐어를 유창하게 말하며 단정한 검은 수염을 기른 친근한 이 남자를 좋아했다. 기후는 아주 좋았고 식물 채집 작업은 환상적이었다. 그는 요크셔의 계곡들을 떠올리게 하는 식물들, 즉 양귀비, 검은딸기나무, 쇠뜨기, 친숙해 보이는 미나리아재비종과 연못에서 자라는 피막이종을 발견했다. 월리스는 나중에 '스프러스의 노트에는 1,094종의 현화식물과 고사리가 기록되어 있으며 여기에 그가 좋아하는 집단인 수백 종의 이끼와 노루귀(우산이끼)도 추가해야 한다.'는 것을 발견했다. 스프러스 자신은 타라포토 주변에서 '250종의 고사리와 연관 종을 발견했는데 그 가운데 많은 것이 신종이며, 특히 나무고사리에 신종이 많았다.'고 적었다.

1857년 페루는 혁명으로 어지러웠고 스프러스는 타라포토를 떠나서 에콰도르에서 채집을 계속하기로 했다. 그는 현지의 두 상인과 함께 열네 명의 인디오 노잡이들을 데리고 지붕 없는 카누 두 척을 타고 갔다. 우알라가 강, 그다음 아마존 본류 일부 구간을 거슬러 간 후 사람이 살지 않고 숲이 우거진 파스타사 강과 보보나사 강을 거슬러 가는 여정은 14주간의 악몽이었다. 그는 벤섬에게 보낸 편지에서 이렇게 썼다. '세상에 그런 여행은 다신 없을 겁니다! 그때 보고 겪은 걸 …… 생각하기도 싫을 정도입니다.' 첫 번째 고난은 무시무

아마존 Amazon

시한 우알라가 강의 퐁고, 즉 무서운 소용돌이 급류였다. 스프러스에게는 강아지 때부터 키워서 아끼는 술탄이라는 큰 개 한 마리가 있었다. 그러나 '내가 탄 카누가 소용돌이에 걸려, 우레와 같은 급류의 굉음에 우리 목소리가 잠기고 엄청난 물살이 우리에게 쏟아지자 개가 겁에 질린 나머지 그만 미치고 말았다.' 술탄은 먹으려고도 마시려고도 하지 않았고 뭍에 내릴 때마다 미쳐 날뛰어서 스프러스는 어쩔 수 없이 개를 총으로 쏴 죽여야 했다. 그들은 모기에도 시달렸다. 또 보름 동안 사람은 구경도 못했다. 호전적인 우암비사족(히바로족의 아족(현재는 슈아르족이라 불린다)으로 그들의 장기는 베어낸 적의 머리를 수축 가공하는 것이다)이 두려워서 사람이 모두 떠나고 없는 버려진 마을을 만났다. 그다음 파스타사 강 상류를 거슬러 가는 길은 '거의 쉬지 않고 비가 내리고 잠을 잘 만한 마른 땅을 좀체 만날 수 없으며 마을이나 정착지는 구경도 못한 채 고달프고 지루했다.'

보보나사 수원지에서 여행객들은 아마존의 커다란 위험 가운데 하나에서 살아남았다. 바로 돌발 홍수였다. 그들의 카누를 저어준 안도아족 인디오들—사포로안어를 말하고 마이나스족과 가깝다—이 여행객들의 목숨을 구했다. 그들의 선조들이 이전 세기에 이사벨고댕을 구조한 것처럼 말이다. 여행객들은 바보 같이 멀리서 들려오는 천둥소리를 무시하고 밤을 보내기 위해 모래강변에 자리를 잡았다. '그때 폭풍우가 몰아쳤고 그와 거의 동시에 강물이 불어나기 시작했다. 강변까지 빠르게 물이 넘쳤고 인디오들은 카누로 뛰어들었다. 강물은 엄청난 속도로 계속 불어나 몇 분마다 한 번씩 우레 같은 소리를 내며 우리에게 밀려들었고 물살이 카누 아래서 부서지면서 소용돌이가 일고 카누들이 서로 격렬하게 부딪혔다.' 카누를 매어둔

리아나가 마침내 끊어졌다. 그러나 인디오들은 폭풍우가 몰아치는 밤새 내내 나뭇가지를 꼭 붙들고서 '카누들이 서로 부딪혀 부서지지 않게, 또 우리 주위를 미친 황소처럼 지나가는 떠다니는 나무에 부딪혀 산산조각 나지 않게 온 힘을 다했다. 어둠이 너무 짙어 아무것도 볼 수 없었고 쏟아지는 빗소리와 날뛰는 강물, 물 위에 떠다니는 나무들이 뒤집어지고 서로 맞부딪히면서 나는 소리에 귀가 먹을 것 같았다. 번개가 번쩍일 때마다 우리가 얼마나 위험천만한 상황인지 고스란히 드러났다. 당연히 나는 살아서 아침을 맞을 수 있을 거란 기대를 거의 하지 않았다. 그 무시무시한 밤, 비와 폭풍이 몰아치는 가운데 한순간도 마음을 놓지 않고 온 힘을 다해 우리의 카누를 구해준 …… 그 인디오들에 대한 고마움을 영영 잊지 못하리라.' 걷잡을 수 없이 들이닥치던 강물은 다음날 정오나 되어서야 잔잔해지기 시작했다. 그때가 되자 '우리는 지쳐서 죽을 지경이었고 나는 고열까지 났다.'

스프러스는 에콰도르에 도착해서도 여러 위험을 맞이했는데, 특히 약한 대나무 다리 위로 미끄러운 절벽을 기어오르다가 다리가 그의 채집 상자의 무게를 이기지 못해 봉변을 당할 뻔했다. 또 한번은 거센 강물이 흐르는 협곡 아래로 내려가기 위해 튀어나온 바위에 마디진 장대를 걸고서 그것을 붙들고 46미터를 내려가야 했다. 그러한 고생에 대한 보상으로 그는 가장 외진 안데스 몬타냐, 그가 본 곳 중 이끼가 가장 많이 뒤덮인 곳에서 작업한 최초의 (그리고 아마도 최후의) 식물학자가 되었다. 스프러스의 컬렉션과 발견들이 워낙 방대해서 친구인 월리스는 사후에 그의 일지와 편지를 대조, 정리하면서 그것들을 자세히 기술하거나 수량화할 엄두를 내지 못했다. 월리스는 단순

아마존Amazon

히 1857년부터 1859년까지 2년 동안 스프러스가 에콰도르 마을 바뇨스와 암바토에서 60차례 식물 채집 탐사를 나갔다고만 언급했다.

1859년 말 스프러스는 공식 임무를 받고 놀랐다. '나는 인도 성筬으로부터 기가수나무의 씨를 조달하는 일을 위임을 받았다.' 이것은 친초나, 즉 말라리아 완화제인 키니네 성분을 함유한 유명한 '열병 껍질fever bark'이었다.

1852년 스물두 살의 전직 해군사관생도 클레멘츠 마컴은 잉카의 수도와 페루 안데스 산지에 있는 아마존의 수원을 보러 갔다. 페루에서 마컴의 목적 가운데 하나는 인디오들은 키나라고 부르는 친초나나무였다. 앞서 본 것처럼 원주민들은 오래전에 예수회 선교사들에게 이 나무껍질의 해열 성질에 대해 알려주었다(157~158쪽을 보라). 1820년이 되어서야 프랑스 화학자들이 나무껍질에서 알칼로이드를 추출해서 키니네라고 부르게 되었고 이것은 곧 특정 질병을 치료하는 순수 화합물의 첫 사용으로 이어졌다. 마컴의 오랜 탐색은 안데스 산맥에서 아마존 삼림으로 극적인 하강을 시작하면서 보답받았다. '긴 풀로 덮인 사면은 점차 아열대 식생으로 대체되었다. 아름다운 현화식물이 많았다. 나는 여기서 카스카릴라나무* 한 그루를 보았고 이후에도 하나 찾아냈다. 친초나 오바타Cinchona ovata종으로 그리 귀중한 종류는 아니었지만 친초나속이라는 것을 알아볼 수 있었다.' 영국으로 돌아온 마컴은 살아 있는 남아메리카 친초나나무를 말라리아가 군대의 재앙이 되고 있던 인도로 이식하도록 정부에 로비했다.

---

* 서인도산 등대초과 관목. 껍질은 강장제의 원료로 쓰인다.

마침내 공식적 후원을 따낸 그는 친초나나무와 씨앗을 입수하기 위해 세 차례 시도를 조직했다. 페루로 간 그룹은 마컴이 직접 이끌었다. 그는 쿠스코 동쪽 마드레 데 디오스 강의 지류 탐보파타 강가의 울창한 숲까지 내려갔다. 그러나 원정은 그들의 귀중한 열병 껍질 나무를 잃지 않으려고 단단히 작정한 페루인들과 위험천만한 사고 때문에 좌절되었다.

세 차례 친초나 채집 사업에서 유일하게 성공한 사업은 리처드 스프러스에 의한 것이었다. (스프러스의 열렬한 지지자인 큐가든의 윌리엄 후커 경이 강력히 주장해 맡겨졌다.) 스프러스는 원래도 그리 튼튼하지 않았고 이제 여러 심각한 질환으로 몸도 지치고 고생이 심한 상황이었다. 1860년 초에는 아파서 쓰러지기까지 했지만 '말할 수 없는 육체적 고통'에도 불구하고 묵묵히 일을 해나갔다. 스프러스는 특유의 빈틈없는 태도로 현지 당국을 구슬려서 귀중한 식물을 채집할 수 있게 허락을 받았고 현지의 껍질 채취자들이 아는 것을 모두 배운 후 그 종과 서식지, 채집에 적당한 시기에 대해 어느 누구보다도 더 많은 사실을 알게 되었다. 그는 일 년 동안 혼자서 친초나 열매 2,500개와 씨앗 10만 개를 모았다. 작업은 태평양 방면 안데스 산맥에 위치한 에콰도르에서 이뤄졌다. 스프러스는 자신이 채집한 것들을 강에 띄워 보내기 위해 특별 뗏목을 제작했으며 1860년 10월에 과야킬 항구에서 이 귀중한 화물을 실어 보냈다. 그다음 시에라로 돌아가 자신이 심어 놓은 637그루의 묘목을 채집했다. 이것들도 몇 달 후 잘 포장해 배에 실어 보냈다. 에콰도르 은행이 파산하는 바람에 스프러스는 얼마 되지 않는 저금 700파운드를 모두 날려 큰 타격을 받았지만 1864년까지 남아메리카에서 이 자비로운 작업을 계속했다. 그가 채

아마존 Amazon

집한 친초나 씨와 나무는 인도에 무사히 보내졌고 거기서 많은 이들의 목숨을 구했다. 키니네는 '진 토닉gin and tonic'도 탄생시켰다. 의무적으로 키니네 강장제를 복용해야 하는 인도군의 병사들은 그 쓴 맛을 싫어해서 좀 더 입맛에 맞게 만들기 위해 배급받는 진*을 첨가했다. 실험은 대성공이었다!

스프러스는 환각제에 관심이 굉장히 많았고 인디오들이 주술의식에 사용하는 식물과 가사상태를 유도하는 약초를 상세히 묘사했다. 그는 이파두ipadú 코카(에리트록실론 코카Erythroxylon coca)를 시험 삼아 먹어 봤지만 별다른 효과가 없었다. '내가 너무 조금 먹었던 것 같다.' 도금양과 비슷하게 생긴 코카 관목은 잉카인들에게 신성했고 오늘날까지도 안데스의 인디오들에게 사랑받는다. 그들은 코카 잎을 라임과 섞어 씹는데 그러면 침과 상호 작용하여 코카인 성분 일부가 빠져나와 잎을 씹은 사람이 배고픔을 느끼지 않게 된다. 코카 잎은 몸에 좋은 열량과 비타민, 단백질, 칼슘, 철도 함유하고 있다. 저지대 인디오들은 이파두종 코카 잎과 라임을 섞는 법을 결코 깨닫지 못했는데 숲속에서는 이파두종을 구하기 더 어렵기 때문이다. 안타까운 사실은 무해한 코카에 코카인 마약 성분이 들어 있다는 것이다. 이 강력한 알칼로이드는 1860년 코카에서 처음 분리되어 곧 탁월한 국부 마취제로, 특히 치과의사들 사이에서 널리 사용되었다. 한동안 코카는 만병통치약으로 통했다. 각종 특효약과 강장 음료에 등장했는데 그 가운데 지금까지 유일하게 남아 있는 제품은 코카콜라이다. (코카콜라에서 코카는 오래전에 빠졌다.) 알칼로이드를 정제해 코카인을 만

---

* 노간주나무 열매의 향을 첨가한 독한 술.

드는 과정은 복잡한 공정으로 이제는 범죄 조직의 영역이다. 이 때문에 코카는 지금도 그런 악명이 따른다.

스프러스는 '우아우페스 강의 모든 원주민들에게 카피라는 이름으로 알려진 술'도 언급했다. 그는 인디오 축제 때 직접 카피를 마셔봤지만 효과는 혼란스러웠다. 그를 초대한 투카노 인디오들이 그를 배려한답시고 연달아 카시리 마니오크 술과 숲의 나뭇잎을 말아 만든 커다란 궐련, 그리고 푸푸냐(복숭아 야자나무)에서 나온 '와인'을 권했기 때문이다. 이 모든 게 스프러스의 속을 울렁거리게 만들었다. 그러나 그는 카피의 원료가 학명이 따로 없는 바니스테리아속 덩굴 리아나라는 것을 알았고 그 껍질을 화학적으로 분석해 환각 성분이 있다는 것을 밝혀냈으며 바니스테리옵시스 카피*Banisteriopsis caapi*라는 학명을 붙여주었다. 이것은 탐험 식물학자가 실험실 화학자가 된 최초 사례 가운데 하나였다. 스프러스는 오리노코 강의 마이푸레스 급류에서 유목 생활을 하는 구아이보족이 카피를 흡입하고 씹는 것을 다시 목격했다. 5년 후 에콰도르 몬타냐에서 그는 사파로 인디오들(아우카족)이 같은 환각제를 이용하지만 그것을 아야우아스카 ayahuasca(잉카어인 케추아어로 '죽은 자의 덩굴'이란 뜻)라고 부른다는 사실을 발견했다. 더 북쪽의 콜롬비아에 있는 카케타 강과 푸투마요 강의 위토토족과 보라족은 야제*yagé*라고 부른다.

스프러스는 카피의 효과를 이렇게 보고했다. '[카피를] 섭취한 사람은 모두 처음에는 현기증을 느낀다. 그다음 마치 공중으로 날아올라 둥둥 떠다니는 느낌을 받는다. 인디오들은 아름다운 호수와 과일이 주렁주렁 열린 숲, 화려한 깃털이 달린 새 등을 본다고 말한다. 그러나 곧 장면이 바뀐다. 그들은 흉포한 야수가 달려드는 것을 보고

아마존 Amazon

더 이상 가만히 있지 못하고 땅으로 떨어진다.' 이 황홀경에서 깨어
난 인디오는 깨어나서 처음 보는 사람을 갑자기 공격할 수도 있다.
그러고서 그는 깊은 잠에 빠져든다. 놀랍게도 인디오들은 환각 성분
이 있는 다른 식물 두 가지, 꼭두서니 그리고 카피와 유사한 리아나
를 더 발견했는데 그 두 가지의 잎사귀에는 약물의 효과를 크게 강화
하는 트립타민이라는 성분이 들어 있다. 이 약물을 복용한 사람은 깊
은 잠에 빠져 무척 강렬한 꿈을 꾼다. 꿈의 내용은 세부 사항이 매우
명확할 뿐만 아니라 분명하게 이해되는 것 같은 인상을 받게 되며 잠
에서 깨어난 후 아주 생생하게 기억할 수 있다. 그래서 샤먼들은 부
족 간 전쟁이나 외교 사안, 흑마술을 쓰는 사람, 병의 치료제, 아내들
의 애정의 대상이 누구인지 결정을 내릴 때 카피/아야우아스카/야제
를 이용한다. 콜롬비아의 투카노 인디오들은 모임에서 정교한 의식
을 여는데 카피를 씹고 발효해 신성한 단지에 섞은 후 역청 횃불의
붉은 불빛 아래 둥그렇게 둘러앉은 남자들이 딸랑이와 팬파이프 소
리가 울려 퍼지는 가운데 카피를 마신다.

　　하버드 대학의 식물학 교수 리처드 에번스 슐츠는 한 세기 후
스프러스의 발자취를 따라 이 놀라운 환각 식물들에 관해 더욱 극적
인 발견을 해냈다. 그가 다른 식물과 섞은 야제를 맛봤을 때 '효과는
충격적이었다. 멀리 고속도로 끝에서 무용수들이 빙글빙글 도는 것처
럼 붉은 색과 황금색 다이아몬드 불빛이 눈부시게 반짝거렸다. ……
온갖 느낌과 꿈들이 연달아 폭발적으로 눈앞에 펼쳐지다가 마침내 공
허한 아침이 되면 떠오르는 태양을 배경으로 타오르는 붉은 빛과 진
홍색 새들만 남는다.' 슐츠 교수는 생활 태도가 보수적인 사람이었지
만, 『라이프』지의 한 기자는 '마법의 버섯(멕시코의 페요테peyote*와 다른

약물들)'을 발견해 1960년대 히피 약물 운동에 영감을 준 공로를 그에게 돌렸다. 하버드 대학의 강사였던 티모시 리어리**가 그의 학생이었던 것이다. 슐츠는 진지한 학자들 가운데 부족의 샤먼들을 존중하고 그들로부터 많은 것을 배운 최초의 사람이었다. 따라서 그는 민족 식물학, 즉 원주민 부족의 식물 이용 방식에 관해 연구하는 학문의 창립자로 존경받는다.

스프러스는 (1799년 훔볼트가 한 것처럼) 오리노코 강 상부의 인디오들이 들이마시는 요포yopo 혹은 니오포niopo라는 환각성 코담배도 연구했다. 구아이보족 늙은이가 환각제를 조제한 후 스프러스에게 서툰 에스파냐어로 말했다. '카피를 한 입 씹고 니오포 한 움큼을 들이마시면 기분이 아주 좋아! 배가 고프지도 목이 마르지도 피곤하지도 않아!' 그는 요포/니오포가 미모사와 아카시아와 친척인 콩과 나무, 아나데난테라 페레그리나Anadenanthera peregrina의 콩으로 만들어졌다는 사실을 발견했다. 이름이 비슷해서 헷갈리는 요코yoco는 리아나의 일종으로 껍질에 카페인이 다량 함유되어 있다. 서부 아마존의 부족들은 아침을 먹지 않는 대신 새벽에 조롱박에 담긴 요코를 여러 바가지 마신다. 그러면 원기가 넘치고 낮까지 배고픔을 느끼지 않는다.

또 다른 환각 코담배는 스프러스의 레이더망을 피해갔는데 당시에 아직까지 외부와 접촉이 없었던 (오리노코 강과 북부 아마존의) 야노마미 부족들이 이용하는 것이었기 때문이다. 야노마미족은 이 폭발적인 환각성을 지닌 코담배를 그들 방언에 따라 파리카paricá나 에

---

* 선인장에서 추출한 환각제.
** 1960년대 LSD와 반문화운동의 주요 옹호자.

아마존 Amazon

페냐epená라고 부른다. 더 서쪽의 콜롬비아로 가면 푸이나베족은 야
키yakee, 투카노족은 비오viho라고 한다. 이것은 비롤라 테이오도라
Virola theiodora 나무껍질의 붉은 수액에서 추출한다. 샤먼들은 이것을
축제 참가자들의 콧속으로 강하게 불어 넣는다. (필자도 야노마미족의
야노 오두막에서 이것을 몇 차례 들이마신 적이 있다. 그것의 효과는 머리가
아주 맑아진 것 같고 무슨 문제든 풀 수 있을 것 같은 기분이 드는 것이다. 또
시각에도 영향을 미쳐 사람과 이엉지붕을 지탱하는 거대한 장대가 어둠을 배
경으로 놀랄 만큼 또렷하게 도드라져 보였다.) 야노마미족은 이 코담배를
의식과 점복에서 광범위하게 이용한다. 그러나—아마존 부족들 가
운데 유일하게—단순한 기분전환용으로 이용하기도 한다. 갈색 가
루가 담긴 조롱박은 오두막에 걸려 있고 환각 체험이 내키는 사람은
누구든 그것을 들이마셔도 된다. 야노마미족 마을에 가면 에페나를
흡입한 인디오가 혼자 춤을 추며 이상한 말을 지껄이거나 소리를 외
치다가 곯아떨어지는 모습을 볼 수 있다. 비롤라 껍질에서 나온 같은
수액은 화살과 바람총 다트에 바르는 독으로도 쓰이지만 쿠라레로
쓸 때는 코담배로 만들 때처럼 (독성을 제거하기 위해) 침출하고 불에
건조하는 과정이 없이 나무에서 곧장 추출한다.

슐츠 교수는 그의 저술에서 리처드 스프러스에게 거듭 찬사를
보냈다. 그에게 스프러스는 '의심의 여지없이 전 시대를 통틀어 가장
위대한 탐험가 중 한 명이었다. …… 굉장히 병약한 체질이고 여러
만성질환에 시달렸음에도 불구하고, 가장 알려지지 않은 야생의 정
글을 찾아가 가장 기본적인 편의 시설과 도구도 전무하고 식사도 불
충분한 가운데 육체적으로 힘든 작업을 수행하며 열대의 기후와 질
병에 지속적으로 노출된 채 14년을 지냈다. 철저한 훈련을 거치고 뛰

어난 문화적, 과학적 업적을 달성한 학자로서 그는 문화의 중심지로 부터 스스로 벗어나 …… 인디오들이나 일자무식한 혼혈들 틈에서 살았다. 훌륭한 서간인, …… 학자로서의 훈련과 식물에 대한 사랑을 이끼와 우산이끼―육상 식물 가운데 가장 보잘것없는 식물―로부터 시작한 식물학자, 열대의 거대한 나무와 리아나에 대한 …… 고된 연구를 수행했고 심지어 그때까지 알려지지 않은 …… 수백 종을 발견한 사람, …… 태도가 온화하고 품위 있는 사람, …… 극도로 세세한 사항들을 대규모로 다룰 수 있는 훈련된 …… 연구자, 카누나 말을 타고 몇 달씩 심지어 몇 년씩 다니는 번거로운 여행을 짜고 꾸려나가는 문제를 …… 대처할 수 있는 사람이었다.'

슐츠는 스프러스가 인류에게 즉각적인 혜택을 주는 것들만 연구 가치가 있다는 관념을 싫어한 것도 좋아했다. 스프러스는 '나는 식물을 지각이 있는 존재, 자신의 삶을 살아가고 즐기는 존재로 보고 싶다. …… 그것들이 약제사의 절구에서 짓이겨지고 가루가 되면 내게는 더 이상 흥미가 없다.' 그는 자신이 사랑하는 우산이끼가 식량이나 환각제, 구토제나 다른 약제로 이용될 수 없다는 것을 인정했다. '그러나 인간이 이용하거나 오용하기 위해 그 우산이끼들을 고문할 수 없다고 하더라고 그것들은 신이 두신 그곳에서는 대단히 쓸모가 있고 …… 그 자체로 아름답다. 아무렴 이 정도면 모든 개별적 존재의 일차적인 존재 이유로 충분하지 않을까?' 그러나 식물을 그 자체로 사랑했음에 더하여, 사실 스프러스는 고무나무에 대한 광범위한 묘사와 키니네에 대한 대량의 정보를 최초로 제공했으며, (슐츠의 표현에 따르면) '나무진, 송진, 섬유질, 식량, 약물, 마약, 각성제, 기름, 염료, 목재를 비롯해 온갖 종류의 원주민 실용 식물을 연구'한 사

아마존Amazon

람이었다. 슐츠의 뛰어난 제자 가운데 한 명인 웨이드 데이비스는 다음과 같이 썼다. 그의 스승의 '스프러스에 대한 사랑, 때로는 집착에 버금가는 스프러스와의 원초적이고 본능적인 유대감은 그가 참고 견디며 언제나 더 많은 것을 성취하게 격려하고 영적 확실성에 가장 근접한 경험을 제공하면서 그에게 힘이 되어주었다. 최근에 슐츠는 그의 삶과 경력을 잠재의식적으로나 무의식적으로 스프러스를 모델로 삼아 따른 것 아니냐는 질문을 받았을 때 "아니요. 의식적으로 따른 것입니다."라고 대답했다.'

리처드 스프러스는 남아메리카에서 14년을 보낸 후 1864년 고향 요크셔로 돌아왔다. 그는 그곳에서, 그의 아버지가 가르쳤고 그자신이 태어난 건소프 교구와 가까운 캐슬 하워드의 시골집에서 아주 검소하게 거의 30년을 살았다. 스프러스는 두 편의 기념비적 연구를 출간했다. 야자나무에 관한 118쪽짜리 연구서는 『린네학회지』에 발표되었고, 총 48속 700종의 헤파티카이 *Hepaticae*(우산이끼)속을 다룬 600쪽에 달하는 대작은 1885년 에든버러 식물학회를 통해 출간되었다. 그의 이름을 딴 식물도 많았다. 그는 1893년 76세의 나이로 독감에 걸려 사망했다.

스프러스는 매우 존경받았지만 드레스덴 대학의 박사 학위와 왕립지리학회의 명예 회원을 제외하고 아무런 영예도 받지 않았다. 말년에 그의 주 수입은 마컴이 얻어준 연 50파운드의 정부 연금과 나중에 인도에서 제공한 같은 액수의 연금이었다. 아시아에 키니네를 가져다 준 그의 공로에 대한 보답치고는 약소한 보상이었다. 그의 명성은 사후에 찾아왔다. 그에 대한 부고를 쓰며 친구 월리스는 스프러스를 '키가 크고 검은 머리에, 다소간 남부 유형으로 생긴 미남, 예의 바르고 품위 있지만 조용한 유머 감각도 풍부해 함께하기에 가장 즐거운 사람'이라고 묘사했다. 그는 많은 농담과 일화도 들려주었다. 무엇보다도 스프러스는 '그의 변함없이 단정한 옷차림과 아름답고 일정한 필체, 주변을 언제나 가지런히 정돈하는 태도, …… 그의 문방구와 책, 그의 현미경, 그의 말린 식물 표본, 저장한 음식과 의복에 이르기까지 유능함이 드러나는 사람이었다. …… 그는 처녀림의 장엄한 장관과 안데스 산맥의 눈 덮인 봉우리에 지는 해의 찬연한 아름다움부터 가장 하찮은 이끼나 우산이끼의 가장 사소한 사항에 이르기까지, 다양한 모습으로 드러나는 자연의 모든 것을 열정적으로 사랑하는 사람이었다. 그는 말과 행동에서 진정한 신사였으며 그와 개인적 우정을 나눌 수 있었던 것은 기쁨이자 특권이었다.' 스프러스는 전형적인 '식물학자들의 식물학자'였다.

시대의 한계를 드러낸
탐험대

1865년 스프러스가 남아메리카를 떠난 직후 거창한 과학 탐험대가 브라질 아마존에 도착했다. 이것은 부유한 미국인 후원가의 이름을 따 너새니얼 세이어 탐험대라고 불렸지만 실제로는 야심만만한 사교계의 명사이자 과학자인 루이 아가시의 욕망이 실현된 것이었다. 스위스 태생의 아가시는 젊은 시절 파리로 가서 동료인 요한 밥티스트 폰 슈픽스(1826년 사망)가 채집한 아마존 물고기를 분류하던 카를 폰 마르티우스를 도왔다. 아가시는 스위스에서 자연사 교수로 13년간 학

▲ 3월과 4월 우기 말에 아마존 강의 수위가 상승하면 광대한 바르제아 침수평원이 물에 잠긴다. 그러면 이전에는 닿을 수 없던 숲 천장 사이로 보트가 다닐 수 있다.

▲ 박학다식한 석학 알렉산더 폰 훔볼트는 열대우림의 장엄한 아름다움에 흥분했지만 1800년 포르투갈 당국이 브라질로 들어오는 것을 허락하지 않았기 때문에 아마존 분지의 북쪽 가장자리밖에 보지 못했다.

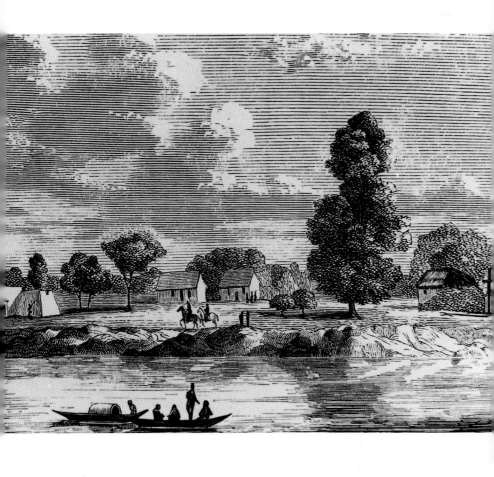

▲ 브랑쿠 강 상류의 상조아킹 요새(그림에서 왼쪽). 인디오와 에스파냐인, 네덜란드인에 맞서 포르투갈령 브라질 북단을 수비하기 위해 건설되었다. 영국인 자연학자 찰스 워터튼은 이 요새에서 요양하며 말라리아에서 회복했다.

▲ 헨리 월터 베이츠는 비록 독학했지만 11년간 채집 활동을 하며 수천 종의 신종을 발견하여 아마존에서 가장 위대한 자연학자 중 한 명이 되었다. 여기서 베이츠는 볏이 곱슬곱슬한 큰부리새를 집어 들고 있다. 그러나 상처를 입은 새가 날카롭게 울기 시작하자 베이츠는 성난 동료 새들한테 공격을 당한다.

▲ 1848년 25살 때의 앨프리드 러셀 월리스. 친구인 헨리 월터 베이츠와 함께 아마존으로 자연사 표본을 채집하러 가기 직전의 모습이다. 월리스는 나중에 동남아시아에서 활동하며 자연선택에 의한 진화론을 발견하게 된다.

▲ 요크셔 태생 식물학자 리처드 스프러스는 1849년 아마존에서 월리스와 베이츠에 합류한다. 스프러스는 남아메리카에서 14년간 머물면서 19세기 가장 위대한 식물학자 중 한 명이 된다. 이 사진은 그가 영국으로 돌아온 후의 모습이다.

▼ 페루 우알라가 강 인근 타라포토의 마을을 묘사한 스프러스의 그림. 1855~1857년에 그는 이곳에서 식물을 채집하며 가장 행복하고 보람찬 시기를 보냈다.

▲ 바이에른 사람 요한 밥티스트 폰 슈픽스와 카를 프리드리히 필립 폰 마르티우스는 비포르투갈인 과학자로서는 최초로 아마존 방문을 허락받아 1819~1820년 아마존을 탐험했다. 이 그림에서 슈픽스는 챙이 넓은 모자를 쓴 현지 신부와 함께 문두루쿠족 마을을 방문하는 중이다. 화려한 깃털장식과 술을 단 문두루쿠족 샤먼이 보인다.

▲ 슈픽스가 무라족의 오두막에 들어간다. 무라족은 '미개'하지만 뛰어난 뱃사람이자, 1785년 뜻밖의 화평을 청해올 때까지 아마존 강 중류를 지배했던 전사들로 여겨진다.

▲ 독일 인류학자 카를 폰 덴 슈타이넨은 1884년 싱구 강 상부의 부족들과 최초로 접촉했고 그 후 그 커다란 남부 지류를 일주한 최초의 유럽인이 되었다. 이 그림에서 그는 이전까지 상류(그가 동포 카를 폰 마르티우스의 이름을 따서 붙인 강)로의 접근을 막은 거센 폭포를 타고 내려가고 있다. 이 장면 이후 슈타이넨의 카누는 두 차례 뒤집어졌지만 여행객들은 난파에서 살아남았고 애완동물인 원숭이와 마코앵무새도 구조했다.

▼ 카를 폰 덴 슈타이넨은 예리하고 공감 능력이 뛰어난 인류학자였다. 이 그림에서 그와 동료들은 싱구 강 상부 바카이리 인디오들이 커다란 말로카 오두막 안에서 성스러운 플루트를 부는 것을 지켜보고 있다. 싱구 강 부족들은 빌라스 보아스 형제의 보호 노력 덕분에 문화가 거의 훼손되지 않은 채 오늘날까지 살아남았다.

▲ 다양한 표정의 원주민. 야노마미 부족의 샤먼이 한 부족민의 코에 환각성 에페나^{epená} 코담배를 불어넣자 그가 움찔하며 고개를 젖히고 있다.

생들을 가르친 후 1846년 39살 때 보스턴으로 건너 왔다. 바이런 같은 검은 고수머리를 뽐내며 사랑스러운 프랑스어 억양이 섞인 유창한 영어를 구사하던 잘생긴 아가시는 매사추세츠 사교계에 즉각적인 반향을 불러 일으켰다. 그는 하버드 대학의 지질학 교수 겸 동물학 교수가 되었고 거기에 비교동물학 박물관을 설립했다. 대중 과학을 다룬 그의 강연은 청중이 꽉꽉 들어찼다. 그는 보스턴의 귀부인들을 사로잡았고 그가 내친 첫 부인이 때마침 사망하자 일류 가문의 상속녀인 엘리자베스 캐리와 결혼했다. 1860년대가 되자 카리스마 넘치고 정력적이며 극도로 자신만만한 아가시는 미국에서 가장 잘 나가는 자연철학자가 되었다. 그래서 그의 탐험대가 아마존으로 출항할 때 후원자들은 앞다투어 그에게 자금을 대고 브라질 엘리트 사회에 소개장을 써주고 어디든 자유롭게 갈 수 있게 도와주었다. 과학에 관심이 있는 황제 동 페드루 2세는 그의 증기선에 직접 행차해 아가시 교수와 부인을 환영했다. 그리고 그는 여행 내내 황제의 후원을 누렸다. 가난한 영국 채집가들이 선원들을 구하고 표본을 부치느라 애를 먹으면서 외로이 아마존을 여행한 것과는 극명하게 대비되는 일이었다.

아가시는 아마존 물고기를 대거 채집했다. 그의 탐험대원 가운데 한 명은 윌리엄 제임스(작가 헨리 제임스의 동생이자 훗날 철학자가 됨)였는데 그는 '40억 종의 새로운 물고기'를 보며 싱글벙글거리는 교수님에 대한 유머러스한 단편을 제공한다. (이때의 전리품 대다수는 수십 년 후 하버드 대학 박물관에서 알코올에 절여진 채 원래 포장된 그대로 발견되었다.) 냉소적인 젊은 제임스는 스위스 교수의 '엉터리 협잡은 그의 진면목만큼이나 대단하다'고 적었다.

어류학과는 별개로 아가시의 연구는 구멍이 훤히 보이는 세

가지 생각 때문에 처음부터 실패할 운명이었다. 그는 다윈을 반박하고, 아마존 유역이 빙하 작용으로 생성되었다는 학설을 정립하고, 백인종의 우월성을 주장하는 인종주의적 견해가 타당하다는 것을 입증하고자 아마존에 갔다. 루이 아가시는 '자연 속의 신'을 믿고 각각의 동물 종과 식물 종은 지리적으로 고정되어 있다고 믿는 창조론자였다. 그는 자신이 채집한 아마존 물고기와 화석 컬렉션이, 신의 개입에 의해 각각의 종이 아마존 강의 해당 구역에 분포하게 되었음을 입증할 수 있으리라 기대했다. 그는 생물 분포는 회귀선에 따라 결정되며, 또 그에 따라 분류될 수 있다고 대담하게 주장했다. 그는 대빙하기가 엄청난 파괴를 가져온 대격변이었으므로 다윈이 주장하는 수백만 년에 걸쳐 진행되는 자연선택에 의한 진화라는 이론을 허물어뜨린다고 반박했다. 따라서 그는 아마존의 암석에서 빙하 작용에 의한 줄무늬 흔적을 발견하려고 애썼지만 물론 헛수고였다. 비록 빙하기가 열대 지방에도 영향을 미쳤지만, 그곳에 저지 빙하는 없었다. 덧붙여 그는 성서에 언급된 홍수가 아마존 분지를 뒤덮었다고 주장하기도 했다.

아가시 교수는 당시에 너무도 흔했던 인종적 우월성 이론들을 지지했다. 그의 탐험대는 남북전쟁 마지막 해에 출발했는데, 비록 그의 팀은 뉴잉글랜드에서 왔지만 아가시의 태도는 남부연맹의 태도에 가까웠다. 그는 인류는 '태고' 인종으로 나뉘어 있으며 그 인종들은 지리적으로 분리된 장소에 맞게끔 따로따로 창조되었다고 생각했다. 그에 따르면 물론 아프리카인들은 열대 지방에서 살아가게 창조된 인종이었다. 아마존 인디오들은 (중앙아시아에서 이주해온 것이 아니라 거기서 기원했다는 의미로) 토착민들이었다. 그리고 혼혈 인종은 퇴보한

아마존 Amazon

인종이었다. 루이 아가시와 엘리자베스 아가시는 자신들의 여행을 다룬 대중적인 책을 공동으로 출간했는데, 그 책에서 두 사람은 리우데자네이루에 흑인과 물라토가 얼마나 많은지 보고 큰 충격을 받았다고 썼다. '인종 혼합의 해악을 의심하는 사람은 누구든 …… 브라질에 와 보라. 그도 인종 간 혼합에 기인하는 퇴화를 부인할 수는 없을 것이다. …… 인종 간 혼합은 백인과 흑인, 인디오 각각의 최상의 장점들을 빠르게 말소하고 있다.' 일단 마나우스에 도착하자 아가시는 벌거벗은 현지인들을 찍기 위해 뒤뜰에 촬영 스튜디오를 마련했다. 그 결과물들은 품위 있는 사람들을 보여준다. 대부분 여자들인데 처음에는 말쑥하게 차려입은 모습, 그다음에는 벌거벗은 모습을 각각 앞, 옆, 뒤에서 찍은 것을 보여준다. 모델들은 모두 흑인이거나 혼혈인으로 백인이나 숲에 사는 진짜 인디오는 없었다. 아가시는 자신이 하버드에 구축하고 있던 인종 유형을 보여주는 앨범에 이 사진들을 실을 계획이었다. 이 앨범은 유럽인의 완벽성을 예시하고자 하얗게 빛나는 밀로의 비너스와 벨베데레의 아폴로 대리석 흉상 사진도 담고 있었다. 그러나 마나우스 나체 사진집은 결국 출판되지 않았는데, 그가 인종적 우월성이나 우생학의 장점을 주장하는 자신의 이론들을 입증하는 데 실패했기 때문일지도 모른다.

종종 터무니없는 아가시 탐험대의 연구에도 훌륭한 연구는 있었으며, 그 가운데 최고는 캐나다 지질학자 찰스 프레더릭 하트의 연구였다. 하트는 원래 탐험대 리더의 빙하 이론에 이끌렸지만 나중에는 그것을 의심하게 되었다. 그는 훗날 브라질로 돌아와 브라질 대서양 해안에 대한 지질학적 연구를 수행했다. 이후 1870년에 아마존으로 가는 두 번째 미국 과학 원정대를 조직했다. 이것은 재정적 후원자의 이름을 따 모건 탐험대로 불렸다. 탐험대에는 오빌 더비와 허버트 스미스를 비롯해 다른 훌륭한 지질학자들도 참가했으며 1870년대 내내 브라질에서 활동했다. 연구 가운데 일부는 화석 연구였는데, 아마존 지역에서 수집된 화석들은 아가시의 이론이 옳다면 노아의 홍수에서 유래했을 민물 화석이어야 했지만 실제로는 해양 생물의 화석으로 밝혀졌다. 하트와 동료들은 브라질에 대한 최초의 지질학적 조사를 출간했으며 황제는 그들을 초청해 제정지질학위원회를 설립, 운영하게 했다. 위원회는 하트-더비 이론을 발전시켰고 훗날 그들의 이론은 대체로 맞는 것으로 드러났다. 그들에 따르면, 지질 시대 초기 즉 시생대나 선캄브리아기에 오늘날의 아마존 강의 북쪽과 남쪽에 섬이 두 개 있었다. 수백만 년에 걸쳐 이 두 지각판은 서로 가까워졌고 둘 사이의 해협은 강이 되었다. 그 후 판 구조(하트 시절에는 아직 알려지지 않은 개념)가 대륙 서부 끝자락을 융기시키면서 안데스 산맥이 형성되었다. 이러한 지각 변동이 아마존 강의 흐름을 역전시켰던 것 같다.

편견 없는 관찰자,
카를 폰 덴 슈타이넨

찰스 하트의 팀은 아마존 전역의 패총과 고대 매장지, 그리고 강의 급류에 위치한 암각화를 연구한 아마존 고고학의 선구자이기도 했다(자세한 내용은 9장을 보라). 브라질 인류학자 라지즐라우 네투는 그의 책에서 이러한 아마존 고고학에 관한 최초의 시도들을 집대성하였고, 1882년에는 새로 발굴된 유물 전시회를 조직했다. 라지즐라우는 고고학적 발견과 현대 인디오들을 연결해 생각한 최초의 인물이었다. 19세기 내내 원주민 부족에 대한 관심이 커지면서 여행객이나 선교사들의 묘사 수준에 머무르던 것이 점차 인류학이라는 새로운 학문으로 발전하게 되었다. 지질학자인 하트도 아마존 유역의 민족지를 다룬 간략한 연구서를 썼으며 그는 원주민 신화의 가치를 알아본 최초의 사람 가운데 한 명이기도 했다. 그와 동시대 사람인 브라질 식물학자 주앙 바르보자 호드리게스는 야자나무와 난초를 전문적으로 다뤘지만 인디오들한테도 관심이 많았다. 그는 대여섯 부족의 춤과 민담, 공예품에 관한 논문을 썼다. 심지어 마나우스 북쪽에 사는 호전적인 와이미리족과 (비록 오래가진 못했지만) 평화로운 접촉을 하기도 했다. 와이미리족은 그들과 가까운 아트로아리족과 함께 중무장한 원정대로부터 인종 학살에 가까운 수난을 당하고 있었고 다음 한 세기 동안 용감하게 저항을 이어갔다.

앞서 충분히 살펴본 대로 1880년대가 되자 브라질 아마존 강과 그 지류에 사는 부족들은 250년에 걸친 파괴, 즉 구세계에서 유입된 질병, 노예제, 선교 마을을 채우기 위한 납치, 강제 노동, 카바나젱 반란, 고무와 다른 자원을 추출하기 위한 침입에 의해 전멸되다시피 했다. 아마존 본류와 남쪽의 큰 지류들의 강둑에는 원주민들이 거의 다 사라졌다. 이 암울한 상황에 놀라운 예외가 하나 있었다. 싱구 강 상부였다. 싱구 강 하부는 17세기 이래로 계속 백인들이 들쑤시고 다녔지만 상부는 아직 백인들이 침투하지 않은 때 묻지 않은 곳이었다. 이 놀라운 고립을 가능케 한 것은 배가 상류로 거슬러 올라오는 것을 막는 강력한 급류들이었다. 워낙 외지고 고무나 금, 다른 유혹하는 자원이 없는 것도 도움이 되었다.

　이제 스물아홉 살의 독일인 카를 폰 덴 슈타이넨이 등장할 차
례다. 이 젊은이는 베를린에서 의학을, 빈에서는 신학문인 정신의학
을 공부했다. 그는 3년간 세계를 일주하는 동안 남태평양 섬 주민들
사이에서 인류학의 기본을 배웠다. 그 후 1884년 증기선을 타고 파라
과이 강을 거슬러 브라질 중부 마투 그로수로 갔다. 그는 과거 금광
촌이었던 쿠이아바에서 북쪽의 아마존 숲속에 아직 백인과 접촉하지
않은 부족들이 살고 있다는 이야기를 들었다. 그래서 그는 그들을 찾
아보기 위한 탐험을 조직했다. 탐험대는 그와 그의 형제 빌헬름, (또
다른 위대한 인류학자가 될) 파울 에렌라이히, 프랑스인 한 명, 브라질
카보클루 다섯 명, 무장 호위대원 한 명으로 구성되었다. 탐험가들은
노새와 소, 개들을 이끌고 사바나를 가로질러 문명에 동화된 바카이
리 인디오들에게 도착했다. 그리고 이들 바카이리 인디오들은 슈타
이넨 일행을 데리고 백인의 손이 닿은 적 없는 북쪽의 다른 바카이리
인디오들을 찾아갔다. 2주 후 그들은 싱구 강의 수원지에 도달했고
나무껍질로 여덟 척의 카누를 만들어 다음 3주 동안 목가적인 텅 빈
바토비 강을 흘러갔다. 슈타이넨의 탐험대는 그 후 근처에 인디오가
있다는 표시를 처음 발견했다. 그들은 강에서 나와 거의 한 시간 동
안 그들 앞에 무엇이 기다리고 있을지 점점 불안감이 커져가는 가운
데 말없이 숲으로 난 길을 걸어갔다. 갑자기 이엉을 얹은 커다란 오
두막 세 채가 있는 숲속 빈 터가 나타났다. 인디오 젊은이가 나와서
그들에게 다가왔다. 슈타이넨과 함께 온 겁먹은 바카이리 인디오 한
명이 카리브어로 말을 걸었고 천만다행으로 말을 알아들은 젊은이한
테서 대답이 돌아왔다. 두 인디오 젊은이는 앞으로 걸어 나가 서로에

게 몸을 기대고 얼싸 안으면서 '둘 다 두려움과 흥분이 뒤엉킨 채 온몸을 부들부들 떨며 즉시 이야기를 나누기 시작했다. 우리는 모두 행복한 안도감에 휩싸여 어쩔 줄 몰랐다.' 이것은 고립 집단과의 짜릿한 첫 접촉의 순간에 인류학자가 함께 한 최초의 순간이었다.

카를 폰 덴 슈타이넨은 이 바카이리 마을에서 며칠을 지냈고 그 후 이번 탐험과 1887년 두 번째 탐험에서 다른 일곱 부족과 더 접촉했다. 싱구 강 상부의 낙원을 처음 엿본 이가 다름 아닌 슈타이넨이라는 사실은 우리에게 크나큰 행운이다. 그는 뛰어난 인류학적 관찰자임과 동시에 훌륭한 작가이자 이야기꾼이었기 때문이다. 그는 인디오들의 공예품을 뛰어나게 묘사했고 그것들을 부족 문화의 맥락 안에서 설명했으며 또 베를린의 민속박물관으로 많이 가져왔다. 그는 장식 무늬들이 어디서 왔는지에 흥미를 느꼈으며 제작 기술과 예술적 기교, 몸에 그린 그림의 의미에도 관심이 많았다. 그는 와우라 부족이 막대기를 비벼서 불을 피우는 법과 도자기를 어떻게 발명했는지도 설명했다. 또한 신화와 전설 같은 추상적인 관념도 탐구하여 이것들을 공감과 이해심을 갖고 설명했다. 피리 연주 행사와 가면을 쓰고 하는 주술 의식도 묘사했다. 비교적 짧은 방문 기간 동안 슈타이넨은 원주민들의 상상 세계와 신앙에 대해 이전의 어느 논평가보다도 효과적으로 파고들었다.

그가 쓴 인류학의 고전—첫 번째 탐험을 다룬 『중앙 브라질을 지나』와 『중앙 브라질의 원주민들 사이에서』—에는 19세기 독일 학자 하면 으레 연상되는 젠체하는 구석이 전혀 없다. 그는 꾸밈없이 글을 쓸 만큼 아직 젊고 경험이 많지 않았다. 바로 그랬기 때문에 그는 브라질 인류학의 틀을 깼다. 그때까지 원주민들에 관해 쓰인 비교적 소수의 저술들은 추상적 이론과 일반화로 가득했다. 슈타이넨은 인디오들을 진짜 사람들로, 독특한 개성, 심지어 결점도 지닌 개인들로 묘사한 최초의 사람이었다. 그는 인디오들의 신체적 아름다움과 그들 세계의 미에 대해 온전히 인식했지만 그렇다고 고귀한 야만인이라는 신화에 빠진 낭만주의자도 아니었다. 그의 인디오들은 총명하고 재주가 많았으며, 어떤 인디오들은 유머 감각이 있는가 하면 또 어떤 인디언들은 성질이 나빴으며, 무신경한가 하면 재치 있을 수도 있었고, 영적인가 하면 현재에만 신경 쓸 수도 있었다.

어느 문단에서 슈타이넨은 한 인디오가 금속 칼날을 처음 접하고 너무 기쁜 나머지 숲속을 뛰어다니며 미친 듯이 어린 나뭇가지를 잘라내는 광경을 묘사했다. 또, 한 바카이리 인디오가 나무를 쓰러트리기 위해 애쓰는 모습을 무언극으로 묘사한 일도 들려주었다. 처음에 인디오는 몸을 웅크리고 열심히 도끼질하다 배고픔과 피로에 지친 모습을 묘사했다. 나무는 해질녘이 되어서야 간신히 넘어갔다. 그러고 나서 이 인디오 배우는 동작을 바꿔 백인의 능률성을 대비시켰다. 그는 이제 상상의 금속 도끼를 아주 활기차게 휘둘렀다. 이 두 일화는 왜 금속 칼날이 숲의 원주민들에게 언제나 거부할 수 없는 유혹이었는지를 보여준다. 오늘날까지도 금속 칼날은 고립 부족을 유혹하는 주요 수단이다.

또 다른 인디오는 슈타이넨에게 눈앞에 놓인 지형을 설명했다. 강은 모래로 그려졌고 강을 따라 있는 여울과 부족들은 옥수수 알갱이로 표시되었다. 그러나 슈타이넨의 정보제공자는 어느 배데커 안내서*보다도 훨씬 생생하게 여정을 재연했다. '우선 카누 그러니까 "페피pepi"에 뛰어오른 다음 노를 젓는다. "페피, 페피, 페피." 왼쪽, 오른쪽으로 노를 바꿔 쥐어가며 젓는다. 그러다가 "부부부부부부" 거센 물살이 흐르는 급류에 도달한다. 여기서 얼마나 높은 물살에서 떨어지는가를 설명한다. 그가 한 번씩 "부"를 외칠 때마다 그의 손도 한 단씩 내려가는 동작을 선보인다. …… 그다음 페피가 두 바위 사이를 지나 낙하해야 하는 곳이 나온다. 그는 발로 한번 땅바닥을 크게 찍는다. 끙끙거리는 소리와 함께 페피가 바위 사이를 통과해 내려가면 이제 짐 바구니를 육로로 힘겹게 나르는 동작을 묘사한다.' 이런 식으로 놀랍도록 사실적인 한나절의 여정이 계속 펼쳐진다.

또 다른 문단에서 슈타이넨은 나이프 몇 자루와 해먹을 맞바꾸려고 하면서 쿠스테나우 부족의 젊은 부부와 어렵사리 한 거래를 묘사했다. '해먹의 주인은 교활하고 뻔뻔한 표정이 베를린 경찰 서류에 기재된 좀도둑을 연상시키는 젊은이였다. 그는 갓 결혼했다. 그의 아내는 스물다섯쯤이었는데 커다랗게 반짝이는 눈을 가졌다. 그녀는 젊은이다운 행복에 빠져 해먹에 앉아 몸을 흔들거리며 내게 활기차게 이야기했다.' 슈타이넨은 다른 젊은 어머니의 아름다움에도 감동받았는데 그녀는 '도톰한 입술과 이목구비가 또렷한 유럽인의 얼굴, 발그레한 뺨을 감싸는 숱이 많고 물결치는 머리칼, 그리고 내가 브라질에서 본 것 중 가장 아름다운 눈을 자랑했는데 그건 정말 대단한 것이었다. …… 한 번도 끈으로 꽉 졸라매거나 거칠게 다뤄진 적 없는 몸매의 그녀는 정말이지 젊은 어머니 이브 같았다. 그러나 안타깝게도 그녀는 머리를 너무 자주 긁었다. 때로는 당황해서 그런 것 같았지만 많은 경우 이가 원인이었다.'

---

*19세기의 유명한 여행 안내책자.

슈타이넨은 독자들에게 벌거벗은 사람들로 가득한 마을에 있는 것이 어떤 기분인지도 들려주었다. '15분쯤 지나면 방문객은 이 고약한 나신에 대해 더 이상 의식하지 않게 된다. 그러나 만약 나체를 의식적으로 떠올리고 이 벌거벗은 사람들, 그러니까 아주 순진한 표정으로 서 있거나 돌아다니는 아버지와 어머니, 아이들을 비난해야 할까 아니면 동정해야 할까 자문한다면 틀림없이 자신의 질문에 어이가 없어서 웃음을 터트리거나 쓸데없는 생각으로 치부하게 될 것이다. 미적 관점에서 보자면 옷이 없다는 것은 적나라한 진실 그 자체처럼 장단점이 있다. 젊고 건강한 사람들이 옷에 구애받지 않고 자유롭게 움직이는 모습은 매력적일 수 있지만 늙고 병든 사람의 쇠잔한 몸은 흔히 끔찍해 보인다.' 슈타이넨은 또한 인디오들이 성행위를 언급할 때 전혀 감추는 것이 없고 음란하지 않다고 설명했다. '우리의 원주민들은 신체에 은밀한 부위가 없다. 그들이 자신들의 신체 부위에 대해 말과 손짓으로 매우 솔직하게 농담을 하기에 이것이 외설적이라고 여기는 것은 멍청한 짓이리라.'

싱구 강의 수원을 따라 이동하면서 모래톱에서 야영을 하고 있을 때 한 번도 접촉한 적 없고 잠재적으로 적대적일 수도 있는 트루마이 부족의 카누 선단이 갑자기 원정대를 찾아왔다. 길게 늘어선 열네 척의 카누가 말없이 미끄러지듯 시야에 들어왔다. '카누마다 인디오 두 명이 활을 준비한 채 꼼짝 않고 서 있었고 가운데 앉은 세 번째 인디오는 노를 거의 움직이지 않는 것 같았다. 마치 정성스레 예행연습을 한 연극을 공연하듯 길고 좁은 배들이 말없이 일사불란하게 숲이 우거진 먼 강둑 쪽으로 미끄러져갔다.' 트루마이 전사들은 전투에 대비해 몸에 그림을 그리고 깃털 머리장식을 쓰고 있었다. 그

아마존 Amazon

다음 동시에 갑작스레 그들은 가슴을 두드리고 몸과 다리를 흔들며 열광적으로 소리를 지르기 시작했다. 슈타이넨은 독일인들이 카누에 서서 그러한 동작을 했으면 도리 없이 물속에 쳐 박혔을 것이라고 언급했다. '그러나 우리는 단단한 땅에 있었고 그들이 보여준 몸짓은 전염성이 있었다. 그래서 우리도 괴성을 지르고 함성을 외치며 가슴을 두드렸다.' 그다음 슈타이넨은 용감하게 강물을 헤치고 가서 옷한 벌을 내놓으며 다소 불안하긴 했지만 거래를 성사시킴으로써 팽팽한 긴장 상태를 해소했다.

가장 짜릿한 접촉은 하류로 더 내려가서 매우 호전적인 수야 부족과 조우했을 때였다. '발가벗은 남자들이 40명 정도 모여 있었는데 몸에는 검은 색과 붉은 색 염료로 그다지 예술적이지 않게 줄무늬를 그려 넣었고 일부는 흰색이나 오렌지색 깃털 머리장식을 썼으며 또 일부는 헝클어진 머리를 어깨까지 풀어헤치고 있었다.' 모두가 활과 화살, 곤봉으로 무장을 했고 무서운 입술 고리를 걸고 있었다. '아무도 한순간도 입을 다물지 않은 채 끊임없이 "수야! 수야! 타바하 수야!"를 외쳐댔다. 광분한 무리의 함성은 언제나 이 단어를 온갖 높낮이로 반복하면서 끝났다. 그들은 무기를 휘두르며 한순간도 우리한테서 눈을 떼지 않은 채 마구 날뛰었다.' 슈타이넨이 다시 용감하게 카누를 앞장세우고 갔다. 그렇지만 그의 개들이 요란하게 짖어대어—이 동물들이 수야족에게 낯선 것들이었기 때문에 위험은 더욱 커졌다—결국 독일인들은 물러가 있어야 했다. 더 많은 모험을 겪은 후 그들은 마침내 이 무시무시한 부족들과 접촉해 물건을 교환했다.

한번은 슈타이넨이 수야족에게 종이 위의 그림이라는 개념을 소개했고 수야족은 그들을 방문한 탐험대를 그렸다. 그들은 수염이 덥수룩한 탐험대 리더 다섯 명을 그렸지만 옷은 싹 무시해버려서 막대기처럼 그려진 인물들에 유일하게 두드러지는 특징은 그들의 성기였다. 또 한 번은 여자 세 명과 그들의 남자들이 탐험대의 캠프에 찾아왔다. '여자들은 낙원의 천진난만함과 순진함을 보여주었다. 그들은 우리와 친밀한 관계를 맺기를 원했다. 우리의 엄격한 절제와는 어울리지 않는 어떤 것 말이다! 그들의 남자 짝들은 이 욕구를 어느 시대 누구나 이해할 수 있는 손짓과 발짓으로 설명해주었다. …… 그다음 여자들은 카누에서 내려 전혀 숨김없는 태도로 몸을 씻으며 얌전빼는 비평가들이 [무화과 잎사귀를 덧붙임으로써] 메디치의 비너스에게 거부한 순진무구함을 과시했다.'

카를 폰 덴 슈타이넨은 새로운 경지를 개척한 인류학자이면서 동시에 탐험가였다. 그의 탐험대는 1,500킬로미터에 이르는 싱구 강을 일주한 최초의 백인들이었다. 이전까지 백인들로부터 상류를 보호해준 급류를 타고 쏜살같이 내려갈 때 카누가 뒤집어져서 슈타이넨은 물에 빠져 죽을 뻔했다. 그는 동포이자 근 70년 전 아마존이 받아들인 최초의 외국인 과학자인 마르티우스의 이름을 따서 폭포에 이름을 붙였다.

이 70년 사이에 사람들은 아마존 강 그리고 그곳의 숲과 원주민들을 새로운 관점에서 바라보게 되었다. 그 지역은 세계에서 가장 큰 강 유역의 가장 큰 열대우림으로 인식되었다. 비록 험난하지만 그렇다고 그저 무섭기만 한 야생 세계는 아니었다. 그곳은 지금까지 이야기되지 않은 과학적 탐구의 무궁무진한 보고였다.

아마존Amazon

| 6장 |

고무 붐

1853년, 2년간 상류에서 지낸 후 마나우스로 돌아온 리처드 스프러스는 사회 혁명이 일어나고 있음을 알아차렸다. '네그루 강을 따라 곳곳에 새로 문을 연 세링가우[고무 집하장]에서 연기가 솟아오르고 있었다. …… 파라에서 엄청나게 치솟은 고무 가격 덕분에 이곳의 사람들이 마침내 무기력에서 깨어났다. …… 아마존 전역에서 …… 대규모 인구가 고무를 찾고 제조하기 위해 움직이고 있었다. …… 기계공들은 연장을 내던졌고, 제당업자는 제당소를 닫고, 인디오들은 로사roça[숲속의 빈 터]를 내버리고 떠나버려 설탕과 럼, 심지어 파리냐[마니오크 가루]마저도 충분히 생산되지 않았다.' 스프러스는 이미 2만 5천 명의 사람들이 고무 채취에 뛰어들었다고 추정했는데 당시에 고무 채취 작업 대부분은 벨렝 인근에서 이루어졌다. 아마존 숲이 마침내 진짜 수익 상품을 내놓게 된 것이다.

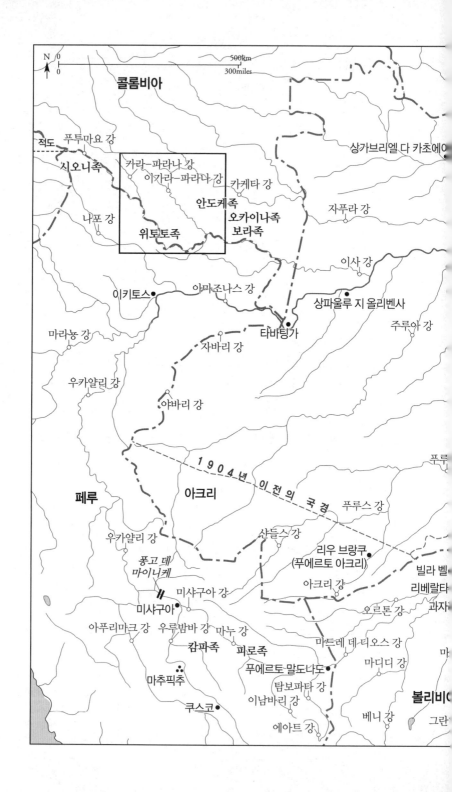

N

0
0

500km
300miles

콜롬비아

적도

푸투마요 강

상가브리엘 다 카초에이

시오니족

카라-파라나 강
이카라-파라나 강

카케타 강

안도케족

오카이나족

보라족

자푸라 강

나포 강

위토토족

이사 강

이키토스

아마조나스 강

상파울루 지 올리벤사

타바팅가

주루아 강

마라뇽 강

자바리 강

우카얄리 강

야바리 강

1904년 이전의 국경

푸루스 강

페루

아크리

산들스 강

우카얄리 강

리우 브랑쿠
(푸에르토 아크리)

풍고 데
마이니케

아크리 강

빌라 벨
리베랄타

과자

미샤구아 강

미샤구아

오르톤 강

아푸리마크 강

우루밤바 강

마누 강

캄파족

피로족

마드레 데 디오스 강

마디디 강

마

마추픽추

푸에르토 말도냐도

탐보파타 강

볼리비

쿠스코

이남바리 강

에아트 강

베니 강

그란

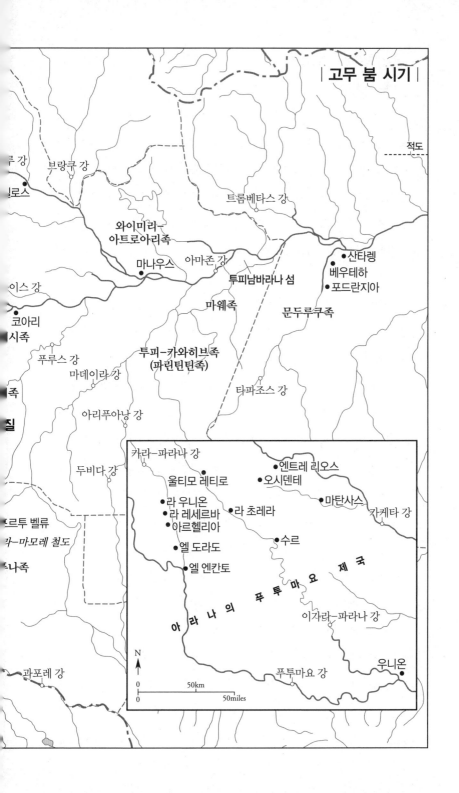

| 고무 붐 시기 |

적도

루 강
부랑쿠 강
!로스

와이미리-
아트로아리족

트롬베타스 강

마나우스
아마존 강

산타렝
베우테하
포드란지아

투피남바라나 섬

이스 강

마웨족

문두루쿠족

코아리
시족

푸루스 강

투피-카와히브족
(파린틴틴족)

마데이라 강

족

아리푸아낭 강

타파조스 강

질

두비다 강

카라-파라나 강

엔트레 리오스

르투 벨류

울티모 레티로

오시덴테

마-마모레 철도

라 우니온
라 레세르바
아르헬리아

라 초레라

마탄사스
카케타 강

나족

엘 도라도

수르

엘 엔칸토

아
라
나
의
푸
투
마
요
제
국

이가라-파라나 강

N

우니온

과포레 강

0
50km
0
50miles

푸투마요 강

아마존에 들이닥친
고무 붐

고무는 오랫동안 알려져 있었다. 크리스토퍼 콜럼버스는 이스파뇰라
(오늘날의 아이티)의 원주민들이 통통 튀는 공을 가지고 노는 것을 보
았다. 그들의 공은 카우초로 만든 것이었는데 최상품 고무나무는 그
곳에서 자라지 않았기 때문이다. 1743년 아마존을 일주했을 때 프랑
스 과학자 샤를-마리 드 라 콩다민은 오마구아족이 이 탄성이 있고
방수가 되며 부서지지 않는 재료로 작은 용기와 속이 빈 공을 만드는
것을 보았다. 또 오마구아족은 축제 때 코담배를 조롱박 모양의 고무
관에 담아 코에 불어 넣었다. 프랑스로 돌아온 콩다민은 프랑스 과학
아카데미에 고무에 관한 보고서를 제출했다. 그는 '한 차례 절개하면
나무에서 우윳빛의 액체가 분비되는데 액체는 일단 공기와 만나면
점차 검게 굳어진다.' 이 우윳빛 액체는 라텍스latex, 즉 열대산 여러
나무의 내피에서 발견되는 탄화수소 중합체이다. 이것은 안쪽의 관
을 따라 흐르는데 곤충 포식자로부터 나무를 보호하는 역할을 하는
듯하며 분자 조직이 긴 사슬 구조이기 때문이 탄성이 있다.

투피어를 사용하는 오마구아족은 이 놀라운 액체를 헤베hevé라
고 불렀고 그에 따라 크고 우아한 고무나무의 학명은 헤베아 브라실
리엔시스Hevea brasiliensis가 되었다. 콩다민은 오마구아족보다 더 상류
에 사는 파스타사 강의 마이나스족은 라텍스가 나는 나무를 '눈물을
흘리는 나무'라는 뜻의 카우-추cau-chu라고 부른다는 사실을 언급했
고 그에 따라 고무를 가리키는 프랑스어는 카우추caoutchouc, 서부 아
마존에서 발견되는 그보다는 품질이 떨어지는 카스틸로 라텍스나무

는 에스파냐어로 카우초caucho가 되었다. 브라질 사람들에게 고무나무는 세링가seringa인데 인디오들이 그 수액으로 환각제를 들이마실 때 쓰는 시린지syringe, 즉 흡입관을 만들었기 때문이다. 그리고 여기에서 세링가우seringal(생고무 집하장)와 세링게이루seringueiro(고무 채취인)라는 표현이 나왔다. 고무의 영어 이름은 산소의 발견자이기도 한 조셉 프리스틀리에 의해 만들어졌는데, 1770년 그는 이 고무가 연필 자국을 문질러rub 없애는 데 사용된다고 말했고 거기서 고무를 가리키는 영어 단어 '러버rubber' 또는 아마존 인디오들한테서 왔다는 뜻의 '인디아 러버India rubber'가 나왔다.

고무는 18세기 동안 소규모로 사용되었다. 콩다민의 친구 프랑수아 드 라 프레스노 갸토디에르는 프랑스령 기아나에서 근무하던 14년 동안 고무나무를 연구했다. 1747년 프레스노는 보고서에서 고무가 방수복, 소방펌프, 수영복, 차양, 탄약통, 장화와 마구에 이용될 것이라고 훌륭히 예견했다. 또 그의 동포 퓌제 오블레는 1755년 고무나무를 식물학적으로 설명했다. 그러나 1801년 헤베아 브라실리엔시스라는 학명을 처음 붙인 사람은 독일인 카를 빌데노브였다. 18세기 중반 포르투갈인들은 군인용 부츠와 배낭, 다른 장비들을 파라로 보내 방수 처리를 하게 했다. 또 포르투갈 국왕은 아마존으로 외과 의사를 보내 고무의 의학적 용도를 조사하게 했다. 고국으로 돌아오자마자 이 의사는 작은 공장을 차렸고 1800년 리스본의 한 신문에 요실금 환자의 오줌이나 '심지어 임질로 인한 분비물'을 받을 수 있는 고무 탐침과 양초, 작은 주머니를 선전하는 광고를 실었다. 3년 후 한 프랑스인이 여성용 신축 가터를 만드는 가게를 열었다. 얼마 안 있어 뉴잉글랜드 사람들은 수백 켤레의 고무 덧신을 수입하고 있었다. 슈픽스와 마르티우스는 1819년 벨렝의 경찰관이 고무 방수 망토를 두르고 있는 것을 보았다. 그들은 고무를 점토 틀에 부어 현지의 과일이나 '동물(물고기, 재규어, 원숭이, 매너티), 심지어 가끔은 고상하지 못한 사람 조각상이나 상상 속 동물' 같은 기념품을 만드는 것도 보았다. (오늘날에도 브라질 아크리 주의 기념품 가게에서는 고형 고무로 만든 생식기가 커다란 황소나 야한 여자 조각상을 판다.) 그러나 고무는 여전히 진기한 물건에 불과했다. 생고무에는 두 가지 심각한 결함이 있었다. 날이 더우면 끈적끈적해지고 냄새가 났으며 추우면 바위처럼 딱딱해져 부서지기 쉬웠다.

　　고무는 일련의 발명 덕분에 이 결함들을 극복하고 경이적인 성공을 거뒀다. 1790년대 한 영국인이 고무와 테레빈유를 섞은 방수 물질을 특허 출원했다. 1820년에는 '고무 산업의 아버지' 토머스 핸콕이 영국에서 고무 제품을 대규모로 생산하기 시작했다. 3년 후 찰스 매킨토시는 고무를 낮은 온도로 가열한 나프타(정유 공장에서 나오는 폐가스)에 녹이면 유연한 코팅 처리제가 된다는 것을 발견했다. 글래스고의 그의 공장은 그의 이름을 길이 남긴 방수 제품 '맥'*을 내놓았다. 결정적인 혁신들은 1830년대에 일어났다. 독일인과 미국인 발명가 두 사람이 황과 생고무를 혼합하면 끈적끈적한 점성이 제거되면서도 탄성은 그대로 유지된다는 것을 발견했다. 1839년 코네티컷의 철물상인 찰스 굿이어는 이 혼합물을 가지고 실험을 하다가 우연히 일부를 뜨거운 스토브 위에 떨어트렸다. 그러자 갑자기 고무는

---

* 맥(mac)은 '매킨토시(Macintosh)'의 약어로 방수 외투를 통칭한다.

오늘날 우리가 아는 안정적이고 내구성이 뛰어나며 방수가 되고 탄력적이며 절연성도 갖춘 물질이 되었다. 굿이어는 이 발견을 로마의 불의 신Vulcan의 이름을 따 '벌커니제이션vulcanization'이라고 불렀다. 그러나 굿이어는 병약한 젊은이였고 자신의 발명을 보호하지 못했다. 1844년 핸콕과 매킨토시는 굿이어가 손을 쓰기 직전에 그의 아이디어를 특허 출원했고 결국 그는 가난하게 죽었다.

고무는 급속히 산업 혁명에 필수불가결한 요소가 되었다. 고무는 증기 엔진에 끼우는 최적의 개스킷을 제공했고, 펌프와 각종 기계의 벨트, 배관, 선로 완충기, 나중에는 전선줄의 피복을 만드는 데도 쓰였다. 또, 열차 차량의 바퀴는 고형 고무로 테두리를 둘렀고 1845년 영국에서는 압축 공기 바퀴가 특허를 받았다. 근대의 고무 사용에서 가장 극적인 장면은, 1888년 벨파스트의 수의사 존 던롭이 그의 어린 아들이 세발자전거 경주에서 우승하는 것을 돕기 위해 붙였다 뗄 수 있는 압축 공기 고무 타이어를 최초로 만들어낸 순간이었다. 던롭은 '속이 빈 타이어, 즉 압축 공기를 담은 …… 인도 고무와 천으로 만든 튜브'를 특허 등록했다. 자전거는 모든 이에게 여행의 자유를 선사하면서 선풍을 불러 일으켰는데, 프랑스의 경우 1894년 전국에 25만 대의 자전거가 있었고 1차 대전 직전에는 5백만 대에 달했다. 그리고 자동차가 등장했다. 1888년 앙드레와 에두아르 미슐랭 형제는 타이어 회사를 차렸고 7년 후 그들은 공기 팽창 타이어로 파리-보르도 구간 자동차 경주에서 우승했다. 고무에 대한 세계의 수요는 지칠 줄 모르고 증가했다. 그리고 19세기 내내 아마존은 이 놀라운 상품을 독점했다.

스프러스 시절에 고무 채취는 여전히 가내 공업이었고 그와 동시대 사람인 베이츠와 윌리스는 그들의 책에서 고무를 거의 언급하지 않았다. 연간 1,500톤 정도가 아마존 지역에서 생산되었는데 이것은 이 지역의 변변찮은 수출 물량의 4분의 1에 불과했다. 스프러스가 1850년대 목격한 폭발적인 산업 활동은, 살아 있는 식물의 산물에 기반한 세계 최대의 붐의 시작일 뿐이었다. 다음 반세기 동안 고무는 '검은 황금'으로 불린 두 화석 연료, 즉 석탄의 뒤를 잇고 석유에 앞서면서, (불에 굽기 전에 그 수액이 흰빛을 띠기 때문에) '하얀 황금'이 되었다. 세계 시장에서 고무 가격은 꾸준히 상승했고 채취량도 마찬가지로 증가했다. 19세기 말이 되자 브라질은 1400만 파운드어치의 고무 2만 1500톤을 수출하고 있었고, 10년 후 연평균 수출량은 두 배로 뛰어서 2460만 파운드어치, 4만 2000톤이 되었다. 이것은 브라질의 커피 수출량에 맞먹었다. 두 상품은 브라질 무역의 80퍼센트를 차지했다.

헤베아 브라실리엔시스(파라고무나무)는 등대풀속 나무로 나무 껍질은 매끄럽고 잿빛을 띠며 연두색 꽃이 피는데 최대 40미터까지 우아하게 자라나 숲 천장을 이룬다. 고무나무는 강에서 떨어진 테라 피르메, 즉 지대가 높고 배수가 잘 되는 토양에서 가장 잘 자란다는 사실이 차차 밝혀졌다. 지속적인 열기와 연중 강수량 1,800밀리미터가 요구되며 고도 800미터 이상에서는 자라지 않는다. 대부분은 적도 바로 남쪽 아마존 강의 커다란 남쪽 지류에서 발견되는데, 아마존 강 어귀를 중심으로 커다란 원을 그리며 마나우스 반대편 타파조스 강까지, 남쪽으로는 볼리비아, 서쪽으로는 안데스 산맥 산기슭까지 분포한다. 많은 열대우림 나무들과 마찬가지로 헤베아 브라실리엔시스는 자연적 병충해와 포식자로부터 스스로를 보호하기 위해 널리 흩어져 자라므로 수액을 채취할 수 있는 나무는 헥타르당 두세 그루밖에 없다. 이런 원인들, 즉 곤충 포식자와 병해, 특히 남아메리카 잎마름병을 일으키는 곰팡이 균(미크로키클루스 울레이*Microcyclus ulei*) 때문에 아마존의 플랜테이션에서 고무나무를 재배하는 것은 언제나 어려운 일이었다. 사실 애초에 거의 누구도 재배를 시도하지 않았다. 수요가 급격히 증가하는데, 업자들은 새로 심은 나무가 완전히 성장할 때까지 10년, 20년을 기다릴 시간이 없었다. 대신 고무 산업은 브라질에서는 세링게이루, 에스파냐어를 쓰는 남아메리카의 다른 지역에서는 카우체로cauchero라고 부르는 야생 고무 채취자들에게 의존했다.

마나우스, 부의 도시가 되다

마나우스는 대서양에서 1,500킬로미터나 떨어져 있지만 연중 수심이 깊은 항구이고 고무나무가 자라는 거대한 강들의 어귀 인근에 위치해 입지가 좋다. 1850년 도시의 이름은 바하에서 (아주리카바의 사라진 부족의 이름을 기려) 마나우스로 바뀌었고 아마조나스 주의 주도가 되었다. 2년 후 브라질 최초의 주요 기업가인 마우아 남작 이리네우 지 소자는 아마조나스해운상사라는 회사를 세웠다. 그는 고국에 철도와 공장, 산업 혁명의 다른 경이들을 가져온 열렬한 영국 예찬자였다. 마우아의 해운 회사는 그가 소유한 조선소에서 건조한 작은 증기선 세 척으로 시작했고 이것들은 아마존 강을 거쳐 파라와 페루 사이를 부지런히 왕래했다. 그 후 1867년 (영국과 미국의 압력에 굴복해) 브라질은 아마존 강을 모든 나라의 상선에 개방된 국제 수로로 만들었다. 대양을 오가는 선박들이 곧 마나우스까지 그 거대한 강을 유유히 거슬러 올라왔다. 원양선들은 마나우스를 넘어서 이키토스까지, 1863년 페루인들이 증기선을 타고 혼 곳을 돌아 아마존 강을 거슬러 올라간 후에야 (예전 마이나스 선교 공동체 자리에) 건설할 수 있었던 도시까지 들어왔다.

마나우스는 고무 붐만큼 급성장했다. 1867년에 한 독일인 기술자는 마나우스 시를 '거리는 잘 다져지지 않아 울퉁불퉁하고 건축미라고는 전혀 고려하지 않은 낮은 가옥과 아주 원시적인 시골집이 들어선 인구 3천 명 정도의 변변찮은 소도시'라고 묘사했었다. 그러나 1890년이 되자 도시 인구는 1만 명이 되었고 10년 후에는 5만 명이 되었다. 고무 붐의 착취 피라미드 꼭대기를 차지한 사람들의 삶은 아주 좋았다. 마나우스는 도시로서 온갖 화려한 지위는 다 차지했다.

1893년 브라질이 공화국이 된 직후 에두아르두 곤사우베스 히베이루라는 젊은 공병 대령이 아마조나스 주 장관이 되었다. 몸집이 작고 머리가 벗겨지고 당시 남자라면 의무적인 팔자수염을 기른 히베이루는 비전이 넘치는 활동가로, 곧장 마나우스를 변신시키는 일에 착수했다. 그는 넓고 곧은 가로수 길을 사방으로 놓았다. 고무를 수출하는 화물선들은 이 거리에 깔 포석과 백만장자들의 궁전 같은 대저택에 쓸 대리석을 바닥짐으로 싣고 돌아왔다. 히베이루 장관은 '나는 시골 마을 하나를 현대 도시로 탈바꿈시켰다.'고 으스댔다. 정글 도시는 (적잖은 예술적 자유를 허용해) '열대의 파리'로, '인간의 에너지에 바쳐진 놀라운 찬사'로 치켜세워졌다. 이를 달성하기 위해 히베이루는 마나우스 시의 세수를 사기꾼과 투기자들로부터 보호해야 했다. 1900년 그는 고무 부호들의 입맛에 맞는 지역의 유력 정치인에게 길을 터주기 위해 자리에서 물러나야 했다. 그렇지만 히베이루는 이 수상한 냄새가 나는 도시가 제공하는 모든 것을 누렸다. 그리고 1904년 방종한 성적 행각을 벌이다가 목이 졸려 죽었다.

1897년 마나우스는 유명한 오페라 하우스인 테아트루 아마조나스를 갖게 되었다. 아르누보*풍의 둥근 지붕(브라질 국기 색깔인 파란색, 녹색, 노란색으로 장식되었다)이 열대의 태양 아래 빛나고 3층 높이의 신고전주의 양식 포르티코**가 곡선형 박공 장식을 떠받치는 가운데, 주랑이 늘어선 테라스와 물결치는 모자이크 장식으로 꾸민 보도, 아마존을 상징하는 앞마당의 휘황찬란한 청동 조각상에 이르기까지, 오페라 극장은 열대우림의 한복판 신흥 도시에 어울리는 랜드마크 건물이었다. 철골 구조물은 글래스고에서, 타일은 알자스에서, 대리석 기둥은 카라라에서, 거울은 프랑스에서, 샹들리에는 베네치아에서 실어왔다. 극장은 이탈리아 태피스트리로 장식된 무도회장을 자랑했으며 20미터 높이의 무대 커튼은 투피족 물의 요정 이아라를 눈부시게 형상화했다. 프랑스 지리학자 오귀스트 플랑은 이 '웅장한 건축물'에 감탄했다. '우아하고 화려하게 장식된 현관과 화가 [도메니코] 데 안젤리스의 찬란한 걸작으로 꾸며진 천장과 더불어 공기도 잘 통하고 빛도 잘 들어오는 이 건물은 마나우스의 대표적 명소다. 가장 세련된 문명이 네그루 강에 도착했다!'

테아트루 아마조나스는 이탈리아 오페라단이 공연한 폰키엘

---

* 19세기 말 20세기 초에 유행한 장식 양식. 자연적 모티브와 곡선을 주로 활용했다.
** 기둥을 받쳐 만든 현관 지붕.

리의 오페라 《라 조콘다》로 문을 열었다. 그러나 개관작은 거기서 공연된 유일한 그랜드 오페라였다. 극장은 너무 작았다. 3층짜리 박스석과 무대 정면의 일반 좌석이 모두 차더라도 685명밖에 수용하지 못했다. (극장은 수십 년간 버려져 있다가 벨에포크*풍 서체와 장식까지 그대로 살려 최근에 아름답게 복원되었다. 필자는 그곳에서 텔레만의 오페라 막간극을 감상했는데 출연 가수는 단 세 명, 연주자는 십여 명에 불과했다.) 각종 무대 설비와 더불어 제대로 된 오페라단과 대규모 오케스트라를 강 상류까지 데려오는 것은 언제나 엄두도 못 낼 일이었다. 그래서 테아트루 아마조나스의 가장 찬란한 순간은 연극과 콘서트 공연이었다. 그러나 전설과 달리 이 공연들 가운데 어디에도 엔리코 카루소나 안나 파블로바, 사라 베르나르**는 끼어 있지 않았다.

1902년 지붕을 씌운 메르카두 무니시파우Mercado Municipal, 즉 시영市營 시장이 완공되었다. 영국 건축가 배커스와 브리스베인이 설계한 시장의 주철 구조물에는 '리버풀 기술자, 프랜시스 모턴Francis Morton, Engineers, Liverpool'이라고 새겨져 있다. 강에서 잡은 수 톤의 생선들이 지금도 그곳의 대리석 가판대에서 팔려나간다. 그해에는 마나우스의 유명한 폰테 플루투안테ponte flutuante, 스코틀랜드 건축 기사들이 설계하고 클라이드 만에서 미리 조립한 부두도 문을 열었다. 매년 14미터를 오르내리는 네그루 강의 수위 변화에 대처하기 위한 이 부양식 독dock은 지금도 거대한 원형 철제 부교*** 위에 떠 있으며 150

---

* 19세기 말 20세기 초를 가리키는 '좋은 시대'란 뜻의 프랑스어.
** 엔리코 카루소는 이탈리아의 테너 가수, 안나 파블로바는 러시아의 발레리나, 사라 베르나르는 프랑스의 여배우로 모두 국제적인 스타였다.
*** 배를 묶어두는 수상 플랫폼.

아마존Amazon

미터의 접합 경사로로 도시와 연결되어 있다. 22미터 높이 탑으로 지탱되는 크레인-케이블 시스템은 한번에 4톤의 화물을 배에서 강가로 내릴 수 있었다. 마나우스와 리버풀을 정기적으로 왕래하는 증기선 스무 척을 소유한 부스기선 회사가 이 항만 시설을 짓는 데 대부분의 비용을 부담했고 대가로 운영권과 사용료를 받았다. 부두는 옛 상 주제 다 바하 항구 자리에 위치한 아판데가^{Afândega}, 즉 세관소로 이어진다. 1908년, 영국마나우스항만 주식회사에 의해 완공된 이 예쁜 건물은 코린트 양식 붙임기둥이 롬바르디아 양식 아치로 장식된 외벽을 감싸고 있는 봄베이(현재 뭄바이)에 있는 건물과 완전히 똑같은 복사판이다. 건물에 쓰인 붉은 기가 도는 화강암도 영국에서 바닥짐으로 실어 왔다. 도시의 법원 청사^{Palace of Justice}는 베르사유 궁전에서 따왔으며 짓는 데 50만 파운드가 들어갔다. 법원 청사와 인근의 팔라시우 두 고베르누^{Palácio do Governo}, 즉 주 청사는 모어스앤드모턴이 지었다.

마나우스는 브라질에서 전등과 전화(1897년), 대학을 갖춘 최초의 도시 가운데 하나였다. 1900년에는 세계 최고의 전차 시스템을 갖추게 되었다. 전차마다 영어로 '마나우스 철도^{Manaus Railway}'라고 쓰인 암녹색 미국산 전차들은 도시를 둘러싼 열대우림까지 뻗은 트랙을 따라 최장 25킬로미터를 달렸다. 전차는 도시 수출품의 4분의 1을 사들이던 미합중국고무 회사^{United States Rubber Company}의 후원을 받았다. 마나우스는 병원 세 곳(하나는 포르투갈인을 대상으로 한 병원이고 또 하나는 정신병원)과 공공도서관, 동물원, 식물원, 열 곳의 사립중등학교를 자랑했다. 식당에 전등과 전동 환풍기를 갖춘 인테르나시오날 그랜드 호텔은 '기독교권 최고의 호텔'이었다. 전성기에 '마나우스는 경마장과 [콜리세우 타우로마치쿠라는 현란한 이름이 붙은] 투우장, 36명의 일류 의사, 24곳의 주점, 23곳의 고급 백화점, 11곳의 고급 레스토랑, 9곳의 최신유행 의류점, 9곳의 신사복 가게, 수십 곳의 이발소와 7곳의 당구장, 7곳의 서점도 갖췄다.' 열대성 질환과 총격으로 인한 평균 이상의 사망률에 부응하는 화려하게 장식된 무덤들로 채워진 공동묘지도 있었다. 이 지역은 심지어 실비누 산투스—수염과 헐렁한 반바지 차림새 덕분에 조지 버나드 쇼를 닮아 보였다—의 《엘도라도의 발자취를 따라》와 같은 브라질의 초창기 무성 영화들에도 영감을 주었다.

고무 갑부들은 호사란 호사는 모두 누렸다. 그들의 대저택은 샹들리에를 매단 무도회장, 그랜드 피아노나 자동 피아노, 수입 가구, 식탁을 화려하게 장식하는 은제 식기와 식탁보, 냅킨 등을 갖췄다. 고무를 수출하는 선박은 회송 화물로 신흥 부자들을 위한 산해진미와 즐길 거리를 싣고 왔다. 로빈 퍼노는 '아무리 터무니없는 사치라도 그들을 단념시키지 못했다. 한 고무 부호가 널찍한 요트를 구입하면 다른 부호는 자신의 빌라에 길들인 사자를 들여놓고, 또 다른 부호는 말에 물 대신 샴페인을 먹인다.'고 썼다. 파티 때마다 모두가 와인을 즐겼다. 한 파티에서는 트리에스테 출신의 미녀 사라 루보우스크가 아무것도 걸치지 않은 채 몸을 담근 욕조의 샴페인을 받아 마시려고 손님들이 무릎 꿇고 앉기도 했다. 샴페인으로 목욕한 이 여자는 코안경을 쓰고 왁스를 먹인 콧수염을 자랑하는 슈투트가르트의 점원 출신 발데마르 에른스트 숄츠의 정부였다. 그는 고무 수입상으로 한 재산을 모았고 마나우스 주재 오스트리아 명예 영사가 되었다. 숄츠는 그의 단정한 겉모습과 반대로 '바빌론*풍' 파티와 사자, 모터

요트, 날렵한 마차, 제복을 입은 하인들에게 아낌없이 돈을 썼다. 프랑스 기술자 앙리 모어가 지은 그의 대저택 팔라시우 숄츠는 코린트식 기둥 위로 깊이 들어간 베란다와 발코니 난간 세 개를 갖추었고, 마나우스의 관광명소 가운데 하나였다. (현재는 아마조나스 주 소유의 건물이며 팔라시우 리우 네그루라고 불린다. 나는 거기서 열리는 연회에 참석한 적이 있는데 숄츠의 흥청망청한 주연과는 거리가 멀었다.) 또 다른 인기 많은 코티전**은 폴란드 출신 유대인 완다였다. 신분 상승을 꿈꾸는 여자들과 사교계의 귀부인들이 이 부의 오아시스로 몰려들었다. 최고 부자들은 자신들의 더러운 빨랫감을 유럽으로 보내 세탁한다는 소문도 있었다.

　　마나우스의 저택들 대부분은 매음굴이었다고 한다. 가장 크고 화려한 곳 가운데 하나는 가장 매력적인 여자들을 제공하는 물 위에 떠 있는 궁전이었다. 그곳의 마담은 '강 전역으로 자주 운항함. 얼음에 식힌 샴페인과 축음기 일체 포함.'이라고 광고했다. 그보다 저렴한 곳은 펜상 다스 물라타스('물라토 여인 펜션')였다. 이들은 싫증이 난 백만장자부터 몇 달간 여자 없이 지내는 외로운 여정에서 잠시 벗어나려는 세링게이루에 이르기까지 온갖 취향과 주머니 사정을 지닌 사람들을 모셨다. 도시는 '불사조'나 '상류 생활' 같은 유혹적인 이름의 술집과 카바레, 나이트클럽으로 들썩거렸다. 시인 아니바우 아모링은 '방탕한 남녀가 자주 찾는 곳, 맥주와 샴페인 속에서 시간이 흘러가는' 샬레 가든과 '언제나 열려 있고 새벽녘이면 흘러넘친 술로

* 사치의 대명사격인 고대 바빌로니아의 수도.
** 코티전courtesan 부자나 귀족, 명사를 상대로 하는 고급 매춘부 혹은 그들의 정부.

테이블이 흠뻑 젖는 카페 두스 테히베이스('골칫덩이들 카페')가 있는 코즈모폴리턴적인 밤 생활을 사랑했다.

그사이 고무 붐에 힘입어 아마존 강 어귀에서 마나우스보다 두 배나 먼 거리인 3,646킬로미터만큼 떨어진 페루의 이키토스 시도 부유해졌다. 이키토스 중심 광장에 위치한 2층짜리 '아이언 하우스'의 뼈대와 베란다는 귀스타브 에펠이 디자인했다고 전해진다. 그것은 1889년 파리 박람회 전시 건물 가운데 일부였으며 한 고무 부호가 해체해서 배에 실어왔다. 다만 현재 한 가지 문제는 그 건물이 어디에 있는지 확실치 않다는 것이다. 광장의 여러 건물들이 바로 자기 건물이라고 주장하고 있다.

아마존 강 어귀의 벨렝도 고무 붐과 관련해 상업과 금융, 보험 업무를 담당하면서 번영했다. '글래스고, 맥팔레인MacFarlane, Glasglow'의 작품인 연철 구조물로 이뤄진 베르-오-페주Ver-o-Peso('무게를 보시오') 시장을 비롯해 화려한 건물이 많이 들어섰다. 주세페 란디의 바로크 양식 교회들과 더불어 가로수가 늘어선 이 18세기 도시는 현대 상업도시로 우아하게 변모했다.

각지에 자리 잡은 신흥 고무 부호들

마나우스의 고무 무역은 몇몇 상사에 의해 운영되었다. 당시 무역 상사의 사무실 모습을 담은 사진들이 여전히 남아 있다. 사진들은 현지 나무로 만든 패널을 두른 벽과 초창기 타자기를 사용하고 있는 직원

들이 마호가니 책상 앞에 줄지어 앉아 있는 모습을 보여준다. 직원들
은 하나같이 가운데 가르마를 타 기름을 바른 머리와 잘 기른 검은
콧수염(자신이 인디오 혈통을 타고나지 않았다는 것을 보여주기 위한 이유도
있었다)을 뽐낸다. 그들은 하얀 셔츠와 타이에 정장을 입었지만 적도
의 열기를 감안해 재킷을 벗는 것은 허용되었다. 머리 위로는 커다란
선풍기와 초록색 갓을 씌운 전등이 있고 창문에는 베네치아 블라인
드가 드리워져 있다.

상사마다 아마존 삼림에 각자 운영하는 구역이 있었다. 고무
가 풍부한 푸루스 강과 주루아 강 유역에는 고무 부호들도 많았지만,
독자적이고 모험적인 고무업자도 많았다. 마누엘 비센치 '카리오카'
는 세아라에서 온 건장한 세링게이루로, 채무 예속 노동에서 어찌어
찌 빠져나와 주루아 강의 수원인 그레고리우 강에서 4백 명의 고무
채취자를 거느리게 되었다. 키가 크고 금발인 알프레두 아후다는 푸
루스 강의 지류 우마리 강의 숲 50킬로미터를 소유했고 '대령' 루이
스 다 시우바 고메스는 푸루스 강 유역에서 나온 고무로 굉장한 부자
가 되었다. 다른 대령들은 타파조스 강, 싱구 강 그리고 솔리몽이스
강으로 흘러가는 다른 강 유역에 위치한 그보다는 생산성이 떨어지
는 구역들을 지배했다. 타파조스 강 상류의 고무 사업은 파울루 다
시우바 레이치라는 사람이 운영했다. 한 프랑스 탐험가는 '그는 아피
아카족의 두목이자 보호자로서 …… 인디오 부족 하나를 마음대로
부린다.'고 부러운 듯이 이야기했다. 언제나 'J.G.'로 통한 조아킹 곤
사우베스 아라우주는 주요 거래업자이자 수출업자가 되었다. 그는
네그루와 브랑쿠 분지를 지배했는데 그 지역은 헤베아속 고무나무가
별로 없었지만 브랑쿠 강 상류 사바나에서 나온 소고기처럼 다른 산

물이 풍부했다. 네그루 강의 수원인 이사나 강은 돈 게르마노 가리도 이 오테로라는 거친 콜롬비아인의 소유였다. 그의 부하들은 마음대로 브라질로 건너와 아라와크어를 말하는 바니와족, 호호데네족, 와레케나족과 더 남쪽의 투카노어 부족들을 강제로 징발해가며 공포에 떨게 만들었다. 돈 게르마노는 자식을 많이 낳았고 (마피아 대부처럼) 아들들과 대자代子들을 이용해 그의 제국을 다스렸다.

최상품 고무나무는 아마존 강의 서남부 지류인 마데이라 강과 주루아 강, 푸루스 강의 수원지가 있는 볼리비아에서 자랐다. 미국 업계지 『인도 고무 세계』의 편집장 헨리 피어슨은 이 사업을 지배하는 자수성가한 볼리비아 고무 부호들을 칭송했다. 가장 부자인 니콜라스 수아레스는 맨발로 시작했고 정말로 결코 신발을 신지 않았다. 그는 (모두 마데이라 강의 수원인) 베니 강, 마모레 강, 마드레 데 디오스 강의 부족들도, '어느 백인도 감히 접근하지 못한 야만인' 부족들과 접촉했다. '곧 이 남자와 그의 형제들은 토지 사용권을 따냈는데 그렇게 얻어낸 땅은 주권 국가나 다름없었다. 그는 아주 작은 모욕이나 기만행위에도 끔찍한 배상을 요구하며 야생의 인디오들을 엄격하게 다스렸다.' 19세기 말이 되자 니콜라스 수아레스는 1만 명을 고용하고 마데이라 강의 운송을 지배하게 되었고 (4백 명의 남자들이 그 무시무시한 급류 사이로 보트를 끌었다) 8백만 헥타르의 고무나무 숲을 경영했으며, 종국에는 25만 두의 소를 키우는 방목장과 제당소, 발전소, 얼음 공장, 무수한 물품 창고를 소유하게 되었다. 화려한 콧수염을 기른 수아레스는 고무업계의 록펠러로 알려졌다. 그의 형제 프란시스코는 1871년 영국으로 가서 런던 중심가의 금융 지구에 수아레스 에르마노스 회사라는 가족 회사를 차렸고 런던 주재 볼리비아 총영사가 되었다. (이 외교관의 아들 페드로는 영국 기숙학교에 들어갔고 스스로를 퍼시라고 부르며 패션 사진작가 세실 비튼의 친척 아주머니 제시와 결혼했다. 비튼은 유쾌한 회상록 『나의 볼리비아 아주머니』에서 그의 이국적인 아주머니 제시와 햄스테드에 위치한 그녀의 대저택과 퍼시 아저씨의 끝없는 애정 행각에 대해 썼다.)

볼리비아 고무업계의 또 다른 거물로는 강한 추진력의 젊은 정치가이자 학자, 의사임과 동시에 베니 강의 지류 오르톤 강을 지배하게 된 수아레스의 사촌 안토니오 바카 디에스 박사가 있었다. 머리가 벗겨지고 배가 나오기 전까지는 미남이었던 젊은 바카 디에스는 고무 부호들의 트레이드마크인 넓적한 검은 콧수염을 뽐냈다. (오르톤 강은 미국인 지질학자이자 탐험가인 제임스 오턴의 이름을 따 의사 겸 탐험가인 그의 친구 에드윈 히스가 지은 것이다. 히스는 바카 디에스 아래서 일했으며 페루와 볼리비아의 경계를 이루는 마드레 데 디오스 강의 지류에 자신의 이름을 딴 강도 갖고 있었다.) 바카 디에스는 거의 4,300군데의 고무나무 구역을 소유했는데 한 구역마다 고무나무가 500그루 정도가 있었다. 1897년 그의 회사는 프랑스 자본을 가지고 런던 주식 시장에 상장되었다. 수아레스와 바카 디에스 둘이서 프랑스 면적의 절반 크기인 볼리비아 북부를 지배했다.

고무나무 숲의 서쪽 끄트머리에는 카를로스 페르민 피츠카랄도가 있었다. 페루 고원에 정착한 (그리고 어려운 피츠제랄드Fitzgerald에서 이름을 바꾼) 미국 선원의 아들 젊은 피츠카랄도는 리마에서 교육을 받았지만 칠레를 위해 스파이 활동을 한다는 의심을 받아 페루 아마존으로 달아났다. 그는 무시무시한 퐁고 데 마이니케 소용돌이 근처 오지 중의 오지인 우루밤바 계곡 미샤구아 강에 정착했다. 1880년대에 피츠카랄도는 나이프와 아과르디엔테 브랜디를 선물해 아라와크 어를 쓰는 피로족과 캄파족의 환심을 산 후 그들의 도움을 받아 카우초 고무업자가 되었다.

인디오들은 피츠카랄도에게 미샤구아 강물이 중간중간에 육로에 의존해 우루밤바-우카얄리 수계와 마누-마드레 데 디오스-베니-마데이라 수계를 거의 연결하고 있음을 가르쳐 주었다. 이곳은 아마존 분지에서 아직도 탐험이 가장 덜 된 곳이다. 1896년 피츠카랄도는 3톤짜리 증기선을 이 육로로 가져와 인디오들을 시켜 해체해 실어 나르게 한 후 그 작은 선박을 다시 재조립해 베니 강을 따라 멋지게 항행하는 데 성공했다. 이 매우 우회적인 경로는 마데이라 강 하류의 무서운 급류들을 피하는 길이었을지도 모른다. 바카 디에스는 깊은 인상을 받았다. 이듬해 그 볼리비아 고무 부호는 아마존 강을 거슬러 이키토스로 올라왔고 피츠카랄도는 그의 소형정 아돌피토호를 타고 그를 만나러 갔다. 그런데 비극이 덮쳐왔다. 1897년 7월 젊은 영국 여인 리지 헤셜(그녀의 남편은 바카 디에스의 고무 회사에 합류하기 위해 가던 중이었다)은 이렇게 썼다. '미샤구아를 떠나고 3일 후에 아돌피토호의 구동 체인이 고장 났고, 배가 급류에 휩쓸려 떠내려가다 가장 끔찍한 일이 벌어지고 말았다. 바카 디에스가 〔피츠카랄도와 함께〕 익사한 것이다. …… 가엾은 피츠카랄도 부인에게는 애가 넷이나 있고 당연히 부인은 지금 엄청난 충격에 빠져 있다.' (베르너 헤어초크는 영화 《피츠카랄도》에서 그를 인디오들을 시켜 산에 좁은 길을 내어 커다란 보트를 통째로 끌고 가게 만드는 정신 나간 아일랜드 괴짜로 그렸다. 그러나 실제로는 미샤구아 강과 베니 강의 연결로는 건기에는 통나무 굴림대를 놓아 지나가고 우기에는 홍수로 불어난 물 위로 항행이 가능한 짧은 육로였다.

그리고 아돌피토호는 영화에서처럼 그렇게 큰 배가 아니었다. 더욱이 헤어초 크는 그의 주인공이 베르디 오페라를 열렬히 좋아하고 마나우스 오페라 하우 스를 자주 찾는 사람으로 상상했지만, 이 극장은 이 시대에 아직 문을 열지 않 았고 피츠카랄도는 아마존 강을 타고 브라질에 간 적이 없었다.)

아크리 숲과
고무를 운송하는 문제
▬

수아레스 형제들과 다른 볼리비아 고무 부호들은 그들의 하얀 황금 을 유럽과 북아메리카 시장으로 가져가야 했고 운송 경로는 당연히 안데스 산맥을 힘겹게 넘어가는 것이 아니라 아마존 강을 따라 배로 나르는 것이었다. 그러나 마데이라 강은 중앙 브라질 순상지를 벗어 나 폭포처럼 거세게 흘러가며 포르투 벨류 상류 쪽으로는 사나운 급 류들이 30킬로미터에 걸쳐 있다. 산투 안토니우, 10미터 높이 폭포가 있는 테오토니우, 사납게 날뛰는 칼데이랑 두 인페르누('지옥의 가마 솥') 같은 카초에이라cachoeira(폭포)들이 있다. 인디오들은 이 폭포들 을 지나 카누를 끌어올리고 내려야 했다. 고무 붐이 가속화되면서 마 데이라 강을 따라 실려 나가는 고무와 강을 거슬러 올라오는 제품들 의 선적량은 몇 배로 늘어났다. 각 급류 주변으로는 일련의 육상 수 송로가 있었고 선단들은 육로 사이에 뻗어 있는 물길을 노 저어 갔 다. 그러나 이런 물길에서는 흔히 보트가 뒤집어지면서 심각한 이윤 과 (업자들에게는 덜 중요하지만) 인력 손실이 초래되었다.
　　볼리비아인들은 독일인 기술자 프란츠 켈러에게 의뢰해 마데이라 강의 급류들을 우회할 방법을 조사하게 했다. 그는 다양한 해법과 추정치를 내놓았다. 배를 끌어올리고 내리는 접합 경사로는 미화 45만 달러, 포장도로와 갑문이 달린 운하는 1천만 달러, 철도는 425만 달러로 예상되었다. 따져본 결과 마지막 해법이 최상의 방안인 것 같았다. 그래서 볼리비아인들은 대담한 미국인 기술자 조지 E. 처치를 고용해 철도를 부설하게 했다. 처치는 젊은 시절 매사추세츠 주의 후삭 터널을 설계했고, 남북전쟁 당시 포토맥 군대*에서 싸웠으며, 아르헨티나 정부 밑에서 파타고니아의 원주민 부족들을 '순화'하는 일에도 참여했다. 1870년 그는 국립볼리비아해운 회사를 설립하고 필요한 자금을 모아 한 영국 회사와 계약한 다음 철도 부설에 착수했다. 에스파냐와 북동부 브라질에서 노동자들이 수입되어 왔다.

그러나 몇 달이 지나자 영국인들은 계약을 해지해달라고 애원하게 되었다. 1873년, 그들은 볼리비아는 직원들이 말라리아에 걸려 파리 목숨처럼 죽어나가는 시체 안치소 같은 곳이라고 썼다. 예정된 구간은 중간에 반암斑巖 산마루가 교차하는 야생 습지대를 관통하게 되어 있었다. '지구상 모든 자본과 인구 절반을 끌어들인다고 해도 철도를 건설하는 것은 불가능하다.' 1897년 처치 대령은 다시 시도했고, 이번에는 미국 필라델피아의 P&T 콜린스 사와 손잡았다. 미국인들은 열정적으로 달려들었다. 900명이 넘는 미국인이 파견되었다. 비극적이게도, 이 가운데 80명은 시작도 전에 배가 침몰하면서 익사했고, 사업이 개시된 후로는 141명의 미국인과 400명의 브라질인, 200명의 볼리비아인 기술자들과 노동자들이 18개월의 계약 기간 동

---

* 북군의 한 부대.

       아마존 Amazon

안 사망했다. 몇몇은 사고로, 한 명은 인디오의 화살에 맞아 죽었지만, 절대다수는 말라리아 때문이었다. 결국 미국인들은 이 가망 없는 사업을 포기했다. P&T 콜린스 사는 파산했으며 1881년 처치 대령의 토지 이용권은 말소되었다.

마데이라 서쪽, 주루아 강과 푸루스 강은 고무가 풍부한 아크리 강의 숲에서 발원한다. 마드리드 조약(1750년)과 산일데폰소 조약(1777년)의 협상가들은 마데이라 강의 급류 인근 포르투 벨류부터 미탐험 지역인 서쪽의 자바리 강 수원까지 국경선을 애매하게 그어 놨다. 두 나라의 독립 이후, 1867년 아야쿠초 조약은 이 경계를 재설정해, 마데이라-마모레 강 교차점부터 북서쪽으로 자바리 강 상류까지 직선으로 1,000킬로의 국경선을 새로 그었다. 이 조약으로 브라질은 아크리 숲을 더 많이 획득했지만, 고무 심장부 대부분은 이 국경선 남쪽 볼리비아에 속하게 되었다. 많은 브라질인들이 불만스러워했다. 그들은 브라질 외무부가 주루아 강과 푸루스 강의 수원지를 그곳의 숲에 대해 아는 게 없는 볼리비아인들에게 내주는 심각한 실수를 저질렀다고 생각했다.

그 지역은 1860년대에는 브라질 물라토 마누에우 우르바누 다 인카르나상이, 그 후에는 (푸루스 강에 그의 이름을 딴 긴 상류수가 있는) 영국인 여행가 윌리엄 챈들리스가 탐험한 곳이었다. 다음 십 년 동안 브라질 대령 안토니우 라브리는 고무가 가장 풍부한 이 지역에 고무 사업을 꾸리기 시작했다. (아마존 지역의 고무업자들은 하나같이 '대령'이라 불렸지만, 다른 업자와 달리 라브리는 파라과이와의 전쟁에서 진짜 육군 장교로 복무한 소수 가운데 한 명이었다.) 그는 우르바누 다 인카르나상으로부터 현지 인디오들, 특히 아라와크어를 쓰는 파우마리족과 카타위

시족의 도움을 얻는 법을 배웠다. 얼마 지나지 않아 수천 명의 브라질 세링게이루들이 굽이는 많지만 급류는 없는 이 지역으로 쏟아져 들어왔다. 1890년이 되자 푸루스 계곡에는 12만 명이라는 어마어마한 고무 채취자들이 있었고 그 가운데 2만 2천 명은 라브리 대령의 이름을 딴 라브레아 시에 거주했다.

19세기 말이 되자 아마존 지역 고무의 60퍼센트가 아크리에서 나왔다. 볼리비아 정부는 대량의 고무가 직선으로 뻗은 국경선의 자국 경계 쪽에서 빠져 나가고 있다는 것을 깨달았다. 브라질인들은 푸루스 강과 주루아 강을 쉽게 거슬러 올라올 수 있었지만 볼리비아인들은 그 외진 삼림 지대까지 육로로 접근하기 힘들었기 때문이다. 그럼에도 불구하고 볼리비아인들은 무모하게도, 강을 따라 브라질로 실려 나가는 볼라차(생고무 덩어리) 하나마다 30퍼센트의 수출 관세를 부과하려고 했다. 세금은 아크리 강 옆 푸에르토 알폰소라는 작은 곳에 위치한 세관소에서 걷기로 했다. 볼리비아 사업가들과 군 장교들 일단은 한 발 더 나갔다. 그들은 외국 세력, 특히 미국을 유인해 이 외진 영토를 보호할 '볼리비아 신디케이트'라는 안을 내놓았다. 신디케이트는 에이커당 몇 센타보*에 아크리 숲을 사들일 계획이었다. 그러면 그 투자자들은 몇 년간 무관세 교역을 누리고 그 지역의 치안과 세금 징수를 관장하며 볼리비아 정부는 그렇게 걷힌 세금 가운데 일부를 받는 식이었다. 몇몇 미국인들은 이 방안에 완전히 넘어가서 미국 정부가 볼리비아의 아크리 지역 방어를 재정적으로 지원하는 대

---

* 볼리비아, 브라질을 포함하여 일부 중남미 국가들이 사용하는 화폐 단위. 각국의 표준 단위의 100분의 1의 가치이다.

아마존 Amazon

신 그 대가로 고무 관세의 절반을 받고 아크리에 미군 기지를 세우는 것은 어떨까도 고려했다. 그러나 이러한 전망의 사업설명서를 볼리비아로 가져가던 한 미국 해군 함장이 벨렝의 젊은 기자에게 설명서의 번역을 부탁하는 실수를 저지르고 말았다. 에스파냐 출생의 루이스 갈베스 로드리게스 데 아리아 기자는 번역을 하는 대신 이 폭발력 있는 계획안을 그의 신문 『프로빈시아 두 파라』에 공개해버렸다.

브라질 세링게이루들은 세금을 물리려는 볼리비아의 시도에 이미 분노하고 있었다. 볼리비아 신디케이트가 제의되었다는 소식이 전해지자 그들은 행동에 나섰다. 1899년 5월 3일 주제 카르발류라는 한 브라질 고무업자가 부하들을 이끌고 새벽녘에 푸에르토 알폰소를 공격했다. 볼리비아 깃발이 내려지고 그곳의 관리들은 침대에서 끌려나와 카누에 실린 후 집으로 노를 저어가라는 명령을 받았다.

한편 갈베스 기자―프랑스 혁명에 대해서는 잘 알지만 열대 우림이나 고무에 대해는 아는 게 없는 낭만적 이상주의자―는 코믹 오페라 같은 대응을 하면서 '보헤미안과 배우들의 군대'를 아마존 강과 푸루스 강 상류로 데려오고 있었다. 그들은 5월 말에 도착했다. 갈베스는 세링게이루들의 열렬한 지지를 받으며 '아크리는 아크레아누들에게!'라는 구호와 함께 아크리 독립국을 수립했다. 그는 대통령을 자처하고 헌법을 작성했으며 내각을 지명했다. 그는 아크리가 '시인 원정대'에 의해 창조된 민주적 유토피아가 될 것이라고 선언했다. 진흙탕 정착지는 포르투 아크리로 재명명되었고 곳곳이 움푹 팬 오솔길들에는 브라질식 이름이 주어졌다. 갈베스 대통령은 7월 14일 바스티유 기념일에 상 제로니무 고무 집하장 베란다에서 공화국을 선포했다. 연회가 열렸고, 그 행사의 영수증들이 아직 남아 있다. 영수증

내역에 따르면, 이 '군사' 정부는 미국 맥주 한 상자와 뵈브 클리코 샴페인 한 상자, 단네만 시가 200개비를 소비했고, 강둑의 신민들 107명은 그들이 가장 좋아하는 음식인 검정콩, 쌀, 소고기 육포, 바나나, 구아바를 먹은 후 포르투갈에서 온 콜라르스 와인과 카샤사 럼, 기네스 맥주로 목을 축이고 빌라르 시가 500개비를 피웠다.

볼리비아와 브라질 어느 쪽도 이 우스꽝스러운 고무 부자 나라를 환영하지 않았다. 볼리비아인들은 울창한 숲을 관통해 아크리로 몇몇 병사들을 들여보내는 데 성공했고 이들은 몇 차례 산발적 교전에서 분리주의자들을 물리쳤다. 그사이 브라질 해군 선단이 푸루스 강을 거슬러 올라와 정글 공화국을 끝장냈다.

볼리비아는 신디케이트 창립을 밀고나갔다. '고무'라는 말은 '황금'이나 '철도'만큼 투자가들을 끌어당기는 자석 같은 힘이 있었다. 그래서 이 벤처 사업이 뉴욕과 런던의 주식 시장에 상장되자 금방 주식 청약자들이 모여들었고, 주주 가운데에는 밴더빌트 가문과 모건 가문, 애스터 가문도 있었다.* 그러나 브라질은 이웃 나라의 수작을 인정하지 않으려 했고 아크리행 선박에 대해서는 아마존 강을 폐쇄했다. 1899년 미국 군함 윌밍턴호가 벨렝에서 상류로 빠져나가 신디케이트를 지원하려고 했지만 마나우스 인근에서 붙잡혀 격렬한 외교적 항의를 받고 미국으로 돌려보내졌다.

브라질 고무 상인들은 볼리비아의 아크리 숲 재점령에 분개하는 거친 개인주의자들이었다. 1902년 8월 플라시두 지 카스트루라는

---

*19세기와 20세기 미국에서 유명한 대부호 가문들.

젊은 남부 브라질인이 세링게이루 병력을 이끌고 그 부유한 지역을 점령했다. 갈베스의 '시인들'과 달리 카스트루와 그의 부하들은 능력 있는 게릴라들이었다. 몇 달 동안 그들은 고립된 볼리비아 분견대의 허를 찔렀다. 이에 맞서 볼리비아 고무 부호 니콜라스 수아레스는 윈체스터 소총으로 무장한 부하 250명을 동원했다. 하지만 이들은 베니 강에 있었고 아크리와는 250킬로미터에 걸친 야생의 숲으로 여전히 분리되어 있었다. 1903년 1월 볼리비아 대통령 호세 판도 장군이 애국적 군중의 환호 속에서 라 파스에서 직접 군대를 이끌고 나왔지만 베니 강의 수아레스에게 닿는 데만도 악몽과 같은 3개월이 걸렸고, 그때쯤 아크리의 상황은 모두 종료되었다.

　　브라질 정부가 다시금 제멋대로인 국민들을 징계하기 위해 개입했다. 브라질 정부는 카스트루를 무장 해제하기 위해 무자비한 올림피우 다 시우베이라 장군 휘하에 보병 대대를 파견했고 시우베이라 장군은 진압에 성공했다. 비록 각기병과 말라리아로 417명의 병사 가운데 3분의 2를 잃었지만 말이다. 그러나 브라질 군대는 이번에는 즉시 물러가지 않았다. 정력적인 외무장관 리우 브랑쿠 남작은 수익성이 높은 그 지역을 병합하기로 작정했다. 신속한 협상으로 1903년 11월 페트로폴리스 조약이 체결되었다. 이 조약으로 브라질은 2백만 파운드와 마데이라 강 인근의 5,000제곱킬로미터 가량의 땅을 내주는 대신 19만 1천 제곱킬로미터 면적의 아크리 영토를 얻었다. 현찰 대부분은 마데이라-마모레 철도 구간을 완공하는 데 쓰일 예정이었다. 브라질로서는 엄청나게 이득인 거래였다. 불만을 품은 볼리비아 신디케이트 투자자들은 손해배상 소송을 걸었고 결국 11만 파운드를 받아냈다.

볼리비아는 베니 강 유역에 더 큰 면적의 토지 이용권을 내줌으로써 수아레스의 애국적 제스처에 화답했다. 그 무렵인 1904년에 그의 형제 그레고리오는 마데이라 강의 급류 인근에서 그가 잘 알며 보통은 온순한 카리푸나 인디오 집단을 만나고 있었다. 세링게이루들은 리볼버를 가지고, 원주민들은 활과 화살을 가지고 대결하는 친선 사격 경기가 열렸다. 그러나 뭔가가 잘못되었다. 그레고리오 수아레스는 가슴에 화살을 맞고 죽었고 인디오들은 그의 동행을 거의 다 학살했다. 두 볼리비아인이 학살을 모면해 니콜라스 수아레스에게 소식을 알렸다. 그는 형제의 죽음을 그냥 넘어갈 사람이 아니었다. 그의 패거리는 카리푸나족을 숲속까지 추격했다. 그들의 말에 따르면, 그들이 현장을 덮쳤을 때 인디오들은 그레고리오의 머리를 장대에 건 채 약탈한 화물을 뒤적대며 브랜디를 마시고 있었다고 했다. 인디오들의 캠프는 포위되었고 한 명도 남김없이 사살되었다.

페트로폴리스 조약에서 약속한 대로 브라질은 급류를 우회하는 악명 높은 철도를 부설하기 위해 새로운 시도에 들어갔다. 이번 계약은 또 다른 미국인 퍼시벌 파커에게 돌아갔다. 그는 마데이라-마모레철도 회사를 설립하고 구간을 건설하기 위해 메이, 제킬앤드랜돌프May, Jekyll and Randolph라는 민간 기술자 팀을 고용했다. 메이, 제킬앤드랜돌프 사는 1907년 브라질에 자재와 사람들을 내려놓기 시작했다. 그것은 어마어마한 사업이었다. 5년의 공사 기간 동안 2만 2천 명의 사람들이 고용되었고 대부분 남유럽과 인도, 서인도에서 온 인부들이 3백 명의 미국인들의 감독을 받으며 작업했다. 포르투 벨류에 있는 회사의 월급 장부에는 어느 때고 4천에서 5천 명의 직원이 등록되어 있었다.

처치 대령이 구간 건설에 실패한 이래 28년 사이에 많은 변화가 생겼다. 말라리아를 이해하는 데 일련의 돌파구가 마련된 것이다. 앞서 본대로 그 무서운 열병은 18세기에 아마존에 도달했던 것 같다. 1820년 슈픽스와 마르티우스는 '간헐적인 악성 열병'이 솔리몽이스 강 유역에 '아주 최근'에야 도착했다고 말했다. 그러나 질병은 빠르게 퍼져 곧 그 지역에서 가장 큰 사망 원인이 되었다. 모든 여행객들과 과학자들이 말라리아에 걸렸고 무수한 세링게이루들과 원주민 부족들도 마찬가지였다. 연례 보고서에서 아마조나스 주의 장관들은 이 재앙이 불어 닥칠 때마다 강둑의 정착촌들이 싹 사라져 버린다고 한탄했다. 마나우스 시에서는 연평균 2천 명이 질병으로 사망했다. 1902년까지 앞선 5년간의 현황을 분석해 보면 이러한 질병에 의한 사망 가운데 50퍼센트가 말라리아에 의한 사망이었다. (그다음으로 장질환이 8.5퍼센트, 각기병이 3.6퍼센트, 결핵이 3.5퍼센트였고 나머지는 이질과 기타 질병이 차지했다.)

영리한 관찰자들이 이 질병을 어떻게 이해하려고 했는지를 살펴보는 것은 흥미롭다. 병명은 '나쁜 공기'를 의미하며 일반적인 견해는 그 병이 열대 숲과 썩어가는 초목에서 솟아나는 독기에서 야기된다는 것이었다. 윌리엄 챈들리스와 리처드 스프러스 둘 다 말라리아가 연중 특정 시기에 더 심하다는 것에 주목하고 이것을 강의 수위 변화와 연결 지으려 했지만 헛수고였다. 다른 이들은 땀에 젖은 옷이나 갑작스런 기온 변화에 기인한다고 믿었다. 프랑스 지리학자 엘리제 르클뤼, 브라질의 시인이자 탐험가 안토니우 곤사우베스 지아스, 영국 자연학자 헨리 월터 베이츠는 모두 나쁜 위생 상태가 원인이라고 생각했다. 그러나 베이츠는 열이 날 때 목욕을 하지 말거나 과일을 날 것으로 먹지 말라고도 충고했다. 음식—사탕수수, 파인애플, 과음할 시 브랜디, 각종 멜론들—도 흔히 말라리아의 원인으로 지목되었다. ('멜론 한 개를 먹을 때마다 오한에 걸린다.'는 말도 있었다.) 루이 아가시 교수는 사람들의 식단이 나쁘기 때문에, 다시 말해 소금에 절인 생선과 마니오크를 너무 많이 섭취하고 우유는 충분히 마시지 않기 때문에 말라리아에 걸린다는 의견을 내놓았다. 열대우림 한복판에서는 젖소들이 그의 고향 스위스에서 나는 풀을 찾을 수 없다는 사실을 몰랐던 모양이다. 하기야 아가시의 생각은 자주 틀렸다.

말라리아에 대한 이해는 일련의 뛰어난 조사를 통해 이루어졌다. 비록 그렇게 작은 곤충이 그렇게 끔찍한 질병을 옮긴다고 생각하기는 힘들었지만 사람들은 종종 모기가 관련이 있지 않을까 의심했다. 1880년 알제리 주둔 프랑스 군대에 있던 라브랑 박사는 현미경을 통해 말라리아 환자의 피 속에서 살아 있는 말라리아 기생 원충을 확인했다. 이탈리아 의사들은 그의 연구를 이어나가 말라리아 변종들을 확인했다. 아마존에서 가장 흔하고 양성인 변종은 플라스모디움 비박스*Plasmodium vivax*라고 한다. 이것은 원충이 간에서 적혈구로 퍼져나가면서 3일에 한 번씩 찾아오는 '삼일열' 증상을 야기한다. (저자도 이 비박스 말라리아에 두 번 걸렸는데 섭씨 41도까지 오르는 증상은 전혀 '양성'이 아닌 것 같았다.) 더 심각한 것은 플라스모디움 팔키파룸*Plasmodium falciparum*으로 감염된 후 발병까지는 더 오래 걸리지만 (비박스 형의 잠복기가 2주인 데 비해 팔키파룸형은 3주에서 6주까지 잠복한다) 말라리아에 의한 대부분의 사망을 초래한다. 팔키파룸형은 뇌형 말라리아로서 발병하면 곧 혼수상태에 빠질 수도 있다. 그런 상태로 몸이 약한 환자나 소아 환자는 죽기 전까지 의식을 회복하지 못한다. 1894년 영국의 패트릭 맨슨 박사와 1895년 인도의 로널드 로스 소령은 모기가 이 질병을 옮긴다는 것을 입증했다. 그들은 이 흡혈충이 감염 환자한테 서 말라리아 원충을 얻고 원충이 모기 안에서 증식한 후 모기의 침샘 을 통해 다른 환자에게로 전파된다는 것을 밝혀냈다. 1898년 이탈리 아 연구자들은 아노펠레스 모기*Anopheles*(얼룩날개모기속) 암컷, 특히 피가 절실한 번식기의 암컷이 감염 매개체임을 추가로 확인했다. 모 기의 활동 반경은 2킬로미터에 지나지 않으므로 아마존 지역 전역으 로 흘러들어간 세링게이루들이 이전에 감염되지 않은 지역에 이 전 염병을 퍼뜨렸다고 할 수 있다.

　　마데이라-마모레 철도를 부설하는 미국인들은 이러한 새로운 지식으로 무장하고 적절한 조치를 취했다. 노동자들은 모기장 안에 서 잠을 자야 했다. 모기 유충이 부화한 물웅덩이는 물을 빼고, 마실 물은 강이 아닌 우물에서 길어오는 등 위생도 가능한 최상을 유지했 다. 최대 열 명의 의사가 상주하는 병원이 있었고 남자 간호사도 그 만큼 상주했다. 키니네가 몇 톤씩 수입되었고 키니네를 알약으로 정 제하기 위해 세 명의 실험실 직원이 고용되었다. (키니네는 말라리아를 예방하거나 치료하지 않지만 그 원생동물이 적혈구에서 성장하는 것을 막는 다.) 이러한 모든 예방 조치에도 불구하고 여전히 많은 사람이 병에 걸렸으며 병원에는 언제나 최대 300명까지 환자가 입원해 있었다. 말 라리아와 더불어 환자들은 각기병, 흑수열, 이질 등으로도 고생했다.

　　그렇지만 결국 이러한 예방 조치들은 뛰어난 공학 기술과 등 골이 휘는 노동과 더불어 성공을 거뒀다. 1910년 포르투 벨류에서 시 작해 급류들을 지나는 최초 92킬로미터 구간이 개통되었다. 이후 1912년까지 마모레 강 상류 브라질과 볼리비아 사이 국경 도시인 과

자라-미링까지 364킬로미터의 추가 구간이 완공되었다. 그러나 앞으로 살펴보겠지만 철도 완공은 아마존 고무 붐의 붕괴와 시기적으로 일치했다. 그래서 페트로폴리스 조약에 명기되어 있었음에도 불구하고 베니 강에 위치한 수아레스의 기지 리베랄타까지 이어지는 연장 구간은 건설되지 않았다. 공사가 절정에 달했을 때 마데이라-마모레 철도는 미친 마리아^{Mad Maria}로 알려졌는데—약간의 과장을 섞어—침목 하나를 놓을 때마다 일꾼 한 명이 죽었다고들 했다. (1971년까지 장작을 때어 달리는 열차가 이 구간을 따라 일주일에 한 번씩 다녔다. 그러나 이후 대부분의 선로는 도로로 전환되었다. 근자에 필라델피아산 녹슨 열차 몇 대와 역사驛舍가 포르투 벨류에 박물관으로 복원되었고 현재 관광객들을 위해 짧은 구간이 운용되고 있다.)

고무 종자의
유출

1870년이 되자 영국은 연간 3천 톤의 고무를 수입하고 있었고 여기에 들어가는 비용은 72만 파운드에 달했다. 아버지 윌리엄 후커를 이어 큐왕립식물원의 원장이 된 조셉 후커 경은 이 놀라운 고무나무에 주목했다. 그의 친구이자, 페루를 여행하고 1860년 리처드 스프러스를 시켜 에콰도르에서 인도로 친초나나무를 들여온 인도성의 클레멘츠 마컴도 마찬가지였다. 두 사람은 이 이식 사업을 고무나무에서도 되풀이하기로 했다. 1871년 헨리 위컴이라는 젊은 영국인이 오리노코 강을 거슬러 올라갔다 네그루 강을 타고 내려오는 여정을 담은

『야생을 가로지르는 여정에 대한 간단한 기록』이라는 여행 책을 펴냈다. 그리 대단하지 않은 책이었다. 그러나 책에는 위컴이 오리노코 강에서 고무 채취자로 일한 몇 주가 묘사되어 있었고 다른 지역으로 이식될 수 있으리라는 제의와 더불어 헤베아 브라실리엔시스 나무 (비록 이 종은 오리노코 강에서는 자라지 않았지만) 그림이 실려 있었다. 1873년이 되자 위컴은 산타렝 인근에서 담배와 사탕수수 플랜테이션을 경영하고 있었고 같이 살기 위해 아내(그의 책을 내준 출판업자의 딸)와 미망인 어머니도 데려왔다. 농장은 잘 굴러가지 않았고 따라서 조셉 후커 경으로부터 헤베아종 종자를 보내달라는 위임장을 받았을 때 젊은이는 크게 기뻐했다. 그는 이 일로 돈을 얼마나 받을 수 있을지 문의했다. 마컴은 고무의 중요성을 역설하며 인도성의 상관들을 설득했고 1874년 7월 후커에게 '인도성에서 위컴 씨에게 종자 1천 개당 10파운드를 지불하기로 동의했다.'고 썼다. 사업의 어려움을 논하는 편지가 더 오고 간 후 1875년 4월 후커는 위컴에게 종자 1만 개를 보내달라는 편지를 썼다. '비용을 아끼지 말고 살아 있는 종자로 …… 상업용 진짜 파라고무를 생산할 수 있는 나무의 종자들로만 구해주시오.'

이후 30년에 걸쳐 헨리 위컴은 자신이 어떻게 이 만만치 않은 과업을 해냈는지를 보여주는 생생한 이야기를 출판했다. 그는 '일을 하라. 그러면 결과에 따라 돈을 지불하겠다는 단도직입적인 제안'이 마음에 들었다. 그러나 '이 일을 대체 어떻게 해낼지 문제의 어려움이 슬슬 실감이 나기 시작했다.' 어떻게 해야 할지를 고민하는 사이 위컴과 다른 사람들은 '각종 설비를 완비한 원양 정기선이 아마존 강에 도착했다는 소식을 듣고 놀랐다.' '인만기선 회사의 새 증기선─

리버풀과 알투-아마존 구간을 왕래하는'—아마조나스호였다. 정기선의 머리 선장은 위컴과 다른 이들을 배 위의 근사한 저녁 식사 자리에 초대했다. '우리는 "새 구간의 개통"을 감독하는 두 신사분의 접대를 받았다.' 몇 주 후 '깜짝 놀랄 만한 소식이 강에서 전해져 왔다. 우리의 멋진 배 "아마조나스호"가 두 화물 관리인(얼마 전 우리를 즐겁게 맞아준 두 신사분!)에게 탈탈 털린 후 주인 없는 신세가 되어 현재 선장의 손에 맡겨져 있고, 리버풀로 돌아갈 때 실어갈 짐이 하나도 없다는 것이다. 나는 여기에 모든 것을 걸어보기로 했다.' 위컴은 돈이 없었지만 씨앗들은 고무나무에서 빠르게 여물어가고 있었다. '나는 머리 선장이 지금 틀림없이 곤경에 처해있을 거라 생각했고 그래서 대담하게 인도 정부를 대표하여 배를 특별 전세 낸다는 편지를 썼다. 나는 타파조스 강과 아마존 강이 만나는 지점에서 정해진 날짜에 만나자고 약속을 정했다.'

위컴이 말한 대로 '우물쭈물할 시간이 없었기' 때문에 그는 인디오를 시켜 카누를 타고 타파조스 강을 거슬러 올라가 헤베아 나무가 가장 잘 자라는 테라 피르메 숲으로 뛰어들었다. '나는 급한 대로 최대한 끌어 모은 [부족 생활에서 벗어난] 타푸요 인디오들과 함께 일하면서 매일 숲을 열심히 돌아다녔고 등에 지고 걸을 수 있을 만큼 최대한 많은 양의 씨를 인디오 패니어 바구니*에 실었다. 또한 타푸요 마을 여자들한테는 칼라무스^{Calamus} 줄기를 쪼개 씨앗을 받을 수 있는 속이 비치는 바구니나 상자를 만들도록 시켰다. 그 전에 우선 씨앗을 매트에 넣어 천천히 말린 후 사이사이에 야생 바나나 잎사귀를

---

*양쪽으로 뚜껑이 열리는 짐바구니.

　　　　　아마존 Amazon

깔아 차곡차곡 바구니에 넣었다. …… 그다음 씨앗이 담긴 바구니를 인디오들이 사는 집의 들보에 걸어 바람이 잘 통하게 했다. …… 고무나무 씨앗을 등에 지고 그렇게 오랜 나날을 고지 숲을 누비고 나니, 나는 얼룩덜룩한 껍질에 싸인 기름기가 많은 그 실한 종자들을 소중한 눈길로 바라보게 되었다. 곧장 카누의 톨다^{tolda}〔차양〕 아래 바구니를 조심스레 실은 후 하류로 내려와 약속한 대로 타파조스 강 어귀에서 증기선을 만났다.' 그는 머리 선장이 '파렴치한 두 화물 관리인한테' 어떻게 사기를 당했나 곱씹으며 '부루퉁하고 화가 나 있는' 것을 발견했다. 그들은 그의 화물을 모두 팔아치웠지만, 돌아갈 때 실어갈 고무를 가져오지 않고 증발해버렸다.

'그 멋진 배'는 아마존 강을 따라 '쏜살같이 내려갔고' 위컴은 자신의 종자들이 널찍한 배 앞쪽 선창에 잘 실려 있어서 흡족했다. '바다로 나서기 전에 출항 허가를 받기 위해 통관항인 파라 시에 들르기로 되어 있었다. 나는 세관 당국이 내가 배에 실은 것의 목적을 알아챈다면 출항이 완전히 금지되지는 않더라도 리우의 중앙 정부로부터 지시를 받아야 한다는 구실과 함께 억류될 거라고 확신했다. …… 그러한 지연은 나의 소중한 화물들을 완전히 쓸모없고 무가치하게 만들어버릴 것이다.' 그러나 위컴의 친구인 영국 영사 토머스 그린은 '이 일에 아주 신이 나서 나와 함께 "알판디가〔세관소〕"의 소장인 S모 남작을 특별히 방문해 내 이야기를 뒷받침해주었다.' 영사는 이 배에는 '다름 아닌 대영제국 큐왕립식물원으로 송달되도록 특별히 지정된 극도로 섬세한 식물 표본이 실려 있다는 설명을 들었다'고 말했다. 남작은 사안의 긴급성을 이해했다. '포르투갈식 감사 인사와 예의바른 덕담이 오고 간 정중한 면담 후에 머리가 소형정을 증기선

위로 끌어올리자마자 우리는 곧장 출항할 수 있었다.'

이 재미난 이야기는 자주 되풀이되었다. 재미난 이야기에는 안 된 일이지만 뉴욕대의 워렌 딘 교수는 위컴의 이야기에서는 여러 허점을 발견했다. 1987년에 나온 책에서 딘 교수는 위컴은 '20년간 이야기를 손질했다. …… 사자 같이 무성한 머리칼과 끝이 쳐진 콧수염, 햇볕에 그을린 잘생긴 얼굴의 수다스러운 늙은이는 농장주-영웅의 이미지 그 자체다.'라고 썼다. 그러나 위컴의 기억(혹은 상상)에는 흠이 있었다. 영국우편기선 회사에서 운영하며 인만기선 회사가 지분을 갖고 있는 아마조나스호라는 배가 있었지만 그 배의 브라질행 처녀 출항은 위컴의 모험보다 2년 전이었다. 또 배의 선장은 머리가 아니라 J. L. 비슬리였다. 그는 분명히 그 배의 화물 주인이 아니었을 것이며, 강력하고 효율적인 아마존 강의 상사들이 '두 파렴치한 화물 관리인'이 화물 전량을 훔쳐 내빼도록 내버려 둘 리도 없었을 것이다. 심지어 두 관리인이 화물을 들고뛰었다 할지라도 돌아갈 때 싣고 갈 고무 화물은 분명 마련되었을 것이다. 1876년 배의 화물 목록에는 마나우스에서 실린 고무 141상자가 포함되어 있지만 종자에 대한 언급은 전혀 없다. 어떤 경우든 간에 그러한 배의 선장은 땡전 한 푼 없는 젊은 위컴의 특별 전세 요청을 받아들이지 않았을 것이다. 산타렝에 기항해 있는 다른 배들 가운데 그의 종자 상자들을 싣고 갈 만한 배들은 많았다. 벨렝의 세관을 감독하는 'S모 남작'이란 사람은 없었다. 파라에 살고 있으며 이름이 S로 시작하는 유일한 남작은 산타렝이라는 노신사였다(위컴이 그를 알았을 수는 있다). 그러나 그는 세관 업무와는 아무 상관이 없었고 세관 업무는 울리히라는 사람이 담당했다.

브라질 사람들은 역사상 최고의 도둑질 가운데 하나로 여기는 이 일을 두고 언제나 분개해왔다. 그러나 딘 교수는 아마존 바깥에서 고무나무를 번식시키려는 생각은 새로운 것이 아니었음을 보여주었다. 1860년대 브라질인 주앙 마르칭스 다 시우바 코치뉴는 리우데자네이루에서 헤베아 나무를 재배했고 야생 고무나무에서 채취하는 수액만으로는 수요를 감당하기 힘들 것이라고 예측했다. 1867년 그는 파리 만국박람회에 파견되어 브라질 고무나무가 세계에서 품질이 가장 뛰어나다는 것과 다른 지역 플랜테이션에서의 재배에 대응해야 한다는 것을 보여주었다. 영국에서는 후커와 마컴이 1860년대에 고무나무 이식에 관한 논문을 출판한 약제학회 박물관의 큐레이터 제임스 콜린스로부터 고무나무 이식에 관한 제안을 처음 들었다. 마컴은 나중에 이렇게 썼다. '1870년, 나는 친초나〔키니네〕나무에서 그렇게 행복한 결과를 얻어낸 일을 고무나무한테도 해야 한다는 결론에 도달하게 되었다.' 1872년 인도성은 콜린스에게 이 문제를 조사하도록 요청했다. 그의 "상업 고무나무에 관한 보고"는 다양한 형태의 고무나무와 라텍스 나무를 설명하고 있으며 그는 헤베아 브라실리엔시스종을 가장 선호했다. 그 후 1873년 토칸칭스 강 카메타에 사는 콜린스의 친구 찰스 패리스가 2천 개의 고무나무 씨앗을 런던으로 가져왔다. 마컴은 프랑스인들과 미국인들이 값을 제의하고 나섰다는 말을 듣고 인도성으로 하여금 씨앗을 구입하게 했지만 상태가 좋지 않아서 결국 여섯 그루의 묘목만이 캘커타에 이식되기 위해 보내졌다. 1875년 5월 또 다른 채집가 히카르두 샤베스가 원주민 일꾼들의 도움을 받아 채집한 220킬로그램의 고무나무 씨앗을 인도성에 보내 왔다. 인도성의 무능력 탓에 이 종자들은 열흘간 방치되었다. 아무도 어찌 해야 할지 몰랐고 이후 인도로 대충 부쳐진 이 종자들은 모두 죽었다.

워렌 딘 교수는 더 나아가 산타렝 당국이 위컴의 채집 활동에 대해 알았을 것이라고 주장했다. 당국은 위컴이 돈을 주고 고무를 구입했을 세링가우의 주인들도 알고 있었을 테고 심지어 위컴의 채집을 도왔을지도 모른다. 1913년 브라질 농업부는 『브라질의 고무』라는 보고서를 출간했다. 이 책은 '타파조스 강 하류에 위치한 마른 땅에 자라는 작은 고무나무 숲에서 인디오들을 시켜 종자를 채취하게 한 브라질 정부의 호의에 따라 큐가든에 신선한 헤베아 브라실리엔시스 종자를 최초로 반출한' 위컴의 '공로'를 인정했다. '이 역사적인 위탁으로 반출된 종자는 7만 개에 달했다.' 이것은 번드르르한 체면 치레용 발언일지도 모르지만 그렇다고 억울한 일을 당한 국가가 할 만한 표현은 도저히 아니다.

또 종자를 실어 보내는 것이 합법이었을 가능성도 있다. 고무나무 반출을 금지하는 법은 없었다. 관련 세관 규정은 외교 관리가 확인한 신고서를 제출하면 외국인이 식물원에 보내는 식물을 담은 상자는 열어보지 않고 싣는 것을 허락했다. 위컴의 반출품은 우선 큐 왕립식물원으로 갔다. 하지만 그것은 고무나무가 아니라 씨앗만 담겨 있었고 과학적 용도보다는 상업적 용도를 띠었다. 결국 그는 법의 정신보다는 자구에만 부합한 셈이다.

딘 교수는 위컴을 '밀수업자들의 왕자', 그리고 요즘 식으로는 '최대의 생태 해적'이라고 비방하며 그의 '절도'에 분노하는 브라질인들의 태도에는 위선의 냄새가 풍긴다고 지적한다. 정작 브라질인들은 1727년 프랑스 식민지 카옌에 파견된 사절 프란시스쿠 지 멜루 팔례타 소령을 자랑스러워한다. 프랑스인들은 그 당시 네덜란드인들

아마존Amazon

로부터 코페아 아라비카*Coffea arabica* 종자를 막 얻은 참이었고 (네덜란드인들은 예멘의 모카에서 아랍인들한테 얻었다) 행여나 유출될까 이 귀한 식물을 철저히 지키고 있었다. 팔레타는 국경 분쟁을 협상하고 있었지만 약간의 커피콩을 몰래 빼오는 것을 시도해 보라는 지시도 받았다. 최신 유행 복장으로 차려입은 그는 카옌의 총독 클로드 도르빌리에의 부인의 마음을 사로잡았고 부인은 그에게 커피를 대접했다. 그는 커피를 마시는 대신 아낌없는 찬사를 늘어놓았고 인심 좋은 부인은 나무에서 커피 열매를 몇 줌 따서 준 후 벨렝에 돌아가서도 커피를 마시라고 권했다. 돌아온 그는 커피를 마시는 대신 그 열매들과 다른 경로로 입수한 커피콩들을 심었다. 팔레타는 곧 벨렝 인근 자신의 소유지에 천 그루의 커피나무를 갖게 되었다. 그가 가져온 씨앗은 브라질 커피 산업의 초석이 되어, 현재 커피는 브라질에서 가장 수익이 큰 수출품이자 고무보다 더 규모도 크고 더 오래가는 품목이 되었다. 오늘날 슈퍼마켓들은 팔레타 앤드 도르빌리에라는 상표의 커피를 팔며 외교관의 절도를 기린다. 비록 구매객들은 상표의 유래를 거의 모르지만 말이다.

이야기의 진실이 무엇이든 간에 위컴의 고무나무 씨앗은 대서양을 무사히 건넜다. 아마조나스호는 르 아브르*에 들렀는데, (이 부분도 아마조나스호가 특별 전세를 낸 선박이 아니라는 또 다른 증거이다) 위컴은 런던으로 서둘러 가기 위해 그냥 그곳에 내렸다. 후커는 과감하게 행동했다. 그는 (꽃 애호가들과 큐레이터들의 실망에도 아랑곳 않고) 큐의 난초실과 번식실을 비웠고, 특별 열차를 전세 내서 항구가 있는 리

---

*프랑스 북서부의 항구 도시.

버풀에서 런던까지 고무나무 씨앗을 실어왔다. 위컴은 '2주 후 큐의 온실은 (내게) 보기 좋은 광경을 선사했다. 층층마다 7천 그루 가량의 어린 헤베아 나무들이 줄지어 자라났다.'라고 자랑했다. 사실 씨앗 가운데 2천8백 개만이 싹을 틔웠지만, 이것은 당분 함량이 많아 쉽게 발효되는 고무나무 씨앗의 까다로운 특성과 모든 씨앗이 단 26그루의 나무에서 나왔고 힘든 여정을 거쳤다는 사실을 고려할 때 매우 높은 비율이었다. 이 생존 묘목들은 '워드 상자'(너새니얼 워드라는 사람이 발명한 밀봉 유리 상자로, 상자 안에 담긴 묘목은 내부에 응결된 수분에 의지해 생장할 수 있었다)에 담겨 영국령 인도로 보내졌다. 위컴은 그의 눈부신 업적에 1,505파운드 4실링 2펜스만을 받았다. 그러나 나중에 여러 고무 이해관계자들로부터 감사의 표시로 수천 파운드를 받았고 정부로부터 400파운드의 연금과 1920년에는 기사 작위도 받았다. 헨리 위컴 경은 1928년 82세의 나이로 사망했지만 그의 아내는 그보다 3년 일찍 세상을 떴다. 어쩌면 그의 고무 이야기를 너무 자주 듣다 지겨워 죽었는지도 모를 일이다.

고무 붐의
붕괴

만약 누군가에게 아마존의 고무 붐 붕괴의 책임이 있다면 사실 그 장본인은 헨리 위컴이 아니라 헨리 리들리였다. 왜냐하면 1874년 실론에 보내진 위컴의 종자들은 아마존 지역은 습하기만 하다는 잘못된 믿음에 의존한 나머지 습한 땅에 심었다가 모두 죽고 말았기 때문이

아마존Amazon

다. 큐에서 훈련을 쌓은 헨리 리들리는 싱가포르 식물원을 책임지고 있었다. 그는 고무나무를 가지고 대담한 실험을 하여 아마존 세링게이루들의 세 가지 믿음이 틀렸음을 입증했다. 첫째, 고무나무에서는 수액을 자주 채취할 수 없다, 둘째, 다 자란 나무들에서만 좋은 고무가 나온다, 셋째, 고무나무는 플랜테이션에서는 자랄 수 없다는 믿음을 깬 것이다. 리들리는 (사선으로 평행하게 절개하는 대신) V자형으로 절개하는 간단한 방법으로 고무나무에서 수액을 매일 채취할 수 있다는 것을 보여주었다. 곧 이어 4년 자란 어린 나무에서도 지속적으로 수액을 채취할 수 있다는 것을 입증했다. 또 너무 가깝게 심지만 않는다면 고무나무도 일정하게 줄지어 자랄 수 있다는 것도 보여주었다.

실론에서는 1888년이 되어서야 플랜테이션 재배 실험이 시도되었고 그나마도 늪 같은 강과 너무 가까운 곳에 심어졌었다. 그렇지만 1895년 리들리는 마침내 말레이*의 몇몇 차 농장주를 설득해 몇 에이커의 마른 땅에 고무나무를 심는 데 성공했다. 1900년, 첫 수확된 말레이 고무 4톤이 런던에 도착했다. 이때쯤 되면 농장주들은 앞다투어 고무로 작물을 전환하고 있었다. 그들은 고무 수액을 채취할 중국인 노동자를 수천 명씩 수입했고, 그들의 플랜테이션은 수심이 깊은 항구와 가까웠다. 1908년이 되자 말레이에서는 1,300제곱킬로미터의 면적 위에 1천만 그루의 고무나무를 재배하고 있었다. 말레이 고무는 물량만 많아진 게 아니라 가격도 매우 저렴해 아마존 고무 가격의 5분의 1에 불과했다. 동남아시아의 플랜테이션은 잘 경영되었

---

* 동남아시아의 말레이 반도와 그 주변의 싱가포르 섬을 비롯한 여러 섬들을 통틀어 이르는 말.

다. 수액 추출의 전 단계뿐만 아니라 육종 선발, 재배, 번식, 관리 과정에서도 많은 개선이 이루어져 생산성이 9배로 증가했다. 고무 채취량이 몇십 년 만에 헥타르당 연간 400킬로그램에서 3,500킬로그램으로 급증한 것이다. 따라서 급성장하던 세계 고무 산업은 고품질의 원자재를 낮은 가격에 안정적으로 공급받을 수 있었고 이는 고갈 지경인 아마존의 세링가우에서는 기대할 수 없는 일이었다. '고무' 리들리는 잘 알려진 별명 그대로 리들리는 고무나무 재배와 채취의 전 과정을 오랜 생애 내내 계속해서 개선해나갔다. 그는 1차 대전 동안 고무 수요의 급증을 목격했고 2차 대전 때 일본의 동남아 플랜테이션 침공도 지켜보았다. 윌프리드 블런트는 큐가든의 역사를 다루면서 재치 있는 절제화법을 구사해 '왕성한 활동을 펼치다 1956년 101세의 나이에 갑작스레 삶을 마감한 리들리는 말레이시아에 고무 농업이 자리 잡는 데 중요한 역할을 했다.'고 썼다.

아마존 고무 생산량은 1912년까지 계속 증가했지만 정체된 가격과 비용 상승으로 그해에 고무 부호들은 9백만 파운드의 순손실을 입었다. 당시 말레이와 수마트라에서는 아마존의 3만 8000톤에 비해 8,500톤의 고무를 생산하고 있었다. 그러나 단 2년 만인 1914년 아시아의 생산량은 8배로 뛰어 7만 1400톤에 달했고 이 양은 세링가우의 야생 고무 생산량을 쉽게 뛰어넘었다. 1910년부터 1915년까지 5년 동안 브라질 아마존의 고무 수출액은 80퍼센트 급감했다. 1919년 아마존의 고무 생산량은 3만 4000톤으로 세계 총생산량의 8퍼센트에 불과했다. 1923년이 되자 동양의 플랜테이션 고무 생산량은 총 37만 톤에 달한 반면 아마존 생산량은 1만 8000톤으로 줄어들었다. 아마존 고무 붐의 거품이 꺼진 것이다.

아마존 Amazon

고무 붐의 붕괴가 휘황찬란한 강둑 도시들에 미친 충격은 어마어마했다. 1912년 파라에서만 4백만 파운드 상당의 부도가 잇따랐다. 더 상류의 마나우스에서도 상사들이 문을 닫았고 재산가들과 결혼을 노리던 사람들과 고급 매춘부들은 침몰하는 배를 떠났다. 많은 사람들이 너무 황급히 떠나느라 작별 인사를 신문 광고에 냈다. 알프레두 아후다의 대리석 저택과 고무가 가득한 창고는 아마조나스 은행이 몰수했다. 카를루스 몬테네그루의 호화 요트는 브라질 은행이 가져갔다. 떠들썩한 연회를 열던 발데마르 슐츠는 저당 잡힌 대저택을 잃은 후 푸투마요 강으로 달아났고 결국 자살했다. 하천선을 운영하던 주앙 안투니스도 파산했지만 복권 행상으로 마나우스 거리에 남았다. 가게와 술집, 매음굴이 문을 닫았다. 1912년 그 암담한 해에 경매인 아젠치 레옹은 경매를 140차례 개최했다. 리처드 콜리어는 마나우스에 관한 연구에서 모든 것이 경매에 붙여졌다고 썼다. '"카자 22" 백화점과 신사 양복점 "아바나 하우스", …… "골드 글로브" 보석상의 재고품, …… 조아킹 사르멘투 거리의 고급 저택들, …… 호화 마차들, …… 반짝이는 수정, …… 스타인웨이 그랜드 피아노, 중국풍 탁자, 흑표범 가죽 깔개, …… 2만 파운드어치 가격을 절반으로 대폭 낮춘 패션 전문점 "아메리카의 파리"의 향수들 …….' 모든 것이 팔려 나갔다. 아마존 상류 페루의 이키토스 시에서는 말레손 산책로가 강물 속으로 점차 허물어졌다.

| 7장 |

핏빛 황금
고무

고무 노다지는 엄청난 희생을 요구했다. 그러나 그 희생자들은 환경이 아니라 인간이었다. 다행스럽게도 수액 채취는 고무나무를 파괴하지 않았다. 세링게이루들이 고무를 채취하면서 숲의 나무를 베어내고 길을 낸 면적은 광대한 아마존 숲의 미미한 일부에 불과했고, 운송은 모두 강을 통해 이루어졌기 때문에 마데이라-마모레 철도를 제외하고는 길이 나지도 않았다. 따라서 삼림 파괴는 거의 없었다. 생선과 사냥감, 특히 거북이 자원은 고무 채취 일꾼과 도시에서 그들 주인들의 램프를 밝히고 또 그들을 먹이느라 고갈되었다. 그러나 '하얀 황금'에 들어간 가장 큰 비용은 그것을 채취하는 사람들이 겪은 고통이었다.

1850년대부터 1880년대까지 고무 붐 초기 몇십 년 사이에 고무 수액 채취는 아마존 노동 계급의 해방을 가져왔다. 노동력 부족이 극심했기 때문에 카보클루들은 플랜테이션이나 공공사업에서 또 선원으로 일을 계속하고자 할 때 좋은 대우를 요구할 수 있었다. 수백 명의 사람들이 고무를 찾아서 여러 지류들의 상류로 이동했다. 1870년 파라의 영국 영사는 이 인구의 대이동을 이렇게 묘사했다. '가족이나 개인이 숲에 임시 오두막을 짓고 주위에 풍부한 과일과 사냥감, 비축한 말린 생선과 파리냐로 간소하게 살아가면서 시장에 고무를 내다 팔아 몇 주 만에 큰돈을 번다. 그 돈으로 다음 고무 채취를 위한 걷기가 …… 돌아올 때까지 쉽게 번 돈을 쓰며 놀고먹는 모두가 바라는 삶을 살 수 있다.' 처음에 지방 당국들은 노동력의 유출에 반발했다. 파라의 한 장관은 이 '하얀 황금' 러시가 '집과 가게, 심지어 가족을 버리고 고무를 찾아 나선 엄청나게 많은 사람들을 불행으로 이끌고 있다.'고 개탄했다. '그들은 오늘 저녁에 벌어들인 수익이 이튿날 사라져버리는 불확실과 곤경에 스스로를 내맡겼다.' 그러나 주 장관들이 고무 수출의 가치를 깨닫기 시작하면서 그러한 비난은 바뀌었다. 많은 돈은 그게 어떻게 벌렸는지에 관한 양심의 가책을 말끔히 지워주었다.

가장 큰 희생자,
인간

이 시스템은 헤가탕^{regatão}('행상' 혹은 '흥정꾼'이란 뜻)이라는 떠돌이 상인들에 의해 원활하게 돌아갔다. 헤가탕은 자신의 배를 숲이 우거진 강 상류까지 저어가서 세링게이루들한테 생필품을 팔고 대신 수확한 고무를 받았다. 그는 물론 조잡한 상품을 터무니없이 비싼 가격에 팔고 고무는 싸게 사들여 최대 수익을 올렸다. 많은 사람들이 헤가탕에 대해 공공연한 분노를 터트렸고 여기에는 때로 외국인 혐오의 기운이 풍겼는데 많은 헤가탕들이 레반트인이거나 유대인이었기 때문이다. 그러나 이 상인들은 세링게이루들에게 필요한 상품을 공급할 뿐 아니라 그들의 외로운 삶에 친구가 되어주었고 고무를 팔 수 있는 판로를 제공했다. 고무 붐이 진행됨에 따라 개별 행상들은 점점 밀려나고, 대신 더 잘 조직되고 흔히 마나우스나 벨렝의 거대 고무 회사로부터 물자를 공급받아 일하는 아비아도리aviadore('공급자')들이 그 자리를 차지했다. 아비아도리들 역시 고무 채취인들을 착취하는 데 있어서 헤가탕들만큼 파렴치했지만, 그들 중에도 일부는 고립된 일꾼들에게 물자와 우정을 제공하면서 사랑을 받았다.

어떤 원주민 부족들은 고무 시스템에 자발적으로 들어갔지만, 어떤 부족들은 강제로 편입되었고, 어떤 부족들은 이 광기를 피해 숲 속으로 더 깊숙이 들어갔다. 문두루쿠족은 과거 타파조스 강 상류에 살던 크고 호전적인 부족으로 고무 채취에 뛰어들어 오늘날까지 이 일을 하고 있다. 열심히 일한 문두루쿠족은 대량의 고무를 채취했다. 그러나 그들은 안타까울 정도로 상업에 밝지 않아 쉽게 속아 넘어갔는데 산수를 몰랐기 때문이었다. 헤가탕들은 그들에게 다량의 카샤사 럼과 엉터리 특효약을 비롯한 물건들을 네 배나 부풀린 가격으로 팔았다. 물론 고무 값을 제대로 치르지도 않았다. 그러나 문두루쿠족은 적어도 남의 지배를 받지는 않았다.

멀리 서쪽에서 오늘날 브라질의 아마조나스 주와 아크리 주의 몇몇 원주민 부족들은 강제로 고무를 채취해야만 했으며 영속적인 채무 상태에 있었다. 어떤 부족들은 가족이 인질로 붙들린 채 총구의 위협 앞에서 고되게 일해야만 했다. 그러나 숲속 인디오들은 일반적으로 고무 채취인으로는 기피되었는데 대부분은 상인들이 제시하는 하찮은 물건에 자발적으로 일하도록 설득되지도 않았고 뛰어난 숲속 사람이라 쉽사리 도망칠 수 있었기 때문이었다. 일부 인디오들은 자신들을 못살게 구는 세링게이루들에게 반격했지만 그러면 흔히 그들의 마을에 잔인한 보복 공격이 뒤따랐다. 무법천지인 브라질 서부 숲에서 한 세링게이루는 인디오들의 권리를 침해한다고 비난하는 선교사에게 대꾸했다. '우린 여기서 헌법을 존중하지 않소. 우리한테는 조항이 하나뿐인 우리만의 헌법이 있지. 그게 뭔 줄 아쇼? 윈체스터 헌법 제44조요!' (치명적인 44구경 윈체스터 카빈 소총은 그들이 가장 선호하는 무기였다.) 원주민 부족들의 주요 옹호자가 된 한 군대 장교는 이렇게 한탄했다. '셀 수 없는 잔학 행위가 자행되었다. 모든 말로카maloca〔부족의 오두막이나 마을〕에 죽음을 가져오는 습격이 일상적이었다. …… 맹습이 지나가고 나면 여자들은 자식들의 행방을 더 이상 알 수 없었다. 힘없이 떠도는 부족들은 이전에 그들이 살던 곳이 쑥대밭이 되어 알아볼 수 없을 지경이었다.'

초창기에 고무 노동력 착취는 부족 생활에서 벗어난 인디오들, 즉 선교 마을과 감독관 마을의 후손들에게 떨어졌다. 사악한 고무업자들은 음식과 카샤사 럼, 총, 옷들을 외상으로 '선물'해주며 그들을 유혹해 고무로 갚아야 하는 엄청난 빚을 떠넘겼다. 물론 인디오들은 이 빚을 감당할 수 없었다. '이 인디오들은 곧 노예 상태로 전락하는 치욕의 희생자가 된다. 일찍 죽어서 곤경을 마감할 수 있다면 운이 좋은 편이다. …… 이런 식으로 가족과 마을 전체가 풍비박산났다.' 파라의 한 장관은 이러한 원주민 착취에 우려했다. 그들은 열

아마존Amazon

심히 일해도 '꿈꿔 온 재산 대신 …… 파멸과 죽음만을 얻는다. 우리처럼 기독교 도덕을 따르는 사회는 어수룩하고 앞 못 보는 계층의 이러한 파멸과 파괴, 죽음에 무관심해서는 안 된다.'

문명사회에 적응한 치리과노족과 치키토족—모호스 라노스의 예수회 선교 공동체의 후손들—은 사실상 노예 노동자로 하류로 끌려왔다. 그들은 고무를 채취하기 위해 열심히 일했으나 고무 값의 고작 3퍼센트만을 받았고 대신 그들이 구입하는 물건은 양초나 성냥조차도 터무니없는 가격이 매겨졌다. 한 브라질 장교는 이 볼리비아 원주민들에 대한 착취에 경악하며 그곳 노예 주인들에게 브라질에서 인디오를 노예로 삼는 것은 불법이라고 이야기했는데, 오히려 그들은 그런 지적을 놀라워했다. 마데이라 강 상류의 온순한 파노아어 부족인 파카와라족과 카리푸나족도 고무 채취 구역에 배치되었다. 한 미국인 방문객은 세링가우 관리인이 이 사람들에게 술을 주는 것을 보았다. 원주민들은 술을 마시고는 얼굴을 찡그렸다. 알고 보니 그 음료는 등유였지만 관리인은 '등유가 원주민들에게 해가 되지 않을 것이라고 우리를 안심시켰다.'

고립되고 외로운 세링게이루들이 원주민들로부터 가장 바라는 상품은 원주민 여자들이었다. 일부 원주민 여자들은 자발적이었지만, 일부는 습격에서 붙잡히거나 강간당하거나 물물교환을 거쳐 팔려 온 여자들이었다. 고무업자들은 원주민 여자들을 거느린 하렘으로 자신들의 세력을 과시했다. 이러한 성적 속박에서 탈출하려던 한 카리푸나족 여자는 포신에 넣어져 대포에서 발사되어 처형될 운명이었으나 다행히 한 브라질 장교가 저지해 가까스로 목숨을 건졌다. 프란시스카라는 마웨족 소녀는 타파조스 강 하류의 어느 세링게이루의 요구에 반발하다 결국 자신을 괴롭히던 사람을 총으로 쐈다. 1871년 산타렘에서 그녀에 대한 재판이 열렸는데, 그녀는 치마를 들쳐 쇠고랑을 찬 다리에 난 상처를 모두에게 보여주었다. '경악한 많은 방청객 앞에서 인디오 소녀는 그 흉악한 남자의 고무 보관소에서 자행된 역겹고 음탕한 야만의 현장을 보고했다.' 배심원들은 그녀에게 무죄를 선고했다. 하지만 그녀를 도운 공범인 '귀엽고 잘 생긴 외모의' 아피아카족 소년에게는 종신형을 선고했다. 세링게이루들과 다툼을 벌인 한 이탈리아 선교사는 파라 주 장관에게 고무업자들이 그의 문두루쿠족 마을에 침입해 인디오들을 술에 취하게 한 후 식량과 소지품을 훔친다고 항의했다. '그들은 문간에서 밤낮으로 공개적인 매춘을 자행한다. …… 인디오 가족 가운데 끔찍한 방식으로 명예가 더럽혀지지 않은 이가 없다. …… 선교 마을은 말 그대로 악의 소굴이 되었다.' 볼리비아인 수아레스의 한 친구는 마드레 데 디오스 강의 인디오 여자들 6백 명을 모은 후 그녀들을 임신시키려고 자기 친구들을 불렀다. 그렇게 생긴 자식들을 노예 노동자로 키울 계획이었던 것이다. 이런 사례들은 그나마 대중의 주목을 받은 것이다. 수많은 다른 성적 학대 사례들은 아마존의 깊은 숲속에서 아무도 모른 채 지나쳐졌다.

적어도 한 부족은 고무업자들에 맞서 성공적인 전쟁을 벌였다. 카와히브족(무둔루쿠 말로 '적'이란 뜻인 파린틴틴족으로 오랫동안 알려졌다)은 마데이라 강 중류의 동쪽 지류에 위치한 그들의 숲을 침범하는 사람은 누구든 벌벌 떨게 만들었다. 한 인류학자는 카와히브족은 백인과 다른 인디오 할 것 없이 모든 이방인들과 전쟁 상태에 있다고 말했다. '그들은 다른 이들의 생명과 재산을 조금도 존중하지 않았

아마존 Amazon

다. 파린틴틴족에게 전쟁은 거칠고 안타까운 불가피한 일이 아니다. 그것은 열두 살 때부터 소년들이 즐기는 스포츠다.' 그들은 잘 아는 서로 연결된 숲길들을 활용하여 밤낮을 가리지 않고 공격을 감행했다. 주로 건기를 선호했지만, 때로는 우기에도 그들의 영토 곳곳에 감춰둔 카누를 타고 공격해왔다. 그들은 두려움이 없고 무자비했다. 그러나 이 호전적인 카와히브족은 예외적인 경우였다. 대부분의 원주민 부족들은 침입자들의 총 앞에 상대가 되지 않았다. 그들의 유일한 방어책은 도망치는 것이었다.

고무에 대한 세계적 수요가 기하급수적으로 증가하자 노동력 수요도 아마존 지역의 원주민 인구를 크게 능가했다. 북동부 브라질의 '돌출부'가 노동력 부족에 부응했다. 그곳은 거칠고 건조한 지역으로, 대서양 연안에서는 사탕수수가 풍성히 자라고 내륙은 비쩍 마른 소들이 메마른 평원에서 물웅덩이를 찾아서 이동하는 방목지였다. 1877년 세아라 주에 끔찍한 가뭄이 닥쳤다. 이후 5년 동안 6만 명의 북동부 사람들이 아마존에서 새 삶을 시도했다. 대규모 이동이 있었고 정부는 심지어 일부 이주민들에게 적은 보조금을 지원하기도 했다. 그러나 무식한 노동자들은 쉽게 사기를 당했다. '세링게이루들은 세아라를 떠나는 날부터 빚을 지고 시작한다. 그는 파라까지 가는 3등 선실 뱃삯과 장비를 구할 돈을 빚진다. 거기에 그가 소속된 먼 바하캉barrcão(고무 집하장)까지 가기 위해 타는 가이올라gaiola(2층 갑판) 소형정의 뱃삯도 있다.' 그는 기본적인 소지품을 제공받았다. '양손잡이 요리 냄비, 팬, 한손잡이 작은 쇠도끼, 큰 도끼, 마체테, 윈체스터 카빈 소총과 총알 200정, 커피 주전자, 낚싯줄 두 얼레, 바늘 한 상자. 그 외에 더는 없다.' 이 장비와 약간의 식량이 외상으로 제공되었다. 물론 그의 고용주는 그가 평생 그 빚에서 벗어날 수 없도록 만들었다.

세링게이루들은 비참한 삶을 영위했다. 다시금 아마존에서 자원 추출은 경제 피라미드의 밑바닥에 있는 사람들의 착취에 의존했다. 세링게이루는 흔히 동이 트기 전에 일어나서 강풍용 각등을 들고 칠흑 같이 어두운 숲속을 터덜터덜 걸어간다. 그는 70그루 내지 150그루의 나무들에서 라텍스를 채취하기 위해 8~10킬로미터의 지겨운 거리를 두 차례 왕복한다. 첫 번째 왕복에서 그는 고무나무 껍질을 사선으로 절개하고 나무마다 조롱박이나 금속 컵을 열 개까지 건다. 그다음 정오의 열기가 응고시키기 전에 컵에 흘러나온 라텍스를 모으러 돌아온다. 아침 일찍 출발하는 것도 정오의 열기를 피하기 위해서다. 그는 9리터가 나가는 무거운 수확물을 금속 양동이에 담아 오두막으로 들고 돌아온다.

그다음 가장 고약한 작업이 시작된다. 세링게이루는 라텍스 수액을 주걱이 달린 긴 막대기에 겹겹이 말아 굳혀야 한다. 그리고 연기를 쏘이는 경화 작업을 하는데, 흙으로 만든 벌집 모양 화덕에서 축축한 야자 열매를 때면 뿜어져 나오는 짙은 연기를 이용했다. 이것은 위험한 공정이었다. 경험 없는 일꾼은 화덕에서 솟아오르는 크레오소트 연기에 질식할 수도 있었다. 고무 산업 전문가인 조셉 우드러프는 이 작업 조건이 영국 최악의 공장보다 더 열악하다고 여겼다. 〔열한 시간에 걸친〕 하루 작업이 끝나면 세링게이루의 상태를 파악하기란 어렵지 않을 것이다. 그날 하루치 라텍스에 연기를 쐬는 작업을 마치고 나면 그의 퀭한 눈은 시리고 피곤한 상태가 되고 연기 때문에 따끔거릴 것이다. 간간이 터져 나오는 기침에 들썩이는 그의 몸은 새

카만 연기와 먼지, 검댕으로 뒤덮여 있다.' 주걱에 겹겹이 말린 고무는 볼라bola라는 30~40킬로그램이 나가는 커다란 공이 된다. 크림 같은 하얀색 라텍스는 연기를 쐬어 아름다운 황갈색으로 변한 후 햇빛에 놔두면 친숙한 검은색 상업용 고무가 된다.

꽃이 피고 열매가 자라는 11월부터 이듬해 1월 사이에는 고무 수액이 잘 흐르지 않는다. 이때는 적도 남쪽에서 우기의 절정기다. 따라서 채취 작업도 중단되었다. '그 기간에 날은 지루하고 우울하며 아무런 유익한 일거리도 없는 세링게이루는 해먹에서 하루하루를 보낸다.' 그는 강물이 오두막 주변으로 불어나는 것을 구경하는데 물론 그의 집은 장대 위에 받쳐 놓은 것이었다. 그와 그의 가족은 '주위를 감싼 강물 때문에 멀리 이동하지 못한 채 그 형편없는 주거지를 그의 개들과 가금, 벌레 떼와 공유하며 물 위에 솟은 일 년의 여러 달을 지냈다.' 어쩔 수 없이 이 이민자들은 열대우림에서 사냥하고 물고기를 잡는 법을 배우게 되었다.

이 지역 전역에는 말라리아가 창궐했다. 그러나 각기병처럼 우림에 사는 비원주민들을 괴롭히며 신체를 쇠약하게 하고 종종 치명적인 상태로까지 이어지는 다른 질병도 있었다. (각기병은 이제 과도한 탄수화물 섭취 및 열량 부족과 함께 비타민 B-1의 결핍에 기인한다는 것이 알려져 있다. 그러나 1930년대까지도 장기간 브라질 북부 변경을 탐사한 원정대는 각기병으로 많은 대원들을 잃었다. 원정대장은 각기병이 자위행위로 야기된다고 믿고 가차 없이 처벌했다.) 샤가스 병(바르베이루barbeiro 벌레에 의해 전염되며 현재도 불치병이다. 심장 근육을 공격할 경우 치명적이다)이나 장 내의 기생충, 말파리, 인간의 피부에 알을 까는 다른 벌레들, 뱀에 물리는 것과 같은 풍토성 골칫거리도 있었다. 영국인 선교사 케네스 그럽은 '세링게이루의 삶은 상상할 수 있는 최악의 비참한 삶이다. …… 그는 위생적인 예방 조치 같은 것은 전혀 모르며 키니네의 사용에 대해서도 아는 바가 거의 없다. 참을 수 없는 피웅〔동물을 무는 흑파리〕의 지속적인 공격의 효과는 …… 고름으로 뒤덮인 피부에서 드러난다. …… 영양실조가 상존하며 숲에서 길을 잃고 아사할 위험도 지속적이다. 부당 행위와 학대에 대해서는 소총만이 그들에게 유일하게 알려진 대책이었다.' 오즈와우두 곤사우베스 크루스는 고무 붐 기간에 용감하게 질병과 싸우는 데 앞장선 브라질 의사였다. 그는 '알코올에 지독하게 중독된 세링게이루들은 제대로 된 음식을 먹지 못하지만 그들이 손에 넣는 것들에 말도 안 되는 가격을 지불해야 한다.'라고 안타까워했다. '그들의 주식은 말린 고기와 파리냐 다구아 farinha d'agua〔발효한 마니오크 가루〕이다. 말린 고기는 언제나 썩은 상태로 도착하는데 경악스러운 보존 상태와 이 지역의 습한 날씨에 쉽사리 발생하는 일이다.' 19세기 말이 되자 어떤 음식들은 통조림에 보존되었다. 그러나 진공 포장이 아직 알려지지 않았기 때문에 깡통 안의 음식들은 독성을 띨 수도 있었다. 양심 없는 수입업자들은 '깡통-땜장이'라는 사람들을 고용해 박테리아나 음식의 부패로 부어오른 통조림에 구멍을 내 가스를 방출시킨 다음 다시 납땜을 해 구멍을 막는 일을 시켰다. '오지의 세링게이루들은 …… 썩은 음식을 먹든지 굶어죽어야 한다.'

케네스 그럽은 캄캄한 숲의 기운이 '인간 본성 가운데 최악의 본성을 꾸집어내고 짐승 같은 애욕을 낳고 감정을 무디게 하고 추악하고 끔찍한 의도와 함께 온갖 사악하고 추잡한 욕정을 이끌어낸다.'고 생각했다. 두 영국인 기술자는 강둑 마을에서 우기를 보내고 있는

아마존Amazon

세렝게이루들을 만난 후 그들이 고무와 돈 외에는 아무 생각도 하지 않는 지루한 사람들이라고 여겼다. 위대한 브라질 소설가들인 주제 베리시무와 이우클리지스 다 쿠냐는 빅토르 위고나 찰스 디킨스가 유럽의 음침한 공장들을 극적으로 묘사한 것처럼 고무 사업을 생생하게 기록했다. 이 '푸른 지옥'의 참상으로 독자들을 사로잡은 사람은 『라 보라히네』('소용돌이')의 작가인 콜롬비아의 호세 에우스타시오 리베라였다. 그는 '고무 노동자들은 그 식물성 황금이 아무도 부자로 만들어주지 않는다는 것을 잘 안다'고 썼다. '숲의 실력자들의 회계장부 대변에는 아무것도 없다. 반대편 차변에는 (그들의 목숨으로가 아니라면) 결코 외상을 갚지 않는 막일꾼들, 점점 쇠약해져가는 인디오들, 자신들이 실어 나르는 것을 훔치는 뱃사공들이 있다. 이 지역에서 노예제는 노예와 주인 양쪽에게 평생을 간다. …… 숲은 그들을 전멸시키고 옭아매며 그들을 집어삼키려고 손짓한다. 빠져나온 이들은 …… 그 저주를 몸과 영혼 속에 달고 살아간다. 늙고 지치고 기만당한 그들은 한 가지 바람밖에 없다. 돌아가는 것, 숲으로 돌아가는 것만 바란다. 돌아가면 죽으리라는 것을 알면서도.' 이우클리지스 다 쿠냐는 '헤베아 나무와 카스틸로아 나무가 울창한 환경으로 들어선 이주 노동자들을 기다리고 있는 것은 고삐 풀린 이기심이 낳은 가장 범죄적인 직업 조직'이라고 썼다. 쿠냐는 이러한 희생자들을 보호할 법을 요구했지만 고무 부호들은 그가 무지하고 제정신이 아니라고 그리고 장황한 문장을 구사한다고 비웃었다.

훌리오 세사르 아라나의
악의 제국

순수 생고무에 대한 수요가 공급을 초과하자 서부 아마존의 카스틸로아 나무에서 품질이 떨어지는 카우초 라텍스 채취가 급증했다. 안데스 산맥 인근의 서부 아마존 숲에서는 지금까지 상업적으로 매력적인 상품이 나오지 않았기 때문에 그 지역을 소유한 에스파냐어권 공화국들에 의해 대체로 무시되어왔다. 심지어 페루와 콜롬비아의 국경선은 명확하게 규정되지도 않았다. 그 두 나라는 자기들보다 영토가 좁은 에콰도르가 아마존 본류를 향해 남동쪽으로 팽창하는 것을 저지하기만 바랐다. 따라서 거의 탐험된 적 없는 그 지역은 정치적 진공상태였다. 그곳은 모든 고무 부호들 가운데 가장 사악한 인간을 위한 온상을 제공했다.

훌리오 세사르 아라나는 1864년 페루의 열대우림 소도시 리오하에서 태어났다. 모자 제조업자의 아들인 그의 첫 직업은 동부 안데스의 활기 없고 조용한 마을에서 밀짚모자를 파는 것이었다. 스물넷에 아라나는 우알라가 강가 타라포토에 고무 채취인들에게 물자를 공급하는 거래소를 열었다. 그는 고무를 담보로 신용 거래를 했고 고무 가격이 치솟았기 때문에 곧 4배의 수익을 올리고 있었다. 1890년에는 라텍스 고무 구역을 사들였고 마나우스에서 고무 사업을 배우며 6년을 보냈다. 그의 재산 가운데 일부는 브라질과 페루의 경계인 자바리 강(페루에서는 야바리 강)의 고무 무역에서 나왔으며 아라나는 거기서 각기병으로 죽을 뻔했다. 1896년 그는 브라질에서 아마존 강과 합류하는 커다란 북서부 수원인 푸투마요 강(브라질에서는 이사 강)

상류로 처음으로 거슬러 올라가봤다.

　　페루와 콜롬비아는 푸투마요 강이 둘 사이의 경계인지 두고 합의를 하지 못했기 때문에 교황 피우스 10세에게 중재를 요청했다. 1906년 7월 교황은 최종 결정을 미루면서 양국의 군대가 분쟁 지역에서 물러나야 한다고 결정했다. 그 결과 아라나가 이용할 수 있는 정치적 무인 지대가 생겨났다. 일단의 콜롬비아 카우체로cauchero들이 푸투마요 강 중류 지역에서 카우초 라텍스를 채취하고 있었다. 아라나는 소형 보트 선단을 조직해 그들이 생산하는 고무를 강으로 도달할 수 있는 유일한 판로인 마나우스까지 실어 날랐다. 그의 표현을 따르면 '나는 상품과 고무를 교환하고 고무를 사들이고 대금을 치르면서 〔콜롬비아〕 고무 집하장들과 사업 관계를 맺었다.' 1901년 그는 라 초레라La Chorrera('급류') 집하장의 벤하민 라라냐가와 라파엘 라라냐가와 동업자가 되었고 1904년 2만 5천 파운드에 라 초레라 집하장을 인수했다. 다른 콜롬비아인들도 뒤따랐다. 칼데론 형제의 엘 엔칸토El Encanto('마법'), 이폴리토 페레스의 아르헬리아, 호세 카브레라의 누에바 그라나다, 아비시니아와 울티모 레티로Último Retiro('마지막 피난처') 같은 이름의 다른 집하장들이 차례차례 아라나에게 팔렸다.* 이것들은 강제적 채무 변제와 강압에 의해 대폭 할인된 낙찰가에 인수되었다.

　　아라나는 특히 자신의 카우초 라텍스가 헤베아 브라실리엔시스보다 값이 덜 나가기 때문에 브라질에서 노동자들을 유인해오기

---

* 아르헬리아(Argelia)는 알제리, 누에바 그라나다(Nueva Granada)는 콜롬비아, 아비시니아(Abisinia)는 에티오피아의 옛 이름.

어렵고 비용이 드는 데 불만이 컸다. 그래서 그는 원주민들에게 고개를 돌렸다. 푸투마요 강 중류의 숲은 위토토족 및 그들과 관련이 있는 보라족, 안도케족, 오카이나족의 본거지였다. 이들은 인구가 많고 호전적이지 않은 부족이었다. 그들은 백인과의 접촉이 거의 없었다. 17세기와 18세기 선교사들의 몇 차례 방문, 강으로 거슬러 올라와 사르사와 카카오를 연장과 구슬, 자잘한 장신구와 교환한 여행객들을 흘낏 본 게 다였다. 그래서 위토토족과 보라족은 조용히 숲에서 사냥을 하고 텃밭을 가꿨다. 관찰자들은 백인이 도착하기 전에 위토토족과 보라족을 합쳐 3만 명 정도가 있었다고 추정했다.

고무 붐 초기에 위토토족과 보라족은 카우초를 채취해 콜롬비아인들의 일반적인 교역품과 교환했다. 아라나는 이러한 양상을 제도적 폭력으로 강제하는 노예 노동 시스템으로 바꾸었다. 그는 자신의 제국을 구역으로 나눈 후 각 구역에서 나는 고무에서 수수료를 받는 백인 '소장Chief'들에게 맡겼다. '섹션'이라는 그러한 영업 구역은 열다섯 명에서 스무 명 가량의 중무장한 경비들이 지켰다. 이 깡패들 가운데 일부는 무차초muchacho나 촐리토cholito로 알려진 원주민 젊은 이들로 라이플을 지급 받고 사격 훈련과 잔학 행위로 단련됨과 동시에 도망자들을 추적하는 기술도 타고난 소년병들이었다. 1904년 아라나는 인척인 아벨 알라르코를 영국 식민지 바베이도스에 보내 흑인 작업 감독자를 모집했다. 알라르코는 196명의 거친 서인도제도 사람들과 2년 계약을 맺었다. 이 가운데 절반 정도가 푸투마요 강에 도착했고 그들은 곧 이 잔인한 시스템에 엮이게 된다. 인디오들은 바베이도스 흑인들을 미워했고 (그들이 잔인한 탓도 있었고 또 인디오들과 아프리카 인종이 일반적으로 서로를 멸시한 탓도 있었다) 따라서 그들은 페루인 주인들에게 충성해야만 했다.

푸투마요 강의 카스틸로아 나무는 절개를 해서 카우초를 채취할 수 없고 대신 베어 넘겨야 한다. 처음에는 카스틸로아 나무가 많았고 한 그루당 45킬로그램까지 라텍스가 나왔다. 비누, 포타슘과 함께 연기를 쬐어 응고시키면 인디오들이 나를 수 있는 기다란 고무 말이가 된다. 그렇게 만들어진 '페루 조각'은 욕실 매트나 정원의 호스 같은 가정용품을 만드는 데 이용되는 헤베 데빌jebe débil(약한 고무)이었다. 1903년에 그 지역은 23만 킬로그램 정도의 고무를 생산했고 비록 나무들은 갈수록 찾기 힘들었지만 1905년이 되면 생산량은 두 배가 되었다.

사업이 커지면서 아라나는 방탕한 형제와 그보다 더 유능한 인척 아벨 알라르코와 파블로 수마에타와 동업자가 되었다. 점점 커져가는 그의 회사는 J.C.아라나이에르마노스라는 회사가 되었고, 1904년 마나우스에 지점을 열었다. 훌리오 세사르 아라나는 직접 나서서 하루에 18시간씩 일하며 회사를 마나우스에서 여섯 번째로 큰 상사로 키웠다. 아라나는 다른 요란한 고무 부호들과는 좀 달랐다. 그는 자신을 지식인, 수수하고 가정적인 남자, 기존 체제의 든든한 대들보라 여겼다. 그는 점잖은 집안 출신의 엘레오노라라는 여성과 결혼했고 딸들이 교육을 잘 받도록 했으며 아마존 강 상류에서 가장 좋은 서재를 갖고 있다는 데 자부심을 느꼈다. 빳빳하게 풀을 먹인 옷깃에 정장을 갖춰 입은 그는 나중에 가서는 요란한 콧수염 대신 가래 모양의 턱수염을 자랑했다. 아라나는 내벽 상단에 '활력, 지조, 일'이라는 신조가 새겨진 이키토스의 좋은 집으로 거처를 옮겼고, 진지하고 근면한 생활 태도 덕분에 어느 기자로부터 아마존의 아벨이라는 별명을 얻었다. 1904년 그는 아내와 딸들이 좀 더 호사스런 유럽의 삶을 누리도록 프랑스의 비아리츠로 보냈다.

1907년 아라나는 콜롬비아가 푸투마요 강에 군대를 보내 교황의 중재를 위반하고 있다는 소문을 퍼트렸다. 그 후 페루 정부를 설득해 군대를 파견해 조사하게 만들었다. 40명의 병사가, 물론 아라나가 제공한 보트를 타고 상류로 파견되었다. 아라나가 데려온 페루 병력은 그 지역에 아직 남아 있는 소수의 콜롬비아 고무 업자들을 협박하고 쫓아내는 데 이용되었다. 누에바 그라나다의 호세 카브레라는 자신은 총을 맞고 그의 부하들은 모조리 제거된 강압적인 상황 속에 자신의 영업소를 팔아야 했다. 엘도라도의 흑인 일데폰스 곤살레스도 똑같이 강요를 받았다. 치안판사 가브리엘 마르티네스는 레몰리노('소용돌이')에서 총을 들이대는 괴한들에게 납치당했다. 그중 다비드 세라노는 자신의 영업소 라 레세르바를 팔기를 거부했는데, 그러자 1907년 12월 엘 엔칸토를 담당하는 아라나의 잔인한 젊은 감독관 미겔 로아이사는 분대를 보내 세라노한테서 약간의 빚을 받아오게 했다. 빚을 받으러 간 청부업자들은 세라노를 나무에 묶고 '그의 [인디오] 아내의 방에 강제로 들어가 불운한 여인을 현관으로 끌어낸 후 고문받는 무력한 세라노의 눈앞에서 [깡패들의] 우두머리가 그 불행한 희생자를 욕보였다. 그들은 그것도 모자라 [세라노의] 물품 전부와 …… 그의 어린 아들 그리고 방금 비열하게 욕을 보인 불운한 여인을 끌고 갔다.' 후일 세라노는 [엘 엔칸토에서] 아내가 범죄자 로아이사의 첩이 되었고 어린 아들은 같은 괴물의 하인으로 일하고 있다는 이야기를 들었다.' 마치 훌리오 세사르 아라나가 이 무법천지 아마존 한 귀퉁이 오지의 유일한 주인이 되도록 만사가 준비된 것 같았다.

아마존 Amazon

아라나는 더 야심만만해졌다. 1907년 10월 그는 런던에 법인을 설립하고 페루아마존고무 회사라는 이름으로 바꿨다. 회사는 아라나와 알라르코가 지배했지만 영국인 이사 네 명—여기에는 은행가 헨리 리드와 저명인사인 존 리스터 케이 경이 포함되어 있었다—과 프랑스인 이사 한 명이 회사에 그럴싸한 위신을 부여했다. 1908년 12월에 페루아마존 회사(상호에서 '고무'라는 단어를 뺐다)는 런던 주식시장에서 자본을 조달하려고 했다. 회사는 1파운드 우선주와 보통주 100만 주를 공모했다. 이들이 뿌린 투자안내서는 거짓말투성이었다. 투자안내서는, 회사는 그 지역에 법적 소유권을 갖고 있다, 그곳의 고무 집하장은 정돈된 경작지로 둘러싸여 있다, 최고 품질의 고무나무가 있고 더불어 광물도 나온다, 그곳의 '인디오 4만 명'은 교육을 받고 있고 문명화되고 있다고 운운했다. 하지만 이러한 과장 광고에도 불구하고 주식 발행은 실패했다.

월터 하든버그, 악의 제국을 보다

이 결정적 순간에 이상한 배 한 척이 푸투마요 강에 모습을 드러낸다. 각종 소지품이 잔뜩 실려 있고 봉두난발의 가난한 두 미국인 젊은이가 노를 젓는 통나무배였다. 두 침입자 가운데 리더는 스물한 살의 월터 하든버그였고 그의 친구는 두 살 연상인 윌리엄 퍼킨스였다. 하든버그는 막강한 아라나의 숙적이 된다.

월터 하든버그는 뉴욕 주 영스빌 농부의 아들이었다. 고등학교를 졸업한 후 곧 집을 떠나 교사 생활을 조금 하다가 뉴욕의 아주머니에게 갔고 잠시 해군에 입대한 후 얼마 동안 파나마 운하 구역에서 일하면서 콜롬비아 태평양 연안 항구 부에나벤투라에서 내륙으로 철도를 부설하는 작업에 참여했다. 야망도 있고 의욕도 강한 하든버그는 독학으로 에스파냐어와 약간의 공학 기술을 익혔고 곧 측량 팀을 운영하면서 상당한 돈을 벌게 되었다. 그는 언제나 아마존 강을 보는 것이 꿈이었으며 따라서 마데이라-마모레 철도를 건설하는 미국인 기술자들 틈에서 일을 찾아보자고 퍼킨스를 설득했다.

두 젊은 모험가들은 푸투마요 강이 아마존 방면으로 흐르기 때문에 푸투마요 강을 통해 아마존 강으로 가기로 결정했다. 그들은 말과 짐꾼들을 이용해 남부 콜롬비아의 안데스 산지를 통과했고 푸투마요 강 상류에서 커다란 카누를 구입했다. 그들은 시오니족 노잡이 두 명을 고용했는데 두 노잡이는 요동치는 급류를 통과해 배를 솜씨 좋게 조종했지만 며칠이 지나 자기들의 영토를 벗어났다고 밝힌 후 떠나버렸다. 그렇지만 하든버그와 퍼킨스는 계속 노를 저어갔다. 그들은 인적 없는 강에서 온갖 사냥감—원숭이, 새, 맥, 카이만악어, 심지어 거대한 아나콘다—도 사냥하며 재미있게 지냈고 배에 실린 짐과 측량 기구 위로는 곧 여러 모험의 증표와 기념품이 쌓이게 되었다. 한번은 좌초해서 6일간 모래 둔치 위에 고립되었다. 퍼킨스는 심한 말라리아를 앓기도 했다.

1907년 크리스마스 직전 하든버그와 퍼킨스는 첫 대규모 카우초 집하장 야라카야에 도착했다. 그곳의 주인 헤수스 로페스는 그들에게 아라나의 부하들과 더 하류에 있는 페루 병사들의 위협에 대해 이야기해주었다. 며칠간 더 노를 젓은 후 비에 쫄딱 젖고 흑파리에 시달리던 두 사람은 주인인 마르티네스가 납치된 후 우두머리 없이 남겨진 레몰리노에 도착했다. 하든버그는 푸투마요 강을 벗어나 육로로 남쪽의 나포 강까지 이동해 아라나의 제국을 피해가야겠다고 결심했다. 그래서 짐꾼을 찾으려는 그를 한 인디오가 걸어서 이틀거리인 라 레세르바, 딱한 다비드 세라노가 얼마 전 그렇게 잔인하게 수난을 당한 그곳까지 안내해주었다. (라 레세르바는 이가라-파라나 강과 더불어 푸투마요 강의 북쪽 지류인 카라-파라나 강가에 있었다. 이 강변의 숲에는 대부분의 카스틸로아 라텍스 나무가 있었고 다른 고무 '사업소'가 이 강둑을 따라 있었다. 파라나parená는 투피어로 큰 강이란 뜻이다. 카라cara는 '카누'를 가리키는데 그 강이 배로 건널 수 있기 때문이다. 이가라igara는 '거친 강물'이란 뜻인데 그곳에 급류가 있기 때문이다.)

그 후 하든버그는 굴욕을 당한 세라노와 정부 사절 두 명 그리고 다른 사람들이 아라나의 부하 로아이사와 대면해 담판을 지으러 엘 엔칸토로 가는 길에 동행하게 되었다. 그러나 로아이사는 나타나지 않았다. 그래서 일행은 다시 카라-파라나로 돌아가기 위해 강을 거슬러 가기 시작했다. 그들이 아라나의 아르헬리아 사업소를 지나가려고 할 때 정부 관리 헤수스 오르헬라가 총구의 위협 앞에 붙들려 갔다. 하든버그와 다른 한 명은 상류로 계속 가는 것이 허용되었다. 그런데 1908년 1월 12일 밤, 아라나의 148톤 2층짜리 리베랄호와 대포를 실은 더 작은 배 이키토스호가 갑자기 그들을 덮쳤다. 그들의 위토토족 노잡이들은 허둥지둥 숲속으로 달아났다. 탐조등이 그들의 카누를 비추었고, 그 작은 배를 침몰시키라는 명령과 함께 일제 사격이 쏟아졌다. 하든버그와 그의 동행은 마치 영화 《아프리카의 여왕》에서 유사한 하천선에 의해 험프리 보가트와 캐서린 헵번이 꼼짝없이 당한 것처럼 완전히 제압당했다. 이키토스호로 다가오라는 명령을 받은 하든버그는 나중에 이렇게 회상했다. '우리는 배 위로 휙 끌어올려졌고 페루 군대의 아르세 베나비데스 대위와 …… 커피색 피부의 병사들, 선원들, "문명화 사업을 하는 회사"의 직원들에게 아주 비열한 방식으로 발길질과 구타, 모욕을 당했다. …… 말 한마디 할 기회조차 주어지지 않았다.' 그들은 공포에 사로잡힌 채 '한 대위'가 라 우니온의 라파엘 카노의 인디오 아내 필라르 구티에레스를 강간하는 것을 지켜보았다. 그녀는 '임신을 한 지 여러 달이 지난 몸이었고 …… 이 인간의 탈을 쓴 괴물은 오로지 자신의 동물적 육욕을 채우기 위해 …… 불행한 여인의 고통스러운 비명에도 아랑곳 않고 조금의 양심의 가책도 없이 그녀를 능욕했다.' 배는 그들을 카라-파라나 강이 푸투마요 강과 합류하는 지점이자 아라나의 서쪽 기지인 엘 엔칸토로 다시 데려갔다. 퍼킨스는 이미 리베랄호에 포로로 붙잡혀 있었고 두 미국인은 '우리를 붙잡은 사람들이 술에 취해 아주 피에 굶주린 상태였기 때문에 언제든 총살을 당하거나 아니면 칼에 찔리지 않을까 예상하고 있었다.' 엘 엔칸토에서 그들과 여러 콜롬비아인들은 거의 아무것도 갖춰지지 않은 감방에 처넣어졌다.

그들을 붙잡은 페루인들은 더 많은 병사를 충원했고, 수적으로 크게 열세인 콜롬비아인들에게 두 차례 피비린내 나는 '승리'를 거두고 돌아왔다. 페루인들은 라 레세르바에서 두 사람을 죽였고 다비드 세라노는 치명적인 부상을 입고 숲속으로 도망쳤다. 인근 라 우니온에서 콜롬비아 대령 구스타보 프리에토는 침입자들에게 떠나라고 명령하며 용감히 맞섰지만 뒤이어 벌어진 보트 쪽 사람 140명과 정착민 20명 사이의 대결에서 다섯 명의 콜롬비아인이 죽임을 당하고 나머지는 도망쳤다. 두 고무 사업소는 다량의 고무와 다른 재산이 약탈당한 후 불태워졌다. 아라나의 회사는 승승장구했다. 그는 이제 3만 제곱킬로미터가 넘는 고무나무 숲을 지배했고 그곳으로 접근하는 유일한 길은 스물세 척의 소형정으로 구성된 그의 무역선단뿐이었다.

엘 엔칸토에서 하든버그는 미국 국회의원으로부터 받은 편지를 내보이며 그와 퍼킨스가 파커철도 회사의 중요한 간부인 것처럼 행세하여 풀려날 수 있었다. 미겔 로아이사는 영어를 읽을 줄 몰랐고 따라서 그들이 대단한 인물이라는 인상을 받은 그는 며칠 안에 리베랄호에 태워 이키토스로 데려다주겠다고 약속했다. 바로 이 엘 엔칸토에서 지낸 며칠 동안 젊은 미국인들은 악의 제국의 참상 일부를 엿보았다. 그들은 이미 콜롬비아 고무업자들에 대한 공격(중재된 휴전에 대한 노골적 위반)과 자신들이 받는 부당한 처우에 경악했다.

이 모든 것이 월터 하든버그를 변화시키기 시작했다. 아직 어리고 변변찮은 인물에 불과했지만 그는 자신이 뭔가를 해야 한다고 결심했다. 3년 후 쓴 책 『푸투마요, 악마의 낙원』을 보면, 원주민에 대한 그의 태도는 극적인 변화를 겪는다. 처음에 그는 인디오들을 술을 너무 많이 마시고 게으르고, 앞날을 대비하지 않고 오늘만 생각하며 살아가는 작고 못생긴 사람들로 조롱했다. 그러나 위토토족과 함께 육로와 강으로 여행을 한 후 그는 위토토족이, 비록 남자들은 나무껍질 만든 천을 허리에 둘렀지만, 그것을 제외하고는 남녀 모두 발가벗고 사는 '잘생긴 인종'이라고 묘사했다. 여자들은 무거운 짐을 지느라 등이 굽고 '걸을 때면 마치 두려워하기라도 하듯 허벅지가 서로 맞부딪쳤다. 이러한 결점에도 불구하고 …… 많은 여성들이 정말

아름다우며 그들의 몸매는 매우 훌륭하고 동작도 아주 자유스럽고 우아하다. …… 그들의 가슴은 서양 배 모양이며 심지어 늙은이일지라도 항상 튀어나와 있는데 그 경우 가슴의 크기는 줄어들었지만 결코 축 처지지는 않았다.' 하든버그는 인디오들이 사냥에 쓸 치명적이고 정확한 바람총을 만드는 기술에 감탄했다. 그는 그들의 정교한 망구아레manguare 관목 전신 체계에도 찬사를 보냈다. 속이 빈 나무둥치 한 쌍을 오두막 지붕에 매달아두고 이것을 두들기면 각각 다른 소리가 난다. '나무를 길게 혹은 짧게 두들기는 방식, 두들기는 횟수, 나무에서 나는 신호음의 차이에 바탕을 두고 미리 정한 암호에 따라 온갖 메시지가 전달될 수 있다.' 하든버그는 그러한 메시지가 10킬로미터에 걸쳐 전달되는 것을 직접 들었다. 이 통나무를 끝에 고무가 달린 북채로 박자를 바꿔가며 두들김으로써 '전신 기사'는 축제를 알리고 마을 모임을 소집하거나 다른 정보를 전달할 수 있었다. 또 다른 여행객도 이 원주민들에게 똑같이 매료되었다. 젊은 영국 기병 대위 토머스 휘픈은 두 미국인이 다녀간 직후에 푸투마요 강을 방문했다. 비록 인류학자로 훈련받은 적은 없었지만 휘픈은 보라족과 위토토족, 그들과 관계가 있는 다른 부족들에 관해 귀중한 정보를 풍성히 수집했다. 멋진 오두막과 정교한 춤부터 사냥 기술과 샤먼의 능력, 종교적 믿음에 이르기까지 인디오들의 삶의 거의 모든 측면이 그에게 깊은 인상을 주었다. 그는 심지어 원주민들이 이따금 처형한 포로를 제의적으로 먹는 풍습에 대해서도 설명하고 거기에 변명을 대기도 했다. 그는 날씬하지만 힘센 남자들과 '균형 잡히고 유연하며 높고 곧은 어깨를 지닌 아름다운 몸매의 여자들'로 이뤄진 인디오들의 외양도 좋아했다.

아마존Amazon

엘 엔칸토에서 하든버그는 야위고 말라리아에 걸린 남녀들이 보트에서 짐을 내리는 것을 보았다. 그들은 얼마 안 되는 양의 마니 오크 가루와 때때로 정어리 통조림 4분의 1을 받았다. '이것은 그들이 하루를 버티는 양으로, 그들은 하루 24시간 가운데 16시간을 가장 힘든 노동에 바친다. …… 아파서 죽어가는 사람들이 움직이지 못한 채 그리고 고통에 빠진 그들을 도와줄 사람도 없이 집 주변과 인근 숲에 쓰러져 있는 모습은 참으로 안타까운 광경이다. 이 가련하고 비참한 사람들은 치료도 받지 못하고 아무것도 먹지 못한 채 추위와 비바람에 고스란히 노출되어 있다가 결국 죽음으로 고통에서 해방된다. 그러면 가족이나 친지들이 그들의 차가운 시체를 강으로 날랐고 …… 탁하고 누런 카라-파라나 강물이 말없이 그들을 뒤덮었다.' 하든버그는 이 '지속적이고 악랄한 범죄의 카니발'에 격분했다.

두 미국인은 이 참상에 할 수 있는 일이 없을까 알아보기 위해 하든버그가 이키토스로 가기로 결정했다. 퍼킨스는 그들의 빼앗긴 소지품을 되찾을 수 있을지도 모르니 엘 엔칸토에 남아 있기로 했다. 이키토스로 가는 길에 하든버그는 아라나의 다른 주요 기지인 이가라-파라나 강가의 라 초레라를 방문했다. 기지는 엘 엔칸토의 로아이사만큼 잔인한 사이코패스인 빅토르 마세도가 운영하고 있었다. 이곳은 원래 보라족 인디오들의 본거지였는데, 이제 그들은 그 회사의 노예가 되어 일하고 있었다. 리베랄호는 강을 타고 브라질로 간 후 아마존 강 본류를 다시 거슬러 올라가 이키토스에 닿았다. 미국인 하든버그는 갑판 위 해먹에서 지냈지만 (정부 관료 오르렐라와 치안판사 마르티네스를 포함해) 아홉 명의 콜롬비아인들은 몸을 옴짝달싹하기도 힘든 자그마한 철창에 갇혀 있었다.

하든버그는 1908년 2월에 페루의 고무 도시에 도착했다. 이키토스는 인구가 1만 2천 명밖에 안 되는 여전히 작은 도시였다. 중앙 광장 주변의 건물들은 밝은 타일들로 장식되어 있었지만 그 외 대부분의 집들은 대나무를 쪼개 만들고 이엉을 얹은 것이었다. 많은 사람들이 장대 위에 지어졌거나 뗏목 위에 떠다니는 오두막이 흔들흔들한 건널 판자로 연결된, 그림 같지만 미개한 벨렌 지구에서 아마존 강물을 굽어보며 살았고 지금도 살고 있다. 하든버그는 돈이 없었지만 곧 학교에서 영어를 가르치는 것으로 한 달에 10파운드, 병원 설계를 돕는 것으로 한 달에 30파운드를 벌게 되었다. 그는 고향에도 전보를 쳐서 어머니가 자신을 위해 간수해둔 300달러를 부치게 했다. 그는 미국 영사인 치과의사 가이 킹 박사를 찾아갔다. 젊은 이상주의자에게는 정나미 떨어지게도 킹 박사는 '내가 아라나의 암살자들의 손아귀에서 아슬아슬하게 죽음을 피한 것을 축하하고 여러 여건상 자신은 우리를 위해 아무것도 할 수 없다는 것을 밝히는 데 만족했다!' 영사는 1907년에 전임자가 미국 국무장관에게 건의했다는 내용을 들려주었다. 아라나가 총을 법 삼아 콜롬비아인들을 탄압하고 있으므로 투자자들은 푸투마요 강 지역에 대한 투자를 피해야 한다는 이야기였다. 어쨌든 홀아비인 킹 박사는 하든버그에게 숙소를 제공했고 그는 이키토스에 17개월간 체류하게 된다.

도시는 아라나에 의해 지배되었다. 그의 인척이 그곳의 시장이었고 그 자신은 상공회의소의 회장이었으며 그의 가족과 직원, 대리인을 통해 많은 활동을 지배했다. 이키토스에 도착하고 얼마 안 있어 하든버그는 아라나가 도시에 있다는 소식을 들었고 용감하게 그를 만나러 갔다. 그는 재계의 거물이 그의 고무 왕국에서 자행되는

아마존Amazon

참상을 모르고 있을지도 모른다고 기대했다. 훌리오 세사르 아라나는 위엄 있고 무심한 태도를 보였지만, 이 미국인은 곧 그가 무슨 일이 벌어지고 있는지를 알 뿐만 아니라 그 일을 직접 조직한 사람이라는 것을 깨달았다. 그래서 아라나가 하든버그에게 푸투마요 강에서 목격한 것을 물었을 때 젊은이는 어물쩍 넘어가면서 잃어버린 소지품에 대해서만 이야기했다.

하든버그는 감히 아라나를 공격하는 소식지를 냈다가 벤하민 살다냐 로카라는 사람의 인쇄소가 파괴되는 것을 목격했다. 처음에 『라 산시온』으로 불리다가 나중에 『라 펠파』('매질')로 바뀐 이 정기 간행물은 푸투마요 강에서 일어난 잔학 행위들에 대해 거기에서 일한 사람들의 목격담을 실었었다. 짐작할 수 있다시피 소식지는 1907~1908년 사이에 단 몇 달밖에 유지되지 못했고 발행된 소식지 대다수는 파기되었다. 그러나 이키토스에서 쫓겨나기 전에 살다냐와 그의 아들은 하든버그에게 갖고 있던 공증 증언록을 건네주고 끔찍한 사실을 폭로해줄 다른 증인들을 찾아낼 수 있게 도와주었다. 4월, 병에 걸려 쇠약해진 윌리엄 퍼킨스가 절취당한 소지품 대신 친구의 서류철에 추가할 만행(그 가운데는 그들과 함께 붙잡혔던 콜롬비아인들이 모두 살해되었다는 사실도 포함되어 있었다)에 대한 소식만을 잔뜩 가지고 푸투마요 강에서 돌아왔다. 퍼킨스는 아마존을 간절히 떠나고 싶어 했기에 하든버그는 어머니가 보내준 300달러로 친구가 고향으로 돌아갈 배편을 사주었다.

살다냐의 소식지에 실린 증언이나 하든버그가 수집한 목격담은 무시무시했다. 그러나 이 증언들은 푸투마요 강의 일대기에서 결정적으로 중요했다. 그 증언들은 자신들이 목격한 공포 정치를 종식시키기 위해 무언가를 하고 싶어 한 평범한 직원들이 남긴 것이었다. 이 사람들은 공증인 페데리코 피사로 앞에서 선서를 한 후 증언했고 이렇게 증언을 하는 것은 인디오들을 돕고 정의와 조국의 명예를 위해서라고 말했다. 그들의 이야기는 정황 묘사가 상세하고 전적으로 설득력이 있었다. 젊은 월터 하든버그를 경악하고 분노한 여행객에서, 악에 맞서 싸우는 열정적인 전사로 탈바꿈시킨 것은 바로 이들의 증언이었다.

『라 펠파』는 아라나의 구역 소장들 — '악명 높은 강도들'인 아르만도 노르만드, 아벨라르도 아귀에로, 미겔 로아이사, 아우렐리오와 아리스테데스 로드리게스 형제 — 이 어떻게 모든 구역의 인디오마다 5아로바(75킬로그램)의 고무 할당량을 부과했는지 가르쳐주었다. 인디오들과 그의 아내들, 아이들이 이 말도 안 되게 무거운 양의 고무를 힘겹게 들고 와 무게를 달았다. 바늘이 요구한 양을 가리키면 그들은 기뻐서 웃었다. 그러나 바늘이 정해진 눈금까지 도달하지 못하면 그들은 엎드려서 처벌을 기다렸다. '그들은 일반적으로 살점이 떨어져 나올 때까지 채찍으로 50대를 맞거나 아니면 마체테로 난자당했다. 이 야만적인 광경은 나머지 사람들, 그들의 아내와 자식들이 보는 앞에서 자행되었다.' 훌리오 무리에다스라는 증인은 노르만드의 사업소 라 초레라에서 한 인디오가 도망치면 '그들은 그의 어린 자식들을 잡아다가 손발을 묶어 매단 후 불 위에 구우면서 아버지가 어디에 숨었는지 실토하게 고문한다.'고 말했다. 무리에다스는 고무를 충분히 갖고 오지 않은 인디오들이 '총에 맞거나 마체테로 손발이 잘린 후 집 밖으로 내던져지는 것'을 목격했다. 그는 부족장 네 명이 매질을 당하는 것도 보았다고 보고했다. 쿠요 족장은 '채찍에 맞아

아마존 Amazon

죽었고 다른 족장들은 채찍질을 당한 후 여러 달 동안 쇠사슬에 묶여 있었는데 모두가 부족 사람들이 회사에서 정한 양만큼 고무를 가져오지 않은 "죄" 때문이었다.'

아나클레토 포르토카레라는 1906년 울티모 레티로에 있을 때 그의 상관 호세 이노센테 폰세카가 셀 수 없는 범죄를 저질렀다고 맹세했다. 한번은 폰세카가 인디오 여러 명이 물을 뜨러 가는 것을 보았다. 그는 리볼버와 카빈 소총을 꺼내들고 그의 백인 동행들에게 "'잘 봐. 여기서는 사바도 데 글로리아 sábado de gloria〔'부활절 전일'〕를 이렇게 축하하니까."라고 말한 다음 인디오들에게 마구잡이로 총을 쏴 남자 한 명을 죽이고 열다섯 살짜리 소녀 한 명을 맞혔다.' 그 후 소녀는 라이플 총알로 처리되었다. 또 한번은 폰세카의 첩 아홉 명 가운데 한 명이 그가 없는 동안 '부정'을 저질렀다고 고발당했다. '분노한 그는 여자의 팔을 벌려 나무에 묶고 치마를 목까지 걷어 올린 후 엄청나게 큰 채찍으로 지칠 때까지 마구 때렸다. 그다음 여자를 창고 안에 있는 해먹에 집어 던졌다. 상처를 치료받지 못해 그녀의 몸에는 며칠 만에 구더기가 들끓었다. 나중에 그의 명령에 따라 인디오 여자는 창고에서 끌려나와 죽임을 당했다.'

카를로스 소플린은 살다냐에게 몬테 리코에서 보낸 10주 동안 '3백 명이 넘는 인디오들이 20대에서 200대 사이의 매질을 당하는 것을 보았다.'고 말했다. '200대는 매질로 인디오를 그 자리에서 죽이고 싶을 때 내리는 숫자였다.' 그 후 소플린은 에스메랄다스 사업소에서 4개월 있는 동안 4백 명이 넘는 남녀노소가 매질을 당하는 것을 보았다. '섹션 감독관' 바르톨로메 게바라는 그곳에서 족장 두 명을 죽였다. '이 사람은 사람을 말뚝 네 개에 묶은 후 매질하는 법을 도입한 인물이었다. …… 그는 자신이 고향으로 돌아갈 때 가난하게 돌아가고 싶지 않으니 인디오들은 일을 하든지 아니면 죽어야 한다고 말했다. 이 끔찍한 인간은 이 지역을 총괄한 6년간 5천 명이 넘는 인디오들을 매질했을 것이다.' 그는 백인 콜롬비아인도 여러 명 총을 쏴서 죽인 것으로 언급되었다.

또 다른 증인은 아라나 부하들 가운데 아홉 명(그는 이들의 이름을 모두 거명했다)이 인디오를 직접 죽이는 것을 목격했으며, 또 다른 아라나의 부하 안드레스 오도넬이 5백 명이 넘는 사람들을 죽이도록 명령하는 것을 봤다고 증언했다. 그는 마탄사스에서 1년이 조금 넘는 기간에만 노르만드의 명령 아래 '인디오 열 명이 살해당하고 불태워지는 것을 보았으며 3백 명이 채찍질을 당한 후 상처를 제대로 치료받지 못해 서서히 죽어가는 것을 보았다. …… 그들은 인디오들을 총이나 마체테로 죽인 후 일부는 불태운다. 다른 희생자들의 시체는 내버려졌고 방치된 시체가 썩어가면서 참기 힘든 악취가 뿜어져 나왔다. 이 구역은 죽어가거나 죽은 인디오의 썩어가는 살에서 풍기는 악취가 너무 심해 가끔은 도저히 그곳에 있을 수가 없었다.'

브라질 사람 주앙 밥티스타 브라가는 푸투마요 강을 다니는 아라나의 여러 소형정 가운데 하나에서 화부로 일했고 1904년 다시 회사에 합류하여 페루인 65명의 상관이 되었다. 그가 몸담았던 구역의 소장인 아벨라르도 아귀에로는 그에게 인디오 포로들을 어떻게 다뤄야 하는지 보여주었다. '인디오들을 야만적으로 고문하는 [나무 둥치로 만든] 차꼬cepo에서 인디오 여덟 명을 빼내 안뜰의 말뚝 여덟 개에 각각 묶었다. 그는 파트너인 [아우구스토] 히메네스와 함께 코냑을 마시고 나더니 이 불쌍한 인간들을 살해하기 시작했다. 그들은 끔

아마존 Amazon

찍한 비명을 내지르며 죽어갔다.' 그 인디오들의 죄목이란 도주 미수
였다. 석 달 후 아귀에로는 브라가에게 같은 죄목으로 쇠사슬에 묶인
서른다섯 명을 죽이라는 명령을 내렸다. 그는 자신은 브라질 사람이
기 때문에 이러한 일을 할 수 없다고 거부했다. 그러자 아귀에로는
히메네스에게 '여전히 사슬에 묶여 있는 그 불운한 서른다섯 명을 무
참히 죽이라'는 명령을 내렸다. 이후로 브라가는 아사하도록 괴롭힘
을 당했고(숲속의 초목만 먹고 살도록 강요당했다는 뜻이다. 그는 자신이 먹
으며 버틴 초목들을 언급했다), 그곳을 떠날 수 없었다. '감옥에 갇힌 그
3년 8개월 동안 나는 무수한 만행을 목격했다.' 이우비테라는 족장
은 아내를 히메네스에게 넘기길 거부했다는 이유로 포박되어 총살당
했다. 또 다른 족장 티라카후아카와 그의 아내는 부족민들이 사업소
로 일하러 오도록 한 달 간 쇠사슬에 묶여 있어야 했다. '부족민들이
오지 않자 [히메네스는] 그들에게 등유를 끼얹으라고 시킨 다음 성냥
을 켜서 불을 붙였고 그들은 너무나도 처절한 비명을 지르며 숲으로
뛰쳐나갔다.' 브라가는 마침내 1908년 7월 28일 페루 국경일을 맞아
아라나의 부하들이 술판을 벌이고 취해 있는 동안 다른 백인 피해자
두 명과 함께 야음을 틈타 인디오의 카누를 타고 도망쳤다.

　　하든버그는 이키토스에 머무는 동안 다른 잠재적 정보제공자
들과도 접촉했다. 후안 로사스는 1903년 8월 아비시니아에서 아귀에
로가 한 남자의 목을 베고 여자들의 다리를 잘랐으며 시체를 불태우
고 50명가량의 인디오들에게 차꼬를 채우는 것을 봤다고 증언했다.
'그가 물과 음식을 조금도 주지 않았기 때문에 불쌍한 인디오들은 나
뭇조각처럼 바짝 마르기 시작해 결국에는 전혀 쓸모없는 몸이 되어
죽어가는 지경에 이르렀다. 그러자 그는 인디오들을 말뚝에 묶고 그

들을 과녁 삼아 모제르 리볼버 사격 연습을 해 그들의 목숨을 끝장냈다.' 로사스는 모렐리아로 전근을 가게 되었다. 그곳의 소장은 사이코패스 히메네스였다. 그는 히메네스가 열다섯 명의 인디오들에게 차꼬를 채우는 것을 보았다. 굶주림에 죽어가던 한 명이 그 자리에서 죽여 달라고 애걸하자 히메네스는 마체테로 다리를 잘라 그를 풀어준 후 끌고 나가 죽이고 시체는 불태우라고 명령했다.

1904년 로사스는 산타 카탈리나에서 아우렐리오 로드리게스 밑에 있으면서 한 습격대가 원주민 포로 40명을 데려오는 것을 보았다. 이들에게는 차꼬가 채워졌으나 이미 천연두에 걸린 상태였다. '그들은 가장 가련한 상태에 놓여 있었지만 로드리게스는 그들을 한 명씩 풀어준 후 사격 연습의 과녁으로 삼았다. …… 이 인간이 사는 집 주위로는 곧 뼈가 즐비했다.' 엔트레 리오스의 소장 오도넬도 고무를 충분히 가져오지 않은 인디오들에게 똑같이 잔인해서 벌을 내리고 사지를 자르고 인디오들을 살해했다. 로사스는 '내 두 눈으로 똑똑히 목격했기 때문에 이러한 범죄들이 사실임을 보증할 수 있다.'고 거듭 강조했다.

셀레스티노 로페스라는 사람은 하든버그에게 아비시니아 사업소에서 아벨라르도 아귀에로가 '아홉 살에서 열여섯 살 사이의 소녀들' 여덟 명을 첩으로 거느렸다고 말했다. 어느 날 이 가운데 한 명이 한 페루 사람한테 이야기하는 모습이 목격되었다. '그들은 그 불쌍한 소녀를 들보에 매달고 …… 조금도 거리낌 없이 두 시간 동안 마구 때린 다음 여자임에도 아랑곳 않고 그녀의 옷을 벗겨 알몸을 내보인 후 온몸에 멍이 생기고 조각조각 살점이 떨어져나가도록 채찍으로 때렸다.' 로페스는 인디오들이 고무를 너무 적게 가져왔다고 처벌받는 것을 보았다. '그들은 채찍에 아주 심하게 맞아서 엉덩이와 등이 갈가리 찢기고 상처에서 피가 뿜어져 나왔다. …… 나는 그 모습도, 그 악마 같은 인간들이 희생자들의 처절한 고통을 보면서 웃고 사악한 농담을 하는 것도 도저히 참고 볼 수 없어 물러나왔다.' 그는 산타 훌리아에서 '인디오 여자 세 명이 아무런 이유도 없이 악명 높은 마누엘 아폰테의 명령에 따라 아주 야만적으로 매질을 당하는 것을 보았다. …… 이 매질은 내가 이 끔찍한 지역에서 본 나머지 것들과 마찬가지로 극도로 비인간적이었다. 그러나 이 악마들은 그것에도 만족하지 않고 그 불쌍한 여자들에게 매질을 한 다음 더 고통스럽게 하려고 상처에 소금과 식초를 뿌렸다.'

또 다른 증인은 아르만도 노르만드의 구역인 마탄사스에 있었다. 1907년 6월 그는 한 무리가 인디오 서른 명을 사슬에 묶어 습격에서 돌아오는 것을 보았다. 노르만드는 나이가 지긋한 여자 세 명과 그들의 두 딸에게 다가가 나머지 부족 사람들은 어디 있느냐고 물었다. 그들은 모른다고 대답했다. 그 사람들은 습격자들을 피해 숲속으로 뿔뿔이 달아났다. '그러자 노르만드는 마체테를 집어 들어 그 불운한 다섯 명을 아주 태연하게 살해했다.' 시체는 집 근처에 내버려졌고 곧 노르만드의 개들이 달려들어 시체를 갈가리 물어뜯었다. '토막난 팔이나 다리를 입에 문 개들이 아침에 이 괴물의 머리맡에 나타나지 않는 날이 드물었다.' 나머지 포로들은 나무둥치로 만든 차꼬에 채워졌고 노르만드는 그들에게 아무런 음식도 주지 말라고 명령했다. 이내 '그들은 여기저기 아프기 시작했고 고통과 절망에 찬 비명을 토해냈다. 그럴 때마다 노르만드는 마체테를 집어 들어 그들을 난자했다.'

3주 후, 또 다른 무리가 족장과 그의 가족을 끌고 왔다. 왜 그의 부족이 고무를 원하는 만큼 가져오지 않느냐는 질문을 받자 족장은 요구량이 너무 많아서 불가능하다고 대답했다. '이 대답에 노르만드는 족장의 손과 발을 쇠사슬로 묶은 후 그 불행한 희생자 주위로 장작단 세 개를 갖다 놓도록 명령했고 …… 그가 직접 …… 거기에 불을 붙였다.' 족장의 아내가 노르만드에게 그만하라고 애원하자 그는 그녀의 목을 벤 후 남편의 장작단에 집어던졌다. 그들의 두 아이들도 사지가 잘리고 불태워졌다. '이 구역질나는 범죄자가 저지른 범죄들은 너무나 끔찍해 어쩌면 세계 역사를 통틀어 비길 바가 없을 것이다.' 그의 첩이 되기를 거부한 한 여인은 네 말뚝에 손과 발이 묶인 후 1백 대의 채찍질을 당했다. 그다음 노르만드는 페루 깃발을 찢어 그녀의 다리에 묶고 등유를 적신 후 불을 질렀다. '여자가 끔찍한 고통에 정신을 놓고 미친 듯이 도망가자 그는 모제르 권총을 집어 들고 여자가 쓰러질 때까지 연달아 총을 쏘아댔다.'

이 증인은 그 끔찍한 곳을 떠나게 해달라고 빌어 1907년 9월 아리스테데스 로드리게스의 사업소인 라 사바나로 전근되었다. 그는 로드리게스가 직접 50명의 사람을 인솔해 인디오 마을 카후이나리를 공격하러 가는 것을 보았다. 그들은 소총과 마체테로 150명의 남녀 어른과 어린이를 살해했다. 또 다른 마을로 가서는 40여 가구의 터전인 마을 공동 오두막에 불을 질렀다. 습격대 중 한 명은 불타는 오두막에 들어가서 '가장 무시무시한 광경'을 목격했으며 '맹렬한 불길에 휩싸인 인디오들의 신음과 비명을 듣기가 끔찍했다.'고 말했다.

하든버그가 이키토스를 떠나기 전 마지막으로 증언록을 작성해준 증인은 다니엘 콜란테스로, 그는 아라나가 푸투마요 강을 지배

아마존 Amazon

하던 시기 내내 다시 말해 1902년부터 1909년까지 그곳에 있었다. 그는 아테나스 사업소에서 그곳의 잔인한 소장 엘리아스 마르티넹구이나 그와 가까운 동료들이 직접 약 60명의 인디오 남녀, 어린이를 죽이는 것을 보았다. 고무를 너무 적게 가져온 인디오 마을을 몰살하도록 추격대가 파견되었다. 콜란테스는 이 무리가 임무를 완수했다는 것을 입증하기 위해 머리와 다른 신체 부위들을 들고 돌아오는 것을 보았다. 1903년 이가라-파라나 강가에 위치한 아라나의 주요 기지인 라 초레라로 간 콜란테스는 40명의 오카이나족(보라족과 가까운, 약 2천 명 규모의 부족)이 사슬에 묶여 끌려온 것을 보았다. 당시 그곳의 우두머리였던 빅토르 마세도는 열여덟 명의 직원에게 그들을 죽을 때까지 매질하라고 명령했다. 매질에서 살아남은 사람은 강둑으로 끌려가 총살당했고 그들의 시체는 등유를 적신 거대한 장작더미에 불태워졌다. '이 타들어가는 인육들은 다음날 아침 10시까지 남아 있었다. …… 시체를 태운 장소는 라 초레라에서 150미터쯤 떨어진 곳으로, 현재 라 초레라 "클럽" 건물이 들어선 곳과 거의 일치한다.' 이 클럽에서 회사의 상급 직원들은 술에 취하면 '지금까지 죽인 사람 수가 제일 많은 사람'에게 건배했다.

　다시 전근을 가게 된 콜란테스는 호세 이노센테 폰세카가 지배하는 울티모 레티로로 갔다. 폰세카는 촌다두라족, 오카이나족, 우티게네족 인디오들을 대령하라고 시켰다. 그다음 그와 여섯 명의 감독관은 '이 무방비 상태의 인디오들을 학살해 남녀와 어린이 시체가 150구가 넘었다. …… 폰세카는 특별히 큰 마체테로 그 불쌍한 사람들을 좌우로 마구 베었고 피로 범벅이 된 인디오들은 땅바닥에 몸을 끌면서 자비를 구했으나 헛수고였다.' 그 후 희생자들의 시체는 차곡

차곡 쌓여져 불태워졌고 그 가운데는 일부는 여전히 살아서 고통 속에 울부짖고 있었다. '그동안 그 괴물 폰세카는 "내 명령을 따르지 않고 내가 요구한 대로 고무를 가져오지 않은 인디오들은 한 명도 남기지 않고 죽이겠다."고 외쳤다.'

폰세카는 살인마 미겔 렝기포 아래 스무 명을 푸투마요 강 북쪽에 있는 아마존 강의 주요 수원인 카케타 강으로 보내 거기서 발견하는 콜롬비아인은 누구든 죽이라고 명령했다. 일주일 후 그들은 희생자들의 신체 일부를 소금에 절여 가져 왔고 이것들은 상급 소장인 마세도와 로아이사에게 보내졌다. 콜란테스는 푸투마요 강에서 가장 악질적인 인물 열다섯 명을 거명했는데 바베이도스 사람인 아만드 킹을 제외하고 모두 페루 사람이었다. 그는 그 지역에 만약 정의라는 것이 있다면 '이 악마 같은 범죄자들이 저지른 모든 범죄를 …… 그들이 이러한 범죄들로 푸투마요 강을 넘쳐나게 한 장소, 날짜, 시간까지 낱낱이' 법정 앞에서 기꺼이 이야기하겠다고 말했다. 셀레스티노 로페스 또한 하든버그에게 이른바 '문명화 사업—이 범죄의 연합체가 부끄러운 줄 모르고 자처한 사업—을 떠맡은 회사'가 어떻게 고용한 사람들을 부적절한 임금과 식량, 의약품으로 속이는지 이야기해주었다. 고무를 충분히 갖다 바친 인디오들은 그 대가로 쓸모없는 자잘한 장신구를 받았다. '불쌍한 인디오들은 자신들의 삶이나 아내, 자식들의 앞날을 내다볼 수 없다. 회사는 그들의 삶과 재산을 절대적으로 쥐고 흔든다. 나는 이 인디오들에 대한 노예제가 이곳의 고무가 바닥날 때만 끝날 것이라고 믿는다. 그리고 그날은 그리 멀지 않을 것이다.'

인디오들이 이 잔인한 시스템에 저항하기는 매우 힘들었다.

아마존 Amazon

그나마 맞서 싸웠던 사람 중 한 명은 카테네레였다. 한 바베이도스인은 그를 키가 크고 힘이 세고 잘생긴 젊은 보라족 족장이라고 기억했다. 그는 노르만드 밑에서 고무 노역을 하다가 도망쳤으나 붙잡혔다. 카테네레는 아비시니아 사업소로 끌려와 차꼬에 채워졌고 눈앞에서 그의 아내가 페루인 간부에 의해 강간당하는 걸 지켜봐야 했다. 어느 날 밤 한 인디오 소녀가 그의 차꼬를 풀어주어 그는 탈출에 성공했다. 그는 무차초한테서 윈체스터 카빈총을 몇 정 손에 넣은 다음 (휘픈 대위의 표현에 따르면) '30명에서 40명의 사람을 끌어 모아 백인 고무 채취인들과 죽을 때까지 전쟁을 벌였다.' 카테네레는 당연히 '보라족의 영웅, 저항하고 당한 만큼 되갚으려고 한 용감한 대장'이었다. 1908년 5월 그는 아라나의 인척인 사악한 바르톨로메 수마에타가 개울에서 고무를 세척하는 인디오들을 감독하고 있을 때 총을 쏘아 그를 고꾸라뜨렸다. 2년 후 원정대가 그를 잡으러 카케타 강의 지류로 파견되었다. 그들은 쇠사슬에 묶인 인디오 포로들을 고문해 카테네레의 오두막을 알아냈고 이내 쳐들어갔다. 그들은 카테네레를 놓치고 대신 그의 아내를 생포했다. 카테네레의 부하들과 약간의 총격전이 벌어졌지만 이내 제압했다. 포로들은 끌려오는 동안 다섯 명이 마체테로 참수되었고—그 가운데는 카테네레의 여섯 살 먹은 딸도 있었다—원정대의 대장은 그곳을 '멋지게' 남겨두고 왔다고, 그러니까 머리 없는 시체들을 널린 채로 두고 왔다고 자랑했다. 카테네레는 나중에 아비시니아 사업소에 대한 공격을 이끌다 영웅다운 죽음을 맞았다.

월터 하든버그는 아라나의 본거지인 이키토스에서는 아무것도 이룰 수 없다는 것을 점점 더 깨닫게 되었다. 고무 부호의 스파이들은 도처에 있었다. 그가 증언록 일부를 복사하려고 했을 때 사진사는 거절했고 아라나의 정보원들에게 이 사실을 알렸다. 하든버그는 또 다른 증언도 듣고 브라질 고무의 수도에서 여론을 환기할 수 있을지도 알아볼 겸 마나우스로 갔다. 1908년 6월 콜롬비아 정부는 마나우스의『통상 신문』을 설득해 페루인 가해자들을 고발하는 내용을 싣게 했다. 그러나 아라나의 회사는 마나우스에서 중요한 거래 상대였고, 그 고무 신흥 도시에서 돈은 억울한 일을 당한 콜롬비아인들이나 회사의 전횡 앞에 떨고 있는 원주민들보다 더 중요했다. 따라서 폭로 활동은 중단되었다.

　　이키토스로 돌아온 젊은 하든버그는 엄청난 결정을 내린다. 그는 자신이 정의를 구할 가능성이 있는 유일한 곳은 머나먼 런던, 아라나가 그의 사악한 회사를 옮긴 금융의 본산지라고 짐작했다. 그래서 그는 1909년 6월 부스기선 회사의 정기 여객선의 표를 구입했다. 그는 3등실로 여행했지만 뱃삯은 40파운드(당시 거의 100달러였다)가 들었고 얼마 안 되는 그의 재산에서는 큰돈이었다. 하든버그는 런던에 도착하자 세인트판크라스 역 맞은편에 숙소를 정하고 신문사들을 찾아갔다. 놀랄 일도 아니지만 어느 편집장도 스물두 살짜리 농장 출신 미국 청년의 터무니없는 고발을 다루려 하지 않았다. 그들 눈에 하든버그는 머나먼 아마존 정글 구석에서 참상이 자행되고 있다고 주장하면서, 이사진 가운데 영국 지도층 인사가 포함된 회사를 중상하고 다니는 사람으로 비쳤다.

　　하든버그의 돌파구는 당시 호주 원주민보호협회와 통합을 진행하고 있던 반노예제협회의 존 해리스 목사를 만나면서 찾아왔다. 1837년과 1839년에 각각 설립된 두 단체는 세계에서 가장 오래된 인권 단체였다. 해리스 목사의 협회는 얼마 전 콩고 '자유국'에서 벨기에 레오폴드 국왕에 의해 자행된 고무 무역 관련 잔학상을 폭로하는 운동을 성공적으로 이끌었다. 레오폴드 국왕은 암흑의 아프리카에 기독교를 가져다준 계몽된 사람처럼 행세하면서 실상은 콩고를 자신의 상업적 개인 영지로 바꾸고 있었다. 영국인들과 네덜란드인, 프랑스인들이 동남아시아에 아마존 고무나무를 도입한 것처럼 벨기에인들도 아마존 고무나무 종자를 아프리카에 들여왔다. 그리고 고무를 얻기 위해 국왕의 하수인들은 아라나가 아마존 사람들에게 한 것처럼 무자비하게 아프리카인들을 억압했다. 종교를 빙자한 벨기에 국왕의 위선은 두 사람, 에드먼드 모렐이라는 선박 회사 직원과 영국 영사 로저 케이스먼트에 의해 만천하에 드러났다. 모렐은 엘더뎀프스터 사의 배들이 콩고에서 값나가는 화물을 실어 오지만 돌아갈 때는 총과 탄약, 쇠고랑 외에 실어가는 게 없다는 사실을 알아챘다. 모렐은 선박 회사에서 사임한 후 콩고에서의 만행을 강력히 비난하는 『콩고 스캔들』이라는 글을 쓰고 열성적인 운동가가 되었다. 한편 북아일랜드 출신 신교도 케이스먼트는 1892년 영사 업무에 발을 들였고 남아프리카에서 근무한 후 콩고의 항구 보마에 영사관을 개설하기 위해 파견되었다. 케이스먼트는 고무 무역 실태를 조사하기 위해 내륙에 갔다가 그곳의 잔인한 실상에 경악했다. 분노에 찬 그의 보고서는 정부 백서로 출판되었고 그가 제기한 혐의들은 1905년 벨기에의 공식 보고서로 확인되었다. 존 해리스 목사는 케이스먼트가 콩고에 있을 당시 그곳에 선교사로 와 있었고 역시 고무 무역의 만행을 목격했다. 그래서 이제 해리스가 운영하는 반노예제협회는 캠페인을 열성적으로 벌이고 있었다.

해리스는 푸투마요 강에 관한 하든버그의 끔찍한 폭로 내용을 처음으로 믿은 사람이었다. 그는 하든버그를 『트루스』라는 주간지—엉터리 시와 가십 기사, 종종 터뜨리는 충격적인 정치 캠페인성 기사가 기이하게 결합된 형태의 잡지—부편집장 시드니 페이터노스터에게 소개했다. 잡지의 편집자들은 콜롬비아 외교관들로부터 하든버그의 이야기를 뒷받침하는 진술과 마침 휴가차 영국에 와있던 이키토스 주재 영국 명예영사 데이비드 케이지스로부터 좀 더 조심스러운 확인 진술을 얻어냈다. 그들은 페루 정부가 하든버그와 퍼킨스에게 그들이 입은 피해에 대해 500파운드의 배상금을 주겠다고 제안한 것, 그러니까 자신들의 잘못을 사실상 자인하는 행위를 놓치지 않았다.

『트루스』는 1909년 9월 22일 "악마의 낙원, 영국 소유의 콩고"라는 헤드라인 아래 하든버그의 폭로 사실을 발표하기 시작했다. 잡지는 『라 산시온』에서 따온 충격적인 기사로 포문을 열었다. 아라나의 대리인들이 푸투마요 인디오들에게 임금도 식량도 주지 않고 어떻게 밤낮으로 고무를 추출하도록 강요했는지 묘사했다. '그들은 자신들과 그 직원들의 게걸스럽고 음탕한 욕구와 탐욕을 충족시키고자 인디오들의 작물과 그들의 여자, 아이들을 빼앗았다. 그들은 인디오들의 식량을 먹고 살아가고, 인디오 첩을 거느리며, 이키토스에서 이들을 도소매로 사고판다. 그들은 뼈가 드러날 때까지 인디오들을 비인간적으로 매질한다. …… 귀, 손가락, 사지를 잘라 인디오들을 불구로 만든다. 물과 불로, 또 머리를 아래로 하고 말뚝에 묶어 인디오들을 고문한다. 마체테로 그들을 난도질한다.' 끔찍한 사실들을 낱낱이 밝혔다. 폭로 기사는 6주간 연재되었고 하든버그와 살다냐의 공증 증언록 대부분이 실렸다.

아마존 Amazon

한 하원의원이 페루아마존 회사와 그곳에서 일하는 영국 국민인 바베이도스인들에 대해 외무성에서 알고 있는지 의회에서 공개적으로 질의했다. 외무성은 깜짝 놀랐다. 훗날 공개된 문서를 보면, 영국 외교관들은 회사와 그 지역의 실상을 정말로 까맣게 모르고 있었다. 그들은 이 끔찍한 고발 내용을 아라나에게 제시했고 아라나는 정중하지만 전형적인 답신을 보내왔다. 그는 모든 것을 앙심을 품은 직원들의 헛소리로 치부했다. 그들은 모두 해고된 사람들이며 그 가운데 일부는 감옥에 있다는 것이었다(그는 그들이 수감된 감옥의 이름을 댔다). 그의 회사는 하든버그가 이키토스에서 신용장을 위조했고 자신이 증거를 밝히지 않는 입막음 대가로 7,000파운드를 요구했다고 주장하면서 그의 인격에 흠집을 내려고 했다. 아마추어 고고학자 휘픈 대위에게도 공갈 협박을 시도했다는 의혹이 제기되었다. 『트루스』의 라이벌 신문 『모닝 리더』는 신이 나서 이런 이야기들을 실었다. 그러나 곧 아라나의 부하 직원들은 실수를 저지르고 말았다. 그들은 『모닝 리더』의 기자에게 감사의 의미로 돈봉투를 쥐어주었지만 영국 언론은 뇌물을 반가워하지 않는다는 사실을 몰랐던 것이다. 결국 이 신문은 이 매수 시도를 고스란히 까발리는 기사 "우리의 콩고 : 한 은행권 지폐에 얽힌 기이한 이야기—페루아마존 회사와 모닝 리더"와 함께 태도를 바꿨다.

혼자서 세상에 푸투마요 강에 대해 알린 월터 하든버그는 어느 때보다 더 빈털터리였다. 『트루스』는 그의 운동 기사에 아무런 고료도 지급하지 않았고 그는 런던에서 일자리를 구할 수 없었다. 1910년 초에 그는 하숙집 안주인의 젊은 친구와 결혼했고 페루에서 지급한 배상금 1차분이 도착하자 아내와 함께 캐나다로 이민을 갔다. 홀리오 세사르 아라나는 가족과 함께 프랑스에서 영국 하이드파크 북쪽의 대저택으로 이사를 왔다. 딸들은 가톨릭 학교에 입학했고 열네 명의 식솔 가운데에는 두 명의 가정교사와 더불어 아이러니하게도 언젠가는 의사가 될 것이라며 기대하며 아라나가 켄트의 어느 학교에 입학시킨 위토토족 소년도 있었다. 그러나 아라나는 런던에서 사회적으로 인정받는 부유층의 삶을 즐길 수 없었다. 외무성은 계속해서 그에게 서한을 보내왔고 의회에서는 더 많은 질의가 이어졌으며 헤러퍼드의 주임 사제는 그의 회사의 인디오 학대를 규탄했다.

영국 정부의
공식 조사가 시작되다

1910년 6월 페루아마존 회사는 갑자기 아라나 씨와 부당한 비난에 분개한 페루 직원들의 요청에 따라 푸투마요 강에 조사위원회를 파견하겠다고 발표했다. 위원회는 열대 농학자 루이스 반스와 고무 전문가, 무역업자, 회사의 총무 헨리 길거드 등 모두가 실상을 눈가림할 만한 인물들로 구성되었다. 그래서 반노예제협회의 존 해리스는 로저 케이스먼트에게 편지를 써서 푸투마요 강에 관해 설명하고 그에게 조사팀에 합류해줄 것을 요청했다. 케이스먼트는 이 일에 적임자였다. 콩고 고무 사업의 잔학상을 폭로하는 데 일조한 이후 그는 병가로 2년간 아일랜드에 머물렀다(그는 그 시기에 열렬한 아일랜드 민족주의자가 되었다). 그 후 브라질로 파견되어 벨렝 두 파라에서 잠시 영사로 근무한 후 1908년에는 수도 리우데자네이루에서 총영사로 재직했다. 1910년 케이스먼트는 다시금 휴가차 아일랜드에 와 있었고 따라서 서둘러 런던으로 왔다. 해리스와 이 문제에 관심이 있는 몇몇 의원들은 외무장관 에드워드 그레이 경을 설득해 이 사안에서 영국의 이해관계와 영국 국민인 바베이도스인들의 관련성을 조사한다는 명분으로 케이스먼트를 조사위원회에 합류하게 만들었다.

케이스먼트와 조사위원회는 1910년 9월 초에 이키토스에 도착했다. 조사팀은 2주간 이키토스에서 바베이도스인들과 다른 사람들을 조사한 후 푸투마요 강으로 갔다. 9월 22일에는 라 초레라 사업소에 도착한 후 다시 이가라-파라나 강을 거슬러 올라가 옥시덴테에 도착해 그곳에서 일주일을 묵었다. 그다음 배를 타고 가서 더 거슬러 올라가 악명 높은 울티모 레티로 사업소에서 며칠을 묵었다. 그들은 하류로 돌아오는 길에 20킬로미터의 험한 길을 걸어 엔트레 리오스로 갔고 그곳을 기지로 삼아 2주 동안 머물면서 두 차례의 험한 조사 여행을 떠나 4일은 마탄사스(카케타 강 인근 안도케족의 영역)에, 하루는 남쪽의 아테나스에 다녀왔다. 그다음 육로와 뱃길을 이용해 라 초레라로 돌아와 11월 전반기를 보냈다. 다른 조사위원들은 계속 이동해 향후 두 달간 서부 기지 엘 엔칸토에서 있었지만 케이스먼트는 아라나의 푸투마요 제국에서 거의 8주를 보낸 후 그곳을 떠났다.

영국 외교관으로서 로저 케이스먼트는 자신의 주 목적이 바베이도스인들의 안녕을 도모하는 것이라고 보았다. 1910년이 되자 이 가운데 다수는 페루를 떠나서—많은 이들이 마데이라-마모레 철도 건설 현장으로 일자리를 찾아갔다.—이키토스에 극소수가 그리고 푸투마요 강 유역의 여러 사업소에 스무 명 남짓이 남아 있을 뿐이었다. 케이스먼트는 이들을 훌륭하게 다루었다. 극악무도한 범죄를 저지르도록 강요당했던 많은 이들은 당연히 얼굴이 하얗고 키가 큰 이 외교관을 의심하며 두려워했다. 케이스먼트는 인내심을 갖고 이들을 정중하게 대우해 이들로부터 서서히 끔찍한 사연을 끄집어낼 수 있었다. 일부는 거짓말을 하거나 아무것도 보지 못했다고 말했다. 그러나 대다수는 흔히 정황 증거를 추가하거나 자신들이 맡은 역할을 털어놓거나 다른 범죄에 대한 세부적 사실을 알려줌으로써 하든버그의 증언에 나온 잔학 행위들을 확인해주었다. 결국에는 거짓말을 했던 사람도 케이스먼트에게 돌아와 사과하고 실제 이야기를 들려주었다. 케이스먼트는 외무성에 '바베이도스인들은 야만인이 아니었다. 극소수를 제외하고 대부분은 읽고 쓸 줄 알며 일부는 매우 능숙했다. 그들은 그들의 상관들 대다수보다 훨씬 더 개화되어 있으며 분명히 훨씬 더 인간적이었다.'고 보고했다. 그들의 진술 덕분에 '인디오들한테서 고무를 얻어내는 방식이 자의적이고 불법적이며 많은 경우 극도로 잔인하고, 대량의 인구 감소의 직접적 원인이라는 사실'은 케이스먼트는 물론이고 '페루아마존 회사에서 보낸 조사위원들에게도 의심의 여지가 없었다.'

　　케이스먼트는 이 바베이도스인들에 대한 자신의 느낌을 일기에 기록했다. 전형적인 실례는 제임스 체이스로 그는 '매우 안쓰러울 정도로 소심하게, 그래서 더욱 설득력 있게 들리는 태도로 자신의 눈으로 인디오들이 총에 맞고 채찍에 맞아 죽는 것을 보았다고 주장했다.' 같은 날 오후 라 초레라에서 스탠리 실리는 '내내 남자답게 말했고 그의 검고 못생긴 얼굴을 보며 내 가슴은 뭉클해졌다. 그는 번갈아 한쪽 다리에 무게를 실어 자세를 바꾸고 손가락 깍지를 꼈다가 풀기를 반복하면서도 이야기를 멈추지 않았다. 그의 입술에서는 가차

　　　　　　　　　　　　　　　　　아마존Amazon

없는 사실들이 쏟아져 나왔다. 그래, 그도 인디오들에게 직접 채찍질을 했다. 여러 차례, 그것도 아주 여러 차례. 아비시니아에서 ……(사업소의) 소장은 채찍을 맞을 사람을 정했다. 고무를 가져오지 않은 자에게는 언제나 채찍질이 뒤따랐다. "모자란" 고무 양에 따라서 누구는 25대, 누구는 12대, 누구는 6대, 누구는 단 2대.' 오거스터스 월콧은 케이스먼트에게 아우렐리오 로드리게스의 명령에 따라 한 인디오가 불태워지는 것을 목격한 일을 이야기했다. "'그는 카우초 일을 하지 않았습니다. 그는 달아났고 한 무차초(소년 병사)를 죽였습니다. 그들은 그의 두 팔과 무릎 아래 두 다리를 자르고 그의 몸뚱이를 불태웠습니다." 질문: "그가 여전히 살아 있었습니까?" 답변: "예, 여전히 살아 있었습니다." …… 질문: "그가 살아 있었다는 것이 확실합니까? …… 그 사람들이 그를 불속에 던졌을 때 말입니다." 답변: "예, 살아 있었습니다. 확실해요. 그가 움직이는 것을 보았습니다. 그는 눈을 뜨고 비명을 질렀습니다.'"

바베이도스인들이 고문을 하거나 살인을 저지르는 것을 거부하면 또는 그들의 백인 상사들과 따지려 들면 그들도 잔인하게 처벌을 받았다. 월콧의 경우 두 팔을 등 뒤로 해서 매달린 채 두들겨 맞은 후 해먹에 실려 가야 했고 두 달 간 팔을 쓸 수 없었다. 또 다른 바베이도스인 조슈아 다이얼은 양 다리를 넓게 벌리고 그의 발목에는 구멍이 너무 작은 차꼬를 차야 했기 때문에 심한 고통을 겪었다. 그는 차꼬에서 풀려났을 때 걸을 수 없었고 그때 얻은 흉터를 평생 지녀야 했다.

아라나의 고무나무 숲에서 보낸 두 달은 케이스먼트에게 끔찍한 시련이었다. 그는 수십 건의 고백을 받아내고, 그의 동료들과 그리고 아라나의 직원들과 상황을 논의했고, 밤늦게까지 일기를 쓰고 편지와 보고서를 작성하며 매우 열심히 일했다. 또 축축 처지는 후덥지근한 날씨 속에서 넓은 지역을 돌아다녔다. 그는 나무둥치로 만들어진 차꼬의 길이를 직접 재고 고무 무게를 달았으며, 가능한 모든 증거들을 사진으로 찍었고, 회사가 자사의 직원들을 얼마나 뻔뻔스럽게 속였는지를 보여주고자 회사의 회계 장부를 조사했다. 그는 외무성의 친구에게 쓴 편지에 '이키토스에 온 이후로 줄곧 몸이 안 좋고 눈도 매우 침침해. 숨 막힐 것 같은 열기에 밤낮으로 모기떼에 시달리고 있네.'라고 썼다. 그렇게 많은 참상을 듣고 보는 데 따른 정신적 부담도 그처럼 예민한 사람에게는 틀림없이 무척 고통스러웠을 것이다. 그는 일기에 속내를 털어놨다. '사방이 범죄자들로 둘러싸여 있다. 비열한 살인자인 식탁 자리의 주인장[빅토르 마세도], 시중을 드는 소년들, 이곳의 모든 이들이 범죄자다.' 그는 '뱀 같은 벨라르드와 산 채로 사람을 불태우는 히메네스'나 '대머리에 매 같이 생긴 탐욕스러운 인상의 인물' 아벨라르도 아귀에로와 나란히 있어야 한다는 것도 견디기 힘들었다. 그보다 더 끔찍한 사람은 '다부지고 다소 신사답게 보이는' 호세 이노센테 폰세카였다. 케이스먼트는 '이 괴물과 악수하는 순간 정말이지 몸서리를 쳤다.'고 적었다. 방금 전에 바베이도스인 스탠리 루이스로부터 폰세카가 울티모 레티로에서 여자들을 총으로 쏴 죽인 이야기를 들었고 제임스 체이스로부터 '이 지독한 인간이 세포[차꼬]를 차고 있던 남자의 고환과 음부를 굵은 몽둥이로 마구 때려 죽였다.'는 이야기를 들었기 때문이었다. '그 불쌍한 인디오 젊은이는 그저 고무 작업에서 도망쳤을 뿐이었다.'

최악의 상대는 1904년 이후로 카케타 강 인근의 마탄사스 사

아마존Amazon

업소를 운영해온 아르만도 노르만드였다. 케이스먼트는 에드워드 그레이 경에게 노르만드가 외국인 부모 사이에서 태어난 볼리비아인이고 영국에서 대부분의 교육을 받았다고 보고했다. 그에게 제기된 범죄들은 '거의 믿기지 않을 지경입니다. 그의 죄목은 무방비 상태의 인디오들을 무수히 살인하고 고문한 것으로, 여기에는 인디오들에게 등유를 끼얹고 불을 붙이고, 사람을 말뚝에 묶어 불태워 죽이고, 아이들의 두개골을 박살내고, 수많은 인디오들의 사지를 자르고, 그들이 이러한 고통 속에서 신속한 죽음을 맞이하게 한 것 등이 있습니다. …… 노르만드가 뇌물로 증언을 막으려 한 웨스터만 리바인은 끝내 내게 자신이 몇 차례나 이러한 행위들, …… 노르만드가 …… 남자, 여자, 어린이 할 것 없이 "수백 명의"〔안도케족〕 인디오들을 직접 죽이는 것을 두 눈으로 목격했다고 분명히 말했습니다. 기아와 채찍질, 혹독한 환경에 방치, 고무를 채취하고 운반하는 다양한 방식의 노역으로 인한 간접적인 죽음은 …… 그보다 훨씬 더 큰 수에 이를 것입니다.' 조사위원회의 방문객들은 바베이도스인들의 증언과 더불어, 케이스먼트의 일기의 표현에 따르면 '해적의 소굴 …… 추악하고 추잡한 곳'에 와 있다는 것을 납득하기에 충분할 만큼 많은 것을 목격했다.

위토토족과 보라족은 전통적인 가무 축제를 대단히 좋아했다. 휘픈은 그의 책에서 두 장이나 춤에 할애했는데 '춤은 인디오의 본성 가운데 미적이고 예술적이고 극적이고 음악적이고 스펙터클한 열망을 표현할 기회를 주기 때문이다. 그것은 그의 단 하나의 사회적 오락이며 그는 그와 사이좋은 이를 모두 초대한다.' 가무 축제의 준비 과정은 음식과 음료, 보디 페인팅과 장식, 수백 명의 사람들이 넓은 저수지에서 걸어오는 것에 이르기까지 극도로 정교했다. 음악과 춤, 족장의 노래, 몇 시간 동안 쉬지 않고 움직이는 남녀의 동작에 이르기까지 모든 것은 의식에 의해 지배되었다. 푸투마요 강을 방문한 조사위원회는 고무를 영업소까지 나르는 인디오들이 공연하는 그러한 춤으로 두 차례 '대접'을 받았다. 그러나 공연의 효과는 페루인 주인들이 의도한 대로 나타나지 않았다. 마을에서 멀리 벗어나, 지치고 야윈 인디오들이 추는 이러한 춤은 내키지 않는 일이었다. 대부분의 댄서들은 '아라나의 상처 자국', 즉 채찍질에서 얻은 흉터를 갖고 있었다. 위원들은 인디오들에게 허락된 가무 축제 횟수가 고무 채취 작업을 방해하기 않기 위해 일 년에 네 번으로 제한되어 있다는 사실도 알게 되었다.

케이스먼트는 자신의 일기장에 분노를 쏟아냈다. '불쌍한 인디오들! 그들이 좋아하는 모든 것들, 그들에게는 삶을 의미하는 모든 것들, 세상 끄트머리의 잊힌 부족에게 이 어두운 숲이 제공하던 그러한 즐거움은 이제 그들의 것이 아니라 이 흉악한 혼혈 깡패 무리의 소유물이다. 그들의 아내와 자식들은 이 불한당들의 장난감이자 노리개다. 그들, 가장들은 무장한 불한당들이 감시하는 가운데 줄지어 끌려나와 겁에 질린 아내와 자식들이 보는 앞에서 벌거벗은 몸에 매질을 당한다. 바로 여기서 우리는 남자들, 남편과 아버지들이 엉덩이와 허벅지에 지워지지 않는 채찍 자국을 갖고 있는 것을 똑똑히 본다. 도대체 무엇 때문에, 그리고 누구에 의해 자행되는 채찍질인가? 그들에게 부과된 전적으로 무법하고 악명 높은 고무 할당량을 가져오지 않았다는 이유로 …… 아라나 형제가 이곳에 불러 모은 페루와 콜롬비아의 인간쓰레기, 망나니 집단에 의해, 그리고 더 나중에는 아무엇도 모르는 일단의 영국 신사들—혹은 멍청이들—과 더불어 설립된 회사, 혹은 더 나쁘게는 그 신사들을 내세워 버젓한 영국 회사로 설립된 집단에 의해 자행된 일이다.'

케이스먼트는 원주민들의 아름다움에 무척 감탄했다. 그는 보라족 남자들을 '키나 몸집이 크지는 않지만 대단히 우아하고 늘씬하다. 그들은 마치 기계처럼 흐트러짐 없이 걷고 …… 많은 이들이 비록 어디를 봐도 근육이 두드러지게 발달하지는 않았지만 강한 팔, 아름다운 허벅지와 다리, 보기 좋은 사지를 갖췄다. 여유로운 야생의 삶의 시절을 고스란히 물려받아 그야말로 두루두루 튼튼하고 완벽하게 만들어진 숲의 자식들이었다.'고 묘사했다. 케이스먼트는 인디오가 '끔찍한 피로를 견딜 수 있는 건강하고 훌륭한 신체, 균형 잡힌 팔다리, (채찍질과 가증스러운 구타로 상처투성이가 된) 깨끗하고 고운 피부'를 제외한 모든 것을 박탈당하고 '채찍질과 불로 지지는 고문으로 인해 남자다움이 사라진 것'을 안타까워했다. '반면 그들을 억압하는 이들을 보라. 역겹고 흉악한 얼굴들, 음험하고 잔인한 입술, 음탕한 입과 육욕에 가득 찬 튀어나온 눈. 선행이 불가능한 인간들이다.' 회사의 대리인들은 육체노동을 전혀 하지 않았다. '이 한줌의 살인자들이 문명의 이름으로, 그리고 영국 신사들과의 대단한 친분으로 위장하고서, 그들보다 훨씬 더 훌륭하게 타고난 착한 사람들의 주인 행세를 하고 있다.'

케이스먼트와 그의 동료들은 경악스러운 진술을 듣는 것 외에도 잔인성과 노예제의 증거들을 두 눈으로 충분히 목격했다. 그들은 사업장마다 차꼬를 조사했고 (일부는 야자수 잎사귀 아래 조잡하게 감춰져 있었다) 도처에서 어린 소녀들로 이루어진 하렘을 보았으며, 상처가 벌어지고 흉터가 있는 인디오들을 자주 조사하고 사진을 찍고 치료했다. 케이스먼트는 외무 장관에게 '채찍질에 사용되는 도구는 말린 맥의 가죽을 잘라 가늘게 꼰 끈 혹은 그 끈 여러 가닥을 땋은 것으로 …… 신체를 난자할 만큼 충분히 질긴 것'이라고 보고했다. 마탄사스에서 돌아오는 길에 조사위원들은 고무 짐을 지고 가는 안도케족과 보라족 인디오 2백 명의 행렬과 나란히 걷게 되었다. 그러면서 그들은 그 길이 얼마나 험난한 길인지 보았다. (100킬로미터에 이르는) 인디오들이 걸어가야 하는 먼 거리, (종종 45킬로그램이 넘는) 그들이 진 거대한 무게, 쇠약해진 남자와 여자, 그리고 아이들로 이루어진 짐꾼들의 상태, 행렬을 감시하는 무장한 무차초들, 열두 시간 동안 쉬지 않고 행군하게 강요하는 페루인들, 도망자나 낙오자를 붙잡기 위해 행렬 후위에 자리 잡고 있는 노르만드와 무장한 패거리, 그 모든 것을 똑똑히 보게 되었다. 그들은 이 짐꾼들이 걷는 동안 아무런 음식도 제공받지 못하고 숲속의 씨앗을 집어 먹는 지경이며, 목적지에 도착해서도 음식을 제공받지 못한 채 숲에서 잠을 자야 하는 것을 보고 경악했다. 케이스먼트는 때때로 기진맥진하거나 아프거나 죽어가는 인디오들을 구조했다.

케이스먼트는 조사위원회의 비효율성에 낙담했다. 위원회는 체계가 잡혀 있지 않았고 제대로 된 기록 시스템을 갖추지 못했다. 그러나 조사관들은 하나둘씩 참상을 인정하게 되었다. 회사의 총무 길거드조차 '아무런 악행도 보지 못함'에서 상황이 바뀌어야 한다고 다짐하는 태도로 바뀌었다. 그러나 조사가 끝날 쯤 케이스먼트와 다른 조사위원 반스는 상태가 너무 나빠 어떤 치유책도 불가능하다고 느꼈다. 페루아마존 회사는 해체되어 사라져야만 한다는 것이 그들의 입장이었다. 그러나 인디오들의 상황은 여전히 비관적인 것 같았다. 케이스먼트는 이들 나라들이 국제적 항의와 비난 여론이 떠밀려 자국의 원주민 부족들을 보호하는 데 나설 수 있을지 고민했다.

1911년 3월 17일 외무성에 제출된 케이스먼트의 135쪽짜리 보고서에는 바베이도스인들이 증언한 말로 형언하기 힘든 범죄 행위가 모두 담겨있었다. 에드워드 그레이 경은 '현대에 발생한 잔학 행위에 대해 읽은 것 가운데 …… 푸투마요 강에서 일어난 일들에 대한 기록이 가장 끔찍하다.'고 말했다. 외무성은 케이스먼트의 보고서를 페루에 있는 외교관들에게 보냈다. 페루의 아우구스토 레구이아 대통령은 자신이 충격에 빠졌으며 조치를 취하겠다고 밝혔다. 마침내 1911년 7월, 이키토스 신문『오리엔테』의 소유주이자 아라나의 관리인과 친척인 로물로 파레데스 박사를 위원장으로 한 푸투마요 조사위원회가 파견되었다. 뜻밖일 수도 있지만 이 페루 위원회는 범죄 행위를 온전히 확인하고 215명이라는 놀라운 수의 체포 영장을 발부했다. 파레데스 박사의『오리엔테』신문은 케이스먼트를 칭송했다. 그러나 그러고는 끝이었다. 리마 언론은 아라나는 무고하며, 위선적인 영국인들은 자기 일이나 잘하라는 식의 외국인 혐오적인 반응을 드러냈다.

어쩌면 그보다 더 우려스러운 사태는 1911년 초에 페루의 다른 지역에서 영국 고무 회사들이 인디오들을 학대한 증거들이 나타난 것이었다. 이 회사들은 페루 북서부 마드레 데 디오스 강의 수원인 이남바리 강과 탐보파타 강에서 활동하고 있었다. 리마의 신문『라 프렌사』는 이남바리 강에서 파라고무 회사(해리슨앤드크로스필드사와 연관되어 있었다)의 관행에 이목을 집중시키려고 했고 반노예제협회도 이 문제를 제기하려고 했다. 그다음 선교사들이 인근의 탐보파타고무신디케이트(구아노 비료 사업체인 안소니깁스앤드손즈 사의 자회사)의 수치스러운 원주민 탄압 행위를 비난했다. 미국 회사들도 거명되었다. 그러나 이 지역들에는 여론을 환기할 만한 월터 하든버그가 없었다. 그래서 그들은—그리고 페루와 브라질, 볼리비아 고무나무 숲 전역의 다른 회사들은—결코 조사받은 적이 없었고 어느 가해자도 처벌받지 않았다.

그사이 런던에서 케이스먼트의 보고서는 페루아마존 회사로 보내졌고, 회사의 런던 영국인 이사들은 어찌할 바를 몰랐다. 그들은 책임이 있는 직원들을 해고하려고 했지만 소용없었다. 그들은 아라나의 인척인 파블로 수마에타가 아라나 부부에게 졌다는 채무를 상환하기 위해 회사의 고무사업의 모든 지분을 아라나의 아내에게 단 6만 5천 파운드에 저당 잡혔다는 것을 알고 아연실색했다. 그들은 영국인을 보내 푸투마요 자산을 관리하게 하려고 했지만 회사가 너무 가난해 이를 감당할 수 없다는 것도 알게 되었다. 이사회는 마침내 썩어빠진 회사를 청산하기로 결정했지만 이 청산 작업을 위해 지목된 사람은 다름 아닌 훌리오 세사르 아라나였다.

로저 케이스먼트의 훌륭한 조사 업무는 1911년 7월 국왕 조지 5세가 하사한 기사 작위로 인정받았다. (국왕과 케이스먼트, 아라나는 모두 똑같이 단정하게 정리된 짙은 턱수염을 자랑했다.) 다음 달에 외무성은 케이스먼트를 다시 페루 아마존으로 파견해 페루 당국이 조치를 취했는지 알아보게 했다. 그는 가장 악질적인 고문자인 호세 이노센테 폰세카와 알프레도 몬트가 보라족 노예 열 명을 끌고 도망쳐 자바리 강가에서 고무 채취 작업을 계속하고 있다는 사실을 알고 격분했다.

10월 이키토스에 도착했을 때 그의 최악의 우려는 현실로 확인되었다. 페루 위원회는 푸투마요 강의 스물여섯 군데 사업소를 모두 방문했지만 한 명의 하급 직원만 구금하는 데 그쳤다. '나머지 피고인들은 모두 "도망쳤다"고 하며, 일부 경우 …… 노예로 팔아치우거나 고무가 나는 다른 지역의 숲에서 강제 노동을 계속 시키기 위해서 인디오 포로들을 끌고 갔다고 함.' 위원장 파레데스 박사는 케이스먼트에게 1,300쪽에 달하는 강력한 보고서를 보여주었다. 보고서는 회사의 대리인들을 '가장 밑바닥 수준까지 타락한 주정뱅이, 코카 잎 중독자, 게으름뱅이들 …… 마음이 병들고 …… 일말의 동정심도 없이 전 인디오 부족들을 끝없이 학살한 자들'로 묘사했다. 그러나 체포 영장에 거명된 215명 가운데 아홉 명만이 체포되었다. 감옥에 갇힌 유일한 중요 범죄자는 아우렐리오 로드리게스였으나 그나마도 곧 풀려났다. 경찰서장은 케이스먼트에게 파블로 수마에타가 이키토스에서 편안하게 살고 있다는 것은 모두가 아는 사실이라고 인정했다. 엘리아스 마르티넹구이는 리마에서 목격되었고 빅토르 마세도는 공공연히 수도에 거주하고 있었다. 환멸을 느낀 케이스먼트는 '[범죄자들에 대한] 재판은, 우리가 죽고 마지막 남은 푸투마요 땅의 인디오마저 그의 조상들을 만나고 한참 후에나 …… 가능하리라고 기대해야 할 것 같다.'고 썼다.

영국 정부는 이 일에 미국을 끌어들이려고 했고 1911년 10월 리마의 미국 공사는 영국 정부의 캠페인을 지원하겠다고 약속했다. 이키토스의 새 미국 영사와 영국 영사는 푸투마요 강을 조사하러 갔다. 그러나 그들은 아라나의 선박으로 이동해야 했고 그들의 방문에는 카를로스 레이 데 카스트로(아라나의 회사로부터 거액의 대부를 받았다)라는 페루 외교관과 훌리오 세사르 아라나 본인이 동행했다. 영국 영사 조지 미첼은 이 기간 동안 외국인들의 움직임을 하나도 놓치지 않고 감시하려는 주최자 측의 결의에 깊은 인상을 받았다. '[페루 외교관은] 격렬하게 몸을 움직이는 일에 신체적으로 전혀 맞지 않았지만 우리가 가는 곳이라면 열기와 폭풍도 마다 않고 힘든 길을 따라 왔고, 더 이상 젊지 않고 몸이 무거운 아라나 씨도 심각한 좌골신경통을 앓으면서도 전혀 불평하지 않고 지친 기색도 없이 우리를 동행했다.' 예상된 일이지만 그들은 사장을 '파파 아라나Papa Arana'라고 부르도록 미리 언질을 받고 겉으로는 만족스러워 보이는 인디오들이 공연하는 춤 외에는 아무것도 보지 못했다. 로저 케이스먼트 경은 미국이 행동에 나서도록 여론을 환기하고자 미국을 거쳐서 귀국하라는 명령을 받았다. 1912년 1월 워싱턴 주재 영국 대사는 케이스먼트가 윌리엄 하워드 태프트 대통령을 만날 수 있도록 조치했다. 두 사람은 먼로 독트린*과 더불어 고무 무역으로 인한 잔학 행위에 대해 미국이 할 수 있는 방안을 논의했다.

외무장관 그레이는 1912년 1사분기 동안 푸투마요 강에서 선적된 고무 수출량이 지난해 전체 수출량보다 더 많다는 사실에 주목했다. '이 숫자들은 강제 노동이라는 옛 시스템이 지속되는 것으로만 가능했을 것이다.' 불만이 쌓여가던 영국 정부는 1912년 7월 지난해 케이먼스트의 보고서 전문을 『푸투마요 청서』로 공식 출판하는 이례적인 결정을 내렸다. 『청서』는 외무성의 일반적인 건조한 문체 대신

---

*아메리카 대륙에 대한 유럽 열강의 개입 반대를 주 내용으로 하는 미국의 핵심 외교 원칙.

케이스먼트의 열정적인 어조로 쓰여서 '형용할 수 없는' '극악무도한', '역겨운' 같은 감정적 단어들로 가득했고 아라나의 대리인들은 '악당들'로, 원주민들은 그와 대비되어 '영혼들souls'로 지칭되었다. 대중의 분노가 터져 나왔다. 의회는 이 문제를 여러 차례 공개 안건으로 상정했다. 신문들은 분개한 어조의 사설들로 가득했다. 『더 스펙테이터』지는 안데스 산맥의 존재를 모르는 모양인지 고무 수출을 막기 위해 어쨌든 페루의 태평양 해안을 봉쇄해야 한다고 목소리를 높였다. 웨스트민스터 사원의 참사회원 허버트 헨슨은 설교단에서 회사의 이사들 이름을 하나하나 거명하며 이들을 규탄했다.

허버트 애스퀴스의 자유당 정부는 대중의 비난 여론에 부응해야 했다. 『푸투마요 청서』가 출간되고 3주 후에 페루아마존 회사의 업무 행위를 조사하고 향후 이와 유사한 수치스러운 사례를 피하기 위해 강구해야 할 조치를 논의하고자 하원에 특별위원회 설립한다고 발표했다. 12인으로 구성된 특별위원회에는 윌리엄 조인슨-힉스(장래의 내무장관)와 유명한 하원의원이자 왕실 변호사인 스위프트 맥닐 같은 저명인사들이 포함되었다. 회사도 자신들의 입장을 변호하는 것이 허락되어 수상의 아들인 레이먼드 애스퀴스와 더글러스 호그(장래의 재무장관 헤일셤 경) 등이 포함된 법률 팀을 꾸렸다. 특별위원회의 업무는 1912년 11월에 개시되었다. 줄줄이 출석한 증인들은 런던과 바베이도스, 페루에서 일어난 일이 사실임을 확인해주었다. 케이스먼트는 위원회에 두 차례 출석해 상처 자국이 뚜렷한 인디오들과 고문 기구를 찍은 끔찍한 사진들을 예시하며 보고서에 실린 증거들을 재확인했다. 회사의 이사들은 무자비한 반대 신문을 받았다. 그들은 고발 사건을 전혀 조사하지 않았고 푸투마요 강을 방문한 적도 없으며 사임하지도 않은 채 회사 지분 대부분을 소유한 아라나에게 모든 것을 일임했다는 사실을 인정했다.

결정적인
증언

—

아라나는 마나우스에 있었지만 영국으로 돌아가 자신의 결백을 증명해야 한다고 결심했다. 처음에 그는 특별위원회 앞에서 직원들의 채찍질과 인디오들을 사냥한 행위에 대한 질문에 '차분하고 자신감 있게' 답변하고 '결단력과 에너지가 넘치는 인상'을 풍기며 호감을 심어주었다. 그러나 의원들은 원주민들에게 사용된 라이플총이나 그들에게 자행된 만행에 대해 전혀 몰랐다는 아라나의 항변의 신빙성을 점차 무너트렸다. 그는 거듭해서 하든버그가 위조한 신용장을 제시하고 회사를 협박하려고 했다고 주장했다. 그가 미국인 젊은이에 대한 중상을 계속하는 동안 스위프트 맥닐은 회심의 결정타를 날릴 수 있었다. 그는 갑자기 아라나에게 말했다. '돌아서 보십시오. 돌아서서 당신 눈앞에 하든버그를 보시오.'라고 말했다. 4년 전 푸투마요 강의 스캔들을 처음 폭로한 장본인이 하원의 위원회실에 앉아 있었던 것이다.

　　캐나다로 이민을 간 후 월터와 메리 하든버그 부부는 북미 대평원의 앨버타 주 레드 디어에서 인생의 새 출발을 시도했다. 하든버그는 통나무집을 지었고 두 아들을 얻었다. 그는 푸투마요 강에 대해서 거의 잊고 지냈다. 그러나 존 해리스 목사는 그를 런던으로 데려와야겠다고 결정했다. 반노예제협회는 그가 기차를 타고 캐나다를 횡단해 가장 싼 배편으로 대서양을 건너오는 길의 여비를 댔고 하든 버그는 1913년 4월 10일 청문회에 맞춰 의회에 도착할 수 있었다. 이제 미국인 농장 청년이 위원회에게 호의적 인상을 심어줄 차례였다. 사실 관계에 입각한 침착하고 짧막한 그의 답변은 아라나의 날조된 중상모략을 무너트렸다. 그는 '인디오들이 고문과 기아에 의해 수천 명씩 죽임을 당하고 있다는 것은 마나우스와 이키토스에서 모두가 아는 사실이었습니까?'라는 질문을 받았다. '예.' …… '인디오들의 등에 아문 상처 자국, 즉 마르카 데 아라나marca de Arana가 있는 것을 보았습니까?' '예. 아라나의 표식을 보았습니다.' 반면 아라나의 침착함은 신문이 재개되자 무너지기 시작했다. 스위프트 맥닐은 그에게 그의 회사가 인디오들을 더 문명화했다는 주장이 무슨 뜻이냐고 물었다. '설마 …… 그들이 매질과 만행과 살인을 더 잘 받아들이게 되었다는, 삶에 의지를 잃어버렸다는 뜻은 아니겠지요?' 아라나가 작성한 회사 사업설명서에는 '노동력이 풍부하고 인디오들은 천성적으로 순종적이기 때문에 문명인 여덟 명이나 열 명이 인디오 300~400명을 관리할 수 있다'고 적혀 있었다. 맥닐 의원은 이 '관리'라는 것이 윈체스터 소총에 의해 관철되는 것이냐고 물었다. 아라나는 '인디오들이 그들을 따르게 만들기 위해서 직원들은 모두 윈체스터 소총을 소지해야 한다.'고 인정했다. 고무 부호는 몇 시간 동안 계속된 그러한 질문에 점점 더 당황했다. 결국 그는 더 이상의 청문회 출석을 포기했다.

특별위원회는 마침내 회사의 영국인 이사들이 인디오들을 직접적으로 탄압하지는 않았지만 그들도 '심각한 학대에 대한 집단적인 도덕적 책임에서 자유로울 수 없다'고 보았다. 그들은 '영국을 명예가 실추될 위험에 노출'시켰고 엄중한 견책을 받아 마땅하다고 평가되었다. 아라나에 관해서는 그가 '푸투마요 강에서 그의 대리인과 직원에 의해 자행된 만행'에 대해 알고 있었고 또 거기에 '책임이 있다'고 결론 내렸다. 안타깝게도 이 통렬한 질책의 충격파는 하필 여성 참정권 운동가 에밀리 데이비드슨이 더비 경마에서 국왕의 말 앞에 몸을 던진 1913년 6월 4일 발표되는 바람에 크게 줄어들고 말았다.

　　로저 케이스먼트와 윌리엄 캐드버리 그리고 다른 부유한 친구들은 1만 5천 파운드를 푸투마요 선교 기금에 기부했고, 이 기금으로 마침내 영국 가톨릭 프란체스코회는 선교사들을 파견했다. 선교사들은 1913년 초에 푸투마요 강에 도착했고 처음에는 영국산 철제 마체테를 매우 반기며 잘 먹고 살고 있는 인디오들에 대해 호의적인 보고를 보내왔다. 페루 언론은 계속해서 애국적인 외국인 혐오증으로 반응하며 폭로 사실을 '역겹고 선정적인 대규모 헛소리'로 무시했다. 한편 독일의 한 잡지는 영국의 식민지와 극서부 지방*에서 영국과 미국이 저지른 잔학 행위를 거론하며 이중 잣대를 비난했다.

뒷이야기

이 놀라운 이야기의 등장인물들은 어떻게 되었을까? 월터 하든버그는 런던의 친구들에게 작별 인사를 하고 캐나다의 가족에게 돌아갔

---

*미국 로키 산맥 서쪽의 태평양 연안.

다. 그는 거기서 이름 없이 행복하게 살다가 1942년 56세의 나이로 죽었다. 로저 케이스먼트 경은 위대한 인도주의자로 마땅히 칭송받았다. 1913년 8월, 그는 22년에 가까운 공직 생활에서 물러났다. 갈수록 반식민주의에 경도되고 아일랜드 독립을 열성적으로 지지하게 된 그는 아일랜드 독립에 전투적인 분파를 위해 활동하기 시작했다. 1914년 8월 영국이 독일과의 전쟁에 돌입했을 때 그는 미국에서 아일랜드 지지자들에게 궐기를 호소하고 있었다. 따라서 그해 11월 아일랜드계 미국인들은 케이스먼트를 중립국인 노르웨이 선박에 태워 독일로 파견했다. 독일인들은 기사 작위를 받은 이 키 큰 전직 영국 외교관을 어찌해야 할지 몰랐다. 그는 18개월 동안 독일에 머무르면서 영국군 소속 아일랜드인 전쟁 포로들에게 독립 운동에 대한 지원을 호소했고 아일랜드 해방을 지원할 병력을 파견하도록 독일 정부를 설득했다. 독일인들은 병력을 파견하기로 약속했지만 우선 독일 함대가 제해권을 장악한 이후에만 가능하다는 조건을 달았다.

　　1916년 4월, 부활절 봉기가 될 무장 투쟁에 사용될 무기를 아일랜드로 몰래 들여보내기 위해 독일 선박이 파견되었다. 그사이 독일 유보트는 케이스먼트와 그의 동료를 태우고 가 아일랜드 남서쪽 구석의 바나 해변에 상륙시켰다. 그러나 영국 정보부는 독일의 암호를 해독해 이러한 움직임을 모두 파악하고 있었다. 무기를 싣고 가던 독일 선박은 코크 앞바다에서 폭파되었다. 그리고 성금요일*에 작은 보트에 실려 온 케이스먼트가 바닷가에 상륙하자마자 경찰관이 와서 그를 체포하고는 '로저 경'에게 달리 필요한 것은 없냐고 물었다. 그

---

* 부활절 전주 금요일로 예수 수난일.

는 쓴웃음을 지으며 수의가 필요할 것 같다고 대답했다. 아일랜드 공화국이 선포되었다. 부활절 봉기는 5일 후 진압되었고 지도자들은 처형되었다. 케이스먼트에 대한 재판은 6월 26일부터 29일까지 런던에서 진행되었다. 재판은 전시에 언론에 가장 대대적으로 보도된 법률 사건으로, F. E. 스미스(훗날 버큰헤드 백작)가 기소를 담당했고 세 명의 미국인 변호사들이 케이스먼트를 변호했으며 루퍼스 아이삭스(훗날 리딩 후작)가 재판장을 맡았다. 케이스먼트는 전쟁이 한창일 때 독일에서 한 여러 행위들로 반역죄 유죄 판결을 받았고 사형이 선고되었다.

비록 솜 전투*가 한창이었지만 케이스먼트의 위대한 인도주의적 업적을 생각해 사면을 호소하는 탄원의 행렬이 끊이지 않았다. 그의 지지자들 가운데는 조지 버나드 쇼, 아서 코넌 도일 경, W. B. 예이츠, 웹 부부, 제롬 K. 제롬, G. K. 체스터턴, 도라 캐링턴, 리튼 스트레이치 등이 있었다. 그러나 케이스먼트 구명 운동은 그가 매우 적극적인 동성애자였다는 소문이 유포되면서 무너지고 말았다. 경찰이 그의 소지품을 수색했을 때 뒤에 가서 '블랙 다이어리'로 알려진 작은 공책 네 권이 발견되었다. 케이스먼트는 왕성하게 일기를 쓰는 사람이었고 푹푹 찌는 아마존 유역에 있을 때조차도 종종 하루에 천 자이상 글을 쓰고는 했다. 그는 이름과 사실 관계, 숫자들을 좋아해서 일기와 나란히 이것들을 기입했다. 1910년에 아마존 강을 거슬러 가는 동안, 그리고 1911년 말에 다시 그곳을 여행하는 동안 그는 배의

---

*1916년 하반기에 벌어진 1차 대전의 주요 전투로, 영국군의 인명 피해가 특히 컸다.

항해 거리, 강의 수심, 나비들, 식생, 그가 만난 사람들, 브리지 게임, 여타 흥미로운 사실들을 기록했다. 그러나 이 수천 가지 일기 내용 가운데는 그가 강변 도시에서 만난 남성 상대들에 대한 상세한 기록도 있었다. 일부는 그가 1908년 파라에서 영사로 근무할 때 알던 성인 남자나 소년들이었다. 이러한 많은 만남들 가운데 전형적인 내용은 이런 식이었다. 1910년 8월 8일 벨렝에서 저녁 식사 후에 '상원 광장에서 카보클루(16~17세 소년). 딱딱함. 어리고 가늘고 뻣뻣했음.' 또 3일 후에는 다시 영국인 친구들과 저녁 식사 후에 '12시 30분. 흑인 경찰관, '엔 파이사나en paisana ['사복 차림'], 엄청나게 컸음 = 5달러.' 또는 8월 16일 마나우스에서는 '예쁘장한 학생. 앞뒤로 여러 차례. 8시 15분. 체임버스 [호텔의] 좋은 객실과 침대에서 밤새 머무름.' 1911년, 케이스먼트가 아마존 강을 두 번째로 방문한 기간의 '블랙 다이어리'에는 더 에로틱한 환상들이 담겨 있었다. 그러나 그것들 역시 분명히 그가 쓴 것이었다. 이 외교관과 그와 성관계에 동의한 파트너들과의 잦은 만남에서 유일하게 놀라운 점이란 케이스먼트가 단 한 번도 폭행을 당하지도 관계를 들키거나 발설당하지도, 그리고 1914년 독일로 가는 길에 그의 노르웨이인 비서 겸 연인이었던 아들러 크리스텐센의 시도를 제외하고는 협박을 당하지도 않았다는 것이었다.

영국 내무부는 이 이른바 블랙 다이어리를 최근까지 감춰왔다. 이러한 비밀주의는 그의 재판과 수포로 돌아간 구명 운동, 그리고 1916년 8월 3일 그가 처형되기까지 몇 주 동안에 그 일기가 케이스먼트의 명성을 더럽히기 위해 영국 정보부에 의해 위조된 것이라는 음모론에 기름을 부었다. 권위 있는 필적 감정 전문가들은 이제

'블랙'과 '화이트 다이어리'의 필체가 동일한 사람의 필체이며 그 기이한 게이 비망록은 결코 위조가 꾸며낼 수 없었을 것이라는 데 동의한다. 안타까운 사실은 그 일기장과 그것의 진위를 둘러싼 격렬한 논쟁 탓에 정작 한 비범한 인간이 이룬 업적이 그동안 제대로 된 조명을 받지 못했다는 것이다.

런던탑에서 재판을 기다리는 동안 케이스먼트는 아라나로부터 자신의 불행을 고소해하는 전보를 받았다. 페루인은 죄수에게 '행위들을 지어내고, 바베이도스인들에게 영향력을 행사해 그들이 일어나지 않은 일, 살다냐와 도둑놈 하든버그 등이 꾸며낸 이야기들이 사실이라고 무의식적으로 확인하게 만들어 …… ' 아마존 증거들을 위조한 것을 인정하라고 요구했다. '당신은 무엇보다도 부와 작위를 얻기 위해 인도주의자로 행세하려 했고 페루와 나에 대한 당신의 중상모략과 비방이 가져올 결과는 아랑곳 하지 않았고 내게 엄청난 피해를 입혔다. 나는 당신을 용서하지만 누구보다 당신이 가장 잘 알 진실을 이제 공정하게 온전히 밝혀야 한다.' 아라나의 제국은 붕괴하고 있었다. 영국의 페루아마존 회사는 해체되었고 1914년 그의 마나우스 사무소는 문을 닫았다. 그는 가족을 데리고 페루로 돌아왔다. 그러나 아라나는 그가 저지른 사악한 활동으로 쌓은 재산을 충분히 빼돌려서 케이스먼트가 처형된 후 30년 동안 잘 먹고 잘 살았다. 그는 1952년 88세의 나이로 리마에서 사망했다.

아라나의 잔인한 부하들은 엇갈린 운명을 맞았다. 아라나의 인척인 파블로 수마에타에게는 영장이 발부되었지만 항소에 따라 금방 취하되었고 나중에 이키토스의 시장으로 잠시 선출되기도 했다. 바베이도스에서 안드레스 오도넬을 인도받으려던 시도는 절차상 문제로

아마존Amazon

수포로 돌아갔지만, 그는 나중에 베네수엘라에서 붙잡혀 리마에서 재판을 받았다. 악랄한 아르만도 노르만드는 볼리비아에서 페루로 인도되었다. 쇼비니즘적인 리마 언론은 '유럽과 영미 늑대들 그리고 에스파냐 출생 암양들'과 같은 표제와 함께 그에 대한 찬사를 쏟아냈다. 항소와 반대 항소가 재판 진행을 지연시켰고 결국 1915년 5월 유죄를 인정하는 평결이 나오기 직전 당국은 노르만드와 아우렐리오 로드리게스, 그리고 또 다른 가해자가 감옥에서 탈출하게 방치했다. 아벨라르도 아귀에로와 아우구스토 히메네스는 고무를 채취하러 볼리비아의 베로로 갔다. 그들은 현지 당국에게 붙잡혀 페루로 송환되었지만 역시 탈옥해 장기 수감의 운명을 피했다.

몇몇 위토토족, 보라족, 안도케족과 다른 원주민 집단은 고무 시대의 압제에서 살아남았지만 그들의 숫자는 심각하게 줄어들었다. 1913년 인디오들의 환영을 받은 영국 프란체스코회 선교사들은 3년 후 이렇게 보고했다. '비록 이전의 대대적 범죄 행위는 사라졌지만 …… 인디오들은 여전히 고무가 부족하다는 이유로 채찍과 통나무, 쇠사슬, 발길질, 차꼬로 처벌받고 있다.' 일부 인디오들은 무장 투쟁을 시도했지만, 이것은 과거 그들을 고문하던 자들에 대한 어느 응징보다 더 신속하고 폭력적으로 진압되었다. 프란체스코회는 페루인들에게 미움을 받았고 1918년 결국 선교 사업을 포기했다.

인디오들을 구한 것은 아마존 고무 붐의 붕괴였다. 놀랍게도 품질 등급이 낮은 페루산 카우초 수출은 전쟁 기간 동안 줄지 않고 지속되었지만, 가격은 상승하지 않았고 곧 이어 그러한 고무에 대한 수요도 완전히 사라졌다. 대체로 이런 이유 덕분에 페루 정부는 1922년 콜롬비아에 푸투마요 강 북쪽 전역을 이양했다. 여기에는 이가라-파라나 강과 카라-파라나 강 지류들을 따라 분포한 아라나의 사업소가 전부 포함되어 있었다. 이 기나긴 사연에 대한 후기로, 1988년 콜롬비아의 바르코 대통령은 한때 악명 높았던 라 초레라에서 6만 제곱킬로미터에 달하는 거대한 면적의 프레디오 푸투마요 원주민 보호구역을 선포했다. 이 구역은 이전의 카우초 숲보다 훨씬 더 넓은 면적을 포괄한다. 오늘날 수천 명의 위토토족과 보라족이 살고 있다. 이들은 현재 레티시아 근처에서 아마존 강 본류를 따라 늘어선 인접한 마을들에 살면서 지나가는 유람선을 반갑게 맞이한다. 수십 년 동안 이 부족들은 별다른 괴롭힘을 당하지 않았다. 그들의 주요 문제는 이제 콜롬비아무장혁명군FARC 혁명가들이나 코카 잎을 재배해서 코카인으로 정제하려는 마약 밀매업자들, 그리고 이따금 지나치게 열성적인 선교사들이다.

고무 붐의 종식은 두 가지 반가운 결과를 가져왔다. 고무 채취 사업의 잔학 행위는 중단되었고 세링게이루들은 채무 예속에서 차차 벗어났다. 숲속으로 도망치거나 살아남은 원주민들은 반세기 동안 평화를 누렸다. 조지 처치 대령(1870년대에 마데이라-마모레 철도 건설을 시도했던 미국인 기술자)은 과거를 되돌아보며 답이 빤히 보이는 질문을 던졌다. '[아마존] 유역을 차지해온 지난 4세기 동안 문명인은 무엇을 이룩할 수 있었던가? …… 사실, 온갖 유리한 점에도 불구하고 그는 원주민 전임자들보다 더 못 먹고 살았다. 아마존 분지에서 현재 경작이 이루어지는 땅은 20제곱마일도 채 안 될 것이기 때문이다.' 식민지인들과 이주민들—처치가 말한 '문명인들'—은 질병과 총, 압제로 원주민 부족들을 대량으로 살상해왔지만 정작 '자연의 힘에 대적'하고 그 충만한 숲과 강에서 생존을 이어나가는 데는 한심할 정도

아마존Amazon

로 무능력하다는 것이 드러났다. 그래서 아마존 자연계는 다음 몇십 년 동안 인간의 간섭을 받지 않은 채 그 풍성하고 역동적인 삶을 이 어갔다.

| 8장 |

탐험가들과
인디오들

고무 붐의 붕괴와 함께 아마존 전역은 다시 반세기 동안의 평온 상태로 되돌아갔다. 이제 그곳은 외부인들에게 별다른 매력이 없었다. 노예제는 확고하게 금지되었고 어쨌든 간에 접근이 가능한 강가에는 원주민 부족이 거의 남아 있지 않았다. 의약품은 18세기에 숲속으로 원정대를 매혹했던 '야생의 약―사르사, 토근, 갈퀴덩굴, 그 외 여러 약용 식물―을 넘어 발전해나갔다. 이제 배는 금속으로 만들어졌기 때문에 돛대에 쓸 목재나 밧줄에 쓸 리아나에 대한 수요도 거의 없었다. 농산물은 다른 곳에서 더 잘 자랐다. 커피는 기후가 더 온화한 상파울루 고원에서 번성했고, 쌀과 목화, 사탕수수는 브라질 북동부와 심지어 미국 남부, 카리브 해 지역에서 더 잘 자랐다. 카카오 역시 서아프리카의 플랜테이션 규모가 아마존 지역을 능가했다.

　　고무 채취인과 그들의 고용주인 요란한 고무업자들이 대부분 떠난 후 남은 이들은 소규모로 고기를 잡는 어부와 화전민, 그리고 숲속 채집인들이었다. 일반적으로 혼혈 혈통인 이 강인한 사람들은 아마존이 제기하는 난관과 가능성에 적응한 최초의 외부인들이었다. 그들은 강둑사람들—에스파냐어로는 리베레뇨ribereño, 포르투갈어로는 히베이리뉴ribeirinho—이었고 생존의 비법들, 특히 풍요로운 바르제아 침수평원에서 생존하는 비법을 알았다. 그들은 인디오들로부터 그곳의 식물과 고기잡이, 사냥법에 대해 배웠고, 점차 주요 강의 강둑에서 인디오들을 대체해나갔다. 강둑사람들의 고기잡이와 벌목, 고무 채취는 자연 그대로의 열대우림과 강들을 손상시키기엔 규모가 미미했다. 가축은 자연 사바나, 특히 아마존 강 어귀에 있는 마라조 섬과 아마존 분지 북쪽의 브랑쿠 강 상부(오늘날의 호라이마), 남쪽의 볼리비아 평원에서 방목되었다. 그러나 이 방목은 아르헨티나와 우루과이, 브라질 남부에서 급성장하고 있던 축산업과는 거리가 멀었다. 아마존의 침수 구역들에서 강둑사람들은 여전히 물소들을 낮 동안에는 행복하게 물속에서 뒹굴며 놀게 하다가 밤이 되면 높은 지대에 설치한 울타리 안으로 몰아넣는 방식으로 키운다. 고기잡이들은 장대를 받쳐 올린 집이나 강물에 떠다니는 집을 지었고 그 옆으로는 작은 텃밭을 위한 뗏목들과 가축우리가 있었다. 아무도 방목이나 영농을 위해 삼림을 벌채하거나 땅을 개간하려고 하지 않았다.

아마존의 '쇠퇴'는 결코 끝나는 않는 인간의 진보를 믿으며 전망을 쏟아낸 경제적 진화론자들을 당혹하게 만들었다. 고무 붐의 붕괴와 함께 이들은 대체 뭐가 잘못된 것인지 처치 대령의 자문을 똑같이 되뇌었다. 1920년대에 미국의 지리학자 로이 내시는 아마존 카보클루들의 생활수준이 얼마나 형편없는지를 언급했다. 그의 눈에 그곳에는 사실상 제대로 된 농업이나 도로조차 없었다. 그의 그다지 멋

아마존Amazon

없는 비유에 따르면 '지난 4백 년간 포르투갈인과 브라질인들이 야금야금 베어 먹은 양으로는 이 매머드 같은 녹색 치즈의 표면에 구멍 하나 만들지 못했다.' '아마존 강을 열심히 왕래한' 지난 세기들은 '원주민 인구 대다수의 파괴와 몇몇 고무나무의 훼손'만 초래했을 뿐이었다. 내시는 비를 탓했다. 그에게 "건기"의 아마존은 '축축하고 푹푹 찌고 후덥지근'한 곳이었고, "우기"의 아마존은 '미끌미끌한 개흙, 홍수가 난 콸콸 쏟아지는 강물, 비에 젖고 물에 잠긴 기운 빠진 주민들'이 있는 곳이었다. 내시의 말은 틀린 데가 없었다. 하지만 그 이유는 다른 데 있었다. 많은 강우량과 열대 기후는 식물이 지속적으로 생장한다는 뜻이다. 이 식물들이 땅에 닿는 영양분을 사실상 모조리 빨아들여서 토질이 떨어진다. 또 이런 땅에 수목을 싹 베어내면, 집중 호우에 노출된 표토는 즉시 침식되어 씻겨 가 버리고, 일대는 강렬한 햇볕에 구워져 분홍색 점토가 된다.

하이럼 빙엄,
마추픽추를 발견하다

1911년 7월, 푸투마요 강에 있는 아라나의 악의 제국이 무너지기 시작할 무렵 남쪽으로 1,600킬로미터 떨어진 페루 아마존에서 가슴 뛰는 발견이 이루어졌다. 미국인 모험가 하이럼 빙엄은 우연히 마추픽추의 잉카 유적지와 맞닥뜨렸다. 그의 발견은 모두가 남몰래 꿈꾸는 소망의 실현이자 수많은 모험 이야기의 영감이 되었다.

　　젊은 빙엄은 '잉카의 유적'을 찾으러 온 예일대 친구들과 함께 쿠스코에서 트레킹을 하고 있었다. 트레킹 3일째 밤, 아마존 강의 수원인 물살이 거센 우루밤바 강가에서 야영을 하고 있을 때 멜초르 아르테아가라는 현지 농부가 와서 자신의 오두막 맞은 편, 숲이 우거진 언덕에 고대 건축물들이 있다고 알려주었다. 빙엄은 혼자 그곳을 조사해 보기로 했다. 그와 페루인 안내인들은 바위와 통나무에 의지해 사납게 날뛰는 강물을 건넌 후 더운 여름 아침 내내 산중턱을 기어올랐다. 중간에 잠시 발길을 멈추고 차가운 고구마로 점심을 들었다. 점심을 먹고 다시 출발해서 절벽을 하나 돌자 '뜻밖의 광경이 눈에 들어왔다. 백 개쯤 되는 아름다운 거대한 석조 계단이 눈앞에 펼쳐졌는데 계단 하나의 길이가 수백 피트, 높이는 10피트쯤 되는 것 같았다.' 그들은 울창한 운무림을 뚫고 힘겹게 위로 올라갔다. 기가 막힌 장관이 그들을 맞았다. '어느샌가 나는 잉카 최고의 석조 세공 기술로 지어진 폐허가 된 가옥들을 마주 보고 있었다. 군데군데 수 세기 동안 자란 나무와 이끼로 뒤덮여서 제대로 보기가 힘들었지만 대나무 덤불과 뒤엉킨 덩굴에 가린 채, 짙은 그늘 사이사이로 세심하게 깎아 정교하게 짜 맞춘 하얀 화강암 마름돌을 볼 수 있었다.' 그들은 미끄러운 돌을 기어오르고 빽빽한 수목을 뚫고 앞으로 나갔다. '아무런 예고도 없이' 빙엄은 3차원 조각으로 깎인 거대한 암반 균열부와 맞닥뜨렸다. 그 위로는 '물 흐르듯 유연한 선과 대칭을 이루는 균형 잡힌 마름돌과 완만하고 부드럽게 이어지는 벽돌담이 환상적인 효과를 자아내는' 보석 같은 신전이 솟아 있었다. '…… 믿을 수 없는 꿈만 같았다. 나는 깎아지른 동굴을 내려다보는 위로 솟은 돌담과 그 옆의 반원형 신전이 세계 최고의 석조 건축물 못지않게 뛰어나다는 사실을 어렴풋이 깨닫기 시작했다. 숨이 멎을 정도였다. …… 놀라움

이 꼬리에 꼬리를 물고 정신을 차릴 수 없는 가운데 …… 나는 넋을 잃고 바라보았다.'

이것은 고고학 탐험의 역사에서 가장 짜릿한 순간 가운데 하나였다. 다른 고고학자들이 더 오래되거나 예술적으로 더 중요한 유적들—아가멤논의 무덤이나 투탕카멘의 무덤, 페트라 유적, 앙코르와트, 라스코 벽화, 진시황릉의 병마용—을 발견해왔지만 빙엄은 열대의 덩굴을 걷어내고 환상적인 석조 건축물을 눈앞에 드러낸 사람이 되었다. 마추픽추는 잃어버린 도시의 전형이었다. 비할 데 없는 수백 개의 석조 건물이 옛 모습 그대로, 바깥 세상에 알려지지 않은 채 숨 막히는 화강암 정상부 한가운데 솟아있는 잉카 유적지였다. 세계의 어느 거대한 유적지도 마추픽추가 위치한 장소에는 비할 수가 없다. 종종 거대하고 장엄한 구름이 감싸는 열대우림의 한복판, 유적지가 들어선 칼날처럼 깎아지른 산마루 돌출부 끝에는 우아이나픽추가 코뿔소의 뿔처럼 자리하고 있고, 저 아래로는 우루밤바 강이 구불구불한 협곡을 따라 콸콸 흘러가며, 저 멀리로는 눈 덮인 산맥의 봉우리들이 눈부시게 빛나며 절경을 연출한다.

이 놀라운 발견에 만족하지 않고 빙엄의 1911년 원정대는 우루밤바 강을 타고 계속 내려간 다음 빌카밤바 지류를 거슬러 올라갔다. 그들은 1537년부터 1572년까지 망코 황제와 그의 아들들이 고립된 신잉카 제국을 다스렸던 곳, 야생의 빌카밤바 지역에 침투했다. 빙엄은 그 지역에서 가장 중요한 고고학 유적 두 곳을 연달아 발견하고 확인했다. 첫 번째 유적지 비트코스는 망코가 1537년 콘키스타도르들에게 하마터면 잡힐 뻔한 곳이자 1545년 에스파냐 손님들한테 살해당한 곳이었다. 그다음 빙엄과 원정대는 비트코스에서 북서쪽으로 걸어서 3일 거리인 울창한 숲속에서 망코의 망명 수도 유적, 빌카밤바 시를 발견했다. 이후 20세기 후반기에 미국과 페루, 영국의 탐험가, 고고학자, 모험가들은 빌카밤바의 울창하고 험준한 구릉들을 이 잡듯 뒤졌다. 그러나 누구도 1911년 그 찬란한 한 달 동안 빙엄이 발견한 것에 비견될 만한 유적을 발견하지는 못했다.

그동안 빙엄의 업적을 깎아내리려는 시도가 있었다. 어떤 이들은 빙엄보다 먼저 마추픽추에 갔다고 주장했다. 사람들은 그가 리마의 학자 카를로스 로메로로부터 어디를 살펴봐야 할지 조언을 들었다고도 했다. 그것은 빙엄도 기꺼이 인정한 사실이다. 그는 카우초 고무를 추출하기 위해 우루밤바 협곡을 따라 노새가 다닐 수 있게 낸 길을 처음으로 이용할 수 있어 운이 좋았고 그가 세 군데의 흥미진진한 유적지를 발견한 것은 정말 놀랍도록 행운이었다고 할 수밖에 없다. 또 다른 이들은 빙엄이 마추픽추의 중요성을 인식하지 못했다고 주장했다. 그가 1911년 7월 24일 마추픽추에서 단 몇 시간을 보낸 후 몇 주 후에 그 지역으로 돌아왔을 때 그 잃어버린 도시를 다시 방문하지 않은 것은 사실이다. 사실 그가 발견한 유적지의 중요성과 눈부신 아름다움을 만방에 알린 것은 『내셔널지오그래픽』지였다. 그러나 빙엄에 대한 이러한 비판들은 사소한 트집 잡기다. 탐험가에 대한 한 가지 정의는 그가 그의 사회에 지금까지 알려지지 않은 것을 발견하고 돌아와서 그에 관해 상세히 보고해야 한다는 것이다. 이러한 기준에 따라서 빙엄은 마추픽추의 발견자가 맞다. 그는 그의 엄청난 발견에 관해 세상에 처음 이야기한 사람이니까. 페루 정부도 유적지에 그의 이름을 새긴 명판을 설치하고 유적지까지 투어버스가 다니는 지그재그 길에 '카레테라 하이럼 빙엄Carretera Hiram Bingham'이라는 이름을 붙여 이 사실을 정중히 기린다.

마추픽추를 발견했을 당시 빙엄은 서른다섯 살로 키가 무척 크고 남자답게 잘생겼으며 건강하고 모험심이 넘치는 유능한 리더였다. 그는 사파리 셔츠에 승마용 반바지를 입고 각반을 찼으며 멋쟁이 스카프를 두르고 챙이 넓은 넓적한 모자를 썼다. 영화 《인디아나 존스》 시리즈의 배우 해리슨 포드가 그와 비슷한 초창기 탐험가의 복장을 입었다. 빙엄의 커리어는 다채로웠다. 1875년 하와이에서 엄격한 신교도 선교사 부모 아래 태어난 그는 훗날 마추픽추로 접근하는 길에 비교하기도 한, 난초와 브로멜리아드, 각종 열대 식물이 넘쳐나는 절벽 한가운데서 자랐다. 그는 상류층 학교인 안도버 기숙학교에 다니다 예일대에 입학했으며 그곳에서 그의 매력과 잘생긴 용모 덕분에 금방 방탕한 친구들과 어울리게 되었다. 그는 티파니 가문의 상속녀와 결혼해 재빨리 방 30개짜리 맨션으로 이사했다. 예일대를 졸업한 후 하버드에서 박사 학위를 받았고 두 아이비리그 대학에서 작은 교직과 행정직을 얻었다. 그러나 마음은 언제나 모험가였고 그는 아내의 재산 덕분에 여러 차례 원정을 떠날 수 있었다.

1909년 페루에서 빙엄은 한 부지사로부터 초대를 받아 멀리 초케키라우 유적(마추픽추 남서쪽에 있으며 최근에 주요 관광지로 단장, 복원되었다)으로 보물을 찾으러 가는 원정에 합류함으로써 잉카 문명을 처음으로 경험했다. 미국으로 돌아온 그는 예일대 동창들을 설득해 자신의 다음 모험에 후원을 얻으려 했다. 그는 산악 등반, 아마존 강 일주, 마야 문명 연구, 잉카 유적 탐사 등을 제안했다. 다행스럽게도 그의 부자 친구들에게 마지막 제안이 먹혀들었고, 그 결과는 대단히 성공적이었던 1911년 예일대 페루 원정대였다. 빙엄은 그다음 내셔널지오그래픽 협회와 다른 이들을 설득해 마추픽추 유적을 조사하고 발굴하고 사진을 찍고 지도를 그리며, 그곳을 단장하고 복원하는 작업에 착수하기 위한 대규모 원정대에 자금을 끌어왔다. 또 1912~1913년, 그리고 1914년 한 해 동안 이 훌륭한 프로젝트들을 직접 이끌었다. '우리는 지난 여러 세기 동안 자연에 의해 감춰진 것을 모두 밝혀내고 …… 잉카 최고 거주지의 아름다움을 복원하기 위해 결연한 노력을 경주했다.' 그는 다양한 신전과 건물들에 이름을 붙이고 그곳의 기능에 대해 추측했으며, 그가 추정한 내용 가운데 상당수가 오늘날에도 여전히 인정된다.

일련의 마추픽추 원정 후에 빙엄은 비행에 취미를 붙였다. 그는 곧 퍼싱 장군과 함께 멕시코에서는 판초 비야*, 프랑스에는 독일군과 싸우게 되었다. 공군 대령이자 유명한 탐험가로서 빙엄은 코네티컷 주에서 처음에는 주지사로, 나중에는 상원의원으로 선출되었다. 공화당원인 그는 1932년 루스벨트가 압도적으로 승리한 선거에서 상원의원직을 잃었다. 그 후 사업으로 눈길을 돌려 저축대부은행과 석유회사 콜머나오일에서 돈을 벌었다. 1937년 그는 인내심 많은 아내 알프레다와 이혼했다. 그녀한테서 아들 일곱을 얻고 그녀의 돈을 실컷 쓴 후였다. 62세에 그는 그보다 젊은 두 번째 부인과 결혼했다. 그의 마지막 직업은 매카시 마녀사냥 시절에 연방인사위원회의 충성도심사위원회 의장이었다. 그의 활발한 인생 경력은 잠시도 쉴 줄 모르는 모험가에게 딱 어울리는 것이었다. 세계는 마추픽추를 발

---

* 판초 비야Pancho Villa 멕시코 혁명의 지도자(1878~1923).

아마존Amazon

견하고 아메리카 대륙에서 가장 아름다운 그 유적지를 파괴로부터 지켜낼 주춧돌을 놓은 빙엄에게 은혜를 입었다.

칸지두 혼동과
인디오 전담 기구의 탄생

1914년 초에 또 다른 대단한 미국인이 아마존 분지에 나타났다. 시어 도어 루스벨트는 1901년부터 1908년까지 커다란 인기를 누린 미합중 국의 26대 대통령이었다. 이제 55세인 그는 몸이 불었지만 자연을 사 랑하는 원기 왕성한 야외스포츠 애호가였다. 그는 재임기에 세계 최 초로 국립공원을 지정했다. 또 열성적인 아프리카 맹수 사냥꾼이기 도 했는데 한 친구가 다음에는 남아메리카에서 모험을 해보라고 설 득했다. 그가 브라질에 방문하자 브라질인들은 그를 따뜻하게 맞아 주었다. 그러나 브라질인들은 오락거리로 사냥을 하는 것보다는 미 국 박물관에 기증할 아마존 동물군을 수집하는 게 더 나을 거라고 말 해주었다. 어쨌거나 아마존에는 재규어를 제외하고는 전리품으로 자 랑할 만한 큰 동물이 없었다. 루스벨트는 상파울루와 부에노스아이 레스에서 강연을 한 후 증기선을 타고 파라과이 강을 거슬러 마투 그 로수로 갔다. 그곳에서 그는 브라질에서 가장 훌륭한 탐험가 칸지두 혼동 대령의 환영을 받았다.

혼동은 아프리카에 데이비드 리빙스턴 박사가 있다면 브라질 에는 혼동이 있다고 할 만한, 다시 말해 용감무쌍한 탐험가이자 위대 한 인도주의자였다. 리빙스턴은 탐험가로서 자신의 명성을 활용해 아프리카 노예제에 맞서 싸웠다. 혼동은 뛰어난 공병 군인이자 실증주의 신조의 헌신적인 신봉자로, 역시 자신의 명성을 원주민 부족들을 위한 운동으로 탈바꿈시킨 사람이었다.

1865년 마투 그로수의 허름한 집에서 태어난 칸지두 혼동은 파라과이의 침공을 피해 피난 가던 부모가 천연두에 걸려 죽으면서 고아가 되었다. 혼동의 조부모 중 한 명은 보로로 인디오의 피를 일부 물려받았는데 그런 조부모의 손에서 자란 혼동은 브라질 변경 지대의 지식을 전수받았다. 그는 지방에서 교육을 받은 후 리우데자네이루의 일류 사관학교에 합격했다. 혼동은 근면한 자세와 뛰어난 실력으로 동급생들 사이에서 높은 성적을 받았고 엘리트 공병 장교가 되었다. 사관학교에서 그를 자극한 스승은 동 페드루 2세 황제의 자식들의 가정교사이면서 동시에 공화주의자이자 열렬한 실증주의자이기도 한 벤자밍 콘스탄트였다. 실증주의 사상의 신봉자들은 도덕적으로 강직했고 사회적 완성을 향한 인간 진보를 설파했다. 1889년, 브라질이 피를 흘리지 않고 거의 무심결에 공화국이 되었을 때 실증주의자들은 그들의 고귀한 가치들을 새로운 세속 국가의 헌법에 주입하려고 했다. 실증주의자의 모토 '질서와 진보'는 브라질 국기에 여전히 새겨져 있다.

파라과이와의 전쟁 동안 브라질 정부는 내륙과의 커뮤니케이션이 불안한 것에 크게 놀랐다. 대서양 연안의 수도에서 아마존 심장부까지 소식이 전달되는 데는 몇 달이 걸렸다. 이 문제는 고무 붐으로 마데이라 강변의 포르투 벨류가 요충지가 되고 1903년 브라질이 고무가 풍부한 아크리 주를 획득함으로써 더 심각해졌다. 무선 전신이 없던 그 시절에 해법은 탐험한 적 없는 야생의 숲과 사바나를 가로질러 수천 킬로미터에 걸쳐 전신주를 박는 것뿐인 듯했다.

혼동은 옛 금광촌인 쿠이아바와 아라과이아-토칸칭스 강의 수원지 사이에서 전신주를 세우며 1890년대를 보냈다. 이곳은 보로 로족의 영토를 통과했고 이 부족 가운데 일부는 여전히 외부와 접촉 이 없이 침입에 맞서 자신들의 숲을 지키고 있었다. 혼동의 지휘관 고메스 카르네이루 소령은 그의 젊은 후배에게 숲에서의 생존에 필 요한 지식을 풍성히 전수했다. 그는 또한 인디오들에 대한 애정과 존 경심도 길러주었다. 카르네이루는 원주민들을 지키고 보호해야 하며 자신들이 진입한 영역의 부족들과 싸우지 말라고 명령했다.

어느 날 밤 카르네이루는 혼동 대위를 깨워서 그에게 속삭였 다. "칸지두, 자네도 듣고 있나?" 숲이 활기를 띠고 있었다. 야영지 에서 얼마간 떨어진 곳에서 유인원들이 괴성을 지르고, 짖는원숭이 들이 울부짖으며, 마카쿠-프레구가 휘파람을 불고 자오새와 자고새 가 지저귀고 있었다. …… 우리 주변의 모든 야생 동물이 대화하고 있는 것 같았다. "자고새가 지저귀는 소리가 들립니다. 그렇지만 그 것들은 자오새와 달리 밤에는 지저귀지 않지요. 게다가 모든 야생 동 물들이 이런 오밤중에 갑자기 대화를 나누기로 했다는 건 이상한데 요?" "그럼 자네 생각은 어떤가?" "멀리 떨어진 인디오가 서로 연락을 주고받는 소리 같습니다.'" 카르네이루 소령은 보로로족이 공격을 계 획하고 있다고 확신했다. 그래서 공병-탐험가들은 충돌을 빚는 대신 야영을 접고 어둠 속으로 사라졌다. 그들의 전신선은 카를 폰 덴 슈타 이넨이 최근에 열 개 부족과 접촉한 싱구 강의 남쪽 수원지 가장자리 를 돌아서 갔다. 혼동은 그 후 남쪽으로 가서 파라과이의 거대한 판타 날 습지대 주변으로 또 다른 전신주를 박는 분견대를 지휘하며 4년을 보냈다.

1907년 초, 리우데자네이루로 돌아온 혼동은 브라질 대통령으로부터 어마어마하게 도전적인 임무를 떠맡으라는 요청을 받았다. 쿠아이바부터 북쪽으로 포르투 벨류까지 1,100킬로미터에 전신을 설치하는 임무였다. 이 지역 대부분은 간간이 언덕과 급경사면이 나타나는, 사람이 탐험한 적이 없는 광대한 숲과 사바나였다. 또 그곳은 과포레-마데이라 강과 타파조스 강으로 흘러갈 수원들이 갈라지는 분수령이었다. 혼동은 4년 동안 이 야생의 세계 속에서 부하들을 이끌며 20세기 위대한 탐험의 쾌거를 이룩했다. 육군 공병들은 수백 킬로미터의 험난한 지형과 무수한 급류가 포진한 강들을 발견하고 측량하고 지도를 그렸으며, 공병들 그리고 그들과 함께한 과학자들은 많은 연구를 수행하고 방대한 분량의 서적과 보고서를 출간했다.

혼동은 새벽 훨씬 전에 일어나고 적게 자고 적게 먹으며 가장 혹독한 환경 속에서도 단정하게 제복을 갖춰 입은 대쪽 같이 곧은 영웅적인 탐험가상을 보여주었다. 그는 엄격한 규율가였다. 아마존 숲의 열기와 짙은 어둠 속에서 제대로 먹지도 못하고 몇 달씩 고생하고 나면 부하들이 종종 반항적이 되기 때문에 어쩔 수가 없었다. 그러나 그는 언제나 공정하고 부하들을 보살피는 지휘관이었다. 그의 지칠 줄 모르는 체력을 둘러싼 전설이 점차 생겨났다. 혼동은 가차 없이 스스로를 혹사했고 심지어 말라리아로 열이 펄펄 끓을 때도 예외가 아니었다. 그는 말을 타면서도 잠을 잘 수 있었다. 한번은 보급품을 나르기 위해 온종일 헤엄을 치며 강을 왕복했다. 게다가 그는 열대우림에서의 생존과 그곳의 자연사에 대해 모르는 게 없었다. 그는 뛰어난 젊은 장교 집단을 육성했고 그들은 당연히 도덕적으로 올곧은 그

아마존Amazon

들의 지휘관을 숭배했다. 그 가운데 여러 명은 그 고된 발견의 시절에 목숨을 잃었다.

이 탐험의 초기 국면에, 혼동은 파라과이 강과 타파조스 강의 수원인 세포투바 강과 주루에나 강의 지도를 그렸다. 더 서쪽으로는 마데이라 강의 지류인 지-파라나 강(마차도 강)의 위치가 기존 지도에서 2도(거의 200킬로미터)만큼 벗어나 있다는 것을 발견했다. 그래서 1909년 5월에 시작된 혼동의 다음 원정은 이 탐험된 적 없는 강을 일주하며 지도를 그리는 것이었다.

원정팀의 풍부한 경험과 세심한 계획에도 불구하고 이 임무는 끔찍할 만큼 힘들었다. 8월이 되자 보급 식량이 바닥났고 대원들은 석 달간 빈약한 사냥감과 석청*, 산딸기로 연명했다. 많은 이들이 너무 쇠약해져서 급류 사이로 카누를 끌어올리거나 노를 젓는 것은 고사하고 몸을 끌고 가기도 힘들었다. 그러나 질병과 기아에 성한 곳 하나 없고 지칠 대로 지친 상태였지만, 그들은 크리스마스까지 마데이라에 도착하는 데 성공했다.

혼동은 그 시대 사람답게 화려한 미사여구와 애국주의적 말투를 구사하는 뛰어난 웅변가였고 또 그에게는 들려줄 만한 놀라운 모험이 많았다. 그는 팝계의 우상과 같은 위상을 얻었다. 수도로 돌아올 때마다 사람들은 그를 화환으로 맞이했고 대규모 극장에서 열리는 그의 강연회는 대통령부터 말단에 이르기까지 각계각층의 사람들로 꽉꽉 들어찼다.

---

* 석벌이 깊은 산의 절벽이나 바위틈에 모아둔 꿀. 석밀이라고도 하며 일반 꿀에 비해 미네랄과 비타민이 풍부하다.

혼동은 자신의 명성을 이용해 인디오들에 대한 각성을 촉구했다. 한 강연에서 그는 고무 채취인들이 무고한 파레시족 마을을 불태우고 총으로 무자비하게 쏴 죽인 만행을 이야기했다. 탐험가는 자신 앞에 모인 저명한 청중에게 이 인종 학살에 '분노와 수치로 몸을 떨어야 한다.'고 말했다.

혼동은 말을 타고 캄포 사바나*를 가로질러 갔을 때를 묘사하며 또 다른 청중을 사로잡았다. 원정대가 서쪽으로 전진하면서 반유목 생활을 하는 남비콰라족의 영토로 진입했을 때 '갑자기 내 얼굴에 바람 한 줄기가 스치는 것을 느꼈고 작은 새 같은 것이 내 눈 앞을 매우 가깝게 지나가는 것을 언뜻 봤다. 오른쪽으로 고개를 돌리자 무슨 일이 일어났는지 알 수 있었다. 화살대가 모래땅에 박힌 채 파르르 떨리고 있었다. 곧바로 그들의 두 번째 치명적인 사자使者가 내 피스 헬멧**을 스치고 목덜미 가까이로 지나갔다. 내 앞에 스무 발자국 정도 떨어진 곳에 남비콰라족 전사 두 명이 활시위를 당기고 있었다.' 벌거벗은 그들은 키가 크고 건장했으며 '그들의 말없는 화살촉만큼 준엄하고 꿰뚫는 듯한 시선으로' 혼동을 노려보고 있었다. 혼동은 총을 쥐고 하늘을 향해 두 발을 발사했다. 세 번째 화살이 날아와 그의 라이플 개머리판에 맞고 부러졌다. (저자도 갈레라 강에서 온 남비콰라족 무리를 본 적이 있는데 혼동과의 아슬아슬한 만남 이후 65년 만에 외부와 첫 접촉이었다. 그들은 혼동이 묘사한 혈족들과 아주 똑같아 보였다.)

---

* 해안에서 멀리 떨어진 브라질 고지대 사바나.

** 태양광이 심하고 아주 더운 지역에서 머리 보호용으로 쓰는 가볍고 단단한 소재로 만든 흰색 모자.

혼동은 청중에게 자신이 나중에 이 남비콰라족도 세링게이루 공격의 희생자들이었다는 사실을 알게 되었다고 강조했다. 그리고 대결을 피하기 위해 이들의 영토를 크게 우회하여 갔다고 말했다. 그는 부하들에게 어떤 경우에도 절대 보복하지 말라고 명령했다. 이 시절 여러 차례 인디오들과 다툴 만한 상황을 겪고 난 후 그는 적대적인 부족과 직면한 사람들을 위한 유명한 신조인 '차라리 죽을지언정 죽이지 말라!'를 발전시켰다. 이 인도주의자는 자신이 어떻게 각 부족의 우정을 얻었는지, 그들이 자신의 탐험에 얼마나 귀중한 도움을 주었는지, 얼마나 훌륭하고 근면한 사람들이며 뛰어난 사냥꾼이자 숲사람들인지를 설명했다. 이러한 내용은 인디오들을 가르치려드는 선교사들이나 인디오들을 착취하고 경멸하고 두려워하는 정착민들로부터 비하하는 이야기만 들어온 사람들에게 새로운 발견이었다.

이 시기 동안 일부 브라질 지식인들 사이에서 친인디오 운동이 성장했다. 이러한 움직임은 낭만적 민족주의와 과거의 부당한 행위에 대한 죄의식이 결합된 것이었다. 브라질이 비유럽적인 정체성을 추구하고 있던 시기 원주민 부족은 순수 브라질인으로 비쳤다. 소설과 장편 서사시들은 하이어워사* 유형의 인디오 영웅들을 그렸다. 원주민 부족들이 팽창해가는 나라에 아무런 위협도 제기하지 못하는 분해된 소수 집단이 되자 이제 그들을 동정하고 도우려 하기는 쉬웠다.

실증주의자들은 특히, 새로운 공화국의 헌법에 인디오들을 위한 특별 보호 조항을 원했고 그들은 원주민 부족들을 상대하는 임무

---

*하이어워사Hiawatha 인디언 영웅 전설에 기반한 롱펠로우의 서사시 《하이어워사의 노래》의 주인공.

를 선교사들의 수중에서 빼앗아 와야 한다고 결심했다. 1760년 예수
회의 축출 이후, 인디오들의 '교리문답'은 대체로 유럽 나라들에서
온 가톨릭 선교회에 맡겨졌다. 선교회는 많지 않았고 그들은 브라질
오지에 대한 경험이 거의 없었다. 그들은 대체로 원주민 문화를 바꾸
는 데 열심인 개종자들이었고 따라서 진정한 개종에 성공한 적은 거
의 없었다. 이탈리아 살레시오회는 마투 그로수의 보로로족과 브랑
쿠 강 상부의 부족들 사이에서 활동했고 그들이 통제하는 지역에서
엄격한 신정 체제를 강요했다. 프랑스 도미니크회는 아라과이아 강
가의 카야포족 일부와 잘 지냈다. 독일 프란체스코회는 타파조스 강
의 문두루쿠족에게 도착했다. 브라질 최북단 브랑쿠 강 유역(호라이
마)에서 활동하던 벨기에 베네딕트회는 현지의 방목인들 그리고 프리
메이슨 회원들과 격렬하게 충돌했다.

　　비선교계 인디오 옹호자들은 수가 적었지만 언론과 영향력 있
는 학계 곳곳에서 민족주의적 감수성을 영리하게 자극했다. 그들은
인디오들은 외국인에 맞서 보호되어야 할 진짜 브라질인들이라고 주
장했다. 1910년, 그들은 새로운 농업부 장관 호도우푸 호샤 미란다에
게 선교사들이 아니라 사심 없는 군인과 공무원들로 구성된 새로운
인디오 업무부서의 필요성을 설득했다. 그해 2월 혼동은 흔치 않게
리우데자네이루를 방문하여 당연히 영웅 대접을 받았다. 호샤 미란
다 장관은 혼동 대령을 초청해 새로운 부서를 이끌어달라고 부탁했
다. 그는 제안을 받아들였지만 조건을 내세웠다. 첫째, 종교적 개종
이나 다른 개종 시도를 하지 말아야 한다. 둘째, 부서의 주요 목적은
인디오 땅을 보호(그리고 과거 빼앗아간 영토를 반환)하는 것이다. 셋째,
비록 인디오들이 점진적으로 정착 농업 노동자로 전환하도록 장려한

　　　　　　　　　　　　　　　　　　　　아마존Amazon

다 하더라도 인디오 부족 사회와 전통은 존중되어야 한다.

인디오 옹호론자들은 신속하게 움직였다. 장관은 새로운 부서는 적대적 부족을 진정시키고 그들은 온순한 노동자로 전환시킬 것이라고 주장함으로써 모든 주지사로부터 동의를 얻어냈다. 혼동은 1910년 3월 인디오 보호부서를 이끄는 데 동의했다. 5월에 관계 조직 법령이 만들어졌고 대통령의 승인을 받아 6월에 공표되었다. 부서는 포르투갈어 부서명 앞 글자를 따서 SPI(인디오 보호부서)로 알려졌고 부서의 모토는 혼동의 격언 '차라리 죽을지언정 죽이지 마라'였다. 가톨릭교회와 선교회들은 인디오 문제에 대해 지금까지 누려온 독점적 지위를 빼앗긴 데 놀라 뒤늦게 결연한 후방 작전을 펼쳤지만 이미 때는 늦었다. 그러나 종교계의 로비는 1912년 군대를 설득해 혼동과 다른 유능한 다른 장교들 상당수를 다른 임무로 옮겨가게 하는 데 성공했다. 이것은 신생 부서에 악영향을 미쳤지만 그들의 성장을 막지는 못했다. 화려한 출발 이후 SPI는 성공과 실패로 얼룩진 57년간의 역사를 이끌었다. 그러나 SPI와 그 후속 기구인 푸나이Funai(국립 인디오 재단)는 그 불완전한 나름의 역사 속에서 브라질의 원주민 부족에 심대한 영향을 미쳤고 선례를 제공함으로써 다른 아마존 국가들에도 영향을 미쳤다.

루스벨트와
혼동의 탐험

1914년 혼동은 브라질을 찾아온 저명한 손님인 시어도어 루스벨트

전 대통령을 안내할 적임자였다. 두 사람은 잘 알려진 대로 친하게 잘 지냈다. 루스벨트는 혼동에 대해 다음과 같이 썼다. '혼동 대령은 곧 자신이 더 바랄 나위가 없는 사람이자 그 이상이라는 것을 보여주었다. 그는 자신의 일을 속속들이 알고 있었으며 그가 유쾌한 동행이 될 것임이 분명했다.' 그는 '단정하고 말쑥하고 기민하며 군인다웠다.' 대통령은 그의 안내인이 지난 24년을 브라질 서부 고원 지대에서 보냈다는 사실에 감명을 받았다. '그 기간 동안 그는 대부분 문명인이 가본 적 없는 오지에서 1만 4000마일[2만 2500킬로미터]의 거리를 여행했고, 거의 3천 마일[5,000킬로미터] 구간의 전신선을 설치했다. 그는 인디오 부족들에 대해 지식이 각별히 풍부하고, 언제나 인디오를 위해서 그리고 인류애라는 대의를 위해 열성적으로 힘써왔다.' 저녁 식사 후 주인장과 손님은 '나무 아래 뜨거운 어둠 속에서 많은 이야기를 주고받았다. …… 혼동 대령은 "장교이자 신사"일 뿐만 아니라 …… 유별나게 강인하고 유능한 탐험가, 뛰어난 현장 자연학자이자 과학도, 학생이자 철학자였다. 그와 나눈 대화의 소재는 재규어 사냥과 마투 그로수 주 탐험에서 겪은 위험, 야생의 대자연부터 인디오 인류학, 순전히 물질적인 산업 문명의 폐해, 실증주의 도덕에 이르기까지 광범위한 분야에 걸쳐 있었다.' 혼동은 피라냐에 물린 이야기와 그의 장교 한 명이 물려 죽은 이야기를 들려주었다. 그렇지만 두 야외 활동 애호가들은 커다란 위험은 뱀이나 재규어, 카이만악어나 피에 굶주린 물고기보다는 곤충과 곤충이 옮기는 질병, 이질과 기아, 급류에서 일어나는 사고에서 생긴다고 (올바르게) 동의했다.

새로운 전신선을 따라 북서쪽으로 이동하면서 원정대는 원주민들을 만났다. 혼동은 온화한 파레시족이 '나를 친구이자 사랑받고 존경받는 우두머리로 맞아준 데' 기뻐했다. '나는 그들에게 문명의 혜택들을 차차 소개해나가고 있었다.' 당대 사람으로서 그리고 실증주의자로서 혼동과 그의 북아메리카 손님은 진보란 인디오들도 유럽 사회의 '혜택'들을 누려야 한다는 뜻이라고 확신했다. (오래 살았던 혼동은 훗날 부족 사람들을 '변용'시키려는 노력이 현명한 일인지 의심하게 되었다.) 루스벨트는 파레시족의 '쾌활한 품성과 사려 깊은 태도, 근본적으로 예의바른 행실'에 찬사를 보냈고, 파레시족이 그들 부족의 자녀들, 즉 '좋은 대우를 받는 것에 익숙한 상냥한 작은 영혼들'에게 얼마나 다정한지 칭찬했다. 그는 파레시족의 거친 스포츠인 머리로 하는 공놀이에도 깊은 인상을 받았다. 잘생긴 전사들이 몸을 사리지 않고 용감하게 뛰어오르고 몸을 날리면서 고무공을 머리로 받았다. 그들은 '공을 따내기 위해 땅바닥으로 머리를 박았다. …… 어떻게 코가 안 떨어져 나가는지 신기할 뿐이다.'

그들은 더 서쪽으로 이동해 이제 평화로운 남비콰라족의 영토로 들어섰다. 루스벨트는 자신의 캠프를 방문하러 온 남비콰라족의 '끝없이 이어지는 행렬'에 감탄을 금치 못했다. '이들은 완전히 발가벗었는데 여자들은 아기들을 안고 온갖 짐을 든 반면 남자들은 활과 화살만 들었다. …… 그들은 잘 웃고 성품이 너그러운 사람들로, 미개인의 기준에서 볼 때 여자들도 남자들만큼 잘 먹고 대우를 잘 받는 것 같았다. 남자가 학대하는 일 같은 것은 없었다.' 남비콰라족이 그의 오두막으로 몰려들자 전직 대통령은 그들의 벌거벗은 몸에 슈타이넨처럼 반응했다. 남자들은 성기에 간단한 끈을 둘렀고 장식용 깃털을 달기 위해 코의 격막에 구멍을 뚫었지만 '여자들은 몸 어디에도 천 쪼가리 하나 걸치지 않았다. 그들은 끈이나 방울, 심지어 머리장식도 하지 않았다. 모두가 …… 많은 온순한 동물들처럼 …… 전혀 불편해하지 않고 또 의식하지도 않았다. …… 이 완전히 발가벗은 여자들과 남자들의 행동은 전적으로 정숙했다. 점잖지 못한 눈길이나 의식적으로 상스러운 몸짓은 조금도 없었다.'

오늘날 탐험가 혼동의 이름을 따 혼도니아 주가 된 이 고원에는 일련의 커다란 강들이 북쪽의 아마존을 향해서 흐른다. 혼동은 기괴한 모험의 안내인처럼 루스벨트에게 네 군데 강 가운데 타고 내려갈 강을 고르라고 했다. 모험이라면 사족을 못 쓰는 여행가는 가장 거세고 험한 강, 혼동의 장교 한 명이 어디서 발원하는지 아무도 모른다고 해서 리우 다 두비다Rio da Dúvida, 즉 '의심의 강'이라고 이름 붙인 강을 골랐다. 스물두 명의 사내들은 1914년 2월 말에 일곱 척의 통나무배를 타고 출발했다. 그때는 우기가 거의 끝날 때라 급류를 타고 내려가거나 쓰러진 통나무를 타고 강을 건너가기 좋을 때였지만, 여전히 불어난 강물의 물살이 맹렬하고 종종 비도 내렸다. 원정대에는 미국인 세 명(루스벨트, 그의 아들 커밋, 노련한 자연학자이자 조류학자인 조지 체리)과 브라질 장교 세 명(혼동, 주앙 리라 중위, 의사) 그리고 열여섯 명의 숲사람들로 구성되어 있었다. 루스벨트는 이 카마라다camarada(동료)들에 대단히 기뻐했다. '노잡이들은 억센 사람들이었다. 그들은 강 전문가이자 숲의 사람들, 야생에서의 작업에 도가 튼 베테랑들이었다. 검은 표범처럼 유연하고 곰처럼 건장하다. 물새 사냥개처럼 수영을 잘 했다. 도끼와 마체테만큼 장대와 노에도 익숙했다. 한 명은 훌륭한 요리사였고 다른 이들은 함께 캠핑하기에 좋은 이들이었다. 그들은 해적처럼 생겼다.' 여정이 힘들어질 때마다 그는 이 사람들의 '호의와 인내심, 황소 같은 체력 …… 그리고 그들의 지휘관들의 지혜와 지칠 줄 모르는 노력'에 찬사를 보냈다. 그는 '열대 사람들'의 재능과 진정한 탐험이 동반하는 피로와 역경, 위험을 과소평가하는 안락의자 '사기꾼들과 몽상가들'을 비웃었다.

며칠 동안 노를 저어간 후 탐험된 적 없는 강은 파레시스 고원을 벗어나 폭포수처럼 흘러가기 시작했다. 루스벨트는 나중에 브라질 외무장관에게 보내는 편지에서 요동치는 나바이테 폭포를 넘어서자 급류가 '끝없이 나타나 매우 힘들고 어려웠다.'고 썼다. 물길이 너무 험해서 원정대는 수목을 쳐내고 육로로 각종 장비와 보급품을 카누와 함께 끌고 가야 했다. 이것은 몹시 힘들고 시간이 많이 드는 작업이었고 지금도 마찬가지다. 그들은 카누가 쪼개져 처음 출발한 배 가운데 다섯 척은 버리거나 교체해야 했다. 여러 사람이 여러 날을 걸려 지은 커다란 통나무배 한 척은 사람이 타지 않은 채 강에 내렸다가 맹렬한 급류에 휩쓸려 잃어버리고 말았다. 한번은 안타깝게도 커밋 루스벨트가 지휘하던 작은 카누가 소용돌이에 빠져 폭포 너머로 휩쓸려가더니 재차 다른 소용돌이에 휘말려 뒤집어졌다. 이로 인해 심플리시우라는 노잡이가 익사했고 시신은 찾지 못했다. 커밋도 강에 빠졌는데 '강물이 그의 피스 헬멧을 때리는 가운데 고개를 들 수 없어 수면 아래로 가라앉았다. 마침내 다시 강물 위로 솟아올랐을 때 그는 숨이 차고 기진맥진하여 익사 직전이었다.' 그는 다른 브라질 동료의 손에 구조되었다. 브라질 사람들은 이 사건에서 커밋의 경솔함을 탓했다. 그들은 그가 급류를 너무 가까이서 조사하겠다고 고집을 부렸다고 말했다.

원정대는 인디오들의 흔적을 많이 보았다. 한번은 혼동이 아끼는 개 로부('늑대')가 고통스럽게 울부짖으며 화살 두 대에 맞아 죽은 채로 발견되었다. 어쩌면 그의 죽음은 주인을 구했는지도 모른다. 로부를 죽인 사람들은 오늘날 신타-라르가^Cinta-larga('넓은 벨트'라는 뜻으로 검은 호두로 만든 허리띠에서 나온 말)로 불리는 그 외딴 지역의 몬데어나 투피어 사용 부족이었을 것이다. 나중에 숲사람 출신 병사 한 명이 미쳐서 하사관을 죽이고 숲속으로 도망쳤다. 그가 멀리 강둑에서 팔을 내저으며 이상한 몸짓을 하고 있는 것이 잠시 목격되었다. 루스벨트는 살인자를 내버려두고 가기를 원했지만 도덕적으로 강직한 혼동은 범죄자를 단죄하고자 소득 없는 수색 작업을 밀어붙였다. 혼동은 또한 전 대통령이 최대한 서둘러 가자고 재촉했음에도 불구하고 이 알려지지 않은 강을 탐사하기 위해 강 구석구석을 횡단할 것을 요구했다.

3주간 힘겨운 여행을 한 후 두비다 강은 중요한 강이라는 것이 분명해졌다. 혼동은 한 지류에 커밋이라는 이름을 붙였다. 다음날 그는 부하들에게 커다란 말뚝을 세우게 하고 그들을 행진 대열로 정렬시켰다. 그다음 공식적으로 강에 '리우 루스벨트'라는 이름을 붙이는 정부 성명서를 읽어나갔다. 전직 대통령은 깜짝 놀랐다. '우리는 "의심의 강"이 무척 좋은 이름이라고 느꼈고 언제나 그런 이름을 유지하는 것이 좋다고 생각했다. 그러나 나의 친절한 친구들은 그렇지 않다고 고집을 피웠고 내가 더 거절하면 무례가 되었을 것이다. 나는 그들의 행동과 행사 자체에 깊은 감동을 받았다.'

루스벨트는 종종 강의 아름다움에도 감탄했다. 한 야영지에는 '하얀 모래강변이 있어서 그곳에서 목욕을 하고 옷을 빨았다. 우리 주변으로 온통 …… 그리고 기다란 강물 양쪽으로는 아름다운 숲이 솟아 있었다. 초록과 파란, 붉은빛을 띠는 잉꼬 떼가 있었다. 우리 머리 위로는 …… 검고 노란 커다란 부리가 달리고 …… 윤기 흐르는 초록 깃털과 검은 깃털로 몸을 감싼 커다란 큰부리새가 울고 있었다.' 그러나 무수한 당대인들과 마찬가지로 루스벨트도 열대의 풍성함을 그의 온대 기후의 비옥한 토양과 동일시하는 잘못을 저질렀다. 그는 그곳이 커피 플랜테이션이 되는 미래를 상상했다. '구세계의 번잡한 인구 과잉 국가들이 사람들로 바글바글한데 이토록 윤택하고 비옥한 땅을 놀리며 주인 없는 야생 상태로 내버려둔다는 것은 말이 안 된다.' 그는 급류가 수력 전기를 발생시킬 수 있을 것이라고 생각했다. 이렇게 얻은 전기는 '강을 따라 전차를 움직이고 …… 각종 공장을 돌리고 농장의 작업에 불을 밝힐 것이다.'

새롭게 루스벨트로 명명한 강을 타고 내려갈수록 급류와 여울, 소용돌이, 폭포는 더 험난해졌다. 이것들을 헤쳐 나가느라 여러 주가 걸렸다. 어느 전형적인 날에 '리라와 커밋, 다른 동료 네 명은 해 뜰 때부터 해질 때까지 바위틈과 거센 강물에서 때로는 위험한 순간도 맞아가며 혹독하고 고생스러운 하루를 보냈다.' 너무 많은 카누를 잃어버려 보급품이 부족했기 때문이 식량이 배급되었다. 대부분의 사람들은 말라리아와 이질, 종기, 벌레에 물려 부어오른 손발로 고생했다. 루스벨트는 용감하게 작업을 도우려고 노력했다. 그러나 곤충들, 특히 모기와 꼬마꽃벌, 빨갛게 가려운 자국을 남기는 보하슈두 흑파리를 싫어했다. 그는 이 낯선 환경에서 서투른 신참자임을 겸손하게 인정했다. '덤불을 헤쳐 가다가 말벌집을 건드렸는데 그 녀석들은 매우 적대적이었다. 먹이를 찾으러 밖에 나온 육식성 개미들[에키톤 군대개미] 무리 사이로 무심결에 발을 디디기도 했다. 또 한번은 넘어지면서 나뭇가지를 붙들었다가 호박벌처럼 쏘는 불개미[토칸데이라*tocandeira*, 디노포네라*Dinoponera*속〕떼가 후드득 쏟아져서 세 시간 동안이나 괴로웠다. …… 우리는 물린 데로 성한 곳이 없었는데 주로 개미와 숲속의 작은 진드기한테 물렸다. 비와 열기 때문에 저녁에 벗은 옷가지는 보통 젖어 있는데 다음날 아침 다시 입을 때도 마찬가지였다.' 루스벨트는 카누를 밀다가 다리를 심하게 다쳤고 농양이 생겼다. '나는 절뚝거리며 다닐 수도 없는 지경이라 꼼짝없이 누워 있게 됐다.' 혼동은 이렇게 회상했다. '이것만이 아니었다. 그는 지독한 열병에 걸려 잠시 여행을 중단해야 했다. 루스벨트는 고열로 제정신이 아니었다. 그는 나를 불러서 "원정을 멈출 수 없지만 나는 계속 갈 수가 없으니 날 버려두고 떠나시오!"라고 말했다.' 그러나 한 나라의 전직 대통령을 버린 채 갈 수는 없는 노릇이었다. 그래서 그들은 지붕을 씌운 카누에서 병자를 보살펴가며 여행을 계속했다. 루스벨트는 말라리아로 '몸이 극도로 쇠약해졌고 등이 온통 종기로 뒤덮여서 극심한 고통을 피하기 위해 카누에 엎드려 있어야 했다.'

시련—그리고 처녀지를 탐험하는 들뜬 기분—은 원정대가 고무 채취인들의 오두막을 만나면서 끝났다. 그들은 그때쯤 평온해진 루스벨트 강에서 며칠을 더 보낸 후 마찬가지로 커다란 아리푸아낭 강을 타고 내려가 마데이라 강까지 간 후 마나우스 인근에서 아마존 강 본류에 다다랐다. 마나우스에서 한 미국인은 루스벨트가 '너무 쇠약해져 이전 모습을 도저히 알아볼 수 없을 지경'인 것을 발견했다. '그러나 그의 무한한 열정만큼은 조금도 줄지 않고 그대로였다.' 루스벨트와 혼동의 탐험은 5개월간 지속되었고 1천 킬로미터가 넘는 험난한 강을 일주하는 데는 8주가 걸렸다. 루스벨트는 아마존 강 어귀에서 혼동과 작별했다. 그는 브라질인들에게 '용감하고 인내심이 많고 끈기 있고 순종적인 훌륭한 사람들'이라고 찬사를 보냈고 '그들의 용기와 결의, 불굴의 의지에 대한 찬탄과 더불어 나는 그들에게 강한 애정과 우정도 느끼게 되었다. …… 오랫동안 의미 있을 위업을 달성하는 데 그들과 함께하게 되어 기쁘다.'고 말했다.

아마존의 매력에 빠진
탐험가들

아마존에는 상업적 전망이 거의 없었기 때문에, 20세기 전반기 아마존의 주요 유인 요인은 탐험과 인류학, 자연과학이었다. 파울 에렌라이히, 헤르만 마이어, 테오도르 코흐-그륀베르크, 막스 슈미트 같은 여러 독일 인류학자들이 카를 폰 덴 슈타이넨에 뒤이어 목가적인 싱구 강 상부로 찾아왔다. 그들은 싱구 강의 부족들한테서 대체로 환영받았다. 마이어는 식량이 떨어졌으나 원주민들의 환대로 구조되어 처음에는 카마유라족과 나중에는 트루마이족 소년, 소녀들과 강에서 물장구를 치며 즐거운 저녁을 보냈다. 1901년 슈미트는 슈타이넨과 마찬가지로 문명에 동화된 남부 바카이리족 인디오의 안내를 받아 그 지역에 혼자 갔다. 그는 바이올린으로 민요를 연주하며 한 마을에 접근했고 그 덕분에 (어쩌면 그것에도 불구하고) 반갑게 받아들여졌다. 그러나 인근의 나우크와족과는 일이 잘 풀리지 않았다. 슈미트는 자신이 가져온 물품과 그들의 공예품을 교환하려고 했지만 인디오들은 이것을 인색한 행동으로 오해했다. 그들은 그의 물품을 훔치고 심지어 그들이 처음에 교환한 물건을 빼앗아갔다. 그가 아웨티족에게 갔을 때는 짐꾼들이 남아 있던 짐마저 들고 튀어버렸다. 슈미트는 당황해서 달아났는데 아웨티족이 나중에 그를 따라잡아 그의 물품 대부분을 돌려주어서 깜짝 놀랐다. 굶주리고 열에 들뜬 그는 인디오들의 간호를 받았고 혼수상태에서 깨어나 보니 '아름다운 투이르키족, 여전히 젊음이 한창 때이며 자신의 매력을 모르지 않는 날씬하고 아름다운 아가씨'가 옆을 지키고 있었다. 다른 방문객들은 그보다 운이 좋지 않았다. 1898년 다섯 명의 미국인은 호전적인 수야족을 찾아갔다. 이 사나운 부족은 처음에는 이방인을 환영하는 듯했지만 이들이 오두막에 앉자마자 뒤에서 곤봉으로 때려 죽였다. 이듬해에는 브라질의 파울라 카스트루 대령이 대규모 원정대를 이끌고 우스 마르치리우스^{Os} Martirios('순교자들')라는 금광을 찾아 나섰지만 그의 부하들 대부분은 기아와 질병으로 죽었고 파울라 카스트루 본인은 미쳐버렸다.

테오도르 코흐-그륀베르크는 싱구 강에서 메이어와 함께했고 아마존 분지 북부에서 가장 뛰어난 인류학자 중 한 명이 되었다. 1903년 그는 네그루 강 상부의 부족들을 연구하러 강을 거슬러 가 콜롬비아 내륙 깊숙이 침투해 그들과 함께 살았다. 그 후 1911년부터 1913년까지 2년간 호라이마 산 근처 사바나에서 서쪽으로 브랑쿠 강의 수원인 우라리코에라 강을 거슬러 베네수엘라의 오리노코 강 상부로 갔다. 이것은 놀라운 여행으로 이전에 이곳을 여행한 유럽인은 독일계 영국인 탐험가 로버트 숌버그 한 명뿐이었다. 두 사람은 물론 숲이 우거진 미로 같은 강의 바위와 급류, 굽이를 훤히 꿰고 있는 예쿠아나족(마키리타레족 혹은 마이온공족으로도 불린다) 인디오들의 노질과 안내를 받았다. 이 여행으로 코흐-그륀베르크는 유럽인들이 건드리지 않은 원주민 부족 가운데 가장 대규모로 남아있는 야노마미족 마을 두 곳과 잠시 접촉할 수 있었다.

미국인 탐험가들도 이 북쪽 지역에 침투했다. 1914~1915년에는 윌리엄 커티스 패러비가 브라질령 기아나로 놀라운 원정을 이끌었다. 호라이마(당시에는 리우 브랑쿠로 불렸다)의 보아 비스타에서 동쪽으로 출발한 패러비는 아마존 강 북부 지류들의 수원들 사이를 육로로 이동했다. 이것은 아마존 열대우림 중에서 오늘날에도 여전히 가장 알려지지 않은 지역을 탐험하는 매우 힘든 여정이었다. 펜실베이니아 대학 박물관에서 온 패러비의 팀은 사실상 외부와 고립 상태로 살아가는 카리브어 사용 부족들과 잇달아 접촉하며 힘든 여정에 보답을 받았다. 먼저 와이와이족을 만났는데 키가 크고 잘생긴 와이와이 부족 전사들의 길게 땋아 올린 머리는 아마존 여전사에 대한 전설을 낳았을지도 모른다(68쪽을 보라). 그들이 가장 아끼는 소유물—그리고 가장 인기 있는 교역품—은 잘 훈련된 사냥개였다. 이 동물들은 다른 어느 부족의 애완동물보다 애지중지 보살핌을 받았는데 와이와이족은 이 개들을 잘 먹이고 깨끗하게 단장했으며 특별히 제작된 단상 위에 재웠다. 와이와이족 다음에는 그들과 관계가 있는 파리코토족과 파리코토족 동쪽에 거주하는 티리요족을 만났다. 이들 부족 대부분은 미국인 원정대를 맞이하여 일장 연설과 (깃털 장식을 한 자그마한 어린이들에 이르기까지) 부족민들 한 명 한 명과의 악수, 몇 시간에 걸친 춤이나 곤봉 전투 의식, 레슬링으로 맞이했고, 이 환영 행사는 으레 약하게 취기가 도는 마니오크 카우잉으로 목을 축이는 것으로 마무리되었다. 그러나 일부 마을들은 적대적이었다. 한 마을에서 미국인들은 그들을 반원형으로 둘러싸고 활시위를 팽팽하게 당긴 채 활을 겨누고 있는 전사들 사이로 천천히 용감하게 전진해야 했다.

이방인들이 선물을 들고 평화롭게 찾아왔다는 것이 분명해졌을 때에야 활은 거두어졌다.

패러비는 티리요족 사이에서 사춘기에 이른 소년들의 무시무시한 성인식을 목격했다. 소년들은 아름다운 깃털 옷을 입고 밤새 춤을 춘 후 특별히 지어진 오두막 안의 해먹에 묶였다. 그다음 사람들은 배 부분을 고정시키는 방식으로 커다란 불개미를 최대 100마리까지 담아둔 바구니를 불쌍한 소년한테 가져갔고, 소년의 이마 위에도 비슷한 방식으로 말벌을 가져다 두었다. 토칸디라tocandira 불개미한테 한 번이라도 물려본 적이 있는 사람은 그 극심한 고통을 잊지 못한다. 따라서 이 괴물들한테 반복적으로 수십 차례 물린 소년들은 극심한 격통으로 미친 듯이 몸부림쳤고 그들이 묶인 해먹은 심하게 흔들려서 곧 떨어질 것만 같았다. 그러다 결국 의식을 잃으면 소년들은 작은 시체처럼 실려 나왔다. 그러한 고통에서 살아남은 이들만이 어른으로 인정받았다.

알렉산더 해밀턴 라이스 박사는 하버드 대학에서 공부한 안과 의사로 탐험가가 되었다. 그는 런던의 왕립지리학회에서 측량술을 배운 후 1907년 콜롬비아부터 브라질의 네그루 강과 합류 지점까지 바우페스 강(브라질에서는 우아우페스 강)을 일주하며 강을 따라 있는 원주민 부족들을 의학적으로 연구했다. 그는 이후 1912년과 1917년, 1919년에도 돌아와 네그루 강 상부의 강들을 탐험하고 네그루 강의 수원들과 오리노코 강을 잇는 카시키아레 운하의 지도를 그렸다. 그는 인디오들의 건강 상태와 그들의 약용 식물 지식에 관한 정보를 수집했다. 오리노코 강 상부에서 라이스의 탐험대는 야노마미족에게 공격을 받았지만 허공으로 총을 발사한 후 빠져나올 수 있었다.

아마존 Amazon

1924~1925년에 해밀턴 라이스는 북동쪽에서 야노마미족의 영토에 접근했다. 재정 지원이 탄탄한 원정대를 이끈 덕분에 그는 최신 무전기를 이용하고, 이 지역에서 최초로 수상 비행기를 띄우기도 하였다. 원정팀은 브랑쿠 강을 거슬러 우라리코에라 수원으로 갔지만 과거 숌버그와 코흐-그륀베르크가 인디오들의 카누로 건넜을 때와 달리 보트가 너무 무겁고 커서 오리노코 강과 교차하는 분수령에 위치한 끝없는 급류들을 통과하기 힘들었다. (그 먼 골짜기에 위치한 푸루마메 폭포에는 숌버그와 해밀턴 라이스, 혼동—1927년에 그곳에 다녀갔다—이 각자 이름을 새긴 바위가 있다. 나도 그 위에서 사진을 찍었지만 내 낙서를 추가하지는 않았다.) 해밀턴 라이스의 예쿠아나족(마이온공족) 안내인은 그를 옆 물길로 안내하여 일단의 야노마미족을 만나게 해주었다. 그는 인디오들의 거대한 원뿔형 야노^{yano} 오두막에는 깊은 인상을 받았지만 그들의 '불결함'과 바나나로만 이루어진 식단은 마음에 들지 않았다. 그러나 이것은 잘못된 인상이었다. 다른 관찰자들은 야노마미족의 매력적인 용모와 몸에 그린 그림을 좋아했다. 이 능숙한 사냥꾼들은 사실 사냥감과 플랜테이션 작물, 단백질이 풍부한 흰개미 같은 풍성한 식단을 갖고 있지만, 이제 그들이 가장 좋아하는 음식은 바나나(원래는 아마존이 원산지가 아니다)이며 그것을 광범위하게 재배한다.

원주민 옹호자
쿠르트 니무엔다주

혼동의 새 인디오 보호부서(SPI)는 적대적 부족과 접촉함으로써 능력을 입증해야 했다. 이것은 당시 '평정pacify' 활동으로 알려진 것으로, 평정된 원주민 부족은 '문화 변용acculturation' 과정을 거친 후 궁극적으로는 브라질 사회에 '동화assimilation'될 것으로 기대되었다. SPI의 초창기 접촉 활동은 모두 아마존 분지 바깥의 브라질 남부에서 이뤄졌다. 그런데 마데이라 강 근처에서 고무 채취인들에게 용감하게 맞서 그들을 공포에 떨게 한 호전적인 집단이 하나 있었다. 이들은 당시에는 파린틴틴족으로 불린 투피-카와히브족으로, 루스벨트 강 하류 그리고 아리푸아낭 강의 서쪽 숲속에 살고 있었다. 혼동은 SPI의 다양한 장교들에게 사나운 파린틴틴족을 평정하라고 명령했다. 그러나 (파린틴틴족의 영토에 공격적으로 침입한다든가 접촉 팀에 파린틴틴족과 적대 관계인 인디오를 데려간다든가 하는 식의) 잘못된 방법을 사용한 데다 파린틴틴족의 적대감이 워낙 완강하고 또 당연한 일이지만 그들이 모든 백인을 의심했기 때문에 이들의 시도는 모두 수포로 돌아갔다.

1922년 혼동은 또 다른 시도를 위해 39살의 한 놀라운 독일인을 파견했다. 독일 예나의 초라한 가정에서 태어난 쿠르트 운켈은 대학 교육을 받은 적이 없었다. 1903년 무일푼의 이민자로 브라질에 왔던 그는 곧 상파울루 주 내륙에 사는 더럽고 가난한 난데바-과라니 족들과 함께 살아가기로 결심했다. 작고 호리호리하고 말수가 적고 꼼꼼하며 매일 단정하게 손질하는 콧수염을 기른 쿠르트 운켈은 엄격한 은행가를 연상시키는 사람이었다. 그러나 그는 뛰어난 독학 인류학자이자 원주민 권리의 옹호자가 되었다. 그는 인디오들과 함께 오랜 시간을 보냄으로써 그들의 사고방식과 사회에 대한 공감을 키워갔다. 그는 자신이 그렇게 한 이유가 '그 집단의 문제를 자신의 문제처럼 몸으로 직접 느끼기 위해, 다시 말해 그들과 같은 위협 느끼

아마존 Amazon

고 같은 희망을 키우며 같은 불의와 억압에 분노해야 하기' 때문이라고 설명했다. 과라니족은 이 조용한 독일인을 좋아했고 그를 부족의 일원으로 받아들이기로 했다. 그들은 밤새 계속된 정교한 의식을 열어 그에게 니무엔다주Nimuendajú('우리와 함께 하는 사람')라는 이름을 붙여주었고 '숲 뒤로 태양이 떠올랐을 때 햇살은 흰 피부임에도 불구하고, 멸족 직전의 부족의 불행을 2년간 함께한 과라니족의 새로운 동반자를 환하게 비췄다.' 나중에 브라질 시민이 되었을 때 운켈은 자신의 이름을 쿠르트 니무엔다주로 정했다.

니무엔다주는 10년간 남부 브라질의 부족들과 함께 살며 그들을 연구한 후 1915년부터 아마존의 부족들과 함께 살기 시작했다. 1921년에는 프랑스령 기아나 국경 근처인 북부 아마파 주의 사기가 꺾인 부족들 가운데서 살았다. 그다음 그는 식민지 전쟁과 노예제, 선교사들의 개종 시도에서 살아남은 마데이라 강 하부의 무라족 그리고 토라족과 살았다. 따라서 혼동이 무서운 파린틴틴족과 화평을 맺어보도록 부탁했을 때 그는 바로 현장에 있었다.

니무엔다주의 방법은 이 전사 부족의 영토 한가운데에 전초기지를 세우고 그곳에 머물면서 반응을 기다리는 것이었다. 그는 부하들을 시켜 오두막 한 채를 지은 다음 유일한 방어 시설로 골이 진 철판으로 만든 담을 세웠다. 담 밖으로는 작은 공간을 두고 재차 철사울타리를 쳤다. 인디오들에게 주는 선물은 인근 숲속의 헛간에 두었다. 몇 달간 소규모의 산발적 교전이 있었고 부하들은 점점 두려움과 반항적 태도를 보였다. 그러던 어느 날 아침 결정적인 만남이 이루어졌다. 니무엔다주의 표현에 따르면 '파린틴틴족은 함성을 지르고 화살을 퍼부으며 나를 공격하러 집 안으로 들어왔고 …… 내가 집안 구석으로 몸을 숨긴 순간 화살이 날아와 내 옆에 박혔다. 베란다는 즉시 화살로 어지러워졌고, 앞뜰에도 벽에 맞고 부러진 화살이 널려 있었다. …… 일단의 인디오들이 계속 소리를 지르고 화살을 쏘면서 집으로 다가오는 것이 보였다. …… 나는 그들에게 외쳤지만 그들이 아주 미친 듯이 함성을 질러댔기 때문에 내 목소리는 거의 들리지 않았다.' 니무엔다주는 파린틴틴족에게 겁을 주어 쫓아내기 위해 부하들에게 허공에 대고 총을 발사하라고 명령을 내릴 참이었다. 그러나 인디오들은 갑자기 공격을 멈추고 물러갔다. '나는 즉시 총을 버리고 도끼와 마체테를 챙겨 인디오들에게 그것들을 보여준 후 내밀었다. …… 그다음 재빨리 앞뜰로 뛰어가 인디오들에게 실에 꿴 구슬을 보여주며 다가갔다. 그들은 매우 흥분해 있었고 수상쩍어 했으며 나를 보고 움찔했다. 그래서 나는 반경 바깥으로 그들을 따라가 그들이 요구한 대로 땅바닥에 구슬을 둔 후 그들이 와서 집어갈 수 있도록 약간 물러났다.' 그날과 다음날에도 화살이 날아오고 전투 함성이 들려왔다. 그러나 니무엔다주의 용기와 기지, 그리고 파린틴틴족의 투피-과라니어에 대한 지식(그에게 이름을 준 부족들한테 배운 것이었다) 덕분에 마침내 대화와 무엇보다 중요한 첫 물리적 접촉이 이루어졌다. 몇몇 인디오들은 그의 오두막집을 방문해 잘 대접받았다. 그는 자신의 성공에 대해 '"길들여지지 않는 야생의 야수, 라이플총을 통해서만 대화가 가능한, 사람을 먹는 자들"이 나와 근 3시간 동안이나 평화롭게 대화를 주고받고 선물을 교환했다!'고 언급했다.

그러나 파린틴틴족 '평정' 작업은 끔찍하게 잘못 돌아갔다. 이 용맹한 부족은 외래의 질병으로 우수수 죽어나갔고, 무기를 내려놓자마자 그들의 땅은 침략을 당했다. 니무엔다주의 친구는 훗날 그가 자신의 영웅적 행위를 한탄했다고 썼다. '그는 가장 행복한 인디오란 자신들의 땅을 넘보는 자들에 대해 용맹한 투지와 타협하지 않는 적개심으로 독립을 유지하는 자들이라는 것을 깨달았다.' 비극적이게도 20세기 대부분 동안 고립된 부족과의 접촉은 유사한 결과를 낳았다. 최초의 접촉은 흔히 노련하고 좋은 의도를 품은 SPI나 후속 기구인 푸나이의 장교들을 통해 이루어졌다. 그러나 거의 필연적으로 곧 끔찍한 유행병─홍역이나 인플루엔자, 결핵─이 돌았고 여기에는 적절한 치료책이 없거나 부적절한 의료 조치가 취해졌다. 또한 두려워하던 부족이 싸움을 멈추면 흔히 그들의 숲과 강은 침략을 당했다.

쿠르트 니무엔다주는 1910년부터 1945년 죽을 때까지 매해 고고학 발굴 현장이나 부족의 탐사 원정에 나가 있었고 62세로 세상을 뜰 때에는 아마존─솔리몽이스 강의 티쿠나족 사이에서 살고 있었다. 이것은 도로와 비행기가 없던 시절, 여행은 오로지 강이나 도보, 말에 의지해서만 가능했던 시절에 엄청난 위업이었다. 니무엔다주는 물론 말라리아와 영양실조로 자주 고생했다. 어느 우울한 순간에 그는 숲속 인디오의 삶이 믿을 수 없을 만큼 비참하고 극도의 빈곤과 궁핍, 박해와 위험으로 점철되어 있다고 쓰기도 했다. 그러나 한번은 어느 부족과 있으면서 이질과 열병으로 심하게 아팠을 때 그는 샤먼의 주술 의식을 통해 나았다고 확신했고, 실제로 독일의 인류학 학회지에 그런 내용을 기고했다. 니무엔다주는 많은 원주민 마을에서의 평온한 삶을 사랑했다. 그는 다른 인디오들에 대한 이야기를 들려주어 그를 맞아준 인디오들을 즐겁게 해주었고 그들은 그에게 정이 들었다. 마라냥의 카넬라족(람코카메크라족)의 여자들은 몇 시간 동안 머리부터 발끝까지 그의 전신에 그림을 그리고 깃털을 붙여 치장해주었다. 그들과 가깝고 토칸칭스-아라과이아 강에 사는 아피나예족도 그에게 명예로운 이름을 선사하고 젊은 아가씨와 정식으로 결혼시켰다.

꼼꼼한 관찰자이자 인디오 역사의 연구자인 쿠르트 니무엔다주는 무려 마흔다섯 부족에 대한 인류학 연구 성과를 내놓았다. 어쩌면 독학을 한 덕분에 그의 글에는 어려운 전문 용어가 없었다. 그리고 그는 아이들의 놀이나 사춘기 소녀들의 성에 대한 태도에 이르기까지 마을 생활의 모든 측면에 대해 이야기했다. 그는 각 부족의 문화적, 정신적 유산에서 중요한 요소를 이루는 신화에 매료되었다. 요컨대 그는 원주민 사회의 모든 측면을 기록한 타고난 인류학자였다. 니무엔다주는 외부와 접촉한 적이 없는 화려한 부족들뿐 아니라 식민지 변경이 접근해옴에 따라 파괴된 부족들에도 마찬가지로 관심이 많았다. 또 그는 16세기 이래로 유럽 침략의 타격을 가장 크게 받아, 대서양 연안 지대를 따라 애처롭게 잔존하고 있는 부족들을 연구한 최초의 인류학자였다. 그는 브라질의 다른 지역에서 세 부족의 마지막 생존자를 추적했고 한때 자랑스러웠던 이 부족들의 소멸에 얽힌 가슴 아픈 이야기를 썼다.

1927년 니무엔다주는 네그루 강 상부와 강의 수원인 우아우페스 강과 이사나 강의 인디오들을 방문했다. 이 부족들은 탐욕스러운 카우체로 업자들에 의해 노동을 강요당했고 그들 패거리는 인디오 여자들이 몸을 팔게 하고 얼마 안 되는 그들의 물건을 빼앗았다. 니무엔다주는 심지어 양순한 이 인디오들이 무기를 들고 일어나 바람총과 독을 바른 다트로 사악한 주인들을 죽이기를 바랐다. 그 지역의 브라질과 인근 콜롬비아에 신정 체제를 수립한 이탈리아 살레시오회 선교사들 덕분에 약간의 평화가 찾아왔다. 그러나 이 보호자들은 자

▲ 고무 붐 기간에 호황을 누렸던 마나우스는 남아메리카에서 전차를 놓은 최초의 도시 가운데 하나였다. 미합중국고무 회사의 후원을 받은 초록색 전차에는 영어로 '마나오스 철도Manaos Railway'라고 쓰여 있었다.

▲ 붐 타운 마나우스는 수백 군데의 술집과 매음굴을 자랑했다. 밤새 여는 이 '상류 생활 술집'의 광고판은 마니오크 타피오카와 파리냐 다구아부터 독일 라거 맥주Schopp, 카샤사 럼과 필터가 없는 궐련cheroot, 여송연, 커피, 초콜릿, '시원하거나 뜨거운 우유'에 이르기까지 아마존 사람들이 즐겨 찾는 각종 음료를 광고하고 있다.

▲ 아마존 지역에서 가장 큰 도시인 마나우스는 네그루 강(검은 강물)과 솔리몽이스 강이 아마존 강에 합류하는 지점에 위치한다. 강어귀로부터는 약 1,300킬로미터 떨어진 곳이다. 대양을 오가는 선박들도 드나들 수 있다.

▲ 아마존 강 어귀에 위치한 벨렝 두 파라는 고무 붐 기간에 무역항과 금융의 중심지로 번성했다. 북적이는 부둣가에 늘어선 창고 건물 일부는 18세기 중반 이탈리아 건축가 주세페 란디가 설계한 것이다.

▲ 마데이라–마모레 철도는 마데이라 강에 포진한 서른 군데의 거센 급류를 지나 볼리비아 고무를 수송하기 위해 건설되었다. 숲과 늪지를 관통해 철도를 부설하는 동안 수천 명의 사람들이 목숨을 잃었는데, 대부분은 말라리아 때문이었다. 시작부터 불운했던 이 철도는 고무 붐이 붕괴하던 1912년에야 대부분 완공되었다.

◀ 화려한 콧수염을 뽐낸 볼리비아인 니콜라스 수아레스는 세계 최고의 고무 부호였다. 그러나 막대한 재산에도 불구하고 보잘 것 없었던 소싯적처럼 맨발로 다니는 것을 좋아했다.

◀ 미국 농부의 아들로 태어나 혼자 힘으로 푸투마요 고무 제국의 진학상을 세계에 폭로한 월터 하든버그.

▲ 푸투마요 고무 스캔들에서 적으로 만난 두 사람은 모두 단정한 콧수염과 턱수염을 길렀다. 페루인 훌리오 세 사르 아라나(왼쪽)는 무자비한 야심을 바탕으로 상부 아마존에서 가장 강력한 카우초 고무 부호로 부상했으나 '악의 제국'에 극도로 잔인한 지배 체제를 도입하여 인디오들에게 노동을 강요했다. 로저 케이스먼트 경(오른쪽) 은 브라질 주재 영국 영사였으며 1910년과 1912년에 푸투마요 강의 잔학 행위를 조사하는 임무를 띠고 파견되 어 충격적인 보고서를 작성했다.

▲ 쇠사슬에 묶인 위토토족 여자들을 찍은 월터 하든버그의 (물에 파손된 네거티브 필름에서 나온) 가슴 아픈 사진 인디오들은 고무를 충분히 가져오지 않거나 속박에서 벗어나려고 하면 흔히 죽을 때까지 채찍질을 당했다.

◀ 뼈 빠지는 고무 채취 노역에서 잠시 쉬고 있는 인디오들. 그들의 족장은 명예의 훈장으로 주어진 브라질 군대 제복을 입고 있다.

▲ 아직 아무런 가공도 하지 않은 마니오크. 오늘날 쌀 다음으로 세계에서 가장 중요한 열대 작물이다.

◀ 마니오크는 아마존에서 '기적의 음식'이다. 재배와 수확이 쉽고 탄수화물과 칼로리가 풍부하다. 한 야노마미 여성이 마니오크 가루를 구어 베이주beijú 팬케이크를 만들고 있다.

◀ 인디오들이 고무를 가져오면 저마다 무게를 달았다. 할당량에 미치지 못하면 심한 매질을 당하거나 차꼬에 채워져 굶어죽도록 방치되었다. 페루의 카우초 고무 덩어리는 긴 롤 형태였다.

▶ 세링게이루는 매일 채취한 고무 유액에 연기를 쏘여 크고 단단한 공으로 만들어야 했다. 이 작업은 유독한 크레오소트가 담긴 화로 위에서 했다.

▲ 전직 대통령 시어도어 '테디' 루스벨트와 브라질의 위대한 탐험가이자 인도주의적인 인디오 보호부서의 창립자 칸지두 혼동 대령(나중에는 원수)은 서로 존경하며 우정을 나누었다. 루스벨트는 '냄비에 들어갈' 동물을 사냥하는 것은 허락받았지만 전리품용 맹수는 사냥할 수 없었다. 1914년, 여기서 두 탐험가는 장차 루스벨트의 이름을 따 불리게 될 미지의 강을 최초로 일주하는 힘든 여행길 도중에 브로켓 사슴 옆에서 포즈를 취하고 있다.

▶ 하이럼 빙엄은 1911년 아메리카 대륙에서 가장 장관인 마추픽추 유적을 발견했다. 키가 크고 잘생긴 빙엄은 탐험가와 모험가의 완벽한 전형이었다.

▲ 리처드 에번스 슐츠는 뛰어난 식물학자이자 탐험가였다. 그는 민족식물학이라는 학문을 창시했고 환각성 식물에 매료되었다. 여기서 그는 콜롬비아 카케타 강 인근의 한 유쿠나족으로부터 코담배를 들이마시고 있다.

▲ 인간이 만든 예술적 창조물 거의 대부분이 소멸되는 아마존에서 암각 미술은 초기 인류가 남긴 가장 오래 가는 유산이다. 아마존 전역에 수천 점의 암각 그림이 있다. 한 바라사나족 소년이 '니의 바위Rock of Nyi'위에 새겨진 그림 옆에 서 있다. 이 그림은 최근에 어느 광신적 선교사가 악마숭배라며 훼손하여 돌이킬 수 없는 상태가 되었다.

▲ 스미스소니언 연구소의 베티 메거스와 남편 클리포드 메거스는 아마존 고고학과 환경사의 선구자 중 한 명이다. 1949년에 찍힌 이 사진에서 그녀는 마라조 섬의 멋진 단지를 발굴하고 있다.

▲ 애너 루스벨트 교수가 하부 아마존 북쪽 페드라 핀타다(채색 바위) 동굴에서 작업 중이다. 그녀는 발굴 작업을 통해 아마존에 인류의 도착 시기가 아주 일렀다는 것을 밝혀냈다. 그녀는 또한 유럽인 정복 이전 아마존 강 본류의 족장사회는 이전까지 생각해온 것보다 훨씬 컸다고 주장했다.

▲ 1964년 첫 접촉 당시 오를란두 빌라스 보아스와 불안한 표정의 익펭그족(트시캉족) 여인들. 오를란두와 그의 형제 클라우지우는 20세기 후반에 원주민 부족을 위해 활동한 뛰어난 운동가들이었다. 그들은 위대한 탐험가이자 싱구 강 상부에 거대한 원주민·환경 보호구역을 만든 사람이기도 하다.

▲ 카리스마 넘치는 치쿠 멘데스는 소 방목을 위해 숲을 파괴하려는 토지 소유주들에 맞서 아크리 주의 고무 채취인들을 이끌었다. 그는 이 때문에 1988년에 피살되었다. 이 사진 속에서 치쿠 멘데스는 새로 건설된 BR-364 고속도로 위에 서 있다. BR-364 고속도로는 아크리 주와 혼도니아 주에 수천 명의 정착민들을 불러들였고 대규모 삼림 파괴와 환경 파괴를 초래했다.

신들이 돌보는 인디오들을 개종시키고 철저히 통제할 작정이었다. 니무엔다주는 살레시오회 신부들이 투카노족과 테사나족의 아름답고 거대한 오두막 말로카를 허물도록 명령하는 것을 보고 기겁했다. 이 집들은 건축학적 걸작으로, 사시사철 건조하고 시원하며 먼지 한 점 없이 깨끗하고 외관은 보기 좋은 기하학적 문양으로 장식되어 있었다. 가족마다 오두막 안에 자기들이 쓰는 해먹과 아궁이가 있었고 마을 사람들은 여기에 단체로 모여 의식을 열었다. 말로카는 선교사들이 그것을 대신해 지은 작고 무더운 상자 같은 집보다 모든 측면에서 나았다. 니무엔다주는 '선교사들이 공동 주거를 혐오하는 주된 이유는 …… 그 공동 오두막에서 …… 개종과 정신적 사회적 지배를 위한 그들의 계획에 반하는 …… 말 그대로 이전 사회 …… 질서의 들보를 보기 때문이다.'라는 것을 알았다. '인디오들 고유의 문화는 말로카에 압축되어 있다. 그 안의 모든 것이 전통과 독립성을 나타낸다. 그래서 그것들을 허물어야 하는 것이다!' 니무엔다주는 원주민 부족에 대한 모든 형태의 억압에 반대했다. 그는 원주민들의 권리를 위해 운동하고 그들을 지키기 위해 행동한 최초의 인류학자였다.

쿠르트 니무엔다주는 연구 성과가 브라질, 독일, 프랑스, 미국의 학문 기관의 연구지와 책으로 출판되며, 그의 생애 동안 마땅한 명예를 누렸다. 그는 사후에 1500년 이래로 브라질의 모든 원주민 부족의 위치와 이동을 보여주는 『민족지-역사 지도』를 남겼다. 이 지도에 부가된 방대한 설명은 학문 연구의 기념비였다. 그가 죽었을 때 브라질의 가장 저명한 인류학자 가운데 한 명은 이 교육받은 적 없는 독일 출신 이민자가 '의심의 여지없이 20세기 전반기 브라질 민족지학의 주요 인물'이라고 적었다.

포싯 대령은
어디로 갔을까

이 무렵에 매우 다른 유형의 이방인이 아마존에 나타났다. 퍼시 해리슨 포싯 대령은 1886년에 영국군의 포병 장교가 되었고 나중에 왕립 지리학회에서 경계 측량조사 강습을 받아 1906년에 영국군에 의해 볼리비아로 파견되어 볼리비아 북부 국경선을 측량하는 일을 도왔다. 그는 1년 동안 고무 붐이 들이닥친 강들을 일주하며 베니 강과 오르톤 강에 있는 수아레스 형제의 기지들을 방문했다. 그는 아부낭 강과 아크리 강 상류의 지도를 그렸는데 그 지역은 볼리비아와 브라질이 최근에 획득한 아크리 주 사이에 새로운 경계를 이루는 곳이었다.

　　1910년과 다시금 1911년에 포싯은 마데이라 강의 수원 마드레 데 디오스 강의 한 지류인 에아트 강에서 인상적인 측량 조사 작업을 수행했다. 쿠스코 동쪽의 숲속에 위치한 에아트 강은 볼리비아와 페루 사이의 자연 경계였다. 강어귀에서 활동하는 고무 채취인들은 투피어를 말하는—그리고 화살과 탈취한 약간의 화기로 자신들을 노예로 삼으려는 자들에 맞서 스스로를 지키는—와라요족 인디오들을 두려워했다. 포싯의 카누도 화살 세례를 받았지만 그는 용감하게 일어나 그들에게 외쳤다. 그는 자신이 잘못된 언어로 잘못된 이야기를 하고 있었다는 것을 나중에 알았지만 아무런 화살이나 총알도 날아오지 않았다. 그는 이 부족과 우호적 관계를 맺게 되었는데 어느 정도는 그의 부하들이 강둑에 앉아 아코디언을 연주하며 목청껏 민요를 불러댄 덕분이었다. 일단 탐험가들의 선의를 확신하자 와라요족은 그들에게 물고기를 잔뜩 주었다. 에아트 강 상류로 더 거슬러 올라가자 더 사교적인 에초카 부족이 살고 있었다. 포싯은 에초카족의 친절함과 너그러움, 청결함, 소박함을 사랑했다. 그에게 그들의 '타고난 고귀함은 많은 "문명" 민족들의 고귀함보다 훨씬 위대했다.'

인디오들에 대한 포싯의 태도는 편견과 호의가 묘하게 뒤섞인 것이었다. 그는 몇몇 부족들의 정직함과 영리함, 진지함을 칭찬했고 고무업자들의 잔인성에 경악했다. 고무 회사들은 '인디오들을 사냥하는 무장한 깡패 집단을 유지했고 대대적인 학살을 자행했다.' 붙잡힌 인디오는 셔츠 한 장과 도구, 약간의 쌀을 받은 후 과도한 고무 할당량을 채우기 위해 쉬지 않고 일해야 했다. 원주민 마을에 잔혹한 습격을 나가고 인디오를 매질하거나 물에 빠트려 죽인 것을 으스대며 말하거나 '혼혈종과 인디오들은 오로지 채찍만 알아듣는다고 지치지도 않고 이야기하는' 고무업자들에게 포싯은 넌더리가 났다. 이 지역의 잔학 행위는 푸투마요 강의 아라나 경우에 못지않았다. 이러한 자유주의적 분노에 대조적으로 영국군 장교는 추한 인종적 편견을 발전시켰다. 그는 '인디오에는 세 종류가 있다. 첫 번째 종류는 온순하고 불쌍한 부족으로 이들은 금방 말을 잘 듣는다. 두 번째 종류는 위험하고 혐오스러우며 좀체 보기 힘든 식인종이다. 세 번째 종류는 활기 넘치고 피부가 밝은 부족으로 이들은 틀림없이 고대 문명인의 후손일 것이다.'라고 썼다. 그는 남아메리카의 그 지역에 한때 '우월한' 인종이 살았으며 그들은 물론 더 밝은 피부와 머리색, 푸른 눈동자를 가졌을 것이라고 확신하게 되었다. 그런 우생학적 흰소리와 더불어 포싯은 초자연적 현상에도 마음을 빼앗겼다. 그는 아마존 숲이 수수께끼 같은 힘에 의해 영원히 빛나고 있는 잃어버린 문명의 유적을 간직하고 있다고 믿게 되었다.

볼리비아의 이스마엘 몬테스 대통령은 영국군 소령이 그린 지도에 크게 기뻐했다. 따라서 그는 포싯을 보내 볼리비아 북동쪽 끄트머리에서 브라질과 국경을 형성하는 과포레 강의 수원인 베르데 강을 측량하게 했다. 1908년 말에 포싯은 증기선을 타고 파라과이 강을 거슬러 간 후 별로 알려진 게 없는 베르데 강을 거슬러 올라가는 매우 힘든 원정을 수행했다. 탐험가들은 선캄브리아기의 울퉁불퉁한 암반 위에 형성된 습지와 급류, 이끼로 뒤덮인 식생으로 이루어진 이 지역에서 아사할 뻔했다. 멀리로는 히카르두 프랑쿠 언덕(이 지역의 지도를 최초로 그린, 18세기 브라질 장교 히카르두 프랑쿠 드 알메이다 세하의 이름을 딴 것이다)의 탁상 산지가 보였다. 포싯은 혹시 원시의 동물이 그곳의 절벽 위에 고립되어 생존하고 있지 않을까 생각했다. 영국으로 돌아온 그는 이 생각을 자신처럼 오컬트 현상에 관심이 많은 친구 아서 코넌 도일에게 이야기했다. 그 결과, 『스트랜드』잡지에 연재되었고 나중에 책으로 출판되어 고전이 된 『잃어버린 세계』가 탄생했다. 1909년에 포싯은 볼리비아-브라질 국경조사위원회와 함께 베르데 강으로 돌아와 그 외진 국경 지대에 노새가 다니는 길을 내며 경계표지를 세웠다.

포싯은 퇴역하고 페루와 볼리비아를 몇 달간 유람한 후 1914년에 다시 그 지역으로 돌아왔다. 그는 과거 금광촌이었으나 이제는 버려져서 폐허가 되다시피 한 마투 그로수 시에서 과포레 강을 따라 열 하루 동안 노를 저어가 브라질 쪽에 위치한 과포레 강의 지류인 메켄시 강에 도달했다. 영국인 여행객은 내륙으로 며칠을 걸어 들어가 만난 커다란 부족에 좋은 인상을 받았다. 그는 이 부족을 막수비족이라고 불렀지만 아마도 오늘날 아리카푸족으로 알려진 부족이었던 것 같다. 그는 그들의 거대한 원뿔형 오두막과 깨끗함, 잘생긴 외양, 농장(특히 담배와 땅콩), 음악, 천문학에 관한 지식, 질서 정연한 사회에 찬사를 보냈다. 그러나 그는 '나는 이 부족이 …… 야만 상태에서 진화한 사람들이라기보다는 …… 더 고도의 문명의 후예라고 믿는다.'라고 덧붙여서 이 호의적인 인상을 망쳐버렸다.

  북동쪽으로 처녀림을 가로질러 5일을 걸어간 후 포싯의 팀은 그가 마리콕시족이라고 부른 부족과 만나게 되었다(위치로 볼 때 이들은 투파리족이거나 투피어를 사용하는 아루아족이었던 것 같다. 두 부족 모두 여느 인디오들처럼 당당하게 잘생긴 부족이다). 이 '미개인'들에 대한 포싯의 묘사는 '잃어버린 고리'*나 필트다운인** 조작 사건 같은 당대의 관심사로 편견에 치우쳐 있었다. 그에게 이들은 '몸집이 큰 털북숭이 인간'인 것 같았다. 그들은 '팔이 유난히 길고 눈썹 아래 뼈는 튀어나오고 이마는 쑥 들어간, 사실 매우 원시적 유형의 완전히 벌거벗은 인간'이었다. 이 '흉측한 원숭이 인간'은 '툭 튀어나온 눈썹 아래로 반쯤 가린 돼지 같은 눈'을 갖고 있었다. 그들은 폴짝폴짝 뛰어다니며 '귀에 거슬리는 소리로 쉴 새 없이 시끄럽게' 지껄였다. 그들의 오두막은 비바람을 피하는 원시적인 거처에 불과했고 그들은 '내가 여태껏 본 미개인들 가운데 가장 흉악해 보이는 미개인들이었다. …… 짐승 단계 너머로 거의 진화하지 않은 것 같은, 거대한 유인원 같은 난폭한 인간들이었다.' 이 모든 소리들은 물론 말도 안 되는 인종주의

---

* 시조새 화석처럼 생물 진화 과정에서 과도기적 특징을 보여주는 화석.
** 영국 필트다운에서 발견된 인간과 유인원 사이의 '잃어버린 고리'로 지대한 관심을 모은 고인류 화석. 훗날 위조로 판명되었다.

였다. 어느 인디오도 몸에 털이나 네안데르탈인 같은 이마, 유인원 같은 긴팔이 없으며, 우아하고 민첩하게 움직이지 다리를 구부리고 뛰어다니지 않는다.

1915년, 퍼시 포싯은 영국으로 돌아와 공병대에 재입대해 프랑스에서 싸웠다. 그는 전쟁이 끝날 때 특전무공훈장을 받고 대령으로 제대했다. 왕립지리학회는 국경 측량 조사 활동을 기려 그에게 금메달을 수여했다. 1910년 지리학회에서 한 강연에서 그는 '아마존 분지 숲속에 감춰진 …… 오래된 유적에 관한 소문'을 들었다고 이야기했다. 그는 1743년의 한 문서에 대해 들었는데 그 속에는 일단의 모험가들이 그보다 한 세기 전 반데이란테 노예-탐험가들이 봤다는 금광을 찾아 나선 이야기가 담겨 있었다. 1740년대가 되자 미나스 제라이스에 있는 브라질의 금광은 한창 가동되고 있었지만 탐험가들은 그곳보다 훨씬 북쪽을 탐험하여 폐허가 된 고대 도시를 발견한 모양이었다. 포싯은 그의 지도에 '가능성이 있는 곳'을 표시했는데 바이아 주 상프란시스쿠 강 굽이 남쪽 지역으로, 20세기 들어 방목업자들이 정착해 잘 알려진 곳이었다.

전후 영국 사회에 환멸을 느낀 포싯은 아내와 가족을 남겨둔 채 자신의 허상을 쫓아 브라질로 돌아갔다. 잘은 모르겠지만 그는 신비의 도시를, 탐험가들이 목격했다고 믿은 곳보다 남서쪽으로 1,200킬로미터 떨어진 마투 그로수에서 찾았다. 그는 증기선을 타고 파라과이 강을 거슬러 가 쿠이아바에 닿았고 1921년 초에 그 오랜 광산 도시를 빠져나와 싱구 강으로 향했다. 브라질 사람이 아닌 포싯의 두 동행은 끔찍할 정도로 무능력했고 창피스러운 원정은 싱구 강 수원으로 가는 길에 있는 방목지 너머에서 끝났다. 그해 후반에 포싯은 자신이 찾는 곳을 바이아 주 남쪽 대서양 연안으로 수정했다. 그는 여전히 마투 그로수에서 온 펠리페라는 쓸모없는 젊은이와 함께 있었고 그들의 모험은 돈키호테의 모험을 연상시킬 만한 낭패였다. 피카레스크 소설*에서 튀어나온 듯한 대령은 그다음 석 달을 바이아 주 서쪽 철도 구간 종점에 있는 다이아몬드 탐광자들 틈에서 홀로 고대 유적을 '찾으며' 보냈다. 이러한 실패 어느 것도 한때 아마존 부족들이 '고도의 문명을 발전시킨 "하얀 인종"에 의해 지배되었고' 그들의 전설적인 유적이 남아 있다는 그의 확신을 흐리게 할 수 없었다. 영국의 가족에게 돌아온 포싯은 '실패와 실망의 쓰라림'이 컸고 '지난 몇 년은 내 인생에서 가장 비참하고 환멸스러운' 시기였다는 점을 인정했다. 그러나 그는 '현대 역사에서 깜짝 놀랄만한 발견을 세상에 선보이려는' 생각에 과도하게 집착하고 있었다.

1925년, 이제 57세가 된 포싯 대령은 쿠이아바로 돌아갔다. 이번에는 '크고 힘이 매우 세며 술도 담배도 하지 않고 몸과 마음이 전혀 때 묻지 않은' 스물한 살 먹은 큰 아들 잭을 데려갔다. 이 자그마한 원정대의 세 번째 대원은 잭의 친구로, '대단히 열성적이지만' 브라질이나 외국어, 숲속의 생존에 대해서는 아는 게 전혀 없는 쾌활한 사립학교 소년 롤리 라이멀이었다. 3인조는 짐을 나르는 동물 열두 마리와 노새 몰이꾼을 데리고 4년 전 포싯이 도달했던 방목지로 갔다. 그들은 남부 바카이리족을 위한 SPI 관할 기지로 갔다. 카를 폰 덴 슈타이넨의 원정 이후 40년 동안 이곳은 언제나 싱구 강으로 진입

---

* 16세기에서 17세기 초 에스파냐에서 유행한 문학 양식으로 악한소설이나 건달소설이라고도 한다.

하는 입구였다. 외부와의 접촉이 덜한 북부 바카이리족은 싱구 강의 수원인 바토비 강에 여전히 살고 있었고 두 부족을 왕래하는 데 이용되는 편한 경로가 있었다. 영국인들이 기지에 있는 동안 싱구 강에서 메이나쿠족이 몇 명 찾아왔다. 포싯은 집에 보낸 편지에 이 싱구 강 주민들은 '갈색 인종 혹은 폴리네시아 인종이며 내가 〔잃어버린〕 도시와 연결 짓는 사람들은 피부색이 더 밝거나 붉은색인 인종이다.'라고 썼다. 그는 그의 젊은 동행들에게 곧 '구멍이 세 개 뚫리고 …… 뒤에는 이상한 문자 열네 개가 새겨진 긴 직사각형 바위'를 보게 될 것이라고 말했다. 또 '버섯 모양으로 깎인 커다란 돌, 즉 신비하고 불가사의한 기념비'나 '일종의 두꺼운 돌탑'을 보게 될 것이라고 했는데 그에 따르면 〔인디오들은〕 그 탑을 매우 무서워하는데 그들 말에 따르면 밤에 탑의 문과 창문에서 빛이 비치기 때문이다!' 하지만 그는 이러한 기이한 현상들에 관해서 어디서 들었는지 설명하지 않았다.

세 사람은 현지인들과 동물들 몇 마리를 되돌려 보내고 노새 여덟 마리와 함께 사바나를 가로질러 계속 전진했다. 집으로 보낸 1925년 5월 29일자 마지막 편지에서 포싯은 '한 달 안으로 고대 문명과 접촉할 것으로 예상되며 8월이면 주요 목적지에 도달'할 것이라고 썼다. 그는 이전에 자신의 활동 방식에 대해 이렇게 설명했다. '이것은 대규모 짐꾼과 안내인, 짐을 나르는 동물들이 함께 하는 팔자 좋은 탐험이 되지 않을 것이다. …… 진짜 야생이 시작되는 곳에서는 …… 장비를 최소한으로 줄이고 각자 자기 짐을 진 채 만나는 다양한 부족들과 친구가 됨으로써 생존할 수 있다고 믿는 것이 중요하다.' 이것은 위험한 생각이었다. 싱구 강 상부의 부족들이 슈타이넨 이후로 자신들을 찾아오는 수십 명의 원정대를 일반적으로 반갑게 맞긴 했지만

아마존Amazon

그들은 풍성한 선물, 특히 도끼와 나이프, 구슬 같은 선물을 당연히 기대하게 되었다. 그들은 포싯이 자신들이 베푼 환대를 누리면서도 잃어버린 도시의 주민들을 위해 마련한 선물 꾸러미는 열지 않은 채 '친구가 되는' 방식을 곱게 보지 않았을 것이다. 그리고 포싯은 베르데 강 측량조사 당시 아사할 뻔했던 경험에 비춰 세 사람으로는 자신들의 짐을 짊어진 채로 아마존 숲속에서 길을 낼 수 없다는 것을 알아야 했다. 한 사람은 늙어서 나이를 실감하고 있고 다른 두 명은 신참자일 때는 특히 말이다. 그의 황당한 집착과 서투른 방식 때문에 두 젊은 목숨이 희생된 것은 범죄에 가까운 무책임한 짓이었다.

세 탐험가들에 대해 더 이상 알려진 소식은 없었다. 정글 속에서 잃어버린 도시를 찾던 영국군 대령의 실종은 모든 저널리스트들이 꿈에 그릴 만한 이야깃거리였다. 그것은 국제적인 톱뉴스가 되었다. 오늘날까지도 이 이야기는 이국적인 것에 흥미 있는 많은 이들의 호기심을 자극하며, 음모론 이론가들 사이에서는 여전히 포싯 원정대의 운명에 대한 추측이 무성하다. 다음 십 년 동안 포싯이 흰 수염이 무성한 채 어느 부족의 족장이 되어 살고 있다거나 중앙 브라질의 여러 지역에서 미치광이 영국인이 목격되었다는 소문이 떠돌았다. 많은 사람들—SPI 직원, 선교사, 인류학자, 측량사, 영화 제작자 등—이 1930년대에 싱구 강을 방문해 저마다 포싯 대령이 어떻게 되었는지 이론을 내놓았다. 그를 찾기 위한 원정대도 조직되었다. 이 가운데 가장 성공적이었던 것은 1928년, 영국 해군의 조지 다이엇 함장이 지휘한 원정대였다. 원정대는 싱구 강 상부의 인디오들로부터 많은 것을 알아냈고 세 영국인이 남기고 간 물건들을 많이 회수했지만 가져간 선물이 바닥나고 인디오들이 갈수록 성가시게 조르자 강을 타고 달아나야 했다. 1932년 허세가 심한 처치워드 대령이 이끈 또 다른 포싯 수색 원정대는 싱구 강 동쪽에 있는 아마존 강의 지류인 아라과이아 강까지밖에 가지 못했다. 그러나 이 원정대의 멤버였던 피터 플레밍이라는 불손한 젊은이는 원정에 관해 뛰어난 책을 썼다. 그의 베스트셀러인 『브라질 모험』은 아마존 '초록 지옥'의 공포에 대한 잘못된 신화를 뒤집고 탐험에 관한 과장된 이야기들, 그의 원정대의 가소로운 리더의 허풍을 재치 있게 폭로했다.

포싯 일행은 싱구 강 상부에 도착하자마자 원주민들에게 살해당했을 가능성이 크다. 그들은 이곳의 인디오들에게 용납되기 힘든일을 여러 차례 저질렀다고 한다. 첫 번째 수원에 도착했을 때 그들은 강둑에 카누 두 척이 매여 있는 것을 보았고, 배의 주인들이 근처에서 사냥을 하고 있는 것이 분명한데도, 배를 훔쳤다. 또 나우크와족과 칼라팔루족 마을 사이를 안내인과 함께 걷는 동안 포싯은 총을쏴서 오리 한 마리를 잡았는데 그것을 집으러 간 인디오한테서 오리를 낚아채서는 영국인들끼리만 먹으려고 했다. 싱구 강에서 인디오사냥꾼들은 언제나 사냥감을 모두와 나누고 고기를 마지막으로 먹는사람은 사냥꾼이라는 사실을 그는 몰랐다. 또 나중에 포싯은 그의 나이프를 살펴보고 있던 소년을 때렸다. 싱구 강의 원주민들은 자녀들을 꾸중하는 법이 없이 언제나 그들을 감싸는 부모들이었기에 낯선사람이 아이를 때리는 모습에 격분했을 것이다. 이런 행동들은 사소한 무례 같지만 선물에 대한 포싯의 인색함과 합쳐져 포싯 일행을 바람직하지 않은 침입자로 비치게 했을 것이다. 인디오 보호부의 수장은 '포싯 대령은 …… 모든 충고를 무시했다. 그는 SPI와 의견 일치를 보지 않고 …… 마음대로 갔다. 만약 우리와 사전에 조율했다면 싱구 강 수원지의 모든 부족들 사이에서 〔그들의 안전을〕 온전히 보장 받을 수 있었을 것'이라며 안타까워했다. 나중에 한 인디오 전문가는 '어느 누구라도 마찬가지겠지만 포싯은 모든 사람들이 그한테서 느낀 요령 부족과 거슬리는 태도의 희생자였다.'고 지적했다.

　　포싯 일행이 살해당했다고 가정한다 해도 여전히 의문은 남는다. 과연 어느 부족이 그들을 살해했을까? 나우크와족의 알로이케 족장은 극적인 수화를 동원해 다이엇 함장에게 싱구 강에서 훨씬 아래쪽에 있는 흉포한 수야족이 처음에는 영국인들을 환영하는 것처럼 보여지만 나중에 곤봉으로 그들의 뒤통수를 때려 죽였다고 이야기해 주었다. (싱구 강 상부의 부족들은 제어를 사용하는 수야족을 두려워하고 미워했다. 그리고 수야족은 그런 식으로 곤봉을 휘둘러 1899년 다섯 명의 미국인을 저세상으로 보냈다고 한다.) 칼라팔루족은 유사한 내용을 들려주었지만 정작 범인은 나우크와족을 지목했고, 다이엇도 이 설명에 대체로 동의했다. 가장 설득력 있는 하나의 설명은 1946년, 빌라스 보아스라는 세 형제가 정부가 후원하는 프로젝트의 일환으로 싱구 강에 도착했을 때 제시되었다. 빌라스 보아스 형제는 목가적인 그곳을 사랑했고 이후 인생을 그곳의 원주민들을 위해 싸우면서 보냈다. 그들이 도착한 직후 칼라팔루족의 이자라리 족장과 코마트시 족장은 마을 주민을 모은 다음 그들과 빌라스 보아스 형제에게 21년 전 포싯 일행에게 정확히 무슨 일이 일어났는지를 말해주었다. 그들은 그들 부족의 세 안내인(카부키리, 아라코, 쿨릴리)이 당시 족장이었던 카이아비의 승낙도 받지 않고 영국인들을 죽이기로 작정했다고 말했다. 세 안내인은 나중에 베르데라고 불리게 된 작은 호수 반대편에 숨어 이방인들이 오기를 기다렸다. 마침내 그들 부족의 소년이 탐험가들을 배로 실어 날라주었고 그들은 차례차례 강둑에 오르는 대로 곤봉으로 뒤통수를 가격당했다. 포싯은 곤봉을 두 차례 얻어맞고 죽었고 젊은이들은 호수로 굴러 떨어져 익사했다. 카이아비 족장은 이 소식을 듣고 화를 냈다. 그는 보복이 두려워 부하들에게 그들의 시신을 묻거나 호수 밑바닥에 확실히 가라앉히라고 명령했다.

빌라스 보아스 형제는 인디오들에게 베르데 호수에 들어가 시신을 찾아보라고 했으나 반대편 강둑에 묻혀 있던 유골 한 구만 발견할 수 있었다. 이 유골은 외교 행낭에 담겨 런던으로 보내졌다. 아시스 지 샤토브리앙이라는 야단스러운 출판업자인 브라질 대사는 좋은 이야깃거리가 있음을 알아차리고 전 세계에 유해를 보여주기 위해 런던 클래리지 호텔에서 화려한 리셉션 행사를 열었다. 그러나 고생물학자들과 유족인 포싯의 아들 브라이언은 이것들이 실종자의 유골이 아니라고 생각했다. 두개골의 이빨이 맞지 않아 보였고 정강이뼈는 너무 짧았다. 뼈는 상파울루로 돌려보내졌다. 브라이언 포싯이 죽은 후에도 살아 있던 그의 누이는 이 미스터리를 해결할 수도 있을 DNA 샘플을 내놓기를 거부했다. 1960년대 미국의 인류학자 엘렌 바소는 칼라팔루족 사이에서 일했는데, 칼라팔루족은 그녀에게 포싯을 죽이지 않았다고 강력하게 부인했다. 그들은 빌라스 보아스 형제가 그들에게 키가 큰 남자의 뼈를 찾아달라고 부탁했고 그래서 자신들은 무기카라는 족장의 뼈를 파내서 주었다고 이야기했다. 비록 인디오들이 그들의 할아버지의 뼈를 그렇게 아무렇지도 않게 취급했다는 것은 흔치 않은 일이지만 말이다. 이제 칼라팔루족은 영국인들이 계속 길을 갔고 다른 부족한테 죽임을 당했거나 숲속에서 길을 잃고 굶어죽었을 것이라고 주장한다. 후자는 그 비극이 있은 후 2년 후에 싱구 강에 있

아마존 Amazon

었던 독일 인류학자 막스 슈미트의 결론이었다.

헨리 포드와
포드란지아의 꿈

1922년 말레이와 수마트라의 영국과 네덜란드 고무 농장주들은 생산량을 제한하고 가격을 올리기 위해 스티븐슨 플랜으로 알려진 카르텔을 형성했다. 광대한 농장의 고무나무들이 고무를 채취할 수 있을만큼 충분히 성장하자 농장주들이 공급 과잉을 우려했기 때문이었다. 이 영국-네덜란드 카르텔은 미국의 헨리 포드를 화나게 만들었다. 그는 세계 자동차의 절반을 생산하고 있었다. 물론 몇몇 미국인들도 아마존 바깥에서 고무나무를 재배하고 있었다. 하비 파이어스톤은 라이베리아에, 굿이어 사의 폴 리치필드는 파나마와 코스타리카에, 그 외 다른 이들은 아이티와 필리핀, 멕시코 등지에 플랜테이션을 갖고 있었다. 그리고 위대한 발명가 토머스 에디슨의 마지막 실험 역시 그가 대량으로 재배하던 북아메리카 식물에서 라텍스를 얻어내려 한 것이었다. 또 미국의 유나이티드스테이츠러버와 굿이어같은 거대 회사들은 동남아시아의 영국과 네덜란드령 식민지에도 플랜테이션을 소유하고 있었다.

1923년과 이듬해에 미국 농무부와 상무부는 브라질로 조사팀을 파견하여 아마존에서 고무를 생산할 잠재적 후보지에 대해 보고하게 했다. 아시아 플랜테이션에 보복을 원했고 또 미국의 아낌없는 투자도 기대했기 때문에 브라질인들은 이 조사에 전적으로 협조했다. 아마존에서 플랜테이션 고무를 재배하지 못한 주요 이유는 남아 메리카 잎마름병South American Leaf Blight, SALB이라는 병을 일으키는 기생 생물 도티델라 울레이*Dothidella ulei* 탓이다. 이 자낭균은 헤베아 고무나무의 잎을 먼저 공격하고 그다음 열매와 꽃자루를 공격했다. 한 나무 천장에서 옆 천장으로 잎사귀들을 타고 건너뛰면서 확산되고, 매우 활동적이기 때문에 대단히 파괴적이다. 그래서 미국 팀은 남아 메리카 잎마름병이 억제될 수 있거나 고무나무를 통상적인 이격 범위 바깥에 심는다면 생존할 수 있을지도 모른다는 희망 섞인 내용을 담아 남아메리카 잎마름병에 대해 광범위하게 보고했다.

헨리 포드는 타이어 회사 설립을 계획 중이었고 따라서 자신이 직접 고무를 재배하고 싶어 했다. 한 브라질 영사관 직원이 브라질에 플랜테이션 고무를 정착시키는 사람에게 정부가 세금 감면 혜택을 줄 것이라고 말해주었고 포드는 사업을 밀어붙여 보기로 결심했다. 고무 역사가로서 워렌 딘은 '사기를 치기에 딱 좋은 경우였다.'고 지적했다. 상파울루 커피 가문의 후손인 조르즈 두몬트 빌라리스는 파라 주로부터 240만 헥타르의 토지매매권을 얻었다. 이 땅은 헨리 위컴이 반세기 전 고무나무 씨앗을 모았던 타파조스 강변에 위치했지만 헤베아 브라실리엔시스 나무가 가장 잘 자라는 아크리 주와 베니 강변과는 대륙만큼이나 멀리 떨어져 있었다. 빌라리스는 미국으로 가서 파이어스톤에게, 그다음에는 포드에게 에이커당 50센트 가격으로 땅을 팔겠다고 제안했다. 거대 자동차 회사는 브라질로 직원을 보내 '어딘가에 좋은 지역'이 있는지 알아보게 했는데 그의 팀에는 미국 정부의 이전 조사팀의 리더였던 칼 라루도 포함되어 있었다. 라루는 의견을 바꿔서 이제 아크리 주보다 아마존 하부를 더 선호했다. 딘은 음모를 의심했다. '이상하게도 ······ 조사팀은 빌라리스가 매매권을 허가받은 지역, 타파조스 강 하류 동쪽 강둑을 따라 80킬로미터로 뻗은 곳으로 곧장 달려갔고 한 달간 그곳을 돌아다닌 후 다른 장소는 방문하지 않고 디어본으로 돌아왔다.' 포드에게 제출된 라루의 약식 보고서는 빌라리스가 인가받은 지역 외에 다른 부지는 모두 배제했다. 그는 헤베아종이 자라는 중심지로부터 멀리 떨어져 있을 뿐만 아니라 기후가 너무 건조하고 토양은 모래질이며 큰 배가 들어오기에는 일정 기간 동안 강 수심이 너무 낮고 언덕이 많아 경영이 쉽지 않다는 것을 지적하지 않았다. 1927년 6월 헨리 포드는 파라 주 정부라면 공짜로 줬을지도 모를 땅의 대가로 빌라리스에게 12만 5천 달러를 지불했다.

　　포드자동차 회사는 특유의 정력적인 태도로 브라질 사업에 뛰어들었다. 회사는 브라질인들에게 포드란지아Fordlândia로 알려진 도시를 재빨리 건설했고 포드란지아는 벨렝과 마나우스, 이키토스에 이어 아마존에서 네 번째로 큰 도시가 되었다. 도시에는 주택 2백 채, 1천 명의 독신 남성을 수용할 수 있는 기숙사, 대형 병원, 영화관, 교회, 학교가 있었다. 건물들은 망고나무와 야자나무, 유칼립투스 가로수가 늘어서 있고 모두 전기 가로등으로 밝혀지는 대로를 따라 들어서 있었다. 또한 미국인과 브라질인 전용으로 각각 테니스 코트와 수영장, 스퀘어댄스를 위한 광장과 홀 열여덟 개짜리 골프 코스를 갖춘 사교 클럽도 두 군데 있었다. 포드란지아는 급수관과 하수관, 50킬로미터에 이르는 도로와 철도, 창고와 기계 공장, 항구를 갖추고 있었다. 이 기간 시설과 기계 가운데 상당수는 1928년 말 회사 소유의 화물선에 실려 도착했다.

브라질 안에서는 그러한 방대한 지역이 적지 않은 면세 혜택과 함께 외국인에게 넘겨지는 데 반대하는 의견도 일부 있었다. 지불금 가운데 너무 적은 몫을 받은 데 불만을 품은 빌라리스의 파트너한 명은 언론에 주 정부가 어떻게 뇌물로 매수되었는지 폭로하기도했다. 그러나 1930년 10월 '자유 혁명'으로 제툴리우 바르가스가 브라질 대통령으로 선출되었다. 그는 브라질의 지방 정부에서 구 엘리트들의 권력을 축소하기로 결심했고, 15년에 걸친 그의 재임 동안 브라질은 파시즘 성향의 이스타두 노부Estado Novo('신국가')로 발전했다. 바르가스 대통령은 포드란지아를 방문해 호의적인 인상을 받았다. 그래서 그의 정권은 포드의 계획을 적극 지지했다.

포드란지아 시의 건설과 대조적으로 고무 플랜테이션은 아주 느리게 진행되었다. 초창기에는 숲을 불태우기보다는 벌목용 좋은 목재를 채취하기로 한 결정으로 농장 설립이 지연되었다. 그러므로 1931년까지 1,300헥타르─방대한 이용 토지 가운데 극히 일부에 불과한─만이 고무나무 재배를 위해 벌채되었다. 벌채는 기계 대신 손과 도끼로 이루어졌다. 이런 속도라면 전 지역을 고무 플랜테이션으로 전환하는 데 1천 년이 걸릴 것으로 계산되었다. 포드 사는 현명하게 마데이라 강 상부 고무나무 지역에서 종자를 구했지만 이 가운데 60만 개는 번식을 위해 아마조나스 주 바로 안에 위치한 아마존 강 본류의 한 섬에 심어졌다. 주들 사이의 시기심은 종자가 몰수되는 사태를 야기했고 이것들을 파라 주로 들여오기 위해 법적 싸움이 벌어졌다. 급한 대로 현지의 종자가 이용되었지만 이것들은 적당하지 않은 것으로 드러났고 갈아엎은 땅에 심어졌다. 다른 실수들도 있었다. 이용 토지에서 석유를 찾으려는 시도로 시간이 허비되었다. 놀랍게

아마존 Amazon

도 처음 5년 동안 포드란지아에는 열대 농업이나 고무 재배에 대해 과학적 훈련을 받은 전문가가 단 한 명도 없었다.

마침내 1932년 아시아와 아프리카 플랜테이션에서 성공적이었던 눈접芽接 기술을 배우려는 시도가 있었다. 1934년 새 경영자 제임스 와이어는 수마트라에 있는 굿이어의 플랜테이션에서 고무나무 종자를 가져왔다. 이것들은 위컴의 최초 묘목에서 증식된 것들이었고 따라서 단 28그루라는 위험스러울 만큼 작은 유전자 풀에서 수집된 것이었다. 그것들은 수액을 매우 많이 생산하도록 육종되었지만 남아메리카 잎마름병에 취약한 것으로 알려져 있었다. 처음에는 일이 잘 돌아갔고 그해 말까지 3,400헥타르에 거의 150만 그루의 고무나무가 심어졌다. 그리고 이듬해인 1935년에 참사가 닥쳤다. 고무나무는 천장에서 잎사귀들이 서로 닿는 크기까지 자라났다. 우려했던 잎마름병 포자가 활발하게 퍼져나갔다. 와이어는 '사실상 농장 전역 나무들의 모든 가지가, 특히 상태가 더 나쁜 땅에서 자란 나무의 모든 가지가 줄기만 남은 채 모두 말라 죽는다. 잇따라 자라나는 순의 길이는 점점 짧아져 …… 결국에는 …… 성장 자극이 완전히 멈추게 된다.' 아시아 종자에서 자란 나무들—위컴이 처음에 채집한 타파조스 강 고무나무 계통에서 나온 것들—이 병에 가장 민감하고 가장 빨리 죽었다.

와이어는 산타렝에서 남쪽으로 50킬로미터 떨어진 타파조스 강 어귀 인근 베우테하라는 고원에 새 나무를 심을 것을 권했다. 그는 더 건조하고 바람이 많이 부는 이 장소가 남아메리카 잎마름병에 더 잘 견디기를 바랐다. 헨리 포드는 거의 700만 달러를 쏟아 부은 그의 아마존 플랜테이션이 고무를 전혀 내놓지 않고 앞으로도 내놓을 전망이 별로 없는 것에 질려버렸다. 그러나 그는 와이어가 제안한 베우테하로의 이전을 허락했고 1934년, 그곳 28만 헥타르의 대지에 더 큰 버전의 포드란지아를 건설했다. 이번에는 주택 8백 채와 여러 영화관, 오락 회관 세 채, 축구장 다섯 개가 지어졌다. 5백만 개의 종자가 베우테하에 심어졌다. (오늘날 관광객들은 이 미국식 도시의 잔해를 방문해 십자로 난 길과 베란다와 정원, 전형적인 철제 소화전, 멋진 물탱크로 둘러싸인 교외 주택들을 구경할 수 있다.)

　　1941년이 되자 베우테하의 플랜테이션은 번성하고 있는 것 같았고 마침내 말레이의 고무 플랜테이션들과 경쟁할 수 있을 것만 같았다. 베우테하에는 7천 명의 주민과 360만 그루의 나무가 있었다. 그러나 이 어린 나무들도 남아메리카 잎마름병이 퍼질 만큼 충분히 잎 천장을 키우고 있었다. 또 한 번 파괴적인 전염병이 돌았다. 유일한 희망의 불씨는 그나마 다른 종의 헤베아 나무가 헤베아 브라실리엔시스 나무보다는 저항력이 더 강한 것 같다는 점이었다. 그래서 베우테하의 경영자들은 모든 나무의 순을 쳐내는 방대한 작업에 착수했다. 이것은 2미터 높이에서 나무를 자르고 저항력이 있는 종의 가지를 조심스레 접목하는 작업이었다. 그 결과, 고무 라텍스를 많이 생산하는 나무둥치 위에 남아메리카 잎마름병에 저항력 있는 잎사귀가 결합했다. 2백만 그루의 나무가 이런 방식으로 접목되었다. 6백 명의 노동자가 4년에 걸려 완수한 대역사였다. 그러나 이것도 소용이 없었다. 타파조스 강의 플랜테이션에 거의 천만 달러를 쏟아 부었지만, 헨리 포드 2세는 1945년 마침내 고무 한 번 채취하지 못하고 사업을 포기했다. 그는 포드란지아와 베우테하를 브라질 정부에 50만 달러에 매각했다.

　　　　　　　　　　　　　　아마존Amazon

2차 세계대전 당시 일본은 아시아의 고무 플랜테이션을 모두 점령했다. 고무는 전쟁 수행에 필수적이었고 포드 사의 나무가 고무를 채취할 수 있을 때까지 완전히 자라기를 기다릴 시간이 없었다. 따라서 미국 정부는 하버드 대학교의 식물학자 리처드 에번스 슐츠를 아마존으로 보내 병충해에 강한 고무나무를 찾도록 했다. 슐츠는 특히 페루와 콜롬비아의 서부 아마존을 용감히 여행했다. 대부분 탐험된 적 없는 숲과 강 수천 킬로미터를 이동하면서, 그는 풍토병과 아사 위기를 여러 차례 겪었고, 폭포에서 사고를 당하고 숲속에서 길을 잃기도 했다. 그리하여 슐츠가 다양한 종류의 고무를 생산하는 적당히 강한 나무들을 알아내기 시작했지만, 전시 체제는 고무 수요가 긴급한 상황에 있었다. 더는 기다릴 수 없었다. 미국인들은 갑작스레 합성 고무로 전환했고 늘 그렇듯 특유의 놀라운 에너지를 가지고 전쟁에서 이기기 위해 충분한 고무를 신속히 생산해냈다.

| 9장 |

_

고고학자들
초기 인류를
찾다

지난 한 세기 반 동안 고고학자들은, 아마존을 쑥대밭으로 만든 유럽인들이 도착하기 이전부터 아마존을 지켜왔던 사람들에 대해 더 많은 것을 발견하기 위해 애써왔다. 고고학자들이 이 눈에 띄지 않는 연구 지역에 뒤늦게 찾아왔다는 것은 별로 놀랄 일도 아니다. 이집트와 메소포타미아의 탁 트인 사막이나 페루에서의 발굴과 비교해 아마존은 고고학자들에게 도저히 불가능한 도전처럼 비쳤다. 이 험난한 지역에는 박물관 수준의 공예품이 거의 나오지 않았다. 아마존의 초기 인류는 일상에 필요한 물건을 만드는 데 풍부한 동식물을 이용했다. 따라서 그들이 창조해낸 거의 모든 것은 수명이 짧았다. 그들의 창조성이 발휘된 것들은 나무와 이엉으로 이루어진 아름다운 건축물과 환상적인 깃털 장식, 보디페인트, 나무와 뼈, 조개껍질과 바구니 세공품 등이었다. 지면에 노출된 바위 자체가 열대우림에서 드물기도 했지만, 유기물 건축 자재가 그렇게 풍부한 상황에서 구태여

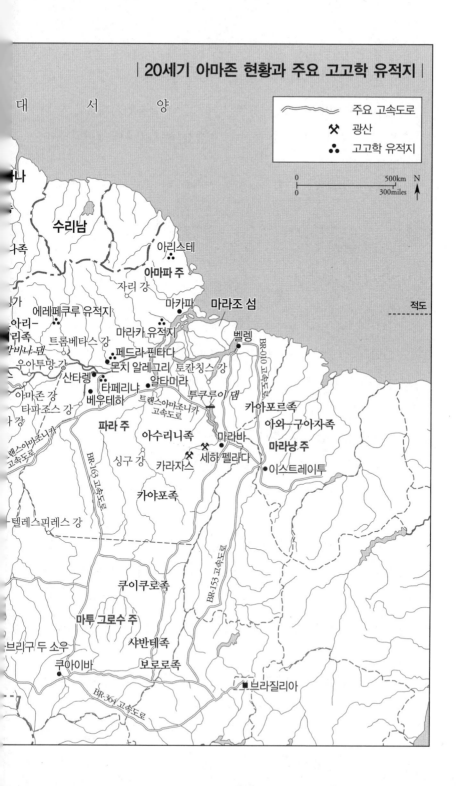

20세기 아마존 현황과 주요 고고학 유적지

주요 고속도로
광산
고고학 유적지

0   500km   N
0   300miles

대   서   양

수리남

아리스테

아마파 주

자리 강

마카파   마라조 섬

적도

에레페쿠루 유적지

마라카 유적지

트롬베타스 강

페드라 핀타다

벨렝

우아투망 강

몬치 알레그리   토칸칭스 강

산타렘

알타미라

아마존 강

타페리냐

타파조스 강

베우테하

투쿠루이 댐

카아포르족

트랜스아마조니카
고속도로

아와-구아자족

파라 주

아수리니족

마라바

마라냥 주

트랜스아마조니카
고속도로

싱구 강

세하 펠라다

이스트레이투

카라자스

카야포족

텔레스피레스 강

쿠이쿠로족

마투 그로수 주

브리구 두 소우

샤반테족

쿠아이바

보로로족

브라질리아

BR-010 고속도로

BR-163 고속도로

BR-153 고속도로

BR-364 고속도로

돌을 깎아 자재로 만들 필요가 없었다. 가내 용기들은 조롱박이나 바구니 세공으로 만들면 되기 때문에 많은 부족들이 도기가 없이 번성했다. 따라서 아마존 초기 인류의 거의 모든 창조물은 흰개미와 박테리아, 곰팡이가 재빨리 먹어치우고 다습한 열대 기후에 부패하면서 사라져버렸다.

기록된 역사 이전의
아마존을 찾아서

이러한 난관에 맞서 아마존을 조사하는 사람들에게는 몇 가지 이점도 있었다. 그곳에는 천 년 동안 생활 방식을 그대로 유지해온 원주민 부족들이라는 '살아 있는 고고학'이 여전히 남아 있었다. 유럽인 탐험가들은 그들이 만난 부족들에 관해 귀중한 기록을 남겨 놓았다. 그 가운데 1542년 오레야나의 첫 일주를 다룬 가스파르 데 카르바할 수도사의 기록은 가장 중요한 것이었다. 기록들 외에 도기와 돌로 만든 공예품도 얼마간 남아 있을 뿐더러 농경과 관련한 대규모 유적도 남아 있다. 흔히 자연의 파괴적 힘을 피할 수 있는 몇몇 동굴에서는 인공 잔해물이나 그림, 무덤이 남아 있다. 또 브라질의 대서양 연안 지대와 아마존 강 어귀에 분포한 초기 인류는 삼바키sambaqui라는 각종 조개껍데기와 그들이 먹은 수산물의 잔해로 쌓은 거대한 패총을 남겼다. 삼바키 속에는 때때로 매장지와 연대를 추정할 수 있는 유물이 들어 있다.

　　위대한 독일 자연학자이자 박학가인 알렉산더 폰 훔볼트 남작은 이 지역에 압도적인 고고학적 유산이 없는 것을 슬퍼했다. 1800년 아마존 분지 북쪽 가장자리에 다다랐을 때 그는 '이전 주민들의 기억을 불러일으킬 만한 오아시스도 없고 이전 세대의 활동을 이야기해줄 조각이나 유적, 한때는 재배되었으나 이제는 야생으로 자라는 과실수도 없다'는 사실에 안타까워했다. 그러나 훔볼트는 에스파냐령 남아메리카를 가로질러 여행하면서 그곳의 원주민들이 아시아에서 기원했고 '이제는 영영 알 수 없을 여러 상황에 의해 변형되어온 단일 유기체, …… 단일한 독자적 인종'이 되었다는 사실을 알아차렸다.

아마존 선사 시대에 대한 최초의 연구는 1780년대에는 알레샨드르 호드리게스 페헤이라에 의해, 한 세기 후에는 도밍구스 페헤이라 페나, 라지즐라우 네투, 주앙 바르보자 호드리게스와 다른 학자들 등 브라질 자연학자들에 의해 이루어졌다. 이들은 부족의 문화와 도기, 암면 조각 그림에 관해 보고했다. 아마존 고고학의 다른 선구자들은 더 북쪽에서 왔다. 캐나다의 지질학자 찰스 하트는 1870년대에 강가의 암석에 새겨진 조각과 하부 아마존의 삼바키 발굴에 관해 최초로 주요 연구서를 출간했다. 찰스 하트의 연구는 20세기 초반에 스웨덴 인류학자 엘란드 노르덴스키욀드와 그의 미국인 제자 헬렌 팔머터리에 의해 계속 추진되었다. 노르덴스키욀드는 일련의 발굴을 주도했고, 또 독일계 브라질인으로 독학으로 성취를 이룬 뛰어난 인류학자 쿠르트 니무엔다주를 기용해 아마존 강 유역의 도기 제작 문화권에서 유물을 발굴하게 했다. 그렇지만 이 고고학자들은 당시만 하더라도 고고학이 연대 추정에서 주로 층서학에 의존하고 전 세계가 이집트와 비옥한 초승달 지대, 잉카와 마야 문명에서의 빛나는 발견들로 정신을 못 차리던 시절에 증거의 빈약함으로 고생해야 했다.

도기

당연히 고고학자들은 도기들을 연구하는 것으로 출발했다. 오레야나의 에스파냐인들은 강둑에서 만난 부족들한테서 발견한 도기들에 깊은 인상을 받았다. 그들은 450리터까지 들어가는 커다란 단지와 접시, 그릇, 그들이 '가지 촛대candelabra'라고 부른 용기들을 보았다. 이들의 눈에 유약을 발라 구운 이 다색 도기들은 가장 섬세한 자기에 버금가는 듯했다. 한 연대기작가는 이 다색 도기들이 에스파냐의 말라가산 그릇들보다 더 뛰어나다고 말하기도 했다. 그것은 '얇고 매끄러우며 유약을 발랐고 중국산 도자기처럼 색깔이 미묘하게 변했다.' 이 양식은 오늘날 아마존 하류 남안의 도시에서 이름을 딴 산타렘 양식으로 알려져 있다.

가장 유명한 도기 양식은 마라조아라Marajoara 양식으로, 아마존 강 어귀에 코르크 마개처럼 자리하고 있는 평탄한 마라조 섬의 이름을 딴 것이다. 스위스만한 면적의 마라조 섬은 우기 동안 대부분 물에 잠기고 그곳의 숲과 맹그로브 수풀은 물이 빠져나가면서 미로처럼 얽힌 좁은 물길을 무수히 만들어낸다. 마라조 섬은 강물과 바닷물이 만나는 지점에 위치해 있다는 이점을 누리는데 민물과 바닷물이 만나면 침전물이 녹고 물고기도 풍부하기 때문이다. 예수회 선교사들과 다른 유럽인들은 마라조 섬의 드넓은 사바나가 방목에 안성맞춤이고 물소를 키우기에 좋다는 것도 발견했다.

마라조 섬의 도기는 1870년대에 페헤이라 페나와 하트에 의해 처음 발굴되었다. 그 걸작품들은 이제 인근 벨렝의 고에우지 박물관과 리우데자네이루의 국립박물관은 물론 멀리 제네바와 바르셀로나, 스웨덴의 박물관에서까지 아름답게 빛나고 있다. 마라조아라 매장 항아리는 높이가 1미터이며 토막 난 시신을 담기에 충분하다. 이것들은 정교한 새김과 기하학적 무늬로 장식되어 있다. 모든 표현은 양식적이고 자신감에 차 있고 정교하고 아름답다. 사람 얼굴은 피카소의 초상화에서처럼 단순한 구성요소로 환원되어 있고 뱀과 도마뱀, 카이만악어, 거북이, 새가 그려져 있다. 중요한 동물들은 흔히 돋을새김 되어 있다. 많은 단지가 여성을 묘사하고 있는데 모든 신체 특징 (눈썹, 코, 콩알 모양의 눈과 입, 젖꼭지, 배꼽, 음부, 질, 발)은 동지중해의 키클라데스 양식에서 볼 수 있는 우아함과 더불어 기하학적으로 단순하게 표현되어 있다. 돋을새김된 이 동물들 사이로 항아리 전체는 우아한 소용돌이 모양의 아라베스크 무늬로 뒤덮여 있다. 대칭적 패턴이 돋보이는 이 아라베스크 무늬는 빨간색과 하얀색, 갈색 물감으로 칠해져 있고 윤곽선은 일반적으로 새김 장식으로 이루어져 있다. 마라조아라 도기에 사용되는 점토는 처음에는 밝은 회색이지만 불에 구우면 붉은 기가 도는 오렌지 색깔로 변한다.

　　여성의 성기를 가리는 곡선 삼각형 형태의 도기 장신구인 탕가tanga도 있는데 아마도 성인식 때 사용되었던 것 같다. 탕가는 언제나 가장 좋은 점토로 제작되어 얇고 매끄럽다. 또 모서리에 구멍이 나 있어 거기에 끈을 꿰어 착용한다. (이 독특한 삼각형 도기는 오늘날 브라질 해변에서 볼 수 있는 자그마한 비키니 수영복 하의의 이름이 되었다.) 마라조아라 도기는 실용적인 용도로도 쓰여 넓은 사발이나 접시, 마니오크 조리용 팬으로도 쓰인다. 마라조아라 도기는 마라조 섬 중심부의 대규모 정착지와 관련이 있는데 정착지 가운데에는 경작지와 종교적 목적을 위한 봉분도 있다. 유럽인들이 그곳에 도착했을 때 사람들은 여전히 도기를 제작하고 있었지만 그것은 아루앙 양식으로 알려진 더 단순한 형태였다. 거대한 마라조 족장사회는 두 세기 전에 이미 끝났지만 아라와크어를 쓰는 아루앙족은 아마도 그 위대한 도기 제작자들의 후손이었던 것 같다. 마라조아라 문화는 '메가 니뇨 mega-Niño'(태평양 해류들의 변화에 따른 엘니뇨 현상으로 야기되는 심한 가뭄이나 폭풍우)에 의해 크게 약화된 후 로마제국을 침공한 야만인들에 비견될 만한 부족들에 의해 소멸되었을지도 모른다.

　　마라조 섬의 북서쪽에는 마라카 강이라는 작은 강이 아마존 강 어귀 북안으로 흐른다. 여기에서 아마존 고고학의 선구자들은 무척 흥미로운 다른 도기 양식을 알게 되었다. 그러나 브라질인 마리우 시몽이스와 그 후 베라 과핀다이아가 이 아름다운 마라카 도기들로 가득한 이 지역을 본격적으로 연구하게 된 것은 최근 몇십 년 사이다. 이 탐험가들은 울창한 수목을 헤치고 가서 아무도 손대지 않은 동굴 매장지를 여러 곳 발견했다. 그들은 앉아 있거나 땅에서 튀어나와 있는 다량의 도기 인물 조각상을 발견하는 짜릿한 경험도 했다. 그들은 도굴꾼들보다 먼저 그곳에 도착했다. 하워드 카터가 투탕카멘의 무덤에 진입한 사건의 아마존 판인 셈이다.

　　가장 특징적인 마라카 그릇은 매장 항아리로 의자 위에 사람이 앉아 있는 형상이거나 네발 동물 모양을 하고 있다. 전형적인 항아리는 높이가 66센티미터에 불과하므로 매장하기 전에 틀림없이 시신을 토막 내고 뼈를 갈거나 불에 태웠을 것이다. 오늘날에도 다양한 부족들이 여전히 그렇게 매장을 한다. 항아리 뚜껑은 머리 모양인데 얼굴 특징은 마티스*부터 브란쿠시**에 이르는 조각가들에게 영감을 주었을 법한 우아한 단순미로 표현되고 있다. 양식화된 신체 부위는 죽은 사람의 성별을 분명하게 보여주는데 많은 이들이 여자이다. 항아리 전체에는 기하학적 그림의 흔적이 남아 있다. 앉아 있는 인물은 팔이 길고 무릎에 손을 얹었는데 기이하게도 팔꿈치가 허리 쪽을 향하는 것이 아니라 위를 향해 구부리고 있다. 이 뒤집어진 팔꿈치에는 구멍이 있는데 장례식을 치르는 동안 그 구멍을 통해 팔 안으로 재를 흘려 넣었던 것 같다. 인물상들은 모두 조각된 의자에 앉아 있는데 몇몇 원주민 사회에서 의자들은 여전히 지위의 상징이다.

흥미롭게도 매우 다른 매장 항아리가 아마존 강 어귀 북쪽에 위치한 아마파 주에서 발견되고 있다. 일부는 아마파 주에서도 훨씬 북쪽인 프랑스령 기아나 국경 부근의 아리스테에서 나온다. 다른 것들은 아직 발굴이 완전히 끝나지 않은 유적지에서 나오고 있다. 우리는 이 굉장한 도기들이 틀림없이 거대하고 창조적이었을 족장사회들에서 얼마 남지 않은 유물이라는 사실을 상기해야 한다. 이들은 의심의 여지없이 수 세기 전에 사라져버린 다른 인공물과 장신구들도 풍부히 제작했다. 2006년에 고고학자들은 아마파 주의 한 언덕 꼭대기에서 127개의 돌을 깎아 만든 '스톤헨지' 서클을 발견했다. 이것은 농사철을 계획하기 위한 천문 관측소였던 것 같다. 이 유적과 연관된 도기는 이 돌들이 서기 1세기 전후에 세워졌다는 것을 가르쳐주었다.

---

* 앙리 마티스Henri Matisse 프랑스 출신의 화가(1869~1954).

** 콘스탄틴 브란쿠시Constantin Brancusi 루마니아 출신의 조각가(1876~1957).

아마존을 더 거슬러 올라가면 오레야나의 부하들에게 깊은 인상을 남긴 산타렘 도기가 나온다. 이것들도 현대인의 취향에 호소할 만한 단순미를 뿜낸다. 많은 단지들은 사람 모양인데 대부분 여자이고 사랑스러울 정도로 자연스럽다. 어떤 것은 앉아 있는 소녀상인데 발가락을 빨 수 있게 발목을 붙잡고 있는 모습이다. 그러한 작품들은 복잡한 머리 모양과 초록빛이 도는 무이라키타muiraquita* 부적이 달린 관, 구멍이 뚫린 귓불과 더불어 조각상 전신이 기하학적 그림으로 뒤덮여 있었던 흔적을 보여준다. 물론 이번에도 우리가 보고 있는 것은 예술적 표현으로 충만한 문화에 남아 있는 내구성이 뛰어난 소수의 물건—단지와 무이라키타—들이다. 다른 산타렘 도기들은 극도로 정교하며 양식화된 동물 형상과 환상적인 소용돌이꼴로 뒤덮인 바로크풍 화려함을 자랑한다. 어떤 용기들은 '여인상 기둥'으로 알려져 있는데 웅크린 사람 형상 세 개가 여러 단으로 된 웨딩케이크에서처럼 장식 접시를 떠받치고 있는 형태이기 때문이다. 상징적으로 표현된 장식은 흔히 카이만악어의 주둥이나 대왕 콘도르의 부리, 개구리를 형상화한다.

20세기 초에 에를란드 노르덴스키월드는 페루의 우카얄리 강에 사는 부족으로 아름다운 기하학적 문양으로 장식된 도기를 지금도 제작하는 시피보-코니보족 사이에서 활동했다. 그는 이 도기들이 무척 정교하고 오래된 것에 깊은 인상을 받아 시피보족이 다른 페루인들에게 도기제작술을 가르쳤다는 학설을 제시했다. 나중에 시피보

---

* 동물이나 사람을 형상화한 문양을 새긴 아마존 원주민들의 공예품. 개구리를 형상화한 것이 가장 흔하다.

아마존 Amazon

족을 연구한 사람은 미국인 도널드 래스럽으로, 그는 1970년에 마나우스부터 대서양 연안에 이르는 하부 아마존의 부족들은 페루의 선진 문명의 모방자들이 아니라 오히려 그곳이 페루 문명의 요람이자 여러 강줄기를 거슬러 도기제작술이 퍼져나간 중심지였다는 급진적 이론을 제시했다. 흥미롭게도 싱구 강 하부의 아수리니 부족—나는 1972년 이들이 만난 최초의 외부인들 중 한 명이었다—도 시피보족의 그릇의 문양과 유사한 기하학적 문양이 들어간 유약을 바른 도기를 만들었다.

암각 그림

아마존의 여러 지류들에 걸쳐 있는 수백 개의 돌출 암반과 급류, 동굴에는 그림이 새겨져 있다. 이 암면 조각 그림은 연대를 추정하기가 불가능하며 해석이 어렵고 흔히 그 위로 쏟아지는 물로 인해 많이 침식되었다.

예수회 선교사들과 초창기 다른 여행객들은 풍부한 암석 조각들을 언급해왔다. 훔볼트, 슈픽스와 마르티우스, 월리스, 페헤이라 페나 등은 일반적으로 기하학적 형태를 띠는 이 수수께끼 같은 그림들의 의미를 해석하려고 애썼다. 스프러스는 바레족 인디오들에게 이 그림들이 무엇을 나타낸다고 생각하는지 물었다. 그들은 둥근 마니오크 오븐부터, 강의 돌고래, 각 족장이나 부족의 상징 동물을 통해 마을과 급류의 위치를 나타내는 지도에 이르기까지 온갖 것을 추측했다. 찰스 하트는 1871년 '브라질 암석 비문'이라는 논문에서 이 암각 그림에 관해 최초로 진지한 연구를 했다. 1907년 독일 인류학자 테오도르 코흐-그륀베르크는 그것들이 '학자들 사이에서 다양하고 상호모순적인 설명을 낳았다'는 것을 인정했다. 학자들이 제시한 해석은 동물 모양을 한 창조신부터 다산의 상징(남근과 질), 부족이나 지리적 상징일 수도 있는 기하학적 패턴, 사냥감, 가내 집기, 일종의 문자, 강의 급류를 묘사한 원시적인 지도까지 다양했다. 위대한 콜롬비아 인류학자 헤라르도 레이첼-돌마토프는 이 추상적 그림 가운데 일부는 환각적인 가사 상태에 빠진 샤먼들이 그리는 그림과 매우 유사하기 때문에 '거의 전적으로 약물에 유발된 내면의 경험에 기인한' 것이라고 확신했다.

　　암각 예술에 관해 벨렝 고에우지 박물관의 에지치 페레이라가 수행한 주요 연구는 트롬베타스 강의 에레페쿠루 지류의 여러 암각 유적에 초점을 맞췄다. 페레이라는 암각 조각 그림들이 몰려 있는 장소가 세 가지 유형으로 나뉜다는 것을 발견했다. 암각 그림들은 흑색토로 이루어진 고고학적 유적지 인근과 강력한 폭포 옆, 고기가 잘 잡히는 곳에 몰려 있었다. 무늬 가운데 거의 절반은 기하학적 무늬로 특히, 나선과 동그라미, 네모꼴이 많았다. 사람 형상과 얼굴, 신체 부위, 새나 원숭이, 물고기, 뱀과 같은 동물을 모티브로 한 문양도 있었다. 이 그림들의 의미가 무엇이든 간에 암각 그림들은 인간의 창조성과 정신적 상징주의의 증거이다. 많은 동굴과 암석 거처에도 조각 그림과 벽화가 남아 있다. 약간의 석조 인공물도 남아 있는데 일부는 매우 뛰어난 조각 솜씨와 단순미를 보여준다.

농사가
불가능한 땅

━━

1971년 미국의 고고학자 베티 메거스는 중대한 저작 『아마조니아:
가짜 낙원의 인간과 문화』를 출간했다. 메거스와 메거스의 남편 클
리퍼드 에번스는 그 지역에서 20년 동안 연구를 해왔고 1954년에 적
대적인 환경이 문화적 발전을 어떻게 저해하는지를 설명하는 똑같
이 도전적인 연구 논문을 쓴 바 있다. 메거스는 농업은 토양에서 양
분을 추출해 식용 작물에 투입하는 것에 의존하며 따라서 토양이 너
무 빈약한 아마존 지역의 사회들은 대규모로 성장할 수 없다고 주장
했다. 풍성하고 늘 푸른 아마존의 수목은 토양 내 영양소를 남김없
이 흡수하여 토양을 산성 모래질로 만든다. 따라서 강둑에서 떨어진
테라 피르메 숲은 무성해보이지만 활용하기는 힘든 '가짜 낙원'이
다. 여기에 가축이 부족한 사정까지 겹치면 아마존 사람들은 선진
문명을 발전시킬 수 없었다는 뜻이 된다. '문화가 어느 수준까지 발
전할 수 있는지는 그 문화가 위치한 환경의 농업 잠재력에 달려 있
기 때문이다.'

　　메거스는 본류들에 풍부한 식량 자원인 물고기와 거북이 덕분
에 인디오들이 1542년 오레야나의 부하들이 아마존 강을 타고 내려
갈 때 보았던, 길게 이어지는 마을들을 건설했음을 인정했다. 그러나
그녀는 그 정착지에 수만 명이 살고 있다는 카르바할의 추정치가 과
장되었다고 일축했고 그 마을들이 내륙으로 멀리 뻗어 있지 않았다
고 확신했다. 이 이론을 뒷받침하듯, 카르바할이 관찰한 가장 큰 족
장사회인 오마구아족은 내륙의 숲을 야만적인 야생으로 간주하는 강

둑사람들이었다. 메거스는 족장사회들 사이사이로 사람이 살지 않은 강둑이 길게 뻗어 있었다는 사실에도 주목했다.

오늘날 숲속 부족들은 마을이 주변의 사냥감과 식물 자원을 초과하지 않도록 인구를 1천 명 이하로 유지한다. (그들은 산아제한 관행, 장애를 안고 태어난 영아 살해, 공동체의 인구가 너무 커질 경우 쪼개지거나 이주하는 방식을 통해 이 숫자를 유지한다.) 메거스는 과거에도 언제나 그래왔다고 확신했다. 이 적대적인 환경에서 한때 인간이 위대한 문명을 창조하는 것을 가능케 한 잊힌 비법 같은 것은 없었다. 메거스는 사시사철 푸른 열대우림과 온대삼림 간의 차이를 강조했다. '다시 말해, 영양분 대부분과 모든 칼슘은 전자의 경우 **생물자원**biomass에, 후자의 경우는 **토양**에 저장된다.' 그녀와 다른 전문가들은 비록 인간이 식물 생장을 조절할 수는 있지만 토질을 눈에 띄게 변화시킬 수 없다고 확신했다.

메거스 이론에 중심적인 것은 열대우림에서 식량은 수목을 쳐내고 불을 질러 경작지를 얻는 소규모 개간slash-and-burn clearing에 의해서만 재배될 수 있다는 확신이었다. 그러한 '숲속 텃밭'은 브라질에서는 로사roça, 에스파냐어 사용 국가들에서는 로사roza라고 하며 일부 인류학자들은 그러한 기술을 화전 농법이라고 본다. 사람들은 건기가 시작되면 몇몇 나무를 쓰러트려 몇 달 후 불태운다. 그렇게 얻은 개간지는 몇 년간 경작된 후 그 빈약한 토양이 고갈되면 점차 버려진다.

아마존Amazon

아마존 숲은
인간의 작품인가

과학 기술의 진보는 아마존 고고학자들에게 큰 도움을 가져왔다. 우선 식물이든 동물이든 모든 유기물질의 사멸 연대를 측정하는 방사성 탄소 연대 측정법이 1947년 발견되었다. 그다음 1970년대에 등장한 열발광 연대 측정법은 도기가 언제 구워졌는지를 알려주게 되었다. 최근의 선진 기술들은 돌이 언제 깎였는지도 가르쳐줄 수 있다. 토양학과 포자학(강바닥이나 호수에 보존된 꽃가루와 종자 분석)에서도 많은 발전이 있었다.

새로운 기술들은 멀리 떨어진 아마존 여러 지역에서 수행된 뛰어난 연구들과 결합하여 기존 이론에 여러 도전을 제기했다. 20세기 말, 4가지 쟁점을 둘러싸고 폭발적 논쟁이 벌어졌다. 첫째, 숲이 우거진 이 강들로 인류가 처음 도착한 시기는 언제인가? 둘째, 그들은 얼마나 일찍 농업과 도기 제작 기술을 발전시켰는가? 셋째, 그들은 숲을 개간해 농사를 지었는가 아니면 숲 자체를 자신들의 필요에 맞게 변형시켰는가? 넷째, 유럽인의 정복 이전에 사회들의 규모와 문명 수준은 어느 정도였는가?

화전 농경이 오래전부터 이루어졌다는 견해는 1980년대에 도전받았다. 인류학자 호베르트 카르네이루와 지리학자 윌리엄 드너번은 원주민들이 돌도끼를 이용해 숲을 개간하기는 너무 힘든 일이었을 것이라고 주장했다. (카르네이루는 그러한 도구들을 이용해 직접 로사를 만들어보았고 150일간 중노동을 해야 한다는 사실을 발견했다. 게다가 이것 말고도 인디오들은 해야 할 일이 무척 많았을 것이다.) 그러나 카르네이루와 드너번은 인디오들의 기술을 과소평가했다. 자연적으로 쓰러진 나무들이나 세라도(아마존 사바나 지형)를 활용하고, 적절한 불의 사용과 마을 주민 전체의 노력, 상당히 날카로운 석기를 이용한 꾸준한 작업을 통해 원주민 부족들은 흔히 마을 전체를 먹여 살릴 만한 넓은 로사를 만들었다. 이것은 부족들과 접촉이 최초로 이루어졌을 때 거듭해서 확인되었다.

또 1980년대에 인류학자들과 식물학자들은 원주민 부족들의 식물 지식과 그들이 **숲을 변형하는 방식**에 대해 더 많이 알게 되었다. 대럴 포시는 (토칸칭스 강과 싱구 강 사이에 있는 고원에 사는) 카야포족과 함께 사냥 원정을 나갔다가 원주민들이 어쩌다 사냥을 멈추고 휴식을 취할 때면 그들이 원하는 것은 뭐든 찾아내는 것 같다고 느꼈다. 그는 원주민들이 곳곳에 배변을 하면서 원하는 나무들을 가꾸고 있음을 깨달았다. 포시는 나중에 털레인 대학의 윌리엄 발리와 협력해 (파라 주와 마라냥 주 사이에 사는) 카아포르 부족이 이용하는 식물 수백 종을 연구했다. 그들은 이 재간 많은 부족이 마을 주변을 자신들에게 필요한 것을 모두 구할 수 있거나 사냥감이나 심지어 식용 유충을 유인하는 식물이 풍부한 숲으로 군데군데 에워싼 것을 발견했다. 카아포르족은 그들의 관리하는 숲에서 자라는 종의 절반을 이용하고 있었는데 만약 자연림에서였다면 전체 종 가운데 5분의 1밖에 이용하지 못했을 것이다. (마나우스 북쪽에 사는) 아트로아리-와이미리족과 (브라질과 베네수엘라 사이에 사는) 야노마미족 같은 부족들의 식물 이용에 관한 유사한 연구들을 수행한 큐가든의 길리언 프랜스와 윌리엄 밀리컨 등도 동일한 결론에 도달했다. 이 민속식물학자들은 모두 자신들이 연구한 원주민 부족들이 굉장히 많은 식물을 알고 있고 또 무척 많은 식물을 이용한다는 사실에 감탄했다. 발리는 아마존 숲의 12퍼센트 이상이 인간에 의해 변형되었다고 추정했다. 그 정도면 굉장히 방대한 면적이다. 그러나 이 경우에도 87퍼센트는 여전히 인간의 손이 닿지 않은 자연 그대로의 숲일 것이다.

고인류의 도래와 확산 경로

이 논쟁에서 주도적인 수정주의자는 일리노이 대학의 애너 루스벨트인데 그녀는 내게 자신이 시오도어 '테디' 루스벨트의 증손녀라고 말한 바 있다. 애너 루스벨트는 지질학적으로 오래된 기아나 순상지에서 남쪽으로 뻗은 사암 돌출부에 자리한 페드라 핀타다^{Pedra Pintada}('채색 바위')라는 거대한 동굴을 다시 찾아갔다. 페드라 핀타다는 아마존강 어귀에서 대략 300킬로미터 떨어진 도시 몬치 알레그리 북쪽으로 10킬로미터 거리에 위치한다. 암석 그림과 더불어 이 동굴에는 평범한 봉분이 있었는데 나중에 굉장히 흥미로운 투기물로 가득한 패총으로 밝혀졌다. 패총에는 24점의 석기와 수천 점의 박편, 아궁이에서 타다 남은 장작, 다량의 종자, 동물 뼈와 생선 뼈, 거북이 등껍질이 들어 있었다. 루스벨트의 발굴팀은 여기서 기원전 9200년부터 기원전 8000년에 사이의 56가지 다양한 방사성탄소 연대를 얻어냈다. 그녀는 '강가에서의 채집 활동과 열대우림에 기반한 경제' 위에 세워진 이 매우 오래된 문화가 '최초의 채집인들의 문화가 원시적이지 않았고 또 그들이 다습한 열대 환경에 적응하지 못한 것이 아니라는 사실을 보여준다.'고 결론 내렸다. 페드라 핀타다에서는 아메리카 대륙에서 가장 오래된 도기 파편들이 나왔다고도 하는데, 이것들은 아직 완전히 설명되지 않았고 몇몇 일러스트로 확인하기로는 더 최근의 것으로 보인다. 페드라 핀타다 패총을 만든 '아마존 고ㅎ인디오들Amazonian paleo-Indians'은 인근의 마을 이름을 따서 파이투나Paituna로 알려져 있다. 비슷하게 오래된 연대 측정이 가능한 자료들은 훨씬 남쪽, 타파조스 강의 수원 근처에 위치한 아브리구 두 소우Abrigo do Sol('해를 피하는 곳')로 불리는 암석 거처에서 발견되었다. 주거지의 가장 아래층이라고 생각한 곳 아래를 파내던 중 루스벨트는 기원전 1만 3000년에 달하는 오랜 문화의 증거를 발견했다. 그러한 고인류의 존재의 발견은 난해한 아마존 고고학계에 날벼락이었다.

그때까지 학계의 정설은 초기 인류가 중앙아시아에서 아메리카 대륙으로 건너왔다는 것이었다. 이에 따르면, 그들은 기원전 2만 2000년 후, 얕은 베링 해협이 시베리아와 알래스카를 잇는 육로로 드러나 있었을 빙하기 동안 여러 차례 아메리카 대륙으로 건너왔다. 그들은 물고기나 다른 해양 생물을 찾아 해안선(지금보다 해수면이 60미터나 낮았다)을 따라 이동했을지도 모른다. 캐나다 대부분을 덮는 광활한 빙판을 에두른 초기 인류는 남쪽으로 내려가 북아메리카의 대평원으로 갔다. 1930년대에 미국 클로비스 시 근처의 유적지에서 동물 뼈와 그것들을 사냥한 인간들이 만든 인공물이 대량으로 쏟아져 나왔다. 클로비스에서 발견된 유기물은 기원전 1만 1500년의 것으로 추정되었고 버지니아 주의 캑터스 힐과 같은 유적지에서 나온 인공물들은 기원전 1만 6000년 것으로 추정되었다. 분자유전학자들의 DNA 조사는 기원전 1만 3000년과 기원전 1만 5000년에 '베링기아

Beringia'로부터 두 가지 이동 경로가 있었을 것이라고 확인했다. '클로비스 인'의 후예들은 남쪽으로 이동하여 멕시코와 중앙아메리카, 페루 연안의 평원과 아마존으로 숲으로 갔다. 루스벨트와 다른 학자들의 그보다 더 오래된 연대는 1999년 뉴멕시코 주의 산타페(클로비스 유적 발굴지로부터 그리 멀지 않다)에서 열린 한 학회에서 발표되었다. 그들은 '클로비스 마피아'(시기가 가장 이른 표본들에 적용된 과학적 측정 방식에 의문을 던지고 더 나중의 연대를 고수한 사람들)와 새로운 진영(인류가 이곳에 더 일찍 도착했다는 커져만 가는 증거를 가진) 간의 언쟁을 야기했다.

연대상 불일치 외에도 전통 모델을 뒷받침하는 증거들은 많다. 아메리카 대륙의 원주민들은 피부색, 검은 직모, 눈꺼풀, 코, 심지어 혈액형과 DNA에서 중앙아시아인을 닮았다. (확장된 비장과 폐, 백혈구에 비해 적혈구 비율이 높은 것 등) 안데스 고원의 삶에 적응한 사람들은 아이들의 발그레 뺨에 이르기까지 몽골이나 티베트의 사람들과 아주 닮았다. 그리고 일부 아메리카 원주민 부족의 아이들은 '몽고반점'을 가지고 태어나는데 척추 아래 푸른 이 점은 자라면서 금방 없어진다. 이것은 아마존 지역에서 그들의 문화가 비교적 훼손되지 않은 가장 커다란 부족인 야노마미족에서도 마찬가지이다.

최근의 발견들은 아메리카 대륙 내부에서 이동 연대와 경로에 대해 이견을 제기할 뿐 중심 이론의 타당성에 도전하는 것은 아니다. 그것들은 인간이 이전에 생각했던 것보다 훨씬 더 일찍이, 어쩌면 대략 3만 년 전에 아메리카에 도착했다는 것을 보여주지만 이동 패턴은 여전히 북쪽에서 남쪽으로 추정된다. 인류가 그렇게 방대한 지역으로 퍼져나갔다는 사실이나 아니면 인류가 그렇게 먼 거리에 걸쳐 산

과 사막, 중앙아메리카와 남아메리카 사이의 빗물에 잠긴 다리엔 갭*
같은 장벽을 지나 이동했다는 사실이 놀라울 수도 있다. 그러나 인류
는 실제로 이런 식으로 흩어져나갔다. 수렵채집인과 자급 농경인은
자급자족할 역량이 있었으며 따라서 그들이 가족과 함께 얼마 안 되
는 소지품을 챙겨 이동할 때면 단 몇십 년 만에 매우 멀리까지 이동
할 수 있었다. (예를 들어, 16세기 말 투피남바족의 84개 마을은 포르투갈 침
입자들을 피해 대서양 연안에서 곧장 대륙을 가로질러 볼리비아의 안데스 산
지로 이동했고—그곳의 에스파냐인들은 그들의 도착을 기록했다—그다음 마
데이라 수계를 따라 내려가면서 마나우스 하류 투피남바라나 섬에 정착했다.
1639년에 포르투갈인들이 거기서 그들을 보았을 때 한 노인은 페르남부쿠에
있던 그들의 고향을 기억했다. 5,600킬로미터 정도 되는 이 이주는 단 두 세대
만에 이루어졌다.) 아메리카 대륙의 원주민 부족들은 어지러울 정도로
다양한 언어를 발전시켰고 각 부족은 저마다 독특한 장신구와 관습,
신앙, 거주지, 공예품을 갖고 있었다. 그러나 이들 간의 폭넓은 유사
성은 차이점들을 크게 능가했다.

따라서 인류는 1만 1000여 년 전, 플라이스토세** 후기에 아
마존에서 마음에 드는 거처를 발견했던 모양이다. 그때는 아마존 지
역이 지금보다 더 서늘하고 더 건조한 마지막 빙하기였다. 호수와 강
바닥에서 추출한 코어***, (그리고 거기에 담긴 꽃가루에 대한) 연대 측정

---

* 다리엔 갭Darién Gap 파나마와 콜롬비아 사이를 분리시키는 지대이다. 이곳에는 늪 지대와
  열대우림 등이 있다.

** 플라이스토세Pleistocene世 신생대 제4기의 첫 시기. 인류가 발생하여 진화한 시기이다.

*** 토양이나 빙하 등에 구멍을 뚫은 후 물질 구조가 파괴되지 않도록 원통형으로 채취한 분
   석 표본.

은 그 지역이 당시 지금처럼 수목으로 뒤덮여 있었다는 것을 가리킨다. 그러나 지금과는 다르게 분포하여 안데스 사면에 숲이 더 많고 더 동쪽으로는 초지가 많았다. 그 후 초기 정착인들은 수가 점점 늘어났고 대부분의 다른 영장류와 마찬가지로 무리를 지어 살면서 사냥을 했다.

페드라 핀타다 동굴에서 발굴된 인간의 유물에서 매우 긴 휴지기가 있었다. 그러다 다시 등장하는 도기는 대략 기원전 2000년 것으로 추정된다. 애너 루스벨트는 그때가 되면 '하부 아마존의 인디오들은—최근 계산에 따르면 그들 가운데 적어도 138개 부족은—작물을 재배하고 있었다.'는 것을 알아냈다. 따라서 아마존의 초기 인류는 농경을 시작하기 훨씬 전부터 분명히 채집을 하고 물고기를 잡고 사냥을 했으며, 다양한 도기를 사용하고, 점차 모여들어 더 큰 집단과 부족을 구성하고 있었다. 주식 작물은 마니오크가 되었다. 처음에 이것은 달콤한 마니오크였다(55~57쪽을 보라). 그다음 인류는 영양가가 더 풍부한 쓴 마니오크에서 독을 추출하는 법을 터득했다. 이 기적의 식물은 기원전 7000년경에 오늘날의 브라질 혼도니아와 서부 마투그로수에서 처음으로 재배되었던 것 같다. 마니오크는 열대우림 지대에서 가장 잘 자라며, 따라서 마니오크 농경의 확산은 많은 아마존 숲 아래로 인위개변, 다시 말해 인간이 변형시킨 토양을 낳았다.

우리는 21세기에 살아 있는 채집인의 실례를 볼 수 있어 운이 좋다. 적어도 두 부족이 유목 생활을 하는 수렵채집인으로 여전히 살아가고 있다. 브라질과 콜롬비아 사이에서 살아가는 마쿠족, 누카크족, 웁두족과 마라냥 주(아마존 강 어귀에서 남동쪽에 있는 브라질 주)의 오래된 숲속에서 살아가는 아와-구아자족이 그들이다. 이들 부족 집단은 모두 유목 생활을 선호하며 숲 천장 아래 임시 거처에는 잠시만 머문다. 그들은 대단히 좋은 삶을 영위한다. 숲의 자원에 대한 그들의 지식은 놀라울 정도며 그들은 매우 노련한 사냥꾼이다. 영국 인류학자 피터 실버우드-코프는 주변 환경에 대한 마쿠족의 깊은 이해와 그들의 풍성한 신화와 문화에 대해 알게 되었다. '그들은 작은 가족 단위로 살며 강보다는 깊은 숲을 좋아하고 끊임없이 이동한다. 사실 그들은 한 곳에 며칠 이상 머물지 않는다. 그들은 기동성이 아주 뛰어난데 따라서 소유물이 거의 없고 갖고 있는 것도 쉽게 휴대할 수 있는 것이어야 한다. 그들은 몇 분 만에 섬유질로 짠 해먹(그게 그들의 유일한 진짜 가구다)을 접고 단지와 얼마 안 되는 물품을 손수 만든 배낭에 넣은 다음 이동한다. …… 마쿠족은 물고기와 사냥감, 거북이, 과일, 채소, 견과류, 곤충, 꿀을 먹는다. 아닌 게 아니라 이보다 더 건강하고 균형 잡힌 식단을 생각하기도 힘들다.' 야영지를 떠날 때 마쿠족은 자신들이 남긴 쓰레기와 배설물이 자신들이 가장 좋아하는 나무와 식물로 자라날 것을 알고 있다. 그래서 몇 달 후에 다시 돌아오면 그들은 자신들이 변형시킨 숲 바로 위가 아니라 그 주변을 따라 야영을 한다.

　　아주 이른 시기인 기원전 7000년 이전의 채집인에 대한 증거가 나온 한 고고학 유적지는 페냐 로하Peña Roja('붉은 암반')인데 이곳은 콜롬비아 아마존 강의 지류 카케타 강에 위치한 오늘날 마쿠족이 생활하는 숲과 가깝다. 그곳의 숲은 서부와 중앙 아마존의 숲보다 높이가 더 낮고 건조하며 덜 무성하다. 이 자연림으로 보이는 숲 위로 비행기를 타고 날아가면 군데군데 커다란 야자나무 군락을 볼 수 있다. 이것들은 아마도 수천 년에 걸친 인간의 개입에 의해 변형되었을 것이다. 페냐 로하에서는 박편 석기와 나란히 부리티buriti(에스파냐어로는 모리체moriche, 영어로는 미리티miriti, 학명으로는 마우리티아 플렉수오사 *Mauritia flexuosa*), 바카바bacaba(오에노카르푸스*Oenocarpus*), 나자najá(막시밀리아나 마르티아나*Maximiliana martiana*)와 같은 인기 있는 야자나무의 종자가 대량으로 출토되었기 때문이다.

야자나무는 채집인들에게 대단히 유용하다. 이것들은 베어 넘기기 쉽다. 키가 크고 당당한 부리티(모리체)는 '건축 자재, 탄수화물 음식, 병마개, 직물로 짤 섬유, 발효 음료, [뗏목을 짓는 통나무], 부족 경제에 중요한 다양한 다른 산물을 제공한다.' 투쿠망tucumã(쿠마레 cumare, 아스트로카리움*Astrocaryum*)은 덩굴식물을 쫓아내기 위해 줄기 전체에 흉측한 고슴도치 같은 가시가 나 있지만 인디오들에게는 가장 좋은 친구다. 잎사귀는 가장 좋은 해먹과 끈을 만들 수 있는 질긴 섬유질을 제공하고 가시는 무수한 쓰임새가 있으며 오렌지 같은 열매는 낚시의 미끼로 사용되고 나무는 배와 집을 짓는 데 좋다. 마라조 섬에서 가장 사랑받는 야자나무는 아사이açai(에우테르페 올레라케아*Euterpe oleracea*)로, 큰 블루베리만한 자줏빛 열매가 송이송이 열린다. 아마존 원주민들은 언제나 아사이 주스를 게걸스럽게 마셔왔다. 아사이 주스는 마니오크와 생선 다음가는 주식이며 이 지역 삶의 지주다. 아마존 현지인들이 옳았다. 현대 영양학자들은 아사이가 '세계에서 가장 완벽한 자연식품'이라고 본다. 적포도주보다 30배나 많은 양의 산화방지 물질과 올리브기름의 비타민을 모두 함유하고 있다. 다목적 복숭아 야자나무(박트리스 가시파에스*Bactris gasipaes*)도 있는데 아주 유용해서 푸푸냐pupunha, 촌타두로chontaduro, 템베tembé를 비롯해 다양한 이름으로 불린다. 크고 곧게 자라며 가지가 많은 복숭아 야자나무는 오두막의 들보로 안성맞춤이며 활이나 곤봉, 심지어 톱으로 만들어도 될 만큼 튼튼하다. 송이송이 열리는 다홍색 열매는 칼로리와 기름, 비타민 C, 단백질의 주 원천이다. 말린 과일은 가루로 빻아 발효 없이 그대로 빵으로 만들 수 있고, 가공해 발효시키면 맥주가 된다. 둥치 주변으로 둥그렇게 난 보호 가시들 때문에 기어오를 수 없지만 이 가시들은 야노마미 여자들의 뺨을 장식하는 '고양이 수염'을 비롯해 다양한 쓰임새가 있다.

거대한 족장사회 vs 소규모 거주 집단

1542년의 카르바할과 나중에 다른 탐험가들은 아마존 강 본류와 커다란 지류의 강둑을 따라 광범위하게 늘어선 마을들을 목격했다. 이 가운데 대부분은 바르제아, 즉 1월과 5월 사이에서 강의 수위가 상승하면서 매년 대규모로 침수되는 지역이다.

　　바르제아 거주민의 주식은 물론 침전물이 풍부한 맑은 강물에 사는 풍성한 물고기와 거북이였다. 그들의 낚시 도구는 남아 있는 게 없지만, 우리는 오늘날 부족들이 강을 가로질러 치는 격자구조 덫과 통발, 활과 화살, 작살로 물고기와 거북이를 잡는 것, 그리고 둑을 쌓아 시냇물을 막은 후 팀보 리아나에서 나온 독으로 물고기를 기절시키는 것에 이르기까지 다양한 조업 방식을 활용하는 것을 볼 수 있다. 채소는 밭에서 경작되고 동물은 강가의 숲에서 사냥해 얻었으며, 어떤 식량은 홍수로 불어난 강물 아래 저장했다가 강물이 물러가면 되찾을 수 있음을 알게 되었다. 따라서 이 놀랄 만큼 풍성한 바르제아는 일반적인 테라 피르메terra firme 숲보다 70배나 많은 인구, 직접 비교하자면 1제곱킬로미터당 14.6명(테라 피르메는 0.2명)을 부양할 수 있다고 여겨진다. 이러한 인구 밀도는 오레야나의 원정대가 관찰했다는 마을과 마을 사이에 길게 뻗어 있는 텅 빈 강둑을 감안한 것이다.

이 강둑 공동체들은 애너 루스벨트와 다른 현대의 수정주의자들이 말한 '족장사회'를 낳았다. 이들은 강가 쪽 아마존의 낙원은 '가짜'가 아니라고 주장한다. 그들에 따르면 유럽인이 도착하기 전 2천 년 동안 거대한 족장사회가 발전해왔다. 위에서 설명한 아마존 고고학의 난점들 탓에 족장사회 이론의 옹호자들은 네 가지 증거, 즉 대규모 노동력 동원을 요구하는 높이 쌓아올린 대지, 계층 사회였음을 보여주는 정교한 도기, 최초 에스파냐 탐험가들의 관찰, 테라 프레타 terra-preta(흑색토 지대)*에 의존해야 한다.

루스벨트는 마라조 섬을 다시 찾아갔고 그곳의 족장사회가 1950년대부터 1960년대까지 그곳에서 작업한 메거스와 에번스가 결론 내린 것보다 훨씬 크다고 느꼈다. 그녀는 위성을 이용한 지형도, 표토를 침투할 수 있는 측방관측 공중레이더, 자기장이나 전기장의 변화를 탐지할 수 있는 스캐너 등 현대의 다양한 원격 탐사 기술을 활용할 수 있었다. 여기에 마라조아라 도기와 경작과 관련된 두둑을 더 많이 발견한 것에 힘입어 루스벨트는 1991년, 마라조는 주민이 10만 명 넘게 존재한 '신세계의 원주민 문화의 위대한 업적 가운데 하나'

---

*546~549쪽을 참고하라.

라고 결론 내렸다. 그러한 족장사회들은 '수만 제곱킬로미터에 달하는 영토'를 거느렸으며 사회는 신격화된 족장부터 신하와 노예로 붙잡힌 포로에 이르기까지 여러 계층으로 나뉘어 있었다. 그러나 이러한 주장은 과장인 것 같다. 마라조는 분명 수산 자원이 풍부했지만 그곳의 토질은 언제나 약했다. 마라조아라인들이 낮고 평평한 마라조 섬을 관개 시설과 높은 두둑으로 쌓아올렸다고 해도 그들의 주요 작물은 야자나무였을 것이다. 나는 이 아마존 문화가 일부 족장사회 지지자들이 주장하는 대로 페루와 멕시코의 문명들과 맞먹었으리라고는 도저히 상상할 수가 없다. 저지대 아마존에는 가축으로 길들일 만한 동물(안데스 산지의 라마와 기니피그 같은 것)이 없었고 마니오크를 제외하고는 재배가 쉬운 작물도 없었으며(감자, 키노아*, 옥수수가 없었다), 탁 트인 개방지가 거의 없고 채석장도 거의 없으며 금속도 전혀 나오지 않았다. 게다가 남아메리카인 가운데 우리가 생각하는 문자나 바퀴, 짐을 나르는 짐승을 갖고 있던 경우는 없었다.

베티 메거스는 반격에 나섰다. 그녀는 여든 살이 넘은 21세기에도 여전히 스미스소니언 연구소의 라틴아메리카 고고학 프로그램을 책임지고 있었다. 2001년에는 수정주의자들이 심지어 열대우림을 밀어내고 대규모 경지를 창출할 수 있다고 주장함으로써 아마존의 열대우림을 위험에 빠트리고 있다고 비난했다. "'아마존 제국이라는 죽지 않는 신화'에 매달리는 것은 고고학자들이 선사 시대 아마존을 올바르게 복원하는 것을 저해할 뿐만 아니라 우리를 가속화되는 환

---

*안데스 원산의 곡물. 쌀보다 조금 작고 조리가 쉬우며 단백질, 녹말, 무기질 등이 풍부하다.

아마존Amazon

경 파괴의 공범으로 만든다.' 그녀는 루스벨트가 산발적인 거주 흔적을 단일한 대형 사회의 유적으로 혼동하는 초심자라고 비웃었다. 찰스 만은 두 대단한 고고학자 간의 반목을 이렇게 요약했다. '시간이 지나면서 메거스-루스벨트 논쟁은 격해지고 사적으로 흘렀고, 현대 학계 분위기에서는 불가피하게도 식민주의와 엘리트주의라는 비난과 CIA 혐의가 제기되었다.'

메거스의 주장은 마크 부시(플로리다 기술연구소에서 일하는 영국인)가 주도한 고생태학자들의 연구에 의해 강화되었다. 2007년 마크 부시의 팀은 페루와 브라질, 에콰도르 유적지들의 호수 바닥에 침전한 꽃가루와 숯의 분석 결과를 발표했다. 연구 지역마다 사람들은 언제나 호숫가 마을 한 군데에서 살았고 거기서 멀리 벗어나지 않았다. 또 연구 대상지마다 '5000년 이상에 걸친 길고 지속적인 거주의 증거가 있지만 거주지는 8~10킬로미터 떨어진 인근의 다른 호수들까지 뻗어 있지는 않았다.' 따라서 주요 강들에서 떨어진 테라 피르메 숲에서 마을들은 작고 널리 흩어져 있었다. 부시 박사의 연구는 아마존 숲의 상당 부분이 여러 세대에 걸친 인간의 조작에 의해 '만들어진 풍경'이라는 관념에도 이의를 제기했다. 그의 연구팀은 1996년 윌리엄 드너번의 다음과 같은 주장에 동의했다. '거주지는 침수평원과 배로 다닐 수 있는 좁은 물길을 내려다보는 넓은 모래 절벽을 중심으로 형성되었다. 이것은 …… 정착지 주변으로 5킬로미터에서 10킬로미터에 걸쳐 국지적인 풍경 개조가 있었음을 암시하지만, 광대한 하간河間 지역의 생물군에는 인간이 거의 영향을 미칠 수 없었다.' 부시의 연구는 또한 테라 프레타 퇴적층이 강가 유적지에서는 평균 21헥타르 이상이지만 테라 피르메 숲에서는 1.4헥타르에 불과했다는 나이젤 스미스의 1980년 연구 결론과도 일치했다. 따라서 '거주 중심부에서는 …… 인간 개입의 오랜 역사를 찾아볼 수 있지만 인근의 생태계에는 상대적으로 영향이 적었고, 거주지에서 50킬로미터 이상 떨어지면 …… 영향을 전혀 찾아볼 수 없다.'

흑색토 지대에는 무슨 일이 있었나

초기 인류학자들은 아마존 전역에 걸쳐 강 근처에 나타나는 테라 프레타terra preta(흑색토) 지대에 흥미를 느꼈다. 이 놀라운 흑색토는 대부분의 열대우림 아래 자리한 빈약한 노란색 토양 혹은 분홍색 토양과 크게 대조된다. 테라 프레타 토양은 깊이가 50센티미터이고 탄소와 질소, 칼슘, 황을 함유하고 있다. 테라 프레타 지대에는 초기 인류가 수 세기 동안 거주한 것이 분명하다. 일반적으로 대량의 도기 파편이 출토되기 때문이다. 1870년대에 미국 지리학자 허버트 스미스(찰스 하트의 제자 중 한 명)는 자신이 '윤택한 테라 프레타, 즉 아마존 지역 가운데 가장 좋은 "검은 땅"'을 보고 얼마나 흥분했는지를 썼다.

　　전문가들은 흑색토의 기원에 대해 여전히 의견이 엇갈린다. 일부는 이 지대가 (어쩌면 화산 관입貫入이나 호수 침전물에 의해) 자연적으로 생성된 것이고 인간은 단순히 그 지대를 발견했을 뿐이라고 믿는다. 일부는 고대인들이 지금은 잊힌 어떤 공정을 통해 테라 프레타를 만들어내지 않았을까 생각한다. 그러나 대다수는 테라 프레타가 오랜 세월에 걸친 인간의 거주와 관련이 있다고 여긴다. 종종 인공물이 가득하며 영양분이 풍부한 흑색토는 집과 쓰레기더미가 썩어서 분해되는 곳이었다. 근처의 색깔이 더 옅은 테라 물라타terra mulata는 경작이 이루어졌던 곳으로, 수목을 태우고 작물을 수확한 흔적이 더 많다. 한 이론은 인류가 숯을 토양과 섞었고 그 결과 옥수수를 더 풍성히 수확했다고 주장한다. 플로리다 대학의 마이클 헤컨버거와 로스앤젤리스의 수재너 헥트는 쿠이쿠로 인디오들이 채소 찌꺼기를 약한 불에 오래 태워 숯을 얻은 후 땅에 뿌려 일종의 테라 프레타를 만드는 것을 보았다. 숯은 토양이 탄소를 붙잡아두는 데 도움이 되지만 그 자체는 영영분이 별로 없다. 따라서 테라 프레타의 영양분들은 틀림없이 쓰레기에서 나왔을 것이다.

　　일부 정원가들은 흑색토가 '살아 있으며' 자체적으로 생성된다고 믿는다. 현대 정착민들은 흑색토 지대에서 수확량이 더 많다는 것을 알기 때문에 일부러 그곳을 찾고 도시의 원예사들도 이 기적의 토양에 높은 가격을 지불한다. 지리학자 윌리엄 우즈는 산타렝 인근의 흑색토를 떠서 새로운 장소로 옮기는 것을 시도했는데 놀랍게도 흑색토는 새로운 장소에서 3년 만에 '다시 자라났다.' 그는 흑색토는 '살아있는 유기체로 간주되어야 하며 (토양 내) 미생물이 그 비결'이라고 주장했다. 그러나 베티 메거스는 여기에도 회의적이다. '원주민들이 우리가 모르는 비결을 알고 있다는 생각은 희망 사항일 뿐 어느 것에도 뒷받침되지 않는다. …… 그런데도 신화는 계속 굴러간다. 어처구니가 없을 뿐이다.'

　　테라 프레타의 성질과 기원이 무엇이든 간에 그것이 비옥하다는 점에는 논쟁의 여지가 없다. 테라 프레타는 산성이 덜하고 근처의 다른 토양보다 질소와 황, 더 많은 부식토를 함유하고 있다. 이 지대에는 여러 세기 동안 인간이 거주해왔고 종종 고대의 도기 파편들이 집중적으로 널려 있다. 테라 프레타 지대는 대체로 강둑에서 얼마간 떨어진 충적 제방이나 넓은 절벽, 다시 말해 강물에 휩쓸려갈 수 없는 곳에서 발견된다. 테라 물라타로 알려진 도기 파편이 없는 짙은 갈색토도 있는데 아마도 경작 텃밭의 잔해인 듯하다.

가장 이른 시기의 흑색토 지대는 기원전 몇 세기 정도로 추정되는데 집약적인 농업과 정착이 최초로 보고된 시기와 일치한다. 그러한 유적 가운데 하나는 페루의 우카얄리 강 하부, 야리나코차 인근에 있으며 기원전 200년 것으로 추정된다. 거대한 흑색토 지대는 마나우스 반대편 네그루 강 위에 위치한 숲이 우거진 농장 아수투바와 거기서 몇 킬로미터 떨어져 있으며 솔리몽이스 강 바르제아를 내려다보는 아타아라이다. 버몬트 대학의 제임스 피터슨과 상파울루 대학의 에두아르두 네베스는 1994년에 여기서 연구 프로젝트에 착수했다. 아수투바의 테라 프레타는 탄소연대측정에 따라 기원전 360년부터 유럽인이 도착하기 직전이 서기 1450년까지로 추정된다. 그러나 '조심스럽지만 그보다 훨씬 이른 시기인 기원전 4900년에 인간이 거주한 잠정적 증거도 있다.' 이 방대한 유적지는 수 제곱킬로미터를 아우르며 무수한 도기 파편이 널려 있다. 네베스는 한 둔덕에서 4천만 개의 도기 파편이 나왔다고 추정했는데 의도적으로 깨트린 것으로 보이는 이 파편들은 토양에 공기를 통하게 하거나 물을 빼는 용도였던 것 같다. 이 도기들은 검은색과 흰색으로 칠해 장식한 고운 도자기부터 조잡한 그릇에 이르기까지 다양한데 이는 계층 구조의 명백한 증거다. 오늘날 고고학자들이 과리타 양식이라고 부르는 도기들이 풍성했기 때문에 오레야나 휘하의 최초의 에스파냐인들은 이 근처의 한 마을을 '도기 마을'이라고 불렀던 것이었다. 아수투바와 인근 유적지는 1만 명의 인구를 충분히 부양할 수 있었을 것이다.

또 다른 테라 프레타 퇴적지는 하부 아마존, 오늘날의 산타렝과 타파조스 강 어귀 근처에 위치한 타페리냐이다. 타페리냐의 흑색토는 강둑을 따라 5킬로미터 정도 뻗어 있고 너비는 1킬로미터가 넘는다. 이곳은 틀림없이 '산타렝' 도기를 만든 사람들의 근거지이다. 그리고 우리는 오레야나의 부하들이 1542년에 목격한 타파조 부족이 복잡한 종교를 가진 강력한 부족이었으며 1640년에 끝내 포르투갈인들에게 노예가 되었다는 사실을 알고 있다. 윌리엄 우즈는 타파조 족 장사회가 이 테라 프레타 지대를 집중적으로 경작했다면 수만 명의 인구를 먹여 살릴 수 있었을 것이라고 주장했다. 그랬다면 당시 지구상에서 인구 밀도가 매우 높은 지역 가운데 하나였을 것이다.

고대의
인공 둔덕들

고대 둔덕과 계단식 대지는 아마존 강 어귀 마라조 섬부터 남서쪽으로 수천 킬로미터 떨어진 볼리비아의 고지대 평원과 북서쪽의 멀리 콜롬비아까지 아마존 전역에 퍼져 있다. 이 독특한 쌓아올린 대지는 분명히 잘 조직된 대규모 사회의 산물이다. 이것들은 모두 높은 테라 피르메 숲 바깥 개활지에 위치한다.

아마존 분지 남단에서 인류학자들과 고고학자들은 평범한 평지 위로 솟아 있는 작은 언덕들에 오랫동안 관심을 가져왔다. 이것들은 볼리비아의 베니 주, 라노스 데 모호스에 있는데, 장구한 그란데 강(과파이 강)은 이곳에서 북쪽으로 흘러가 마모레 강이 된 후 다시 마데이라 강이 된다. 1620년, 안토니오 바스케스 데 에스피노사는 이 땅을 '이곳 사람들은 팜파스라고 부르는 광대한 평원으로, 그것은 마치 바다에서 수평선을 보는 것처럼 눈길이 닿는 곳까지 펼쳐져 있다'고 묘사했다. '이곳 사람들은 평원 안에 군데군데 자리한 둔덕을 "섬"이라고 부르며 이 드넓은 평원에서 길을 잃지 않도록 일종의 이정표로 이용한다. …… 이곳의 땅과 하늘은 훌륭하며 기후도 좋고 상쾌한 바람이 분다. 땅이 매우 비옥하고 소출이 아주 풍성해서 낙원처럼 느껴진다.' 이 연대기 작가는 이 사바나에 치마네족과 모호족, 시리오노족, 바우레족 등 무수한 인디오 부족들이 살며 남동쪽에는 (오늘날 급성장하는 도시 산타크루스 인근에) 인구가 많은 치리과노족이 산다고 썼다. 평원은 얕은 지역의 물이 아마존 강으로 빠져나갈 때까지, 일 년의 절반 가까이 침수되었다. 건기 동안 원주민들은 작물이 더 잘 자라게 하기 위해 풀을 태웠다. 1680년대에 예수회 선교사들이 소와 말 등 다른 유럽의 가축을 이 원주민들에게 소개했고 그들은 이내 방목을 하게 되었다. 가축이 증가했고 결국에는 모호족 사이에 15개의 선교 공동체가 번창하게 되었다. 1767년 예수회가 축출된 후 가축과 선교 공동체는 약탈당했고, 인디오들은 질병과 방치, 에스탄시아estancia*에서의 강제 노동과 고무 붐 시기 동안의 강제 노동으로 멸종되다시피 했다.

에를란드 노르덴스키욀드는 20세기 초에 일부 둔덕을 발굴했

---

* 중남미의 대토지나 대목장.

아마존Amazon

지만 그와 프랑스인 민족지학자 알프레드 메트로는 안에 매장지나 다른 퇴적물이 없기 때문에 그것들이 자연적인 노출 지형이라고 결론 내렸다. 1960년대에 젊은 미국인 지리학자 윌리엄 드너번은 베니 강 위를 날아가다 그 지역이 얼룩말 줄무늬 같은 등성이와 직선으로 뻗은 초목으로 연결된 사각형 수풀로 이루어진 착시 미술 캔버스 같은 것을 보고 깜짝 놀랐다. 현대의 연구자들은 이 사각형 둔덕을 다시 찾아갔고 이제는 그것들이 홍수를 피해 나무와 작물을 기르기 위해 사람이 만든 것이라고 확신한다. 직선으로 난 둑길은 둔덕과 만나고 둑길 옆으로는 그것을 쌓기 위해 흙을 파낸 수로가 있었다. 인디오들은 이 둑길이나 수로를 따라 카누를 타고 이동할 수 있었을 것이다. 인공 둔덕에서의 경작은 오늘날 인구가 희박하고 토질이 약한 초지 위에서 수만 명의 인구를 부양할 수 있었을 것이다. 이러한 인공 둔덕은 분명히 인구가 많고 잘 조직된 사회의 산물이다.

둔덕들은 이제 낙타 혹이란 뜻의 카멜로네camellone로 불린다. 베니 강에는 둔덕이 수천 개가 있는데 가장 높은 것은 18미터에 이른다. 스웨덴 룬드 대학의 알프 호른보리는 쌓아올린 지대가 아라와크어 사용자들이 만든 것이라고 주장하는데, 그 둔덕들이 카리브 해 섬들부터 콜롬비아 북부와 베네수엘라, 마라조 섬, 페루 동부의 파호날과 볼리비아에 이르기까지 그 부지런하고 이동성이 뛰어난 부족들이 살았던 평원들에 있기 때문이다. 이 모든 지역들의 둔덕에는 네그루 강 하부의 흑색토 유적지처럼 깨진 도기 파편들이 가득할지도 모른다. 인공 둔덕은 계절적 홍수로부터 피난처를 제공할 뿐만 아니라 배수와 '토양 통기, 뿌리 부패 감소, 질화 작용 증가, 해충 감소, 산성 감소, 도랑의 수분 유지, 도랑에서 나온 배설물을 통한 비옥도 증대'

에 도움이 되었고 잡초 제거와 수확에도 용이했다.

　　라노스 데 모호스 북쪽, 과포레 강 남쪽 지류에 있는 바우레스에서 고고학자들은 낮은 흙둑이 500제곱킬로미터의 사바나를 가로질러 지그재그로 나 있는 것에 흥분했다. 이곳이 한때 거대한 어장이었다는 사실을 알아낸 사람은 펜실베이니아 대학의 클라크 에릭슨이었다. 흙둑은 10미터에서 30미터마다 방향을 트는데 따라서 강물의 흐름을 돌리기 위해 쌓은 둑이었음이 분명하다. 매년 강물이 범람하면 물고기들은 둑이 꺾이는 지점마다 2미터 깊이의 연못으로 흘러들어가게 된다. 물고기들은 건기가 시작되어 강물이 빠지면 그곳에 갇히게 된다. 에릭슨은 연못 1헥타르에서 연간 1톤의 물고기를 얻을 수 있었을 것으로 추정한다. 이곳에는 식용 포마케아*Pomacea* 달팽이도 있었는데 오늘날 이것들의 껍데기는 버려진 연못에 대량으로 쌓여 있다.

　　마이클 헤컨버거와 제임스 피터슨은 최근에 싱구 강 상부 카리브어를 사용하는 쿠이쿠로족 마을 근처에서 크고 정교한 정착지의 흔적을 발견했다. 그들은 나무뿌리와 낙엽더미로 뒤덮인 덤불이 우거진 숲 한가운데서 10년간 발굴 작업을 하면서 동심원을 이루는 해자 세 개를 발견했는데, 가장 큰 것은 지름이 1.6킬로미터이며 깊이는 4미터, 폭은 15미터쯤이다. 이 해자의 제방에는 규칙적으로 구멍이 나 있는데 방어용 말뚝을 꽂기 위한 것이었던 것 같다. 이곳을 이 지역의 다른 곳과 연결하는 넓은 길을 가리키는 증거도 있으며, 원형 방어 시설 안으로는 널따란 광장과 규칙적인 도시 계획이 존재했을지도 모른다. 물론 건물들은 썩어 없어지는 목재와 이엉으로 만들어져서 남아 있지 않지만 말이다. 헤컨버거는 '다리와 인공 제방, 연못,

둑길, 수로와 다른 건축물, …… 고도로 정교하게 건설된 환경'의 흔적을 발견했다. 도기 파편과 흑색토, 다른 유물들에 대한 연대 측정 결과는 이 정착지가 유럽인들이 도착하기 직전인 서기 1250년에서 1400년 사이의 것이었음을 가리킨다. 이 족장사회의 인구는 수천 명에 달했을지도 모른다. 그러나 싱구 강 상부는 울창한 대규모 우림의 남동쪽 끝자락, 꽤 탁 트인 개활지에 자리하며 그곳에서는 나무가 더 작고 덜 울창하며 강에는 물고기가 넘쳐난다는 사실에 주목할 필요가 있다. 또한 1885년 카를 폰 덴 슈타이넨에 의해 외부와 처음 접촉했을 때 싱구 강 상부의 십여 부족들은 (쿠이쿠로족을 포함해) 모두 합쳐 약 3천 명에 머물렀다.

유럽인 도래 이전의 아마존

그럼 이 '메거스-루스벨트' 논쟁에서 누가 맞을까? 나는 양쪽 진영 모두에 어느 정도 동의한다. 아마존에 인류가 도착한 시기가 매우 이르며 농경 이전에 부족사회와 도기제작술이 발달했다는 루스벨트의 주장은 이제 인정되는 분위기다. 그러나 나는 하부 아마존이 문화의 중심지이고 그곳의 문화가 퍼져나가 페루의 초기 문명에 영향을 주었다는 래스럽의 이론은 받아들일 수 없는데, 페루 초기 문명의 선조들은 마라조나 산타렘과 같은 족장사회보다 수천 년이나 앞서며 두 지역의 환경이 완전히 다르기 때문이다. 그러나 아라와크어를 사용하는 부족들은 실제로 둔덕 축조 기술을 아마존 분지를 통과해 이동하는 동안 터득했던 것 같다.

현대의 화전 농법은 분명히 금속 도끼와 톱에 의존한다. 하지만 정복 이전의 사람들도 그러한 농경에 어느 정도 의존할 수 있었다. 어떤 숲속 부족들은 금속 날을 얻기 이전에도 실제로 커다란 로사를 만들었다. 예를 들어, 1973년에 백인과 처음 접촉한 중앙 브라질의 파나라족은 마을 주변의 숲에 수 헥타르에 이르는 농장을 갖고 있었다. 여기에는 땅콩과 다른 작물들이 묘한 원형 패턴을 그리며 기하학적으로 심어져 있어서 접촉이 이뤄지기 전에 비행기를 타고 이곳을 지나치던 브라질인들을 어리둥절하게 만들었다. 다른 많은 집단들도 금속 날을 획득하기 전에 다양한 채소를 심는 밭을 가졌다. 나도 아수리니족과 파라카낭족(둘 다 싱구 강과 토칸칭스 강 사이 파라 주에 산다)이 백인과 처음 접촉하던 당시 마을 주변에서 상당한 크기의 농장이 있는 것을 보았다. 따라서 몇몇 정복 이전 부족들은 자연적으로 쓰러진 나무들과 군데군데 자리한 세라도와 사바나를 활용하거나 돌도끼와 견목으로 만든 톱, 혹은 불을 이용해 나무를 쓰러트린 것이 분명하다. 일부 평원 인디오들은 사냥을 할 때 사냥감을 에워싸기 위해 불을 이용하기도 한다. 해마다 불을 지르는 관행은 유럽인 정착민들도 따라하게 되었는데 이들은 이를 코이바라^{coivara}라고 부른다. 그러한 불은 날씨가 가장 건조한 시기에는 주변 숲으로 크게 번져나가는데, 가끔은 번개도 그러한 큰 불을 일으킬 수 있다. 원인이 무엇이든 간에 많은 숲에서 화재의 증거가 남아 있다. 생태학자 크리스 울은 '아마존 대부분 지역에서 토양에 군데군데 숯이 들어 있지 않은 곳을 찾기가 어렵다.'고 평가했다.

크고 잘 조직된 족장사회가 몇몇 주요 강들을 따라 번성했다는 것은 의문의 여지가 없다. 도기와 흑색토, 암석 조각 그림에서 나온 고고학적 증거는 최초의 유럽인 탐험가들, 즉 1542년의 카르바할뿐만 아니라 1650년에 마데이라 강을 일주한 라포소 타바레스와 같은 다른 탐험가들도 보고한 대규모 인구를 확인해준다. 메거스는 그러한 족장사회가 존재했다는 것은 인정했지만, 최초의 보고들이 사람이 살지 않은 강둑이 특히 강 상류와 서로 전쟁 상태인 족장사회 사이에 길게 이어져 있다고 말했음을 강조했다.

　　브라질 역사에 걸쳐 최초의 접촉과 탐험에 관한 기록들을 직접 연구하고 나서 나는 인구가 밀집한 정착지는 테라 피르메 숲속으로 깊이 뻗어있지 않았다는 메거스의 견해에 동의하는 쪽이다. 그러한 숲속에서 인간들은 주변 동식물 자원을 고갈시키지 않기 위해 마을을 작게 유지했다. 외래 유입 질병으로 인구가 급감하기 전에 원주민 부족들은 인구가 훨씬 많았고 마을도 많았다. 지난 세기 동안 최초 접촉 이후 인구 파괴 비율은 최악의 경우에 90퍼센트였고, 보통은 그보다 더 나았다. 20세기 중반 인구가 최저점을 찍었을 때 아마존 분지 숲속 부족들의 총인구는 약 20만 명이었으며 따라서 이 수치를 외삽 추정해보면 아마존 숲속의 인구는 한때 최대 2백만 명에 달했을 것이다. 커다란 강과 주변 사바나에 있었던 족장사회들은 노예화와 인구 감소, 멸족으로 가장 큰 타격을 입었다. 전성기에 그곳에는 숲속의 인디오들보다 인구가 더 많았을 수도 있다. 따라서 정복 이전 아마존 분지의 총인구는 4백만에서 5백만 명에 달했을 것이다.

| 10장 |

비행기,
전기톱,
불도저

과거 콘키스타도르들과 식민지 정착민들, 고무 부호들을 좌절시킨 것처럼, 20세기 중반이 되자 아마존 숲은 막강한 포드자동차 회사를 물리치고 미국의 전쟁 수행 노력에 차질을 빚게 했다. 그곳의 강들은 생명력 강한 몇몇 카보클루들만이 살아가는 활기 없는 벽지의 옛 모습으로 되돌아갔다. 그곳의 마을과 도시는 쇠락했다. 세계에서 가장 풍요로운 생태계는 태초의 낙원의 모습을 계속 유지할 것처럼 보였다. 그러나 그러한 평온은 세 가지 발명에 의해 깨졌다. 비행기와 전기톱, 불도저 말이다.

　　민간 항공 덕분에 안데스 산지 국가들은 이제 아마존 지역에 위치한 자국 도시들에 쉽게 접근할 수 있게 되었다. 이전에는 산맥을 넘어 난 힘겨운 노새 길을 거치든지, 급류와 소용돌이가 도사리는 물길을 통해서만 접근이 가능했던 곳에 이제는 비행기로 한번에 취항할 수 있었다. 페루는 이제 아마존 강의 이키토스와 우카얄리 강의

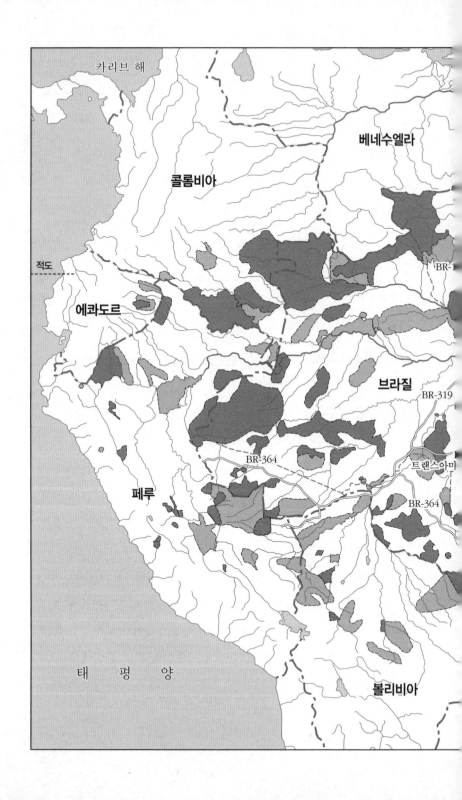

카리브 해

베네수엘라

콜롬비아

적도

에콰도르

BR-1

브라질

BR-319

BR-364

트랜스아마

BR-364

페루

볼리비아

태　평　양

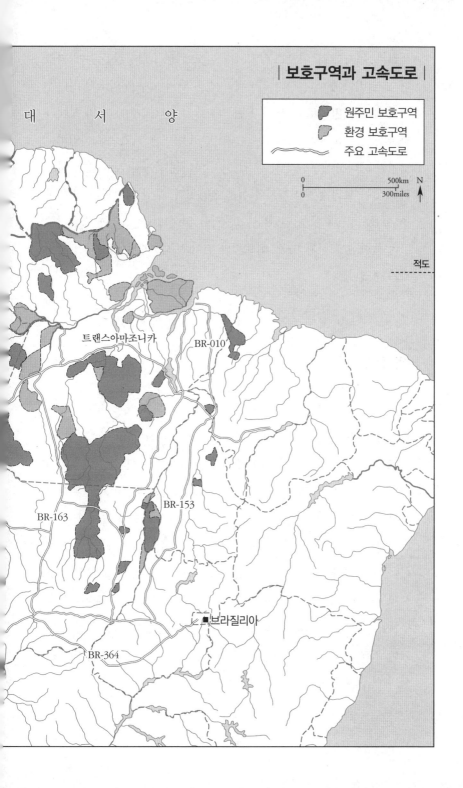

원주민 보호구역
환경 보호구역
주요 고속도로

0   500km   N
0   300miles

대   서   양

적도

트랜스아마조니카

BR-010

BR-153

BR-163

■브라질리아

BR-364

푸칼파, 마드레 데 디오스 강의 말도나도에 정기 항공편을 갖게 되었다. 볼리비아는 베니 강의 리베랄타 같은 과거 고무 사업소와 아마존 지역에서 두 번째로 큰 도시가 된 라노스의 산타크루스 데 라 시에라와 더 잘 연계되었다. 콜롬비아는 저 멀리 아마존 지역으로 진입하는 발판인 레티시아에 도달할 수 있었다. 아마존 분지를 가장 많이 차지하고 있는 브라질은 비행기를 십분 활용했다. 주나 지역의 수도는 모두 항공으로 새 삶을 얻었다. 그물처럼 얽혀 있는 무수한 강줄기를 따라 들어선 도시와 마을, 선교지와 인디오 전초기지에는 가설 활주로가 생겼다.

새로운
세 가지 적

브라질 공군은 CAN(국립 항공 우편)이라는 훌륭한 서비스를 통해 외딴 곳의 활주로까지 정기 항공편을 운영했다. CAN의 대담한 조종사들은 전시 주요 기종이었던 다코타 수송기와 후속 C47기와 더불어 우아한 카탈리나 비행정을 하늘에 띄웠다. 불을 밝히지 않은 정글 개간지나 강가에서는 주간에만 착륙할 수 있었다. 필자도 CAN으로 수십 차례 비행해 보았다. 비행기는 군인과 선교사, 숲사람, 공무원 등으로 구성된 잡다한 사람들을 태웠으며, 좌석 주위로는 식량(피가 뚝뚝 흐르는 정육도 있었다)과 휘발유, 맥주, 각종 연장과 변경의 삶에 필요한 기타 물품들이 쌓여 있었고, 이따금씩은 술집에서의 총질에 희생된 부상자나 시체가 실리기도 했다. 한 공군 준장은 매달 보급 비

아마존 Amazon

행 때마다 매춘부들을 실어 보내, 고립된 초소에 근무하는 부하들을 즐겁게 해주기도 했다.

　1940년대에 바르가스 정부는 국가의 심장부를 열어젖히는 임무를 띤 중앙브라질재단을 신설했다. 재단은 아라과이아 강 상류부터 북서쪽으로 탐험한 적 없는 땅을 가로질러 싱구 강과 그다음 타파조스 강 방면까지 길을 내는 원정에 착수했다. 원정 목적은 북아메리카로 비행하는 항공기들이 이용할 수 있는 비상 착륙장과 기상관측소로도 활용할 수 있는 가설 활주로를 내는 것이었다. 상파울루 출신의 젊은 삼형제가 틀에 박힌 도시의 직장을 버리고 이 흥미진진한 모험에 가담했다. 이 빌라스 보아스 형제는 교육을 받고 곧 3년간의 원정을 떠맡게 되었다. 탐험가들은 호전적인 샤반테족이 사는 평원과 언덕을 몇 달 동안 어렵사리 통과한 끝에 1944년 싱구 강의 수원지에 도달했다. 그들은 60년 전에 슈타이넨을 반갑게 맞아준 (그리고 아마도 20년 전에는 포싯 대령을 죽였을) 부족들에게 매료되었다. 그래서 그들은 이 열대의 에덴을 떠나지 않았다. 오를란두와 클라우지우 빌라스 보아스는 이후 30년간 거기서 살았고 혼동의 뒤를 이어 원주민 부족의 열렬한 옹호자가 되었다. (셋째 레오나르두는 1961년 심장 수술 도중 사망했다.)

　비행기와 가설 활주로는 아마존 분지에서 이동의 혁명을 가져왔지만 그 자체가 숲을 크게 파괴하지는 않았다. 하지만 전기톱은 전혀 달랐다. 금속 날(마체테, 도끼, 한손잡이 톱)은 인간이 몇 시간만 힘을 들이면 나무를 쓰러트리는 것을 가능케 했다. 그것은 인디오들에게 거부하기 힘든 것이었고 따라서 고립된 부족과의 접촉에서 언제나 미끼가 되었다. 여기에 모터가 장착된 전기톱은 벌목꾼들에게 엄청난 진보였다. 거대한 나무들을 별달리 힘들이지 않고도 단 몇 분 만에 넘길 수 있었다. 이러한 벌목을 통한 삼림 파괴가 수목을 쳐낸 개간지나 인근 캄포 초지를 태우는 일—사냥에 유리하도록 매년 사바나를 태우는 일부 평원 인디오들에게 전수받은 관행—과 결합했다. 갑자기 거대한 열대우림은 인간의 발 앞에 엎드리게 되었다.

열대우림의 세 번째 운명의 적은 토목 기계와 그것들이 만들어내는 도로였다. 남쪽에서는 볼리비아인들이 북쪽의 라 파스부터 베니 강과 북동쪽의 모호스 평원까지 도로를 냈다. 서쪽에서는 페루인들이 안데스 산맥을 관통해 배를 타고 다닐 수 있는 우카얄리 강의 푸칼파까지 고속도로를 건설했다. 나중에는 산맥을 관통하는 더 험하고 구불구불한 길을 냈는데 남쪽에서는 쿠스코부터 마데이라 강의 수원 마드레 데 디오스 강까지, 그리고 북쪽에서는 차차포야스와 리처드 스프러스의 채집 활동 기지였던 우알라가 강의 타라포토까지 길이 뚫렸다. 에콰도르에는 키토부터 나포 강 상류의 오리엔테 주까지 이어지는 길이 줄곧 있었는데, 자동차가 다닐 수 있도록 넓혀졌다. 에콰도르의 경제는 1964년 텍사코 사가 그 지역의 숲에서 석유를 발견하면서 확 달라졌다. 그곳은 아마존 분지에서 가장 큰 원유 매립지였던 것이다. 이후로 원유 생산은 에콰도르 GNP의 절반을 차지해왔다. 콜롬비아도 마침내 보고타에서 산맥을 가로질러 카케타 강의 수원지에 있는 플로렌시아까지 길을 냈다.

비행기 활용에서와 마찬가지로 도로 건설로 아마존에 본격적인 공격을 개시한 것은 브라질이었다. 이것은 물론 안데스라는 장벽을 뛰어넘을 필요가 없는 그들에게는 훨씬 쉬운 일이었다. 1953년, 브라질 정부는 정체된 아마존 지역을 개발하기 위해 '감독청'을 신설했다. 이것은 SPVEA로 알려졌고 SPVEA가 무능과 부패로 무너진 후 들어선 후속 기관의 약칭은 SUDAM이었다. 처음에 건설한 두 도로는 거대한 열대우림을 우회했다. '재규어 도로Road of the Jaguar'로 불리는 BR-010과 BR-153 연방 고속도로는 1958년부터 1960년까지 신수도 브라질리아부터 아마존 강 어귀의 벨렝 시까지 1,900킬로미터 길이로 건설되었다. 이 고속도로는 토칸칭스 강과 아라과이아 강 사이에 위치한 자연 사바나를 종종 통과하며 좋은 방목지와 농업 지대를 창출했다. 이 벨렝-브라질리아 도로가 개통된 덕분에 그 지역의 인구는 10년 만에 20배가 증가해 2백만 명이 되었고 10개에 불과했던 소도시와 마을도 120개로 불어났다. 사실상 전혀 없었던 소도 5백만 마리로 증가했다. 도로 덕분에 이주민들은 저렴한 비용으로 정착이 가능했고 브라질의 다른 지역으로 여행하기가 편해졌으며, 무엇보다도 그들의 농산물과 가축을 시장에 가져다 팔 수 있을 정도로 경제성이 생겼다.

아마존 감독청의 또 다른 성공적 계획은 마나우스 시를 면세구역으로 설정한 것이었다. 아마존 강 상류의 다 죽어가던 신흥 도시를 자유항으로 탈바꿈시킨 이 뜻밖의 조치는 브라질이 인위적으로 높은 관세와 세금을 부과했던 상황과 맞물려 성공했다. 부유한 브라질 사람들은 면세품을 구입하기 위해 마나우스로 날아갔고 제조업자들은 세금 우대 조치를 누리기 위해 그곳에 부지를 선정했다. 시간이 지나자 마나우스는 브라질 가전제품과 백색 가전제품, 스쿠터 제조의 중심지가 되었다. 20세기 말이 되자 사방팔방으로 뻗어나간 마나우스는 인구 2백만 명의 혼란스러운 메트로폴리스가 되었다. 숲이 많고 광대한 아마조나스 주 인구의 절반이 마나우스에 상주했다. 그러나 마나우스 시의 중심은 여전히 고무 붐 절정기에 부유항만에서 테아트루 아마조나스 오페라 하우스를 올려다보며 십자로 낸 거리들에 자리했다.

다음 신설 고속도로는 아마존 열대우림의 남동쪽 끝자락을 우회했다. 도로는 쿠이아바에서 북서쪽으로 달려 마데이라 강의 포르투 벨류까지 이어졌다. 재규어 도로를 건설한 지 10년 후에 지어진 이 BR-364 고속도로는 혼동의 전략 전신선 경로를 따라, 그의 이름을 딴 혼도니아 준주(나중에는 주)를 가로질렀다. BR-364 고속도로는 지질학적으로 오래된 중앙 브라질 순상지 위로 나 있었고 부분적으로는 아마존 강 두 지류의 분수령 위도 지나갔다. 도로 가운데 일부는 탁 트인 캄포를 가로지르면서 마데이라 강에 접근할 때나 다른 강들을 건널 때만 나무가 울창한 숲에 진입했다. 도로가 자주색토, 다시 말해 매우 비옥한 테라 록사terra roxa 지형을 찾아냈다는 소문도 돌았다. 더딘 출발 후에 BR-364 고속도로는 남아메리카 역사에서 처녀지로의 최대 규모 이주의 대동맥이 되었다. 1960년대에 아마존 삼림 외곽의 개활지에 건설된 이 두 도로는 어마어마한 '삼림 파괴의 원호지대'를 생성했다.

1980년대가 되자 50만 명의 정착민이 BR-364 고속도로를 따라 이동했고, 이주는 다음 10년 동안 가속화되었다. 많은 정착민들은 농업의 기계화로 인해 일자리를 잃은 남부 브라질에서 온 근면한 농민들이었다. (1970년대에 나는 가구와 각종 가재도구들 사이에 일가족을 태운 트럭들이 먼지가 일거나 진흙탕인 고속도로를 따라 꼬리에 꼬리를 물며 덜컹거리며 지나가는 것을 보았다.) 급격한 변화가 으레 그렇듯 여기에도 격렬한 충돌이 일어났다. 새로운 정착민들과 인디오들 사이에, 농민

아마존Amazon

들과 라티푼다리우^{latifundário}('대토지 소유자')들 사이에, 토지 공사 인크라^{Incra}와 투기꾼들 사이에, 점거자들과 법적 소유자 사이에 땅 전쟁이 벌어졌다. 벌목꾼과 무허가 채광업자, 방목인, 트럭 운송인들도 저마다 이 열풍에서 한몫을 잡으려고 했다. 이 정착민들 가운데에는 살인청부업자 피스톨레이루^{pistoleiro}와 가짜 명의 증서를 들이미는 사기꾼들, '낙원'이나 '천일야화' 같은 간판을 단 헛간에서 일하는 매춘부들까지 있었다. 이주가 계속되고, 그리고 (1985년 논쟁적인 세계은행의 차관을 받아) BR-364가 닦이면서, 고속도로 양편으로 측면 도로들이 십자를 그리며 뻗어 나와 숲 속으로 침투하기 시작했다. 이 측면 도로들 주위로 또 다시 대규모 삼림 파괴가 이루어졌다. BR-364 고속도로는 열대우림의 가장 커다란 파괴자로 악명을 떨치게 되었다.

　　브라질의 군인 대통령은 메마른 북동부 주 주민들이 극심한 가뭄으로 고통 받는 모습에 마음이 아팠다. 1971년 이밀리우 메지시는 이 가난한 사람들에게 아마존 숲을 열어 '사람 없는 땅을 땅 없는 사람들에게' 주겠다고 공약했다. 그는 아무런 조사나 계획도 하지 않고 아마존 횡단고속도로, 즉 트랜스아마조니카 하이웨이^{Transamazonica Highway} BR-230 고속도로의 건설을 개시했다. 이것은 이름에 걸맞게 '관통 도로' 다시 말해 아무 데로도 이어지지 않고 그저 숲을 관통하는 도로였다. BR-230 고속도로는 하부 아마존과 아마존 강의 지류인 마데이라 강의 남쪽으로 몇백 킬로미터를 달렸다. 도로는 토칸칭스 강가의 이스트레이투와 마라바에서 시작해 서쪽으로 뻗어나가 아마존 강의 남쪽 지류들이 중앙 브라질 순상지를 벗어나 흘러가는 급류들까지 닿았다. 여기까지가 하천선들이 강을 거슬러 최대한 올라올 수 있는 곳이었기 때문에 이 지점들에는 언제나 도시들이 있었다. 싱구 강에는 알타미라가, 타파조스 강에는 이타이투바가, 마데이라 강에는 우마이타가 그리고 나중에는 포르투 벨류가 생겼고 아크리 주를 가로질러 서쪽으로 가면 점차 페루 국경과 만나게 된다. 이 개척 도로의 건설은 놀라운 개가였다. 나는 일단의 거친 숲사람들이 나무를 베어내며 강과 강 사이로 수백 킬로미터의 길을 내는 것을 보았다. 그들은 한뎃잠을 자며 힘들게 살았고 이들에 대한 보급과 방향 유도 임무는 야영지로 식량을 투하하는 비행기들이 담당했다. 다른 노동자들은 전기톱으로 이들이 낸 길을 넓혀서 숲속에 70미터 너비의 긴 띠를 만들어냈다. 그들 뒤로는 커다란 노란색 불도저들이 땅을 깎고 평평하게 골라서, 얕은 개울은 목교로, 커다란 강은 뗏목 부교로 건너는 곧은 비포장도로를 만들었다. 토칸칭스 강부터 마데이라 강까지 뻗은 이 2,232킬로미터의 도로는 1974년에 완공되었다. 트랜스아마조니카의 총연장구간을 유럽 지도 위에 펼치면 리스본부터 모스크바까지 이어질 것이다. 이 동서 간 고속도로를 완성하기 위해 다른 도로들은 대충 남쪽에서 북쪽으로, 즉 마투 그로수 주의 쿠이아바에서 아마존 강가의 산타렝으로, 포르투 벨류에서 아마존 강 맞은편의 마나우스까지, 마나우스에서 호라이마까지, 그리고 그곳에서부터 궁극적으로는 베네수엘라와 가이아나까지 이어지며 아마존 숲을 관통하게 되었다.

　이 관통 도로들은 아마존의 원시림을 훼손했지만 설계자들은 '역동적 성장축'을 연결하는 파이샤faixa('사회적 거주의 거대한 띠')라는 표현으로 이를 정당화했다. 인디오 부서 푸나이의 전문가인 세르타니스타sertanista들은 도로 노동자들과 불도저가 들이닥쳐 충돌하기 전에, 고립된 원주민 부족들을 미리 접촉해 그들을 '평정'하라는 명령을 받았다. 1980년까지 1백만 명의 이주민들이 트랜스아마조니카를 따라 정착하리라 기대되었는데, 이 가운데 절반은 정부가 개간한 100헥타르의 땅을 받는 정착민, 나머지 절반은 자발적 이주민으로 채워지리라 예상되었다. 그러나 막상 1980년까지 단 2천 가구만이 정착했고, 내가 방문한 가구들은 여러 난관으로 실의에 빠져 있었다. 척박한 토양, 무수한 곤충, 무성한 잡초, 그들의 초라한 생산물을 내다 팔 시장의 부재, 극도로 비싼 생필품, 우기에는 도저히 지나다닐 수 없는 진창으로 변하고 건기에는 구멍이 숭숭 뚫린 비포장도로일 뿐인 고속도로까지, 한마디로 아마존 숲에서 조금만 더 고지대로 가면 나오는 비옥한 땅과는 한참 달랐다. 다른 고속도로 계획들은 그보다 더 큰 실패였다. 동서로 뻗어 아마존 북부까지 이어지는 북부 우회 고속도로를 건설하려는 계획은 단 몇 구간만을 건설한 후 포기되었지만, 이미 그 경로를 따라 있는 원주민 부족들에게 질병과 와해, 침입을 야기한 뒤였다. 멀리 서쪽에서는 페루의 페르난도 벨라운데 대통령이 1980년에 페루 아마존으로 정착민들을 유인하고자 안데스 산맥의 동쪽 사면을 따라 외곽 고속도로를 건설하는 꿈을 꾸었다. 그러나 그 계획 역시 급히 철회되었다.

그러나 1960년과 2000년 사이 40년 동안 브라질 아마존의 인구는 10배 증가하여 2백만 명에서 2천만 명이 되었다. 이 인구 폭발은 내부 이민에 의해 야기되었지만 개척 지대 정착민들의 높은 출산율도 일조했다. 이주민들 거의 모두는 '삼림 파괴의 원호 지대'(열대우림의 주요 본체를 에워싸는 BR-010과 BR-153 고속도로, BR-364 고속도로 인근)와 마나우스 시 주변에 살았다. 새 천년이 되어서야 많은 정착민들은 관통 고속도로를 따라 그때까지 접근이 불가능했던 숲으로 들어가게 되었다.

대규모 개발 프로젝트와
원주민

▬

이 몇십 년 동안 아마존 지역은 여러 대규모 프로젝트의 현장이었다. 자리 강은 아마존 강 어귀에서 그리 멀지 않은 지점에서 북쪽으로부터 아마존 강으로 진입하는데, 1965년 미국의 선박왕 대니얼 K. 러드윅은 자리 강 하부에 토지이용권을 얻어 에이커당 1달러 가격으로 350만에서 400만 에이커의 숲을 매입했다. 러드윅의 계획은 목재와 펄프로 쓸 거대한 연목 플랜테이션을 만드는 것이었다. 헨리 포드를 좌절시킨 난관들을 극복하기 위해 러드윅은 빨리 자라는 그멜리나 아르보레아*Gmelina arborea*와 기타 종으로 나무 1700만 그루를 동남아시아에서 수입했다. 그는 1870년대에 헨리 위컴이 아마존의 고무나무를 지구 반대편에 기생 생물이 없는 열대림으로 가져갔던 일을 거꾸로 뒤집고자 했다. 그는 세계 최대의 쌀 플랜테이션과 거대한 소 방목지도 계획했다.

그러나 일은 처음부터 꼬였다. 러드윅은 2억 5천만 달러의 비용을 들여 거대한 수상 제지소와 나무를 태우는 화력 발전소를 멀리 일본에서 가져왔다. 그는 고도의 전문성을 갖춘 수목관리원을 고용했지만 정작 그들은 열대림에 익숙하지 않은 미국인들이었다. 나무들이 베어져 목재로 팔려나갔다. 베어낸 나무들에서 떨어진 나뭇가지들은 땅에 영양분을 공급하기 위해 그 자리에 그대로 두었다. 나무를 베어낸 자리에는 수백 만 그루의 연목 묘목이 심어졌다. 그러나 숲을 밀기 위해 불도저가 사용되었고 이것들은 약한 토양을 모조리 긁어내버렸다. 따라서 많은 묘목들이 죽었고 다른 나무들도 기대만큼 빨리 자라지 않았다. 결국 전문가들의 전망은 대부분 실현 근처에도 가지 못했다. 자리 강 프로젝트는 그나마 3만 명의 브라질인을 온정주의적이고 도덕적으로 올바른 사업에 고용했다. (직원들이 찾는 술집과 사창가가 자리 강 반대편 강둑에 있었지만.) 프로젝트는 세계 최대의 고령토 매장지를 우연히 발견하며 행운을 잡았지만, 이것만으로 망해가는 프로젝트를 살리기에는 역부족이었다. 외국인 혐오 성향의 브라질 언론은 이 초대형 규모의 토지이용권을 외국인에게 내준 것에 불평하기 시작했다. 원래 주기로 했던 세금 감면 혜택의 일부는 철회되었고, 1981년 은둔한 억만장자는 화가 나서 돈만 잡아먹는 어리석은 사업을 단념했다. 열대우림을 아끼는 사람들은 세간의 이목을 끈 그의 실패에 고무되었다.

　　1960년대 후반기에 브라질 정부는 비용을 부담해 항공기에 탑재된 측방관측공중레이더를 가지고 그 지역을 조사했다. 이 라담브라질 프로젝트는 위성으로부터의 원격 탐사가 가능하기 훨씬 이전에 숲 아래 광물이 매장된 곳을 찾아낼 수 있었다. 공중의 비행기와 발로 뛰는 지질학자들은 아라과이아 강 하류와 싱구 강 사이에 있는 카라자스 언덕 아래에서 세계 최대의 철광석 매장지를 찾아냈다. 이 거대한 채굴지를 운영한 발리두히우도시 사는 환경 훼손을 최소화할 방법을 강구했다. 하지만 철광석을 대서양 연안으로 수송하기 위해 건설된 철도를 따라 형성된 '개발 회랑development corridor'과 목재를 태우는 선철 제련소는 대규모 파괴를 야기했다. 트롬베타스 강가에서 발견된 보크사이트 광산을 운영한 알칸 사 역시 환경을 고려해 강으로 폐수를 거의 방류하지 않았다.

트롬베타스 보크사이트를 알루미늄으로 전환하기 위한 전력 생산을 주목적으로 하는 세계 최대 규모의 수력발전 댐이 토칸칭스 강 하류에 건설되었다. 비판가들에 의해 '파라오급 사업'이라고 묘사된 이 투쿠루이 댐은 200킬로미터 길이의 저수지로 대규모 침수를 야기했다. 마나우스 북쪽 우아투망 강에 건설된 또 다른 수력발전 댐인 발비나는 대참사였다. 비난이 쏟아지는 가운데 1987년 가동된 이 댐은 도저히 용납하기 힘든 40만 헥타르의 처녀림―이 가운데 상당 부분은 원주민들의 땅이었다―을 침수시키고도 누수와 실트 퇴적 탓에 고작 250메가와트를 생산했을 뿐이었다. 한편 발비나 저수지 북쪽에서는 세계 최대 규모의 주석 원광 노출 광산인 피칭가 광산이 1985년에 이르러 완전 가동되면서 와이미리족과 아트로아리족의 땅을 침범했다. 혼도니아에도 다른 주석 원광 광산들이 있었고, 이 지역에는 마데이라 강가 포르투 벨류 바로 동쪽에 위치한 아마존에서 세 번째로 큰 수력발전 댐인 사무에우 댐도 있었다.

아마존 저지대는 해발고도가 90미터가 채 못 되고 너무 평탄해서 어마어마한 면적의 삼림을 침수시키지 않고는 전력을 생산할 수 없었다. 1980년대 말에 트랜스아마조니카의 알타미라 시 인근 싱구 강 하류에 일련의 수력발전 댐을 건설하는 계획이 제안되었다. 이 댐들이 건설되면 카야포족의 땅이 모조리 물에 잠기게 될 처지였다. 그러나 카야포족은 투쟁심이 있고 정치적으로 영리한 부족이었고, 파울리뉴 파이아칸이라는 카리스마 넘치는 지도자가 있었다. 국내외 NGO들과 언론의 격려에 힘입어 카야포족은 1988년 알타미라에서 대규모 집회를 조직했다. 한 카야포족 여자가 발전 회사 간부에게 대고 외쳤다. '우리는 전기가 필요하지 않다. 전기는 우리에게 먹을 것을 주지 않을 것이다. 우리는 이곳의 강들이 자유롭게 흐르기를 원한다. 우리의 미래는 거기에 달려 있다. 우리는 우리가 사냥하고 모여 살 숲이 필요하다. 당신네들 댐은 필요 없다.' 간부가 빈곤을 구제할 진보를 이야기하자 그녀는 통렬한 논박으로 맞섰다. '우리의 "빈곤"을 덜어주겠다는 소리는 하지 마라. 우리는 가난하지 않다. 우리는 브라질에서 가장 부유한 사람들이다. 우리는 비참하지 않다. 우리는 인디오이다.' 집회는 전 세계의 TV 화면에 나갔고 국제 은행들은 자금 지원을 거부했다. 결국 싱구 강 댐 건설 계획은 치워졌다. 적어도 한동안은 그랬다. 이 계획은 21세기 들어 기획자들의 안건에 다시 등장하게 된다.

 카야포족의 자신감은 어느 정도는 광산 수입에서 나왔다. 1979년 한 농부가 카라자스 철광석 광산과 트랜스아마조니카 고속도로의 시발점이 되는 꾀죄죄한 변경 도시 마라바 사이에 위치한 세하 펠라다Serra Pelada('민둥산')의 진흙더미에서 금덩어리를 발견했다. 수만 명의 무허가 탐광자 가림페이루garimpeiro들이 흘러들어와 골드러시를 이뤘다. 그들의 과열된 탐광 작업은 거대한 구덩이를 남겼다. 세계 언론은 개미떼처럼 달려들어 진흙 속을 파헤치는 벌거벗다시피 한 남자들의 행렬을 담은 가슴 아픈 사진들을 지면에 실었다. 황금을 향한 열기는 카야포 원주민 보호구역 안에서 그 귀금속이 발견되면서 남쪽으로 퍼져나갔다. 가림페이루들은 협동조합에 의해 자체적으로 규제되었고 화기 소지를 금지하고 있었다. 따라서 호전적인 카야포족은 수가 훨씬 많은 침입자들을 무력시위를 통해 위협할 수 있었고 이것은 대대적으로 보도되었다. 그 결과 인디오부서 푸나이는 파이아칸 족장과 다른 이들을 도와 채굴된 금에 추가 부담금을 물리는 방안을 협상했다. 인디오 전사들은 광산을 떠나는 광부들의 몸을 수색해 나온 사금만큼 사용료를 받았다. 카야포족은 이렇게 얻은 돈을 아주 적절하게 사용해서 그 돈으로 방대한 부족 영토의 경계를 관리하고 가장 인접한 도시에서 물품을 단체로 구매했으며 부족의 젊은 이들을 교육하고자 부족의 행사를 촬영하고 홍보 활동과 정치적 로비 활동을 했다. 대신 카야포족은 그들의 땅 일부가 파헤쳐져 침식된 달 표면처럼 바뀌고 그들의 강이 광산의 폐수로 오염되는 것을 지켜보는 대가를 치러야 했다.

20세기 후반은 아마존에서 살아남은 원주민 부족들에게 격동의 시대였다. 부족들은 잇달아 정부의 인디오 전문가들과, 이따금씩은 선교사들을 매개로 외부와 접촉하게 되었다. 백인들의 금속 날과 무기의 위력을 알게 되었기 때문에 대부분은 낯선 백인 침입자들과 타협하는 쪽을 선택했다. 브라질과 페루, 콜롬비아의 인디오 부서들은 깊은 숲속으로 힘들고 위험한 접촉 원정에 착수했고 대부분은 인명 손실 없이 대면 접촉을 달성할 수 있었다. 그러나 안타깝게도 거의 모든 부족들은 고립 상태에서 벗어나자마자, 처음에는 문화적 충격의 트라우마로, 그다음에는 이질적 질병의 유행으로, 마지막으로는 급격한 인구 감소에 따른 절망으로 절망적인 타격을 받았다. 이 인디오 부족들은 과거 인디오들이 유럽인들과 그들이 데려온 아프리카 노예의 도착 이래로 그래왔던 것처럼 홍역과 인플루엔자, 말라리아에 취약했다. 새롭게 접촉한 부족들에게 예방 접종을 실시하거나 엉성하나마 그들을 치료하려는 시도가 있기는 했지만, 인디오들의 말로카(공동 주

아마존 Amazon

택)가 외딴 곳에 위치해 있어 한계가 있었고, 또 1960년대까지는 효과적인 백신을 구하기 어려웠다. 따라서 수천 명이 죽어갔다. 작은 부족들은 인구가 최대 3분의 2까지 감소했고 그들의 슬픔과 사회적 와해는 주체하기 힘들었다. 브라질 아마존에서 부족 인디오의 총인구수는 10만 명 가까이까지 떨어졌다. 인류학자들은 20세기 말까지 인디오들이 멸종하게 될 것이라고 예측했다.

원주민 권익 운동과
원주민 보호구역

그러나 이후 20세기 마지막 몇십 년 사이에 아마존 원주민 부족들의 상황은 나아지기 시작했다. 이러한 회복은 대단한 빌라스 보아스 형제, 바로 1945년 싱구 강 상류에 도달해 그곳의 인디오들 곁에 머무르게 된 상파울루 출신 젊은이들의 도움에 힘입었다. 오를란두와 클라우지우 보아스는 평생을 잘생기고 마음씨 좋은 부족들과 함께했다. 두 사람은 많은 측면에서 선구자들이었다. 선교사들을 제외하고 동일한 인디오들과 오랜 세월을 함께한 최초의 백인들로서 그들은 인디오들을 자신들과 대등한 사람으로 취급하고 각 인디오 집단의 정치를 이해하면서 인디오들에게 특별한 공감대를 키워나갔다. 두 사람의 성격은 무척 달랐다. 헝클어진 머리에 '황제 같은' 턱수염과 콧수염을 기른 오를란두는 배가 나오고 외향적이었다. 한 친구는 그를 터키탕에서 시중드는 사람 같다고 비유하기도 했다. 더 조용하고 내향적인 클라우지우는 할머니 안경을 쓰고 헐렁한 반바지를 입은,

행동이 느린 사람이었다. 철학책을 닥치는 대로 탐독한 그는 머릿속에 가득한 반^半마르크스주의 사상을 한참씩 설명하고는 했다. 그는 해먹에 누워 인디오들과 몇 시간씩 대화하는 것을 좋아했으며 그들은 모두 그가 개인적으로 잘 아는 사람들이었다. 두 사람 다 뛰어난 숲사람이었다. 다시 말해 강인하고 끈기 있고 경험이 풍부했다.

빌라스 보아스 형제는 싱구 강에 남아 있는 고립 부족들이나 호전적 부족들과 점차 접촉해나갔다. 그다음 기적처럼, 부족끼리 오랜 반목과 싸움을 접고 해체된 부족들을 재건하고 잃어버린 긍지를 되찾도록 그들을 설득했다. 빌라스 보아스 형제는 최초로 인디오들에게 브라질 시스템 안에서 자신의 삶을 스스로 통제할 수 있는 권리를 찾아준 이들이었다. (다른 인디오 부서의 기지들은 정부 관리로 운영되었다. 대부분은 헌신적이고 좋은 의도를 품었지만, 일부는 무능하거나 신용할 수 없거나 게으르거나 잔인했다.) 그들이 싱구 강에 도착하고 얼마 지나지 않아 그곳의 원주민 집단은 외래 질병, 특히 모두가 두려워하는 홍역과 인플루엔자에 걸렸다. 싱구 강 상류 부족들의 총인구는 1,200명 미만까지 감소했다. 형제는 낙담에 빠졌지만 의약품과 백신을 접종할 의사들을 데려오는 데 성공했다. 상파울루 의과대학은 1960년대 중반부터 오를란두의 훌륭한 친구인 호베르투 바루지 박사 휘하에 매년 자원 의사들을 파견했고 그리하여 20세기 말이 되자 싱구 강의 모든 인디오들은 남아메리카의 어느 누구 못지않게 온전한 의료 기록을 갖추고 건강 관리를 받게 되었다.

빌라스 보아스는 대중의 관심과 국내 정치의 중요성을 깨달은 최초의 사람들이었다. 그들은 외부 세계에 자신들이 활동하고 있는 목가적 세계를 엿볼 수 있는 기회를 제공했고, 온갖 화술을 동원해

아마존Amazon

정치가들을—그들의 부인들도—설득했다. 그들이 브라질 공군 비행기의 정기 보급에 의존했기에, 군 인사들도 똑같이 환대했다. 군 관계자들 역시 대체로 친인디오파였다. 그리고 그들은 북적거리는 현대 국가 한복판에서 대부분 발가벗고 사는 아름다운 원주민 부족의 홍보 가치도 알고 있었다. 그들은 기자들과 촬영팀을 환영했다. 그에 따른 언론 보도로 인디오들은, 대부분은 인디오를 본 적도 없지만 선조들이 저지른 수 세기간의 압제에 죄의식을 느끼는 교양 있는 브라질인들에게 높이 평가받게 되었다. 그러나 원주민 부족들은 변경 개척 사회에서는 흔히 질시나 두려움의 대상이었다. 빌라스 보아스 형제는 '변화, 그러나 인디오들이 원하는 속도로'라는 정책을 발전시켰다. 그래서 그들은 공산품, 의복, 연장, 모터 등을 받아들였지만, 원주민 부족 간 교역에서 취급하는 원주민 가공 제품과 경쟁할 만한 물건은 받아들이지 않았다. 그들에게 불만을 품은 선교사들은 빌라스 보아스 형제가 정치가와 언론의 구미에 맞는 '인간 동물원'을 운영하고 있다거나 그들이 자기 배를 채운다거나 명예욕에만 사로잡혀 있다고 헛소문을 퍼트렸다. 싱구 강에서의 간소한 삶을 경험해본 사람이라면 이러한 주장이 얼마나 얼토당토않으며, 비록 형제가 실제로 유명해지긴 했지만 그들이 한 모든 일은 그들의 원주민 친구들의 이익을 위한 것이었다는 사실을 안다.

　　빌라스 보아스 형제와 몇몇 인류학자들의 가장 큰 성취는 싱구 강 상부의 원주민과 자연환경을 보호하기 위해 그곳을 거대한 보호구역으로 지정한 것이었다. 이 대담한 발상은 8년에 걸친 정치적 투쟁 끝에 1961년에 법제화되었다. '싱구 원주민 공원'은 2만 2000제곱킬로미터 면적*의 원시림과 강을 포괄한다. (다양한 부침을 겪은 후

이 면적은 이제 2만 6500제곱킬로미터이다.) 이것이 시초가 되었다. 다음 몇십 년 동안 다른 십여 군데의 거대한 원주민 보호구역이 브라질과 콜롬비아, 페루, 베네수엘라와 다른 아마존 국가에 공포되었다.

　　이 보호구역 대부분은 오랜 투쟁 끝에 얻어졌다. 아마존의 인디오들은 정치 그리고 법과 소유권이라는 이상한 관념에 대해 서서히 배워갔다. 그들은 공기나 물처럼 공짜로 마음대로 누릴 수 있다고 생각하는 그들의 숲이 이방인의 소유가 될 수도 있다는 사실을 이해해야 했다. 그들은 늘어나는 지지자 집단, 즉 인류학자, 인디오 전문가, 선교사(특히 해방신학을 지지하는 더 깨인 가톨릭 선교사들), 변호사, 언론인, 다른 많은 활동가들의 지도를 받았다. 이들은 남아메리카와 모든 선진국에 비정부기구NGO를 설립했다. (1969년에 나는 이러한 NGO 가운데 가장 정력적인 조직인 런던서바이벌인터내셔널의 창립 멤버였다.) 그러나 인디오들은 점차 그들 스스로 정치적 투쟁을 어떻게 전개해야하는지 배워갔다. 아이러니하게도 브라질에서 원주민 지도자들이 먼 거리를 이동해 다른 원주민 부족들과의 만남을 가능케 한 것은 그들에게 그렇게 많은 피해를 야기한 관통 도로를 따라 오가는 버스였다. 대부분의 부족사회는 마을의 일이 일상적으로 논의되는 자그마한 민주정이다. 이러한 구조는 원주민 지도자들에게 때로는 두서가 없지만, 강력하고 열정적인 웅변가로 성장하는 경험을 제공했다. 최초의 인디오 회의는 1970년대 중반 가톨릭 선교사들에 의해 조직되었다. 이러한 모임은 전국 각지에서 온 인디오들에게 동일한 위협에 맞선 공동의 목표를 갖고 있다는 것을 보여주었다. 그의 마을인

---

*한국의 전라남북도를 합한 것과 비슷한 면적.

마투 그로수 주 메루리에서 열린 회의에서 보로로족의 족장 트시바이는 '문명인을 자처하는 백인이 내 부족의 땅뿐만 아니라 영혼도 짓밟았다. 우리가 흘린 눈물이 너무 많아서 강물이 불어나고 바닷물이 짜졌다.'고 개탄했다. 그러나 그는 여기에 굴하지 않고 당당하게 선언했다. '그러나 나는 우리가 커다란 희망으로 고무되고 있으며 우리 역사의 경로를 바꾸기로 굳게 결심했다는 것만은 알고 있다.' 그래서 부족들은 NGO 산하에 특정 종족 집단이나 강 유역, 삼림을 대표하는 원주민 사회에 기반한 조직들을 차차 만들어나갔다. 20세기 말이 되자 브라질에는 원주민들과 뜻을 같이 하는 약 30여 NGO의 지원과 격려를 받아 130여 개의 원주민 압력 단체가 생겼다.

인디오 대변인들은 이러한 회의에서 부상했다. 처음 부상한 인물은 그의 부족이 '평정'되기 전에 태어난 샤반테족의 족장 마리우 주루나로, 그는 1982년 인디오로서는 처음으로 (그리고 지금까지는 유일하게) 브라질 국회의원에 선출되었다. 배가 나오고 단호한 주루나의 트레이드마크는 백인들이 인디오들에게 하는 거짓말을 녹음하는 테이프레코더였다. 카야포족은 정치적 로비에 특히 적극적이었고 금과 목재에서 나온 사용료로 부유했다. 그들은 카리스마 넘치는 대변인을 몇몇 배출했는데 이 가운데 파울리뉴 파이아칸과 하오니(빌라스보아스 형제가 접촉한 멘툭치리족의 족장)는 전 세계를 돌며 만난 대통령과 왕, 종교 지도자, 유명 인사, 국제 언론을 침착하게 상대했다. 파이아칸은 1988년 알타미라에서 싱구 댐 건설 계획을 반대하는 대규모 집회를 조직했다. 그러나 4년 후 다소 수상쩍은 강간 혐의로 낙마했다. 대외 홍보 활동의 가치를 본능적으로 이해한 카야포족은 언제나 보디페인팅과 깃털 머리장식, 나무 입술 고리를 하고 나와 이목을 집중시킴으로써 TV 방송을 사로잡았다. 그들과 인디오 동조자들은 열심히 로비를 해서, 1988년 브라질이 21년간의 군사 정부에서 벗어나며 제정한 새 브라질 헌법에 원주민의 권리를 포함시키는 데 성공했다. 브라질 남부에서는 마르쿠스 테레나가 나와 활동했다. 또 뛰어난 웅변가로 1980년 교황 요한 바오로 2세가 브라질을 방문했을 때 모든 인디오를 대표하여 교황과 대담한 과라니-카이오와족의 마르사우 투팡-이가 나왔다. 그러나 투팡-이는 나중에 살해당했는데 부족 내 라이벌이나 그의 땅을 노리던 방목업자의 소행이었던 것 같다. 브라질과 베네수엘라 국경에 걸쳐 있는 삼림 구릉지가 본거지인 커다란 원주민 부족 야노마미족은 지속적으로 세계에 인디오들의 대의와 철학을 호소하고 있는 유창한 샤먼 다비 코페나와를 배출했다.

　　이 모든 정치 활동은 대규모의 아마존 삼림 지대를 그곳에 사는 원주민들을 위해 법적으로 보호하는 결과를 낳았다. 브라질에서는 2005년에 마침내 마쿠시족과 호라이마의 와픽사나족을 위한 거대한 보호구역이 선언되었다. 다른 커다란 보호구역도 지정될 예정인데 그럴 경우 전체 인디오 지역은 그 커다란 국토의 12퍼센트, 최초 EC(유럽공동체)의 크기에 버금가는 넓은 면적을 차지하게 될 것이다. 콜롬비아는 고무 붐 동안 훌리오 세사르 아라나에 의해 희생당한 부족들의 생존자들을 위한 프레디오 푸투마요 보호구역을 비롯해 남부의 아마조나스 주와 바우페스 주에 광대한 원주민 보호구역을 선포했다. 베네수엘라는 20년간의 끈질긴 캠페인 끝에 선포된 브라질의 야노마미족 공원에 버금가는 야노마미족을 위한 국립공원을 갖고 있다. 페루와 볼리비아, 에콰도르도 원주민 부족이 살고 있는 삼림 지역을 보호한다.

이러한 보호구역은 세 가지 주요한 이점이 있다. 첫째는 부족의 사기에 미치는 영향이다. 땅은 인디오들에게 모든 것을 의미한다. 땅은 그들에게 사냥과 고기잡이, 물질적 필요를 제공한다. 또 그들의 신념과 유산, 부족의 정체성을 하나로 묶는다. 그들은 나무와 강, 주변의 신성한 장소를 모두 알고 사랑한다. 땅은 공격적인 이방인들에 대한 완충제이기도 하다. 거의 모든 아마존 부족들이 접촉 이후 창궐한 질병과 붕괴에서 회복했다. 멸종되기는커녕 원주민 인구는 1960년 이후 네 배 증가했다. 이것은 토지 보호 정책이 제공한 안정 그리고 예방의학과 출산 의료를 포함해 더 좋아진 건강 관리 덕분이다.

보호구역의 또 다른 커다란 이점은 원주민 부족이 흔히 열대우림 환경의 뛰어난 지킴이라는 것이다. 몇몇 부족들이 벌목꾼이나 탐광업자, 무허가 사냥꾼들에 의해 매수되었지만, 대부분은 자신들의 거주지를 매우 아끼기 때문에 파괴적인 침입을 허용하지 않는다. 삼림 파괴가 걷잡을 수 없이 가속화되는 가운데 원주민 영역은 소중한 삼림 안에 자리 잡은 피난처로서 갈수록 중요성이 커지고 있다. 아마존 지역의 도시 유권자들은 인디오들이 넓은 삼림 보호구역을 갖는 것을 찬성하는데 바로 그들이 탁월한 환경 지킴이로 인식되기 때문이다. (개척 지대의 땅이 없는 빈곤층 사이에서는 태도가 덜 우호적이지만 그들도 원주민들이 열대우림을 파괴하지 않고 그 속에서 지속적으로 생존할 수 있는 유일한 사람들이라는 점은 인정한다.)

보호구역의 세 번째 이점은 아마존에 여전히 존재하는 것으로 추정되는—그리고 아마도 지구상 다른 곳에는 남아 있지 않을—40~50개의 비접촉 고립 부족을 포함하고 있다는 것이다. 브라질에서 고립 부족을 담당한 사람은 그 지역에서 가장 위대한 탐험가이자 인디오들의 보호자로서 칸지두 혼동과 빌라스 보아스 형제의 뒤를 잇는 세르타니스타인 시드니 포수엘루였다. 그는 1990년대 초에 2년간 푸나이를 이끌었고 그의 재직 동안 브라질에서 법제화된 보호구역은 두 배로 늘었다. 포수엘루는 그 후 브라질리아의 정치적 정글을 벗어나 그의 안마당인 진짜 정글로 돌아갔다. 푸나이의 고립 부족 전담부서의 수장으로서 자신이 신설한 일자리로 돌아갔던 것이다.

마약 게릴라들의 은신처

아마존의 무성한 숲은 혁명가들과 종교 분파, 테러리스트들, 마약 밀매업자들에게 은신처를 제공해왔다. 피델 카스트로의 카리스마적인 오른팔 에르네스토 '체' 게바라는 1965년 쿠바의 공산주의를 외국으로 수출하기로 결심했다. 콩고에서의 시도가 수포로 돌아간 후 체 게바라는 볼리비아의 인디오들을 정치적 무관심에서 깨우려 했다. 탁트인 알티플라노altiplano*에서는 활동이 불가능했기에 그는 볼리비아 숲속 부족들의 지원을 얻으려고 했다. 그러나 그는 고지의 케추아어를 조금 배웠지만, 이것은 동부 저지대의 투피-과라니어 사용자들한테는 쓸모가 없었다. 또 체 게바라는 볼리비아 군대가 무능하리라 짐작했지만 미국의 군사 교관들이 엘리트 특수 부대원을 양성한 사실은 모르고 있었다. 이 부대는 열대우림에서의 생존에 관해 그가 이끄

---

* 안데스 산지의 고원 분지.

는 작은 무리보다 더 뛰어났다. 결국 1967년 10월 그들은 체 게바라를 추적해 산타크루스 데 라 시에라 남서쪽, 아마존 분지의 남단 마모레-마데이라 강의 상류수인 그란데 강의 수원지에 위치한 라 이구에라라는 곳에서 그를 사살했다.

그 전년인 1966년에는 콜롬비아무장혁명군Revolutionary Armed Forces of Colombia, FARC이 창설되었다. 볼리비아에서의 체 게베라의 어리석은 실수를 되풀이하는 대신, 훨씬 더 진지하게 접근한 콜롬비아무장혁명군은 라틴아메리카에서 가장 가공할 만하고 가장 오래가며 가장 부유한 좌파 반군이 된다. 이 단체는 1950년대 '비올렌시아 Violencia'*에서 우파들의 도를 넘는 만행에 대한 반발로 생겨났다. 혁명군은 비록 콜롬비아 공산당의 무장 분파로 형성되었지만, 그들과 비견되는 콜롬비아의 민족해방군National Liberation Army, ENL과 달리, 쿠바-소련식 공산주의보다는 민족주의적이고 반자본주의적 노선을 취했다. 1990년대 들어 창립자인 하코보 아레나스가 사망한 후 새 지도자 마누엘 마룰란다는 조직을 시몬 볼리바르에 영감을 받은 마르크스-레닌주의 조직으로 정의했다. 초창기에 혁명군의 세력 기반은 농촌의 빈곤층과 북부 콜롬비아 도시의 판잣집 거주민들이었다. 그들은 콜롬비아의 두 산간 하천 카우카 강과 막달레나 강 주변 야생의 야산을 지배하게 되었다. 그러나 콜롬비아 군대의 군사 활동을 피하기 위해 점점 남쪽과 동쪽으로 이동해 안데스 산맥의 급경사면과 아

---

* 콜롬비아 보수당과 자유당의 대립 속에 1948년부터 1958년까지 10년간 20만 명 이상의 사망자를 낸 내전. 종전을 전후해 무장 게릴라 단체들이 등장하는데, 대표적인 것이 콜롬비아무장혁명군과 민족해방군이다.

마존 숲이 만나는 산비탈로 갔다.

이 무장 단체를 그토록 성공적으로 만든 것은 마약에서 나온 돈이었다. 혁명군은 리처드 스프러스부터 리처드 에번스 슐츠까지 여러 식물학자들을 매혹한 환각 식물이 자라는 숲속에서 활동했다. 혁명군은 코카와 마리화나, 심지어 아시아의 양귀비 플랜테이션까지 운영했고, 악명 높은 마약왕들이 무해한 코카를 중독적인 코카인으로 바꾸는 공장을 보호했다. 혁명군의 연간 수입은 3억 달러에서 10억 달러로 추정되며, 이 가운데 3분의 2는 그 지역을 통과하는 마약에 붙는 '코카 세금'에서 나온다. 이 돈으로 6천 명에서 1만 6천 명 사이로 추정되는 무장 세력을 지탱한다. 1998년 그들을 주류 정치로 끌어들이려는 간헐적인 시도의 일환으로 혁명군에게 데스페헤Despeje('숲속 빈터')로 알려진 11만 제곱킬로미터의 안전지대가 보장되었다. 이곳은 산 비센테 델 카구안 인근, 보고타에서 남쪽으로 300킬로미터 떨어진 아마존 강의 지류 카케타-자푸라 강의 수원에 자리했다. 정전 협정이 파기되자 콜롬비아 군대는 2002년 데스페헤를 침공했다. 그 후 혁명군은 전술을 바꿔 일부는 아마존으로 더 깊숙이 들어갔다. 그들은 네그루 강의 수원들 인근의 숲 동쪽에서 활동했으며 2005년 전력을 차단하고 도로를 봉쇄하여 푸투마요 주 남부를 마비시켰다. 트럭 운전수들은 겁에 질려 이동할 수 없었고 어리둥절한 원주민 부족들은 무자비한 새 행정관들에게 협조해야 했다.

콜롬비아의 나르코트라피칸테narcotraficante, 즉 마약업자들은 잉카 제국과 그 이전 문명 시기부터 코카 잎을 주식으로 삼아왔던 페루에서도 코카를 찾았다. 1980년, 무장 분자들이 중앙 안데스의 어느 마을에서 대통령 선거를 혼란에 빠트리려고 기도하면서, 페루도 자기들 이름을 내건 살인적인 혁명가들을 얻게 되었다. 이 운동은 리마와 쿠스코 사이 도로에 위치한 가난한 식민지 도시 아야쿠초에 있는 과망가 대학의 사회학 교수 아비마엘 구스만이 이끌었다. (아야쿠초에 있는 강이 나중에 우카얄리 강이 되는 아푸리마크 강으로 흘러들기 때문에 아야쿠초도 원칙적으로는 아마존 분지에 속한다.) 구스만은 마오쩌둥의 중국에 다녀온 적이 있었고, 따라서 자신의 새로운 운동이 (마르크스와 레닌, 마오쩌둥의 뒤를 이어) 마르크스주의의 네 번째 칼이 되기를 바랐지만 그의 운동은 잉카 메시아 신앙과 안데스 인디오의 종교성으로 채색된 것이었다. 그는 자신의 운동을 센데로 루미노소^{Sendero Luminoso}, 즉 1920년대 페루의 자생 마르크스주의자이자 잉카 수정주의자인 호세 카를로스 마리아테기의 '빛나는' 가르침을 따르는 빛나는 길이라고 불렀다. 기원은 이상주의적이었지만 빛나는 길은 피비린내 나는 무정부 상태로 타락했다. 다른 혁명들처럼 빛나는 길도 사회 질서를 무너뜨리고 그 폐허 위에서 평등주의적인 인디오 유토피아를 창조하고자 했다. 그래서 농민들을 공포의 도가니에 몰아넣고 마을 시장과 신부, 교사부터 자선사업가, 의사, 구호 요원에 이르기까지 저명한 페루인들을 살해했다. 콜롬비아무장혁명군처럼 빛나는 길도 도시 빈곤층과 수입이 빈약한 중간 계층의 이상주의자들에게 호소했다.

페루 군대는 이 골칫거리를 근절하기 위해 인정사정없이 움직였다. 무고한 안데스 인디오들은 두 진영의 교차 사격 한가운데 놓였고 양쪽 모두에게 잔학 행위를 당했다. 1990년 알베르토 후지모리 대통령이 당선되면서 빛나는 길에 대한 공세는 강화되었다. 살인을 일삼는 운동이 호소력을 잃어가는 가운데, 1992년 아비마엘 구스만이 붙잡히면서 (그는 리마의 중산층 동네에 있는 발레 학교 위층에 숨어 있었다)

거의 섬멸되었다. 페루 정부는 구스만을 처형함으로써 그를 순교자로 만들지는 않았다. 비록 그의 운동으로 6만 명이 목숨을 잃었지만 말이다. 대신 그들은 이 별 볼 일 없고 배가 나온, 악을 쓰는 사회학자를 바보로 만든 후 종신형에 처했다.

빛나는 길은 압박을 받는 동안 콜롬비아의 무장혁명군처럼 아마존 숲의 피난처로 후퇴했으며 마약 신디케이트들과의 부정한 동맹으로 자금과 무기를 지원받았다. 그들의 근거지 가운데 한 곳은 페루 북부의 우알라가 유역이었다(지금도 여전히 근거지이다). 우알라가 강은 1560년에 우르수아-아기레 원정대가 보트를 지은 곳이자 3세기 후에 스프러스가 식물을 채집하며 가장 행복한 시절을 보낸 곳이다. 페루는 그곳의 동쪽 숲으로 정착민들을 유인하려고 했다. 그러나 이 정착민들 대부분은 실패했는데 트랜스아마조니카 고속도로를 따라 정착한 브라질의 정착민들이 별다른 진전을 보지 못한 것과 마찬가지 이유에서였다. 그래서 센데리스타나 콜롬비아 마약 밀매업자가 코카에 현금을 제시했을 때 이 절박한 소농들에게는 하늘에서 내려준 양식이나 다름없었다. 코카는 페루 아마존에서 잡초처럼 잘 자란다. 앞서 본대로 코카 잎을 씹는 것은 안데스 산지의 삶에서 주식이었다. 씹는 형태로는 아무런 부작용이 없고 오히려 몸에 좋은 비타민을 얻을 수 있다. 비극은 이 코카 관목이 코카인으로 전환될 수 있다는 것이다. 마치 차나 커피, 맥주처럼 무해한 음료를 만들어내는 식물이 알고 보니 강력한 마약의 원천으로 밝혀진 꼴이었다. 코카를 근절하려는 시도는 서양에서 인기 있는 저 세 가지 음료 가운데 하나를 제거하려는 시도만큼이나 무익하리라.

세링게이루,
숲의 편에 서다

1980년대에 열대우림을 보존하려는 가난한 노동자와 소 방목초지를 만들기 위해 숲을 파괴하려고 혈안이 된 부유한 지주 간의 '선'과 '악'의 대비를 완벽하게 예시하는 분쟁이 벌어졌다. 아크리 주(고무 붐 시기 동안에 브라질이 볼리비아로부터 획득한 주)에서는 약간의 세링게이 루들이 여전히 헤베아 브라실리엔시스 나무에서 고무를 채취했다. 어차피 세계 고무의 대부분은 이제 아시아 플랜테이션에서 나왔기 때문에 이들의 활동 규모는 소박한 편이었다. 한 신문은 아크리 주의 숲이 커다란 조각으로 부동산 개발업자들과 장래 방목업자들에게 팔려나가고 있기 때문에 아크리 주가 현재 '괴로운 심정'에 처해 있다고 묘사했다. 1984년 BR-364 고속도로가 포르투 벨류까지 닦이면서 혼도니아로의 내부 이주가 크게 가속화되었다. 그리고 2년 후 서쪽의 아크리 주의 수도 리우 브랑쿠를 향해 구간 연장이 시작되었다. 리우 브랑쿠는 인구 25만 명의 도시로 급성장했고 그 가운데 일부는 방목 지를 만들려고 한 반면 일부는 다른 이유에서 숲을 밀어 없애는 일에 엮여 있었다. 바로 벌목업이었다. 고속도로를 닦는 2년 사이에 리우 브랑쿠에는 목재 운반차에서 가져온 통나무를 가공하며 쉬지 않고 돌아가는 제재소가 40곳이나 생겼다. 최상의 고무나무 가운데 일부는 리우 브랑쿠 남쪽에 있는 아크리 강의 수원인 샤푸리 강 계곡에서 자랐다. 샤푸리 강의 고무 채취인들은 그들의 숲이 연간 1만 헥타르의 속도로 사라지는 데 대해, 그리고 그 숲과 더불어 그들의 생계 수단인 헤베아 고무나무도 함께 사라지는 데 경악했다. 이 세링게이루들은 자신들의 권리를 보호하기 위해 노동조합을 설립했다. 그들은 엠파테empate라는 전술을 고안했다. 교착 상태라는 뜻의 이 전술은 노동자들과 그 가족들이 인간 장벽을 형성해 불도저나 전기톱 벌목꾼들이 가지 못하게 막는 것이었다. 이것은 아크리의 무법천지 야생에서는 위험한 전술이었다. 일부 엠파테는 성공했지만 일부는 유혈 사태를 초래하며 실패로 돌아갔다.

아크리 농촌노동자조합의 초대 지도자는 암살당했다. 그의 후임자는 치쿠 멘데스로 헝클어진 머리에 검은 콧수염을 기른 통통한 남자였다. 그는 조용하나 논리 정연하고 결연했으며 정력적이고 매력이 넘쳤다. 여기에 브라질인 마리 알레그레티와 미국인 스티븐 슈워츠먼이 이끄는 한 NGO가 고무 채취인들의 운동에 가담했다. 그들은 치쿠 멘데스를 전 세계적인 인물로 만들었다. 그의 연설은 매우 감동적이었고 그의 투쟁 역시 명백하게 훌륭했기에 그는 어디를 가나 명성을 얻고 영웅으로 대접받았다. 그러나 정작 고향에서는 살해 위협 속에서 무능한 경찰의 호위를 받았다. 1988년 12월 어느 날 밤, 치쿠 멘데스는 그의 집 정원 목욕탕에서 샤워를 하려고 부엌을 나왔다가 총을 맞고 죽었다. 빈자들과 그들의 열대우림을 지키기 위해 투쟁한 이 투사의 피살에 대한 분노가 터져 나왔다. 모두가 시시한 방목업자이자 땅 투기꾼, 벌목꾼인 다를리 아우베스를 의심했지만, 기나긴 법적 절차를 밟아—그리고 아크리 주에서의 재판을 다른 곳으로 이관시켜—아우베스의 아들들에게 유죄 판결을 얻어내기까지는 여러 해가 걸렸다. 이 비극에 대해서는 많은 책과 TV 프로그램이 나왔고 로버트 레드포드와 영화계의 거물들은 앞 다퉈 치쿠의 미망인으로부터 영화 제작권을 얻어내려 했다. 그의 순교로 야기된 가장 좋은 결과는 샤푸리 강이 브라질과 세계 최초로 '추출 보호구역', 다시 말해 환경 친화적인 고무 채취 작업이 허용되는 보호구역이 되었다는 것이다. 보호구역의 이름은 치쿠 멘데스를 기려 붙여졌다. 그러나 아크리 주의 삼림 파괴는 트랜스아마조니카 고속도로를 따라서 여전히 빠른 속도로 진행되었다.

파괴되는
생명의 숲

영국의 영화제작자 에이드리언 코월은 1980년대의 충격적인 삼림 파괴와 불법 행위, 환경적 재난을 다룬《파괴의 시대》라는 강렬한 TV 시리즈를 제작했다. 과학적 보고서와 책들도 세계에서 가장 방대한 열대우림에 얼마나 커다란 위협이 제기되고 있는지 세계의 주의를 환기했다. 이것은 심대한 영향을 미쳤고 그 여파는 1992년 리우데자네이루에서 개최된 유네스코 '지구정상회의'로 절정에 달했다. 이전의 어느 회의보다 더 많은 각국 정상들이 이 모임에 참석했다. 회의는 열대 숲과 강을 가장 많이 갖고 있는 나라에서 열렸으며 아이러니하게도 그해는 콜럼버스의 아메리카 대륙 발견 500주년이기도 했다. 나는 이 거대하고 활기찬 회의에 참석한 후 낙관적 전망을 품었었다. 그곳에서 우리는 너무 늦기 전에 삼림 파괴와 다른 환경적 잘못을 막을 어떤 조치가 취해지리라 기대했다. 안타깝게도 그러한 바람은 착각이었다.

열대 숲을 베어내는 이유는 단 두 가지다. 숲 아래 토지를 얻거나 아니면 그렇게 베어낸 숲에서 목재를 얻기 위해서다. 전기톱과 토공 기계의 등장 이후 몇십 년 동안 대부분의 삼림 파괴는 숲을 밀어내고 다른 용도에 쓸 땅을 얻기 위해서였다. 사람들은 숲을 대체하여 가축 방목지를 만들고 작은 농장을 일궈 가족을 부양할 수 있기를 바랐다. 초기에 모든 아마존 국가들은 숲을 밀어내 토지를 '개량하는' 일에 보조금을 지급했다. 그러나 우리가 앞서 충분히 살펴본 대로 이러한 계획들에는 결함이 있었다. 이것은 무성한 숲이 비옥한 농장으로 전환될 수 있다는 오래된 오해에 바탕을 둔 것이었다. 정치가들은 북반구 국가들이 숲을 밀어냄으로써 농토를 만들어왔으므로 열대 나라들이 똑같은 일을 하는 것을 만류할 권리가 없다고 말했다. (일부는 지금도 그렇게 이야기한다.) 그들은 열대 삼림과 온대 삼림의 생태계가 근본적으로 다르다는 사실을 모른 채 둘을 동일시했다. 이러한 사고방식의 오류는 과학자들에 의해 거듭 입증되었고 환경론자들의 반대에 부딪혔다. 오히려 농부들과 방목업자들의 실패가 더 설득력이 있었다. 아마존의 '사람 없는 땅'에 이끌려온 많은 정착민들은 그곳의 빈약한 토양과 험악한 기후, 생존에 적대적인 곤충과 기생 생물로 인해 패배했다. 방목업자들은 콜로니앙colonião 같은 억센 풀과 등에 혹이 있는 제부 소*를 이용하려고 했다. 그러나 심지어 그런 소조차도 아마존에는 낯선 종이었다. 그것들은 무성한 목초가 없이는 살이 오를 수 없었고 또 도축장과 시장에서 수백 킬로미터 떨어져 사육되었다.

삼림 파괴가 너무 현저해서 당국들도 그 손실을 정확히 가늠하려고 하기 시작했다. 이것은 아마존처럼 방대하고 외딴 지역에서

---

* 뿔이 길고 등에 혹이 있는 소. 주로 열대 지역에서 사육한다.

쉬운 일이 아니었다. 지구 관측 위성들이 도움이 되었다. 브라질에는 새로운 우주 연구소가 들어서 랜드새트* 화상에서 삼림 파괴 지역을 확인할 수 있게 되었다. 혼도니아의 BR-364 고속도로를 따라 십자로 뻗어 나온 지선 도로 주변의 삼림 파괴가 특히 두드러졌다. BR-364 고속도로는 척추이고 그 옆으로 튀어 나온 나무가 사라진 긴 띠들은 꼭 생선뼈처럼 보였다. 브라질 과학자들과 유엔 식량농업기구는 1987년까지 혼도니아 주에서 5만 1천 제곱킬로미터의 숲이 파괴되었다고 추산했다. 혼도니아의 숲의 총면적 가운데 22퍼센트에 달하는 수치였다. 이 가운데 일부는 방목지로 전환되었고 적은 양은 경작지가 되었지만 대부분(3만 2천 제곱킬로미터)은 쓸모없는 카포에이라 capoeira 관목 덤불로 변질되었다.

데니스 메이허는 1988년 세계은행 보고서에서 브라질 아마존에서 60만 제곱킬로미터의 열대 숲이 이미 사라졌다고 추산했다. 이 가운데 80퍼센트는 직전 십 년 사이에 파괴된 것이었다. 이 수치는 브라질 삼림 면적의 12퍼센트에 해당되며 주변의 다른 남미 국가들에서도 속도는 덜하지만 삼림이 파괴되고 있었다. 미국의 국립해양대기청에서 발사한 기상위성은 화재에서 나오는 빛과 열을 기록할 수 있고 따라서 이 위성이 감지한 화재 건수로부터 삼림 손실을 계산하려는 시도가 있었다. 기상위성의 측정 데이터는 1987년 브라질에서 어마어마한 면적이 불에 탔다고 가리켰다. 하지만 이듬해에는 그 절반에 못 미치는 수치가 나왔기 때문에 어쩌면 그해가 정점이었는지도 모른다. 이 모든 수치들에는 반론이 제기되었다. 위성이 탐지한

---

*NASA가 발사한 지표 원격 탐사 위성.

화재들 가운데에는 매년 사람이 불을 질러 태우는 사바나의 초지도 분명히 포함되어 있었다. 또 같은 화재를 여러 번 기록했을 수도 있었다. 한 정치인은 위성이 뒷마당의 바비큐도 감시하고 있다고 비웃었다. 1989년 주제 사르네이 대통령은 열대우림 파괴를 억제할 '우리의 자연'이라는 계획을 발표했다. 그는 브라질에서 파괴된 삼림은 전체 삼림 면적의 5.1퍼센트에 가깝다며 12퍼센트라는 세계은행의 수치를 강하게 반박했다. 나중에 브라질 정부는 이 수치를 7퍼센트로 수정했다. 정확한 수치가 얼마든지 간에 세계는 점점 더 경각심을 느끼고 있었다.

1992년 지구정상회의를 주최한 페르난두 콜로르 대통령은 전임자들보다 더 환경주의자였다. 그의 급진적인 환경부 장관 주제 루첸베르거는 삼림 개간을 장려하는 세금 우대 조치가 여전히 시행되고 있는 것에 경악했다. 인플레이션이 걷잡을 수 없던 시기에 회사와 부유한 개인들은 땅이 안전 자산이라는 것을 깨달았다. 농업 이윤에는 세금이 최소로 부과되고 동물과 다른 고정 투자에 대한 감가상각이 여러 차례 허용되며 일부 주에서는 삼림 파괴에 의한 '개량'에 보조금이 지급되는 것 등을 고려할 때 숲이 있는 값싼 토지는 특히 매력적이었다. 이러한 인센티브 조치들은 많이 폐지되었지만 토지 공사 인크라는 계속해서 소농들의 아마존 이주를 장려했다.

한동안 나 같은 낙관주의자들에게는 열대우림 파괴가 점차 줄어들고 심지어 멈추게 될 것처럼 보였다. 우리는 정치인들부터 이주 정착민들에 이르기까지 모두가 개간한 숲 아래 토양은 전통적인 농업과 소 방목에 적합하지 않다는 것을 깨달으리라 생각했다. 1989년 영향력 있는—그리고 종종 反환경적인—시사잡지 『베자』는 이렇게 개탄했다. '정부가 촉진한 브라질 아마존으로의 집중적인 정착은 대실패였다. 일본보다 더 넓은 면적이 파괴되었지만 이 지역의 국민 생산은 수리남[가난에 시달리는 브라질의 이웃 나라]의 국민 생산보다도 못하다. 3천만 헥타르가 넘는 면적의 나무들이 1백 건의 터무니없는 방목 프로젝트들에 길을 터주기 위해 뿌리 뽑혔다.' 아무렴, 열대우림 파괴는 시간과 돈의 낭비니까 다들 그만두게 되리라.

그러나 벌목의 급증세는 계속되었고, 삼림 파괴 속도가 감소하리라는 어떠한 희망도 깨지고 말았다. 동남아시아의 열대 숲에서 접근 가능한 나무들은 모두 사라지고 있었지만 견목에 대한 수요는 줄어들지 않았다. 국제 목재 무역에서 절반을 차지하는 일본과 나중에는 왕성하게 목재를 소비하는 중국에서 특히 수요가 컸다. 그래서 벌목업자들은 그러한 숲의 최대 보고인 아마존에 눈을 돌렸다. 화재를 거의 발생시키지 않고 위성 화상에서는 좀처럼 탐지되지 않기 때문에 벌목으로 인한 파괴는 감시하기 힘들었다. 그러나 1990년대 벌목 산업의 폭발은 모두의 눈에 분명했다. 삼림에 난 고속도로를 따라 몇 킬로미터마다 제재소가 우후죽순처럼 생겨났고 파라고미나스 같은 도시(파라 주의 벨렝 시 남쪽)는 세계 벌목 시장의 수도 가운데 하나가 되었다. 도로에는 한때 하늘 높이 치솟은 숲 천장을 이루었던, 그리고 수천 마리 생명체의 서식지였던 거대한 통나무를 가득 실은 트럭이 줄을 지었다. 아마존의 강마다 통나무 뗏목이 끝없이 이어졌다.

마호가니(스위에테니아*Swietenia*)는 가장 인기가 많은 나무이다. 사람들은 이 멋진 견목을 어디서나, 심지어는 명목상으로 분명히 환경 보호구역이나 원주민 보호구역인 곳 안쪽까지 들어와 베어 내갔다. 마호가니 나무 한 그루를 베어낼 때마다 다른 나무 27그루가 파괴된다고 추산된다. 숲에서 나무 한 그루가 쓰러지면 덩굴식물로 연결된 이웃 나무들까지 같이 쓰러져서 부수적인 나무의 죽음이 발생하기 때문이다. 벌목꾼들은 파괴의 연쇄 작용을 야기한다. 이 연쇄 작용은 처음에는 벌목, 그다음에는 트랙터나 스키더*가 나무를 끌고 가는 '스키드 길', 그다음에는 통나무가 트럭에 실리는 적재 장소, 마지막으로 고속도로까지 이어지는 미로처럼 뻗은 길들로 이어졌다. 이 모든 길들은 이주 정착민들에게 숲을 열어젖히고 토양을 침식에 노출시키며 밑동이 썩게 만들며 대기 중에 탄소를 방출한다. 배고픈 벌목꾼과 정착민들은 사냥을 하며 숲의 동물들을 마구잡이로 죽였다.

상황은 새 천 년 들어 더욱 나빠졌다. 규제와 통제의 움직임에도 불구하고 벌목은 조금도 수그러들지 않고 계속되었다. 동남아시아의 열대우림이 고갈된 후 특히 그곳의 다국적 목재 회사들이 아마존으로 진입했다. 나는 왕래가 없던 강들을 따라 일본 예인선들이 끝이 없어 보이는 통나무 뗏목을 끌고 가는 광경을 목격한 적이 있다. 아마존 국가의 회사들도 하나같이 약탈적이기는 마찬가지다. 이들은 '지속 가능하게' 벌목을 해야 하지만, 파라고미나스 시 주변의 34군데 사업장에 대한 정부의 감독 결과에 따르면, 승인된 방식에 따라 삼림 훼손을 완화하려는 노력을 하고 있는 곳은 단 한 군데도 없었다. 1997년 브라질 정부는 무책임하게 행동하는 회사는 허가가 갱신되지 않을 것이라는 의심스러운 규제 장치와 더불어 국립 삼림(플로레스타스 나시오나이스Florestas nacionais, 흔히 '플로나스Flonas'로 알려져 있다) 39곳을 '선별적' 벌목 사업에 개방해 논쟁을 자아냈다. 같은 해 한 공

---

* 나무를 끄는 기구의 통칭.

아마존 Amazon

식 연구는 아마존 벌목의 80퍼센트는 불법이라는 우려 섞인 수치를 내놓았다. 때때로 현장 급습 조치를 취해 불법으로 벌목된 목재를 압수했지만, 숲은 너무 멀리 떨어져 있고 정부 감시망에는 구멍이 많으며 법을 집행하는 공무원의 수는 너무 적어서 이 대규모 밀거래를 막을 수 없었다. 2005년 스탠퍼드 대학의 그레고리 아스너가 이끄는 연구 팀은 고도로 정확한 원격 탐지 분석 시스템을 이용해 소위 '선별적 벌목', 실제로는 소중한 나무의 벌목에 의해 야기된 끔찍한 피해를 보여주었다. 이 연구는 1만 내지 1만 5천 제곱킬로미터 면적의 숲이 매년 브라질에서 벌목되고 있다고 추정했는데 그 수치는 농업을 위한 삼림 파괴 면적과 맞먹는다. 연구팀은 '선별적 벌목이 남아 있는 나무들, 숲 천장 아래 수목, 토양에 광범위한 부수적 피해를 야기하고 그에 따라 수문학적* 과정과 침식 작용, 화재, 탄소 저장, 동식물 종에 영향'을 미친다고 결론 내렸다.

　1997년은 치명적인 산불의 해였는데 모두 사람이 낸 불이었다. 위성은 브라질과 주변국에서 4만 5천 건의 화재를 감지했다. 그다음 엘니뇨 현상(태평양 해류의 변화로 아메리카 대륙 연안을 따라 이상 고온이 발생하는 현상)이 발생해 그에 따른 가뭄으로 브라질 북단 호라이마 주에서 매년 사바나에 지르는 불이 숲까지 크게 번지게 되었다. 3백만~4백만 헥타르의 나무들이 화염에 사라졌다. 소방관들은 이 재난을 막기에 역부족이었고 산불은 기적적이게도 예기치 않은 비가 내려서 1998년 초에 꺼질 수 있었다.

---

* 물이 어디에서 생겨나며 어떻게 분배되고 어디로 가는 것인지, 즉 물의 근원, 분배, 소멸의 과정을 연구하는 학문.

환경주의자들에게는 실망스럽게도 소 방목이 되돌아왔다. 20세기 말이 되자 대규모 혹은 중간 규모 방목장은 아마존 삼림 파괴의 4분의 3을 야기하는 것으로 추정되었다. 여기에는 다양한 요인이 작용했다. 우선 브라질 군사 정부 20년 동안 숲을 초지로 전환하는 데는 인센티브가 제공되었다. 고 인플레이션의 시대에 삼림 파괴는 토지 소유자의 소유권을 보전하고 이익이 남는 재매각을 위해 자산 가치를 '높이는' 데 중요했다. 소는 개간된 땅을 유지하는 값싼 수단이었고 탁월한 유동 자산이었다. 세계 시장의 수요가 치솟으면서 원래 국내 시장에만 공급하던 브라질은 가장 많은 가축을 보유한 주요 소고기 수출국이 되었다. 1997년부터 2003년까지 정육 수출은 5배 증가했는데 이 증가분의 80퍼센트는 아마존 방목장에서 공급되었다. 브라질 아마존의 가축 두수는 20세기 마지막 10년 동안 두 배가 되어 총 5천7백만 두에 달았다. 방목지는 34만 제곱킬로미터의 초지를 차지했는데 경작지 면적의 6배에 달했다. 삼림 고속도로의 건설로 동물과 정육의 운송은 더 용이해졌다. 이 도로들을 따라 제재소만큼 많은 도축장과 정육 포장 공장이 들어섰다. 방목장의 부활은 숲 토양에 풀을 심는 신기술과 열대에서 가축을 사육하는 새로운 방식의 등장에도 기인했다. 예방접종 캠페인 덕분에 주마다 구제역 안전지대를 잇달아 선언하면서 수출이 급증했다. 아마존 지역은 광우병에도 안전했다. (비록 이 병이 1930년대에 호라이마의 가축 절반을 죽였지만 말이다. 어쩌면 흡혈박쥐에 의해 전파된 공수병일 수도 있다.)

대규모 방목장 다음으로 소농들도 삼림 파괴의 상당 부분에 책임이 있다. 이주한 가구는 화전 농법으로 얻은 땅에 소유권을 얻는다. 이런 식으로 2~3년간 작물을 얻은 후 정착민들은 다른 곳으로 이동해 새로운 로사를 만든다. 아마존에서 평균적인 소농은 매년 1헥타르의 숲을 밀어내고 있고, 이런 관행이 누적되어 야기되는 삼림 파괴의 규모는 엄청나다.

이 모든 개간, 즉 방목, 목재 추출, 소규모 영농용 개간은 광범위한 삼림 분할을 낳는다. 갑자기 탁 트인 벌판이나 도로에 노출된 숲은 여러 가지로 고통 받는다. 수분, 종자 분산, 영양소 순환, 탄소 저장 같은 생태학적 과정이 심각하게 저해된다. 동물 종이 빈 터에서 자취를 감추면서 먹이사슬이 깨진다. 예전이라면 없었을 나무를 쓰러트리는 강한 바람이 숲 안쪽으로 분다. 비가 덜 내릴 수도 있다. 나무를 베어내거나 분할된 숲은 불이 붙기 더 쉽다. 숲 가장자리의 나무와 덤불은 바짝 마르기 때문이다. 따라서 인근의 정착민들이 매년 사바나에 지르는 불이 숲 안쪽까지 크게 번질 수 있다. 과학자들은 분할된 숲 지역이 실제로 벌거숭이가 된 지역의 1.5배에 달한다고 추정한다.

벌목과 방목의 부활과 더불어 숲에 대한 또 다른 커다란 위협은 콩 플랜테이션이다. 콩은 저렴하며 단백질이 풍부하다. 많은 음식에 들어가지만 주요 용도는 가금과 가축의 사료다. 대부분의 콩 수출 물량은 처음에는 콩에 대한 수요가 막대하고 급증하고 있던 유럽으로 갔다. 이 급증하는 수요는 두 가지 요인에 기인했다. 어디서나 사람들은 더 높은 생활수준을 요구한다. 이는 더 좋은 식생활을 뜻한다. 그리고 세계 인구는 무서운 속도로 증가하고 있다. 1900년 15억 명에서 단 한 세기 후에 65억 명이 되었고 2050년까지 90억 명에 달할 것으로 예상된다. 중국과 인도의 인구가 전체 인구의 3분의 1을 차지하며 두 나라의 경제는 급성장하는 중이다. 두 나라는 아마존의 세 가지 생산품을 원하는데 콩, 목재, 그리고 (중국의 경우) 소고기다.

전 세계의 닭과 소의 숫자는 언제나 수요에 부응해 지속적으로 증가하고 있다. 따라서 사람들은 이 동물들을 먹이기 위해 언제나 콩이 필요하다. 그리고 콩 구입에 어마어마한 돈을 들이고 있다.

콩(간장 콩이라고도 함)은 일본인 정착민들에 의해 한 세기 전에 브라질에 도입되었고 브라질은 이제 미국 다음 가는 수출국이다. 콩은 대체로 기후가 더 온화한 브라질 남부와 아르헨티나 북부에서 재배된다. 이 식물은 질소 고정 성질 때문에 아주 주목할 만하다. 콩은 열대우림 아래 빈약한 토양에서 자랄 수 있는 몇 안 되는 작물 가운데 하나임이 밝혀졌다. 따라서 콩을 심을 땅을 얻기 위해 마투 그로수와 혼도니아, 파라의 방대한 지역에서 숲이 사라지고 있으며 점점 늘어가는 콩밭은 지평선까지 뻗어 있다. 이 가운데 일부는 줄줄이 늘어선 트랙터와 수확기에 의해 산업적 규모로 재배된다. 사람 허벅지 높이까지 자라는 보잘 것 없어 보이는 관목으로, 꼬투리 하나에 네다섯 개의 콩알이 들어 있다. 수익성을 높이려면 평평한 대지에 심어야 한다. 따라서 아마존의 몇몇 지역들은 콩 재배에서 제외된다.

마투 그로수 주의 주지사 블라이루 마기는 세계 최대의 콩 재배 갑부이다. 마투 그로수는 '울창한 숲'이란 뜻이며 이 커다란 주에는 넓은 숲이 많다. 마기가 취임한 2004년 한 해 동안 마투 그로수 주의 삼림 파괴 속도는 2배로 증가했다. 마기 주지사는 '나는 우리가 하고 있는 일에 조금도 죄책감을 느끼지 않는다. …… 내가 도로를 건설하고 농업 생산을 증대하기를 원한다는 것은 비밀이 아니다.'라고 당당하게 말했다. 마기의 재산 가운데 하나는 싱구 원주민 공원 남쪽에 위치한 8만 2천 헥타르의 탕구루 파젠다이다. (싱구 강 원주민들에게는 괴롭게도 그의 파젠다와 다른 파젠다들은 이 공원의 강들을 오염시키고 있다.) 주지사는 위험한 화학 물질은 강으로 흘러들지 않으며 재식림을 하기 때문에 그의 활동이 모두 합법적이며 환경적으로 문제가 없다고 주장한다. 그는 콩 수출을 용이하게 하기 위해 마투 그로수 주의 주도 쿠이아바부터 북쪽으로 아마존 강 유역의 산타렝까지 이어지는 BR-163 고속도로의 신속한 포장을 촉구했다. 이 고속도로는 숲의 주요 부분을 우회하는 대신 관통하기 때문에 혼도니아를 가로지르는 BR-364 고속도로보다 더 폭력적인 파괴자가 될 것으로 보인다. 1,800킬로미터 길이의 도로는 곧 급성장하는 일련의 개척 도시들을 얻었고 그물처럼 뻗은 측면 도로와 벌목꾼 길의 총연장은 무려 17만 킬로미터에 달하는 것으로 추정된다.

　　나무들은 베어진 후 매년 건기가 끝날 때면 불태워진다. 관찰자들은 '불에서 나오는 연기가 세계에서 가장 웅장한 숲과 그것의 가장 큰 위협인 소박한 콩 사이의 경계를 흐리는 것'을 보고 경악했다. '넉 달간의 화재 기간은 작물을 재배할 공간을 얻기 위해 베어진 거대한 나무들이 재가 되는 시간이다. 심지어 베어지고 불에 탄 후에도 타우아리tauari와 마사란두바maçaranduba 나무둥치는 엄청나게 거대해서 그 잉걸불이 2년 넘게 탄다. …… 브라질의 붐 작물[콩]과 [콩을 향한] 세계의 커져가는 수요는 벌목과 소 방목, 광산보다 숲을 더 많이 훼손하고 있다.' 미국 콩 전문가 코리 멜비는 2001년에 BR-163 고속도로의 포장 구간을 따라 차를 타고 몇 시간을 가는 동안 콩 플랜테이션의 지평선이 끝없이 펼쳐져 있는 것을 보았다. '우리는 모두 충격에 빠졌다. …… 내 두 눈으로 D7 무한궤도 트랙터 두 대가 하루에 80에이커의 숲을 밀어내는 것을 보고 할 말을 잃었다. 나는 수백 대의 무한궤도 트랙터들이 언제나 숲에서 돌아가고 있다는 것을 알았다.' 농부들이 나무를 베는 것을 막기 위해 애쓴 한 활동가는 에지우 베르투 세나 신부였다. 그는 '그들은 콩을 상품으로 본다. 하지만 우리는 그것을 숲의 죽음으로 본다.'고 안타까워했다.

　　나는 몇 달 전만 해도 근사한 숲이자 수백만 종의 동식물의 집이었던 방대한 콩밭을 걸은 적이 있다. 현지 농부들은 내게 콩이 사실 처음 1~3년 동안만 잘 자란다고 이야기해주었다. 그 후로는 비료로 범벅이 되어야 한다. 따라서 지속적으로 수익을 내는 사람은 재배 농민보다는 화학 비료 세일즈맨들이었다. 스콧 월리스는 『내셔널지오그래픽』에서 이렇게 지적했다. '사람들은 작물들이 내는 밝은 초록빛에 감탄할지도 모른다. 그러한 윤기를 내기 위해 투입된 유독한 혼합물을 모른 채 말이다. 콩은 많은 양의 산성 중화 석회와 더불어 비료, 살충제, 제초제를 필요로 한다. 과학자부터 현지 마을 주민에 이르기까지 마기〔주지사〕를 제외한 거의 모든 사람들이 내게 독소가 분수계로 침투'해 물과 물고기를 오염시키고 있다고 걱정을 전했다. 약한 산성토에서 콩을 키우기 위해 그렇게 많은 비싼 화학 물질을 쏟아붓는 가운데 소규모 재배농들은 '두 방면의 파국, 즉 환경적 파국과 경제적 파국'으로 몰락할 수도 있다.

　　한 세기 전 고무와 마찬가지로 배를 불리는 사람은 콩 수출업자들이다. 카길 사(2003년 수익이 630억 달러에 달하는 아마도 세계 최대의 가족 소유 사업체)를 선두로 미국의 3대 곡물거래 회사들이 콩 시장에 들어왔다. 카길, 마기, 그리고 다른 회사들은 BR-364 고속도로를 이용해 혼도니아와 마투 그로수에서 마데이라 강의 포르투 벨류로 콩을 운반한 다음 바지선으로 아마존 강 본류의 화물선으로 운반했다. 카길은 곧 아마존에 13개의 곡물 저장고를 갖게 되었다. 또 BR-163

'콩 고속도로'의 포장을 염두에 두고 도로의 북쪽 종착지인 산타렝에 콩 세척-건조(배에 싣기 전에 콩이 썩지 않도록 하기 위한 필수 과정) 공장을 지었다. 1999년 카길 사는 산타렝에 하루 6만 톤 이상의 화물을 처리할 수 있는 깊은 수심의 자체 항만 시설을 지었다. 이 항구는 필수적인 환경영향평가 없이 건설되어 처음에 비난을 받았다. 그러나 가동이 된 후 그곳의 컨베이어는 콩을 세 개의 낙하 파이프에 올리는 데 이용되었고 낙하 파이프는 아마존에 정박한 원양 화물선에 신속하게 콩을 채웠다. 카길은 BR-163 고속도로의 전 구간에 아스팔트가 깔리고 항구가 합법적으로 열리면 산타렝을 통해 연간 2~3백만 톤의 콩을 수송할 수 있으리라 내다본다. 산타렝 바로 남쪽에 있는 베우테하는 콩 재배의 중심지가 되었다. 그러므로 미국의 이해관계는 70년 전 헨리 포드의 고무 재배자들이 만들어낸 도시를 되살렸고 그 토양 가운데 일부는 정복 이전 타파조스 족장사회에서 나온 테라 프레타이다.

2003년에 기록적인 2만 5천 제곱킬로미터의 숲이 파괴되었다. 이전 5년 동안의 평균보다 55퍼센트나 증가한 수치다. 삼림 파괴의 속도는 매년 증가하고 있다. 2005년에 브라질 경제는 위축되었지만 마투 그로수 주의 총생산은 대체로 콩과 소고기 덕분에 8퍼센트 증가했고 여기에 힘입어 브라질은 무역 흑자를 봤다. 벌목, 소 방목, 콩 재배의 결합은 열대우림 파괴를 가속화했다. 전기톱과 불도저가 파괴를 아주 용이하게 만든 이래로 40년 사이에 아마존 전역에 걸쳐 64만 제곱킬로미터의 열대우림(전체 가운데 13퍼센트)이 사라졌다. 텍사스 주만 하고 프랑스보다 더 큰 면적의 숲이 영영 사라진 셈이다. 다른 추정치는 2005년까지 삼림 파괴가 전체 가운데 16퍼센트에 달했다고 추정한다.

비록 열대우림 파괴 규모는 어마어마했지만 쓰러진 나무 아래 토양에서 자란 콩은 브라질 전체 콩 생산량의 5퍼센트에 불과했다. 대부분은 환경 피해를 덜 야기하고 기후가 더 온화한 브라질 남부의 들판에서 자랐다. 그린피스의 운동가들은 불법적으로 개간된 아마존 숲에서 자란 콩이 유럽으로 가서 유명한 수퍼마켓과 패스트푸드 체인점으로 들어가는 경로를 추적했다. 그린피스는 소비자 불매운동을 전개하겠다고 위협함으로써 이 거대 도매상들이 그루푸 마기와 미국의 카길, ADM, 번지, 프랑스의 드레퓌스 같은 대형 수출회사들에게 압력을 넣게 만들었다. 2006년에 이 회사들은 앞으로 열대우림을 불법적으로 밀어낸 땅에서 재배된 콩을 구입하지 않겠다고 약속했다. 이 회사들은 또한 이미 불법적으로 삼림이 파괴된 땅의 농부들이 브라질 법을 따르게 하도록 노력할 예정이다. 천장이 있는 숲을 소유한 농부들은 그 가운데 20퍼센트 (혹은 '과도기적인' 낮은 숲의 경우 50퍼센트) 이하의 면적에서만 나무를 베어낼 수 있다는 뜻이다. 그러나 그러한 약속과 법률은 범위가 제한되어 있고, 광범위하고 공공연하게 무시되며 감시와 감독이 어렵다.

과학이 던지는
경고의 메세지
▬

1970년대 이후로 현지와 외국의 과학자들은 아마존 전역에 걸쳐 엄청난 연구들을 수행하고 있다. 그들은 열대우림의 동학의 복잡성에 대해 알아가고 있으며 세계에서 가장 풍성한 생태계에서 수천 종의 동식물을 발견하고 있다. 브라질에서 정부의 과학적 노력은 마나우스의 국립아마존연구소INPA와 벨렝 두 파라의 에밀리우 고에우지 박물관을 중심으로 이루어졌다. 다른 아마존 국가들도 저마다 이 특별한 지역의 비밀을 연구하기 위한 연구소를 두었다.

미국과 다른 나라들에서 온 개인 연구자들과 연구팀도 모든 과학 분야에 걸쳐 공헌했다. 몇 가지 주요 연구 프로그램이 있는데, 프로젝투 플로라 아마조니카Projecto Flora Amazônica(뉴욕 식물원의 길리언 프랜스가 주도한 프로젝트로 아마존의 풍부한 식물군의 목록을 작성하고자 매년 다양한 숲으로 식물학자 팀을 파견했다), 마나우스 북쪽으로 생물 다양성 유지를 위해 필요한 숲의 최소 규모를 알아보려는 분할 삼림 프로젝트Forest Fragments project, 북부 호라이마에서 약 2백 명의 과학자와 기술자들이 숲의 동학과 자연 재생 과정에 대해 더 많은 지식을 추구한 마라카 우림 프로젝트Maracá Rainforest Project(왕립지리학회를 대표하여 나와 브라질의 국립아마존연구소, 그리고 브라질 환경부 사무국이 주도했다) 외에 많은 프로젝트가 있었다. 이 거대한 연구 집단은 열대우림의 어지러울 정도의 복잡성을 실증해보였다. 수백만 종의 생물은 먹이사슬이나 서식지에서 저마다 적소를 차지하고 있으며 방대한 복잡성을 띤 무수한 시스템 안에서 다른 종과 상호작용한다. 한 지역에서 우림이 몇 에이커 이상만 사라져도 시스템이 결코 회복되지 못할 수도 있다는 사실이 드러났다.

2002년에 브라질은 아반사 브라질Avança Brasil('전진 브라질')이라는 5개년 계획을 발표했다. 여기에는 4백억 달러가 소요될 것으로 예상되며 절반은 아마존의 기간 시설에 투자될 예정이다. 새로운 도로들이 숲을 관통해 놓이고 사시사철 이용이 가능하도록 7,500킬로미터의 고속도로가 닦일 예정이다. 앞서 본 것처럼 가장 큰 피해를 초래한 것은 쿠이아바-산타렝을 잇는 BR-163 남북 간 고속도로였다. 마나우스부터 북쪽의 보아 비스타까지 이어지는 BR-174 고속도로도 방목지와 호라이마의 광물 자원 그리고 더 나아가 베네수엘라와 가이아나의 카리브 해까지 접근성을 증대시키기 위해 포장되었다. 이 BR-174 고속도로는 원래 1970년대에 원시림이나 도로가 지나가는 아트로아리-와이미리 부족의 영토를 훼손하지 않을 '외과적 절개'로 발표되었다. 그러나 1997년 이 도로를 따라 있는 6백만 헥타르의 땅이 정착민들에게 열렸다. 다음으로 포장될 도로는 아름다운 숲을 관통하여 포르투 벨류부터 마나우스 반대편 아마존 강까지 이어지는 BR-319 고속도로이다. 열대우림 파괴 감시 활동에 가장 경험이 많은 필립 피언사이드는 이 도로가 이전까지 접근이 불가능했던 넓은 지역을 이주 가능 지역으로 바꿔 놓을 것이고, 이 때문에 특히 치명적일 것이라고 걱정한다.

'인테로세아니카Interoceánica'*는 아크리 주 리우 브랑쿠부터 남서쪽으로 페루의 푸에르토 말도나도까지 이어지는 고속도로로, 거기서부터 다시 셀바(열대다우림)를 관통해 산사태가 많이 나는 구불구불한 도로를 거쳐 안데스 산맥을 넘어가게 된다. 이 도로들은 쿠스코와 아야쿠초를 거치거나 아니면 남쪽으로 향해 티티카카 호와 아레키파 호를 지나 태평양 연안에 도달한다. 리우 브랑쿠부터 페루의 마타라니 항구까지는 2,600킬로미터이며 대대적인 포장과 마드레 데 디오

---

* 바다로 가는 길이라는 뜻.

아마존 Amazon

스 강을 건너는 긴 다리를 비롯해 다리 건설이 포함된 이 고속도로를 개선하는 비용은 13억 달러 이상에 달했다. 고속도로는 혹독한 지형을 가로질렀고 이 토목 공학 프로젝트는 페루 역사상 최대 규모로 묘사되었다. 이것은 브라질에 자극을 받아 남아메리카 국가들의 기간시설을 결합하는 계획의 첫 주요 기획이며 자금 대부분은 브라질 수출 촉진을 기대하는 브라질 개발은행에서 나왔다. 프로젝트가 완결되면 트럭 운송 시간은 절반인 3일 정도로 줄어들고 아시아 시장은 아마존의 목재와 소고기, 콩을 아마존 강과 케이프 혼을 거치지 않고 태평양을 건너 더 빠르게 얻을 수 있다.

환경주의자들은 대륙 심장부의 이 외딴 지역을 열어젖힘으로써 발생할 삼림 파괴를 걱정한다. 안데스 산맥의 산기슭과 서부 아마존에서 충분한 물을 공급받는 그곳의 숲들은 지구상에서 가장 높은 생물 다양성을 보여준다. '아마존 분지 보존 기획Amazon Basin Conservation Initiative'은 이 새 도로와 도로가 가로지르는 분수령 인근의 환경 피해를 억제하는 것을 강구하지만 불법 벌목과 비공식 도로, 자발적 정착은 광범위하다. 과거 혼도니아에 BR-364 고속도로가 닦일 때처럼 땅 투기꾼, 마약 밀매업자, 매춘부들이 몰려든다. 2005년 이 지역에 심각한 가뭄이 발생해 화재가 주요 숲으로 퍼져나갔고 이후 엄청난 홍수가 휩쓸고 갔다. 인테로세아니카의 안데스 부분 인근 우아이페투에에서는 골드러시가 일어나 탐광자들이 밀어닥쳐 수은(금을 분리할 때 이용된다)으로 강물이 오염되고 있다. 많은 사람들이 마드레 데 디오스 지구의 경제 부양을 환영하는데, 특히 산맥에 건설된 새 수력 발전소에 기대를 걸고 있으며, 더 많은 관광객들이 아름다운 탐보파타와 마누 국립공원을 찾기를 바란다. 다른 페루인들은 능률적인 브라질 생산자들이 그들의 서쪽 이웃의 경쟁자들보다 상품을 싸게 팔까봐 걱정한다.

또 다른 위협도 존재한다. 아크리 주의 트랜스아마조니카 서쪽 끝자락부터 페루의 우카얄리 강의 푸칼파까지 고속도로를 연장하는 것이다. 이 연계 도로의 거리는 250킬로미터에 불과하며 그러면 푸칼파부터 리마까지는 차로 하루가 조금 더 걸린다. 그러한 도로는 처참한 결과를 낳을 수 있다. 도로는 수십 개의 고립 원주민 부족의 근거지인 원시림을 관통하게 될 것이다. 2008년, 이러한 비접촉 집단 가운데 하나가 낮게 날아가는 비행기를 향해 화살을 쏘는 모습이 사진에 포착되었다. 세계의 상상력을 사로잡은 대담한 반항의 행위였다.

연구들은 거듭해서 도로가 삼림 파괴의 최대 원인이라는 것을 보여주었다. 한 연구는 '아마존에서 사라진 숲의 3분의 2는 주요 도로의 50킬로미터 반경 안에 위치한다.'는 것을 발견했다. 도로가 포장되면 사람과 상품이 연중 왕래할 수 있게 되어 훼손이 심화된다. '포장도로는 그것들이 지나가는 경관에 비포장도로보다 훨씬 광범위한 영향을 미쳤다⋯⋯.'

당연한 일이지만 도로를 건설하거나 포장한다는 계획은 땅값 폭등을 초래한다. 부동산 투기업자들은 아마존 개발과 삼림 파괴의 악역들이다. 그들은 브라질에서 그릴레이루grileiro들로 알려져 있는데 그릴루grilo는 귀뚜라미나 메뚜기를 뜻한다. 브라질의 농업 개혁청 이바마IBAMA가 아마존의 권리 증서를 검사했을 때 6만 건이 넘는 증서가 위조로 짐작되어 취소되었다. 2005년 그릴레이루에게 고용된 살인청부업자가 가난한 토지 점거자들을 도우려 한 활동가이자 나이든 선교사인 도로시 스탱을 총으로 쏴 죽였다. 도로시 수녀는 미국인이었기 때문에 그녀의 피살은 경찰의 대응을 가져왔지만 아마존의 '거친 서부'에서 횡행하는 다른 살인들은 주목받지 못한다.

브라질의 개발 계획에는 80개의 수력발전 댐 건설도 예정되어 있다. 이럴 경우 아마존의 지형이 평탄하기 때문에 저수지는 1200만 헥타르(영국 면적의 절반)의 땅을 침수시키고 물에 잠긴 나무에서 막대한 양의 탄소가 배출될 것이다. 새롭게 예정된 댐 가운데에는 1988년 카야포족의 반대로 무산된 싱구 강 하류의 댐도 있다. 알타미라에 거대한 벨로 몬테 댐을 건설하는 방안도 20년 후에 수면 위로 재부상했지만 또 다른 반대 모임은 건설을 저지하기 위한 노력에 별다른 충격을 미치지 못했다.

관계당국들은 일련의 계획을 통해 상황을 통제하려고 해왔다. 선진 7개국은 브라질 우림 보존을 위한 시험 프로젝트에 원조 기금을 댔다. 그다음 지속 가능한 아마존 계획PAS과 아마존 보호 시스템 SIPAM이 뒤따랐다. 이 계획들은 모두 삼림 파괴의 효과를 완화하는 데 도움이 되었지만 그 가운데 어느 것도 파괴의 힘을 저지할 만큼 강력하지는 못했다. 2006년에 브라질은 거대한 삼림 지대를 '지속 가능한' 벌목에 개방했다. 이 사업은 최고입찰자에게 40년짜리 계약을 제공하고 13만 제곱킬로미터의 면적을 아우르는데 브라질 삼림의 3퍼센트에 해당하는 우려스러운 수치다. 이 사업 인가의 수혜자들은 엄격한 규제와 재조림 운영 계획을 따르기로 되어 있지만 어느 것도 복잡한 열대 우림 안에서 쉽지 않은 일이다.

상황이 가망이 없는 것은 아니다. 적어도 아직은 그렇다. 대규모 보호구역이 많이 존재한다. 브라질에서는 원주민 보호구역이 그 커다란 나라의 면적의 12퍼센트를 차지하는데(브라질 아마존 지역만 놓고 보면 23퍼센트를 차지한다) 프랑스와 독일, 이탈리아를 합친 것과 같은 면적이다. 대부분의 부족은 그들이 아끼는 숲과 강의 훌륭한 지킴이다. (그러나 몇몇 부족들은 벌목꾼과 광물 탐광업자들에게 매수되었다.) 인디오들은 브라질 언론에서 환경보호자로 칭송받는다. 스티븐 슈워츠먼(치쿠 멘데스의 열렬한 지지자이자 파나라족 전문가이며 이제 환경수호기금 Environmental Defense Fund과 함께하는 활동가)은 원주민들의 결정적 역할을 '인디오의 땅이 시작되는 곳은 삼림 파괴가 끝나는 곳'이라고 요약했다. 게다가 몇몇 거대한 환경 보호구역도 있는데 (네그루 강 하류에서 떨어진) 자우 국립공원과 (커다란 원주민 보호구역을 따라, 프랑스령 기아나와 국경 지대에 위치한) 투무쿠마케 국립공원 등이 주목할 만하며, 비록 보호 법률이 미약하고 감시 활동은 흔히 없는 것이나 다름없지만 다른 많은 국립 삼림(플로나스)도 있다. 2006년까지 이러한 환경 구역들은 브라질 아마존의 11퍼센트 정도를 차지했는데 대략 원주민 보호구역의 절반 크기다. 이 환경 구역 가운데 절반(19만 5천 제곱킬로미터)은 완전히 보호되었고 나머지 절반은 78개의 '지속가능한 사용' 단위 안에 포함되어 있었다. 원주민 보호구역(호라이마 산 인근 라포사/세하두소우 구역과 아마조나스, 파라, 호라이마 주와 걸쳐 있는 트롬베타스/마푸에라 구역 같은)을 비롯해 21세기 초에 더 많은 지역들과, 자우에서 서쪽으로 솔리몽이스 강 북쪽까지 650킬로미터만큼 뻗어 있는 방대한 환경보호 회랑 지대가 추가되었다.

콜롬비아는 저지 숲 대부분을 원주민 보호구역(프레디오 푸투마요, 바우페스 등)이나 아파포리스 강 상류의 치리비케테나 푸투마요 강의 수원지의 라 파야 혹은 과이니아 강과 쿠이아리 강의 수원에 자리한 푸이나와이 같은 국립공원의 형태로 보호하고 있다. 페루는 마데

▲ 브라질 고고학자 마리우 시몽이스와 베라 과핀다이아는 아마존 강 어귀 북쪽의 작은 마라카 강 인근 카레타스 동굴에서 아무도 손을 댄 흔적이 없는 매장 항아리 유적지를 발견했다. 마라카 문화는 서기 1000년대 초기에 번성했다.

▲ 아마존의 초기 인류가 어떻게 비옥한 테라 프레타(흑색토) 지대를 만들어냈는지는 아무도 모른다. 솔리몽이스 강을 굽어보는 아타아라 고고학 유적지의 흑색토 지대에는 고의로 깨트린 것으로 보이는 도기 조각이 수백만 점 널려 있다.

▲ 불타는 우림은 무수한 동식물을 파괴할 뿐만 아니라 수천 톤의 탄소를 대기 중에 방출한다. 어떤 산불은 방목이나 콩 경작을 위해 의도적으로 지른 것이고, 초지에 놓는 불이 주변 숲으로 번져 산불이 되기도 한다. 대단히 낮은 빈도지만 번개로도 야기된다.

▲ 불탄 숲에 들어서는 소 떼. 남아시아에서 들여온 등에 혹이 있는 제부 소와 구자라트 소는 아마존의 열기와 진드기에 더 잘 견딘다. 과거에는 숲을 밀어낸 방목지의 토양이 너무 약해서 방목이 흔히 실패했지만 최근에는 이러한 단점이 더 억센 열대 풀과 더 좋은 사육 방식, 새로운 도로를 따라 들어선 도살장에 의해 상쇄되고 있다. 브라질은 이제 다른 어느 나라보다 소고기를 많이 수출하며, 그중 많은 양이 아마존에서 나온다.

▲ 콩은 우림을 밀어내고 난 후 남은 빈약한 토양에서 재배할 수 있는 소수의 작물 중 하나다. 가금과 소 사료, 식품 첨가제로서 단백질이 풍부한 콩에 대한 수요가 급증하고 있다. 산타렘 인근에 있는 이 콩밭은 뒤에 보이는 숲을 파괴한 직후에 심어졌다. 생산성 유지를 위해 이제 곧 비료와 농약의 대량 살포가 뒤따라야 할 것이다.

▲ 미국의 다국적 곡물 기업 카길 사가 콩 플랜테이션을 위해 광대한 우림을 태우고 있다.

▲ 1979년 세하 펠라다의 진흙 속에서 금이 발견되었다. 아마존 횡단고속도로의 동쪽 종착지 마라바 인근에 있
는 곳이었다. 한탕을 노리는 수천 명의 무모한 탐광자들이 금을 찾아 개미 떼처럼 몰려들어 거대한 구덩이를 파
냈다.

▲ 1970년대에 수천 킬로미터의 처녀림을 뚫고 건설된 아마존 횡단고속도로는 기술 공학의 쾌거였다. 이러한 '관통' 도로는 특히 나중에 차가 사계절 다닐 수 있도록 포장되면서 삼림 파괴의 주범이 되었다.

▲ 전기톱은 거대한 나무를 베어 넘기는 작업을 아주 쉽게 만들었다. 이 케이폭나무는 발사대에 놓인 우주 로켓의 수직안정판처럼 생긴 거대한 판근으로 지탱된다. 벌목꾼이 커다란 나무 한 그루를 베어내고 도로로 끌고 오는 과정에 다른 나무도 대략 25그루씩 파괴되는 것으로 추정된다.

이라 강의 수원인 마드레 데 디오스 강 인근에 선구적인 마누 국립공원과 탐보파타스-칸다모 국립공원을 지정했고 우알라가 강, 우카얄리 강, 마라뇽 강 사이에 위치한 거대한 파카야-사미리야 보호구역이 뒤를 이었다. 이곳들은 모두 아마존 서쪽 끄트머리의 엄청난 생물다양성을 보호한다. 그러나 페루가 일련의 원주민 구역과 환경 구역을 브라질과 콜롬비아와 경계를 이루는 동쪽 숲에 추가한 것은 21세기 초가 되어서였다. 베네수엘라는 오래전부터 네블리나와 파리마-타피라페코 국립공원(브라질의 야노마미 공원만큼 크다)으로 야노마미족과 이웃 부족들을 보호했고 다른 환경 보호구역을 아마존 주에 추가했다. 볼리비아는 '동식물군 보호구역'을 옛 고무 붐의 무대인 에아트 강과 오르톤 강에 그리고 과포레 강 상류 남쪽의 오래된 숲과 사바나, 그밖에 페루 영토인 아마존 분지에 지정했다. 에콰도르는 오리엔트 숲 일부를 보호한다. 2000년대에도 이 국가들에는 저마다 고립되거나 접촉한 적이 없는 부족들이 여전히 존재했다. 약 50개 정도로 알려진 그러한 부족은 대부분 브라질과 페루에 있으며 다행스럽게도 보호구역의 지위를 누리는 숲에서 살고 있다.

아마존 국가들은 모두 환경 관련 법률을 갖고 있으며 자연 자원 보호를 선호한다고 주장한다. 여론과 언론은 전반적으로 친환경적이다. 적어도 생태 변경지대로부터 멀리 떨어진 도시에서는 그렇다. 그러나 파괴의 힘은 강력하고 무시하기 힘든 막대한 재정적, 사회적 요구에 의해 추진된다. 현지 정치인들은 종종 멀리 떨어진 중앙 정부의 선의를 무산시키며 가난하고 땅이 없는 개척민들과 사업적 이해관계가 있는 일단의 사람들도 마찬가지다. 브라질은 특히 '연방제적' 공화국이라 주가 상당한 자치권을 보유한다. 가장 큰 주인 아마조나스 주는 '반환경적' 주지사 지우베르트 메스트리뉴에서 보존주의자인 에두아르두 브라가로 바뀐 반면 마투 그로수 주의 유권자들은 마기 주지사를 선출함으로써 반대로 행동했다.

아마조나스 주는 여전히 주 안에 있는 삼림의 98퍼센트를 건드리지 않았다. 환경부 국장 비르길리우 비아나(내가 이끈 마라카 열대림 프로젝트에서 숲 생태학자였다)는 나무를 베어낸 일부 숲을 되살리는 일이 가능하다고 말한다. 그는 치쿠 멘데스의 이름을 딴 아크리 주의 고무 채취 숲처럼 숲에서 나오는 산물의 지속가능한 이용도 장려하고 있다. 나이젤 스미스(플로리다 대학 소속의 영국인)는 강가 정착민들이 이용하는 현지 식물과 물고기가 얼마나 다양하고 풍성한지를 보여주었다. 남은 과제는 이 이국적인 식량과 식물 섬유들이 시장에서 팔릴 수 있도록 그 진가를 다른 곳에서 제대로 평가받게 하는 것이다.

비록 보호구역은 감탄스러울 만큼 크지만 아마존의 3분의 2는 보호구역의 지위를 누리지 못한다. 또한 험한 지형에 걸쳐 경계가 수천 킬로미터에 달하는 보호구역을 제대로 감시하는 일은 거의 불가능하다. 따라서 열대우림을 실제로 보존하는 사람들은 마땅히 그 일로부터 수입을 얻어야 한다. 아마존의 탄소 저장과 생물 다양성의 경제적 가치는 막대하므로 그들의 보호 활동에 대한 보상은 그 지역의 정부를 통해 이루어져야 한다. 또 지역 정부는 탄소 배출권이나 다른 메커니즘을 통해 나머지 국가들에 의해 보상을 받아야 한다. 그렇게 지불된 돈이 실제로 숲을 지키는 보호자들에게 도달해야 한다는 것도 똑같이 중요하며 여기에는 현금이 절실한 원주민 부족들도 포함된다. 그러한 보상의 필요성은 2007년 브라질에서 개최된 기후정상회의에서 합의되었다. 2008년 브라질 정부는 (노르웨이로부터 받은 최초 기금 1억 달러를 바탕으로) 보존 활동과 연구, 지속가능한 개발 프로젝트를 후원하는 아마존 기금을 설립했다. 이 기금을 크게 증가시켜 숲을 지키는 사람들을 브라질 주권을 침해하지 않는 범위 내에서 재정적으로 보상해주는 것이 바람직하다.

아마존 열대림은 멀리 떨어져 있고 방대한 지역은 여전히 훼손되지 않았다. 그럼 아마존 숲에 대한 위협은 정말 심각한 것일까? '예'라는 우렁찬 대답이 들려온다. 숲 파괴가 전 인류에 피해를 줄 수 있다는 걱정이 커지고 있다. 문제가 되는 부분은 온실가스와 지구 온난화, 강우와 날씨 변화, 생물 다양성의 상실이다.

아마존의 거대한 생물자원은 종종 '세계의 허파'로 불린다. 그러나 일부 과학자들은 아마존 숲이 정말로 '탄소 싱크대'인지 의심스러워했다. 그들은 완전히 자란 우림은 흡수하는 탄소만큼 많은 양의 탄소를 방출할지도 모른다고 생각했다. 그래서 2000년대에 브라질은 이 결정적인 쟁점을 해소하기 위해 아마존에서 대규모 생물권-대기 실험을 진행했다. 마나우스 북쪽에 있는 LBA의 관측탑과 아마존 전역의 모니터링 기지들은 생태계가 어떻게 작동하는지 그리고 생태계가 지속적인 삼림 파괴에 어떻게 반응하는지를 연구했다. 프로젝트는 숲 위쪽의 대기에서 탄소 함유량을 측정하고, 물리학, 화학, 생물학, 인간과학 등을 통해 자료를 축적했다. 또 아마존의 기후와 생태학적, 수문학적 과정 그리고 그러한 과정이 지구 전반에 어떤 영향을 미치는지 파악하려고 했다. 이 연구가 알아낸 사실들은 이 거대한 우림이 매우 중요하다는 것을, 이전에 생각했던 것보다 더 많은 측면에서 중요하다는 것을, 그리고 숲의 파괴는 치명적일 수 있다는 것을 보여주었다.

LBA 연구자들은 정상적인 날씨의 한 해 동안에 이 숲들이 5억 6천만 톤의 탄소를 붙잡아둔다는 것을 입증했다. 만약 나무를 베어내게 되면 이 필수적인 탄소 고정 작용이 중단됨은 물론이고 막대한 양의 온실가스가 공기에 추가된다. 아마존 연구소의 필립 피언사이드는 이 모든 숲이 베어지거나 불에 타거나 썩게 되면 무려 7천억 톤이라는 상상을 초월하는 양의 탄소가 대기로 방출되리라고 추산했다. 이것을 달리 표현하면 1980년대에 브라질 아마존에서만 숲을 다른 용도로 전환하면서 매년 5억 톤의 탄소가 대기로 방출되었다는 소리다. 이는 지구 전역에서 화석 연료 연소로 배출된 탄소량의 9퍼센트에 해당된다. (이런 계산에 따르면 브라질 같은 나라의 국민들의 1인당 탄소배출량은 세계 최악의 환경오염국가의 수치와 맞먹는다.) 숲을 밀어낸 자리에 다른 식물을 재배하는 것은 해법이 아니다. 방목 초지, 콩 플랜테이션이나 잡초 덤불은 이전에 사라진 숲이 흡수한 탄소량의 7퍼센트만 흡수한다. 썩은 통나무를 아주 효율적으로 먹어치우는 수십억 마리의 흰개미들과 숲을 밀어낸 방목지에서 풀을 뜯는 소들은 또 다른 잠재적 온실가스인 메탄을 방출한다. (논과 성장 중인 일부 나무도 마찬가지다.)

그다음은 비의 문제다. 기후학자들은 삼림 파괴와 그 지역의 기상 변화가 연관되어 있다고 믿는다. 1980년대에 브라질 물리학자 에네아스 살라티는 빗물의 순환에서 숲의 나무에서 이뤄지는 증발-발산 과정의 핵심적 역할을 입증했다. 이 과정에 관여하는 물의 양은 어마어마하며 숲 천장에서 수분이 증발하는 데 소모되는 태양 에너지와 열의 양도 마찬가지로 어마어마하다. 이러한 과정은 물론 지구 온난화를 완화한다. (숲속의 해먹에서 자면 심지어 건기가 한창일 때에도 추위를 느끼는 것도 바로 이 때문이다.)

아마존 Amazon

놀랍게도 20년 후의 연구는 동쪽에서 아마존 분지를 가로질러 서쪽으로 가는 비구름이 머금은 비의 양의 3분의 1만을 아마존 분지에 뿌린다는 사실을 보여주었다. 비구름 가운데 일부는 안데스 산맥을 넘어 태평양으로 가지만, 대부분은 남쪽으로 내려가 남부 브라질과 북부 아르헨티나의 비옥한 농지를 적시거나 북쪽으로 올라가 콜롬비아나 카리브 해에 비를 뿌렸다. 과학 해설자 프레드 피어스는 '숲은 남아메리카 대부분에서 비를 생성하는 필수적 장치다.'라고 썼다. 또한 빗물은 브라질 전력 생산의 3분의 2를 담당하는 수력발전 댐이 있는 강물을 채운다. 따라서 이러한 강수량의 감소는 아마존의 목재와 가축, 콩으로부터 얻는 이익보다 더 큰 손실을 야기하며 곡창지대의 농업에 끔찍한 결과를 가져올 수도 있다. 이 강수량 부족이 지속되고 삼림 파괴와 연관된 것이 분명하다면 우림을 구하기 위한 설득력 있는 근거가 될 것이다.

2005년과 2006년에 서부 아마존에서는 심각한 가뭄이 발생했다. 아마존 강의 수위는 12미터나 내려가 아마존 관측 역사상 가장 낮은 수위를 기록했다. 수백만 마리의 물고기가 죽어 있는 참혹한 사진들이 찍혔고 여러 강바닥이 최초로 드러났으며 수백 군데의 지역 사회가 속수무책으로 피해를 입었다. 2005년은 카리브 해에서도 극단적 기상 이변이 발생했다. 이 모든 상황은 (태평양 동쪽과 서쪽에서 치명적인 엘니뇨 현상과 마찬가지로) 대서양 북쪽과 남쪽의 해수면 온도의 대규모 이상 변화에 의해 야기되었을 수도 있다. 가뭄은 삼림파괴로 악화되었다. 코이바라 관행을 따르는 농부들은 매년 초지와 관목 덤불을 태우는데 이렇게 난 불은 종종 숲으로 번져 대형 산불을 일으킨다. 인디오 전문가이자 탐험가인 시드니 포수엘루는 내게 지난 30년간의 탐험에서 2006년만큼 심각한 산불을 본 적이 없다고 말했다. 그는 끝이 보이지 않는 듯한 불과 연기, 파괴의 광경에 큰 충격을 받았다. 우주비행사들은 매년 일어나는 산불이 우주에서도 보인다고 보고한다.

LBA 연구 프로그램의 일환으로 미국의 저명한 생태학자 댄 넵스태드는 악몽과 같은 결과를 보여주는 실험을 수행했다. 그는 적은 면적의 우림 일부(산타렝 남쪽 타파조스 국립 삼림)에 태양열은 받아들이지만 비는 막는 비닐 시트를 씌웠다. 이 실험의 나무들은 지면의 물을 흡수함으로써 인공 가뭄의 첫 해를 이겨냈다. 2년째가 되자 나무들은 힘들어했다. 3년째가 되자 나무들은 죽어가기 시작했다. 가장 키가 큰 나무부터 쓰러지면서 다른 수목들도 같이 쓰러트리고 허약한 토양을 노출시켰다. 실험은 만약 아마존이 아프리카 일부 지역들처럼 3,4년 동안 연달아 가뭄을 겪을 경우 수천 제곱킬로미터 면적의 나무들만 잃는 것이 아니라 숲 전체가 사라진다고 결론 내렸다.

해수면 온도의 이상 변화는 단편적인 가뭄을 발생시키고 이에 따라 나무들이 죽어 가면 선별적 벌목과 열대 농업 '혁명'을 위한 개간으로 인해 숲이 가장 취약할 바로 그 순간에 다시 산불이 발생할 수 있다. 이는 곧 아마존 숲이 불이 나기 쉬운 관목으로 대규모로 교체되는 결과를 낳으며 결국 식생의 교체는 강우 패턴의 변화에 따른 교체보다 더 빠르게 진행될 것이다. 따라서 댄 넵스태드는 삼림 파괴를 통제해 온실가스 배출량을 낮추는 열대 국가들에게 보상을 지급하는 시스템이 시급하다고 촉구한다. 그러나 그러한 나라들은 경제 활동과 보호구역이 반드시 양립 불가능한 것은 아니기 때문에 그 두 가지를 조화시키는 계획들을 발전시켜야 한다.

과학자들은 이 모든 요인들이 아마존 숲과 세라도 전반에 어떠한 영향을 미치는지 예측하려고 노력한다. 세계 최대의 우림은 우리의 행성에 너무도 중요하기 때문에 그리고 지구 온난화와 삼림 파괴가 제기하는 위협이 매우 심각하고 또 가속화되고 있기 때문에 이러한 연구는 시급하다. 축적된 자료들은 숲이 회복 불가능한 수준까지 말라 죽어가는 임계점이 언제인지를 보여주는 모델들을 만들어낸다. 이 연구 작업은 브라질 우주연구소의 카를루스 노브리와 옥스퍼드 환경변화연구소의 야드빈데르 말리, 영국 기상청의 유명한 해들리 기후변화연구소 외에 다른 연구소와 대학들의 여러 과학자들이 주도하고 있다. 그들이 만들어낸 모델이 틀리지 않는 것과 거기서 도출된 결론에 주의를 기울이는 자세가 절실하다.

아마존을
지켜야 하는 이유

환경 위협은 우리가 그러한 위협을 심각하게 받아들이기 전에 이기적인 호모사피엔스의 안녕에 직접적으로 연관되어야 한다. 지구 온난화를 완화하고 비를 생성하는 과정에서 열대림의 역할은 점점 더 중요하게 평가되고 있다. 그렇다면 생물 다양성의 세계 최대의 보고라는 역할은 어떻게 인식되고 있을까? 어떤 사람들은 숲에 아직 발견되지 않은 약제나 암 치료제가 있을지 모르기 때문에 숲을 보존해야 한다고 생각한다. 그러나 그보다 더 중대한 도덕적 쟁점, 즉 자원을 마구잡이로 쓰는 우리 종 하나가 우리와 이 행성을 공유하며 살아가는 다른 수백 만 종의 서식지와 생명을 파괴할 권리는 없다는 것을 신경 쓰는 이는 거의 없다. 모든 위대한 종교들은 찬란한 우주 만물의 아름다움에 감탄하고 지구를 지배하는 종으로서 인간이 그것들을 보존할 의무가 있다고 생각한다. 지구상에서 확인된 종의 절반은 열대 숲에서 서식하며 아직 확인되지 않은 동식물이 열대 숲에 서식하는 비율은 그보다 더 클 것이다. 전기톱과 화재는 우리와 함께 지구에서 살아가는 이러한 생명체들에게 즉각적인 위협이며 이것들은 장기적으로는 인간의 오염에 의해 야기되고 삼림 파괴로 악화된 기후 변화와 가뭄의 위험에도 취약하다. 따라서 세계에서 가장 풍성한 생태계의 미래는 위태롭다. 오랜 세월동안 원주민 부족들을 대대로 먹여살려왔고 수백만 종의 생물이 살아가는 집이며 지구상 인류의 생존에 너무나도 중요한 강과 수목을 구하고 또 강과 수목을 보존하는 사람들을 경제적으로 보상하는 단호한 조치가 없이는 아마존의 강과 수목은 치명적으로 훼손될 수도 있다.

아마존Amazon

| 11장 |

세계에서
가장 큰 강과 숲

'세계에서 가장 큰 강이 세계에서 가장 큰 숲을 가로질러 흘러간다. ……
사실상 끝없는 숲, 나무로 뒤덮인 거의 300만 제곱마일에 달하는 숲을.'
_리처드 스프러스, 1851.

인간은 아마존 강에 압도된다. 우리는 그곳의 모든 것의 크기 앞, 즉
강의 수량, 숲의 범위, 세계에서 가장 다양한 생태계의 풍성함 앞에
서 작아진다. 나는 아마존을 사랑하는 많은 이들 가운데 한 명이다.
숲과 강에 적응하는 법을 배운 사람들은 그곳의 천혜의 자원과 온난
한 기후를 한껏 누린다. 과학자들은 발견을 기다리고 있는 자연사의
보고를 얻는다. 일단 이 환경을 받아들이게 된 사람은 누구든 그곳의
아름다움에 넋을 잃는다. 하지만 다른 이들은 이곳의 정글이 야기하
는 곤경을 싫어한다. 그곳에서는 온대 농업이 극도로 어렵고, 울창한
수목을 헤쳐 나가거나 곳곳에 급류가 도사리는 강을 타고 이동하기

도 힘들며, 비는 쉴 새 없이 쏟아지고, 대량의 곤충이나 흔히 그것들이 옮기는 질병은 누구도 피해갈 수 없다.

위성 사진으로 보면 아마존 강은 거대한 나무를 닮아 있다. 잔가지들은 가지와 만나고 가지들은 거대한 중앙의 몸통으로 흘러가면서 점차 굵어지며 몸통은 다시 가지와 만나는 부분에서 넓어진다. 몸통은 물론 아마존 강 본류이다. 본류는 안데스 산맥에서 대서양까지 남아메리카를 가로질러 대충 적도를 따라 동쪽으로 흐른다. 가지들은 거대한 지류들로, 그 가운데 십수 개는 유럽의 어느 강보다 더 크다. 잔가지들은 수십만 킬로미터로 뻗은 시내들, 아마존 수계에 물을 공급하는 모세혈관이다.

나무에서처럼 가장 흥미진진한 부분은 흔히 지류(가지)의 끄트머리, 급류가 가로막고 있어서 보트가 닿을 수 없는 외딴 지역이다. 그곳에서 강물은 숲이 우거진 협곡에서 콸콸 흘러나와 바그너풍의 장엄한 폭포를 이루고, 풍부한 강수량 덕분에 풍성한 동식물군이 형성되어 있고, 그 안에서 일부 원주민 부족들이 몸을 맡긴 채 살아가고 있다. 나는 남아메리카의 여러 지역에서 아마존 분지를 굽어보았다. 나는 남쪽에서 강물이 중앙 브라질 고원의 캄포 사나바에서 솟아나오는 것을 보았다. 캄포 사바나는 부리티 야자나무와 다른 야자나무들이 물길을 따라 늘어선 초지 평원이다. 평원에는 독특한 나무들이 여기저기 흩어져 있는데 울퉁불퉁한 온대 과실수처럼 생겼지만 매끈매끈하고 반짝이는 잎사귀가 건기의 열기를 잘 버티는 상록수이다. 평원이 아마존 분지로 깊숙이 들어가면서 낮고 건조한 숲이 나타나기 시작하며 거대한 강까지 끝없이 이어진다.

아마존 분지 주변으로 시계 방향으로, 서쪽으로 가면 볼리비

아마존 Amazon

아와 브라질 국경의 과포레-마데이라 강 수원에 광대한 습지대가 펼쳐진다. 이끼로 뒤덮인 원시림과 신비롭고 거의 탐험된 적 없는 호수가 복잡하게 엉켜 있는 이곳은 무척 오래된 선캄브리아기 암반 위에 자리 잡고 있다. 과포레-마데이라 지류 남쪽으로는 마데이라 강의 최남단 수원이며 따라서 아마존 강의 수원이기도 한 볼리비아의 마모레 강, 그란데 강, 베니 강이 있다. 이 강들은 안데스 산맥에서 흘러나와 가축 방목지와 낮은 숲이 군데군데 자리한 넓은 평원 라노스 데 모호스를 가로지른다. 더 북서쪽으로 가면 깊은 숲이 우거진 마드레 데 디오스 강(마데이라 강의 또 다른 수원)과 브라질 아크리 주와 페루 사이 야생 구릉지에서 발원하는 푸루스 강과 주루아 강의 수원이 연달아 나타난다. 한 구역은 이제 세하 두 지비소르Serra do Divisor('분수령')라는 국립공원으로, 아직까지 외부와 접촉하지 않은 원주민 부족들이 살아가는 곳이다.

안데스 산맥에서는 풍경이 완전히 다르다. 눈 덮인 정상부 아래에는 푸나puna라는 고지대 황야가 펼쳐지는데 담록색 이추풀이 자라고 곳곳에 늪지가 있는 강한 바람이 휘몰아치는 땅이자 라마와 알파카, 비쿠냐의 서식지다. 그다음 강들은 잉카 후예들의 예쁜 고장으로 흘러내려간다. 감자밭과 적갈색의 키노아 밭이 있고 더 따뜻한 계곡에는 옥수수가 자란다. 어떤 밭들은 계단식이며 어떤 것들은 극도로 가파른 사면에 젖은 천처럼 달라붙어 있다. 이 경작지들은 트랙터나 소를 이용해 마을 공동으로 갈고 파종을 하는데 때로는 사람들이 줄지어 늘어서 고대의 뒤지개*로 갈기도 한다. 이곳에는 성스러운 몰레molle를 비롯해 잉카 시대부터 내려오는 나무들이 있지만 더 흔한 것은 고도가 높은 곳에서 잘 자라는 외래종 유칼립투스 나무다. 자생 관목과 야생화들 가운데는 선인장처럼 생긴 백련초** 무리도 눈에 띤다. 한때 아마존 강의 본류로 여겨진 마라뇽 강 상류는 탁 트인 양 측면이 숨 막히는 풍경을 선사하는 거대한 협곡 사이로 흐른다. 아푸리마크 강 양 옆으로 숲이 우거진 협곡을 따라 늘어선 언덕들은 차츰 멀어지다 멀리 시야에서 사라지며 역시 장관을 연출한다. 강들은 이내 세하 데 몬타냐ceja de montaña, 즉 '정글의 눈썹'이라는 기분 좋은 이름이 붙은 운무림으로 쏟아져 들어간다. 이곳은 잉카인들에게 홍가스jungas라고 알려진 더운 땅으로, 잉카인들은 여기서 코카 잎과 열대과일을 얻었다.

안데스 산맥의 동쪽 사면을 따라 늘어선 우림은 세계에서 가장 풍성한 생물 다양성을 자랑한다. 이곳은 다양한 동식물군이 가장 집중적으로 분포하는데, 아마존 분지를 가로질러 서쪽으로 흘러가는 많은 구름이 산맥과 부딪히면서 엄청난 양의 비를 뿌리기 때문이다. 이곳 페루의 탐보파타 국립공원과 마누 국립공원은 왕수달과 재규어, 붉고 푸른 마코앵무새와 초록앵무새 무리가 색의 향연을 펼치는 콜파collpa 절벽(18쪽과 651쪽을 보라)을 보기 좋은 곳이다. 에콰도르의 안데스 산맥 기슭에는 상가이 산이나 수마코 산 같은 화산이 있는데 용암 줄기가 뻗어 있는 이곳의 산사면은 가시금작화 같은 수목으로 뒤덮여 있어 뚫고 지나가기 힘들며 우기 동안 지속적으로 번개가 친다.

---

* 굴봉(掘棒)이라고도 한다. 땅속을 헤집거나 땅에 구멍을 내는 데 쓰기도 하며, 화전민들이 산을 일구어 농사를 지을 때 풀이나 어린 나무 등을 제거할 때 이용한다.
** 손바닥선인장이라고도 한다.

콜롬비아에서 커다란 강들은 아마존 분지의 북서쪽 구석에서 발원한다. 그러나 이 가운데 푸투마요 강만이 배를 띄울 수 있고, 나머지 이웃 강들은 웅장한 폭포와 급류, 거센 물살로 막혀 있다. 페루에서처럼 이곳의 강들도 안데스 산맥에서 쏜살같이 내려온다. 일단 저지대 숲에 도달하면 구불구불 흐르는 강은 간간이 화강암과 석영으로 된 원뿔꼴 돌출 지형에 가로막히곤 한다. 이 복잡한 지질 구조와 고도별 대상 분포, 많은 강수량은 콜롬비아 아마존에 풍성하고 다양한 식생을 선사한다. 푸투마요 강은 식물학자들의 메카인 시분도이Sibundoy라는 수원을 갖고 있다. 이곳은 하버드 대학에 기반을 둔 민족식물학의 아버지 리처드 에번스 슐츠의 위대한 발견의 현장이다. 그의 제자 중 한 명인 웨이드 데이비스는 시분도이를 높은 분지에 자리한 계곡, 사방이 산으로 둘러싸인 고대의 호상湖床으로 묘사했다. 이 에덴동산은 지구상에서 환각성 식물이 가장 집중적으로 분포하는 곳이다. 콜롬비아 아마존에는 외부인이 거의 정착하지 않아서 (고무붐 시기 동안의 참상을 제외하고는) 그곳 원주민들의 삶은 거의 방해받지 않았다. 20세기 말에 슐츠는 그곳이 '아마존 분지 전체를 통틀어 식물학적으로 훼손이 가장 덜하며 인류학적으로 전통이 가장 고스란히 남아 있는 곳'이라고 썼다.

동쪽으로 이동하면 아마존 분지의 북쪽 경계 기아나 순상지가 있는데 길게 늘어선 테푸이 탁상 산지 가운데에는 그 깎아지른 절벽이 아서 코넌 도일의 『잃어버린 세계』에 영감을 준 호라이마도 있다. 이 사암 돌출 지형은 지구의 지질 시대 가운데 가장 오래된 선캄브리아기에 형성되었다. 이 지형은 수천만 년 전, 지각판 혹은 대륙 이동에 의해 남아메리카와 서아프리카가 갈라지면서 분리되었다(서아프리카에서는 여전히 생성되고 있다). 나는 브라질과 베네수엘라의 경계를 이루는 피코 데 라 네블리나$^{Pico\ de\ la\ Neblina}$('안개 봉우리')에 가본 적이 있다. 테푸이 꼭대기는 이상한 곳이다. 그곳은 정말로 잃어버린 세계다. 그렇지만 공룡들이 사는 잃어버린 세계가 아니라 절벽 기슭의 숲과는 완전히 구별되는 동식물이 사는 잃어버린 세계이다. 이곳의 몇몇 종에 생물학적으로 가장 가까운 종들은 여전히 아프리카에 살아 있다. 여기에는 상대적으로 거대하게 진화한 곤충과 양서류가 서식한다. 더이상 대형 동물에게 먹히지 않는 식물들은 아프리카의 친척 종과 비슷하게 생겼지만 수백만 년에 걸쳐 세포구조가 변하며 물러졌다.

네블리나 동쪽 아마존 분지의 북쪽 가장자리는 파리마, 파카라이마, 아카라이, 투무쿠마케 같은 낮은 언덕들이 둘러싸고 있다. 이 언덕들에는 숲이 울창하며 이곳의 강에는 급류가 많기 때문에 거의 탐험되지 않았고 변경 정착민들을 끌어들이지 않는다. 이곳은 변화를 거의 겪지 않은 아마존 최대의 원주민 부족인 야노마미족의 본거지다. 대서양 방면의 언덕들에는 티리요족처럼 대부분 카리브어를 쓰는 부족들이 산다. 아마존 강 하류 북쪽 브라질령 기아나에는 도로가 나지 않고 훼손되지 않은 커다란 우림이 자리 잡고 있다.

열대우림으로 뒤덮인 이곳에도 예외는 있다. 오늘날 브라질의 호라이마 주에 해당하는 곳에 자연 사바나가 북쪽의 유명한 호라이마 산까지 넓게 펼쳐져 있는 것이다. 이 드넓은 초지는 아마존 강 본류 남쪽의 초지들과 유사하다. 지평선까지 멀리 펼쳐진 초지에는 부리티 야자나무와 물길을 따라 길게 띠 모양으로 늘어선 나무들, 흰개미집만이 간간이 변화를 주며 이따금 울퉁불퉁한 캄포 나무들(실리카가 풍부한 단단한 잎을 사포로 쓸 수 있는 쿠라텔라 아메리카나$^{Curatela\ americana}$

아마존 Amazon

가 전형적이다)과 노란 열매를 먹을 수 있는 비르소니마 크라시폴리아 *Byrsonima crassifolia*도 볼 수 있다. 그러한 나무들은 물이 없는 건기와 우기의 침수를 둘 다 견딜 수 있다. 이곳은 좋은 방목지다. 유럽산 소는 18세기 말에 처음으로 들어왔으며 금방 거대한 무리로 불어났다. 이제는 열대의 열기와 진드기에 더 잘 견디는 남아시아산 소(제부 소와 구자라트 소)들로 교체된 수십만 마리의 소 떼가 호라이마 방목지에서 풀을 뜯는데 방목지 가운데 일부는 인디오들의 전통적인 영역 안에 있다. 이 변경 지대에는 카우보이들과 인디오들 사이에 분쟁이 벌어지고 있다.

아마존 강을 설명하는
숫자들

──

아마존 강은 어느 모로 보나 세계에서 가장 큰 수계이다. 그러니 여기서 아마존 강을 수식하는 최상급 표현들을 하나씩 살펴보자. 아마존 강 하나는 지구상에서 바다로 흘러가는 모든 강물의 수량의 5분의 1에 해당하는 양을 바다로 쏟아낸다. 달리 말하면 아마존의 수량은 아마존 다음 가는 강 여덟 개를 합친 수량을 능가한다. 콩고 강의 수량보다 네 배 많고 미시시피 강 수량보다 열 배 많으며 길이에서 아마존 강과 유일하게 겨룰 수 있는 나일 강의 수량보다 60배 많다.

이 거대한 강의 길이는 여전히 논쟁거리다. 원래는 6,695킬로미터인 나일 강보다 짧다고 여겨졌다. 그러나 폴란드 탐험대가 안데스 산지에서 아마존의 구불구불한 수원으로 흘러가는 시내를 발견했고 그렇다면 아마존의 총연장은 7,483킬로미터가 되어서 아프리카의 라이벌을 쉽게 능가한다. 2001년 내셔널지오그래픽 소사이어티는 이 새로운 수원을 인정했다. 그 수원은 페루에서 두 번째로 큰 도시 아레키파 북쪽 외딴 곳에 자리한 미스미 산의 산사면 해발고도 5,250미터 높이에 한때 빙하로 덮였으나 이제는 관목과 잡초로 뒤덮인 황야지대에 있다. 2007년 브라질 과학자 팀이 페루 남부의 눈 덮인 산에서 또 다른 수원을 발견했다고 주장했는데 여기에 따르면 아마존의 총연장은 6,800킬로미터이고 역시 나일 강의 길이를 뛰어넘는다. 양쪽 수원에서 흘러나오는 시냇물은 아푸리마크 강으로 흘러가고 아푸리마크 강은 중간중간 이름이 바뀐 후 우카얄리 강이 된다. 그리고 우카얄리 강은 아마존 강을 형성하는 마라뇽 강에 합류하기 전에 수량이 가장 많다. 따라서 우카얄리 강은 길이와 수량에서 아마존 강의 가장 큰 본류이다.

어느 쪽이 수원이든 간에 아마존 강은 안데스 산맥에서 떨어져 내려와 지체 없이 흘러간다. 몇 킬로미터만 흘러가면 양 옆으로 우림이 끝없이 펼쳐진 넓은 저지대 강이 된다. 그러므로 대부분의 구역에서 그 장엄한 강과 거대한 지류들은 해발고도 100미터 이하에 자리한다. 대서양에 도달할 때쯤이면 아마존 강의 주요 물길은 엄청나게 넓어져서 미시시피 강보다 대략 다섯 배 넓고 깊이도 다섯 배다. 이 수계에서 2만 2000킬로미터 이상은 대양을 오가는 배들도 다닐 수 있다. 배들은 3,700킬로미터를 항행해, 브라질을 가로질러 페루 안쪽 깊숙이 자리한 이키토스 시까지 갈 수 있다.

690만 제곱킬로미터가 넘는 아마존 분지도 역시 세계에서 가장 크며 미 대륙의 4분의 3 크기이고 세계에서 두 번째로 큰 콩고 분지보다 1.5배 크다. (이것은 집수 혹은 배수 유역이다. 따라서 오리노코 강 주변의 숲이나 북쪽으로 흘러가는 기아나 강들의 숲은 포함하지 않지만 파라 강이나 아마존 강 남쪽 어귀로 흘러들어가는 중앙 브라질의 토칸칭스-아라과 이아 배수지는 포함한다.) 분지는 대충 강어귀가 주둥이인 거대한 풍선 같은 원형이다. 북쪽 끄트머리는 호라이마 산이며(북위 5도 너머), 남쪽 끄트머리는 북쪽에서 1,800킬로미터 정도 떨어진 볼리비아 안데스 산지의 수크레 근처이다(남위 20도 너머). 서쪽 끄트머리는 페루 북부의 안데스 산지로, 태평양에서 그리 멀리 않고 대서양에서는 2,300킬로미터 떨어져 있다.

아마존 지역의
생태적 구분

과거에 외부인들은 강으로만 다닐 수 있었고 그 엄청난 크기에 감탄했다. 1860년대 한 미국 교수는 '아마존 강이 얼마나 완벽하게 땅을 지배하고 있는지 이해하려면 몇 달 동안 강 위로 다녀봐야 한다. 그곳의 미로 같은 물길은 여러 강들이 연결된 망이라기보다는 오히려 육지에 의해 분리되고 단절된 하나의 민물 대양이다.'라고 단언했다. 그러나 이제 우리가 이 저지대 위로 비행기를 타고 날아가면 강이 아니라 숲이 지배하고 있다는 사실을 알 수 있다. 숲은 풍성하고 발이 쑥 들어가는 푹신한 초록 카펫처럼 멀리 지평선까지 뻗어 있다. 나무 천장은 평평하고 한결같아 보인다. 하지만 안으로 시야를 옮기면, 이러한 인상이 얼마나 잘못된 것인지 깨닫게 된다. 땅은 전혀 평평하지 않고 식생도 지속적으로 변한다. 이곳은 세계에서 가장 큰 나무 천장으로 닫혀 있는 숲이다. 530만 제곱킬로미터의 면적은 서유럽만 하다.

과학자들은 아마존 숲을 다양한 기준으로 나누려고 노력해왔다. 동물학자들은 동물형에 따라 세 지역region으로, 양서류의 고유성과 풍부함에 따라 일곱 단위구역unit으로, 물고기상에 따라 다섯 단위구역으로, 조류 유형에 따라 열아홉 단위구역으로 나눈다. 식물학자들은 식생에 따라 분류하는데 아돌프 두키는 열 지역, (두키와는 다르지만 역시) 카를로스 T. 리치니도 열 지역, 쿠르트 위크는 열네 지역, 길리언 프랜스는 다섯 과科의 나무 분포에 따라 일곱 지역으로 나눈다.

아마존을 가장 간단하게 나누는 것은 하천 유형에 따라 세 가지, 즉 하얀 강, 검은 강, 맑은 강으로 구분하는 것이다. 하얀 강white-water rivers은 지질학적으로 젊고 불안정한 안데스 산맥의 물이 빠져나오는 강이다. 이 강물에는 침전물이 풍부해 실제로는 희부연 갈색을 띤다. 이 하얀 강들은 마데이라 강과 나포 강 사이 아마존의 서쪽에 위치하며 아마존 강 본류 상류 전체를 차지한다. 비록 분지로 흘러가는 강물의 12퍼센트만을 차지하지만 부유 고형물과 용해 소금 대부분을 함유하고 있다.

검은 강black-water river들은 기아나 순상지에서 발원하여 북쪽에서 아마존으로 흘러들어온다. 강물이 검은 것은 수원지에 자리한 아주 오래된 5백만 년 전 선캄브리아기 사암이 오래 전에 침식 작용을 멈춰서 침전물이나 물에 녹는 양분, 무기질을 거의 포함하지 않기 때문이다. 썩은 나뭇잎에서 나오는 타닌과 부식산*으로 검은색을 띤다. 이 강들에는 모기가 거의 살지 않는다. 검은 강에서 수영을 하면 진한 홍차 색깔의 강물에 팔이 거의 보이지 않고 산성으로 눈이 따갑

아마존Amazon

다. 가장 커다란 검은 강은 말 그대로 검은 강이라는 뜻의 네그루 강이다. 검은 강물은 구름과 눈부신 일몰이 화려하게 펼쳐지는 강둑을 비추는 완벽한 거울이다.

맑은 강clear-water river은 역시 지구상에서 가장 오래된 지형 가운데 하나인 브라질 순상지에서 흘러나온다. 커다란 남쪽 지류들, 토칸칭스-아라과이아 강, 싱구 강, 타파조스 강은 맑은 강물이 흐르며 북쪽에서 아마존 하류로 진입하는 트롬베타스 강도 마찬가지다. 검은 강물처럼 이것들도 실트**가 거의 없다. 위대한 토양 과학자 하랄드 시올리는 이 강물들이 증류수만큼 깨끗하다고 말했다. 이 강물들의 수원은 사바나이기 때문에 썩은 잎사귀에서 나오는 검은 타닌 성분이 없고 강바닥이 넓은 모래사장과 안정적인 강둑으로 둘러싸여 있기 때문에 침전물도 없다. 맑은 강들은 짙푸른 하늘이 반사되며 건기에는 물결치는 크림색 모래톱으로 둘러싸인 아름다운 강들이다.

지구가 아주 젊었을 때 남아메리카는 아프리카, 남극, 호주 대륙과 연결되어 우리가 곤드와나 대륙이라고 부르는 거대한 남쪽 대륙을 형성했다. 그 시기에 아마존 강은 화강암 평원을 가로질러 서쪽으로 흘렀던 것 같다. 그다음 대륙이 이동하면서 곤드와나 대륙이 쪼개지고 남아메리카 대륙은 오늘날 대서양 중앙해령이라고 부르는 것의 폭발로 점점 서쪽으로 밀려났다. 이 거대한 지각판은 태평양판과 부딪쳤고 여기서 발생한 충돌이 약 9천만 년 전에 안데스 산맥을 들어올렸다. 수백만 년 동안 아마존 강은 계속해서 태평양으로 흘렀다.

---

* 토양·석탄 중에 존재하는 알칼리에는 녹으나 산에는 녹지 않는 무정형 산성 유기질.
** 모래와 찰흙 중간 크기의 흙.

3천만 년 전쯤에 안데스 산맥이 마침내 그 출구를 막았고 브라질 순
상지와 기아나 순상지 사이에 민물 호수가 여러 개 생성되었다. 한동
안 강은 오늘날 콜롬비아의 막달레나 강(아마존과 고대 물고기 종을 공유
한다)을 따라 북쪽으로 흘렀던 것 같다. 8백만 년 전쯤에 지각판이 융
기하면서 호수들은 선캄브리아기 암반을 뚫고 동쪽으로, 오늘날 강
어귀에서 750킬로미터 떨어진 오비두스 협수로로 흘러나가게 되었
다. 그때 이후로 아마존 강은 동쪽으로 흐르게 되었다. 안데스 산맥
의 침식에서 나온 퇴적물은 마라조 섬과 대서양 방면에 새로 생긴 거
대한 강어귀에 자리한 다른 섬들을 생성했다.

아마존의
수생 동물

아마존의 대량의 민물에는 눈부시게 다양한 물고기들이 살고 있어서
세계에서 가장 풍성한 담수 동물군의 보고이다. 약 3천 종 정도가 알
려져 있는데 전 세계 민물 어류의 거의 30퍼센트를 차지한다. 그러나
많게는 9천 종이 서식하리라고 추정된다. 대부분은 카라신과와 실루
로이드과(메기과)에 속한다. 카라신과에는 다양한 피라냐 종이 포함
되는데 일부 모험가들의 과장과 달리 피에 굶주려 있거나 위험하지
않다. 나는 출혈이 있거나 격렬한 움직임이 있을 때만 피라냐가 공격
한다는 것을 알아서 피라냐가 가득한 강물에서 수영을 해봤다. 피라
냐는 물이 말라가는 작은 늪에 갇혀서 무척 굶주려 있을 때 가장 위험
하다. 일반적인 먹이는 작은 물고기나 나무 열매다. 물고기들은 식용

아마존Amazon

가능한 안쪽의 과육만 먹을 수 있도록 유명한 이빨을 이용해 견과류의 껍질을 깬다. 피라냐는 공격적이고 욕심이 많기 때문에 튼튼한 낚싯바늘과 낚싯줄로 쉽게 잡을 수 있다. 뼈가 많음에도 불구하고 식용 가능하지만 식용으로는 피라냐와 친척인 파쿠pacu나 탐바키tambaqui, *Colossoma macropomum*가 더 좋다. 탐바키는 계절마다 침수되는 숲으로 들어와 씨를 퍼트리기 위해 나무에서 떨어지는 열매를 받아먹는 또 다른 물고기다. 그것들이 가장 좋아하는 먹이 가운데 하나는 고무나무 씨앗이다. 뱃속에 고무나무 씨앗이 1킬로그램 들어있는 탐바키가 발견되기도 했다. 무게는 평균 15킬로그램이며 아마존 강 중류의 주식 어류다. 탐바키보다 훨씬 더 큰 것은 귀한 피라루쿠pirarucú, *Arapaima gigas*로 탐바키보다 무게가 평균 여섯 배 더 나가고 길이는 2.4미터에 달한다. 피라루쿠는 때로 (이유는 알려져 있지 않지만) 물 밖으로 몸이 완전히 나오게 뛰어오르는데 어부들은 그 순간을 포착하거나 그 커다란 물고기가 다시 물속으로 뛰어든 후 생기는 물거품을 따라가 작살로 잡는다.

아마존 도시들의 수산 시장은 입가에 긴 '수염'이 한 쌍 나 있는 각종 메기류로 가득하다. 어떤 것들은 아주 거대한데 힘센 장정 둘이서 들어야 하는 자우jaú, *Paulicea luetkeni*와 소루뱅sorubim, *Pseudoplatystoma corruscans*, 피라이바piraíba, *Brachyplatystoma filamentosum*가 유명하다. 메기류는 아마존 강 어귀부터 알을 낳으러 안데스 산맥 기슭까지 갔다가 다시 하류로 돌아오면서 1만 킬로미터에 달하는 놀라운 거리를 이동할 수 있다.

아마존에서 가장 눈길을 사로잡는 물고기, 아니 사실은 포유류인 수생 동물은 아마존 민물 돌고래다. 거대한 분홍 돌고래가 우아한 곡선을 그리며 강물 밖으로 뛰어오르는 모습을 보는 것은 언제나 짜릿하다. 분홍 돌고래는 무게가 160킬로그램 나간다. 포르투갈어로 보투boto, 투피어로는 우이아라uiara라고 하며 학명은 이니아 게오프렌시스Inia Geoffrensis이다. 소형 고래인 분홍 돌고래는 등에 난 숨구멍으로 숨을 들이쉬고 짧고 격렬한 날숨을 내뱉는다. 이 우아한 동물을 둘러싸고 전설이 많은데 특히 방심한 처녀를 임신시킬 수 있다는 전설이 유명하다. 더 작은 민물 돌고래는 투쿠시tucuxi라고 하는 회색 꼬마돌고래buffeo, Sotalia fluviatilis로 몸길이는 1.2미터가 넘지 않고 아마존 강을 거슬러 페루까지 헤엄쳐 간다. 매우 빠르고 날카로운 이빨로 무장한 돌고래는 매일 자기 몸무게의 3분의 1에 해당하는 다량의 물고기를 잡아먹는다. 그러나 두 종은 서로 경쟁하지 않는다. 투쿠시는 강물 표면의 빠른 물고기를 공격하는 반면 분홍 보투는 더 깊은 물속에서 사냥한다. 그들 주변을 둘러싼 신화적인 분위기 때문에, 사람들은 돌고래를 일부러 사냥하거나 먹지 않는다. 그러나 어쩌다가 잡아서 배를 갈라보면 마치 정어리 통조림처럼 위장에 물고기가 가득 차 있는 것을 볼 수 있다.

피라냐보다 더 위험한 것은 민물가오리Potamotrygonidae다. 자칫 카누 밖으로 발을 내디뎠다가는 얼룩덜룩한 보호색을 하고 모래 강바닥에 반쯤 파묻혀 있는 민물가오리에 쏘이기 십상이다. 가오리의 꼬리에는 독이 있는 가시가 있어서 쏘이면 극심한 통증을 느끼고 잠시 기절하거나 가끔은 죽을 수도 있다. 얕은 물을 건너갈 때는 발을 내딛기보다는 숨어 있던 가오리의 가시가 앞에 나타나도록 발을 끌면서 걷는 것이 좋다. 아마존 강에 우글거리는 커다란 물고기 반대편에는 수족관의 장식 물고기로 인기가 많은 카디널 물고기 Cheirodon axel-

*rodi*처럼 색깔이 화려한 작은 물고기들이 있다. 수요가 워낙 많다보니 이 귀여운 종들 가운데 일부는 멸종 위기에 있다.

일부 아마존 강에는 카이만악어가 많은데 사냥하기가 아주 쉽고(밤에 불빛을 이용해 유인한다) 상품성 있는 가죽과 식용 고기를 제공하기 때문에 이제 사람의 발길이 닿는 강가에서는 거의 보이지 않는다. 대부분의 카이만은 작고 겁이 많아 사람을 위협하지 않는다. 그러나 아마존 고유종인 검은카이만은 세계에서 가장 큰 파충류 가운데 하나로 7~8미터까지 자란다. 한때 여행객들을 공포에 떨게 만들었지만 이제는 멸종 위기에 있고 거의 보기 힘들다. 사실 검은카이만은 인간에게 해를 끼치지 않지만 새끼가 위협받는다고 느낄 때는 어미가 지나가는 카누를 공격할 수도 있다.

아마존의
육상 동물

세계에서 가장 큰 수계이자 분지임과 동시에 아마존이라는 단어는 정글과 동의어다. 아마존의 숲은 인근의 오리노코 강의 숲과 기아나의 숲과 더불어 세계에 남아 있는 열대우림의 절반을 넘게 차지한다. 최근 몇십 년간의 파괴에도 불구하고 여전히 490만 제곱킬로미터에 달한다. (남아시아의 인도, 파키스탄, 방글라데시, 스리랑카를 합친 크기만 하다.) 아마존의 숲은 두 가지 중요한 생장 요인, 즉 태양과 비를 충분히 누릴 수 있기 때문에 무성하게 자란다. 열대의 열기는 물론 아마존이 적도에 자리 잡고 있기 때문이다. 연강수량은 평균 2,300밀리미터이고 (우림을 규정하는 기준인 2,000밀리미터를 쉽게 능가한다) 비구름이 휩쓸고 지나가는 안데스 산맥 동쪽 사면은 연강수량이 8,000밀리미터라는 놀라운 수치를 기록할 수도 있다. 모든 우림은 적도 근처에 자리하고 있다. 이러한 많은 강수량은 이 지역에서 음속의 1.3배 속도로 매일 4만 킬로미터를 도는 지구 자전의 원심력에 기인한 것일지도 모른다.*

아마존의 우림은 세계에서 가장 풍성한 생태계다. 식물과 동물, 어류와 조류의 종의 숫자는 어마어마하며 많은 종이 고유종이다. 수백만 종의 곤충과 미생물에 대해서는 짐작만 할 수 있을 뿐이다. 아마존 생태계는 언제나 푸르며 지속적으로 움직이고 있다. 생장 속도도 아주 놀라워서 온대 숲의 다섯 배에 달하고 겨울에도 속도가 느려지지 않는다. 따라서 아마존 한 곳이 전 세계 물질대사(육지 생명체의 1차 생산, 즉 광합성 생물에 의한 유기물 생산)의 10분의 1을 차지하며 세계 생물종의 4분의 1을 차지하는 것으로 추정된다.

남아메리카는 아프리카처럼 커다란 포식 동물이 없다. 가장 큰 포식 동물은 재규어로 숲속 깊숙한 곳에서 그르렁거리거나 포효하는 소리를 종종 들을 수 있지만 좀처럼 모습을 보기는 어렵다. 그보다 더 작은 고양잇과 동물은 많지만 나무에 숨어 지내거나 밤에만 사냥을 하기 때문에 재규어보다 더 눈에 띄지 않는다. 인간은 나무를 기어오를 수 없는 소수의 동물 가운데 하나다. 우리는 돼지처럼 생긴 페커리나 몇몇 브로켓 사슴, 포르투갈어로 안타anta라고 하는 암소만

---

* 지구 반지름을 약 6,400킬로미터라고 하면 지구의 둘레는 약 4만 킬로미터가 된다.

큼 큰 온순한 유제류 맥*Tapirus terrestris*처럼 지상의 나무뿌리 사이로 돌아다닐 수밖에 없다. 이 대형 동물들은 고기가 사냥꾼들에게 아주 매력적이라 갈수록 희귀해지고 있다. (나도 페커리와 맥, 사슴, 심지어 재규어 고기도 먹어봤다는 것을 고백해야겠다. 하지만 그때 우리는 사냥감으로 가득한 탐험되지 않은 숲에 있었고 아주 배가 고팠다.)

그 녀석들에게 안타까운 일이지만 페커리는 어느 돼지고기 못지않게 고기가 맛있다. 따라서 이제는 아주 외진 숲속에서만 페커리를 만날 수 있는데 처음에는 턱이 딸깍딸깍 하는 소리와 낮게 그르렁거리는 소리만 들리다가 나중에는 강한 돼지 냄새가 풍겨온다. 아마존에는 두 종류의 페커리가 있다. 하나는 몸집이 더 큰 '흰입' 페커리*Tayassu pecari*인데 턱선을 따라 흰 털이 나 있기 때문에 그런 이름이 붙었고 다른 하나는 몸집이 더 작은 '목도리' 페커리*Tayassu tajacu*로, 목둘레에 더 색깔이 연한 털이 나 있기 때문에 그런 이름이 붙었다. 이것들은 숲 바닥을 게걸스럽게 파헤치며 종자 확산에 극히 중요한 역할을 담당한다. 자벨리나*javelina*라고도 하는 목도리 페커리는 키가 45센티미터밖에 되지 않고 몸길이도 1미터가 넘지 않는다. 이것들은 30마리 이상씩 무리를 지어 종종거리며 다니다가 방해를 받으면 빠른 속도로 도망친다. 모든 페커리는 먼 거리를 기동할 수 있고 훌륭한 수영선수라 강을 쉽게 건넌다. (페커리는 수백만 년 전에 아메리카로 건너와 구세계의 돼지와 다르게 진화했다. 가장 뚜렷한 차이점은 등 위에 자리한 냄새 분비샘으로, 방어나 성적 공격성의 표출, 사회적 유대를 위해 강한 냄새를 방출한다.)

커다란 흰입 페커리는 최대 4백 마리까지 거대한 무리를 지어 살 수도 있다. 무겁고 정확하게 맞물리는 어금니가 있어서 즐겨 찾는 먹이인 아주 단단한 야자열매도 깨트릴 수 있다. 이것들은 그러한 견과를 얻기 위해 아구티에 의존하는데 아구티는 견과를 모아서 껍질이 썩어 부드러워지도록 땅속에 묻는다. 그래서 페커리들은 아구티가 보물을 묻는 해적처럼 표식으로 이용하는 튀어나온 바위나 지형지물 근처를 파헤친다. 흰입 페커리는 때때로 거대한 방진을 형성해 숲 바닥을 갈아엎는데 이때 페커리가 숲속의 부엽토를 헤집고 견과를 깨면서 꿀꿀거리는 소음이 엄청나다. 더 작은 목도리 페커리는 더 먹기 편한 야자열매를 먹으며 뾰족하게 튀어나온 주둥이로 나무뿌리와 유충을 찾아 땅을 더 깊이 파헤칠 수 있다. 이 녀석들은 숲속에서 나와 인간의 농장을 헤집기도 하는데 녀석들에게는 행복한 나들이지만 농부들에게는 달갑지 않은 일이다.

　　페커리, 특히 흰입 페커리는 성질이 사납고 공격적일 수도 있다. 페커리는 세 가지 이유에서 위험한데 첫째, 군집성 동물로 서로 붙어 지내고 한 마리가 다치면 다른 녀석들은 용감하게 죽을 때까지 방어한다. 둘째, 가위 같은 송곳니가 있어서 어떤 살이든 자를 수 있다. 셋째, 사람이나 말, 심지어 재규어도 아킬레스건을 잘라서 불구로 만들 줄 안다. 만약 우두머리 페커리 수놈이 누군가를 공격하기로 했다면 그 사람은 페커리가 닿지 않는 곳으로 올라가야 하는데 가장 낮은 나뭇가지도 10미터 높이에서 시작하는 다 자란 숲에서는 거의 불가능한 일이다. 페커리 떼의 희생자가 일단 안전하게 위로 올라간다고 해도 그 녀석들이 떠날 때까지 몇 시간이나 며칠을 기다려야 할 수도 있다. 이 녀석들은 총소리에도 꿈쩍도 않지만 횃불에는 움직인다.

　　나무를 오를 줄 모르는 이 몇몇 동물들을 제외하고 숲속에서의 활동은 우리 머리 위 30미터 높이의 숲 천장에서 펼쳐진다. 아마존의

427종의 포유류(이 가운데 173종은 아마존에만 고유하다) 가운데 거의 전부가 나무를 오르거나 햇빛과 비를 향해 날아오를 수 있다. 이곳에는 158종의 박쥐가 있는데 지구상의 어느 곳보다 훨씬 많은 숫자다. 가장 작은 박쥐 리노코니크테리스 나소*Rhynoconycteris naso*는 강가의 바위 아래 살며 몸무게가 몇 그램밖에 나가지 않는, 나방만큼 작은 초소형 포유류다. 피터 플레밍은 이것들이 '상상할 수 있는 가장 작고 얇은 생물, 이 소리 없고 온통 잿빛이며 철저하게 기분 나쁜 생물은 …… 한 줄기 연기에 불과한 작은 잿빛 구름이 되어 황급히 날아간다.'고 신이 나서 묘사한다. 이들 반대편에는 물고기를 잡아먹는 커다란 박쥐, 녹틸로 레포리누스*Noctilio leporinus*가 있는데 밤이면 강물 위를 낮게 날면서 표면의 아주 작은 물결도 감지해 발톱이 있는 발로 먹잇감을 잡아챈다. 어떤 박쥐들은 열매를 먹는 데 특화되어 있고 흡혈박쥐들은 피를 빨지만 대부분의 박쥐는 곤충을 먹는다. 그것들은 어둠 속을 날아다니며 고주파 진동 음향을 발사한 후 되돌아오는 소리를 민감한 귀가 다시 감지하는 유명한 음파반향정위 기술을 이용해 곤충을 잡는다. 박쥐가 먹는 막대한 곤충의 양은 상상을 초월한다.

아마존에는 110종의 설치류가 있는데 가장 큰 것은 강둑에 살며 길이가 1미터이고 커다란 비버처럼 생긴 겁이 많고 우둔한 카피바라*Hydrochaeris*이다. 쿠티아*cutia*라고도 하는 역시 겁이 많고 강한 턱을 가진 아구티*Dasyprocta*도 있다. (맛있는 브라질 호두는 아마존에서 가장 풍부한 경제작물 가운데 하나이지만 브라질 호두가 자라는 나무 베르톨레티아 엑스켈사*Bertholletia excelsa*는 씨를 감싼 딱딱한 껍질을 깨트리는 데 (사람은 무거운 도끼로만 할 수 있는 일이다) 아구티에 의존한다. 아구티는 껍질을 깬 호두를 나중에 먹기 위해 땅에 묻었다가 일부는 어디에 묻었는지 잊어버린다) 파카

*Agouti paca*는 아구티보다 살짝 더 작다. 숲 바닥에는 다양한 종류의 다람쥐들과 다수의 소형 설치류도 산다.

숲속으로 들어선 외부인은 이 풍성한 동물군을 보지 못한다. 모든 것이 너무도 완벽하게 위장되어 있거나 머리 높이 있거나 야행성이거나 겁이 많거나 너무 빨리 움직이기 때문이다. 유일하게 쉽게 볼 수 있는 종은 신기한 듯 우리를 내려다보는 원숭이와 성질이 사나워 때로는 침입자에게 오줌이나 견과를 퍼붓는 다람쥐원숭이다. 75종에 달하는 브라질의 영장류는 다른 어느 나라의 영장류 숫자보다 두 배나 많다. 이것들은 서부 아마존의 숲에 가장 밀집해있다. 원숭이 전문가 러셀 미터마이어에 따르면 '이 지역은 무려 15속, 81종, 134개의 분류군이 몰려 있는 지구상에서 영장류 다양성이 가장 큰 지역이다. 이 가운데 한 과(사키원숭이*Pitheciidae*과) 전체와 3속(전 세계 영장류 속의 20퍼센트), 69종(85퍼센트), 122분류군(91퍼센트)은 이 지역에만 산다.'

몸집이 크고 위엄 있으며 적갈색 털이 난 짖는원숭이들은 무리를 지어 나뭇가지 사이를 돌아다니는데 흔히 부지우-bugio, *Alouatta caraya*나 과리바guariba, *A. belzebul* 원숭이다. 해가 뜰 때와 해질 무렵이면 이 짖는원숭이들이 내는 구슬픈 울음소리를 들을 수 있다. 우두머리 수컷들이 그르렁거리고 짖고 나면 '온갖 소리가 한꺼번에 쏟아져 나온다. 삼사십 마리 원숭이들이 만들어내는 이 불협화음은 주먹만 한 크기의 후두로 증폭된다.' 생태학자 데이비드 캠벨에게 이 귀가 멍멍해지는 소음은 '배의 삭구 사이로 부는 날카로운 악마의 바람 소리'이다. 내게는 축구장 관중의 함성처럼 커졌다 작아졌다 한다. 짖는원숭이는 나무 잎사귀만 먹기 때문에 독성이 없는 어린 나무를 찾아서 항상 이동한다. 그들의 짖는 소리는 경쟁자들에게 맞서 영역을 표시하는 것일지도 모른다. 짖는원숭이는 가끔 10킬로그램이 넘게 나가는 황갈색의 양털원숭이 _Lagothrix lagotricha_와 닮았다. 그러나 이것들보다는 검은 코아타coatá 거미원숭이, 두건을 쓴 수도사처럼 생긴 카푸친원숭이, 장난기가 많은 작은 잿빛 다람쥐원숭이, '밤원숭이'란 뜻으로 낮 동안은 숨어서 잠을 자다 밤이 되면 먹이를 찾으러 다니는 마카쿠 다 노이치macaco-da-noite가 더 흔하다. 많은 나무들이 씨를 퍼트리기 위해 원숭이를 유혹하는 달콤하고 과육이 풍부한 열매를 맺는다. 그러한 열매들은 우리 인간 영장류도 유혹하는데 초콜릿의 원료인 카카오가 유명하며, 카카오_Theobroma_와 가깝고 내가 가장 좋아하는 아이스크림의 맛을 내는 쿠푸아수cupuaçu도 그런 열매 가운데 하나다.

사키원숭이과 세 속은 모두 섬세한 동물들이다. 밝은 붉은색 얼굴 주변으로 은색 갈기가 나 있는(꼭 얼굴이 볕에 탄 노인 같다) 작은 우아카리uacari(카카자우_Cacajao_)는 갇혀 지내면 죽기 때문에 동물원에서 보기 힘들다. 비밀스러운 사키원숭이_Pithecia_는 솜털이 덮여 있고 복슬복슬한 긴 꼬리가 달렸다(현지인들에게 먼지떨이로 이용된다). 잎사귀와 열매를 먹는 쿡시우cuxiú, _Chiropotes_는 러시아 털모자 같은 갈기가 나 있다. 사귀이sagüi(학명은 사구이누스_Saguinus_속과 칼리트릭스_Callithrix_속)라고 하는 비단털원숭이과 종들과 귀여운 애완동물로 키우는 마모셋원숭이(케부엘라_Cebuella_속)도 마찬가지로 작다. 비단털원숭이들은 현란한 털 색깔과 무늬가 다양하다. 일부는 기묘하게 생긴 콧수염과 귀와 머리에서 삐져나온 황제수염 때문에 놀란 것 같은 표정이며 어떤 종들은 얼굴에 털이 없다. 황제비단털원숭이_Saguinus imperator_는 자전거 핸들처

럼 끝이 위로 말린 무성한 하얀 콧수염이 오스트리아 프란츠 요셉 황
제를 닮았다 하여 그런 이름을 얻었다.

　　아마존 숲은 뱀이 많다는 무시무시한 명성을 누리는데 실제로
196종이 산다(이 가운데 82종은 아마존에만 산다). 그러나 대부분의 뱀은
높은 나무 천장 위에 살거나 야행성이다. 독이 있는 것은 거의 없으
며 독이 있는 것들도 위협을 느끼거나 밟혔을 때만 인간을 공격한다.
(통나무를 넘을 때는 우선 통나무 위로 올라간 다음 바닥에 발을 내딛기 전에
앞을 살펴야 한다.) 가장 무시무시한 것은 3미터까지 자랄 수 있는 커다
란 수루쿠쿠surucucú, *Lachesis mutus*와 머리가 창날 같은 독사 자라라카
jararaca, *Bothrops jararaca*, 방울뱀*Crotalus terrificus*이다. 이것들은 모두 숲 바
닥의 낙엽 색깔과 섞이는 갈색 위장색을 띤다. 밤에 사냥을 할 때는
입가에 있는 선와腺窩로부터 먹잇감의 체온을 감지해 사냥한다. 밤에
한 줄로 숲속을 갈 때 세 번째나 네 번째 사람이 뱀에게 물릴 수도 있
는 것은 그 때문이다. 이 독사들에게 물리면 치명적일 수 있지만 빨
리 주사하면 생명을 구할 수 있는 면역 혈청이 있다. 반면 산호뱀의
독에는 그러한 해독제가 없다. 그러나 산호뱀은 눈에 잘 띄고 비록
독이 치명적지만 이빨과 독을 방출하는 기관은 작다. 아마존을 찾는
여행객들은 세계에서 가장 무거운 뱀, 9미터짜리 아나콘다(현지에서
는 수쿠리sucuri라고 부르며 학명은 에우넥테스 무리누스*Eunectes murinus*)와 씨
름했다고 자랑하곤 했지만 강에 살며 먹이를 칭칭 감아 죽이는 이 거
대한 구렁이한테 성인이 죽는 경우는 극히 드물다. 크기는 아나콘다
의 반이지만 여전히 크며, 공격적이지 않은 지보이아giboia, 즉 보아구
렁이*Constrictor constrictor*도 있다. 다른 수백 종의 뱀들도 인간에게 위협
을 주지 않는다.

이 숲들은 또한 138종의 도마뱀의 서식지며, 그 가운데 무려 111종은 아마존에만 자생한다. 놀라울 정도로 다양한 아놀리스도마뱀과 머리가 모니터처럼 생긴 카이만도마뱀*Teiidae*이 있다. 비록 색깔을 바꿀 수 있는 종은 거의 없지만 이구아나는 브라질에서 카멜레앙*cameleão*으로 알려져 있고 고기와 알 때문에 사냥된다. 양서류는 개구리와 두꺼비가 지배적이다. 가장 최근의 계산에 따르면 아마존에는 406종의 양서류가 존재하며 이 가운데 348종(85퍼센트)이 아마존에만 산다. 새벽과 해질녘에 숲속에서 들려오는 불협화음 대부분은 개구리 울음소리인데 어떤 것들은 훨씬 큰 동물들이 그르렁거리는 소리나 까악까악 거리는 소리로 들린다. 미터마이어는 아마존 양서류의 어마어마한 다양성을 설명하면서 '전 세계에 알려진 양서류 종의 대략 20퍼센트에 달하는 968종이라는 어마어마한 수의 종들이 아마존에만 자생한다.'고 적는다. 한 개구리는 독이 있는 작은 덴드로바테스 레우코멜라스*Dendrobates leucomelas*인데 레몬색이나 검푸른 빛깔의 요란한 물결무늬로 자신의 위험성을 알린다. 인디오들은 이것의 독을 화살촉이나 바람총의 침 끝에 바르는 쿠라레로 쓴다.

숲속을 걷다 보면 흔히 새소리를 들을 수 있지만 모습을 보긴 힘들다. 가장 친숙한 울음소리는 '휫-위-우' 귀청을 찢는 듯 끊임없이 들려오는 늑대 울음소리인데 듣고 있으면 이상하게도 마음이 편안해진다. 이것은 높은 숲 천장 위에 숨어 있는 눈에 잘 띄지 않는 회색장식새한테서 나는 소리인데 '비명을 지르는 피야*Lipaugus vociferans*'나 현지인들에게는 세링게이루('고무 채취인')로 알려져 있다. 또 다른 장식새 아라퐁가*Araponga*는 페헤이루*ferreiro*('대장장이')라고 불리는데 금속성 울음소리가 대장간에서 칼날을 벼리고 망치로 두들기는 소리와 너무도 똑같기 때문이다. 데이비드 캠벨은 새벽에 잠에서 깨어나는 숲의 소리를 이렇게 묘사한다. '머리 위 우쿠바ucuüba에서는 큰부리새가 깽깽거린다. 버려진 강아지가 짖는 소리처럼 쓸쓸하고 구슬프다. 봉관조[야생 칠면조]의 낮은 울음소리는 마치 뼈를 문지르는 듯너무 낮아서 거의 들리지 않는다. 녹슨 경첩이 삐걱거리는 소리는 밀리아마존앵무한테서 나는 소리다. 어디선가는 딱따구리가 섬유소와리그닌* 안에 안전하게 숨어 있는 [그늘을 좋아하는] 딱정벌레 유충을빼고 있다. 이제 거무스름한 티티원숭이 가족이 울부짖는 소리가 들려온다. …… 몇 분 후 햇빛이 낮은 안개 사이로 비쳐들면 키스카디[아메리카산 딱새]가 '뱅 치 비Bem te vi'['다 보인다']라고 외친다. ……그다음 히스테리컬하고 시끄러운 아라쿠앙aracuã[뻐꾸기] 떼의 울음소리가 들려온다.' 숲의 다른 곳에서는 새벽의 합창이 또 다른 화려함을 선사할 것이다. 이른 아침은 아마존의 어느 물가에서나 숨 막히는아름다움의 순간이다. 시원한 밤이 지나고 난 후 짙은 공기가 부드럽게 풍경을 뒤덮는다. 태양이 두꺼운 안개의 커튼을 뚫고 들어오려고하며 강물은 꿈결 같은 다른 세상의 풍경을 선사한다.

　　탁 트인 강으로 나가면 마법의 새장 안을 미끄러져 가는 듯한느낌이 들 때가 있다. 약 1,300종의 새들이 아마존에 주기적으로 나타난다. 많은 새들이 북아메리카로 날아가는 철새이지만 그들에게 진짜 집은 열대림이다. 5분의 1가량인 260종은 아마존에만 자생한다.주요 과는 딱새과(172종이고 그중 25종은 아마존의 고유종이다), 개미새과

---

*나무 목질을 의미. 리그닌은 섬유소로 이루어진 나무가 높게 솟아오르면서도 형태를 견고하게 유지하게끔 하는 접착제 역할을 한다.

650　　　　　　　　　　　　　　　　　　　　　　　아마존Amazon

(122종, 53종은 고유종), 티나무과(87종, 20종은 고유종), 풍금조과(71종, 12종은 고유종)이다.

　　각 동물 유형 가운데 가장 두드러진 종은 '깃대종flagship species'으로 알려져 있다. 아마존 새 가운데 가장 매력적인 깃대종은 마코앵무새, 앵무새, 잉꼬이다. 사람이 사는 곳에서 멀리 떨어질수록 마코앵무새가 머리 위로 날아가는 모습을 더 많이 볼 수 있다. 보통은 쌍쌍이 다니는데 사랑스럽게 일부일처제를 유지하기 때문이다. 이 크고 근사한 새를 이곳 사람들은 아라라arara라고 부르는데 그 녀석들의 시끄러운 울음소리에서 따왔다. 가장 흔한 것은 화려한 붉은 색과 푸른 색 깃털이 달린 아라라-캉가arara-canga, Ara macao와 옅은 파란색과 노란색 깃털이 달린 카닌데caniné, Ara ararauna이다. 때때로, 특히 페루 숲 속 마누 강이나 탐보파타 강 근처에서는 아마존에서 가장 눈길을 사로잡는 광경이 펼쳐지곤 한다. 바로 이 새들이 강둑 절벽의 콜파collpa 미네랄을 쪼는 모습이다. 방문객들은 강에 매어둔 뗏목 위 은신처에서 볼 수 있다. 매일 아침, 잉꼬와 앵무새, 그다음 마코앵무새들이 이 노출된 흙을 쪼려 날아온다. 종에 따라 엄격하게 순서를 맞춰 날아오는데 가장 작은 종부터 시작하는 문자 그대로의 '쪼는 순서(서열)pecking order'를 보여준다. 늦은 아침이면 절벽은 붉고 푸른 마코앵무새들이 떼 지어 붙어 있는 만화경이 된다. 과학자들은 콜파 흙에 대해 어리둥절해 한다. 한 가지 이론에 따르면 앵무새들이 흔히 독성이 있는 단단한 씨앗을 게걸스럽게 먹어치우기 때문이라고 한다. 그것들은 콜파 흙에서 소화를 돕거나 해독을 위한 성분을 찾는지도 모른다. 그러나 아무도 이 매력적인 화학 성분을 아직 찾아내지 못했다. 마코앵무새들이 새끼들이 둥지에 있을 때 콜파에 더 많이 찾아온다는 사실이 밝혀졌는데 따라서 이 흙은 새끼들을 키울 때 중요할지도 모른다.

인근의 페루 운무림에서는 붉은 오렌지색의 바위장식새*Rupicola*가 역시 훌륭한 장관을 선사한다. 매일 아침 동틀 녘에, 언제나 같은 나무 꼭대기에서 수컷 바위장식새들은 지루한 표정을 한 칙칙한 빛깔의 암컷들을 유혹하기 위해 묘기와도 같은 짝짓기 춤을 공연한다. 멀리 저지대 숲의 빈터에서는 피프리드 탕가라^{tangará, *Chiroxiphia caudata*}가 단사리뉴^{dansarinho}('작은 댄서')라고 불리는데 장식새보다 더 우아한 발레를 선보인다. 수컷은 몸은 푸른색이고 볏은 진홍색이며 얼굴과 날개는 검은색이다. 시인들은 이 사랑스러운 작은 새들의 우아한 춤을 브라질 자연의 가장 매혹적인 목가적 풍경으로 묘사해왔다.

찬란한 무지갯빛 깃털을 자랑하는 자그마한 벌새들 역시 아름답다. 아마존에는 71종의 벌새가 있다. 우림에서는 숲 천장 위 꽃 사이를 날아다니며 꽃가루를 옮기고 있기 때문에 좀처럼 모습을 구경하기는 힘들지만 이따금 얼굴 앞에서 벌새들의 날갯짓에서 나오는 바람을 느낄 수 있다. 포르투갈어로 벌새를 이르는 예쁜 이름은 베이자-플로르^{beija-flor}('꽃에 키스하는 사람')이고 에스파냐어로는 콜리브리^{colibri}이다.

맹금류는 독수리부터 살펴볼 수 있는데 특히 가비앙 헤아우^{gavião real}라고 하는 하피독수리*Harpia harpyja*는 인디오들에게 사랑을 받아 흔히 마을 한가운데 나무 새장에서 사육되며 인디오들은 그 깃털로 머리장식을 만든다. 가장 커다란 청소동물은 위엄 있는 왕대머리수리 우루부-레이^{urubu-rei, *Sarcoramphus papa*}이다. 더 작은 검은대머리수리는 우루부-레이가 썩은 고기 앞에 도착하면 자리를 내어준다.

먹을 수 있는 엽조들도 많은데 그 가운데 가장 인기 있는 것은 커다란 검은봉관조 무툼mutum(크락스 스클라테리 *Crax sclateri*)이다. 사냥꾼들은 봉관조과의 자쿠새jacú(페넬로페 수페르킬리아리스*Penelope superciliaris*라는 학명이 아주 재미있다)*와 자고새 비슷한 티나무과 자오새*Srypturus noctivagus*도 즐겨 잡는다. 아마존에 사는 다량의 물새들에는 왜가리과*Ardeidae*를 들 수 있는데 가르사스왜가리garças, *Ardea socoi*와 눈처럼 새하얀 백로, 그리고 다양한 종류의 알락해오라기가 있다. 머리는 검고 몸통은 새하얀 크고 위엄 있는 자비루jabiru 황새는 쌍쌍이 강둑을 거닐거나 커다란 둥지 곁에 보초를 선다. 비구아biguá라는 가마우지와 몸통은 물에 잠긴 채 가느다란 목만 수면 위로 내밀고 헤엄을 치는 그와 비슷한 뱀가마우지도 있다. 섭금류도 풍부한데 강물 위를 스치듯 나는 작은 갈매기와 제비갈매기, 무섭도록 정확하게 물고기를 잡아채는 아름다운 물총새(포르투갈어로는 '고기 잡는 제비') 각종 두루미류(어떤 것들이 발톱이 아주 길고 섬세해서 수련 위를 걸을 수도 있다), 오리와 다른 물새들도 볼 수 있다.

재미난 큰부리새는 몸통만큼 큰 부리를 가지고 있지만 뼈에 구멍이 많고 가볍다. 괴상한 호아친새*Opisthocomus hoazin*는 푸른색과 밤색, 붉은색의 요란한 깃털과 펑크족의 머리처럼 삐죽 솟은 볏 때문에 시가나cigana('집시')라고 불린다. 호아친새는 어릴 때 날개에 나는 발톱 때문에 공룡으로 되돌아간 모습이다. 이것들은 강과 강을 따라 길게 뻗은 숲 사이에서 자라는 아닝가aninga 아룸*Montrichardia arborescens*만 먹고 산다. 이것들은 지구상에서 가장 풍요로운 서식지에 사는 수백

---

* '시건방진 페넬로페'라는 뜻.

종의 조류 가운데 극히 일부에 불과하다.

아마존의
나무들

아마존의 숲의 나무들은 수십억 그루의 어린나무들이 저마다 양지를 찾아서 하늘로 뻗어가는 짙은 녹음의 전장에서 자란다. 포식 곤충과 동물이 너무 많고 또 개별 종을 목표물로 삼는 병해와 곰팡이가 있기 때문에 모든 나무들은 종자를 퍼트리기 위해 갖은 수단을 동원한다. 이 식물들은 종자 확산자와 꽃가루 매개자를 유혹하고 포식자에 맞서 스스로를 지키기 위해 많은 힘을 쏟는다. 나무들은 저마다 서로 다른 수분受粉·확산 전략과 매개 수단에 의존하며, 따라서 생존을 위해서 각자 특유의 동물과 곤충을 필요로 한다. 그러므로 숲속을 걷다 보면 60종에서 100종의 나무뿌리 사이를 걷게 된다. 나무 목록이 헥타르당 300종에 달하는 구역도 있으며 아마존 전체를 통틀어 3만 종의 나무가 자라는 것으로 추정된다. 아마존 숲을 거니는 사람은 상상하기 힘들 정도로 복잡한 생물학적 엔진 한가운데 있는 셈이다.

　　배고픈 나무들은 모두 숲 바닥에 도달한 영양소를 조금도 남김없이 빨아들인다. 뿌리는 대부분 수평으로 자라서 낙엽과 다른 부엽토에 도달하기 위해 표면 근처에 뒤엉켜 있다. 이때 나무뿌리 위에 하얗고 가는 줄기 형태로 자라며, 마치 자연의 빨대처럼 썩은 낙엽에서 양분을 빨아들이는 균근이라는 곰팡이의 도움을 받는다. 이것들은 거의 어느 것도 놓치지 않는다. 무기질과 영양소는 생장하는 생물량으로 지속적으로 재순환된다. 아마존에는 낙엽수들이 동시에 잎이 진다거나 하는 가을이 없고, 분해 작용이 느려져서 부식토가 축적될 수 있는 겨울도 없다. 열대림의 식물 생물량은 온대림보다 대략 다섯 배 많고 생장 속도도 마찬가지다. 따라서 열대우림 아래 대부분의 토양은 빈약하다. 부식토나 표토가 쌓일 시간이 없는 것이다. 또한 얕은 뿌리 때문에 나무들은 딱할 정도로 쓰러지기 쉽다. 일단 마구잡이로 쓰러트리고 나면 열대림을 되살리기가 매우 어렵거나 거의 불가능에 가까운 것은 이 때문이다. 파괴된 숲에 외래 작물과 가축을 재배하는 것은 위험천만한 일이다. 스미스소니언 연구소의 베티 메거스는 이유를 이렇게 설명한다. '우리는 심각한 훼손도 견뎌낼 수 있는 생명력이 강한 온대 환경을 취급하는 데 익숙해서 아마존에 존재하는 깨지기 쉬운 생태학적 균형을 이해하기 힘들다.'

이 지역의 생물 지리는 극도로 복잡하다. 앞서 본 것처럼 생물학자들은 이 지역을 우세한 나무나 동물 종을 기준으로 구분하려고 했고 다양한 구분 방식에 따라 3구역에서 10구역으로 나눈다. 이 구역들 안에는 다시 숲의 일반적 유형에 따른 이름이 있다.

계절에 따라 침수되는 하얀 강의 숲은 바르제아이다. 여기서는 우기 동안 깊은 물 위로 솟아나와 있는 수백 킬로미터의 숲 천장 사이로 배를 타고 지나다닐 수 있다. 꽃과 기생식물, 새들로 이루어진 마법의 세계가 펼쳐진다. 강물이 빠지면 바르제아에는 비옥한 점토질 흙이 생겨서 강둑에 사는 농부들은 여기에 현지 작물을 많이 재배할 수 있다. 이 리베리뉴들의 집은 높은 장대 위에 있거나 가축과 작은 텃밭이 있는 뗏목과 연결되어 물 위에 떠다닌다. 많은 사람들이 물소를 키우는데 이것들은 낮에는 행복하게 물속에서 첨벙거리다가 밤이면 울타리 안으로 들어간다. 리베리뉴들은 물론 강이나 숲속의 아름다운 호수에서 모두 뛰어난 고기잡이들이다. 강물이 물러가면 물고기들이 더 큰 강을 찾아 돌아갈 때 덫을 쳐서 잡는다. 군데군데 무성한 식생은 레스팅가restinga라고 하는데 이곳에서는 강의 침전물이 몇 주 동안 물을 붙잡아둔다. 본류가 더 넓고 침수가 덜한 아마존 강 하류에서는 바르제아를 카나라나canarana라고 부르는데 키가 큰 풀과 늪지 사이로 좁은 물길을 따라 숲이 틈틈이 섞여 있다. 이 물에 잠긴 초지에 자라는 몇몇 나무로는 세크로피아나무와 '물라토나무Calycophyllum spruceanum', 아사쿠나무açacu, Hura crepitans가 있다. 강어귀와 마라조 섬에는 바르제아의 침수가 비뿐만 아니라 조수에 의해서도 발생하는데 극소수의 야자나무 종만이 짠물에서도 생존한다.

영양분이 별로 없는 검은 강이나 맑은 강에 침수되는 숲은 이가포igapó이다. 여기서 나무는 낮고 무성한 덤불이고 종류도 더 적으며 더 널찍이 떨어져 자라기 때문에 착생식물이 자랄 수 있게 햇빛이 풍성하게 들어온다. 어린나무와 다 자란 나무들은 일 년에 절반 이상을 물에 잠겨 있을 수 있도록 진화했고 잠겨 있는 동안은 생장이 멈췄다가 건기에 다시 생장 속도가 빨라진다. 아마존 분지 북쪽의 검은 강들에는 그 지역 특유의 기이한 식생, 카팅가caatinga가 있는데 화강암반 위 흰 모래질 토양에서 자라는 낮고 울창한 숲이다. 이곳은 지하수가 거의 없기 때문에 식물들은 생장을 매우 많은 강수량에 의존하며 아마존 북서쪽은 실제로 강수량이 가장 많다. 카팅가 안에 있는 식생은 낮은 나무와 바닥을 뒤덮은 이끼와 지의류로 이루어진 캄피나campina이거나 키가 크고 늘씬한 나무들에 질기고 딱딱한 잎사귀가 달리고 비록 우림 안이지만 두꺼운 나무껍질 같은 사바나종이 자라는 캄피나라^{campinara}이다.

숲은 강에서 떨어진 약간 높은 지대인 테라 피르메로 알려진 곳에서 가장 잘 자란다. 알렉산더 폰 훔볼트는 아마존을 덮고 있는 이 키가 크고 당당한 숲에 ('처녀'를 뜻하는 그리스어에서) '힐리언^{Hylean}' ('나무로 뒤덮인')이라는 표현을 만들었다. 그는 아마존의 숲을 '우림'이라고 부른 최초의 사람이기도 하다. 숲마다 대나무가 우세한 곳이 있는가 하면(대체로 아마존 분지의 남쪽 끄트머리인 혼도니아 주와 아크리 주) 어느 숲은 야자나무로 가득하고 또 어느 곳은 리아나 덩굴이 풍성한 대신 착생식물은 많지 않다(호라이마 북부와 훨씬 남쪽의 싱구 강 상류와 타파조스 강). 또 일반적인 분산 효과와 반대로 한 나무 종이 우세한 숲도 발견할 수 있다.

아마존의
식물들

서부 아마존은 세계에서 가장 높은 생물 다양성을 자랑한다. 안데스 산맥의 이쪽 사면은 겹겹이 울창한 수목 사이로 폭포수가 쏟아지며 아름다운 장관을 선사할 뿐 아니라 모든 자연과학자들의 보물창고이기도 하다. 이것이 가능한 주원인은 물론 많은 강수량이다. 평탄한 너른 아마존 숲을 가로질러 이동한 비구름은 산맥에 부딪히면서 많은 양의 비를 내린다. 페루 몬타냐의 연강수량은 약 3,500밀리미터인데 반해 아마존 강 어귀의 연강수량은 2,000밀리미터이다. 또한 안데스 산맥에서 침식 사면의 토양은 아마존에서 가장 좋다. 따라서 이 적도 지역은 물과 토양, 햇빛이라는 좋은 생장 요인을 갖고 있다.

    안데스 산맥과 아마존 접촉면의 비옥함에는 또 다른 원인이 있을 수도 있다. 자연적 빈틈도 생물 다양성에 일조한다. 거대한 나무가 쓰러지면 갑자기 햇빛이 지면까지 도달하면서 기회를 잡은 식물들이 재빨리 진공을 채운다. 새로운 종이 진화한다. 이제는 이러한 빈틈이 저절로 계속 만들어진다고 여겨진다. 이 빈틈 주변의 나무들이 햇빛을 향해 기울면서 그것들 역시 쓰러질 가능성이 커진다. 유럽인들이 금속 연장을 가져오기 전에 나무를 베어 넘기는 일은 끔찍하게 힘든 일이었고 따라서 원주민들은 숲 속에 로사 텃밭을 만들기 위해 이러한 자연적 빈틈에 의존했다. 서부 아마존은 강수량이 더 많고 지대가 더 높아 토양이 더 미끄러워지고 따라서 나무가 더 잘 쓰러진다. 프리아젱friagem이나 수루쿠surucu라고 하는 찬 돌풍이 또 다른 요인일 수도 있다. 일 년에 서너 차례, 차갑고 살을 에는 듯한 바람이 남극에서 불어오는데 산사면에서 가장 세차게 분다. 아마존의 여행객들은 초기 연대기작가들부터 죽 이 현상을 묘사해왔다. 19세기 자연학자 헨리 월터 베이츠는 '기온이 뚝 떨어져서 강에 물고기가 죽고 …… 물가에 다량으로 떠밀려온다. …… 주민들은 모두 감기로 고생하며 구할 수 있는 가장 따뜻한 옷으로 머리부터 발끝까지 감싸고(이곳에는 담요가 없다) 숯불을 피운 방안에 틀어박혀 있다.'며 놀라워했다. 괴짜 탐험가 포싯 대령은 '공기가 매섭게 차가워진다. 바람이 몰아치는 강은 돌풍이 부는 바다처럼 멋진 물보라가 인다. 숲속 생물은 몸을 숨기고 음울한 적막감이 우리를 짓누른다.'고 적었다. 이 강한 바람은 나뭇가지들이 부러지고 나무가 쓰러지게 한다. 따라서 더 많은 빈터가 생기고 더 큰 다양성을 가져온다.

아마존에는 토착고유종 동식물이 몰려있는 지역이 있다. 이 '피난처'들은 기후가 지금보다 더 서늘하고 건조했던 지질 시대에도 여전히 습기가 많았을 것이다. 빙하기는 지난 250만 년 동안 대략 10만 년 간격으로 발생해 그때마다 거대한 양의 물을 빙상 아래 저장했다. 그다음 사바나가 우림을 잠식하는데 '피난처'는 그러한 빙하기를 살아남은 숲의 일부인 셈이다. 독특한 동식물군이 그러한 고유성 endemism의 중심지에서 진화했다. 토양과 꽃가루 화석에 대한 최근의 연구는 이 이론을 뒷받침한다.

아마존 우림에 흔한 또 다른 특징은 유사한 생태학적 조건을 가진 식물들끼리 한곳에 몰려 있다는 것이다. 그렇게 상호작용하는 식물군집을 집단을 뜻하는 그리스어에서 따와 '종사회synusia'라고 한다. 이러한 군집은 숲의 '건축'을 층층이, 다시 말해 숲 천장, 그 아래층, 중간층, 저층, 관목층, 뿌리와 부엽토가 있는 바닥으로 구성한다.

식물학자들은 각 나무와 관목, 꽃에 얽힌 일화를 늘어놓으면서 자신들의 식물에 대해 끝없이 이야기할 수 있다. 19세기에 최초의 생물학자들이 아마존을 발견했을 때 우리는 자연의 풍성함에 대한 이러한 경이를 목격한 바 있다. 그러니 이 강 유역이 세계에서 가장 풍성한 식물 다양성을 자랑한다고만 말해두자. 약 4만 종으로 추정되는 이곳 관다발 식물(통도조직이 있는 '고등' 식물)의 4분의 3은 고유종으로 여겨진다. 전설적인 미국 식물학자 얼윈 젠트리는 8천 종이 넘는 식물종의 분포를 분석했다. (나는 그와 함께 헬리콥터에서 베네수엘라와 브라질의 경계에 있는 탁상 산지인 네블리나 위로 뛰어내린 적이 있다. 안타깝게도 그는 나중에 비행기 사고로 죽었다.) 그는 아마존 숲 천장의 나무와 리아나의 5분의 4는 이 지역에만 자란다고 결론 내렸다.

아마존의 모든 꽃, 특히 하늘을 뒤덮은 아름다운 난초 무리에 대해서 이야기하려면 책 한 권이 필요할 것이다. 그러나 아마존에서 가장 유명한 꽃은 빅토리아 여왕이 즉위한 직후에 이름이 붙여진 거대한 수련 빅토리아 아마조니카Victoria amazonica, 흔히 빅토리아 레지나 Victoria regina로 불리는 꽃이다. 이 수련은 고요하고 한적한 연못을 좋아하며 지름이 2미터까지 자라는 잎사귀는 거대한 초록 동그라미 카펫으로 수면을 덮는다. 50장 이상의 하얀 꽃잎으로 이루어진 향기로운 꽃은 매일 서늘한 오후에 활짝 피었다가 다음날 아침 어두운 분홍색으로 변하면서 다시 닫힌다.

어떤 나무들은 곤충과 공생 관계를 발전시킨다. 다양한 개미 생물종myrmecophile(그리스어로 '개미를 사랑한다'는 뜻)이 많은데 아마존에 널리 분포한 엠바우바embaúba (투피-과라니어로 '카누나무'란 뜻), 즉 세크로피아나무가 특히 유명하다. 이 나무들은 속이 빈 잔가지에 곤충을 유혹하는 즙이 가득해 공격적인 아스테카개미의 집으로 안성맞춤이다. 그 대가로 개미들은 다른 침입자들에 맞서 숙주 나무를 보호한다. 그래서 애벌레에게 뜯어 먹힌 세크로피아 나뭇잎은 볼 수 없다. 개미가 보호하는 잎은 끝이 갈라지고 접시만한 크기이며 끝은 아름다운 옅은 녹색이고 아래쪽은 은빛이다. 경험이 많은 아마존 탐험가들은 세크로피아나무를 '신참내기 나무'라고 부르는데 경험 없는 동반인이 매끄럽고 적당해 보이는 세크로피아나무 둥치에 해먹을 걸었다가 밤에 개미들한테 물려서 뛰쳐나오는 모습에 고참 탐험가들이 고소해하기 때문이다. 세크로피아나무는 빛을 좋아하기 때문에 강둑과 숲 속 빈터에서 볼 수 있다. 오래 살지 않기 때문에 매우 빠르게 생장하고 나무가 쓰러져 생긴 빈틈을 숲 천장이 다시 덮어버리기 전에 잘 활용한다. 세크로피아의 꽃차례*에는 달콤하고 끈적끈적한 씨앗이 대량으로 열리는데 박쥐들이 좋아해서 숲 속의 한 빈터에서 새로운 빈터로 씨앗을 옮겨준다.

　　대부분의 우림 나무들은 꽤 가늘어서 둥치 둘레가 100센티미터를 넘는 경우가 거의 없고 대부분은 그렇게 키가 크지 않아서 평균 30미터에서 40미터 사이이다. 예외는 수마우마sumaúma, *Ceiba pentandra*라는 케이폭나무인데 케이폭나무의 평평한 판근은 달 로켓의 수직 안정판만큼 거대하다. 케이폭나무는 '정수식물'**이다. 최대 60미터까지 자라나 숲 천장의 다른 나무들을 압도한다. 이 거대 나무들은 흔히 곰팡이와 딱정벌레 유충에 먹혀서 속이 비어있다. 그런 빈 공간은 수백 마리 개얼굴박쥐들의 집이며 개얼굴박쥐들은 다시 이곳에 풍성한 구아노 층을 만든다. 데이비드 캠벨은 케이폭나무의 빈 공간이 의도적인 전략이 아닐까 생각한다. '무기질과 (박쥐의 구아노에서 나온) 질소 암모늄은 수마우마가 다른 이웃나무들 위로 뻗어나가 하늘을 독차지하는 데 요구되는 유리한 요소가 아닐까? …… 텅 빈 속은 이 나무가 양지의 순간을 위해 지불하는 대가가 아닐까?' 케이폭만큼 키가 큰 나무로는 디니지아 엑스켈사*Dinizia excelsa*와 브라질호두나무*Bertholletia excelsa*, 원주민들이 가장 좋아하는 열매가 열리며 샛노란 꽃이 주변의 푸른 수목 사이에서 도드라지는 페쿠이나무pequi, *Caryocar villosum*를 들 수 있다. 우림 아래 토양은 흔히 빈약하기 때문에 나무뿌리는 토양 아래로 파고들기보다는 지표면 근처에서 수평으로 뻗으며 어떤 나무들

---

* 나뭇가지 끝에 기다랗게 무리지어 달리는 꽃송이.
** 뿌리는 진흙 속에 있고, 줄기와 잎의 일부 또는 대부분이 물 위로 뻗어 있는 식물.

은 삼각형 판근으로 지지되어야 한다.

아마존의
곤충들

곤충학자들은 아마존에 넘쳐나는 곤충에 경외감을 느낀다. 개체는 아주 작고 가볍지만 개체수는 수십 억 마리에 달하기 때문에 곤충은 아마존 동물 생물량의 10분의 9를 차지한다. 과학자들은 매년 수천 종의 무척추동물이나 절지동물을 새로 발견하지만 아직까지 알려지지 않은 신종들에 대해서는 추측만 할 뿐이다. 아마존에서는 약 500종의 거미가 발견되었지만 거미 종의 총수는 그 네 배에 달할 것으로 추측된다. 마라카 우림 프로젝트에서 아노 라이즈는 26종의 신종을 발견했고 파라 고에우지 박물관의 빌 오버럴은 마나우스 북쪽 두키 자연보호구역에서 472종을 찾아냈다. 거미줄의 디자인은 눈부실 정도로 다양하다. 라이즈 같은 사진작가들은 이러한 거미줄의 아름다움을 자랑하는 화보를 출간한다. 거미줄의 크기는 10미터 높이에 달하며 강둑의 긴 띠 모양 숲을 둘러싸는, 수천 마리 식민 거미들을 위한 메트로폴리스부터 거미 한 마리의 자그마한 작품에 이르기까지 다양하다. 아마존에 사는 2천 종의 나비들은 세계 나비종의 4분의 1을 차지하며 대략 3천 종의 벌은 세계 벌 종류의 10퍼센트를 차지한다.

누군가가 생물학자 토머스 헉슬리(찰스 다윈과 동시대인이자 그의 지지자)에게 신의 존재를 믿느냐고 물었을 때 헉슬리는 모르겠다고 대답했지만 만약 신이 있다면 그는 딱정벌레를 유독 좋아하는 모양이라고 덧붙였다. 미국 딱정벌레 연구가 토머스 어윈은 마나우스 인근 네 가지 유형의 숲 천장에서 딱정벌레를 조사했다. 그는 1,080종의 딱정벌레를 찾아냈고 이것들 대다수는 그가 조사한 지역 가운데 한 군데에서만 나타났다. 페루의 탐보파타 보호구역에서 작업했을 때 어윈은 그곳의 딱정벌레 가운데 2.6퍼센트만이 브라질의 딱정벌레와 일치한다는 사실을 발견했다. 그리고 탐보파타 보호구역 안에서 서로 50미터밖에 떨어지지 않은 두 군데의 탁정벌레를 비교했을 때 10퍼센트 미만의 종만이 일치함을 발견하고 놀랐다.

과학자들은 흔히 빛이나 다른 미끼를 이용해 그물이나 덫을 넓게 펼쳐서 곤충을 채집한다. 나무에 살충제 '안개'를 덮어서 채집 매트에 떨어지는 모든 것을 채집할 수도 있다. 어느 연구팀은 중앙 아마존의 고우피아*Goupia*나무 한 그루에서만 개미 95종을 찾아냈다. 독일에 서식하는 개미종 전체에 맞먹는 숫자다. 모든 종류의 곤충에서 기록적 수치가 쏟아져 나오는데 특히 무수한 개미들뿐만 아니라 진드기, 벼룩, 메뚜기, 잠자리*Odonata*, 나방, 말벌, 모기, 흑파리*Simuliidae* 등등을 들 수 있다.

흰개미는 아마존 숲 최고의 쓰레기 처리자이자 재순환 전문가이다. 이 몸이 부드러운 곤충은 구할 수 있는 죽은 물질에 비례해 증가할 수 있는 것 같다. 흰개미는 개체 수가 수십 억 마리에 달하기 때문에 아마존 숲 전체 동물 생물량의 3분의 1을 차지한다. 박테리아와 원생동물과 함께 죽은 나무의 섬유질을 먹어치우고 분해하여, 가장 밑바닥을 이루는 숲의 먹이사슬 안에서 막대한 양의 영양분을 재순환시킨다. 흰개미는 빛을 싫어하고 포식 동물을 피해 숨으려 하기 때문에 아마존 어디서나 흰개미집을 볼 수 있다. 나무 '판지'로 만들어진 지상의 둥그런 구조물일 수도 있고 나무 몸통에 짓는 좁은 터널이나 사바나 빈터에서 볼 수 있는, 바위처럼 단단한 흰개미언덕일 수도 있다. 많은 동물과 야노마미족 같은 일부 원주민 부족들은 영양분이 풍부한 흰개미를 먹으며 새와 카이만악어, 거북이는 흰개미탑을 둥지로 이용한다. 자연에 없어서는 안 될 이 일꾼들의 유일한 결점은 소나 다른 반추동물처럼 잠재적 온실가스인 메탄을 방출한다는 것이다. 그리고 죽은 나무를 모조리 먹어치우기 때문에 고고학자들에게 초기 인류에 대한 기록을 거의 남겨주지 않는다.

어떤 의미에서 개미는 우림을 지배한다. 그들의 생물량은 포유류나, 조류, 파충류, 심지어 딱정벌레의 생물량을 능가한다. 숲은 향긋한 냄새로 가득하지만 식물이 썩는 냄새와 톡 쏘는 포름산의 악취에 묻히고 만다. 비가 내리는 동안 우림에서는 코를 찌르는 개미 냄새가 떠나지 않는다. 우리는 아마존을 처음 찾은 과학자들이 개미에 얼마나 감탄하고 또 개미에 물려서 얼마나 괴로워했는지 이미 살펴봤다.

규모와 생물 다양성에 대한 온갖 최상급 수식에도 불구하고 아마존을 찾는 방문객을 압도하는 인상은 그곳의 아름다움이다. 동물군은 눈에 들어오지 않을 수도 있지만 식생은 지구상에서 가장 화려하다. 나는 키가 크고 인간이 건드리지 않은 숲속의 그 성당 같은 어두움 속에서 편안하고 보호받는 듯한 느낌을 받았다. 복잡하게 뒤엉킨 덩굴식물과 강력한 판근, 석관처럼 쓰러진 나무들, 우뚝 솟은 야자나무, 무성한 관목 덤불, 신비롭고 조용한 시냇물에는 언제나 놀라움이 존재한다. 커다란 나무 몸통을 올려다보면 숲 천장의 나뭇잎 사이로 반짝이는 햇빛과 거대한 가지들이 눈에 들어온다. 강에는 시

시각각 다채로운 아름다움이 펼쳐진다. 동틀 녘과 해질녘에는 잠깐 동안 금색과 진홍색, 은색의 불빛이 찬란하게 펼쳐진다. 이른 아침에는 아름다운 물안개가 강에서 피어오른다. 그리고 강물에 반사되는 수목과 구름은 언제나 아름답기 그지없다.

『슬픈 열대』의 첫머리를 조금 변형해 인용하자면 나는 여행기를 좋아하고 탐험가도 좋아한다. 그러나 안타깝게도 직접 먼 곳을 찾아 훌쩍 떠나는 모험심 넘치는 사람은 아니다. 역자는 대부분의 경우 직접 체험이 아니라 활자를 통해서만 이국의 풍물과 자연을 만나고 먼 곳에 대한 호기심을 채워왔다.

다행히 이번에 아마존의 숲과 강, 그곳에 사는 사람들의 다채로운 역사를 집대성한 책『아마존: 정복과 착취, 경외와 공존의 5백년』을 번역하면서 역자에게 아직 모험심이 남아 있음을 확인하게 되었다. 그래도 명색이 아마존에 관한 책을 번역했으니 나도 언젠가 마코앵무새와 민물돌고래를 만나러 아마존에, '잃어버린 세계'를 찾아 로라이마(호라이마) 산에 찾아가야겠다고 다짐하게 된 것이다. 물론 현재로서는 실천력이 부족해 막연히 다짐만 한 채 책상머리 앞에서 꾸물거리고 있지만 말이다. 역자처럼 아직은 꿈만 꾸는 독자든 자리

아마존Amazon

를 박차고 바깥세상을 향해 나선 독자든 간에 이 책이 아마존에 대한 영감과 자극, 길잡이를 제공할 수 있기를 바란다.

이 책을 번역하는 데 많은 분이 도움을 주셨다. 우선, 여러 생소한 인명과 지명, 고유명사로 난삽하기 그지없는 원고를 꼼꼼하게 읽고 교정해준 편집자 김대수 씨에게 감사드린다. 번역어 선정과 표기를 둘러싸고 의견 차이가 있을 때 역자의 중구난방 설명을 참을성 있게 들어주고 때로 좋은 의견도 제시해준 출판사 대표 이지열 씨에게도 고맙다는 말을 하고 싶다. 두 사람은 이견이 있을 때 언제나 역자의 의견을 존중해주었다. 가족들과 오랜 친구 이주연, 최민임은 언제나처럼 역자의 든든한 버팀목이 되어주었다. 유난히 더웠던 지난해 여름 이 원고를 번역하는 동안 역자의 좋은 말벗이 되어준 친구 서민준과 이은희에게도 고마움을 전한다.

2013년 3월
최파일

| 후주 |

따로 언급이 없는 한, 모든 번역(영어) 사항은 저자의 것이다.

1장 | 이방인의 도래

p.27 배로 몰려들었다', Francisco López de Gómara, *Hispania Victrix: La Historia General de las Indias y Conquista de México* (Zaragosa, 1552), ch. 36 (2 vols, Madrid, 1922, vol. 1, 83).

p.27 독일인들보다도 큰', Antonio de Herrera y Tordesillas, *Historia General de los Castellanos en las Islas y Tierrafirme Mar Océano* (Madrid, 1610–15), Decada 1, bk 4, ch. 6.

p.28 판자를 베었다', Pero Vaz de Caminha, letter to King Manoel I, Porto Seguro, 1 May 1500, *A carta de Pero Vaz de Caminha*, ed. Jaime Cortesão (Rio de Janeiro, 1943), trans. William Brooks Greenlee, in *The Voyages of Pedro Álvares Cabral to Brazil and India* (Hakluyt Society, London, 2 ser., Vol. 81, 1937, 3–33), 26.

p.32 수용할 수는 없을 것', Afonso Braz, letter from Espírito Santo, Brazil, 1551, *Revista do Instituto Histórico e Geográphico Brasileiro* (Rio de Janeiro, 1839–), vol. 6, 1844, 442.

p.32~33 어떤 것인지 보여준다', 사냥을 사랑한다', Pierre Clastres, *Chronique des Indiens Guayaki* (Paris, 1972); trans. Paul Auster, in *Chronicle of the Guayaki Indians* (London: Faber and Faber, 1998); John Hemming, *Die If You Must* (London: Macmillan, 2004), 314–315.

p.36~37 얼굴을 주었습니다', 통통하며 아름답습니다', Pero Vaz de Caminha, letter to King Manoel I, Porto Seguro, 1 May 1500, trans. Greenlee, *The Voyages of Pedro Álvares Cabral*, op. cit., 23; John Hemming, *Red Gold*

(London: Papermac, 1995), 4.

p.37 아닌가 생각했다', 상속인도 없다', Amerigo Vespucci to Pier Francesco de' Medici, Sept. or Oct. 1502 (known as the Bartolozzi Letter), trans. Samuel Eliot Morison, *The European Discovery of America: The Southern Voyages, 1492–1616* (New York, 1974), 285.

p.40 들이킨 모양', Jean de Parmentier, the 'Capitano francese', in Giovanni Batista Ramusio, *Navigazioni et Viaggi* (3 vols, Venice, 1550–56), vol. 3, 352, quoted in Paul Gaffarel, *Histoire du Brésil français au seizième siècle* (Paris, 1878), 85–6.

p.44 눈부시게 빛난다', 부스러기를 갖겠다', Gonzálo Fernandez de Oviedo y Valdés, *La Historia General y Natural de las Indias* (Salamanca, 1547; Valladolid, 1557), bk 49 (or pt.3, bk.11), ch. 2.

p.47 화를 냈다', 물어뜯고 먹어치웠다', Pedro de Cieza de León, *La Crónica del Perú*, Pt 4, *La Guerra de Chupas* (Seville, 1555), ch. 19, trans. Clements Markham, *The War of Chupas* (Hakluyt Society, London, 2 ser., vol.42, 1918, 60).

p.47 에스파냐인들이 죽었다', Gonzalo Pizarro, letter to King Charles, 3 Sept. 1542, in H. C. Heaton, ed., and Bertarm T. Lee, Trans., Gaspar de Carvajal, *The Discovery of the Amazon* (New York: Cortes Society, 1934), 246.

p.50 것을 한탄했다', Cieza de León, *The War of Chupas*, op. cit., ch. 18, 55–6.

p.50 신왕국[오늘날의 콜롬비아]을 떠났습니다', Hernán Pérez de Quesada to King Charles, Cali, 16 May 1543, in Juan Friede, ed., *Documentos Inéditos para la Historia de Colombia* (10 vols, Bogotá, 1955–60), vol. 7, 13.

p.50 돌아오지 못했다', Probanza against Gonzalo Jiménez de Quesada and Hernán Pérez de Quesada, Santafé (Bogotá), 28 June 1543, in Friede, ed., *Documentos*, idem, 25–6.

p.51 찾을 수 없었다', Lucas Fernández Piedrahita, *Historia General de las Conquistas del Nuevo Reyno de Granada* (Antwerp, 1688), pt 1, bk 9, ch. 3, 359; John Hemming, *The Search for El Dorado* (London and New York, 1978), 130.

p.51 간절히 기원했다', Cieza de León, *The War of Chupas*, op. cit., ch. 20, 64.

p.52 보트가 만들어졌다', 미친 사람 같았다', Gaspar de Carvajal, *Descubrimiento del río de las Amazonas* (1542), trans. in Heaton and Lee, *The Discovery of the Amazon*, op. cit.

p.52~53 너무 세서 불가능했다', Question 17 of Probanza[proof of merits] of the expedition member Cristóbal de Segovia, Margarita Island, October 1542, in

Heaton and Lee, *The Discovery of the Amazon*, idem, 269.

p.53 충성에 반하므로', 그치지 않았다', Cieza de León, *The War of Chupas*, op. cit., ch. 20, 64, 66.

p.54 모조리 가져가버렸습니다', Gonzalo Pizarro to King Charles, 3 Sept. 1542, in Heaton and Lee, *The Discovery of the Amazon*, op. cit.

p.58 결정적 요인이었다', 이후 인용들, Carvajal, *Descubrimiento del río*, trans. in Heaton and Lee, *The Discovery of the Amazon*, idem, 200-216.

p.66 빛나는 하얀 마을', López de Goómara, *Hispania Victrix*, trans. in Heaton and Lee, *The Discovery of the Amazon*, idem, 26.

p.68 문양을 그려 넣는다', William Curtis Farabee, *The Central Caribs* (Philadelphia: University of Pennsylvania Museum, 1924), 166.

p.70 기적적인 사건' Gonzalo Fernández de Oviedo y Valdés, *La Historia Generall y Natural de las Indias*, bk. 50 (or pt3, bk11), ch. 24, trans. in Heaton and Lee, *The Discovery of the Amazon*, op. cit., 405.

p.73 죽었다고 말했다', 특히 강조했다', Marquis of Montesclaros, Viceroy of Peru, to King Charles, Callao, 12 April 1613, in Marcos Jiménez de la Espada, 'Relaciones Geográficas de Indias', vol. 4, in M. Menéndez Pelayo, ed., *Biblioteca de Autores Españoles* ... (Continuación), vol. 133, Madrid 1965, 233.

p.79, p.81 목이 달아날 것', 죽을 사람들이었다', Toribio de Ortiguera, *Jornada del Río Marañón* (early 1580s), ch. 33, in Menéndez Pelayo, ed., *Biblioteca de Autores Españoles*, op. cit., vol. 216 (Madrid 1968), 280, 281. Ortiguera's account draws heavily on Bachiller [university graduate] Francisco López Vázquez, *Relación verdadera de todo lo que sucedió en la jornada de Omagua y Dorado*, published in M. Serrano y Sanz, ed., *Colección de Libros y Documentos Referentes a la Historia de América* (21 vols, Madrid, 1904-29), vol. 15, 1909.

p.80 칠레의 왕자', Election of Hernando de Guzmán ad Prince of Peru, Machifaro, 23 March 1561, in Emiliano Jos, *La Expedición de Ursúa al Dorado, la Rebelión de Lope de Aguirre y el Itinerario de los 'Marañónes'* (Huesca, 1927), 77.

p.81 삶을 마감했다', Custodio Hernández, *Relación de todo lo que acaeció en la entrada de Pedro de Orsúa ... y de la Rebelión de don Gernando de Guzman* (ms. in Biblioteca Nacional, Madrid), in Jos, *La Expedición*, op. cit., 87.

p.81 존중하지 않은 채', Ortiguera, *Jornada*, op. cit., ch. 37, 291.

p.82 있다고 의심했다', Lopez Vaz[quez], *A Discourse of the West Indies and South*.

p.83~84 풋내기들한테는 말입니다', Lope de Aguirre to King Philip II, Barquisimeto, October 1561, in Jos, *La Expedición*, op. cit., 200.

p.86 도움을 구했다', Antonio Vázquez de Espinosa, *Compendio y descripción de las Indios Ocidentales* (1628), trans. Charles Ipson Clark, Smithsonian Institution Miscellaneous Collections: Washington, D.C., vol. 102, 1942, 381-93.

p.87~88 잘 살았다', 적합하지 않았기 때문이다', Martín de Murúa, *Historia general del Perú, Orígen y descendencia de los Incas (1590-1611)*, ed. Manuel Ballesteros-Gaibrois (2 vols, Madrid, 1962; 1964), vol. 1, 260.

p.88 감수하고 도망쳤다는', Martín Hurtado de Arbieto, report to Viceroy Fransisco de Toledo, Vilcabamba, 27 June 1572, in Roberto Levillier, *Don Francisco de Toledo, Supremo Organizador del Perú* (3 vols, Madrid and Buenos Aires, 1935-1942), vol. 1, 330.

p.89 많았기 때문이다', [페소 금화 가치가] 넘는다는', Murúa, *Historia general*, op. cit., vol. 1, 259, 260-61.

p.89~90 보호를 받아', 일부는 난파했다', Martín Garcia de Loyola, Probanza de servicious, 3 Oct. 1572, in Victor M. Maúrtua, ed., *Juicio de Límites entre el Perú y Bolivia: Prueba peruana* (12 vols, Barcelona, 1996), vol. 7, 4.

p.90 오르는 것을 거부했다]', in Rómulo Cúneo-Vidal, *Historia de las guerras de los últimos Incas peruanos* (Barcelona, 1925), 264-65.

p.90 못했을 것이다', 강에서 잃어버렸다', García de Loyola, *Probanza*, op. cit., 5.

p.91 3일 만에 깨우쳤다', Gabriel de Oviedo, *Relación de lo que subcedio en la ciudad del Cuzco ... con el Ynca Titu Cuxi Yopanqui* (1573), trans. Clements Markham, supplement to Hakluyt Society, 2ser., vol. 22, 1998, 406.

p.93 청산하지 못했다', Baltasar Ramíez, *Descripción del Reyno del Perú* (1597), ed. Hermann Trimborn, 'Quellen zur Kulturgeschichte des präkolumbischen Amerika', *Studien zur Kulturkunde*, vol. 3 (Stuttgart, 1936, 10-68), 26.

p.93 가슴 아프다', Bartolomé de Vega, *Memorial ... sobre los agravios que reciben los indios del Perú* (1562), in Francisco de Zabálburu and José Sancho Rayón, eds, *Nueva Colección de libros y Documentos Referentes a la Historia de España y de sus Indias*, vol. 6 (Madrid, 1896), 112; John Hemming, *The Conquest of the Incas* (London: Papermac, 1995), 340.

p.95~96 지고 돌아왔다', 살려두지 않았다', Toribio de Ortiquera, *Jornada del Río Marañón* (c. 1581), ch. 57, in Meléndez Pelayo ed., *Biblioteca de Autores Españoles*, op. cit., vol. 216 (Madrid, 1968), 347, 348-49.

p.101~102 끌어내려진 적이 없다', Sir Walter Ralegh, *The Discoverie ... of Guiana* (London, 1586), in D. B Quinn, *Raleigh and the British Empire* (Harmondsworth: Penguin, 1973), 149-50.

p.103 꽁꽁 포위했다', Agostinho de Santa Maria, *Santuario Mariano* (Lisbon, 1772), vol. 9, 377, in João Capistrano de Abreu, ed. Vicente do Salvador, *História do Brasil* (1627) (São Paulo/Rio de Janeiro, 1931), 618.

p.103 반격에 부딪혀', Bernardo Pereira de Berredo, *Annaes Históricos do Estado do Maranhão* (Lisbon, 1749), bk 5, 188; John Hemming, *Red Gold* (London: Papermac, 1995), 215.

p.103~104 그곳에서 죽었다', 넘는다고 한다', Captain Simão Estácio da Silveira, *Relação Sumária das Cousas do Maranhão* (Lisbon, 1624), in Nelson Papvero, Dante Martins Teixeira, William Leslie Overal, José Roberto Pujol-Luz, eds, *O Novo Éden* (Belém, Pará: Museu Goeldi, 2002), 129.

p.104 목숨을 잃었다', Bishop of Lisbon to King Philip, 1617, in Arquivo Histórico Ultramarino, Lisbon, quoted in Maria Luiza Marcílio, 'The population fo colonial Brazil', in Leslie Bethell, ed., *The Cambridge History of LAtin America* (Cambridge, 1984), vol. 2, 42. 마우리시오 데 에리아르테가 1662년에 쓴 이 기록에 따르면, 당시 222명의 포르투갈인이 죽임을 당했으며, 그들이 파괴하기 전 파라 주변에는 600개 이상의 원주민 마을이 있었다. (Heriarte, *Descriçam do Estado do Maranham, Pará, Corupá, Rio das Amazonas,* in Papavero et al., eds, *O Novo Éden,* idem, 245-69), 251.

p.104 정착지를 마련', Petition by Bernard O'Brien 'del Carpio' to King Philip of Spain (c. 1637), ms. in the Archivo de Indias, Seville; first published by T. G. Mathwes, *Caribbean Studies,* 1970, vol. 10, 89-106; and in Joyce Lorimer, ed., *English and Irish Settlement on the River Amazon, 1550-1646* (Hakluyt Society, 2 ser., vol. 171, 1989), 264.

p.105 생각한 곳', John Smith, *True Travels, Adventures and Observations* (1630), in Edward Arber and A. G. Bradley, eds (2 vols, Edinburgh, 1910), vol. 2, 894-95; Hemming, *Red Gold,* op. cit., 225; Lorimer, *English and Irish,* op. cit., 237.

p.106 보지 못했다', Smith, *True Travels,* idem, vol. 2, 894-95; P. Barbour, ed., *The works of Captain John Smith* (3 vols, London, 1968), vol. 3, 228; Lorimer, *English and Irish,* idem, 239.

p.106 자그마한 물건들', 이후 인용들, Bernard O'Brien, Petition to the King of

Spain, in Lorimer, *English and Irish*, idem, 264-66, 302-304; Hemming, *Red Gold*, idem, 227-79.

p.112~113 은혜를 입었습니다', 포기해야 했으리라', 높이 평가했다', Luis de Figueira, Sj, Memorial, 10 August 1637, *Revista do Instituto Histórico e Geográphico Brasileiro* (Rio de Janeiro, 1839-), vol. 94, 148, 430, 1923.

p.115~116 반밖에 안 왔지만', 서로 기뻐했다', Berreddo, *Annaes*, op. cit., bk 9, 207.

p.118 감추고 다닌다', 이후 인용들, Cristóbal de Acuña, *Nuevo descubrimiento del gran río de las Amazonas* (Madrid, 1641, but rapidly suppressed), ch. 51, ch. 23, ch. 37, in Clements Markham, trans. *Expeditions into the Valley of the Amazons* (Hakluyt Society, London, 1859, vol. 24, 41-134), 96, 86, 81.

p.119 달걀만큼 좋은', 멕시코인처럼', Acuña, *Nuevo descubrimiento*, ch. 26, ch. 37, trans. in Markham, *Expeditions*, idem, 70, 81.

p.119~120 신이라 여긴다', 자들을 매장했다', 굽실거리며 복종했다', Heriarte, *Descriçam*, op. cit., 261-62.

p.120~121 보복하지 않았다', 부족할 것', 끼칠 것입니다', Acuña, *Nuevo descubrimiento*, ch. 43, ch. 36, trans. Markham, *Expeditions*, op. cit., 86, 80.

p.124 한동안 잠재웠기', 이후 인용들, Berredo, *Annaes*, op. cit., bk 7, 247, 252, 253.

p.125 15개 주를 정복했다', Francisco Teixeira de Maraes, *Relação histórica e política dos tumultos que succederam na cidade de S. Luiz do Maranhão ...* (1692), *Revista do Instituto Histórico e Geográphico Brasileiro*, vol. 40, pt 1, 1877, 92.

p.125~126 모두가 죽었다', João Felippe Betendorf, SJ, *Chronica da missão dos Padres da Companhia de Jesus no Estado do Maranhão* (1699), ch. 4, *Revista do Instituto Histórico e Geográphico Brasileiro*, vol. 72, pt 1, 1901, 97.

p.126~127 사람에게 팔아넘겼다', Frei Cristóvão de Lisboa quoted by António Vieira, *Resposta aos capitulos que deu contra os religiosos da Companhia o Procurador do Maranhão, o Jorge de Sampaio* (1662), reply to ch. 24, in António Sérgio and Hernâni Cidade, eds, *Padre António Vieira: Obras escolhidas* (12 vols, Lisbon, 1951-54), vol. 5, 280.

p.127 전쟁을 벌였다', 내놓겠다고 말했다', Acuña, *Nuevo descubrimiento*, ch. 75, trans, in Markham, *Expeditions*, op. cit., 125, 126. 당시 테이셰이라와 함께 있던 에리아르테는 타파조스 인디오들이 여전히 가공할 만한 세력이었다고 전한

다. 그에 따르면, 타파조스 인디오들은 주변 부족들의 두려움의 대상이었던 (독화살도 한 이유였지만) 크고 힘센 60만 전사들, 그리고 족장들과 대족장이 있었으며, 지배층의 죽음을 기리는 주도면밀한 장례 의식을 갖고 있었다. (*Descriçam*, in Papavero et al., eds, *O Novo Éden*, op. cit., 255).

p.128 정도를 지불했다', 몫을 차지한다', Friar Laureano Montes de Oca de la Cruz, OFM, *Nuevo descubrimiento del río de Marañón llamado de las Amazonas ... año de 1651* (in Papavero et al., eds, *O Novo Éden*, idem, 207-236), 232.

p.128 원주민을 제외하고는', Acuña, *Nuevo descubrimiento*, ch. 80, trans. in Markham, *Expeditions*, op. cit., 131.

p.128 숲속으로 도망쳤다', Cristóvão de Lisboa, *Informação sobre o Maranhão* (1647), in Venâncio Willeke, 'Frei Cristóvão de Lisboa, OFM, 10. naturalista do Brasil', *Revista do Instituto Histórico e Geográphico Brasileiro* (Rio de Janeiro, 1839-), vol. 289 (Oct.-Dec. 1970, 112-36), 133-34.

p.128 불의한 전쟁', Vieira, *Resposta aos capitulos*, in Sérgio and Cidade, eds, *Padre António Vieira: Obras*, op. cit., vol. 5, 280.

p.129 빠져 죽는다', Figueira, *Memorial*, op. cit., 431.

p.129 잔학상, 학정', 그것뿐이었다!', Antonio Vieira sermon, Maranhão, Lent 1653, trans. in E. Bradford Burns, *A Documentary History of Brazil* (New York, 1966), 88.

p.131 것처럼 들렸다', Laureano de la Cruz, *Nuevo descubrimiento*, op. cit., 226-27.

p.131 떨어져 나왔다', 이후 인용들, João Felippe Betendorf, SJ, *Chroica*, op. cit., bk 4, chs 11 and 12, 203, 212-13, 215-16.

p.132 물건만 남게 된다', João de Moura, *Descripção histórica e relação política do grande Estado do Maranhão*, unpublished manuscript in Biblioteca Nacional in Lisbon, in David G. Sweet, *A Rich Realm of Nature Destroyed: The Middle Amazon Valley, 1640-1750* (doctoral dissertation, University of Wisconsin, Madison, 1974), 57.

p.132~133 단언할 수 있다', Jacintho de Carvalho, SJ, to the Jesuit Procurator in Belém, 16 December 1729, in Alexandre J. de Mello Moraes, *Corografia histórica, cronográfica, genealógica, nobiliária e política do Império do Brasil* (4 vols, Rio de Janeiro, 1872), vol. 4, 329.

p.133 노잡이가 필요하다', 인디오들의 일손이다', Vieira, *Resposta aos capítulos*, in Sérgio and Cidade, eds, *Padre António Vieira: Obras*, op. cit., vol. 5, 269, 298.

p.133~134 죽고 만다', João Felippe Betendorf, letter of 20 July 1673, trans. in C. R. Boxer, *The Golden Age of Brazil, 1695–1750* (Berkeley/Los Angeles, 1969), 278.

p.134 애가 열이다', Moura, *Descripção*, in Sweet, *A Rich Realm*, op. cit., 117.

p.136 주문이 들어온다', Thomas Maynard report of 1666, in the Public Record Office, Kew, quoted in C. R. Boxer, *A Great Luso-Brazilian Figure, Padre António Vieira, SJ, 1608–1697* (London, 1957), 4.

p.137 답할 것입니다', 결백해지는 것', Vieira sermon, Maranhão, Lent 1653, trans. in Burns, *A Documentary History*, op. cit., 88.

p.137~138 보수는 [변변찮습니다]', Vieira to King Afonso VI, Maranhão, 4 April 1654, in João Lúcio de Azevedo, ed., *Cartas do Padre António Vieira* (3 vols, Coimbra, 1925–1928), 1418.

p.139 산다고 추정했다', 지속하고 있다', 가운데 하나이다!', António Vieira to Jesuit Provincial in Brazil, c. Jan. 1654, in Alfred do Vale Cabral, ed., *Cartas Jesuíticas* (3 vols, Rio de Janeiro, 1931), vol. 1, 411; Jaime Cortesão, 'A maior bandeira do maior bandeirante', *Revista Histórica*, São Paulo, vol. 22:45, Jan.– March 1961, 3–27, trans. in Richard M. Morse, *The Bandeirantes* (New York, 1965), 100–113.

p.140~141 받아들이자 기겁했다', 찢어지려고 한다', André de Barros, *Vida do apostólico Padre António Vieyra* (Lisbon, 1745), 191–92, 197.

p.141 폐하에 복종하게', Vieira to King Afonso VI, São Luis do Maranhão, 28 November 1659, in Azevedo, ed., *Cartas*, op. cit., vol. 1, 555.

p.141 내려와야 했다.', 이후 인용들, Vieira to King Afonso VI, Maranhão, 28 November 1659, in Azevedo, ed., *Cartas*, op. cit., vol. 1, 555.

p.143 꺼져!', Betendorf, *Chronica*, op. cit., bk 4, ch. 4, 177.

p.144 1차 원인이다', Vieira opinion to the Prince Regent, 1669, in *Obras escolhidas*, vol. 5, 316–17, trans. in Boxer, *A Great Luso-Brazilian*, 22.

p.146 성물로 치장했다', 이후 인용들, João Daniel, SJ, *Thesouro descoberto no máximo rio Amazonas, Revista do Instituto Histórico e Geographico Brasileiro, Rio de Janeiro*, vol. 1:2, 1840, 328–47 and 447–500; vol. 1:3, 1841, 39–52, 158–83, 282–97, 422–41; pt 2, ch. 11, ch. 5, vol. 1:2, 490; pt 2, ch. 1, 340; pt2, ch. 1, 363; pt 2, ch. 5, 458–59. Daniel is also in *Anais da Biblioteca Nacional*, vol. 95, 1976.

p.148 대우할지도 모른다', Daniel, *Thesouro*, idem, pt 2, ch. 14, vol. 1:3, 46–7.

p.151~152 멀리 후퇴했다', 이루어져 있었다,' 유지하고 있다', Charles-Marie de
La Condamine, *Relation abrégée d'un voyage fait dans l'intérieur de l'Amérique
Méridionale* (Paris, 1745), 52-3, 94.

p.153 먹이고 입힌다', Friar Diogo da Trinidade, Lisbon, 16 July 1729, in
Alexandre J. de Mello Moraes, *Corografia histórica, cronográfica, genealógica,
nobiliaria e política do Império do Brasil* (4 vols, Rio de Janeiro, 1872), vol. 4, 282.

p.154 크게 덜어진다', Fr. Bartholomeu Rodrigues, Tupinambarana mission, 2
May 1714, in Mello Moraes, *Corografia*, idem, vol. 4, 365-66.

p.154 필요하다고 말했다', 그를 쳤다', João Felippe Betendorf, SJ, *Chronica da
Missão dos Padres da Companhia de Jesus no Estado do Maranhão* (1699),
Revista do Instituto Histórico e Geographico Brasileiro, vol. 72, pt 1, 1901, 206.

p.155 신세가 됐다', Bernardo Pereira de Berredo, *Annaes Históricos do Estado
do Maranhão* (Lisbon, 1749), bk 16, 537.

p.157 고열에 시달렸다', 이후 인용들, Samuel Fritz, SJ, *Mission de los Omaguas,
Jurimaguas, Aysuares, Ibanomas, y otras naciones desde Napo Hasta el Rio
Negro*, trans. George Edmundson, *Journal of the Travels and Labours of Father
Samuel Fritz in the River of the Amazons* (Hakluyt Society, 2ser., vol. 51, 1892), 60,
65, 73.

p.161 전투 중에 죽었다', Fr. Manoel de Seixas to King João V, Pará, 13 June
1719, in David Sweet, *A Rich Realm of Nature Destroyed: The Middle Amazon
Valley, 1640-1750* (doctoral dissertation, University of Wisconsin, Madison, 1974), 499.

p.163 세례를 받았다', Record of a ransom troop, Camp of São José e Santa
Anna on the Rio Negro, 28 July 1726, in João Francisco de Lisboa, *Obras* (4
vols, São Luis, Maranhão, 1864-1865), vol. 4, 729; Sweet, *A Rich Realm*, idem, 589.

p.163 허사가 되었다', Francisco da Gama Pinto to King João V, Pará, 21 Aug.
1722, in *Sweet, A Rich Realm*, idem, 482.

p.164 큰 해를 끼쳤다', 멸족시켜버렸다', José Gonçalves da Fonseca, *Primeira
exploração dos rios Madeira e Guaporé em 1749*, in Cândido Mendes de
Almeida, *Memorias para a história do exticto estado do Maranhão* (2 vols, Rio de
Janeiro, 1820), vol. 2, 304.

p.165 받은 것이었다', King João V to Capitão-Mór of Pará, 4 July 1716, in Artur
César Ferreira Reis, ed., *Livro Grosso do Maranhão* (2 vols, Anais da Bibloteca
Nacional do Rio de Janeiro, 66-67, 1948), vol. 2, 137.

p.165~166 살인을 저질렀다', 따른 것이다', King João V to Governor Maia da Gama, 17 Feb. 1724, in Joaquim Nabuco, ed., *Limites entre le Brésil et Guyane Anglaise: Annexes du premier mémoire du Brésil* (Rio de Janeiro, 1903), vol. 1, 34, 35.

p.166 분명히 영웅이었다', Francisco Xavier Ribeiro de Sampaio, *Relação geographica historica do Rio Branco da America Portugueza*, quoted in Hakluyt Society's edition of Samuel Fritz, Journal, 42−3.

p.166 죽이려고 했다', 죽은 가운데', Francisco Xavier Ribeiro de Sampaio, *Diário da viagem que em visita e correição das povoações da Capitania de S. Jorge do Rio Negro fez o Ouvidor e Tenente-geral da mesma* ... (1775) (Rio de Janeiro, 1903), ch. 376, 81.

p.166 드러내지 않았다', Maia da Gama to King João V, Belém, 26 Sept. 1727, in Nabuco, ed., *Limites*, op. cit., 37.

p.169~170 던져주어야 했다', 것은 불가능하다', Anon, *Notícia Verdadeira do Terryvel Contagio* ... (Lisbon, 1749), in Carlos de Araujo Moreira Neto, *Os Índios e a Ordem Imperial* (Brasília: CODOC Funai, 2005), 27.

p.170 피해를 낳았다', Alexandre Rodrigues Ferreira, *Diário da viagem philosophica pela Capitania de São-José do Rio Negro* (1786), *Revista do Instituto Histórico e Geographico Brasileiro* (vol. 48:1, 1885, 1−234), 30.

p.171 바위에 내동댕이쳐졌다', 이후 인용들, Charles-Marie de la Condamine, *Relation abrégée d'un voyage fait dans l'intérieur de l'Amérique méridionale* (Maestricht: J. E. Dufour and P. Roux, 1778), trans. John Pinkerton, *A General Collection of the Best and Most Interesting Voyages and Travels in All Parts of the World* (London, 1813), vol. 14, 219.

p.175 드러누워 있었다', 모두 잊었다', Letter by Jean Godin des Odonnais to La Condamine, 1773 (first published in La Condamine's *Relation abrégée*, and the Pinkerton translation); Robert Whitaker, *The Mapmaker's Wife* (New York: Basic Books, 2004), 262, 281.

p.186 그대로 남을 것이다', *Tratado de Madrid* (1750), trans. E. *Bradford Burns*, *A Documentary History of Brazil* (New York: Alfred A. Knoof, 1966), 126.

4장 | 감독관 체제와 카바나젱 반란

p.194 도시를 보았다', Charles-Marie de la Condamine, *Relation abrégée d'un voyage fait dans l'intérieur de l Amérique Méridionale* (Paris, 1745), 95.

p.196 부의 주인이 될 것', Mendonça Furtado to Pombal, 18 Feb. 1754, in Marcos Carneiro Mendonça, ed., *Amazônia na era Pombalina* (3 vols, São Paulo, 1963), vol. 2, 503.

p.197 만행 대신에', King José I's instructions to Governor Mendonça Furtado, 31 May 1751, idem, vol. 1, 28.

p.197 상업의 자유', Law of 6 June 1755, in L. Humberto de Oliveira, *Coletânea de leis, atos e memorias referentes ao indígena brasileiro* (Rio de Janeiro, 1952), 63-4.

p.198 누릴 수 있어야 한다', Álvara (Edict) of 4 April 1755. Agostinho M. Perdigão Malheiro, *A escravidão no Brasil* (2 vols, Rio de Janeiro, 1867), vol. 2, 99.

p.198 다하기만 한다면', 문명화된 기독교인', Mendonça Furtado to King José I, 21 May 1757, in João Capistrano de Abreu, *Capítulos de história colonial* (1907; 5th edn, Brasília, 1963), 185.

p.199 손상시킨다 할지라도', Regimento of the Diretório, 3 May 1757, in Perdigão Malheiro, *A escravidão*, op. cit., 110.

p.200 돌아올 수 없다', Law of 3 September 1759, in Marcos Carneiro de Mendonça, *O Marquês de Pombal e o Brasil* (Brasiliana, vol. 299, Editóra Nacional, São Paulo, 1960), 62; also in Magnus Mörner, *Expulsion of the Jesuits from Latin America* (New York: Alfred Knopf, 1965), 127.

p.201 뿌리기까지 한다', António José Pestana da Silva report, *Meios de dirigir o governo temporal dos índios* (1788), in Alexandre J. de Mello Moraes, *Corografia histórica, cronográfica, genealógica nobiliária e política do Império do Brasil* (4 vols, Rio de Janeiro, 1872), vol. 4, 150.

p.201 지독한 사람도 없다', 호랑이에 가까웠다!', Francisco de Sousa Coutinho, *Plano para a civilização dos índios da Capitania do Pará*, (1797), in Colin MacLachlan, 'The Indian labor structure in the Portugues Amazon, 1700-1800', in Dauril Alden, ed., *Colonial Roots of Modern Brazil* (Berkeley: University of California Press, 1973), 370.

p.202 적게 가져온', Pestana da Silva, *Meios de dirigir*, op. cit., 141.

p.202 작업을 고려', Francisco Xavier Ribeiro de Sampaio, *Diario da viagem ... que fez ... [a] Capitania de S. Jozé do Rio Negro ... no anno de 1774 e 1775* (Lisbon, 1856 edn.), 101.

p.203 일체 막았다', Johann Baptist von Spix and Carl Friedrich Philip von Martius, *Reise in Brasilien in den Jahren 1817 bis 1820* (3 vols, Munich, 1823-

1831), vol. 3, 930–31.

p.203 분명해 보였다', 가운데 늑대', João de São José Queiroz, *Viagem e visita do sertão em o Bispado do Gram-Pará em 1762 e 1763, Revista do Instituto Histórico e Geográphico Brasileiro*, vol. 9, 1847 (repeated 1869), 185–86.

p.204 입히기 때문', Lt-Col. Theodozio Constantino de Chermont, *Memoria dos mais terríveis contagios de bexigas e sarampo d'este Estado desde o anno de 1720 por diante* (c. 1780), in Alexandre Rodrigues Ferreira, 'Participação segunda: de Moreira a Tomar', *Viagem Filosófica*, 1974 edn., 78.

p.205 피하지는 못했다', Alexandre Rodrigues Ferreira, *Diário da viagem philosophica pela Capitania de São-José do Rio Negro* (1786), 82.

p.206 백인의 노예가 될 것', Mendonça Furtado to the Secretary of State (his brother Pombal), Barcellos, 4 July 1758, British Foreign Office, *Question de la Frontiére entre La Guyane Britannique et le Brésil* (4 vols, London, 1930), vol. 1, 67.

p.207 고려하지 않는', Sousa Coutinho, *Plano para a civilização*, op. cit., 30; and Robin A. Anderson, *Following Curupira: Colonization and Migration in Pará, 1758 to 1930* (doctoral dissertatiion, University of California at Davis, 1976), 139.

p.207 가히 알 만하다', Joseph Banks, in J. C. Beaglehole, ed., *The Endeavour Journal of Joseph Banks*, 1768–1771 (Sydney, 1963), vol. 1, 191.

p.209 환자도 잃지 않았다', Report by Francisco Requena y Herrera to the Minister of the Indies, José de Gálvez, Marqués de la Sonora, in J. M. Quijano Otero, ed., *Límites de la República de los Estados-Unidos de Colombia* (Sevilla, 1881), 195.

p.209 나무에 매달렸다', 어려우리라 판단했다', Report by Captain Ricardo Franco de Almeeida Serra and Dr Antonio Pires da Silva Pontes, Barcellos, 19 July 1781, in [British] Foreign Office, *Question de la Frontière*, op. cit., vol. 1, 140.

p.210~211 산산조각 났다', 간신히 살았다', Col. Manuel da Gama Lobo d'Almada to Governor-General João Pereira Caldas, 1 April 1787, in British Foreign Office, *Question de la Frontière*, idem, vol. 1, 175, 177.

p.211 돌려야 할지 모르겠습니다', Alexandre Rodrigues Ferreira to the Minister of Marine and Overseas, Martinho de Mello e Castro, Belém, October 1783, Americo Pires de Lima, *O Doutor Alexandre Rodrigues Ferreira: Documentos coligidos* (Lisbon: Agência Geral do Ultramar, 1953), 114.

p.212 카라나carana', Alexandre Rodrigues Ferreira, *Viagem Filosófica ao Rio*

Negro, ed. Carlos de Araújo Moreira Neto (Belém: Museu Paraense Emílio Goeldi, 1953), 255.

p.213 정리하지 않았다', Etienne Geoffroy de Saint-Hilaire, quoted in William Joel Simon, *Scientific Expeditions in the Portuguese Territories* (Lisbon: Instituto de Investigacao Cientifiçã Tropícal, 1983).

p.214 그럴 만한 이유가 있었다', João Daniel, *Thesouro descoberto no maximo rio Amazonas*, pt. 2, ch. 17, *Revista do Instituto Histórico e Geográphico Brasileiro* (Rio de Janeiro, 1839-), *Revista do Instituto Histórico e Geográphico Brasileiro*, vol. 3, 166, 1841.

p.215 손실을 입히지 못했다', Robert Southey, *History of Brazil* (3 vols, London, 1810-1819), vol. 3, ch. 44, 724.

p.215 속도로 해치운다', 조금도 줄지 않았다', Anon, *Illustração necessaria, e interessante, relativa ao gentio da nação Mura* (ms. of 1780s) in André Fernandes de Sousa, *Notícias geographicas da Capitania do Rio Negro* (c. 1820) (*Revista do Instituto Histórico e Geográphico Brasileiro*, vol. 10, 1848, 411-504), 431.

p.216 정착하려고 하지 않았다', Southey, *History*, op. cit., ch. 44, vol. 3, 725.

p.216 잔인한 이교도', A. C. do Amaral, *Memorias para a historia da vida do veneravel Arcebispo de Braga D. Fr. Caetano Brandão* (2 vols, Lisbon, 1818), vol. 1, 378.

p.217 비인간적 행위를 자제하고', Alexandre Rodrigues Ferreira, 'Parícipação quarta: De Carvoeiro a Moura', Barcellos, 11 May 1787, *Viagem Filosófica*, ed. Moreira Neto, op. cit., 540.

p.217~218 같았기 때문이었다', Lourenço da Silva Araújo e Amazonas, *Diccionario Topographico, Historico, Descriptivo da Comarca do Alto-Amazonas* (Recife, 1852), 256.

p.218 두려움을 버리고', 상황 반전', Rodrigues Ferreira, *Viagem Filosófica*, op. cit., 541.

p.218 죽음을 가져왔다', 이후 인용들, Henrique João Wilkens, *A Muhraida, Senhor ou A conversão, e reconciliação do Gentio Muhra* (1785, first published Lisbon, 1819), in David Treece, *Exiles, Allies, Rebels* (Westport, Connecticut: Greenwood Press, 2000), 70.

p.219 물건들을 보여주었다', An aged Mundurukú recounting to the American anthropologist Robert F. Murphy what his grandfathers had told him, in Murphy's *Headhunter's Heritage* (Berkeley and Los Angeles: University of California

680   아마존Amazon

Press, 1960), 27.

p.221~222 대응하기는 불가능했다', João Lúcio de Azevedo, *Os Jesuítas no Grão-Pará: suas missões e a colonização* (Coimbra, 1930), trans. in Mörner, ed., *The Expulsion of the Jesuits*, op. cit., 188.

p.222 여전히 존재한다', Araújo e Amazonas, *Diccionario*, op. cit., 153-54.

p.223 비인간적이기 짝이 없다', André Fernandes de Sousa, *Noticias geographicas da Capitania do Rio Negro no grande Rio Amazonas* (c. 1820), *Revista do Instituto Histórico e Geográphico Brasileiro*, 1848, vol. 10, 474.

p.223 극도로 감소했다', Araújo e Amazonas, *Diccionario*, op. cit., 264.

p.223 앞으로도 지속될 것이다', 이후 인용들, Fernandes de Sousa, *Noticias geographicas*, op. cit., 478-79, 489-90, 501-503.

p.225~226 권력을 휘두른다', Henry Lister Maw, *Journey of a Passage from the Pacific to the Atlantic* (London, 1829), 319, 434.

p.226~227 이미 제기되었다', 구입하려고 하지 않았다', 두려움에서 자유로웠다', Spix and Martius, *Reise in Brasilien*, op. cit., bk 9, ch. 4, vol. 3, 1219-20, 1230, 1242.

p.231 물고 뜯고 싸웠다', *Prince Adalbert of Prussia, Aus meinem Reisetagbuch, 1848-43* (Berlin, 1847), trans. Sir Robert H. Schomburgk and John Edward Taylor, *Travels of His Royal Highness Prince Adalbert of Prussia ... in Brazil, with a voyage up the Amazon and Xingu, now first explored* (2 vols, London, 1849), vol. 2, 153.

p.232 무도한 자입니다', Bernardo Lobo de Souza, President of Pará, to the Ministro do Império, Belém, 13 May 1834, in Carlos Moreira Neto, 'A Política indigenista brasileira durante o século XIX' (doctoral dissertation, Rio Claro University, São Paulo, 1971), 16.

p.234 목숨을 잃었다', Charles Jenks Smith, letter, 20 Jan. 1835, quoted in William Lewis Herndon and Lardner Gibbon, *Exploration of the Valley of the Amazon* (2 vols, Washington, D.C., 1854), vol. 1, 341.

p.234 겁에 질려 있었다', Captain Isidoro Guimarães, *Memória sobre os sucesos do Pará em 1835*, in Domingos Antonio Raiol, *Motins políticos ou História dos principais acontecimentos políticos da Província do Pará* (5 vols, Rio de Janeiro, São Luiz do Maranhão, Belém, 1865-1891), 1020.

p.235 병사들에게 합류했다', Letter from an Englishman 'C' to his brother 'M', Pará, 12 May 1835, in National Archive, Kew, in David Cleary, ed.,

Cabanagem: Documentos Ingleses (Belém: Secult/IOE, 2002), 57.

p.235 9일 동안 지속되었다', 빠져나가야 했다', Henry Walter Bates, *The Naturalist on the River Amazons* (2 vols, London: John Murray, 1863), vol. 1, 40.

p.236 음식은 쌀이었다', Captain Sir James Everard Home, on HMS *Racehorse*, to Vice Admiral Sir George Cockburn, 20 Dec. 1835, in Cleary, ed., *Cabanagem*, op. cit., 69.

p.237 약탈하고 불을 질렀다', Eduard Poeppig, *Reise in Chile, Peru und auf dem Amazonenstrome, während der Jahre 1827–1832* (2 vols, Leipzig, 1835–1836), vol, 439.

p.237 모두 살해하고 있었다', 포르투갈인을 살해한', William Smyth and Frederick Lowe, *Narrative of a Journey from Lima to Pará across the Andes and down the Amazon* (London, 1836), 300.

p.237 당하는 범죄였다', Richard Spruce, *Notes of a Botanist on the Amazon and Andes*, ed. A. R. Wallace (2 vols, London: Macmillan & co., 1908), vol. 1, 61.

p.237 시대 풍조가 되었다', Rev. Daniel P. Kidder, *Sketches of Residence and Travels in Brazil* (2 vols, Philadelphia, 1845), vol. 2, 318.

p.237~238 모두가 고통을 겪었다', Bernardino de Souza, *Lembranças e curiosidades do Valle do Amazonas* (Pará, 1873), 113–14.

p.238 더 잔인했다', Herbert Huntington Smith, *Brazil: The Amazons and the Coast* (New York, 1878; London, 1880), 75–6.

p.238 무질서의 지배', 심하지는 않았다', Prince Adalbert of Prussia, *Aus meinem Reisetagebuch, 1842–43*, trans. Schomburgk and Taylor, op. cit., 154–55.

p.239 타지 않아 실패했다', Captain Sir Richard Warren on HMS *Snake* to Capt. Charles Strong on HMS *Belvidera* in Barbados, 27 July 1836, in Cleary, *Cabanagem*, op. cit., 116.

p.239 소름끼치는 혁명이었다', 않은 구역도 있었다', President Francisco José de Sousa Soares de Andrea, *Falla dirigida … à Assembleia Provincial*, Belém, 2 March 1838, 4.

p.239 춤을 추게 시켰다', Andrea letter, quoted in Arthur Cézar Ferreira Reis, 'Cabanagem', *Revista do Instituto Histórico e Geográphico Brasileiro*, vol. 347, April-June 1985, 27.

p.239 집어삼키고 있다', Despatch from the President of Pará to the Minister of the Empire, 8 Nov. 1836, in Carlos de Araujo Moreira Neto, *Os Índios e a Ordem Imperial* (Brasília: Funai, 2005), 45.

p.239~240 데려오지 않는다', Captain Sir James Everard Home, HMS *Racehorse*, to Captain Sir Charles Strong on HMS *Belvidera*, Pará, 12 July 1836, in Cleary, *Cabanagem*, op. cit., 115.

p.240 일제히 투옥되었다', Andrea, *Falla*, 5.

p.240 뜻을 품은 사람', 이후 이하의 인용에 표시되지 않은 인용들, President Soares de Andrea to his successor Bernardo de Sousa Franco, Belém, 8 April 1839, in Moreira Neto, *Política indigenista*, op. cit., 22, 25.

p.240 개인에게 고용될 것이다', Andrea to his successor Bernardo de Souza Franco, Belém, 8 April 1839, in Moreira Neto, *Política indigenista*, op. cit., 22, 25.

p.240 생을 마감할 것이다', Andrea, Falla, in Henrique Jorge Hurley, 'Traços cabanos', *Revista do Instituto Histórico e Geográfico do Pará* (Belém, 1936), vol. 10, 176.

p.240~241 참작의 여지가 있다', 보았을 뿐이다', Kidder, *Sketches*, op. cit., vol. 2, 318-19.

p.241 범죄를 자행하는', Bento de Figueiredo Tenreiro de Aranha, *Archivo do Amazonas* (3 vols, Manaus, 1906-1908), vol. 1, 20.

p.242 찾기도 힘들 것이다', President Soares de Andrea to Minister of War, Belém, 23 Oct. 1838, in Moreira Neto, 'A política', op. cit., 21.

p.242 대해서는 잊어버린다', 이후 인용들, Raiol, *Motins políticos*, op. cit., 999-1000.

p.242 공포 정치', 이후 인용들, Bernardo de Souza Franco, *Oficio*, 25 Dec. 1839. in Raiol, Motins políticos, op. cit., 27.

p.243 보고 있는 것이다', Report by President Bernardo de Souza Franco to the Provincial Assembly of Pará, 15 Aug. 1839, 52-3, in Moreira Neto, *Os Índios*, op. cit., 52.

p.244 자비도 구할 수 없다', William Edwards, *A Voyage Up the River Amazon, with a Residency at Pará* (New York, 1847), 81.

p.244 밑에서 일해야 했다', 사유의 노예가 되었다', William Lewis Herndon and Lardner Gibbon, *Exploration of the Valley of the Amazon made under Direction of the Navy Department* (2 vols, Washington, D.C.: Robert Armstrong Public Printer, 1854), vol. 1, 256.

p.244 구할 길이 없기 때문이다', Bates, *The Naturalist*, op. cit., 84.

p.246 만든 장관이다', Edward Mathews, *Up the Amazon and Madeira Rivers*

(London: S. Low, Marston, Searle & Rivington, 1879), in Nigel J. H. Smith, 'Destructive exploitation of the South American river turtle', *Yearbook, Association of Pacific Coast Geographers* (Corvallis, Oregon, vol. 36, 1974, 85–102), 93–94.

p.246~247 드러내게 되리라!', Spix and Martius, *Reise in Brasilien*, op. cit., vol. 3, bk 9, ch. 6, 1363.

p.247 없게 변할 것', Henry Lister Maw, *Journal of a Passage from the Pacific to the Atlantic* (London: John Murray, 1829), 45.

p.247 연장에 불과', Matthew F. Maury, 'On extending the commerce of the South and West by sea' (*De Bow's Southern and Western Review*, 1852, vol. 12, 381–99), 393.

p.247 진취적인 인종', Matthew Maury, letter to William Herndon, Washington, 20 April 1850, in D. M. Dozer, 'Matthew Fontaine Maury's letter of instruction to William Lewis Herndon', *Hispanic American Historical Review* (28, 1948, 212–28), 217.

p.247~248 내줘야 할 것이다', Herndon and Gibbon, *Exploration of the Valley*, quoted in Frédéique Joseph, Baron de Santa-Anna Néry, *Le pays des Amazones* (Paris, 1885), trans. George Humphrey, *The Land of the Amazons*, London, 1901, 293–94.

p.248 열망에 불타오른', Mark Twain (ed. A. B. Paine), *Mark Twain's Autobiography* (2 vols, New York: P. F. Collier, 1924), vol. 2, 289.

p.248 자신 있게 주장한다', Alfred Russel Wallace, *A Narrative of Travels on the Amazon and Rio Negro* (London: Reeve & Co., 1853), 232.

p.248 적임자였을 것이다', Bates, *The Naturalist*, op. cit., 406.

p.248 필요하다면 강제로라도', Lieut. Matthew Maury, *Letters on the Amazon and Atlantic Slopes of South America* (Washington, D.C.: F. Taylor, 1853), in John Hemming, *Amazon Frontier* (London: Pan, 2004), 234.

5장 | 자연학자의 낙원

p.257~258 흔적을 찾으려 한다', 만끽할 수 있었을 텐데', 명령이 내려왔다', Alexander von Humboldt, *Relation historique du voyage aux régions équinoxiales du Nouveau Continent* (3 vols, Paris, 1814–1825), trans. Thomasina Ross, *Personal Narrative of a Journey to the Equinoctial Regions of the New Continent* (3 vols, London, 1852), vol. 1, 371, 422, 391–92.

p.258 모르는 외국인으로서', Douglas Botting, *Humboldt and the Cosmos* (New

York: Harper and Row, 1973), 125.

p.261~262 흩어져 있다', 이후 인용들, Charles Waterton, *Wanderings in South America ... in the years 1812, 1816, 1820 and 1824* (London: John Murray, 1825), ed. L. Harrison Matthews (Oxford: Oxford University Press, 1973), 2-3, 4, 28, 79, 80, 133-34.

p.265~266 여성이 함께 했다!', Charles Darwin to Charles Lyell, 1845, *Darwin Life and Letters*, vol. 1, 343-44; Julia Blackburn, *Charles Waterton, Traveller and Conservationist* (London: Bodley Head, 1989), 178.

p.267 위신을 세워주기', Langsdorff's Journal, entry for 11 April 1828, in Noemi G. Shprintsin, 'The Apiacá Indians', *Kratkiye Soobschcheniya Instituta Etnografi*, An. SSSR, vol. 10, 1959, 89; allso Roderick J. Barman, 'The forgotten journey: George Heinrich Langsdorff and the Russian Imperial Scientific Expedition to Brazil, 1821-1829', *Terrae Incognitae* (Amsterdam, 1971), vol. 3, 367-96.

p.267 내달리기 시작했다', Alfredo d'Escragnolle Taunay, 'A cidade de Mato Grosso (antiga Villa Bella) o rio Guaporé e a sua mais illustre victima', *Revista do Instituto Histórico e Geográphico Brasileiro* (Rio de Janeiro, 1839-) supplement to 51:2, 1891, 14-15.

p.267~268 악덕도 없다', 고스란히 노출된다', Hércules Florence, *Esboço da viagem feito pelo Sr. de Langsdorff no interior do Brasil*, trans. from French by Alfredo d'Escragnolle Taunay, *Revista do Instituto Histórico e Geographico Brasileiro*, vol. 38:2, 1876, 281-82.

p.268 의식이 혼미했다', 살아 있다는 것뿐이다', Langsdorff journal, in Shprintsin, 'The Apiacá', op. cit., 188, 188, 95-96.

p.270 자태를 뽐냈다', Alfred Russel Wallace, *A Narrative of Travels on the Amazon and Rio Negro* (2 vols, London: Reeve & Co., 1853), 2-3.

p.270 원시림의 경계였다', Henry Walter Bates, *A Naturalist on the River Amazons* (2 vols, London: John Murray, 1863), vol. 1, 2.

p.270 나무둥치가 가득해', Bates to Frederick Bates, Ega (on the Solimões), 30 May 1856, 'Extracts from the Correspondence of Mr. H. W. Bates, now forming entomological collections in South America' (Zoologist nos. 8-15, 1849-56), no. 15, 1856, 5658-9; Hugh Raffles, *In Amazonia, A Natural History* (Princeton and Oxford: Princeton University Press, 2002), 123.

p.271 찾을 수 없군', Bates to Edwin Brown, Pará, 17 June 1848, *Zoologist*, no.

8, 1849, 2837.

p.271 보낸 곳을 떠났다', 한들 말이다', Bates, *A Naturalist*, op. cit., vol. 2, 415–17.

p.274~275 눈에 들어 왔다', 덤불을 형성한다', Richard Spruce, *Notes of a Botanist on the Amazon and Andes*, ed. A. R. Wallace (2 vols, London: Macmillan & Co., 1908), vol. 1, 17.

p.275~276 데이지꽃도 볼 수 있다', 끔찍이도 싫었다', Spruce to Matthew Slater, Barra (Manaus), Oct. 1851, Notes of a Botanist, vol. 1, 256.

p.277 더는 없었다', Bates, *A Naturalist*, op. cit., vol. 1, 29.

p.277~278 부산하게 움직이는', 보고 있으면 신기하다', Bates, idem, vol. 2, 96.

p.278~279 배경을 형성했다', Wallace, *A Narrative*, op. cit., 95.

p.279 부른 것도 당연하다', Spruce, *Notes of a Botanist*, op. cit., vol. 1, 105, 62–3.

p.279 그러모으고 있지만', Bates to Darwin, 17 Oct. 1862, in Robert M. Stecher, 'The Darwin-Bates letters: correspondence between two nineteenth-century travellers and naturalists' (*Annals of Science*, vol. 25:1, 1969, 1–47), 35; Raffles, *In Amazonia*, op. cit., 30.

p.280 종 수집가species grubber', Bates to Darwin, 2 May 1863, in Stecher, 'The Darwin-Bates letters', idem, 45.

p.280 활동해온 식민지인', Spruce, *Notes of a Botanist*, op. cit.

p.281 남아메리카 방랑길에서', 발견된 종들입니다', Samuel Stevens, *Zoologist*, no. 8, 1849, 2663–4.

p.281~282 것을 명심하십시오', Bates to Stevens, Santarém, 8 Jan. 1852, *Zoologist*, no. 10, 1852, 3450.

p.282 다른 수가 없습니다', 이후 인용들, Spruce to Bentham, Barra (Manaus), 7 Nov. 1851, *Zoologist*, no. 1, 227, 293. Richard Schultes, 'Some impacts of Spruce's Amazon explorations on modern phytochemical research' (*Rhodora*, 70:783, 313–39), 336–37.

p.285 기운조차 없었다', 걸어 다니는 정도였다', Wallace, *A Narrative*, op. cit., 340.

p.285 꼼짝도 못했으며', 이후 인용들, Spruce, *Notes of a Botanist*, op. cit., vol. 1, 464–5.

p.287 정신을 잃었다', 이후 인용들, Bates, *The Naturalist*, op. cit., vol. 2, 263, 265, 278, 279, 338, 344, 409–10.

p.290 맹렬함에 감탄했다', 이후 인용들, Spruce, *Notes of a Botanist*, op. cit., vol.

아마존Amazon

2, 69, vol. 1, 364, 94-5, 271, 125, 249-50.

p.293~294 도움이 될 것입니다', Bates to Stevens, Belém, 30 Aug. 1849, *Zoologist*, no. 8, 1849, 2665.

p.294 잃어버렸는지를 들려주었다', 눈물이 맺혔다', Grant Allen, 'Bates of the Amazons' (*The Fortnightly Review*, no. 58, 1892, 798-809), 802-803; Raffles, *In Amazonia*, op. cit., 148.

p.294~295 기능을 한다고 여겨진다', 운명을 피할 수 있다', 펜을 놀리고 있다', Bates, *The Naturalist*, op. cit., vol. 1, 299, vol. 1, v.

p.295 뒤쫓아 갑니다', 몇 점 얻었지요', Bates to Stevens, Pará (Belém), 3 June 1851, *Zoologist*, no. 9, 1852, 3321; Raffles, *In Amazonia*, op. cit., 141.

p.296 자료를 제공한다', Bates, *The Naturalist*, op. cit., vol. 2, 305-306.

p.297 일치하는 시공간에서', Wallace, *Essay on the Law which has Regulated the Introduction of New Species* (1855).

p.299 소리들까지 ……', Spruce to John Teasdale, Tarapoto, Peru, July 1855, *Notes of a Botanist*, op. cit., vol. 2, 27.

p.300 기분 좋게 지낸 곳', Spruce to George Bentham, Tarapoto, 25 Dec. 1855, *Notes of a Botanist*, idem, vol. 2, 49.

p.300 추가해야 한다', Wallace note, *Notes of a Botanist*, idem, 101.

p.300 신종이 많았다', Spruce, 'Précis d' un voyage dans l'Amérique équitoriale pendant les années 1849-64' (*Revue Bryologique*, 1886, 61-79), *Notes of a Botanist*, idem, 99.

p.300 싫을 정도입니다', 이후 인용들, Spruce, *Notes of a Botanist*, vol. 2, 104, 109, 121-22.

p.303 위임을 받았다', Spruce, 'Report on the Expedition to procure seeds and plants of the Cinchona succirubra or Red Bark tree', part of a Government Blue Book on the transfer of the trees to India, *Notes of a Botanist*, 261.

p.303 알아볼 수 있었다', Clements Markham, *Travels in Peru and India, while Superintending the Collection of Chinchona Plants and Seeds in South America and their Introduction into India* (London: John Murray, 1862); Fiametta Rocco, *The Miraculous Fever-Tree* (London: HarperCollins, 2003), 219.

p.304 육체적 고통', Spruce, *Notes of a Botanist*, op. cit., vol. 2, 157.

p.305 먹었던 것 같다', Spruce to George Bentham, São Gabriel, Rio Negro, 18 Aug. 1852, *Notes of a Botanist*, idem, vol. 1, 315 (describing a dabicuí festival of Baré Indians); also vol. 1, 217. 스프러스는 다음과 같은 논저를 남기기도 했다.

'On some remarkable narcotics of the Amazon valley and Orinoco', *Geographical Magazine*, 1870, in *Notes of a Botanist*, idem, vol. 2, 413-55.

p.306 이름으로 알려진 술', Richard Spruce's field notebook, Royal Botanic Gardens, Kew, quoted by Richard Evans Schultes, 'Some impact of Spruce's Amazon explorations on modern phytochemical research' (*Rhodora*, 79:783, 1968, 313-39), 326.

p.306~307 땅으로 떨어진다', Spruce, *Notes of a Botanist*, op. cit., vol. 2, 424.

p.307 새들만 남는다', Wade Davis, *One River: Explorations and Discoveries in the Amazon Rain Forests* (New York: Simon and Schuster, 1996), 216.

p.308 피곤하지도 않아!', Spruce's comment to Sir William Hooker, with a specimen of caapi sent on 25 June 1864, Royal Botanic Gardens, Kew, Museum: R. Spruce 177, Kew Cat. no. 59120.

p.309~310 있는 사람이었다', 실용 식물을 연구', Schultes, 'Some impacts', op. cit., 316; also in his 'Richard Spruce, the man', M. R. D. Seaward and S. M. D. Fitzgerald, eds, *Richard Spruce (1817-1893) Botanist and Explorer* (Kew: Royal Botanic Gardens, 1996), 16-25.

p.310 흥미가 없다', 충분하지 않을까?', Spruce, letter to Daniel Hanbury, 1873, in Wallace's introduction to Spruce, *Notes of a Botanist*, op. cit., xxxviii.

p.311 라고 대답했다', Davis, *One River*, op. cit., 373-74.

p.311~312 즐거운 사람', 기쁨이자 특권이었다', Wallace's Obituary of Spruce, Nature, 1 Feb. 1894; *Notes of a Botanist*, op. cit., vol. 1, xliii.

p.321 새로운 물고기', William James papers, Houghton Library, Harvard University, quoted in Nancy Leys Stepan, *Picturing Tropical Nature* (London: Reaktion Books, 2001), 34.

p.323 진면목만큼이나 대단하다', William James quoted in Howard M. Feinstein, *Becoming William James* (Ithaca and London: Cornell University Press, 1984), 174; Stepan, *Picturing Tropical Nature*, idem, 91.

p.323 빠르게 말소하고 있다', Professor and Mrs Louis Agassiz, *A Journey in Brazil* (Boston, 1868), 293; Stepan, *Picturing Tropical Nature*, idem, 109.

p.327 어쩔 줄 몰랐다', Karl von den Steinen, *Durch Central-Brasilien* (Leipzig, 1886), 159; John Hemming, *Amazon Frontier* (London: Pan, 2004), 402.

p.329 동작을 묘사한다', Steinen, *Unter den Naturvölkern Zentral-Brasiliens* (Berlin, 1894), 69-70.

p.329 활기차게 이야기했다', Steinen, *Durch Central-Brasilien*, op. cit., 181.

p.329~330 이가 원인이었다', 멍청한 짓이리라', Steinen, *Unter den Naturvölkern*, op. cit., 58, 190.

p.330 강둑 쪽으로 미끄러져갔다', 이후 인용들, Steinen, *Durch Central-Brasilien*, op. cit., 192, 201, 204.

6장 | 고무 붐

p.335 충분히 생산되지 않았다', Spruce, *Notes of a Botanist on the Amazon and Andes*, ed. A. R. Wallace (2 vols, London: Macmillan & Co., 1908), vol. 1, 507.

p.338 검게 굳어진다', Charles-Marie de la Condamine, *Relation abrégée d'un voyage fait dans l'intérieur de l'Amérique Méridionale* (Paris, 1745), 79.

p.339 임질로 인한 분비물', Advertisement by Dr Francisco Xavier d'Oliveira in *Gazeta de lisboa*, March 1800, in Manoel Barata, 'Apontamentos para as Ephemérides Paraenses', *Revista do Instituto Histórico e Geográphico Brasileiro*, 99, 52-3, 1924; John Hemming, *Amazon Frontier* (London: Pan, 2004), 262.

p.340 상상 속 동물', Johann Baptist von Spix and Carl Friedrich Philip von Martius, *Reise in Brasilien in den Jahren 1817 bis 1820* (Portuguese trans., 4 vols, Rio de Janeiro, 1938), vol. 3, 30-31.

p.344 변변찮은 소도시', Franz Keller, *The Amazon and Madeira Rivers* (London, 1874), 34.

p.344 도시로 탈바꿈시켰다', *Mensagem do Governador Eduardo Ribeiro, em 10. de Março de 1896* (Manaus, 1897), quoted in Frederico José Barão de Santa-Anna Nery, *Le Pays des Amazones* (Paris, 1899 ed.).

p.345 네그루 강에 도착했다!', Auguste Plane, *Le Pérou* (Paris: Plon, 1903), in Márcio Souza, *Breve História da Amazônia* (São Paulo: Marco Zero, 1994), 141.

p.347~348 서점도 갖췄다', Richard Collier, *The River that God Forgot* (London: Collins, 1968), 19.

p.348 샴페인을 먹인다', Robin Furneaux, *The Amazon: The Story of a Great River* (London, 1969), 153.

p.349 축음기 일체 포함', Tony Morrison, Ann Brown and Anne Rose, *Lizzie: A Victorian Lady's Amazon Adventure* (London: British Broadcasting Corporation, 1985), 39.

p.349~350 시간이 흘러가는', 카페 두스 테히베이스('골칫덩이들 카페')', Anibal Amorim, *Viagens pelo Brasil* (Rio de Janeiro: Livararia Garnier, 1917), 157-58.

p.351 마음대로 부린다', Henri Coudreau, *Voyage au Tapajóz* (Paris: A. Lahure,

1897), 60-61.

p.352 엄격하게 다스렸다', Henry Pearson, *The Rubber Country of the Amazon* (New York, 1911), 148-49.

p.354 충격에 빠져 있다', Lizzie Hessel, letter to her family from Mishagua, Urubamba, 20 July 1897, in Morrison et al., *Lizzie*, op. cit., 67.

p.356 건설하는 것은 불가능하다', Petition in chancery by the Public Works and Construction Company, London, 1873, in Neville B. Craig, *Recollections of an Ill-fated Expedition to the Headwaters of the Madeira River in Brazil* (Philadelphia and London, 1907), 57.

p.367 종자들로만 구해주시오', 이후 인용들, H. A. Wickham, *On the Plantation, Cultivation, and Curing of Pará Indian Rubber* (Hevea Brasiliensis) (London: Kegan Paul, Trench, Trübner & Co., 1908), 47-54.

p.370 이미지 그 자체다', Warren Dean, *Brazil and the Struggle for Rubber* (Cambridge, New York, etc.: Cambridge University Press, 1987), 21.

p.371 결론에 도달하게 되었다', Clements R. Markham, 'The cultivation of caoutchouc-yielding trees in British India' (*Journal of the Royal Society of Arts*, vol. 24, 7 April 1876, 475-81), in Dean, Brazil, idem, 12.

p.372 7만 개에 달했다', O. Labroy and V. Cayla, *A Borracha no Brasil* (Rio de Janeiro: Ministério da Agricultura, Indústria e Commércio, 1913), 42.

p.374 줄지어 자라났다', Wickham, *On the Plantation*, op. cit., 55.

p.376 중요한 역할을 했다', Wilfred Blunt, *Of Flowers and a Village*, quoted in Anthony Smith, *Explorers of the Amazon* (London and New York: Viking, 1990), 285.

p.377 향수들 ······', Collier, *The River*, op. cit., 279.

7장 | 핏빛 황금 고무

p.382 삶을 살 수 있다', James Drummond Hay, 'Report on the industrial classes in the Provinces of Pará and Amazonas, Brazil', in Henry Alexander Wickham, *Rough Notes of a Journey through the Wilderness* (London, 1872), 292.

p.382 스스로를 내맡겼다', President Sebastião do Rego Barros, *Relatório*, Belém, 15 Aug. 1854, in John Hemming, *Amazon Frontier* (London: Pan, 2004), 280.

p.384 헌법 제44조요!', Kenneth Grubb, *Amazon and Andes* (London: Methuen, 1930), 12.

p.384 없을 지경이었다', Esther de Viveiros, *Rondon conta sua Vida* (Rio de

Janeiro: Livraria São José, 1970), 331-32.

p.384 풍비박산 났다', Joseph F. Woodroffe and Harold Hamel Smith, *The Rubber Industry of the Amazon* (London: John Bale, Sons & Danielsson, Ltd., 1915), 28.

p.385 무관심해서는 안 된다', President Francisco de Araújo Brusque, *Relatório*, Belém, 1 Sept. 1862; Hemming, *Amazon Frontier*, op. cit., 280.

p.385 우리를 안심시켰다', Neville B. Craig, *Recollections of an Ill-fated Expedition to the Headwaters of the Madeira River in Brazil* (Phildelphia and London: J. B. Lippincott & Co., 1907), 257.

p.386 야만의 현장을 보고했다', 잘생긴 외모의', Antonio Manuel Gonçalves Tocantins, 'Estudos sobre a tribo Mundurucu' (*Revista do Instituto Histórico e Geographico Brasileiro*, 40:2, 1877, 73-162), 158.

p.386 악의 소굴이 되었다', Frei Pelino de Castrovalva to President of Pará, 20 Jan. 1876, in Tocantins, 'Estudos', idem, 137-38.

p.386~387 즐기는 스포츠다', Curt Nimuendajú, 'Os índios Parintintin do Rio Madeira', *Journal de la Société des Américanistes de Paris*, no. 16, 1924 (201-278), 230; John Hemming, *Die If You Must* (London: Macmillan, 2003), 63-4.

p.387 뱃삯도 있다', 그 외에 더는 없다', Euclides da Cunha, *À margem da história* (Pôrto, 1941), 23; Arthur Cézar Ferreira Reis, *O seringal e o seringueiro* (Rio de Janeiro: Ministério da Agricultura, 1953), 95.

p.388~389 검댕으로 뒤덮여 있다', Woodroffe and Smith, *The Rubber Industry*, op. cit., 45.

p.389 하루하루를 보낸다', Grubb, *Amazon and Andes*, op. cit., 7.

p.389 여러 달을 지냈다', Woodroffe and Smith, *The Rubber Industry*, op. cit., 45.

p.390 알려진 대책이었다', Kenneth Grubb, *From Pacific to Atlantic: South American Studies* (London: Methuen, 1933), 104.

p.390 쉽사리 발생하는 일이다', 먹든지 굶어죽어야 한다', Dr Oswaldo Cruz, *Considerações gerais sobre as condições sanitárias do Rio Madeira* (Rio de Janeiro, 1910), 11.

p.390 욕정을 이끌어낸다', Grubb, *From Pacific to Atlantic*, op. cit., 104.

p.391 죽으리라는 것을 알면서도', José Eustacio Rivera, *La Vorágine, novela de la violencia* (Santiago, 1957), 287.

p.391 범죄적인 직업 조직', Cunha, *À Margem da história*, op. cit., 24.

p.393 사업 관계를 맺었다', Julio César Arana deposition, *Report and Special*

Report from the Select Committee on Putumayo, Proceedings, Munutes of Evidence, Appendix 3, 1913 (House of Commons Paper 148), in Roger Sawyer, Casement: The Flawed Hero (London: Routledge & Kegan Paul, 1984), 79.

p.396 여인을 끌고 갔다', 이후 인용들, Walter Hardenburg, The Putumayo: The Devil's Paradise (London: T. Fisher Unwin, 1912), 148, 173, 175, 176, 152, 153, 159.

p.402 아름다운 몸매의 여자들', Thomas Whiffen, The North-West Amazons: Notes of Some Months Spent Among Cannibal Tribes (London: Constable, 1915), 64.

p.403 그들을 뒤덮었다', 이후 인용들, Hardenburg, The Putumayo, op. cit., 214, 180, 214, 195.

p.406 앞에서 자행되었다', La Felpa, Iquitos, 29 Dec. 1907, trans. in Hardenburg, The Putumayo, idem, 217.

p.406~407 실토하게 고문한다', 밖으로 내던져지는 것', "죄" 때문이었다', testimony of Julio F. Muriedas, La Sanción, Iquitos, 22 Aug. 1907, trans. in idem, 225-6, 227, 227.

p.407 소녀 한 명을 맞혔다', 끌려나와 죽임을 당했다', testimony of Anacleto Portocarrero, sworn before Federico M. Pizarro, Natary Public, La Sanción, 29 Aug. 1907, trans. in idem, 229, 229-30.

p.407~408 내리는 숫자였다', 매질했을 것이다', testimony of Carlos Soplín, sworn before Pizarro, La Sanción, 10 Oct. 1907, trans. in idem, 230, 231-32.

p.408 그곳에 있을 수가 없었다', Anonymous witness, La Felpa, 5 Jan. 1908, trans. in idem, 234, 236.

p.408~409 비명을 내지르며 죽어갔다', 이후 인용들, testimony of Brazilian João Batista Braga, before Lt José Rosa Brazil, commandant of Constantópolis, Brazil, 6 Oct. 1908, in idem, 237, 238, 239.

p.409~410 목숨을 끝장냈다', 뼈가 즐비했다', 보증할 수 있다', Juan Rosas, witnessed letter to Hardenburg, Iquitos, 6 June 1908, trans. in idem, 241, 242, 243.

p.410 사이의 소녀들', 이후 인용들, Celestino López, notarized letter to Hardenburg, Iquitos, 15 May 1909, idem, 244, 244/249, 245-46, 248, 249-50, 250.

p.411 태연하게 살해했다', 이후 인용들, Genaro Caporo, notarized letter to Hardenburg, Iquitos, 17 May 1909, idem, 251-55.

p.413 곳과 거의 일치한다', 이후 인용들, testimony of Daniel Collantes, idem, 204-208.

아마존Amazon

p.414 떠맡은 회사', 멀지 않을 것이다', testimony of López, idem, 180, 181.

p.415 때까지 전쟁을 벌였다', Whiffen, *The North-West Amazons*, op. cit., 64.

p.415 용감한 대장', Roger Casement, *Journal for 1910*, entry for 31 Oct. at La Chorrera, after interviewing Evelyn Batson, in Angus Mitchell, ed., *The Amazon Journal of Roger Casement* (London: Anaconda Editions, 1997), 337.

p.418 그들을 난도질한다', *Truth*, 22 Sept. 1909, quoting *La Sanción*, Iquitos.

p.422 더 인간적이었다', 여지가 없었다', Roger Casement to Sir Edward Grey, March 1911, in Hardenburg, *The Putumayo*, op. cit., 283.

p.422~423 보았다고 주장했다', 누구는 단 2대', Casement 'white diary', La Chorrera, 23 Sept. 1910, in Roger Sawyer, ed., Roger Casement's Diaries. *1910: The Black & White* (London: Pimlico, 1997), 139. Also 'Black' diary for the same day, idem, 85. Also in Mitchell, ed., *The Amazon Journal*, op. cit., 122–23.

p.423 비명을 질렀습니다'", Casement report to Foreign Secretary, 1911, in Robin Furneaux, *The Amazon: The Story of a Great River* (London, 1969), 180.

p.424 시달리고 있네', Casement to Spiceer, Sept. 1910, in Furneaux, *The Amazon*, idem, 175.

p.424 이들이 범죄자다', Casement, diary La Chorrera, 23 Sept., Sawyer, ed., *Roger Casement's Diaries*, op. cit., 137; Mitchell, ed., *The Amazon Journal*, op. cit., 121.

p.424 탐욕스러운 인상의 인물', 이후 인용들, Casement diary for 12 Oct., 1 Nov. and 6 Nov.; Mitchell, ed., *The Amazon Journal*, idem, 230, 344, 344, 360.

p.425 수에 이를 것입니다', Casement report to Grey, in Hardenburg, *The Putumayo*, op. cit., 306.

p.425 추악하고 추잡한 곳', Casement Journal, 29 Sept., Occidente, 30 Oct., La Chorrera; Mitchell, ed., *The Amazon Journal*, op. cit., 144.

p.425 모두 초대한다', Whiffen, *The North-West Amazons*, op. cit., 190.

p.426~427 자행된 일이다', Casement, diary for 29 Sept., Occidente, in Sawyer, ed., *Roger Casement's Diaries*, op. cit., 146; Mitchell, ed., *The Amazon Journal*, op. cit., 144.

p.427 숲의 자식들이었다', 불가능한 인간들이다', 주인 행세를 하고 있다', Casement, diary for 18 Oct., Matanzas, and 30 Oct., La Chorrera; Mitchell, ed., *The Amazon Journal*, idem, 264, 335, 335.

p.428 충분히 질긴 것', Casement report to Sir Edward Grey, 1911, in Hardenburg, *The Putumayo*, op. cit., 306.

p.429 기록이 가장 끔찍하다', Sir Edward Grey, in Anthony Smith, *Explorers of the Amazon* (London and New York: Viking, 1990), 318.

p.431 끌고 갔다고 함', Casement's 1912 report, in Hardenburg, *The Putumayo*, op. cit., 334.

p.431 끝없이 학살한 자들', Report by Dr Rómulo Paredes, Comisario del Putumayo, quoted in Furneaux, *The Amazon*, op. cit., 189.

p.432 우리를 동행했다', *Report by His Majesty's Consul at Iquitos* (George Mitchell) *on his Tour in the Putumayo District*, Foreign Office papers, Miscellaneous No. 6, 1913 (Cd 6678) in National Archive (PRO); Fureaux, *The Amazon*, idem, 192; Sawyer, ed., *Roger Casement's Diaries*, op. cit., 98.

p.432 것으로만 가능했을 것이다', Sir Edward Grey to Ambassador Sir James Bryce in Washington, 17 June 1912, in Collier, *The River that God Forgot* (London: Collins, 1968), 236.

p.434 자신감 있게', *The Daily Mirror*, 9 April 1913, quoted in Collier, *The River*, idem, 272.

p.434 에너지가 넘치는 인상', 이후 인용들, *Report and Special Report from the Select Committee on Putumayo, Proceedings, Minutes of Evidence* (House of Commons Paper 148, 1913), in Collier, *The River*, idem, 268 ff.

p.436 대규모 헛소리', *El Oriente*, Iquitos, 1912, in Fureaux, *The Amazon*, op. cit., 191.

p.439 가늘고 뻣뻣했음', 밤새 머무름', 그 밖의 다른 일기 인용들, Sawyer, ed., *Roger Casement's Diaries*, op. cit., 65–7.

p.440 온전히 밝혀야 한다', Telegram from Arana to Casement, Manaus, 14 June 1916, a document discovered by Robin Fureaux in the Public Record Office (National Archive) and published in his *The Amazon*, op. cit., 198.

p.441 처벌받고 있다', Father Leo Sandbrook, OFM, to the acting British Consul in Iquitos, 20 Sept. 1916, in Fureaux, *The Amazon*, op. cit., 198–99.

p.442 안 될 것이기 때문이다', Colonel G[eorge] E. Church, *The Aborigines of South America* (London: Chapman and Hall, 1912), 13; Woodroffe and Smith, *The Rubber Industry*, op. cit., 22.

8장 | 탐험가들과 인디오들

p.449 하나 만들지 못했다', 기운 빠진 주민들', Roy Nash, *The Conquest of Brazil* (London: Jonathan Cape, 1926), 387–88.

p.450 10피트쯤 되는 것 같았다', 이후 인용들, Hiram Bingham, *Lost City of the Incas: The Story of Machu Picchu and its Builders* (New York, 1948; Phoenix House, London, 1951; Folio Society, London, 2004), ch. 7, 162–63.

p.457 소리 같습니다."', Esther de Viveiros, *Rondon conta sua vida* (Rio de Janeiro: Livraria São José, 1958), 78.

p.460 몸을 떨어야 한다', 당기고 있었다', 꿰뚫는 듯한 시선으로', Cândido Mariano da Silva Rondon, *Conferências Realizadas em 1910 no Rio de Janeiro e em São Paulo* (2nd edn. Rio de Janeiro: Conselho Nacional de Proteção aos Índios, vol. 68, 1946), 88–9, 23.

p.464 동행이 될 것임이 분명했다', 이후 인용들, Theodore Roosevelt, *Through the Brazilian Wilderness* (London: John Murray, 1914), 48, 72.

p.465 소개해나가고 있었다', Viveiros, *Rondon conta*, op. cit., 410.

p.465 예의바른 행실', 이후 인용들, Roosevelt, *Wilderness*, idem, 186, 186, 186, 208–9, 209–10, 234, 244, 361, 259, 268, 279, 285, 255, 285, 307. The letter to the Foreign Minister, General Lauro Müller, was written from Manaus on 1 May 1914.

p.470 떠나시오!"라고 말했다', 엎드려 있어야 했다', Viveiros, *Rondon conta*, 418.

p.470 줄지 않고 그대로였다', Leo E. Miller, *In the Wilds of South America* (London: T. Fisher Unwin, 1919), 264.

p.471 함께하게 되어 기쁘다', Roosevelt, *Wilderness*, op. cit., 322–23.

p.472 아름다운 아가씨', Max Schmidt, *Indianerstudien in Zentralbrasilien* (Berlin, 1905), 108.

p.476~477 억압에 분노해야 하기', Egon Schaden, 'Notas Sôbre a vida e a obra de Curt Nimuendajú' (*Revista do Instituto de Estudos Brasileiros*, Universidade de São Paulo, vol. 3, 1968, 7–19), 1.

p.477 동반자를 환하게 비췄다', Curt Nimuendajú, 'Nimongarai', *Deutsche Zeitung*, São Paulo, 6:3, 15 July 1910, in Schaden, 'Notas', idem, 18.

p.477~478 거의 들리지 않았다', 있도록 약간 물러났다', 선물을 교환했다!', Curt Nimuendajú, 'Os índios Parintintin do Rio Madeira' (*Journal de la Société des Américanistes de Paris*, vol. 16, 1924, 201–278), 215–16.

p.479 자들이라는 것을 깨달았다', Herbert Baldus, 'Curt Nimuendajú' (*Boletim Bibliográfico*, vol. 2[3], 1945, 91–9), 92.

p.497 허물어야 하는 것이다!', Curt Nimuendajú, 'Reconhecimento do rios Içana, Ayarí e Uaupés. Relatório apresentado ao Serviço de Proteção aos Índios do Amazonas e Acre, 1927' (*Journal de la Société des Américanistes de Paris*, vol. 39, 1950, 125-82).

p.497 민족지학의 주요 인물', Darcy Ribeiro, 'Por uma antropologia melhor e mais nossa', *Ensaios insólitos* (Porto Alegre: L & P M Editora, 1979), 210.

p.499 고귀함보다 훨씬 위대했다', 이후 인용들, P. H. Fawcett, *Exploration Fawcett* (London: Hutchinson, 1953), 57, 59, 95, 201-202, 251, 269, 271, 269, 285, 14-15. This book was published in New York in the same year as *Lost Trails, Lost Cities*.

p.506~507 보장받을 수 있었을 것', Opinion by the Director of the SPI (Capitão Vasconcellos) to the Council for Approving Artistic and Scientific Expeditions, 1938, in Luis Donisete Benzi Grupioni, *Coleções e Expedições Vigiadas* (São Paulo: Editora Hucitec, 1998), 99.

p.507 태도의 희생자였다', Orlando and Cláudio Villas Boas, *A Marcha para o Oeste: A Epopéia da Expedição Roncador-Xingu* (São Paulo: Editôra Globo, 1994), 167.

p.510~511 딱 좋은 경우였다', 디어본으로 돌아왔다', Warren Dean, *Brazil and the Struggle for Rubber* (Cambridge: Cambridge University Press, 1987), 71, 72.

p.513 완전히 멈추게 된다', Weir to R. I. Roberge, Departmental communication, 24 May 1935, in Dean, *Brazil*, idem, 77.

9장 | 고고학자들 초기 인류를 찾다

p.523 과실수도 없다', 단일한 독자적 인종', Alexander von Humboldt, *Relation historique du voyage aux régions équinoxiales du Nouveau Continent* (3 vols, Paris, 1814-1825), trans. Thomasina Ross, *Personal Narrative of a Journey to the Equuinoctial Regions of the New Continent* (3 vols, London, 1852), vol. 1, 371.

p.524 색깔이 미묘하게 변했다', Toribio de Ortiguera, *Jornada del Río Marañón* (c. 1585), in M. Meléndez Pelayo, ed., *Biblioteca de Autores Españoles ...* (Continuación) (Madrid, 1905-), vol. 15, 1909, 317.

p.530 상호모순적인 설명을 낳았다', Theodor Koch-Grünberg, *Südamerikanische Felszeichnungen*, Berlin, 1907.

p.530 내면의 경험에 기인한', Gerardo Reichel-Dolmatoff, *Beyond the Milky Way: Hallucinatory Imagery of the Tukano Indians* (1978), in Richard Evans Schultes, *Where the Gods Reign: Plants and Peoples of the Colombian Amazon* (Oracle, Arizona and London: Synergetic Press, 1988), 80.

p.531 잠재력에 달려 있기 때문이다', Betty J. Meggers, *Amazonia: Man and Culture in a Counterfeit Paradise* (Washington, D.C.: Smithsonian Institution, 1971).

p.532 토양에 저장된다.', Betty J. Meggers, 'Sustainable intensive exploitation of Amazonia: cultural, environmental, and geopolitical perspectives', in Alf Hornborg and Carole Crumley, eds, *The World System and the Earth System* (Walnut Creek, CA: Left Coast Press, 2006, 191–205), 192.

p.535~536 아니라는 사실을 보여준다', Anna C. Roosevelt, 'Ancient and modern hunter-gatherers of lowland South America: an evolutionary problem', in William Ballée, ed., *Advances in Historical Ecology* (New York: Columbia University Press, 1998, 190–212), 191.

p.539 작물을 재배하고 있었다', Anna C. Roosevelt, 'Paleoindian cave dwellers in the Amazon: the peopling of the Americas', *Science* 272, 1996, 373–84.

p.540 식단을 생각하기도 힘들다', Peter Silverwood-Cope, 'Maku - In the heart of the forest' (*Survival International News*, no. 39, 1998, 8–11), 10.

p.541 다른 산물을 제공한다', Schultes, *Where the Gods Reign*, op. cit., 100.

p.543 업적 가운데 하나', Anna Roosevelt, *Moundbuilders of the Amazon: Geophysical Archaeology on Marajó Island, Brazil* (San Diego, CA: Academic Press, 1991).

p.544~545 공범으로 만든다', Betty Meggers in *Latin American Antiquity*, 2001, in Marion Lloyd, 'Earth movers', *Chronicle of Higher Education*, 51:15, Dec. 2004.

p.545 혐의가 제기되었다', Charles C. Mann, *1491: New Revelations of the Americas before Columbus* (New York: Vintage Books, 22006), 333.

p.545 뻗어 있지는 않았다', 이후 인용들, Mark B. Bush et al., 'Holocene fire and occupation in Amazonia: records form two lalke districts' (*Philosophical Transactions of The Royal Society*, B, vol. 362, 2007, 209–218), 215, 209, 그리고 그에 대한 저자의 논평. 또한, William M. Denevan, 'A bluff model of riverine settlement in prehistoric Amazonia', *Annals of the Association of American Geographers*, 86, 1996, 654–81, and Nigel J. H. Smith, 'Anthrosols and human carrying capacity in Amazonia', *Annals of the Association of American Geographers*, vol. 50, 1980, 553–66.

p.546 좋은 "검은 땅"', Herbert H. Smith, *Brazil, the Amazons and the Coast* (New York, 1879).

p.547 미생물이 그 비결', William I. Woods and J. M. McCann, 'The anthropogenic origin and persistence of Amazonian dark earths' (*Yearbook, Conference of Latin American Geographers*, 1999, vol. 25, 2000, 7–14), 10.

p.547 어처구니가 없을 뿐이다', Betty J. Meggers, 'Aboriginal adaptation to Amazonia', in Ghillean T. Prance and Thomas E. Lovejoy, eds, *Key Environments: Amazonia* (Oxford, etc.; Pergamon Press, 1985, 307–327), 323.

p.548 잠정적 증거도 있다', James B. Peterson, Eduardo Neves and Michael J. Heckenberger, '*Terra Preta* and prehistoric Amerindian occupation in Amazonia', in Colin McEwan, Cristiana Barreto and Eduardo Neves, eds, *Unknown Amazon* (London: British Museum Press, 2001, 86–105), 97.

p.550 낙원처럼 느껴진다', Antonio Vázquez de Espinosa, *Compendio, y Descripción de las Indias Occidentales*, trans. Charles Upson Clark (Washington, D.C.: Smithsonian Institution Press [Miscellaneous Collections 102], 1968), para. 1689, 645.

p.551 비옥도 증대', Alf Hornborg, 'Ethnogenesis, regional integration, and ecology in prehistoric Amazonia' (*Current Anthropology*, 46:4, Aug.–Oct. 2005, 589–619), 603.

p.553 건설된 환경', Michael J. Heckenberger, 'Amazonia 1492: pristine forest or cultural parkland?' *Science*, no. 30, 2003, 1710–14.

p.554 곳을 찾기가 어렵다', C. Uhl, D. Nepstad, R. Buschbacher, K. Clark, B. Kauffman and S. Subler, 'Studies of ecosystem response to natural and anthropogenic disturbances ... in Amazonia', in Anthony B. anderson, ed., *Alternatives to Deforestation* (New York: Columbia University Press, 1990, 24–42); William M. Denevan, 'The pristine myeh: the landscape of the Americas in 1492' (*Annals of the Association of American Geographers*, vol. 82:3, 1992, 369–85), 373.

10장 ㅣ 비행기, 전기톱, 불도저

p.573 우리는 인디오이다.', Tuira Kayapó quoted in Nicholas Hildyard, 'Adios Amazonia?' (Ecologist, no. 19:2, 1989, 53–62), 53; John Hemming, *Die If You Must* (London: Macmillan, 2003), 377.

p.593 위해 뿌리 뽑혔다', *Veja*, 5 July 1989, 86.

p.595 동식물 종에 영향', Gregory P. Asnner et al., 'Selective logging in the Brazilian Amazon', *Science*, no. 310, 21 Oct. 2005, 480.

p.599 많이 훼손하고 있다', *The Guardian*, 18 Jan. 2005, quoted in Greenpeace, *Eating up the Amazon* (Amsterdam: Greepeace, 2006), 11.

p.599~600 돌아가고 있다는 것을 알았다', Kory Melby in *USDA agricultural baseline projections to 2014* (US Department of Agriculture website, 2005), in Greenpeace, idem, 12.

p.600 숲의 죽음으로 본다', Fr Edilberto Sena in Daniel Howden, 'Moratorium on new soya crops wins reprieve for rainforest', *The Independent*, 26 July 2006.

p.600 독소가 분수계로 침투', 경제적 파국', Scott Wallace, 'Last of the Amazon', *National Geographic*, Jan. 2007, 65, 68.

p.607 반경 안에 위치한다', 광범위한 영향을 미쳤다 ······', Kathryn R. Kirby et al, 'The future of deforestation in the Brazilian Amazon', (*Futures*, vol. 38, 2006, 432-53), 442, 445.

p.608 삼림 파괴가 끝나는 곳', Stephan Schwartzman quoted in Wallace, 'Last of the Amazon', op. cit., 68.

p.621 필수적 장치다', Fred Pearce, *The Last Generation* (London: Transworld Publishers, 2006), 95.

11장 | 세계에서 가장 큰 강과 숲

p.627 제곱마일에 달하는 숲을', Richard Spruce to Matthew Slater, Barra (Manaus), Oct. 1851, in Richard Spruce, *Notes of a Botanist on the Amazon and Andes*, ed. A. R. Wallace (2 vols, London: Macmillan & Co., 1908), vol. 1, 256.

p.631 고스란히 남아 있는 곳', Richard Evans Schultes, *Where the Gods Reign: Plants and Peoples of the Colombian Amazon* (Oracle, Arizona and London: Synergetic Press, 1988), 14.

p.635 민물 대양이다', Professor and Mrs Louis Agassiz, *A Journey in Brazil* (Boston, 1879), 383.

p.645 황급히 날아간다', Peter Fleming, *Brazilian Adventure* (London: Jonathan Cape, 1933), 139.

p.646 이 지역에만 산다', Russell A. Mittermeier, Norman Myers et al., *Hotspots: Earth's Biologically Richest and Most Endangered Biological Terrestrial Ecoregions* (Mexico: Cemex, 1999); Mittermeier et al. (Patricio Robles Gil, ed.), *Wilderness, Earth's Last Wild Places* (Mexico: Cemex, 2002), 73.

p.646 후두로 증폭된다', 악마의 바람 소리', David G. Campbell, *A Land of Ghosts* (London: Jonathan Cape, 2004), 125.

p.649 아마존에만 자생한다', Mittermeier et al., *Wilderness*, op. cit., 68.

p.650 울음소리가 들려온다', Campbell, *A Land*, op. cit., 90.

p.655 균형을 이해하기 힘들다', Betty J. Meggers, 'Environment and culture in Amazonia', in Charles Wagley, ed., *Man in the Amazon* (Gainesville: University of Florida, 1973, 91–110), 108.

p.658 방안에 틀어박혀 있다', Henry Walter Bates, *The Naturalist on the River Amazons* (2 vols, London: John Murray, 1863), vol. 2, 224.

p.658 우리를 짓누른다', P. H. Fawcett, *Exploration Fawcett* (London: Hutchinson, 1953), 102.

p.661 대가가 아닐까?', Campbell, *A Land*, op. cit., 130.

| 도판 출처 |

p.9 NASA의 Visible Earth, Blue Marble.
http://visibleearth.nasa.gov/view.php?id=57752.
p.10~11, 12~13, 14~15, 16, 20下, 22, 23, 24, 178上, 181下, 489下, 495, 613上, 615
사진 John Hemming
p.17 사진 Dudu Tresca
p.18 사진 Michael & Patricia Fogden/Corbis
p.19上 사진 Martin Wendler/NHPA/Photoshot
p.19下 사진 Haroldo Palo
p.20上左 사진 James Ratter
p.20上右 사진 William Milliken
p.21 사진 Mason Fisher/Still Pictures
p.177上 From Hans Staden, *Die wahrhaftige Historie der wilden, nackten, grim-migen Menschenfresser-Leute*, Marburg, 1557
p.177下 From Theodor de Bry, *Historia Americae sive Novi Orbis, Frankfurt*, 1634, vol. XIII
p.178下 From Felipe Guaman Poma de Ayala, *Nueva Corónica y buen gobierno*, Peru, c. 1610
p.179上, 182 From Jean-Baptiste Debret, *Voyage Pittoresque et Historique au Brésil*, Paris, 1834−39
p.179下 From Jean de Léry, *Histoire d'un voyage fait en la terre du Brésil*, La Rochelle, 1578
p.180上 From André de Barros, *Vida do Apostólico Padre Antonio Vieyra*, Lisbon, 1745
p.180下 판화 by Johann Moritz Rugendas, *Voyage Pittoresque dans le Brésil*, Paris, 1835

p.183上 사진 Roger-Viollet

p.183下 Francisco Requena y Herrera, *Vista del Pueblo de San Joaquin de Omaguas*, Provincia de Mainas en el Río Marañón, c. 1780. The Catholic University of America, Oliveira Lima Library, Washington, D.C.

p.184 Moritz Richard Schomburgk, *Reisen in British-Guiana in den Jahren 1840–44*, Leipzig, 1847–48

p.313 From Franz Keller-Leuzinger, *Vom Amazonas und Madeira*, Stuttgart, 1874

p.314 From Henry Walter Bates, *The Naturalist on the River Amazons*, John Murray, London, 1863, vol. 1

p.315 판화 by Robert Schomburgk

p.317下 From Richard Spruce, *Notes of a Botanist on the Amazon and Andes*, Macmillan & Co., 1908, vol. 2, p. 41

p.318上, 下 From Johann Baptist von Spix and Carl Friedrich Philip von Martius, *Atlas zur Reise in Brasilien*, Munich, 1831

p.319上, 下 From Carl [sic] von den Steinen, *Durch Central-Brasilien*, Leipzig, 1886, plates 250 and 173

p.320, 492下, 493 From Wade Davis, *The Lost Amazon*, p. 142, p. 20, p. 98, published by Thames & Hudson Ltd. by arrangement with Insight Editions, ⓒ 2007 the Estate of Richard Evans Schultes. All rights reserved. Used with permission

p.481, 482, 486上, 487左, 490上 Collection Richard Collier

p.483 http://en.wikipedia.org/wiki/File:Manaus-Amazon-NASA.jpg

p.485 Museu Paulista of the Universidade de São Paulo, *Brazil*

p.486下 사진 Mrs Deborah Bressi

p.487右 사진 Mansell Collection

p.488上 From Walter E. Hardenburg, *The Putumayo: The Devil's Paradise*, T. Fisher Unwin, London, 1912, frontispiece

p.488下 From Henry C. Pearson, *The Rubber Country of the Amazon*, New York, 1911, plate 193

p.489上 http://en.wikipedia.org/wiki/File:Manihot_esculenta_dsc07325.jpg

p.490下 From Richard Spruce, *Notes of a Botanist on the Amazon and Andes*, Macmillan & Co., London, 1908, vol. 1, fig. 49

p.491 사진 Anthony Fiala

p.492上 사진 by E. C. Erdis

p.494上 National Anthropological Services, NMNH, Smithsonian Institution, Washington, D.C. Courtesy Betty Meggers

p.494下 사진 Al O'Brian. Courtesy Anna C. Roosevelt

p.496, 611, 614 사진 Adrian Cowell

p.609 사진 Janduari Simões

p.610 사진 Eduardo Neves

p.612 사진 R. F. Montgomery

p.613下 ⓒ Greenpeace/Daniel Beltra, http://www.greenpeace.org/international/en/campaigns/forests/amazon/

p.616 사진 J. C. Vincent/Still Pictures

스티븐스, 새뮤얼Stevens, Samuel 281, 295
스프러스, 리처드Spruce, Richard 184, 237,
 254, 269~312, 317, 335, 342, 363, 366,
 529, 564, 584, 627
시몽이스, 마리우Simões, Mario 526, 609
실버우드-코프, 피터Silverwood-Cope, Peter
 540

아가시, 루이Agassiz, Louis 312, 321~324
아귀에로, 아벨라르도Agüero, Abelardo
 406~410, 441
아기레, 로페 데Aguirre, Lope de 75~84
아달베르트 왕자Prince Adalbert 238
아드리안스존 이타, 피터르Pieter
 Adriaanszoon Ita 105
아라나, 홀리오 세사르Arana, Julio César
 392~443, 487, 499, 580
아라우주, 조아킹 곤사우베스Araujo,
 Joaquim Gonçalves 351
아레나스, 하코보Arenas, Jacobo 583
아르나우, 안토니우Arnau, Antonio 154
아스너, 그레고리Asner, Gregory 595
아주리카바Ajuricaba 165~166, 343
아쿠냐, 크리스토발 데Acuña, Cristóbal de
 117~121, 127~128, 130, 164
아티엔사 도냐 이네스 데Atienza, Doña Inés
 de 78, 81
아파리아 족장Aparia, Chief 59
아후다, 알프레두Arruda, Alfred 351, 377
안드레아, 프란시스쿠 주제 드 소자 소아르
 스 드Andrea, Francisco José de Sousa
 Soares de 238~242
안젤링Angelim 233~239
알라르코, 아벨Alarco, Abel 394~395, 397
알렉산드르 6세Alexander VI, Pope 38
알부케르케, 제로니무 드Albuquerque,
 Jerónimo de 103
암브로시우 족장Ambrózio, Chief 217
야네스 핀손, 비센테Yáñez Pinzón, Vicente

27~28, 31
어윈, 토마스Erwin, Thomas 663
에드워즈, 윌리엄Edwards, William 244, 272
에렌라이히, 파울Ehrenreich, Paul 326, 470
에릭슨, 클라크Erickson, Clark 552
에번스, 클리퍼드Evans, Clifford 531
에스피노사, 안토니오 바스케스 데Espinosa,
 Antonio Vásquez de 550
에펠, 귀스타브Eiffel, Gustav 350
오레야나, 프란시스코 데Orellana, Francisco
 de 45, 48, 51~54, 57~71, 77, 106, 130,
 156, 522, 524, 528, 531, 543, 548~549
오르티게라, 토리비오 데Ortiguera, Toribio
 de 95
오버럴, 빌Overal, Bill 662
오브라이언, 버너드O'brien, Bernard
 106~107, 109~111
오비에도, 곤살로 페르난데스 데Gonzalo
 Fernández de 70
오턴, 제임스Orton, James 353
우이라라수Uiraraçu, Chief 73
와이어, 제임스Weir, James 513~514
요한 필리프(주앙 펠리페) 베텐도르프Johann
 Philipp (Joao Felippe) Betendorf 131
우르수아, 페드로 데Ursúa, Pedro de 75~80,
 83, 86, 130, 300, 586
우즈, 윌리엄Woods, William 547, 549
울, 크리스Uhl, Chris 554
워터튼, 찰스Waterton, Charles 254,
 261~266, 271, 288, 315
월리스, 스콧Wallace, Scott 600
월리스, 앨프리드 러셀Wallace, Alfred
 Russel 184, 254~255, 269~298, 300,
 302, 311, 317, 342, 529
위컴, 헨리Wickham, Henry 366~374, 510,
 570
위크, 쿠르트Hueck, Kurt 636
이랄라, 도밍고 마르티네스 데Irala,
 Domingo Martínez de 85

지은이 **존 헤밍**John Hemming

세계에서 가장 위대한 아마존 탐험가 중 한 명이다. 캐나다인으로서 영국 왕립지리학회의 총무이사를 맡아 21년 동안 이끌었다. 영국 옥스퍼드대학교에서 박사 학위, 워릭대학교와 스털링대학교에서 명예박사 학위를 받았다. 1961년 브라질 중부를 탐험하는 이리리 강 원정대의 일원으로 아마존에 처음 발을 디딘 이래, 50여 년 동안 아마존을 탐험하고 연구하였다. 그동안 5개 이상의 미접촉 부족을 발견한 것을 포함해 40개가 넘는 원주민 부족을 방문하였고, 미탐험 지대를 탐사하는 수많은 연구 원정대에 참여하였다. 브라질인이 아닌 사람으로서 가장 많은 원주민 부족을 방문한 서구인으로 평가받는다. 『잉카 정복*The Conquest of the Incas*』(1970년)으로 크리스토퍼 도서상과 여러 상을 수상하였고, 이후 30여 년에 걸쳐 아마존 원주민 역사에 관한 3부작 『붉은 황금*Red Gold*』(1978년), 『아마존 개척 시대*Amazon Frontier*』(1985년), 『죽을지언정 죽이지 말라*Die If You Must*』(2004년)를 집필하였으며, 아마존 연구에 관한 공로를 인정받아 브라질 기사 훈장을 받았다. 2008년에 이전까지의 연구를 아울러 이 책을 집필하였다.

옮긴이 **최파일**

서울대학교에서 언론정보학과 서양사학을 전공했다. '바른번역'에서 번역을 공부했고, 역사 분야를 중심으로 외국의 좋은 책들을 소개하려는 뜻을 품고 있다. 축구와 셜록 홈즈의 열렬한 팬이며, 1차 세계 대전 문학에도 관심이 많다. 옮긴 책으로는 『근대 전쟁의 탄생』(2011년), 『스파르타쿠스 전쟁』(2011년), 『십자가 초승달 동맹』(2010년), 『대포, 범선, 제국』(2010년), 『트로이 전쟁』(2010년) 등이 있다.

아마존
정복과 착취, 경외와 공존의 5백 년

발행일   2013년 3월 22일(초판 1쇄)

지은이   존 헤밍
옮긴이   최파일
펴낸이   이지열
펴낸곳   미지북스
          서울시 마포구 상암동 2-120번지 201호 (우편 번호 121-830)
          전화 070-7533-1848   팩스 02-713-1848
          mizibooks@naver.com
          출판 등록 2008년 2월 13일 제313-2008-000029호
책임 편집 김대수
출력   상지출력센터
인쇄   우진제책

ISBN   978-89-94142-27-2 93950
값 30,000원

· 블로그 http://mizibooks.tistory.com
· 트위터 http://twitter.com/mizibooks (혹은 @mizibooks)
· 페이스북 http://facebook.com/pub.mizibooks